国家卫生和计划生育委员会"十三五"规划教材

全国高等中医药院校研究生教材

供中药学等专业用

中药鉴定学专论

第2版

主　编　康廷国　王峥涛

副主编　马逾英　闫永红　刘训红　赵中振

编　委（按姓氏笔画为序）

马逾英（成都中医药大学）　　　　张　勉（中国药科大学）

王峥涛（上海中医药大学）　　　　张　慧（辽宁中医药大学）

邓可众（江西中医药大学）　　　　张丽娟（天津中医药大学）

刘训红（南京中医药大学）　　　　张秀桥（湖北中医药大学）

刘塔斯（湖南中医药大学）　　　　陈随清（河南中医药大学）

闫永红（北京中医药大学）　　　　赵中振（香港浸会大学中医药学院）

李　峰（山东中医药大学）　　　　胡本祥（陕西中医药大学）

李　薇（广州中医药大学）　　　　姜大成（长春中医药大学）

杨　俊（安徽中医药大学）　　　　康廷国（辽宁中医药大学）

杨扶德（甘肃中医药大学）　　　　裴香萍（山西中医学院）

人民卫生出版社

图书在版编目（CIP）数据

中药鉴定学专论 / 康廷国，王峥涛主编. —2 版. —北京：
人民卫生出版社，2017
ISBN 978-7-117-24083-3

Ⅰ．①中…　Ⅱ．①康…　②王…　Ⅲ．①中药鉴定学 -
医学院校 - 教材　Ⅳ．①R282.5

中国版本图书馆 CIP 数据核字（2017）第 027431 号

人卫智网	www.ipmph.com	医学教育、学术、考试、健康， 购书智慧智能综合服务平台
人卫官网	www.pmph.com	人卫官方资讯发布平台

中药鉴定学专论
第 2 版

主　　编：康廷国　王峥涛
出版发行：人民卫生出版社（中继线 010-59780011）
地　　址：北京市朝阳区潘家园南里 19 号
邮　　编：100021
E - mail：pmph @ pmph.com
购书热线：010-59787592　010-59787584　010-65264830
印　　刷：三河市尚艺印装有限公司
经　　销：新华书店
开　　本：787×1092　1/16　　印张：22　　插页：4
字　　数：535 千字
版　　次：2009 年 7 月第 1 版　　2017 年 4 月第 2 版
　　　　　2017 年 4 月第 2 版第 1 次印刷（总第 2 次印刷）
标准书号：ISBN 978-7-117-24083-3/R·24084
定　　价：68.00 元
打击盗版举报电话：010-59787491　E-mail：WQ @ pmph.com
（凡属印装质量问题请与本社市场营销中心联系退换）

出版说明

　　为了更好地贯彻落实《国家中长期教育改革和发展规划纲要(2010—2020年)》和《医药卫生中长期人才发展规划(2011—2020年)》,进一步适应新时期中医药研究生教育和教学的需要,推动中医药研究生教育事业的发展,经人民卫生出版社研究决定,在总结汲取首版教材成功经验的基础上,开展全国高等中医药院校研究生教材(第二轮)的编写工作。

　　全套教材围绕教育部的培养目标,国家卫生和计划生育委员会、国家中医药管理局的行业要求与用人需求,整体设计,科学规划,合理优化构建教材编写体系,加快教材内容改革,注重各学科之间的衔接,形成科学的教材课程体系。本套教材将以加强中医药类研究生临床能力(临床思维、临床技能)和科研能力(科研思维、科研方法)的培养、突出传承,坚持创新,着眼学生进一步获取知识、挖掘知识、提出问题、分析问题、解决问题能力的培养,正确引导研究生形成严谨的科研思维方式和严肃认真的求学态度为宗旨,同时强调实用性(临床实践、临床科研中用得上)和思想性(启发学生批判性思维、创新性思维),从内容、结构、形式等各个环节精益求精,力求使整套教材成为中医药研究生教育的精品教材。

　　本轮教材共规划、确定了基础、经典、临床、中药学、中西医结合5大系列55种。教材主编、副主编和编委的遴选按照公开、公平、公正的原则,在全国40余所高等院校1200余位专家和学者申报的基础上,1000余位申报者经全国高等中医药院校研究生教育国家卫生和计划生育委员会"十三五"规划教材建设指导委员会批准,聘任为主编、主审、副主编和编委。

　　本套教材主要特色是:

　　1. 坚持创新,彰显特色　教材编写思路、框架设计、内容取舍等与本科教材有明显区别,具有前瞻性、启发性。强调知识的交叉性与综合性,教材框架设计注意引进创新的理念和教改成果,彰显特色,提高研究生学习的主动性。

　　2. 重难热疑,四点突出　教材编写紧跟时代发展,反映最新学术、临床进展,围绕本学科的重点、难点、热点、疑点,构建教材核心内容,引导研究生深入开展关于"四点"的理论探讨和实践研究。

　　3. 培养能力,授人以渔　研究生的培养要体现思维方式的训练,教材编写力求有利于培养研究生获取新知识的能力、分析问题和解决问题的能力,更注重培养研究生的思维方法。注重理论联系实际,加强案例分析、现代研究进展,使研究生学以致用。

　　4. 注重传承,不离根本　本套研究生教材是培养中医药类研究生的重要工具,使浸含在中医中的传统文化得到大力弘扬,在讲述现代医学知识的同时,中医的辨证论治特色也在教材中得以充分反映。学生通过本套教材的学习,将进一步坚定信念,成为我国伟大的中医药事业的接班人。

5. 认真规划，详略得当　编写团队在开展工作之前，进行了认真的顶层设计，确定教材编写内容，严格界定本科与研究生的知识差异，教材编写既不沿袭本科教材的框架，也不是本科教材内容的扩充。编写团队认真总结、详细讨论了现阶段研究生必备的学科知识，并使其在教材中得以凸显。

6. 纸质数字，相得益彰　本轮教材的编写同时鼓励各学科配备相应的数字教材，此为中医出版界引领风气之先的重要举措，图文并茂、人机互动，提高研究生学以致用的效率和学习的积极性。利用网络等开放课程及时补充或更新知识，保持研究生教材内容的先进性、弥补教材易滞后的局限性。

7. 面向实际，拓宽效用　本套教材在编写过程中应充分考虑硕士层次知识结构及实际需要，并适当兼顾初级博士层次研究生教学需要，在学术过渡、引导等方面予以考量。本套教材还与住院医师规范化培训要求相对接，在规培教学方面起到实际的引领作用。同时，本套教材亦可作为专科医生、在职医疗人员重要的参考用书，促进其学术精进。

本轮教材的修订编写，教育部、国家卫生和计划生育委员会、国家中医药管理局有关领导和相关专家给予了大力支持和指导，得到了全国40余所院校和医院、科研机构领导、专家和教师的积极支持和参与，在此，对有关单位和个人致以衷心的感谢！希望各院校在教学使用中以及在探索课程体系、课程标准和教材建设与改革的进程中，及时提出宝贵意见或建议，以便不断修订和完善，为下一轮教材修订工作奠定坚实的基础。

人民卫生出版社有限公司

2016 年 6 月

全国高等中医药院校研究生教育
国家卫生和计划生育委员会
"十三五"规划教材建设指导委员会名单

主任委员

张伯礼

副主任委员（以姓氏笔画为序）

王永炎　王省良　匡海学　胡　刚　徐安龙

徐建光　曹洪欣　梁繁荣

委员（以姓氏笔画为序）

王　华　王　晖　王　键　王　滨　孔祥骊

石　岩　吕治平　乔延江　刘宏岩　刘振民

安冬青　李永民　李玛琳　李灿东　李金田

李德新　杨　柱　杨关林　余曙光　谷晓红

宋柏林　张俊龙　陈立典　陈明人　范永昇

周永学　周桂桐　郑玉玲　胡鸿毅　高树中

唐　农　曹文富　彭　成　廖端芳

秘书

李　丽　周桂桐（兼）

国家卫生和计划生育委员会"十三五"规划教材
全国高等中医药院校研究生教材目录

一、基础系列

1	自然辩证法概论(第2版)	主编	崔瑞兰
2	医学统计学	主编	王泓午
3	科研思路与方法(第2版)	主编	季 光 赵宗江
4	医学文献检索	主编	高巧林 章新友
5	循证中医药临床研究方法(第2版)	主编	刘建平
6	中医基础理论专论(第2版)	主编	郭霞珍 王 键
7	方剂学专论	主编	李 冀 谢 鸣
8	中药学专论	主编	钟赣生 杨柏灿
9	中医诊断学专论	主编	黄惠勇 李灿东
10	神经解剖学	主编	孙红梅 申国明
11	中医文献学	主编	严季澜 陈仁寿
12	中医药发展史专论	主编	程 伟 朱建平
13	医学英语	主编	姚 欣 桑 珍

二、经典系列

14	内经理论与实践(第2版)	主编	王 平 贺 娟
15	伤寒论理论与实践(第2版)	主编	李赛美 李宇航
16	金匮要略理论与实践(第2版)	主编	姜德友 贾春华
17	温病学理论与实践(第2版)	主编	谷晓红 杨 宇
18	难经理论与实践	主编	翟双庆

三、临床系列

19	中医内科学临床研究	主编	薛博瑜 吴 伟
20	中医外科学临床研究(第2版)	主编	陈红风
21	中医妇科学临床研究(第2版)	主编	罗颂平 刘雁峰
22	中医儿科学临床研究(第2版)	主编	马 融
23	中医骨伤科学临床研究(第2版)	主编	王拥军 冷向阳

四、中药学系列

五、中西医结合系列

前　言

　　《中药鉴定学专论》是由人民卫生出版社组织编写的全国高等中医药院校研究生第二轮规划教材,是国家卫生和计划生育委员会"十三五"规划教材,适用于全国高等中医药院校、综合性大学或医药院校中药学专业的硕士、博士研究生,同时也是从事中药鉴定学及相关学科教学、科研、生产和管理的中医药工作者的高层次参考书。本教材依据"十三五"规划教材的统一要求,注重了中医药研究生教育规律和本学科特点,在中药鉴定学本科教育的基础上,汇集了全国高等医药院校几十年研究生教育的经验,并吸纳了国内外最新研究成果编纂而成。

　　本教材在保持第1版教材编写体例的基础上,本着与时俱进的编写原则,对上版内容进行了适当的调整和修改。全书由上版十七章修订为十五章,增加了第七章中药指纹图谱鉴定研究、第十三章本草与中药鉴定等"热点"内容;将原中药色谱鉴定、中药光谱鉴定两章内容整合到中药理化鉴定研究一章中;考虑到动物类、矿物类中药鉴定研究两章内容在本科教学中已有涉及,本版教材未再对此收载;将原核磁共振氢谱等鉴定技术研究一章分别归类至中药显微鉴定研究、中药理化鉴定研究、中药生物鉴定研究各章中。此外,在第一章导论中增加了中药鉴定学与中医药创新发展的内容,在第五章中药理化鉴定研究中增加了中药电化学分析鉴定和中药热分析鉴定的内容,在第十四章中药鉴定与新药研究中增加了中药鉴定在中药新药研究中的地位与作用等相关内容。与上版教材比较,既保留了各专论之间的关联性,又有相对独立性的特点,同时更加突出了各专论内容的系统性、前瞻性及原创性。每章围绕着中药鉴定学科"热点""难点""疑点""重点"等设置专论,深入阐释中药鉴定学科的理论与方法,探讨中药鉴定学的发展趋势等,启发学生创新性思维,提高分析问题和解决问题的能力,同时对中药鉴定学科发展、科学研究、中药生产及管理等具有一定的指导价值。

　　本教材编写委员会是由来自全国近20所高等院校从事研究生教育的专家、学者组成,于2015年3月召开编写会议,对编写内容进行了深入研讨,确定编写大纲,明确编写任务,而后稿件经过多次修改整理,由主编单位统稿、定稿,确保了教材的科学性、先进性和适用性。

　　特别感谢上版教材中各编委对本版教材所作出的贡献,他们是北京中医药大学阎玉凝、成都中医药大学卫莹芳、南京中医药大学吴德康、沈阳药科大学孙启时、黑龙江中医药大学都晓伟、山东中医药大学周凤琴、浙江中医药大学张如松、上海中医药大学赵志礼、辽宁中医药大学翟延君,在此一并致以诚挚的谢意!

　　本教材的编写,得到了人民卫生出版社及各参编单位的大力支持,汇集了全体编者多年的教学科研经验及辛勤劳动,在此一并致谢! 同时对本书引用的文献作者表示敬意。

　　由于对各专论资料掌握有限,特别是对研究生教材内容深度和广度把握缺乏经验,尽管对编写内容力争完美,但难免存在不足和疏漏,恳请各位同仁斧正。

编　者

2017年2月

目　　录

第一章 导 论

中药鉴定学专论(Monographs on Authentication of Chinese Medicines)是针对中药学及相关专业研究生而设置的。它是在本科生中药鉴定学教学内容的基础上,以专论的形式深入研究和探讨该学科所涉及的关键问题、热点问题及疑难问题,丰富研究生的理论和实践基础,提高分析问题和解决问题的能力。

第一节 中药鉴定学的内涵与外延

一、中药鉴定学的内涵

中药(Chinese medicines)包括中药材(Chinese crude drugs)、中药饮片(decoction pieces of Chinese materia medica)、中成药(Chinese patent medicine)。中药是在中医药学理论指导下认识和使用,并能以中医药学理论体系的术语表述其性能、功效和使用规律,用于预防、诊断、治疗疾病及康复保健等方面的物质。从历史的角度看,"中药"是人们为了区分西药而约定俗成的说法,只有近百年的历史,此前称之为"药"或"毒药"。但中药已经临床应用了几千年,中药鉴定的知识和经验与中药并存,形成了原始的中药鉴定学。20世纪中叶,随着中医药事业的快速发展,现代的中药鉴定学应运而生。因此,中药鉴定学是一门既古老又年轻的学科。

中药鉴定学是鉴定和研究中药的品种和质量,制定中药标准,寻找和扩大新药源的应用学科。它是在古老的传统经验鉴别(植物形态和药材性状)的基础上,运用了现代科学的理论知识和技术方法研究和控制中药的品质,确保其临床疗效,并不断寻找和扩大新的中药资源。在"保质寻新,整理提高"过程中,不仅研究和探讨本学科的理论问题,更要不断解决本学科的实践问题。这一特点将中药鉴定学归属于应用学科范畴。

中药的品种和质量,又称为品质。德国的克劳斯比(P. B. Crosby)认为"品质即合乎标准或规格品",这是品质内涵的核心。鉴定中药的品质,无外乎有两种情况,一是按当时当地(主要指国家)对该药的标准,评价是否符合标准要求;二是对于没有标准的中药,要根据该药的具体情况制定切合实际的现行标准。寻找和扩大新的中药资源,也有两个含义,一是寻找和研究出有独立功效特点的新药材,二是发现和研究出中药新的物种来源。因此,中药鉴定学除了传承下来的对中药"真、伪、优、劣"鉴别、"辨状论质"的理论与实践知识外,相继还引进了显微形态学、化学及生物学等评价方法，根据中药的研究对象，还涉及植物学、动物学和矿物学等相关知识。

中药鉴定学是为中药现代化提供科学的依据和质量控制的技术平台，以确保中药品质的可控性，临床用药的安全性和有效性。

二、中药鉴定学的外延

从中药鉴定学的内涵可以看出，中药鉴定学是集多学科的技术方法而不断发展起来的，随着学科的发展和学术研究的不断深化，作为或即将作为中药鉴定学的外延学科有本草考证学、中药商品学、道地药材学、时间中药学等。

1. 本草考证学（bencaological study）　本草考证是从古代本草资料中追溯中药历史的本来面目，是一个"正本清源"、发掘与创新并重的过程。中药的真实性、道地性、品种变迁性等，均有赖于考证本草。《中药鉴定学》中中药记述的首项内容就是本草概要。目前虽然已有众多中药完成了本草考证，但未做的工作还很多。本草考证学逐渐发展而成为一门学科是客观的需求，在品种整理、鉴别、资源开发等方面将会发挥重要的作用。

2. 中药商品学（Chinese materia medica commoditylogy）　是从中药鉴定学科中分化而产生的，现在中药商品学已在许多院校被设立了课程，并已经出版了教材用于教学。中药商品学是一门以中药商品质量和经营管理为核心内容来研究其商品特征和使用价值的应用学科。中药鉴定学中的性状鉴别是划分中药商品的方法之一，药材讲究品种、规格和等级。在传统的经验鉴别中，商品知识和鉴别内容是融合在一起的。

3. 道地药材学（science of famous-region drug）　中药材品质鉴定中讲究药材的道地性，道地药材是中药鉴定学中重要的内容之一。随着道地药材研究的不断深入，分化产生了道地药材学是必然趋势。道地药材是指中药品质优良者，它已经成为通过临床疗效评价药材质量的标志。研究道地药材形成的原因和生态环境，揭示其科学性和规律性，以提高中药的质量，意义重大，所以有关道地药材的研究已经成为国家"十一五"支撑项目。道地药材学将是一门很有发展潜力的学科。

4. 时间中药学（chrono-Chinese medicines）　时间中药学是研究中药基原的有效成分积累、采收期、药材贮藏、药理作用及服用等一般时间规律，以确保药材质量，提高药效的应用学科。中药鉴定学中的中药最佳采收期、贮藏等内容在时间中药学中更具有系统性和科学性。

三、中药鉴定学与其他学科的关系

中药鉴定学是几千年逐渐形成和发展起来的、既古老又年轻的学科，它的发展，不管是过去、现在、还是将来，都离不开相关学科的支撑，与中药鉴定学关系密切、影响较大的学科如下。

1. 生药学（pharmacognosy）　生药学是以天然来源的、未经加工或只简单加工的、具有医疗保健作用的植物、动物和矿物药为研究对象，研究其质量和变化规律，探讨其资源和可持续利用的科学。生药学于20世纪初传入中国后，其研究手段与方法逐渐被引入中药鉴定学中。尽管两个学科的理论体系不同，但在鉴定中药的真实性、有效性和安全性等方面两者有相互影响和促进作用。

2. 植物学、动物学和矿物学（botany，zoology，mineralogy） 中药由植物药、动物药和矿物药三大类组成，因此三个学科的理论知识和实验技能都在中药鉴定学中有所体现，是中药鉴定学的基础。例如：植物、动物形态学，植物、动物解剖学，植物、动物分类学，矿相学等。

3. 中药资源学（science of Chinese medicinal materia resources） 中药资源学是近10多年来在资源学、中药鉴定学、药用植物学等基础上发展起来的一个重要学科。中药资源学是研究中药资源的种类、分布、形成、蕴藏量、品质、保护、管理与可持续利用的科学。中药鉴定学的主要任务之一是寻找和扩大新药资源，研究药材的资源分布、产地、产量及扩大新药来源等也是重要内容。可见，中药资源学与中药鉴定学关系极为密切。

4. 分子生物学（molecular biology） 分子生物学是从分子水平研究生物大分子的结构与功能，从而阐明生命现象本质的科学。目前，DNA分子标记已经应用于中药的品种鉴别，从分子生物学的角度和药效学的角度研究中药的品质是未来中药鉴定研究模式的主要内容。

5. 中医药信息学（informatics of traditional Chinese medicine） 中医药信息学是研究中医药信息的性质及运动规律的学科。中药鉴定学同其他学科一样，在发展的过程中，必须有信息平台的支撑。中医药信息学科的存在，使得这一支撑作用成为现实。人工智能、计算机自动识别、图像分析处理技术等已为中药鉴定学所利用，并在教学与科研中不断发挥其应有的支撑作用。

另外，中药鉴定学还与中药学、中药炮制学、中药药剂学、中药药理学、中药化学、中药分析学等关系密切。如果把其外延学科和密切支撑学科划分为3个外延圈或密切支撑学科圈，则第一个学科圈包括本草考证学、中药商品学、道地药材学、时间中药学；第二个学科圈包括生药学、植物学、动物学、矿物学、中药资源学、分子生物学、中医药信息学；第三个学科圈包括中药学、中药炮制学、中药药理学、中药药剂学、中药化学、中药分析学。

第二节 中药品质理论与鉴定方法

一、中药品质理论

1. 中药品质的遗传主导论 药用植（动）物都是生命体，在整个生命活动过程中均受到基因的调控，其代谢产物的差异性是由遗传因素而引起的，而不同生态型间"代谢物"组成的巨大差别，也决定了生物的营养、抗性和其他重要品质。中药性、效、用的特异性是药用生物在生长、发育、繁殖、衰老、死亡等过程中形成的"形态特质"与"代谢特质"，由代谢特质决定中药的疗效。遗传因素对生物的"形态特质"与"代谢特质"形成起到的主导作用，称为"中药品质的遗传主导论"。这一理论的核心是：①遗传决定中药的性状特征：生物性状是指生物的形态结构和生理功能特征，如植株的高矮、形态、种皮的颜色等；遗传物质中决定生物体的形态特征或生理特性的小单位是基因，基因与性状的关系是相互对应的关系，即基因控制生物性状。同时基因主导生物的生理功能特征，代谢产物与中药疗效密切相关；药材性状有时能够反映其品质好坏。②亲缘关系决定中药的品质差异：现代生物分类是按照其形态的异同、习性的差别以及亲缘关系的远近系统排列的；一般来说，在分类系统中位置愈接近的物种，不仅形态相似，亲缘关系也接近，新陈代谢的类型也相似；新陈代谢的类型愈相似，代谢产物就愈相似,因而常常具有相似的生理生化特征,即具有相似的品质。该理论对于中药品种鉴别、质量评价、开发新药等指导意义重大。

2. 中药品质的环境饰变论　环境饰变是指遗传基因相同(同属种)的生物群体因环境的不同而引起的表形变异。遗传主导是内因,环境饰变是外因;环境饰变是非遗传变异,但其变幅和式样却受遗传控制;环境因素是生物进化的主要动力。中药品质的形成与生态环境密切相关,因为环境因素能影响生物代谢产物和形状特征。把环境因素引起生物体形态特征或生理性变化,从而引起中药品质改变的现象,称为"中药品质的环境饰变论"。构成环境的各种因素称为"环境因子"或"生态因子",主要包括气候因子、地形因子、土壤因子、生物因子、人类因子等。这些因子对中药品质有重要的影响,可以引起中药品质的饰变。这一理论对于研究中药道地药材的形成原因,指导中药材GAP生产,从源头解决中药品质问题,至关重要。

3. 中药品质的生物多样性维持论　生物多样性是指所有来源的形形色色的生物体,这些来源包括陆地、海洋和其他水生生态系统及其所构成的生态综合体;包括种内部、物种之间和生态系统的多样性,即生物遗传多样性、物种多样性和生态系统多样性等。遗传多样性主要指生物种内不同群体之间或同一群体内不同个体的遗传变异的总和,蕴藏在植物、动物和微生物个体的基因里。物种即生物种,是生物进化链上的基本环节;它虽然处于不断变异与不断发展之中,但同时也是相对稳定的;它由占有一定空间、具有实际或潜在繁殖力的种群所组成,而且与该群的其他群体在生殖上是隔离的;物种多样性是生物多样性最直观的体现,是生态多样性的核心。生态多样性是指不同生境、生物群体以及生物圈生态过程的总和。中药主要是以自然界生物资源为物质基础,在遗传、物种和生态系统三个层次上均具有丰富的多样性(变异性),这些多样性的存在对维持和稳定中药的品质、资源的可持续利用等方面起到了重要作用,把这类问题归纳为"中药品质的生物多样性维持论"。其核心是:遗传多样性维持中药品质的稳定;物种多样性维系充足的药用资源;生态多样性孕育丰富的药用资源。该理论对于保持以栽培野生药用植物、家养药用动物为来源的中药品质,研究和寻找新的中药材有重要的指导意义。

4. 中药品质的传承论　几千年来,中医药没有被其他文明所取代,到今天仍然在人类健康事业中发挥着重要的作用,这与历代都有不同程度的创新和中药品质基本恒定密不可分。纵观历代本草记载和使用中药的情况,可见从《神农本草经》收载药物365种到《本草纲目》收载药物1892种,发展到现在《中华本草》收载药物8980种,充分体现了整个中药品质的传承历史。有的中药品种代代相传至今,有的则如过往云烟,有的来源、产地、用法等发生了变化。在整个中医药传承过程中,中药品质始终处于继承和发扬相互交织之中,是一个充满扬弃的过程,但继承占绝对的主导地位。把这种过程归纳为"中药品质传承论"。内容包括:①遗传品质的传承:遗传品质指优质中药材生产所需要的生物遗传的特性和优势,包括药物品种的继承和药物品种的创新。②环境品质的传承:环境品质指优质中药材生产所需要的环境要素,如地理、地形、地貌、海拔高度、大气、水质、土壤等。③形态品质的传承:形态品质包括形、色、气、味、质地、断面、表面、大小和组织构造等,是中药遗传品质的形态学表征。④加工品质的传承:加工品质指把生物组织器官部分或全部采集、加工、制造成符合中医临床使用药品的各个环节,如采集时间、产地加工、炮制等人工干预的过程。⑤效用品质的传承:效用品质指中药对人体的治疗和保健作用,以及如何使用以达到其应有的医疗价值,主要体现在安全性、有效性和合理使用方法等方面。该理论能够系统分析和掌握中药品质在历代变迁与发展的规律,有利于正确理解其药用历史的渊源,防止在中药品质问题上作片面的论断。

5. 中药品质的效用决定论 每味中药都有性味、归经、功能与主治,也就是性、效、用。在中医药理论指导下用药,是中药的特色。中药的品质不是检测出来的,不是某种成分含量高就必然是品质好,而是长期临床实践检验的结果,临床疗效对中药品质起决定性作用,而中药效用对品种、产地、加工等的选择作用,归纳为"中药品质的效用决定论"。内容包括:①中药效用优选药用资源;②中药效用优选产地;③中药效用优选加工方法。该理论对于研究开发新的中药材或寻找新的中药来源、研究道地药材、研究选择适宜的加工方法等具有重要指导意义。

6. 中药品质的辨状论质论 "辨状论质"是中药传统经验鉴别的精髓,是古时历代中医药学家鉴定中药品质的核心理念与方法,至今仍然是重要的中药鉴别方法之一。将传统的经验鉴别精髓精辟地总结归纳为"辨状论质"四个字,是我国医药学者在20世纪90年代作出的重要贡献。"辨状论质"系指根据药材的外观性状表现出来的特点来判断药材的真伪优劣,从而阐明其本质。该理论的科学依据仍然是遗传因素决定生物的"形态特质"与"代谢特质",使生物的"形态特质"与"代谢特质"密切相关,并具有生物学稳定的特性。进而,本世纪初又将中药显微形态学归纳入"状"中,即"状"为中药性状与显微形态,使该理论更加完善(见第三章)。

7. 时间中药学理论 随着"时间生物学"和"时间药理学"的兴起,揭示中药基原的有效成分积累、采收期、药材贮藏、药理作用及服用等一般时间规律,以确保中药品质,提高药效的理论与实践的科学,称为"时间中药学"。其内容包括:①中药采收的时间节律:中药的疗效与中药的有效成分相关,而有效成分的含量在植、动物体内是呈动态积累或随时间的变化而变化的,即含量是时间的函数。这种函数关系依植、动物的品种不同各异,富有一定的规律性,归纳起来有年节律、月节律、日节律、时节律。②中药贮藏的时间节律:中药贮存不当,可引起质量变化。中药贮藏过程中诸多影响其质量的因素中,贮存时间是非常重要的,即使其他因素均适宜,仅贮藏时间因素就可以影响药材的质量。多数药材以鲜品和贮存时间短为好,但有些药材却是愈陈愈好。前者可从新鲜药材所含有效物质较高作解释,后者可认为是药材在量和质上发生了变化,其变化的总产物乃是真正的有效成分,但尚需科学实验验证。③中药药理作用的时间节律:包括治疗药理作用的时间节律、毒副作用的时间节律。④中药服用的时间节律:包括用药的季节律、用药的时节律等(部分内容详见第十章)。

二、中药品质鉴定方法

1. 形态学鉴定方法 生物形态学是生物遗传性和环境饰变性的反映,是鉴定中药品质的重要表征。包括本草考证、基原鉴定、性状鉴定、显微鉴定。

(1)本草考证:是以本草典籍为依据,追溯中药历史本来面目。包括中药品种的历史变迁,原植(动)物形态、分布区域、生境、栽培技术、采收、产地加工、炮制、药性、功效等。使我们能够了解中药的历史沿革,对现今使用的中药品质(品种、质量、道地性、效用等)作出客观的鉴定与评价,对于制定中药质量标准、开发新的中药资源等方面均具有重大意义。

(2)基原鉴定:通过对中药的原植、动物或矿物来源鉴定,结合本草考证,确证正确的中药品种来源。原植、动、矿物有的全体入药,有的是某一部分入药,其形态学表征既是该种的特性,又是内在质量的反映。基原鉴定是中药品质鉴定的首要环节。

（3）性状鉴定:中药的形状、大小、颜色、表面特征、质地、断面、气、味、水试、火试等特征与中药质量密切相关,看似简单的方法,在某种情况下确能快速、准确地解决问题。"辨状论质"理论与实践证明,性状鉴定是中药鉴定的基础,是不可取缔和替代的有效鉴定方法,也是评价中药品质的特色方法之一。性状鉴定有着几千年的应用历史,是实践经验的经典,在中医药发展史中会以其独特的方式被人们所传用。

（4）显微鉴定:中药组织形态和粉末形态具有生物学稳定的特性,而且富有规律性和专属性,大都可以鉴定到种。中药的组织构造和细胞中的代谢产物等与中药质量相关,显微鉴定在某种程度上也反映了中药的内在质量,显微化学方法可以确定某些代谢产物在中药组织中的分布,鉴定药材的品质。近年来,除光学显微镜、电镜及荧光显微镜外,计算机显微图像分析技术等应用于中药显微鉴定,使中药的显微特征更加立体和生动。目前显微鉴定这一传统的方法又赋予新的含义,显微鉴定常数与化学成分的相关性、显微定量研究、动物药残留毛数字化显微鉴定研究平台的建立等均取得了一定的进展和可喜的成果。

数码电子成像技术,对于中药的形态学研究提供了极大帮助,从平面的文字描述发展到立体的、色彩丰富的图像记录,为中药鉴定的形象教学、商品药材的易混品种鉴定提供了方便条件。

2. 理化鉴定方法　是发展较为迅速的方法,除一般的理化反应外,光谱鉴定、色谱鉴定在中药鉴定中广泛应用。在中药质量标准制定和中药品质评价中,针对中药的有效成分或指标性成分进行定性、定量分析,或对毒性成分进行限量检查。中药指纹图谱鉴定是一种相对反映总体化学成分信息的方法,这种建立多维多息特征指纹图谱具有整体性和模糊性的特点,与中医药理论的整体性原则和中药作用机制模糊性相对应,是极具发展潜力的一种鉴定研究方法与模式。

3. 生物鉴定方法　生物鉴定方法由生物鉴定和现代生物技术鉴定两大部分组成。

（1）生物鉴定法:生物鉴定法是指利用中药或所含的化学组分对生物体(整体动物、离体组织、微生物和细胞等)所起的特定生物效应(药效、活力或毒力),运用特定的实验设计与对比检定的方法或其他方法来进行各种反应、试验、检查,最终评价或评定中药的有效性和安全性的一门综合性实验技术方法。生物鉴定的目的是评价中药作用机体的活性、作用强度及毒性,研究作用机制及其药效物质基础,是从药效学角度来对中药进行品质鉴定。生物鉴定方法直接反映中药对生物体所产生的生物效应。由于它克服了通过形态学和化学鉴定方法难以直接表征中药多组分、多靶点协同作用的特点,所以将是一个有发展潜力的中药品质鉴定方法。该方法主要包括生物效价鉴定法、细胞生物学鉴定法、免疫鉴定法、电泳鉴定法等。近几年的生物色谱技术、薄层色谱-生物显影技术、生物热活性检测技术等均属于生物鉴定范畴,该方法可用于中药品种鉴定、质量控制、新药源寻找与利用,以及确定毒效关系等方面。

（2）现代生物技术鉴定方法:现代生物技术是指以现代生物学理论为基础,应用先进的工程技术和其他相关学科的研究成果,对生物材料进行深入的研究,按照预先设计来改造生物体或利用生物体系加工底物原料,为人类提供所需的各种产品或达到某种目的的一类新型跨学科技术。现代生物技术以基因工程为主要标志,其核心是分子生物学。现代生物技术在中药鉴定中应用最多的是DNA分子标记技术,是指通过直接分析遗传物质的多样性来诊断生物内在基因排布规律及其外在性状表现规律的技术。基因芯片技术也有一定的应用前景。该方法是从分子生物学的角度研究中药品质,可用于近缘种之间的鉴定研究、种质资源评价、道地药材遗传背景判别及药用动植物分子系统研究。

从理论的系统性、方法的趋同性及应用的便捷性考虑,将生物鉴定法和现代生物技术鉴定法合二为一称为生物鉴定法。常用的方法主要有DNA分子遗传标记鉴定法、生物效价鉴定法、细胞生物学鉴定法、电泳鉴定法、免疫鉴定法等。

4. 安全性鉴定方法 中药安全性包括两方面内容,一是以毒理学实验方法研究中药的毒性问题,二是以理化实验方法研究中药毒性问题。本学科主要涉及第二类问题,即对植物自身次生代谢的内源性有毒成分进行限量控制和对药材生产、加工、贮藏中可能产生的有毒有害污染等外源性毒性成分进行限量控制。内源性毒性成分包括生物碱类、苷类、毒蛋白类、萜类与内酯类、蒽醌类及重金属类等,外源性毒性成分包括重金属及砷盐、农药残留、硫化物、微生物及其毒代谢产物(主要是黄曲霉毒素)。虽然安全性鉴定亦属于理化鉴定范畴,但由于其在中药品质鉴定中的特殊性和重要性,故单独加以论说。

第三节 中药鉴定学的发展趋势

一、中药鉴定学与中医药创新发展

(一)中医药创新发展的基本任务与优先领域

《国家中长期科学和技术发展纲要(2006—2020年)》中的《中医药创新发展规划纲要(2006—2020年)》的战略部署已把中医药继承与创新发展列为重点领域及其优先主题之一,提出了中医药创新发展的基本原则是:坚持"继承与创新并重,中医中药协调发展,现代化与国际化相互促进,多学科结合"的基本原则,推动中医药传承与创新发展。中医药创新发展的总体目标是:通过科技创新支撑中医药现代化发展,不断提高中医药对我国经济和社会发展的贡献率,巩固和加强我国在传统医药领域的优势地位;重点突破中医药传承和医学及生命科学创新发展的关键问题,争取成为中国科技走向世界的突破口之一;促进东西方医学优势互补、相互融合,为建立具有中国特色的新医药学奠定基础;应用全球科技资源推进中医药国际化进程,弘扬中华民族优秀文化,为人类卫生保健事业作出新贡献。为提高中医药创新发展能力,要努力完善中医疾病防治、养生保健和诊疗技术体系;健全中药现代产业技术体系;丰富发展中医药理论体系;建立国际认可的中医药标准规范体系;构建符合中医药特点的科技创新体系;形成国际科技合作网络体系。

中医药创新发展的基本任务是:"继承,创新,现代化,国际化"。优先发展领域为:①中医临床研究:包括中医药防治重大疾病研究、中医药优势病种疗效评价与推广研究、中医药传承研究、中医诊疗技术研究。②中药产业发展:包括加快构建中药农业技术体系,开展中药材规范化生产技术、加强中药工业关键技术的创新研究、开展以中药为基础的相关产品的研发、构建体现中药特点的研发技术平台。③基础理论研究:包括中医药理论体系研究、临床基础理论研究、中药基础理论研究、医学发展模式研究、标准规范研究(中医药标准体系的构架、中医技术标准研究、中药技术标准研究)。④创新体系建设:包括建立符合中医药特点的方法学、建立中医药创新发展平台、培育创新型人才队伍、国际科技合作(促进中医药进入国际主流市场、建立中医药国际科技合作网络、制订传统医药国际科学研究计划)。

(二)中药鉴定学在中医药创新发展中的作用

在中医药创新发展进程中,与中药相关的重点研究领域及研究方向主要为中药产业化发展、中药基础理论研究、中药标准规范研究、中药创新体系研究。中药鉴定学的内涵决定了中药鉴定学的任务:①考证和整理中药品种;②鉴定中药真伪优劣;③研究和制定中药质量标准;④寻找和扩大新药源。这些恰恰是中医药创新发展的重点研究领域和方向。中药品质鉴定和控制,新药源的寻找和扩大,是一项复杂的系统工程。在中医药创新发展的进程中,必须加快中药质量标准化、规范化和品质保证体系的建立与完善,以确保中药的品质,从而为中医药创新发展奠定基础。

1. 在中药产业化发展中的作用 ①中医药创新发展规划中提出了"加快构建中药农业技术体系",包括开展中药材规范化生产技术、中药材质量系统评价、珍稀濒危品种保护、繁育和替代品等研究;在进行中药资源调查的基础上建立中药材种质库、基因库、化学样品库等;按照中药材生产的特点,借鉴现代农业和生物技术,完善中药材资源保护与可持续利用的关键技术,使中药农业向现代化、专业化、规模化发展等内容。这些内容正是中药鉴定学的主要任务,通过品质鉴定,推动中药农业在种植、培育、采收、土壤水质、除病虫害等方面加以控制,实施药材种植标准操作规程,实现中药材规范化种植和产业化生产,对中药资源加以保护;通过寻找和扩大新药源,开展全国性药源普查,从民族药、民间药、有效成分、古代本草、药理研究与临床结合的新药研究、老药开发新用途、生物亲缘关系等途径扩大新药源,保证中药的可持续发展和利用,从而发挥在中药产业化发展中的作用。②中医药创新发展规划中提出了"开展以中药为基础的相关产品的研发",包括重点开展疗效确切的传统中药的"二次开发"和物质基础与作用机制相对明确的现代新药研发;以中药为基础的保健品、日用品、化妆品、食品添加剂和中药农药、兽药、饲料添加剂等绿色产品的开发研究等内容,这些内容也正是中药鉴定学的主要任务之一"寻找和扩大新药源"的研究内容。中药材新药包括新发现的中药材及其制剂、新的中药材代用品和中药材新的药用部位及其制剂,中药材新药及以中药为基础的保健品、日用品、化妆品、食品添加剂和中药农药、兽药、饲料添加剂等研究对象的选择是中药鉴定工作者的经常性工作,是选题的主要力量,在中药为基础的相关产品的研发中也承担着主要角色。③中医药创新发展规划中提出了"构建体现中药特点的研发技术平台",中药鉴定学在此过程中发挥着重要作用,如建立疗效及安全性评价平台、制剂与质量控制平台等。

2. 在中药基础理论研究中的作用 中医药创新发展的任务之一是进行中药基础理论研究,重点开展中药药性理论、四气五味、归经理论、方剂配伍理论、中药复方药效物质基础和作用机制等研究,对中药道地药材、中药药性理论和方剂配伍理论进行科学表征,探索方剂多组分的药物代谢与相互作用关系,研究中药复方组成成分的量效、时效、谱效和毒效关系等。中药材的道地性是中医学的理论基础之一"天人合一"思想的外延,是中医学理解中药药性形成机制的基本指导思想,是中医药现代化必须解决的关键共性科学基础问题,是中药鉴定学的品种与质量鉴定的研究领域。近年来,中药鉴定学的科学工作者利用仪器分析技术、分子生物学技术、计算机技术等对中药材道地性的形成、属性、品质评价、遗传学特点等方面进行了系统研究,探索了道地性的科学内涵,为实现中药基础理论的中医药创新奠定基础。

3. 在中药标准规范研究中的作用 中医药创新发展中的重要任务是中药标准规范研究，以提高中药产品和产业技术水平为目标，按照中药多组分、非线性、多元化、多环节发挥效应的特点，研究建立中药材种质、品种、质量、种植、采集、加工、饮片炮制、提取等规范性技术标准与技术规范、中药疗效与安全性评价标准、中成药生产工艺与装备标准、质量控制标准、中药标准品（对照品）库等。中药鉴定学的主要任务即为研究和制定中药质量标准，目前中药质量标准包括：①国家标准，即《中华人民共和国药典》《中华人民共和国卫生部药品标准》《国家食品药品监督管理局药品标准》等；②地方标准；③行业和企业标准。这些标准中，涉及中药材及其制剂的品种来源、药用部位、采收季节、产地加工、性状鉴别、显微鉴别、理化鉴别、含量测定、检查、炮制、贮藏和功效等，其中绝大部分内容都是中药鉴定学研究的范围。中医药的创新发展，首先是中药质量标准的创新，中药标准的创新是极为复杂的问题，要做的工作还很多，要走的路还很长，可谓任重而道远。由此可见，中药鉴定学科在中医药创新进程中占有举足轻重的地位。

4. 在中药创新体系研究中的作用 中药创新体系的研究主要是建立符合中药特点的方法学和关键技术平台。建立符合中药特点的能被国际社会认可的质量评价控制模式与方法的关键技术是中医药创新发展的另一重要研究领域，也是中药鉴定学研究的难点和热点问题。近年来，国内学者从中药作用的整体性、组成成分的多样性、作用靶点的复杂性，以及成分间相互作用的难以预测性等方面，分别从本草属性、品种特性、化学特性、组效关系、组分结构关系等方面对中药质量评价的关键技术进行研究，其中指纹图谱技术是整体研究中药质量不可或缺的关键技术，它反映出不同药材化学成分上的差异；组效关系技术在阐明药效物质基础方面取得一定进展；代谢组学技术从系统生物学角度对中药多组分、多作用靶点及中药多组分物质代谢前后进行全面系统性的质量监控，是一种从宏观到微观的中药质量控制模式；近年来兴起的机器视觉技术"电子鼻""电子舌"等大量用于药材、饮片的质量评价，药材客观性状指标与化学成分、药效的相关性也取得了一定进展；此外，体现整体观、综合量化集成思想的新技术，如基于植物次生代谢产物的代谢组学技术在红景天、川木香、地黄、三七等药材的质控中进行了大量的实践，基于效应成分指数的质控模式在黄连中进行了实践等，这些关键技术均推动了中药现代化的进程。

二、中药鉴定学发展的特点

1. 传承保护的基石作用 古代由于受科学技术水平的限制，对中药品质的评价仅为性状鉴别，逐渐形成了"辨状论质"的品质鉴定理念，这是原始的中药鉴定学的形成。秦汉年代，《神农本草经》将药材分为"上、中、下三品"，有"土地所出，真伪陈新"、"有毒、无毒"和"性、效、用"的论述，体现了原始的中药品质观。南北朝梁代，《本草经集注》中采用自然属性的分类方法，增加了基原考察、产地、形态、鉴别等内容。特别是依据药材的产地、性状与疗效，把中药的品质分为4个层次表述：①用"最佳""最好""最胜""甚良""至良"等术语表示中药品质优良；②用"为良""为好""为佳""亦良""亦好"等术语表示中药品质良好；③用"可用""亦入药""少用""世用亦少""方用至少"等术语表示中药品质一般；④用"不好""不佳""不堪用""不入药用""不复用"等术语表示中药品质不良，奠定了中药"辨状论质"的品质鉴定理念。后来，经历代医药学家不断充实和完善，特别是明代《本草纲目》集诸医药学家之大成，对中药基原、产地、采收加工、炮炙、性、效、用均有记述或评价，体现系统的中药品质观,为后世中药品质鉴定、评价奠定了坚实的基础。因此,经历代医药学家不断总结提炼,已经形成一套用语精练且形象直观的中药品质鉴别、"辨状论质"的评价体系。这一理念与实践,可以称之为传统的中药鉴定学。这些几千年来积累起来的宝贵财富,至今仍为中药鉴定学的重要内容之一,而且在《中国药典》收载的每一味中药中都有所体现,是中药鉴定学发展的基石。

2. 科学技术的推动作用　科学技术推动了中药鉴定学的诞生与发展:①随着近代显微镜技术、物理、化学分析技术的发展,生药学对生药的显微分析、理化分析方法和技术,相继应用到中药品质鉴定中来。20世纪中叶,现代的中药鉴定学诞生,在继承了传统的中药鉴别、"辨状论质"的基础上,采用了现代的显微和理化鉴别技术与方法,使中药品质鉴定水平飞跃发展到一个新的高度,为以后该学科的发展奠定了基础,具有划时代的意义。1977年版《中国药典》首次增加了中药显微鉴别内容,1985年版《中国药典》首次增加了中药理化鉴别内容。②近20年来,随着现代科学技术的不断进步与发展,许多新的理论与技术的不断渗透,如数理统计学、模糊数学、计算机图像分析、细胞生物学、分子生物学、药理学、分析化学、植物化学等,尤其是光谱、色谱、现代生物等多种技术的应用,使中药鉴定学的研究思路不断拓展,研究范畴不断扩大,研究对象不断增加,研究手段不断改进与提高。同时"中药化学物质组学""组效关系""系统生物学""组分结构"等新的品质评价理论的出现,也使得中药鉴定学科出现了一个蓬勃发展的全新时期。

3. 中医特色的主导作用　中医理论十分强调中药的整体效应,重视诸多化学成分在药效上的协同和制约作用。中医学学术体系的这一特色主导着中药鉴定学科的发展,这是与西方生药学最本质的区别。中药品质涉及多个环节:种质资源遗传特性、生境生态环境、栽培技术、采收加工、炮制、运输贮藏、用法等。只要其中任何一个环节控制不好,都会影响中药临床的安全性和有效性。这些问题的解决,涉及中药的种质、资源、栽培、采收、加工、炮制、药效物质基础、作用机制、药性理论等中药基础性的品质研究工作。中药的有效物质是中药临床疗效的关键,中药有效物质的积累,与上述各个环节都有关系。确定中药的有效物质是中药品质研究的难点,必须在中医药理论和特色的主导下进行。这一认识过程正是中药鉴定学半个世纪以来的发展过程:中药鉴定标准经历了外观形态和性状经验鉴别、显微鉴别、化学对照品薄层色谱鉴别、对照药材薄层色谱图与供试品色谱图比较鉴别、活性成分或指标性成分的含量测定、色谱指纹图谱以及分子生物学鉴定等。从最初重点对终端药材鉴定,到对各个环节进行监控保证其品质;从测定中药单一成分过渡到测定多种成分;从测定指标性成分过渡到强调测定活性成分。在有效物质的研究方面,逐步开始注重综合考虑中药的功效来设计药理模型。近年来,在中医理论的主导下,广大中医药工作者对中药品质鉴定研究的模式不断思考和探索,认为参照化学药品,以植物化学和药理研究为基础的质量标准模式在将来一段时间内仍然是中药质量标准研究的主流,但从长远看,一种综合的中药品质鉴定与评价体系将是客观需求,是发展的必然趋势。

4. 科学研究的决定作用　我国改革开放40多年来,中医药事业有了长足的发展,尤其是经过国家"七五"等重大科技攻关、重点研发计划项目的实施,对常用中药从本草考证、原植物与资源调查、产地、栽培技术、性状鉴别、显微特征、炮制、化学成分、质量标准和药理药效等方面进行了系统的研究。研究成果充实了常用中药品质鉴定的内涵,使中药真、伪、优、劣评价有了较大提高,同时也有效地澄清了药材品种混乱的现象。国家"973"等重大科研项目对中药的药性品质等进行深入研究,提升了中药基础理论的科学内涵。国家自然科学基金课题中对中药品质研究的比重也逐年增大。中药鉴定学在中药品质科学研究的实践中得到了较快发展,发展了的中药鉴定学又更好地服务于社会,使中药鉴定学在与中药品质有关的各个环节中都发挥了重要作用。

三、中药鉴定研究的思路

1. 建立体现中医药特色的中药鉴定标准　现行的以植物化学和药理研究为基础的中药质量标准模式,随着中医药事业和科学技术的不断发展,必将过渡到体现中医药整体观特色的中药质量标准综合评价模式,因为它是最客观反映中药质量的评价体系。那么,什么是体现中医药特色的中药质量标准呢?它应该具备以下三个特点:①反映中药临床应用有效性、安全性的有效物质基本明确;②鉴定内容能基本反映该药整体有效物质的生物学或化学信息;③鉴定项目具有专属性和稳定性。可见,这是一项长期的和艰巨的工作,需要大量的基础研究工作。因为影响中药的品质有多个环节,每个环节又有多种因素,所以要注意各个环节中药品质保证体系的建立。以药材质量标准为核心,建立相应的种源标准、栽培标准、产地加工标准等。在各个标准的研究中,研究方案和技术路线必须体现传统的中药临床特性,试验中必须遵循验证的原则。因此,体现中医药特色的中药质量标准应该是体现中药临床特性,包涵种质遗传特性、生态特性、栽培技术、采收加工、中药材及饮片等系列的中药质量标准。以药材质量标准为核心的各个环节的中药质量标准体系的确立,有利于系统地对中药的有效物质基础进行研究,有利于对中药品质进行综合评价,也为中药逐步实现现代化、国际化奠定了重要的基础。

2. 建立体现中医药特色的中药鉴定研究模式　中药品质的特殊性,不仅决定了中药质量标准体系的中医特色,也决定了中药鉴定研究模式的中医特色。因此,中药鉴定的研究模式要体现中医的整体观,在目前以化学成分含量为主的化学研究的基础上,要深入研究建立整体化学信息评价和鉴定体系,同时要增加生物学信息评价和鉴定体系,即体现中医药特色的中药鉴定研究模式应包括:总体形态学信息、总体化学信息、总体生物学信息。

(1)总体形态学信息:包括基原、性状、显微为核心的形态学信息,主要是通过药材的来源鉴定、传统的性状鉴定、组织与粉末等显微鉴定,利用药材稳定的生物学特性鉴定中药。

(2)总体化学信息:以有毒和有效的化学成分组为核心的化学信息,是通过药效成分组的定性、定量分析,或对毒性成分组的限量检查评价中药质量,体现了中药的有效性和安全性。

(3)总体生物学信息:包括以遗传主导因素和环境饰变因素为核心的细胞和分子生物学信息及以药效学为核心的生物效应信息。细胞生物学信息主要是通过药材中细胞染色体数目、细胞核型分析等方法鉴定中药。分子生物学信息主要是通过DNA分子遗传标记技术、DNA条形码技术等,根据药材中具有遗传信息的DNA鉴定中药;生物效应信息主要是通过生物检定法和药理学评价体系等以生物学指标或药效毒理参数鉴定中药。

将总体形态学信息、总体化学信息、总体生物学信息有机地结合起来,就是符合中医药理论的中药品质鉴定研究模式(图1-1)。

如果说建立体现中医药特色的中药品质鉴定标准是纵向思维将各个与中药品质相关环节的标准集成,那么,建立体现中医药特色的中药鉴定研究模式,则是横向思维将各个与中药品质相关因素的信息集成,两者有机结合就构成了未来中药鉴定研究模式的基本框架。

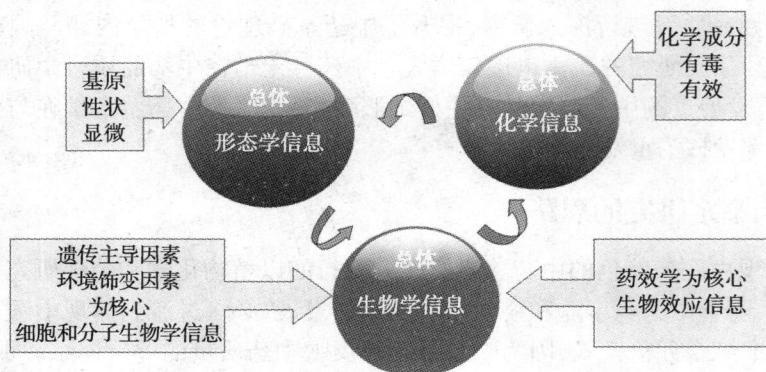

图1-1　中医药特色的中药鉴定研究模式图

3. 运用多学科交叉的中药鉴定方法与技术　中药鉴定学融合了多学科的知识,多学科结合是中药鉴定学发展的必然途径,中药鉴定学的主要任务是鉴定药材质量,中药质量具有其本草学属性,承载中药品种的选择、产地的传承、功效的更迭、成分的形成和变化等方面,在中药鉴定体系中,应充分考虑到中医药理论的多成分、多靶点的整体性和综合性特点,为此中药鉴定的方法及技术涉及药用植物学、分析化学、药理学、中药资源学、中药化学、分子生物学、中医药信息学等多个学科,例如扫描电镜技术、DNA分子标记技术、条形码技术、电泳技术、中药生物芯片技术、人工神经网络鉴定技术、电子鼻鉴定技术及光谱法、色谱法、生物效价法、免疫鉴定法、细胞生物学法、mRNA差异显示法以及各种统计学分析的方法等,均应用于中药的鉴定中。

4. 理论和技术不断创新是中药鉴定研究发展的动力　回顾中药鉴定学的发展历程,从最古老的中药鉴别知识,到较系统的经验鉴别,到"辨状论质"的理论形成,再到现代中药鉴定学的诞生,理论和技术的创新是每个阶段快速发展的关键。这就提示我们:被动地、单纯地依靠其他学科的发展来促进自身发展,仅仅是一个方面,还要靠自身理论与技术的创新这一主观能动性,这样才能起到事半功倍的效果。这是值得我们深思和探讨的具有战略意义的一个重要课题。

5. 中药生产和应用的不断发展增加中药鉴定研究的活力　在中药鉴定学应用的实践中,不断出现的新问题、解决问题的新方法、从中获取的经验和成果,都将会使中药鉴定学自身的发展充满活力。因此,中药鉴定研究一定要与中药的生产和应用实践紧密结合,不能脱离实际。这就要求政府主管部门、中药科学研究部门和科研工作者都要以促进中药科学进步和推动经济发展为准则,保持中药鉴定研究不偏离自身发展的客观规律。

6. 中药国际化必然使中药鉴定研究成为世界共享的科学财富　人类的历史是不断由必然王国向自由王国发展的历史,尽管中药现代化还处于初级阶段,但经过数千年发展起来的中医药学一定会服务于全人类。中药鉴定研究要提倡开放式模式,要广泛加强国际交流与合作,目前国际上崇尚回归大自然和天然药物疗法的态势为此提供了可能。中药鉴定研究课题成为世界性研究课题之时,也就是中药鉴定学成为全世界共享的科学财富之日,这是历史发展的客观需求。

（康廷国　张　慧）

参 考 文 献

[1] 康廷国. 中药鉴定学[M]. 北京: 中国中医药出版社, 2012.

[2] 万德光. 中药品质研究——理论、方法与实践[M]. 上海: 上海科学技术出版社, 2008.

[3] 谢宗万. 中药品种新理论的研究[M]. 北京: 人民卫生出版社, 1995.

[4] 王阶, 肖小河, 贾伟. 中药研究与中医药国际化发展战略[J]. 中国中药杂志, 2003, 28(6): 586-587.

[5] 肖小河, 黄璐琦, 马小军. 论中药和中药现代化的新内涵及其意义[J]. 中国中药杂志, 2003, 28(3): 282-286.

[6] 国家发展计划委员会. 现代中药产业化专项实施方案. 计办高计〔2001〕129号.

[7] 元英进, 刘明言, 董岸杰. 中药现代化生产关键技术[M]. 北京: 化学工业出版社, 2002.

[8] 张贵君. 常用中药生物鉴定[M]. 北京: 化学工业出版社, 2006.

[9] 蔡少青. 生药学[M]. 第5版. 北京: 人民卫生出版社, 2007.

[10] 李萍. 现代生药学[M]. 北京: 科学出版社, 2006.

[11] 黄璐琦, 肖培根. 分子生药学[M]. 北京: 中国中医药出版社, 2008.

[12] 徐国钧, 徐珞珊, 何宏贤, 等. 中国药材学[M]. 北京: 中国医药科技出版社, 1996.

[13] 王峥涛. 中药质量标准研究进展与展望[J]. 中国天然药物, 2006, 4(6): 403-410.

[14] Zhao ZZ, Li YS. Illustrated 100 Group Easily Confused Chinese Materia Medica[M]. Traditional Chinese version. Wan Li Book Co. Ltd. 2008.

[15] 康廷国, 袁昌鲁, 杨松松. 时间生药学[J]. 辽宁中医杂志, 1994, 21(12): 529-532.

[16] Hu YN, Kang TG, Zhao ZZ. Studies on Microscopic Identification of Animal Drugs'Remnant Hair(1) Identification of Cordyceps sinensis and its Counterfeits[J]. Natural Medicines, 2003, 57(5): 163-167.

[17] Hu YN, Kang TG, Zhao ZZ. Studies on Microscopic Identification of Animal Drugs'Remnant Hair(2) Identification of Ground Beetle and its Counterfeits[J]. Natural Medicines, 2004, 58(5): 185-189.

[18] Cheng XX, Kang TG, Zhao ZZ. Studies on Microscopic Identification of Animal Drugs'Remnant Hair(3) Identification of Several Species of Cauda Cervi[J]. Natural Medicines, 2007, 61(5): 51-55.

[19] 栾晓静, 苑冬敏, 康廷国. 五子衍宗丸中枸杞子的显微定量[J]. 辽宁中医杂志, 2007, 34(5): 646-647.

[20] 苑冬敏, 栾晓静, 康廷国, 等. 中药显微定量法的应用研究[J]. 辽宁中医杂志, 2006, 33(4): 459-460.

[21] 苑冬敏, 刘扬, 康廷国, 等. 黄柏的显微定量研究[J]. 中华中医药学刊, 2007, 25(5): 964-966.

[22] 翟延君, 张元桐, 康廷国, 等. 中药水红花子HPLC指纹图谱研究[J]. 中成药, 2007, 29(8): 1101-1104.

[23] 王小如. 中药及中药材质量控制关键技术[M]. 北京: 化学工业出版社, 2006.

[24] 国务院16部门联合发布实施. 中医药创新发展规划纲要(2006—2020年)[J]. 中医药管理杂志, 2007, 15(4): 225-230.

[25] 姜华, 高原, 杨景明. 源于"整体观"思想的中药质量评价方法研究概述[J]. 中国中药杂志, 2015, 40(6): 1027-1031.

[26] 吴婉莹, 果德安. 中药整体质量控制标准体系构建的思路与方法[J]. 中国中药杂志, 2014, 39(3): 351-356.

[27] 肖小河, 鄢丹, 马丽娜, 等. 中药现代化研究近十年概论[J]. 中国现代中药, 2012, 14(1): 7-12.

第二章　中药来源（基原）鉴定研究

长期以来,中药材存在着同名异物、同物异名、以伪充真等错综复杂的混乱现象,造成了中药材品种问题,影响了中药的质量及临床疗效。中药材品种的实质是中药材的基原问题,基原错误,药材则名存实亡。因此掌握中药材基原鉴定的思路与方法至关重要。本章阐述了中药材基原的含义和意义,基原鉴定的依据、指导思想、鉴定方法等,以及本草考证的思路与方法。

第一节　中药材基原的含义和鉴定意义

一、中药材基原的含义

中药是中华民族经过几千年临床实践验证的传统药物,传统中药材基原是指历代本草记载、长期临床验证的药材品种,是中药材传承和发展的源头。具体来讲,中药材的基原分植物、动物及矿物三类。植物、动物的基原包括该物种的不同品种,即物种下的栽培(养殖)或野生品种、不同产区范围的品种。基原鉴定就是用一种或几种鉴定方法确定药材来源的品种。

二、中药材基原鉴定的意义

基原问题直接代表中药品种的正确与否,直接影响临床用药的安全与疗效。对中药材进行基原鉴定,确保品种准确,从源头上控制中药质量,是从事中药生产、资源开发、新药研究与临床应用等必不可少的重要环节与首要任务。受到物种的延续性、变异性、地域性和多元性等因素的影响,中药材的品种来源具有多样性和复杂性的特点,中药材基原鉴定就是对其品种的鉴定,包括本草记载、物种及生态习性、产区范围、采收和加工等整体基础上的品种鉴定,有不可更改和不可替代的属性,是中药材鉴定的基础,是中药鉴定工作中首先要遇到的、必须解决的问题,也是中药继承、研究、生产、开发利用的主要依据,因此中药材的基原、品种鉴定是一项长期而艰巨的任务。

(一)保证用药的准确、安全和有效

中药材基原鉴定是保证人民用药准确、安全和有效的重要环节。药物是人类与疾病作斗争时应用的重要武器,倘若基原不准,品种混乱,在治病时就会直接影响整体疗效。如果

14

是与生命攸关的疾病,势必贻误病机乃至直接危害人的生命。明代李时珍早就指出:一物有谬,便性命及之。中药材的基原鉴定是直接关系到人类健康的大事,绝不可等闲视之。鉴定并整理中药材的复杂品种,弄清它们的历史渊源,还它们的本来面貌,从而正本清源,澄清混乱,去伪存真,拨乱反正,保证人民用药的准确、安全和有效。

（二）提高祖国医药学信誉

中药材基原不清、品种混乱,直接关系到祖国医药学的信誉。中国医药学有几千年的历史,在国内享有很高的信誉,在国际上也有广泛的影响。中药材基原不清、品种混乱直接影响中药的质量和中医临床疗效。作者在国外曾经发现出口到国外的药材和饮片存在着基原混乱现象,如用味牛膝充牛膝,白附子片充白附片,爵床科的广大青叶混充大青叶等。这种基原的混乱严重地破坏了祖国医药学的信誉和影响了中医药走向世界。只有通过鉴定中药品种,才能澄清混乱,拨乱反正,保证用药的安全有效,提高祖国医药学的信誉。

（三）合理利用和扩大中药资源

中药材基原不清、品种混乱,不仅危害人民身体健康,而且劳民伤财,浪费中药资源,给社会经济带来不应有的损失。例如有些地方标准收载的药材,流通到外地混充正品,被作为混伪品处理掉。混乱品种还搞乱了人们的思想,长期混乱,致使后来者以假当真,以真为假,搞得真假不分,是非颠倒,为害甚剧,严重影响正品药材的生产及中药资源的合理利用。只有通过基原鉴定,确定中药材品种,才能拨乱反正,正本清源,为发展正品药材生产、合理利用中药资源服务。研究中药材基原,澄清混乱复杂品种的过程中,要做大量的调查研究、本草考证、科学实验、临床验证等研究工作,搞清品种基原,明确主要成分和功效,使中药资源得以合理应用。同时发现新的品种和新的疗效,扩大中药资源,提高临床疗效,促进中医药学科的发展。

第二节　中药材基原鉴定的思路与方法

中药材基原鉴定的思路与方法,首先要有正确的指导思想,明确基原鉴定的目的和要解决的问题,根据具体情况确定基原鉴定的依据,熟悉中药材基原现状,了解中药材基原问题形成的原因,制定相应对策与方法。中药材基原鉴定所应用的方法,应包括传统的基原鉴定法和DNA分子标记等生物鉴定法及其他新的方法。传统的原植物、动物形态鉴别是最快速、最经济的鉴定方法,应首先应用。复杂的、难以鉴定的品种可应用DNA分子标记等生物鉴定法和其他新的方法。

一、中药材基原鉴定的依据

《中华人民共和国药品管理法》第五章药品管理第32条规定:"药品必须符合国家药品标准","国务院药品监督管理部门颁布的《中华人民共和国药典》和药品标准为国家药品标准"。国家药品标准为法定的药品标准。除国家药品标准外,各省、自治区、直辖市颁发的中药饮片炮制规范亦为法定药品标准。另外,各省、自治区、直辖市颁发的地方药品标准,亦为该地区中药鉴定的依据。国务院药品监督管理部门组织药典委员会,负责国家药品标准的制定和修订。中药标准是对中药的品质要求和检验方法所作的技术规定,是中药生产、经营、使用、检验部门遵循的法定依据。因此,中药材基原鉴定必须遵循以下依据。

（一）国家药品标准

国家药品标准包括《中华人民共和国药典》和《中华人民共和国卫生部药品标准》。

1.《中华人民共和国药典》（简称《中国药典》） 《中国药典》是国家监督管理药品质量的法定技术标准。它规定了药品的来源、质量要求和检验方法,是全国药品生产、供应、使用和检验等单位都必须遵照执行的法定依据。《中国药典》一经颁布实施,其同品种的上版标准或其原国家标准即同时停止使用。

为了更好地使用《中国药典》,依法进行中药鉴定,除掌握《中国药典》中正文的内容外,还必须了解凡例等的有关规定。

2. 部颁药品标准 《中华人民共和国卫生部药品标准》（简称《部颁药品标准》）是补充在同时期该版《中国药典》中未收载的品种或内容,与《中国药典》同属国家药品标准,也是全国各有关单位必须遵照执行的法定药品标准。包括:

（1）中药材部颁标准: 由卫生部责成中国药品生物制品检定所（现更名为中国食品药品检定研究院）,组织各省、自治区、直辖市药品检验所编写制定。对《中国药典》没有收载的品种,凡来源清楚、疗效确切、经营使用比较广泛的中药材,本着"一名一物"的原则,制订了《中华人民共和国卫生部药品标准·中药材》(第一册)、《中华人民共和国卫生部药品标准·藏药》(第一册)、《中华人民共和国卫生部药品标准·蒙药》(分册)、《中华人民共和国卫生部药品标准·维吾尔药》(分册)等。

（2）中成药部颁标准:《药品管理法》实施以来,针对中成药品种中存在处方不合理,疗效不确切等问题,国家为了加强中成药管理,促进中成药生产,提高质量,保证人民用药安全有效,于1986年全国各省、自治区、直辖市卫生厅(局)对中药成方制剂进行全面调查,对符合部颁标准条件的品种,整理汇编为《中华人民共和国卫生部药品标准·中药成方制剂》,分20册,共4052种。

（3）进口药材部颁标准: 我国常用的进口药材约50种,现行版为2004年再次根据药典品种的变化进行修订并执行的《儿茶等43种进口药材质量标准》。

（二）地方药品标准

各省、自治区、直辖市制订的中药材标准,收载的药材多为国家药品标准未收载的品种,而为各省、自治区或直辖市的地区性习惯用药,该地区的药品生产、供应、使用、检验和管理部门必须遵照执行,而对其他省区无法定约束力,但可作为参照执行的标准。其所载品种和内容若与《中国药典》或部颁药品标准有重复或矛盾时,首先应按《中国药典》执行,其次按部颁药品标准执行。

值得指出的是,我国中药资源丰富,品种繁多,在鉴定时有许多品种不是国家药品标准所收载的,没有药用的法定依据。但为了确定其品质,为进一步研究探讨地区药用的可能性,还可以根据其他有关专著进行鉴定研究。

（三）古代本草与现代文献

对于国家标准和地方标准均未收载的品种,可依据本草记载和有关中医药著作文献进行鉴定。本草记载了我国人民在同疾病作斗争的过程中所积累的医药知识和经验,从秦、汉到清代,本草著作约有400种之多,总结了中药应用和鉴别的宝贵经验,是祖国医药学的宝贵财富。秦、汉时期的《神农本草经》载药365种,唐代《新修本草》载药850种,宋代《经史证类备急本草》载药1746种,明代的《本草纲目》载药1892种,清代《本草纲目拾遗》载药921种,拾遗补正李时珍的《本草纲目》,新增药716种。本草记载的中药品种至少有2800多种,是我们品种鉴定的重要历史依据。品种鉴定时的本草考证工作,就是寻找药材鉴别和应用的历史依据。在应用本草依据时,既要尊重古人的经验,又要考虑到它的局限性,要结合当前客观实际辩证对待。事物是发展的,注意中药材品种、药用部位、功能主治等的变迁和发展。

现代医药文献也是我们中药材品种鉴定的依据之一,现代文献虽然无法律依据,但记载的内容绝大部分是有科学依据的,例如《常用中药材品种整理和质量研究》(共12册),是国家攻关课题的研究成果,是经过实地调查和实验研究得出的结论。现代文献内容丰富,品种数量多,如《中华本草》全书共34卷,共收载药物8980味。与品种鉴定有关的著作还有:谢宗万《中药材品种论述》(2册)、《中药志》(第2版6册)、《全国中草药汇编》(2册)、《中药大辞典》等,品种鉴定时均可作为参考依据。

二、中药材基原鉴定的指导思想

中药材基原鉴定要有正确的指导思想,中药材基原鉴定的指导思想就是根据基原鉴定的依据,通过实地调查,应用相应的鉴定方法,准确鉴定药材基原,达到药材名实相符、拨乱反正,去伪存真,澄清混乱,正本清源,保证人民用药准确、安全和有效。同时要考虑中药材的合理利用和扩大中药资源。

中药材基原虽然存在混乱现象,但主流品种在延续,在发展。进行基原鉴定时,要考虑到药材品种的延续和变异,在漫长的岁月中,中药品种代代相传,延续至今,已有几千年的悠久历史。整个中药品种发展史就是处于药材品种的延续与变异的相互交织之中,中药品种之所以长期延续而不衰,关键在于其具有确切的疗效。也正是由于大量中药品种的不断稳定延续,才能使祖国医药学得以长期流传与发展。

三、中药材基原的现状分析

中药材品种经历了漫长的岁月,在常用中药材中,多来源或具有复杂性品种约占总量的2/5。进行中药材基原鉴定工作,必须熟悉中药材的基原、品种现状,了解存在的问题,注意中药材基原中主流品种的延续和变化,注意不同时期的"品种变异"和新增的品种。

(一)《中国药典》收载的药材

1. 药材来源的变更

(1)紫草:传统正品为紫草科紫草属植物紫草 *Lithospermum erythrorhizon* Sieb et Zucc.的根。后在新疆地区发现同科软紫草属植物新疆紫草 *Arnebia euchroma*(Royle)Johnst. 的根,称软紫草,其质量较传统正品紫草优,被收入《中国药典》,之后内蒙紫草 *Arnebia guttata* Bunge也被收入《中国药典》,1995年版《中国药典》收载的紫草来源为紫草科植物新疆紫草、紫草或内蒙紫草的干燥根。从2005年版《中国药典》开始,收载的紫草来源为新疆紫草和内蒙紫草两个同属植物的根,未收载 *Lithospermum* 属植物紫草。

(2)金银花:传统正品为忍冬科植物忍冬 *Lonicera japonica* Thunb.的干燥花蕾,后来发现同属多种植物的花蕾在成分和功效上与忍冬很相似,便收入《中国药典》作为金银花的来源。1995年版《中国药典》收载的金银花为忍冬科植物忍冬 *Lonicera japonica* Thunb.、红腺忍冬*Lonicera hypoglauca* Miq.、山银花 *Lonicera confusa* DC. 或毛花柱忍冬*Lonicera dasystyla* Rehd. 的干燥花蕾或带初开的花。从2005年版《中国药典》开始，收载的金银花来源又回到了忍冬科植物忍冬*Lonicera japonica* Thunb. 一种植物，另外的几种植物作为山银花的来源。可见药材的来源不是一成不变的。

（3）木通：木通的原植物变化较大，木通科植物木通*Akebia quinata*(Thunb.)Decne. 的藤茎在本草中曾称之为木通或通草，在日本称为木通。《中国药典》(1963年版)收载的木通为木通科植物木通*Akebia quinata*(Thunb.)Decne的干燥藤茎；《中国药典》(1977年版、1985年版、1990年版、1995年版、2000年版)收载的木通为马兜铃科植物东北马兜铃*Aristolochia manshuriensis* Komar的藤茎。后发现关木通含有对人体有害的马兜铃酸，从2005年版《中国药典》开始，将此关木通删除，收载的木通来源为木通科植物木通*Akebia quinata*(Thunb)Decne、三叶木通*Akebia trifoliate*(Thunb.)Koidz.或白木通*Akebia trifoliate*(Thunb.)Koidz.var.*australis*(Diels)Rehd. 的干燥藤茎。《中国药典》(1977年版至2015年版)还收载川木通，为毛茛科铁线莲属*Clematis*植物绣球藤和小木通的藤茎，多在西南地区使用。

（4）川贝母、石斛、淫羊藿：从2010年版《中国药典》开始，将川贝母来源中增加太白贝母*Fritillaria taipaiensis* P. Y. Li或瓦布贝母*Fritillaria unibracteata* Hsiao et K.C.Hsia var.*wabuensis*(S. Y. Tang et S. C. Yue)Z. D. Liu, S. Wang et S. C. Chen的栽培品；石斛的来源变化为金钗石斛*Dendrobium nobile* Lindl.、鼓槌石斛*Dendrobium chrysotoxum* Lindl.或流苏石斛*Dendrobium fimbriatum* Hook. 的栽培品及其同属植物近似种的新鲜或干燥茎。同时将铁皮石斛单列，来源为兰科植物铁皮石斛*Dendrobium officinale* Kimura et Migo的干燥茎；药材淫羊藿的来源由淫羊藿*Epimedium brevicornum* Maxim.、箭叶淫羊藿*Epimedium sagittatum*(Sieb.et Zucc.)Maxim.、柔毛淫羊藿*Epimedium pubescens* Maxim.、巫山淫羊藿*Epimedium wushanense* T. S. Ying或朝鲜淫羊藿*Epimedium koreanum* Nakai的地上部分，修订为淫羊藿、箭叶淫羊藿、柔毛淫羊藿或朝鲜淫羊藿的叶，同时将巫山淫羊藿单列。

（5）黄柏、葛根：《中国药典》中有的多来源药材，经过科学研究后，分为一物一名的单来源药材，使其名实相符。例如黄柏与葛根，2005年版《中国药典》将原来黄柏的两个原植物分为黄柏与关黄柏两个药的来源，药材黄柏为芸香科植物黄皮树*Phellodendron chinense* Schneid. 的干燥树皮，关黄柏为芸香科植物黄檗*Phellodendron amurense* Rupr. 的干燥树皮。葛根分为葛根与粉葛两个药，葛根为豆科植物野葛*Pueraria lobata*(Willd.)Ohwi的干燥根，粉葛为豆科植物甘葛藤*Pueraria thomsonii* Benth.的干燥根。

2. 药材品种的增减　在从事中药材基原鉴定工作时，要时刻关注《中国药典》等国家标准收载品种的变化，以便准确选择鉴定依据。例如2005年版《中国药典》药材及饮片新增品种33种，绝大部分曾在全国省、市、自治区中药材标准(地方标准)里有记载，有应用历史，经科研和临床验证确有疗效，收入《中国药典》，变为法定品种，如川射干。有的原为《部颁标准》品种，经科研和临床验证，升入《中国药典》，如云芝。有的药典品种在临床应用中发现了问题，科学研究证明含有对人体有害的成分，所以从药典中删除，如2005年版《中国药典》删除了2000年版曾经收载的关木通、广防己、青木香等。2005年版《中国药典》新增植物药材见表2-1；2010年版《中国药典》一部收载品种2165种，其中新增1019种、修订634种，新增药材及饮片65种,见表2-2;2015年版《中国药典》进一步扩大药品品种的收载和修订,共收载品种5608种。一部收载品种2598种,其中新增品种440种、修订品种517种、不收载品种7种,新增药材及饮片3种,见表2-3。

表2-1 2005年版《中国药典》部分新增药材品种表

药材名	拉丁名	来源
云芝	CORIOLUS	多孔菌科真菌彩绒革盖菌*Coriolus versicolor*(L ex Fr.) Quel的干燥子实体
川射干	RHIZOMA IRIDIS TECTORI	鸢尾科植物鸢尾*Iris tectorum* Maxim. 的干燥根茎
矮地茶	HERBA ARDISIAE JAPONICAE	紫金牛科植物紫金牛*Ardisia japonica*(Thunb.)Blume干燥全草
穿山龙	RHIZOMA DIOSCOREAE NIPPONICAE	薯蓣科植物穿龙薯蓣*Dioscorea nipponica* Makino的干燥根茎
灯盏细辛（灯盏花）	HERBA ERIGERONTIS	菊科植物短葶飞蓬*Erigeron breviscapus*(Vant.)Hand. Mazz. 的干燥全草
贯叶金丝桃	HERBA HYPERICI PERFORATI	藤黄科植物贯叶金丝桃*Hypericum perforatum* L. 的干燥地上部分
独一味	HERBA LAMIOPHLOMIS	系藏族习用药材。为唇形科植物独一味*Lamiophlomis rotata*(Benth.)Kudo的干燥全草
黄藤	CAULIS FIBRAUREAE	防己科植物黄藤*Fibraurea recisa* Pierre. 的干燥藤茎
苦地丁	HERBA CORYDALIS BUNGEANAE	罂粟科植物紫堇*Corydalis bungeana* Turcz. 的干燥全草
红景天	RADIX ET RHIZOMA RHODIOLAE CRENULATAE	景天科植物大花红景天*Rhodiola crenulata*(Hook. F. et Thoms.) H. Ohba的干燥根及根茎
天山雪莲	HERBA SAUSSUREAE INVOLUCRATAE	系维吾尔族习用药材。为菊科植物天山雪莲*Saussurea involucrate*(Kar. et Kir.)Sch. Bip. 的干燥地上部分
水飞蓟	FRUCTUS SILYBI	菊科植物水飞蓟*Silybum marianum*(L.)Gaertn. 的干燥成熟果实
瓦松	HERBA OROSTACHYIS FIMBRIATI	景天科植物瓦松*Orostachys fimbriatus*(Turcz.)Berg. 的干燥地上部分
木通	CAULIS AKEBIAE	木通科植物木通*Akebia quinata*(Thunb.)Dec-ne、三叶木通*Akebia trifoliate*(Thunb.)Koidz. 或白木通*Akebia trifoliate*(Thunb.)Koidz. var. *australis*(Diels)Rehd.的干燥藤茎
菝葜	RHIZOMA SMILACIS CHINAE	百合科植物菝葜*Smilax china* L. 的干燥根茎
杜仲叶	FOLIUM EUCOMMIAE	杜仲科植物杜仲*Eucommia ulmoides* Oliv. 的干燥叶

表2-2　2010年版《中国药典》部分新增药材品种表

药材名	拉丁名	来源
一枝黄花	SOLIDAGINIS HERBA	菊科植物一枝黄花*Solidago decurrens* Lour. 的干燥全草
三棵针	BERBERIDIS RADIX	小檗科植物拟獠猪刺*Berberis soulieana* Schneid.、小黄连刺*Berberis wilsonae* Hemsl.、细叶小檗*Berberis poiretii* Schneid.或匙叶小檗*Berberis vernae* Schneid. 等同属数种植物的干燥根
大叶紫珠	CALLICARPAE MACROPHYLLAE FOLIUM	马鞭草科植物大叶紫珠*Callicarpa macrophylla* Vahl的干燥叶或带叶嫩枝
大豆黄卷	SOJAE SEMEN GERMINATUM	豆科植物大豆*Glycine max*(L.)Merr. 的成熟种子经发芽干燥的炮制加工品
大皂角	GLEDITSIAE SINENSISF RUCTUS	豆科植物皂荚*Gleditsia Sinesis* Lam. 的干燥成熟果实
狼毒	EUPHORBIAE EBRACTEOLATAE RADIX	大戟科植物月腺大戟*Euphorbia ebracteolata* Hayata或狼毒大戟*Euphorbia fischeriana* Steud. 的干燥根
高山辣根菜	PEGAEOPHYTI RADIX ET RHIZOMA	十字花科植物无茎荠*Pegaeophyton scapiflorum*(Hook. f.et Thoms.)Marq. et Shaw的干燥根和根茎
通关藤	MARSDENIAE TENACISSIMAE CAULIS	萝藦科植物通关藤*Marsdenia tenacissima*(Roxb.)Wight et Arn. 的干燥藤茎
黄山药	DIOSCOREA PANTHAICAE RHIZOMA	薯蓣科植物黄山药*Dioscorea panthaica* Prain et Burk. 的干燥根茎
黄蜀葵花	ABELMOSCHI COROLLA	锦葵科植物黄蜀葵*Abelmoschus manihot*(L.)Medic. 的干燥花冠
菥蓂	THLASPI HERBA	十字花科植物菥蓂*Thlaspi arvense* L. 的干燥地上部分
救必应	ILICIS ROTUNDAE CORTEX	冬青科植物铁冬青*Ilex rotunda* Thunb. 的干燥树皮
野马追	EUPATORII LINDLEYANI HERBA	菊科植物轮叶泽兰*Eupatorium lindleyanum* DC. 的干燥地上部分
野木瓜	STAUNTONIAE CAULIS ET FOLIUM	木通科植物野木瓜*Stauntonia chinensis* DC. 的干燥带叶茎枝
甜瓜子	MELO SEMEN	葫芦科植物甜瓜*Cucumis melo* L. 的干燥成熟种子
紫花前胡	PEUCEDANI DECURSIVI RADIX	伞形科植物紫花前胡*Peucedanum decursivum*(Miq.)Maxim. 的干燥根
紫珠叶	CALLICARPAE FORMOSANAE FOLIUM	马鞭草科植物杜虹花*Callicarpa formosana* Rolfe的干燥叶
紫萁贯众	OSMUNDAE RHIZOMA	紫萁科植物紫萁*Osmunda japonica* Thunb.的干燥根茎和叶柄残基
黑豆	SOJAE SEMEN NIGRUM	豆科植物大豆*Glycine max*(L.)Merr.的干燥成熟种子
筋骨草	AJUGAE HERBA	唇形科植物筋骨草*Ajuga decumbens* Thunb. 的干燥全草

续表

药材名	拉丁名	来源
蓍草	ACHILLEAE HERBA	菊科植物蓍 *Achillea alpina* L. 的干燥地上部分
蓝布正	GEI HERBA	蔷薇科植物路边青 *Geum aleppicum* Jacq. 或柔毛路边青 *Geum japonicum* Thunb. var. *chinense* Bolle的干燥全草
滇鸡血藤	KADSURAE CAULIS	木兰科植物内南五味子 *Kadsura interior* A. C. Smith的干燥藤茎
榼藤子	ENTADAE SEMEN	豆科植物榼藤子 *Entada phaseoloides*（Linn.）Merr. 的干燥成熟种子
蜘蛛香	VALERIANAE JATAMANSI RHIZOMA ET RADIX	败酱科植物蜘蛛香 *Valeriana jatamansi* Jones的干燥根茎和根
辣椒	CAPSICI FRUCTUS	茄科植物辣椒 *Capsicum annuum* L. 或其栽培变种的干燥成熟果实
暴马子皮	SYRINGAE CORTEX	木犀科植物暴马丁香 *Syringa reticulate*（Bl.）Hara var. *mandshurica*（Maxim.）Hara的干燥干皮或枝皮
翼首草	PTEROCEPHALI HERBA	为川续断科植物匙叶翼首草 *Pterocephalus hookeri*（C.B.Clarke）Höeck的干燥全草
翻白草	POTENTILLAE DISCOLORIS HERBA	蔷薇科植物翻白草 *Potentilla discolor* Bge. 的干燥全草

表2-3　2015年版《中国药典》部分新增药材品种表

药材名	拉丁名	来源
木芙蓉叶	HIBISCI MUTABILIS FOLIUM	锦葵科植物木芙蓉 *Hibiscus mutabilis L.* 的干燥叶
红花龙胆	ENTIANAE RHODANTHAE HERBA	龙胆科植物红花龙胆 *Gentiana rhodantha* Franch. 的干燥全草
岩白菜	HIBISCI MUTABILIS FOLIUM	虎耳草科植物岩白菜 *Bergenia purpurascens*（Hook.f.et Thoms.）Engl. 的干燥根茎

3. 药材的多来源问题　《中国药典》收载的药材品种,绝大部分一名一物,基原单一,没有品种混乱问题。但少部分药材存在多来源问题,如:黄连的来源有黄连、三角叶黄连、云连3种植物的根茎,商品药材的名称分别为"味连""雅连""云连"。升麻的来源有大三叶升麻、兴安升麻、升麻3种植物的根茎,商品药材分别称为"关升麻""北升麻""西升麻"。黄精的来源有黄精、多花黄精、滇黄精3种植物的根茎,商品药材分别称为"鸡头黄精""姜形黄精""大黄精"。郁金的来源有温郁金、姜黄、广西莪术、蓬莪术4种植物的块根,商品药材分别称为"温郁金""黄丝郁金""桂郁金""绿丝郁金"。另一种情况是同属植物有多种,《中国药典》的来源规定不明确,例如药材石斛的来源兰科植物金钗石斛、鼓槌石斛或流苏石斛的栽培品及其同属植物近似种的新鲜或干燥茎,近似种是一个不明确的概念,石斛的同属植物有几十种在各地药用,哪些属于近似种呢? 2015年版《中国药典》中多来源的药材有几十

种,为中药材基原鉴定带来了困难与挑战。

(二)地方标准收载的药材

目前地方标准收载的药材品种,仍在当地合法使用,但在交通方便的今天,地区习用药流于全国甚至国外,混充正品使用,成为正品的混乱品种,中药材基原鉴定时应多加重视。例如在药材市场,常见到各种地区标准的贯众混充《中国药典》收载的绵马贯众出售。作者还亲眼见到某药店从四川购买的正品龙胆是四川地方标准中收载的龙胆草,为龙胆科植物头花龙胆*Gentiana cephalantha* Franch.和菱叶龙胆*Gentiana cephalantha* Franch. var. *violacea*(H. Sm.)T. L. He的全草。

2015年版《中国药典》收载中药材及饮片618种,而市场流通的商品药材远远超过了这个数目,《中国药典》未收载的中药品种,如透骨草、海桐皮、紫荆皮、狼毒等,执行各省区的地方标准,但来源各不相同,同名异物的现象更为严重,不同来源、不同成分、疗效各异的药材同叫一个类似的药名,同作一种药材使用,药性岂能相同,疗效岂能一致。哪个来源更合适? 有待于本草考证、科学研究和临床实践。

现将近期在国内外时有出现的部分地方标准类混乱品种总结于表2-4供参考。

表2-4　有地方标准(少数部颁标准)的部分混乱品种

混充正品药名	地区标准药名(或习用)	来源	地方标准
绵马贯众	紫萁贯众	紫萁科植物紫萁*Osmunda japonica* Thunb. 的根茎及带叶柄基部	上海、河南、药典77
	狗脊贯众	乌毛蕨科植物狗脊蕨*Woodwardia japonica*(L.f.)Sm. 的带叶柄残基的根茎(或根茎)	江西、内蒙古、上海、河南(根茎)
		乌毛蕨科植物胎生狗脊蕨*Woodwardia prolifera* Hook. et Arn. 带叶柄残基的根茎	江西
	狗脊贯众	乌毛蕨科植物单芽狗脊蕨*Woodwardia unigemmata*(Makino)Nakai带叶柄残基的根茎	贵州、四川、内蒙古、上海、河南(根茎)
	贯众	紫萁科植物紫萁*Osmunda japonica* Thunb. 的带叶柄残基的根茎	山东、贵州、四川、湖南、新疆
		紫萁科植物华南紫萁*Osmunda vachellii* Hook. 的带叶柄残基的根茎	广西
		乌毛蕨科植物狗脊蕨*Woodwardia japonica*(L.f.)Sm. 的带叶柄残基的根茎	贵州、湖南
		乌毛蕨科植物乌毛蕨*Blecknum orientale* L. 的根茎	广西
		乌毛蕨科植物苏铁蕨*Brainia insignis*(Hook.)J. Smith的根茎	广西
		球子蕨科植物荚果蕨*Matteuccia struthiopteris*(L.)Todoro的带叶柄残基的根茎	蒙药,甘肃(根茎)
		蹄盖蕨科植物峨眉蕨*Lunathyrium acrostichoides*(Sw.)Ching的根茎	甘肃

续表

混充正品 药名	地区标准药名 （或习用）	来源	地方标准
骨碎补	骨碎补	蹄盖蕨科植物中华蹄盖蕨*Athyrium sinense* Rupr. 的根茎	甘肃
		水龙骨科植物中华槲蕨*Drynaria baronii*（Christ）Diels的根茎	内蒙古，新疆，药典77、85、90，藏药
		骨碎补科大叶骨碎补*Davallia formosana* Hayata的根茎（亦称华南骨碎补）	广西90
大黄	河套大黄	蓼科河套大黄（波叶大黄）*Rheum hotaoense* C. Y. Cheng et C. T. Kao的根及根茎	甘肃92
牛膝	红牛膝	苋科柳叶牛膝*Achyranthes longifolia*（Markino）Markino的根及根茎	江西
川牛膝	川牛膝	头花杯苋（麻牛膝）*Cyathula capitata*（Wall.）Moq. 和毛杯苋*Cyathula tomentosa* Moq. 的根	药典63、云南
	味牛膝	爵床科植物牛膝马蓝*Strobilanthes nemorosus* R. Ben. 的干燥根及根茎	四川87
威灵仙	威灵仙	毛茛科威灵仙*Clematis chinensis* Osbeck的地上部分	四川
		毛茛科铁皮威灵仙（山木通）*Clematis finetiana* Lévl. et Vant. 的根和根茎	浙江、湖南
	毛柱铁线莲	毛茛科毛柱铁线莲*Clematis meyeniana* Walp. 地上部分	湖南
	威灵仙、铁丝威灵仙	百合科华东菝葜*Smilax sieboldii* Miq. 的根及根茎	山东、内蒙古
	铁丝威灵仙、铁丝根	百合科短梗菝葜*Smilax scobinicaulis* C.H. Wright的根及根茎	内蒙古、北京、河南、山西
	铁丝威灵仙、铁丝根	百合科鞘柄菝葜*Smilax stans* Maxim.的根及根茎（或根）	山西、北京、河南、甘肃
	铁丝威灵仙	百合科黑叶菝葜*Smilax nigrescens* Wang et Tang的根	甘肃
赤芍	赤芍	草芍药*Paeonia obovata* Maxim. 的根	药典63、77，新疆
		毛茛科黄牡丹*Paeonia lutea* Franch.的根	云南77、79
	赤芍、川赤芍	毛叶芍药*Paeonia obovata* Maxim. var. *willmottiae*（Stapf）Stern的根（或根和根茎）	四川87
		单花赤芍*Paeonia veitchii* Lynch var. *uniflora* K.Y. Pan的根及根茎	四川87
		毛茛科毛赤芍*Paeonia veitchii* Lynch var. *woodwardii*（Stapf ex Cox）Stern的根及根茎	四川87
		毛茛科美丽芍药*Paeonia mairei* Lévl.的根及根茎	四川87

续表

混充正品药名	地区标准药名（或习用）	来源	地方标准
升麻	广升麻	菊科植物华麻花头 *Serratula chinensis* S. Moore的块根	部标中药
	红升麻落新妇	虎耳草科植物落新妇*Astilbe chinensis*(Maxim.) Franch.et Sav. 的根茎	贵州：红升麻青海92：落新妇
山豆根	山豆根	豆科苏木蓝*Indigofera carlesii* Craib的根及根茎	河南91
		豆科宜昌木蓝*Indigofera. ichangensis* Craib的根及根茎	河南91
		豆科多叶越南槐*Sophora tonkinensis* Gagnep. var. *polyphylla* S. Z. Huang et Z.C. Zhou的干燥根及根茎	广西90
		豆科柔枝槐*Sophora subprostrata* Chun et T. Chen 的 根 及 根茎	新疆、药典77
黄芪	黄芪	豆科梭果黄芪*Astragalus ernestii* Comb. 的干燥根	四川
		豆科金翼黄芪*Astragalus chrysopterus* Bge. 的干燥根	四川、青海
		豆科多花黄芪*Astragalus floridus* Benth. ex Bunge的干燥根	青海、四川
		豆科东俄洛黄芪（塘谷耳黄芪）*Astragalus tongolensis* Ulbr. 的干燥根	青海、四川
		豆科青海黄芪*Astragalus tanguticus* Batalin，马河山黄芪*A. Mahoschanicus* Hand.-Mazz.，直立黄芪 *A. adsurgens* Pall. 的干燥根	青海
		豆科多序岩黄芪*Hedysarum polybotrys* Hand.-Mazz. 的根	药典77、新疆
		豆科中华岩黄芪*Hedysarum chinensis*(Fedtsch.) Hand. -Mazz. 的干燥根	四川
防风	防风、川防风、云防风、竹叶防风	伞形科松叶防风(松叶西风芹)*Seseli yunnanense* Franch.和竹叶防风(竹叶西风芹)*S. mairei* Wolff 的根	四川：防风、川防风贵州：云防风云南：竹叶防风
	川防风	伞形科竹节前胡*Peucedanum dielsianum* Fedde ex Wolff的根	四川
	水防风	伞形科宽萼岩风*Libanotis laticalycina* Shan et Sheh. 的根	河南91
	小防风	伞形科贡蒿（葛缕子）*Carum carvi* L. 的根	甘肃、青海
	杏叶防风	伞形科杏叶防风*Piminella candolleana* Wight et Arn. 的全草	云南96
柴胡	兴安柴胡	伞形科兴安柴胡*Bupleurum sibiricum* Vest的干燥根	内蒙古

续表

混充正品药名	地区标准药名（或习用）	来源	地方标准
	柴首	伞形科柴首*Bupleurum chaishoui* Shan et Sheh的根及根茎	四川
	竹叶柴胡	伞形科窄竹叶柴胡*Bupleurum marginatum* Wall. ex DC. var. *stenophyllum*（Wolff.）Shan et Y. Li. 干燥全草	贵州
	柴胡、竹叶柴胡	伞形科竹叶柴胡（膜缘柴胡）*Bupleurum marginatum* Wall. ex DC.的干燥全草	四川：柴胡，贵州、云南、湖南：竹叶柴胡
		伞形科小柴胡*B. tenue* Buch. -Ham. ex D.Don干燥全草	四川：柴胡，云南：竹叶柴胡
		伞形科马尔康柴胡*B. malconense* Shan et Y. Li. 干燥全草	四川：柴胡，云南：竹叶柴胡
		伞形科马尾柴胡*B. microcephalum* Diels 干燥全草	四川：柴胡，云南：竹叶柴胡
	烟台柴胡	伞形科烟台柴胡*B. chinense* DC. f. *vanheuckii*（Muell. -Arg.）Shan et Y. Li. 茎叶	江苏
	黑柴胡	伞形科黑柴胡*B. smithii* Wolf 干燥根	山西
		小叶黑柴胡*B. smithii* Wolf var. *parvifolium* Shan et Y. Li. 干燥根	山西、宁夏
	春柴胡	伞形科狭叶柴胡*Bupleurum scorzonerifolium* Willd. 全草（或其变种少花红柴胡）	江苏
石斛	又瓜石斛、金石斛	兰科植物戟叶金石斛*Ephemerantha fimbriata*（Bl.）Hunt et Summerh. 的干燥茎和假鳞茎	广西90：又瓜石斛，贵州：金石斛
	石仙桃	兰科植物石仙桃*Pholidota chinensis* Lindl.，细叶石仙桃*P. cantonensis* Rolfe的全草	上海
	霍山石斛	兰科植物霍山石斛*Dendrobium officinale* K. Kimura et Migo的全草	台湾典范
丹参	丹参、南丹参	南丹参*Salvia bowleyana* Dunn的根及根茎	浙江、江西：南丹参
	甘肃丹参	唇形科甘西鼠尾*Salvia przewalskii* Maxim. 的根及根茎	甘肃95
		唇形科褐毛甘西鼠尾*Salvia przewalskii* Maxim. var. *mandarinorum*（Diels）Stib. 的根及根茎	甘肃95
	丹参	唇形科高原丹参*Salvia przewalskii* Maxim.根	青海92
		唇形科滇丹参*Salvia yunnanensis* C. H. Wright根及根茎	贵州
天南星	天南星、禹南星、虎掌南星	天南星科掌叶半夏*Pinellia pedatisecta* Schott的块茎	河南：天南星，上海：禹南星，江苏：虎掌南星

续表

混充正品药名	地区标准药名（或习用）	来源	地方标准
	天南星	天南星科天南星 *Arisaema consanguineus* Schott的块茎	药典63、77，新疆，藏药
		天南星科川中南星 *Arisaema wilsonii* Engl.、刺柄南星 *Arisaema asperatum* N. E. Brown、螃蟹七 *Arisaema fargesii* Buchet等的块茎	四川87
	狗爪南星	天南星科象头花 *Arisaema franchetianum* Engl. 的干燥块茎	贵州
半夏	水半夏	天南星科鞭檐犁头尖 *Typhonium flagelliforme* (Lodd.) Blume的块茎	药典77、部标中药、四川92
	山珠半夏	天南星科天南星 *Arisaema yunnanense* Buchet. 的干燥块茎	云南74、96
石菖蒲	白菖蒲、菖蒲、建菖蒲、水菖蒲、藏菖蒲	天南星科植物水菖蒲 *Acorus calamus* L. 的干燥根茎	上海：白菖蒲，四川87：菖蒲，四川77：建菖蒲，吉林、辽宁、内蒙古、蒙药、北京、河南91、宁夏等：水菖蒲，部标藏药、药典2005藏菖蒲
	九节菖蒲	毛茛科阿尔泰银莲花 *Anemone altaica* Fisch. ex C.A. Mey. 的干燥根茎	药典63、77、部标中药，内蒙古、山西、河南91
土茯苓	土茯苓	百合科菝葜 *Smilax china* L. 的干燥根茎	贵州、湖南：红土茯苓
		百合科肖菝葜 *Heterosmilax japonica* Kunthd的根茎	湖南
	土茯苓、白土茯苓	百合科短柱肖菝葜 *Heterosmilax yunnanensis* Gagnep. 的根茎	湖南：土茯苓，贵州、四川84、87：白土茯苓
	白土茯苓	百合科华肖菝葜 *Heterosmilax chinensis* Wang. 的根茎	贵州、四川84、87
山药	山药	薯蓣科褐苞薯蓣 *Dioscorea persimilis* Prain et Burk. 的干燥块茎	广西96、湖南
		薯蓣科参薯 *Dioscorea alata* L. 的干燥块茎（根茎）	湖南、浙江
		薯蓣科日本薯蓣 *D. japonica* Thunb. 的干燥块茎	湖南
鸡血藤	山鸡血藤	豆科香花崖豆藤 *Millettia dielsiana* Harms ex Diels 茎藤	四川87、湖南

续表

混充正品 药名	地区标准药名 （或习用）	来源	地方标准
川木通	川木通	毛茛科钝齿铁线莲Clematis apiifolia DC. var. obtusidentata Rehd. et Wils.、南铁线莲C. meyeniana Walp.、扬子铁线莲C. ganpiniana（Levl. et Vant）Tamura的藤茎	广西90
牡丹皮	茂丹皮	毛茛科四川牡丹Paeonia szechuanica Fang的根皮	四川84、87
	西昌丹皮	毛茛科黄牡丹P. delavayir var. lutea Lutea（Franch.）Finrt et Gangnep.、狭叶牡丹P. delavayir var. angustiloba Rehd. et Wils、野牡丹P. delavayir Franch.的根皮	四川79、87
厚朴	川姜朴	木兰科威氏木兰Magnolia wilsonii Rehd.、湖北木兰（武当玉兰）Magnolia sprengeri Pamp. 凹叶木兰Magnolia sargentiana Rehd. et Wils. 的树皮	四川77
	云厚朴	木兰科滇藏木兰Magnolia campbelli Hook. f.et Thoms 的茎皮	云南96
杜仲	红杜仲	夹竹桃科藤杜仲Parabarium micranthum（A.DC.）Pierre、毛杜仲P. huaitingii Chun et Tsiang、红杜仲P. chunianum Tsiang、花皮胶藤Ecdysanthera utilis Hay. et Kaw的树皮	广西90
大青叶	大青叶	爵床科马蓝Strobilanthes cusia（Nees）O. Ktze. 的叶	四川79、87
		马鞭草科大青Clerodendrum cyrtophyllum Turcz. 的叶	湖南
洋金花	洋金花	茄科毛曼陀罗Datura innoxia Mill. 的花	药典63
旋覆花	旋覆花	菊科线叶旋覆花Inula linariifolia Turcz. 的干燥头状花序	药典63、湖南
		菊科滇旋覆花Inula helianthus-aquatica C. Y. Wu的干燥头状花序	云南63、77
		菊科水朝阳花Inula helianthus-aquatica C. Y. Wu的干燥头状花序	贵州
	山黄菊 广东旋覆花	菊科山黄菊Anisopappus chinensis（L.）Hook. et Arn. 的干燥头状花序	广西90；山黄菊
木瓜	木瓜	蔷薇科木瓜Chaenomeles sinensis（Thouin）Koehne 的成熟果实	药典77、山东、湖南、新疆
		蔷薇科毛叶木瓜Chaenomeles cathayensis（Hemsl.）Schneid的成熟果实	贵州
沙苑子	沙苑子	豆科紫云英Astragalus sinicus L. 的干燥成熟种子	四川79
菟丝子	菟丝子	旋花科金灯藤（日本菟丝子）Cuscuta japonica Choisy的种子	贵州、湖南

续表

混充正品药名	地区标准药名（或习用）	来源	地方标准
天仙子	天仙子、南天仙子	爵床科大花水蓑衣*Hygrophila megalantha* Merr. 的干燥成熟种子	部标进药77: 天仙子，内蒙古: 南天仙子
	南天仙子	爵床科水蓑衣*Hygrophila salicifolia*（Vahl）Nees的干燥成熟种子	广西90、内蒙古、江西
透骨草（无国家标准）	透骨草、珍珠透骨草	大戟科地构叶*Speranskia tuberculata*（Bunge）Baill 的全草（主流商品之一）	河南、山西、甘肃、内蒙古、宁夏
	透骨草、凤仙透骨草	凤仙花科凤仙花*Impatiens balsamina* L. 的茎（主流商品之一）	药典77，上海、北京、河南、湖南、新疆
	透骨草、羊角透骨草	紫葳科角蒿*Incarvillea sinensis* Lam. 地上部分	内蒙古
	透骨草、铁线透骨草	毛茛科植物黄花铁线莲*Clematis intricata* Bunge、芹叶（细叶）铁线莲*C.aethusifolia* Turcz.、粉绿铁线莲*C. glauca* Willd.、甘青铁线莲*C. tangutica*（Maxim）Korshi、棉团铁线莲*C. hexapetala* Pall等的全草	北京、新疆、广西: 黄花铁线莲，内蒙古、新疆: 芹叶（细叶）铁线莲
	透骨草、东北透骨草	为豆科植物山野豌豆*Vicia amoena* Fisch.、假香野豌豆*V. pseudorobus* Fisch. et C.A.Mey.、广布野豌豆*V. cracca* L.、大野豌豆*V. gigantean* Bunge、东方野豌豆*V. japonica* A. Gray、救荒野豌豆*V. sativa* L.、歪头菜*V. unijuga* A. Br. 的全草	吉林、内蒙古: 广布野豌豆，吉林、辽宁、内蒙古: 山野豌豆，内蒙古: 假香野豌豆
	透骨草、小透骨草	杜鹃花科滇白珠*Gaultheria yunnanensis* Rehd.的茎叶或根	贵州（根）
	透骨草	杜鹃花科滇白珠*Gaultheria leucocarpa* Bl. var. crenulata（Kurz.）T. Z. Hsu的茎叶	云南
海桐皮（无国家标准）	海桐皮	豆科刺桐*Erythrina variegata* L. var. orientalis（L.）Merr.和乔木刺桐*E. arborescens* Roxb.的干皮	药典77、四川、山东、内蒙古、新疆
	海桐皮、川桐皮	五加科刺楸*Kalopanax septemlobus*（Thunb.）Koidz 的干皮	贵州、湖南、药典77、四川: 川桐皮
	海桐皮、浙桐皮	芸香科朵椒*Zanthoxylum molle* Rehd.、樗叶花椒*Z. ailanthoides* Sieb.et Zucc. 的干皮	北京、上海，药典77: 浙桐皮
紫荆皮（无国家标准）	紫荆皮	木兰科长梗南五味子*Kadsura longipedunculata* Finet et Gagnep.的根皮	内蒙古、山东、新疆
		大戟科余甘子*Phyllanthus emblica* L.的树皮	北京.
		豆科紫荆*Cercis chinensis* Bunge 的树皮	新疆
		千屈菜科紫薇*Lagerstroemia indica* L. 的树皮	四川、贵州

续表

混充正品药名	地区标准药名（或习用）	来源	地方标准
狼毒（现行版药典未收载）	狼毒、白狼毒	大戟科月腺大戟*Euphorbia ebracteolata* Hayata的根	四川、内蒙古、新疆、药典77、部标中药
	狼毒、白狼毒	大戟科狼毒大戟*E. fischeriana* Steud.的根	四川、内蒙古、山西、新疆、药典77、63、部标中药
	狼毒，白狼毒	瑞香科瑞香狼毒*Stellera chamaejasme* L.的根	内蒙古、四川
	白狼毒	大戟科月钩腺大戟*Euphorbia sieboldiana* Morr. et Decne.的根	药典63
	广狼毒	天南星科海芋*Alocasia macrorrhiza*（L.）Schott的块茎	广西
败酱草（无国家标准）	败酱草	败酱科白花败酱*Patrinia villosa* Juss.和黄花败酱*Patrinia scabiosaefolia* Fisch. ex Trev的干燥全草	药典77、四川87、湖南、山东、河南93、新疆、贵州（黄花败酱）
	北败酱	菊科苣荬菜*Sonchus arvensis* L.、苣荬菜*Sonchus brachyotus* DC.、苦苣菜*Sonchus oleraceus* L. 的全草	甘肃95
		菊科中华苦荬菜*Ixeris chinensis*（Thunb.）Nakai的全草	吉林
		菊科变色菊科长裂苦苣菜*Sonchus brachyotus* DC.的全草	湖南
	北败酱草	菊科苣荬菜*Sonchus brachyotus* DC. 的全草	北京
		菊科苦菜*Ixeris chinensis*（Thunb.）Nakai的全草	山东

（三）正品药材的混伪品问题

全国各大药材市场销售的药材及药店所售饮片，绝大部分来源与《中国药典》符合，但混伪品也时有发生，如柴胡、石斛、防风等的混伪品；走出国门也会发现"非正品"药材与饮片的出售，如白附子伪充白附片，这些混乱品种绝大多数是从中国进口的。由此可见，中药材混伪品不仅影响中医临床疗效，甚至威胁到人民的生命安全，而且直接关系到祖国医药学在国内外的信誉，应引起大家对中药材基原鉴定工作的足够重视。近期出现的中药混乱品种和伪品举例如下。

柴胡为常用中药，《中国药典》收载的柴胡为伞形科植物柴胡*Bupleurum chinense* DC.及狭叶柴胡*Bupleurum scorzonerifolium* Willd.等的干燥根，但同属其他植物的根经常混入正品柴胡，特别是有毒的大叶柴胡*Bupleurum longiradiatum* Turcz.仍然在少数市场流通；含有土大黄苷的伪品大黄混充正品使用至今仍然存在，一位老师的调查研究证明了这一点。以伪乱真的现象也时有发生，例如，用正品蕲蛇与乌梢蛇的外皮粘到其他蛇去皮的身段上伪造的商品蕲蛇段和乌梢蛇段，从外表面看与正品并没有区别。以石膏、面粉、黄豆粉、玉米粉等为原料，用模型制成的伪虫草仍有存在，冬虫夏草的伪品还有唇形科植物地蚕*Stachys* *geobombycis* C. Y. Wu的根茎,作者在新加坡的药店里曾发现了此种伪品,称"广西虫草"。冬虫夏草类似品也不断出现,如蛹草*Cordyceps militaris*(L.)Link.的干燥子座及虫体,药材习称"北虫草"。还有亚香棒虫草*C. hawkesii* Gray、凉山虫草*C. liangshanensis* Zang Hu et Liu的干燥子座及虫体混充冬虫夏草等。此外,朽木充沉香,园参混充西洋参,芭蕉芋和角麻(菊科裂叶蟹甲草或双舌蟹甲草的块茎)伪充天麻,莪术刻制充三七,伪造西红花,伪造与掺伪麝香等屡见不鲜,越是贵重的药材,假货越多。盛名之下,实多冒窃。由此可见中药材品种鉴定任务的长期性和艰巨性。

多数非正品药材或饮片在以前的有关文献里曾经有记载,这提示我们,以前有关中药混伪品的文献资料,可作为中药材基原鉴定的参考。

四、中药材基原鉴定的方法与对策

用系统分类学方法确定中药的原植物或原动物的来源物种是一切中药鉴定方法的基础。古代本草和文献中所载的药物来源是当代用药的依据之一。对古今中药品种进行考证并探讨其历史演变、实地对药材原植物进行分类鉴定、结合现代临床应用和药理药化研究进行品种整理是中药鉴定研究的一个基本方法。

(一)中药材基原鉴定的方法

中药材基原鉴定法就是应用植物、动物或矿物形态和分类学等方面的知识,对中药材的来源进行鉴定,确定其正确的学名,以保证在应用中品种准确无误的一种方法。来源鉴定法的特点是宏观,主要用于完整的植、动、矿物类药材的真伪鉴别。基原鉴定的内容包括:原植(动)物的科名、植(动)物名、拉丁学名、药用部位;矿物药的类、族、矿石名或岩石名。主要步骤包括观察原植物、动物及矿物形态,核对文献及核对标本等。

1. 植物类药材的基原鉴定 少数药材特征十分突出,如大血藤,只要观察饮片即可鉴定出药材的来源。类似药材实例还有槟榔、千年健、藕节等。但对于绝大多数药材而言,从药材标本即可直接鉴定出基原有一定的难度。以植物来源的药材为例,对较完整的标本,应注意观察其各部分如根、茎、叶、花、果实和种子等器官的形态,特别是具有专属性特征的繁殖器官,如花、果实、种子、孢子囊、子实体等更要仔细观察,必要时可借助放大镜、实体解剖镜和生物显微镜来观察,并分别做好记录。对不完整的药材标本,除少数特征十分突出的品种可以直接鉴定外,一般都需要依据用药历史、产地、采收加工等知识,深入到产地进行调查,采集标本,实地进行记录。

(1)采集记录:记录植物标本干燥后观察不到的鉴别特征及其生长环境。要求记录准确、简要、完整。

(2)基本记录:记录产地(包括省、县、乡镇、村和山,最好用GPS记录经纬度,便于下次采集),生境(植被类型和土壤类型、向阳状况等),海拔,习性,采集人及采集号,日期(年,月,日)。

(3)完整记录:除上述还应记载植物干燥后易失去的特征,如花的颜色、形状、气味、有无乳汁等,以及生长环境如陆地、水池、向阳、阴湿等,及其他附属项目(如标本份数,是否有活株,细胞学材料,DNA材料等)。认真填写野外记录各数据项。要填足基本数据项,切忌用"同上"之类省略写法,以免丢失数据,并用铅笔或永久碳素水笔登记。详细收集第一手资料,以供鉴定时对照。

（4）药用植物的形态观察及描述观察的顺序及方法：采用先观察整体、后观察局部形态的原则，通过观察要掌握检品形态上的共性和特性。观察时可借助放大镜进行。描述的方法：描述时要准确使用植物形态学知识及专业术语，要按上述观察的顺序依次描述，并要详细记录。通过认真的观察、解剖和描述之后，就能抓住检品的特殊本质，只有掌握了其具体特征后，方可进行下一步工作，以达到确定品种的目的。在实际工作中，遇到的检品多是不齐全的，除了极个别的品种特征十分突出可以鉴别外，常须深入产地调查和采集实物，了解其名称(俗名或土名)、分布、生境、习性、用药习惯、采收加工等情况，否则就无法着手鉴定。

（5）查阅有关文献资料：通过对原植物形态的观察和描述，能初步确定科属的，可直接查阅有关植物分科分属的资料；若不能确定其科属，可查阅植物分科、分属的检索表。对于某些未知品种鉴定特征不全或缺少有关资料者，也可以根据产地、别名、化学成分、功能等为线索，直接查阅与中药鉴定、药用植物等相关的综合性书籍或图鉴，将描述的特征与书籍中记载的内容相比较，并加以分析，提供基本方向。在多数情况下采用上述方法，均能正确鉴定品种。

（6）标本核对鉴定：为了避免参考书刊的不足或需进一步确证，可与中药标本室中收藏的已经确定学名的标本核对。在核对标本时，要注意同种植物在不同生长期的形态差异，必要时可参考更多一些标本，这样才能使鉴定的学名准确无误。在有条件的情况下，若能与模式标本(发表新种时所被描述的植物标本)核对，对正确鉴定更为有利。中药原植物标本经鉴定学名后，必须将其药用部分(药用植物全株者除外)标明相同的学名，作为药材的标准样品妥为保存，以供研究工作或性状对比鉴定之用。

（7）标本的采集与制备：为了能准确地鉴定药材的来源，采集和制备标本也是重要的一个环节。通常用于原植物鉴定的标本类型主要有：蜡叶标本、液浸标本和干燥标本。将制好的标本根据分类学方法进行排列，作为科研、检验或生产等的对照品。并编写名录索引，以便查阅。药材的原植物鉴定，除了使用经典形态学和分类学的知识外，还可采用现代细胞和分子生物学技术、化学技术、数学分析手段等进行。

（8）学名的鉴定：植物类药材基原鉴定的最终目的是明确所鉴定的样品是哪一个"种"，写出正确的科学名称。学名鉴定的相关问题如下。①种的分类地位："种"是植物分类的基本单位，所谓同种植物，就是因为他们具有相同的形态及组织构造，相同的生理生态，相同的地理分布和遗传特性，起源于共同的祖先，并在进化过程中已形成了特定阶段的类群。如果种内有些个体的某些特征彼此又有显著不同的，常再分为次一等级，即"亚种"、"变种"或"变型"等。习惯上使用的"品种"一词，一般只用于栽培植物的分类上，现在实际是指植物分类上的"种"。②学名的意义：不同种的植物都应有不同的名称。由于植物界的种类繁多，名称混乱的现象经常发生，不利于科学研究及学术交流。为了使一种植物在世界范围内有一个统一的通用名称，国际植物学会规定了在植物命名上的统一科学名称，简称为"学名"，用拉丁文表示。国际上规定的命名规则为"双名法"。双名法规定每种植物的学名由2个拉丁词组成，第一个为该种所在属的属名，常用名词，第一个字母大写；第二个字是种加词(种小词)，常用形容词表示该种的主要特征或产地，亦有用名词所有格或同位语名词的，第一个字母用小写；双名后面可附有定名人的姓氏或其缩写，构成一个完整的学名。

2. 药用动物的基原鉴定 鉴定药用动物，要有动物、形态、分类和解剖的基础知识。对于药材中完整的动物体，可根据其形态特征，进行动物分类学鉴定，确定其品种，如蜈蚣、土鳖虫、金钱白花蛇等；对于药材是动物体的某一部分，如羚羊角、龟甲、石决明、牡蛎等药材，鉴定时主要靠性状特征；对去皮蛇类药材可进行脊椎骨或鳞片的形态观察；对海狗肾类药材，除一般形状鉴定外，还可观察阴茎骨的形状和大小加以鉴别；对动物体的分泌物和生理、病理产物等药材，如麝香、牛黄、蟾酥等，主要根据颜色、质地、气、味等特征鉴别。

3. 药用矿物的基原鉴定　依据矿物的晶系、硬度、条痕等性状特征、物理常数、光学特性或化学成分等分类原理，在形态描述的基础上鉴定其基原。

尽管进入了21世纪，出现了分子生物学等新的鉴定方法，但基原鉴定、性状鉴定等传统鉴定方法经过长期的修正和历史检验，具有系统性、完整性以及使用方法上的便利性，仍然是中药材鉴定的基本方法。用原植物、原动物形态分类方法确定中药材的植物、动物品种，是最权威的方法。其他方法，包括分子生物学分类方法只能修正它，目前还无法替代它。

（二）中药材基原鉴定的对策

1. 练就扎实的专业基本功　中药材基原鉴定要有扎实的专业基本功，才能进行品种鉴定，否则，遇到问题将束手无策。中药材基原鉴定的基本功首先是熟悉植物、动物或矿物形态和分类学等方面的知识，了解标本的采集与制作方法，掌握植物等"学名"的命名原则。其次要了解药材品种混乱的市场情况和地区习用药。许多常用药材为国家标准收载的品种，鉴定工作有一定规律可循。但中药材品种较多，市场情况较为复杂，在实际鉴定工作中经常遇到被检品是非国家标准收载的品种，是混伪品，就要进一步鉴定混伪品是何品种，如果了解该品种混乱的基本情况和地区习用药，就能有的放矢地查阅资料，完成鉴定任务。在同名异物的混乱品种之中，往往存在着地区习用药混充正品的现象，根据被检药材的产地，查阅有关地方标准和地方中药志等文献，将有助于中药材基原的鉴定，例如升麻，如果被检药材不是《中国药典》收载品种，就可能是部标品种广升麻（菊科植物华麻花头*Serratula chinensis* S. Moore的块根），或贵州、青海的红升麻[虎耳草科植物落新妇*Astilbe chinensis*（ Maxim.）Franch. et Sav.的根茎]。如紫荆皮，原植物有木兰科长梗南五味子、大戟科余甘子、豆科紫荆、千屈菜科紫薇、卫矛科昆明山海棠、豆科美丽胡枝子等，如果不了解其混乱情况，就不能有的放矢地查找资料，完成基原鉴定。

因此，在进行中药材基原鉴定工作时，只有具备这些知识及技能，才能迅速判断被检药材的基原与真伪。

2. 熟悉中药材标准的变更　中药材基原鉴定时，首先要注意药材标准的变更，根据具体情况，选用合适的鉴定依据。如2010年版、2015年版《中国药典》新增品种，多数由地方标准升为国家标准，如川射干、苦地丁、菝葜等。菝葜在贵州地方标准中称土茯苓，湖南地方标准中称红土茯苓，四川地方标准中称草薢，广西地方标准中称金刚刺，鉴定时要以最高的国家标准为依据。

3. 及时掌握新方法与新技术　随着常用中药材的品种整理和全国性中药资源普查工作的深入进行，发现许多商品药材的品种增多，实际药用的商品已超过了药品标准规定的种类，这给形态分类工作增加了不少困难。为了解决这些问题，除了使用经典形态学和分类学的知识外，近几十年来，随着植物化学、分子遗传学和分子生物学的发展，许多新的分类学如化学分类学、细胞分类学、数量分类学、DNA分子遗传标记技术等现代分类方法和技术均可用于中药材的基原鉴定。

第三节 中药材基原鉴定与本草考证

一、本草考证的意义

古代本草是记载了2000多种中药的宝贵药学史料，是中药材基原鉴定的依据之一，应该认真学习和研究，用现代科学知识分析考证这些宝贵药学史料，考证并确定本草中所收中药的原植（动）物品种，鉴定中药材基原，如实反映用药的历史事实，正确地继承古人药物生产和临床用药经验，保障中药临床疗效。

单味药的品种考证是澄清中药材混乱品种的重要手段之一，通过本草考证，可以从复杂的同名异物药材中区分出哪种是经受过长期历史考验的传统的药用品种，为鉴定中药材基原、确定中药材正品提供文献依据。如前胡的来源，通过考证，明确本草中记载的前胡应是伞形科植物白花前胡的根，而不是紫花前胡；通过对中药十八反中"大戟反甘草"品种的考证，确认古方中的大戟为大戟科植物大戟，而不是茜草科红大戟。

二、思路与方法

首先要对中药材的有关情况仔细分析，抓住要点，然后通过本草考证，鉴定药材基原。具体思路及方法如下。

1. 根据药材性状特征和产地，本草考证，鉴定药材基原 古人早已认识到药材的形、色、气、味，对鉴别药材基原至关重要。《本草图经》载："大黄生河西山谷及陇西，今蜀川、河东、陕西、川郡皆有之，以蜀川锦文者佳"，"锦文"二字说出了正品大黄的性状特点，所谓"锦文"是指大黄商品药材（去皮）表面往往可见灰白色网状薄壁组织与棕红色射线交错而成的菱形纹理，以及暗红橙色的放射状涡纹（习称"星点"），从药材性状和产地分析，这种蜀川锦纹大黄，无疑是指药用大黄*Rheum officinale* Baill和掌叶大黄*R. palmatum* L.。又如黄连，李时珍曰："黄连，汉末李当之本草，惟取蜀郡黄肥而坚者为善……以雅州、眉州者为良。"黄连药材中的雅连是黄肥而坚，产于雅州、眉州，其原植物为毛茛科植物三角叶黄连，现今也以雅连为佳。

2. 根据药材的形成，本草考证，鉴定药材基原 如竹黄，目前市场上出现3种，一种是禾本科植物竹类的茎秆内形成的块状物，《中国药典》收载的天竺黄，为禾本科植物青皮竹*Bambusa textilis* McClure和华思劳竹*Schizostachyum chinense* Rendle等秆内的分泌液干燥后的块状物，云南标准收载的竹黄来源是禾本科植物大麻竹*Sinocalamus giganteus*（Wall.）Keng f.茎秆内的伤流液自然干燥后的块状物。另一种是菌竹黄，与前者完全不同，其基原为肉座菌科真菌竹黄*Shiraia bambusicola* Henn.的子座，上海地方标准有收载。还有一种是人工合成竹黄。何种为本草记载中的竹黄，可根据药材的形成得出考证结果。李时珍曰："按吴僧赞宁云，竹黄生南海镛竹中，此竹极大，又名天竹，其内有黄，可以疗疾"。由此可知，竹黄是竹内产物，现在的天竺黄与《本草纲目》的竹黄一致，而不是真菌的子座，更不是合成品，菌竹黄的疗效与《本草纲目》所载之竹黄也完全不同。

3. 根据植物形态、采收季节、产地分布，本草考证，鉴定药材基原 根据被考证的原植物形态和采收季节，正确判断本草中所记载的品种来源。古人对原植物形态的记述往往是比较简单的,但有时却非常扼要,说到关键之处,很能解决问题。如药用芫花,目前常见的商品有两种,一种是紫花的,即《中国药典》收载的芫花,来源于瑞香科植物芫花*Daphne genkwa* Sieb. et Zucc的干燥花蕾;另一种是黄花的,即黄芫花,来源于瑞香科植物河朔荛花*Wikstroemia chamaedaphne* Meisn. 的干燥叶及花蕾,1977年版《中国药典》曾有收载。何者是传统的正品呢?《吴普本草》云:"花有紫赤白者,三月实落尽,叶乃生,三月采花",其所述虽寥寥数语,但是从花紫色,先花后叶,三月采花这三个重要环节来衡量,就可以肯定是瑞香科植物芫花,开紫花的芫花是传统的药用芫花。另一种黄芫花(河朔荛花)开黄花,花色和花期(夏秋开花,非为春季)皆与本草记载不符合。《本草纲目拾遗》引蒋仪《药镜拾遗赋》对石打穿的描述云:"谁人识得石打穿,绿叶深纹锯齿边,阔不盈寸长更倍,圆茎枝抱起相连,秋发黄花细瓣五,结实扁小针刺攒。宿根生本三尺许,子发春苗随弟肩,大叶中间夹小叶,层层对比相新鲜。味苦辛平入肺脏,穿肠穿胃能攻坚。采掇茎叶捣汁用,蔗浆白酒佐使全。噎膈饮之痰立化,津咽平复功最先。"以上既生动地描写了石打穿的植物形态,又说明它有治噎翻胃之功。根据所描绘的石打穿的形态特征进行考证,便可判断石打穿就是蔷薇科植物龙芽草(仙鹤草)*Agrimonia pilosa* Ledeb.,这说明形态特点对考证品种至关重要,同时进一步发掘其治噎翻胃(抗癌)之效。还可根据植物产地分布鉴定药材资源。《证类本草》上的绛州芫花,日本学者中尾万三曾经考证过,认为是瑞香科三歧荛花*Wikstroemia trichotoma*(Thunb.)Makino的花头。绛州即今山西新绛县,谢宗万专家进行了实地调查,收集了山西十几个县(包括绛州)的芫花标本,发现全部为河朔荛花*Wikstroemia chamaedaphne* Meisn.的花头,反复考证和调查,认为三歧荛花分布于日本而中国不产。所以绛州芫花即河朔荛花,而非三歧荛花。但本草考证时,对于产地的认识也不能过于机械,否则也会出错,如《本草纲目拾遗》中的"煤参",赵学敏谓产于华山,有人机械地错误地认为是茄科华山参,华山参干后并不变黑,怎能称做煤参呢?通过考证,知其为玄参科马先蒿属植物的根部,属于现时陕西太白山草药医生应用的黑洋参*Pedicularis davidii* Franch.,玄参科的黑洋参不仅产于陕西太白,其实华山也有分布。所以在考证时必须灵活掌握。

4. 根据药材名称、古代实物,本草考证,鉴定药材基原 药材的命名总是富有一定含义的,适当地推敲中药的命名,如正名、土名、别名等,对鉴定药材基原有时会有一定的帮助。如"紫花地丁"《本草纲目》释名箭头草、独行虎、羊角子及米布袋。按米布袋显然指豆科米口袋属*Gueldenstaedtia*植物,而箭头草则为堇菜科堇菜属植物。故《本草纲目》的紫花地丁从名称上看,至少包括两个不同的品种。又如败酱草,商品药材甚为混乱,有败酱科的,菊科的,还有十字花科的等,究竟正品败酱来源是什么?陶弘景早就解释过"根作陈败豆酱气,故以为名"。依据药材命名的含义,就可断定败酱科败酱属*Patrinia*的败酱(黄花败酱与白花败酱)是传统药用的败酱。《本草拾遗》载有刺蜜。陈藏器说:"交河沙中有草,头上有毛,毛中生蜜"。李时珍曰:"按李延寿北史云:高昌有草,名羊刺,其上生蜜,味甚甘美。又梁四公子记云:高昌贡刺蜜。杰公云:南平城羊刺无叶,其蜜色白而味甘……高昌即交河,在西番,今为火州"。这实际上就是产于新疆和内蒙古的豆科植物骆驼刺*Alhagi pseudalhagi* Desv,新疆地区称骆驼刺糖,简称刺糖。此植物针刺密生,炎夏叶上分泌黄白色发黏糖汁,凝成小颗粒,即刺糖或刺蜜。从刺蜜之名亦能考证其原植物。

实物标本鉴定是确定品种最有力的凭证,古代遗留下来而保存至今的标本甚为难见,如有之,则极为珍贵。日本正仓院至今还很好地保存着我国唐代流传去的一些药材实物标本,这对研究唐《新修本草》所收载的有关药物品种，无疑是确定品种最有力的凭证。我国20世纪70年代从湖南长沙马王堆一号汉墓的发掘中，鉴定出汉代药物茅香、高良姜、桂皮、花椒、辛夷、藁本、姜、杜衡和佩兰9种。河北藁城商代遗址出土的有桃仁、郁李等。西安南郊出土窖藏的唐代石药有石英、云母、金屑、钟乳、丹砂以及动物药珊瑚等。福建泉州从宋代古沉船中找到了沉香、胡椒、龙涎香、朱砂、水银、玳瑁、降真香等。云南大理出土的琥珀、珍珠等药物。上述药物都是研究古代药材品种的最好实物见证。现在我国北京故宫博物院内也还保存着一部分清代使用的药物标本，这对研究清代用药品种很有价值。例如所保存的中药威灵仙，不是毛茛科铁线莲属威灵仙，而是百合科植物短梗菝葜Smilax scobinicaulis C. H. Wright，与现时内蒙古、北京、河南、山西等地方标准中收载的铁丝威灵仙相当。

5. 根据用药历史和疗效，进行本草考证，鉴定药材基原　用药历史也是本草考证、鉴定药材基原的依据之一，药物的实际疗效也是重要依据，例如古本草中的女萎有两种，李时珍根据疗效判断，"古方治伤寒风虚用女萎者，即萎蕤也"，"治泄痢之女萎，乃蔓草也"。据考证萎蕤即玉竹，蔓草与现时植物文献中的毛茛科植物女萎Clematis apiifolia DC. 相符。

在本草考证、鉴定中药材基原的过程中，要注意以下几点：①系统查阅文献，全面了解历代药材品种的变迁。②注意旁证材料、时代背景与分类位置。全部凭信正面材料而不广泛搜集旁证材料，考证的结果往往有错误的可能。例如对功劳叶的考证，有人全部凭信《植物名实图考》，就认为中药正品功劳叶应该是小檗科十大功劳属Mahonia植物的叶，而将全国极大部分地区广泛使用的冬青科植物枸骨Ilex cornuta Lindl. ex Paxt.的叶反认为是伪品，其实，早在《本经逢原》中对枸骨叶的论述和《本草纲目拾遗》对角刺茶（苦丁茶）的论述中均述及十大功劳，说明功劳叶是冬青科的枸骨叶，在这里旁证材料对说明传统药用正品功劳叶起了决定性的作用。《神农本草经》未见荆芥名，但载有假苏，吴普始称假苏一名荆芥，《证类本草》"成州假苏"及"岳州假苏"图可作旁证，假苏即唇形科植物荆芥。旁证材料的搜集往往要费很多气力，不仅要博览群书，而且要着重平时资料的积累。③重视药图、语言文字和特产药材的考证。④要重点突破，综合分析，结论公允。

（闫永红）

参 考 文 献

[1] 康廷国. 中药鉴定学专论[M]. 北京: 人民卫生出版社, 2009.

[2] 张贵君. 中药鉴定学[M]. 北京: 中国中医药出版社, 2014.

[3] 李西林, 陈科力, 李薇, 等. 试析中药鉴定中的基原鉴定问题[J]. 中药材, 2009, 32(12): 1929-1932.

[4] 张贵君, 王晶娟. 中药基原鉴定的科学内涵[J]. 现代药物与临床, 2011, 26(1): 1-3.

[5] 陈科力, 黄林芳, 刘义梅. 中药鉴定方法学发展历程[J]. 中国中药杂志, 2014, 39(7): 1203-1208.

[6] 国家药典委员会. 中华人民共和国药典(一部)[S]. 北京: 化学工业出版社, 2005.

[7] 国家药典委员会. 中华人民共和国药典(一部)[S]. 北京: 中国医药科技出版社, 2010.

[8] 国家药典委员会. 中华人民共和国药典(一部)[S]. 北京: 中国医药科技出版社, 2015.

[9] 谢宗万. 中药材品种论述(上册)[M]. 第2版. 上海: 上海科学技术出版社, 1990.

[10] 黎跃成. 药材标准品种大全[M]. 成都: 四川科学技术出版社, 2001.

[11] 赵中振. 香港容易混淆中药[M]. 香港: 香港中药联商会督, 2005.

[12] 北京市卫生局.北京市中药材标准[S].北京:首都师范大学出版社,1998.

[13] 卫玉玲,宋平顺.中药石韦的本草考证[J].中药材,31(4):614-616.

[14] 清·顾观光辑.神农本草经[M].兰州:兰州大学出版社,2004.

[15] 明·李时珍.本草纲目(上中下册)[M].北京:人民卫生出版社,2002.

[16] 梁·陶弘景.本草经集注(本校辑)[M].北京:人民卫生出版社,1994.

[17] 梁·陶弘景.名医别录(尚志钧辑)[M].北京:人民卫生出版社,1986.

[18] 唐·苏恭.新修本草[M].尚志钧辑.合肥:安徽科学技术出版社,1981.

[19] 宋·唐慎微.重修政和经史证类备用本草(尚志钧等校点)[M].北京:华夏出版社,1993.

[20] 宋·苏颂.本草图经[M].皖南医学科学院科研所辑校.合肥:安徽科学技术出版社,1983.

[21] 魏·吴普.吴普本草[M].北京:人民卫生出版社,1987.

[22] 明·兰茂.滇南本草[M].昆明:云南人民出版社,1975.

[23] 清·赵学敏.本草纲目拾遗[M].北京:人民卫生出版社,1963.

[24] 清·吴其浚.植物名实图考[M].上海:商务印书馆,1957.

第三章　中药性状鉴定研究

中药性状鉴定是依据古今传承的中药鉴别经验,结合现代科学知识,采用眼观、手摸、鼻闻、口尝、水试、火试等手段,宏观鉴定中药的一种方法。中药的性状特征是中药客观存在的自然属性,包含了既模糊又广泛的大量信息,不仅是中药专属的鉴别特征,也是性状质量标准;性状特征既与中药种质来源、生态环境、采收加工和内部构造等因素密切相关,又与中药的内在质量和临床疗效密切相关,是传统中药鉴别经验和古代中药质量标准的科学性和实用性的体现。因此在制定中药质量标准时,中药性状鉴定的内容不可或缺,应进行科学的评价、表征和总结。

第一节　中药性状鉴定的现实意义

在中药鉴定新技术不断出现的今天,中药性状鉴定似乎显得有些古老与原始,以至于有人认为中药性状鉴定无足轻重。然而在实际工作中,中药性状鉴定方法又确实体现了经典、实用的特点,传统、科学的内涵。其简便、迅速是其他鉴别方法所无法比拟的。因此,研究中药性状特征以及与其影响因素、内在质量和临床疗效等方面的相关性具有重要的现实意义。

一、中药性状鉴定知识是长期实践经验的结晶

1. 历史鉴别经验的总结　数千年来,人们在与疾病抗争的过程中,不断尝试、体验、积累和总结中药性状鉴定的知识,"神农尝百草,一日而遇七十毒"就是形象的写照。长期的实践,使人们经历了中药发现→中药识别→经验积累→师承口授→本草撰写→历代传承等漫长的历程。本草中记载了数千种中药的性状特征和鉴定知识,使传统的鉴别经验得以流传,如桔梗"其根有心,无心者乃荠苨也";猪苓"生土底,皮黑作块似猪粪……削皮,肉白而实者佳"。这些实践经验的结晶为现代中药的鉴定提供了许多专属性鉴别特征。

2. 本草考证的重要依据　"考证和整理中药品种"是中药鉴定学的历史任务。由于本草中各药物的记载均为经验鉴别知识,要进行中药的本草考证、整理发掘,就必须依据中药性状特征。如"冬葵子"始载于《神农本草经》,为锦葵科植物冬葵*Malva erticillata* L. 的干燥成熟种子,以"冬葵果"(蒙药)收入《中国药典》。经过性状特征的考证发现,市场上的"冬葵子"几乎全部是本草中"实带壳如蜀葵,中子黑色"的"苘实",即锦葵科植物苘麻*Abutilon theophrasti* Medic. 的种子,而非冬葵。

3. 中药工作者必备的基本功   中药性状鉴定知识是历史经验与现代理论高度结合的精华。在科技手段发达的现代，由于中药品种来源复杂，中药性状鉴别表述的信息整体，模糊，涵盖面广，尚不能以任何一种仪器完全代替中药性状鉴定。只有牢固掌握中药性状特征，提高真伪鉴定和品质评价的能力，熟记中药性状质量标准，才能准确进行中药商品的现场检验与检测。因此，中药性状鉴定是中药工作者必备的基本功之一。

二、中药性状鉴定是法定的质量标准

《中国药典》2015年版四部的药材与饮片检定通则把"性状"项单列，从药材的形状、大小、颜色、表面特征、质地、断面、气、味等方面制定了检定方法与标准。"性状"系指药材和饮片的形状、大小、表面（色泽与特征）、质地、断面（折断面或切断面）及气味等特征。性状的观察方法主要用感官来进行，如眼看（较细小的可借助于放大镜或体视显微镜）、手摸、鼻闻、口尝等方法。

1. 形状   是指药材和饮片的外形。观察时一般不需预处理，如观察很皱缩的全草、叶或花类时，可先浸湿使软化后，展平，观察。观察某些果实、种子类时，如有必要可浸软后，取下果皮或种皮，以观察内部特征。

2. 大小   是指药材和饮片的长短、粗细（直径）和厚薄。一般应测量较多的供试品，可允许有少量高于或低于规定的数值。对细小的种子或果实类，可将每10粒种子紧密排成一行，测量后求其平均值。测量时应用毫米刻度尺。

3. 表面   是指在日光下观察药材和饮片的表面色泽（颜色及光泽度）；如用两种色调复合描述颜色时，以后一种色调为主，例如黄棕色，即以棕色为主；以及观察药材和饮片表面的光滑、粗糙、皮孔、皱纹、附属物等外观特征。观察时，供试品一般不作预处理。

4. 质地   是指用手折断药材和饮片时的感官感觉。断面是指在日光下观察药材和饮片的断面色泽（颜色及光泽度），以及断面特征。如折断面不易观察到纹理，可削平后进行观察。

5. 气味   是指药材和饮片的嗅感与味感。嗅感可直接嗅闻，或在折断、破碎或搓揉时进行。必要时可用热水湿润后检查。味感可取少量直接口尝，或加热水浸泡后尝浸出液。有毒药材和饮片如需尝味时，应注意防止中毒。

6. 药材和饮片不得有虫蛀、发霉及其他物质污染等异常现象   凡"性状特征与规定不符者"归入"杂质"，所以性状特征属于法定质量标准。"性状"项所涉及的信息量极大，其中形状、表面特征、断面、经验鉴别（水试、火试）等属于真伪鉴定的范畴，而大小、色泽、气味等具有量化概念和程度指标的则属于质量判断标准。国家和地方标准的中药材及饮片均设有"性状"标准项。

性状鉴定又是法定机构检验流通领域中药商品的重要手段之一，而且性状特征不符者在不合格商品中问题最多。如某省的一份检验报告中，99种不合格药材中，性状不合格者65种，占不合格总数的66%；另一份报告的53种不合格药材，性状不合格者46种，竟占到了不合格总数的86%。这些数据触目惊心，同时也说明性状标准在中药商品抽检时的作用不容忽视。

三、中药性状鉴定是划分中药商品规格等级的重要依据

流通领域中的药材商品既有药用性,又有商品性。国家曾3次制定并修订药材商品的规格等级标准,以利于经营管理和价格的制定。鉴于中药商品的特殊性,目前药材规格等级标准的制定仍然依据性状质量标准。如药材规格划分依据中,产地、采收期、产地加工、药用部位、外部形态、来源等标准与药材的性状特征密切相关;药材等级划分的依据中,色泽、饱满程度、大小、厚度、单个药材的重量、单位重量中药材的个数、纯净度等量化指标和程度指标与药材的质量密切相关。因此,性状特征依然是目前划分药材商品规格等级的重要依据。

四、中药性状鉴定方法的特点与延展

1. 应用范围极为广泛 《中国药典》收载的每一种中药可能没有显微鉴别、理化鉴别或含量测定,但均有性状特征的描述、限定和标准。采用性状鉴定方法,既可识别真伪,又可判断质量。性状鉴定贯穿于药材种植、加工、购销、炮制、制剂、消费、治疗等各个环节,包括农、商、工、消、医等诸多领域。药农依据性状特征划分种质、筛选优良品种;药商依据性状特征划分规格等级、制定价格、购货销货;药厂依据性状特征验货、收货、质检;医院(医生)依据性状特征调配用药;消费者依据性状特征识别真伪优劣。

2. 鉴定方法简便易行 中药性状鉴定是利用人的感官系统鉴定和评判中药的真伪优劣,不受任何场地、设备条件的限制,鉴定者根据检品的性状特征,凭借个人经验和对照资料,通常当场即可解决问题。尤其在不允许将检品带回实验室的情况下,或在广大医药市场和基层单位,该方法更凸显了其简便易行的优越性。

3. 检验结果迅速准确 性状鉴定是中药形、色、气、味的专属性与实践经验的高度综合,既可以对现场检品进行品质评价与判断,又可用于大量商品的验收和检测。在中药商品的经营中,凡有经验的中药工作者、药商,往往一眼即可判断检品的真伪优劣,甚至产地、品种。当然,这需要长期实践经验的积累,包括掌握从产地到流通领域各个环节中商品性状与质量变化的规律等。因此,性状鉴定是目前市场经济条件下最简捷、最迅速的一种鉴定方法。

4. 是其他鉴定方法的先导 中药往往是生物体的某一部分,缺乏完整性,无法全面运用形态分类学进行来源鉴定;而近似种显微结构的相似性、化学成分的复杂性与重叠性,又无法使显微鉴定和理化鉴定迅速奏效。因此,在实际工作中,应当首先采用中药性状鉴定的方法,极大缩小检品的鉴定范围,减小盲目性,提高仪器鉴定的准确率。

5. 性状鉴定方法的延展 当然,任何一种鉴定方法都不是万能的,都有其缺点和局限性。只有根据实际需要,将中药性状鉴定方法与其他方法有机地、有效地结合起来,发挥不同鉴别方法的长处,才能使鉴定结果更趋于准确和迅速,保障中药的生产、销售、科研、制药原料的真实性和科学性。中药性状鉴定方法与各种现代先进技术相结合,就可以探讨中药性状特征与基原的相关性、中药性状特征与显微结构的相关性、中药性状特征与药材规格等级的相关性、中药性状特征与化学成分的相关性、中药性状特征与内在质量的相关性、中药性状特征与临床疗效的相关性等,发掘中药性状鉴定的内涵,为这一古老的鉴定方法更广泛的使用和推广提供更多的科学依据。

第二节　中药性状特征与其影响因素

一、中药性状特征与基原

中药性状特征是物种遗传物质和后天生长的综合表征。相同物种的遗传物质相同,其后代的性状特征基本一致;不同物种的遗传物质不同,其后代的性状各异。中药性状鉴定正是依据物种遗传物质的相对稳定而寻求同一中药某些性状的特殊性和专属性,依据不同物种间遗传物质的不同而寻求不同中药间性状特征的区别点,从而达到中药性状鉴定的专属性、准确性和迅速性的目的。

1. 中药性状特征的共性

(1)科属种类影响中药性状:不同科属种类的中药性状差异较大,而科属种类相近的中药往往具有一定的共性特征。如伞形科的根及根茎类中药断面均有棕色或棕黄色油点,常具有特异香气。五加科*Panax*属的根类中药多呈圆柱形,有芦头(根茎),断面略平坦,形成层环明显,皮部有树脂道小点,具香气。姜科*Amomum*属果实类中药均具钝三棱,表面被刺片(砂仁)或光滑(豆蔻),种子团3瓣,种子多面体,被膜质假种皮,气芳香,味辛凉。麻黄类中药的节与节间明显,表面具纵棱线;叶退化成膜质鳞叶,基部联合成筒;折断时有粉尘飞出,断面髓部红棕色(玫瑰心);味苦、涩(生物碱、鞣质)。

(2)药用部位影响中药性状:相同或相似药用部位的中药常常有一定的性状共性,而不同药用部位的中药性状差异显著。如根类中药无节及节间,通常无芽;双子叶植物主为直根系,呈圆柱形、圆锥形或纺锤形,少数为须根;表面粗糙,有栓皮、皮孔及纹理;单子叶植物主为须根系,少数先端膨大成块根;表面有表皮或薄的栓化组织;较平滑。再如根茎类中药的断面:双子叶植物有栓皮、形成层环纹、维管束环列、具放射纹理,中央有髓;单子叶植物有表皮或薄的栓化组织、内皮层环纹、维管束小点散列于环内外、无放射纹理,无髓。又如,花类中药一般均有雌蕊、雄蕊群、花冠、花被以及花萼等共同的药用部位的性状特征,而不同种类中药的花又各有不同。

2. 物种对中药性状的影响　有些中药并非单一来源,而由两种或两种以上的物种组成。《中国药典》2015年版收载的617种中药及饮片中,多来源的123种,占总种类的20%;其中两个来源的77种、三个来源的36种、四个以上来源的10种,甚至同属多个来源同为一种中药。

如黄芪来源于豆科植物蒙古黄芪*Astragalus membranaceus*(Fisch.)Bge. var. *mongholicus*(Bge.)Hsiao和膜荚黄芪*Astragalus membranaceus*(Fisch.)Bge.。但国家标准并未将二者区分,而是笼统地设置了性状、鉴别、检查和含量测定等标准。但据研究,山西、内蒙古野生和栽培的蒙古黄芪,都是典型的"鞭杆型芪",而黑龙江野生膜荚黄芪为典型的"直根型",栽培品呈"直根型"、"二叉型"或"鸡爪型",与"以鞭杆型、绵性大、粉性与甜性足、色黄者为佳"的传统行业标准不符。大黄、天南星、苦杏仁等中药也存在着如此问题,不同来源带来的性状差异必然会导致质量的差异。

3. 种内变异对中药性状的影响　大量实践与研究表明,种内变异直接影响了中药的性状、产量和质量。长期的野生或栽培过程中,由于自然选择或人为选择的干涉,一些药用植物发生了显著的种内变异,种内变异通常会引起药材的形态变异,人们常说的不同种质间的"农艺性状"就是种内变异的具体表型性状。种植业中的许多"农家品种"也已不是原来含意上的"种",而属于该种下的一个"种内变异"。

如金银花来源于忍冬科植物忍冬*Lonicera japonica* Thunb.的干燥花蕾或带初开的花。据调查,山东栽培的金银花农家品种有10余个。不同的忍冬种质不仅株型、枝条形态、节间长度、叶片形状、着花节数与密度、开花期以及有无二茬花等方面存在区别,而且花蕾形态也有差异。商品主流的"大毛花"枝条斜蔓生,极缠绕,无直立主干,花蕾呈棒状匙形,为典型的金银花性状;另一商品主流"鸡爪花"枝条斜上升,少缠绕,主干明显,花蕾呈棒状弯折;"红梗子"枝条斜蔓生,稍缠绕,无直立主干,具鲜红色蔓生营养枝,花蕾呈棒状镰形弯曲(彩图3-1)。

云南昭通天麻的种内变异使茎高、颜色以及花冠色泽等发生了改变,并且直接影响到天麻药材的性状与质量。乌天麻块茎椭圆形,饱满坚实,商品性状最好,是当地天麻繁殖的优良品种;绿天麻与乌天麻相近。红天麻块茎长椭圆形或圆锥形,略皱缩,次之。黄天麻块茎圆柱形,干品极皱缩,商品性状最次,天麻素含量也最低。

二、中药性状特征与生境

中药性状特征是生物长期适应产地生境的结果。不同的生境,不仅可以产生不同种类和不同数量的次生代谢产物,而且还会塑造出不同的中药性状。

1. 产地与中药性状 受制于生长环境的影响,不同产地的同一种药材会发生较大的性状特征变异。如伞形科植物白芷*Angelica dahurica*(Fisch. ex Hoffm.)Benth. et Hook. f.,主产于河南禹州的习称"禹白芷",根较短小,断面强粉性,皮部有淡棕色油室小点,饮片习称"粉片";主产于河北安国的习称"祁白芷",根较长大,断面弱粉性,皮部淡棕色油点大而密集,略显油性,饮片习称"油片"。"粉片"与"油片"的显著差异提示,白芷结构中分泌组织与薄壁组织之间的比例发生了改变。

又如"东香附"为莎草科植物莎草*Cyperus rotundus* L.的干燥根茎。产于山东大汶河两岸较疏松的沙质壤土者习称"汶香附",呈纺锤形,长2~3.5cm,表面棕褐色,节上毛须较多,性状特征符合《中国药典》标准;产于山东潍河两岸松软细沙土者习称"潍香附",呈长纺锤形或长棒状,长2~8.5cm,最长者达11.5cm,表面黄棕色,具4~20个环节,节上毛须少。不同产地的土壤生境不仅影响了香附根茎的性状,而且挥发油含量、组分以及各组分间的比例也均有一定的变化。

2. 生境与中药性状 家种药材的不断增加,使生境不同引起的中药性状变异问题越来越严重。长期栽培的药材物种常发生性状较为稳定的变异。栽培牛膝与野生(土)牛膝来源均为牛膝*Achyranthes bidentata* Bl.的干燥根。但二者性状明显不同。栽培品细长圆柱形,肥满,质硬韧,味微甜而稍苦涩,具有补肝肾、强筋骨的功能;而土牛膝为野生种,根条细小木质,中医用于治疗咽喉炎。这是栽培引起药材性状与药性变化的一个例子。

不规范的野生变家种或人工栽培时间较短的药材常出现不稳定的性状特征,尤其是易受土壤环境影响的根及根茎类。防风历来以东北"关防风"著名,"蚯蚓头、质松泡"为其道地品质标准。而栽培防风的"蚯蚓头"变成了毛刷,根长圆柱形,下部多分枝,肉质致密,几无裂隙,味甜,完全失去了"关防风"的传统性状。二者的紫外光谱与薄层色谱也具有显著差异,虽有报道栽培品多糖含量是野生品的3倍,但是栽培防风的性状特征、化学成分以及各成分间的比例已经不是原来含义上的防风了。柴胡为伞形科植物柴胡*Bupleurum chinense* DC.和狭叶柴胡*Bupleurum. scorzonerifolium* Willd. 的干燥根,资源的骤减和药用量的激增,使栽培柴胡已经成为商品柴胡的重要来源。栽培柴胡的形状、颜色、质地(木化程度)、断面、皮木部的比例、甚至气味等与野生柴胡具有显著差异,不符合《中国药典》的性状标准。

每一种中药都有其特定的生长习性,自然属性决定了种群的生长属性。中药的种植具有极强的自然性、环境性、条件性和科学性,异地引种应审慎,野生变家种要科学实际,否则将后患无穷。由于《中国药典》对野生变家种药材的质量标准尚未完善,标准中收载的绝大多数为传统的野生药材,致使栽培品的药检与质量评价无标准参照。国家标准应针对野生变家种的变异问题及时组织研究,避免中药检验中的尴尬局面,同时提高中药法定质量标准的权威性和严肃性。

三、中药性状特征与生长期限、采收加工

中药性状特征的形成往往与中药的生长年限、采收时间和加工方法等密切相关。

1. 生长年限与中药性状 中药的有效物质是动态积累的,多年生物种的次生代谢物质的种类与含量在不同生长年限会有差异,通常在药材产量、药效成分最高、有害物质最低的年份采收,就可获得优质药材和较高的经济价值。反之,药材质量下降。如厚朴的干皮和枝皮厚度随着生长年限的增加而增厚,干皮在25年前后其厚朴酚与和厚朴酚的含量达到最高值,因此厚朴最适宜的采收年限应在20~30年。若采剥不足10年生小树的干皮作药材,树皮厚度达不到正常采收年限的1/2,两种酚类成分的含量也仅有正常采收年限的1/4。

研究表明,四川洪雅产的黄柏药材,在生长3~10年的黄皮树中的盐酸小檗碱含量随树龄的增长而增加,达到含量最大值后有下降趋势。因此,8~10年被认为是黄柏最佳采收期,与传统的采收年限一致。黄柏的皮厚、树高与胸径、树皮粗糙度、叶型以及内表面颜色等性状特征对盐酸小檗碱含量存在着不同程度的相关性,其相关系数大小依次为:内表面颜色(0.77)>皮厚(0.73)>胸径(0.27)>树高(0.14)>树皮粗糙度(0.12)>叶型(0.04)。对黄柏品质影响最大的应是内表面颜色、树皮厚度和胸径。通常内表面颜色越深、树皮越厚、胸径越大者品质越佳,与传统的"肉厚、色深者为佳"的外观性状标准一致。

因此,不同生长年限对药材性状与质量的影响甚大,应在综合研究的基础上,科学合理地确定多年生药材的最适宜采收年限。

2. 采收期与中药性状 不同的采收期,会直接影响中药的形状、色泽、表面、饱满程度、质地等性状特征。例如,中药天麻商品有冬麻和春麻之分,连翘商品有老翘与青翘之别,就是说采收期与中药性状密切相关。只有适宜的采收期,才能保障药材的优质外观性状和内在质量。

研究报道,连翘在整个生长过程中,种子、果壳以及叶中连翘酯苷、连翘苷、芦丁的含量呈动态的积累与下降。5~7月是果实干物质积累的重要时期;8月下旬至9月上旬,干物质的积累已趋缓,种子和果壳中有效物质含量稳定;9~10月果壳中有效物质含量快速下降,至10月20日左右趋于稳定且达到最低。研究认为,北京地区8月下旬至9月上旬为青翘最佳采收期,10月20日左右为老翘的最佳采收期。采收期的不同直接影响了二者的性状特征与内在质量。青翘绿褐色,先端不开裂,内有多数种子;老翘黄棕色或红棕色,裂成两瓣,种子多

脱落；两种连翘药材中连翘酯苷、连翘苷、芦丁的含量以及成分间的比例差异显著。

3. 加工方法与中药性状　鲜药材经过产地加工，去除杂质，促使干燥，符合商品规格，保障质量，便于包装储运。要求药材形体完整、水分安全、色泽好、不变气味等。但不同的加工方法，可使同一来源的中药具有不同的性状特征和内在质量。

例如，来源同为忍冬的金银花（Lonicerae Japonicae Flos）由于不同产地采收时间与加工方法的不同，导致金银花商品的形状、大小、色泽和质地各异。东银花采自忍冬花蕾的二白期，晒干。药材呈棒状，中上部膨大，长2.4~3.5cm，表面黄白色，质较硬，气清香。密银花采自忍冬花蕾的三青期（二白期的前1天），烘干。药材呈鼓槌状，先端膨大，长2.6~3.1cm，表面淡绿色，质硬脆，握之略有顶手感，气清香。河北银花采自忍冬花蕾的大白期（二白期的后1天），晒干。药材呈长棒状，中部以上膨大，压扁，常因挤压而不平直，长3~4.5cm，表面灰白色，毛较疏，质绵软，气清香或具酸气。

再如，同一来源的鲜药材因加工方法的不同能生产出不同的药材，性状和临床疗效各异。人参鲜用为"鲜人参"，直接干燥为"生晒参"，蒸后干燥为"红参"。乌头侧根经浸泡、漂洗、蒸煮等程序可分别加工成"盐附子""黑顺片""白附片""黄附片"等。地黄鲜用为"鲜地黄"，焙干后为"生地黄"，表面棕黑色或棕灰色，断面棕黑色或乌黑色，具有清热凉血，养阴生津之功效；加黄酒隔水蒸后干燥为"熟地黄"，表面和断面乌黑色，具有滋阴补血，益精填髓之功效。加工后各种中药的形状、色泽、表面特征、质地、气味等性状特征均发生了很大变化，化学成分、性味功效等也均有改变，在中医临床上用于治疗不同的疾病。

四、中药性状特征与显微结构

中药性状的颜色、表面、质地和断面等特征均与内部显微结构及其组成有直接关系，外部的性状特征是由内部的细胞、组织结构所决定的。通过性状特征不仅可以初步判断其内部组织构造、不同组织在结构中的排列方式，有的甚至可以初步判断细胞内含物等显微结构。

1. 表面特征与显微结构　表面色泽来源于中药的保护组织以及近保护组织的细胞壁或细胞内含物的形态和颜色。如甘草表面红棕色，源于木栓层为数列红棕色细胞；丹参表面棕红色，源于木栓细胞内含橙色或淡紫棕色物质，主要为红色的结晶性菲醌化合物；牵牛子中黑丑的种皮各层组织细胞几乎均为棕色或黄棕色，而白丑则近于无色或黄色。

表面特征反映了保护组织的类型以及内部显微构造的特异性。双子叶植物根、根茎及茎的表面粗糙、具各种裂纹或鳞片状剥落，证明表面为次生构造的周皮；单子叶植物根、根茎及茎表面平滑，表明为初生构造的表皮细胞或后生表皮。表面绵软有毛在显微镜下可见非腺毛、腺毛或鳞片等。表面或对光透视有腺点，表明组织中有油室等分泌组织分布。草麻黄和中麻黄的表面用手触之微有粗糙感，是由于茎的纵棱线上有多数瘤状突起；而木贼麻黄瘤状突起小而粗糙感不明显。何首乌表面凹凸不平，有纵沟，是与其韧皮部外侧的纵向异常维管束有关。

2. 质地与显微结构　中药性状的轻重、软韧、坚硬、松脆或疏松等特征，皆与内部各种组织的组成、分布以及细胞内含物等显微结构有关。一般以薄壁组织为主而裂隙多者谓之"松泡"，如防风；以薄壁组织为主含大量淀粉粒者质较脆或坚实体重，蒸煮后由于淀粉粒糊化而成角质状、半透明或有光泽。以厚壁组织为主结构多为体重坚硬；含纤维多者则质坚韧；含黏液质者具黏性。

3. 断面与显微结构

（1）横折断面：折断面的性状特征与其组织结构、各组织的组成与比例以及分布密切相关。常见有平坦状：断面较平坦，无显著的突起物，指以薄壁细胞为主的显微结构，如牡丹皮、防己等；或仅有少数厚壁细胞稀疏排列，如木香、玄参等。颗粒状：折断面有粒状突起，指组织构造中富含石细胞群，如石榴皮、肉桂等。纤维状：折断面有毛刺样的突出物，指组织构造中含有纤维或纤维束，或木质部导管发达，如甘草、黄芪、葛根等。层片状：折断面呈明显分层，指组织构造中纤维束与薄壁组织成层带状间隔排列，折断时易于薄壁组织区域破裂而分层，如苦楝皮等。粉性：薄壁细胞中富含淀粉粒，折断时多有粉尘飞出；如白鲜皮、山药等。胶丝相连：折断面有胶丝状物连接，指细胞构造中含橡胶丝，如杜仲。细小结晶：折断面放置有结晶状物析出，多是组织细胞中含有较多挥发性成分暴露在空气中析出结晶，如厚朴的厚朴酚、牡丹皮的丹皮酚等。有的折断面显不同的性状特征，如黄连皮部颗粒状，木部纤维状，说明石细胞存在于皮层，而纤维存在于木质部等。

（2）横切断面（或饮片）：依据横切断面特征，可以判断检品的药用部位及其分类位置。如双子叶植物根类饮片：周边常有栓皮（次生保护组织的周皮）；断面有一圈环纹（形成层环）；具放射状纹理（由射线与维管束形成的放射结构）；皮部小、木部大（韧皮部较狭窄，木质部较宽）；无髓（次生构造中木质部导管分化至中央）。而单子叶植物根类饮片：表面无栓皮（初生构造的表皮或具较薄的栓皮）；断面有一圈小环纹（内皮层环）；中柱较皮部小（皮层宽，中柱小）；无放射状纹理（辐射型维管束，韧皮部与木质部交互排列）；有髓（初生构造中木质部导管未分化至中央）。

4. 与显微结构相关的性状鉴别术语 中药性状鉴定中积累的一些经验术语与显微结构有关，形象具体，容易记忆。如表示组织构造的"车轮纹"（指横断面中维管束排成稀疏的车辐状放射纹理，射线较平直）；"菊花心"（指横断面中维管束与射线排列成细密的放射状纹理，外侧多弯曲，形似开放的菊花）；"环纹"（指形成层环或内皮层环）；"筋脉点"（指肉眼可见的维管束小点）。表示异常构造的"星点"（指大黄根茎断面髓部的异常维管束）；"云锦花纹"（指何首乌断面皮部的异常维管束）；"槟榔纹"（指槟榔断面的错入组织）。表示分泌组织或内含物的"朱砂点"（指茅苍术根茎断面的橙黄色或棕红色的油室）；"油点"（指根或根茎横断面的分泌组织）。表示细胞内含物的"起霜"（指茅苍术根茎断面暴露稍久，细胞中析出的苍术醇的白色针状结晶）；"小亮星"（指厚朴断面细胞中析出的厚朴酚与和厚朴酚，牡丹皮内表面细胞中析出的丹皮酚结晶）等。

5. 中药性状特征与显微结构相关性研究举例 显而易见，中药的外观性状特征与其内部显微结构密切相关，越来越多的研究也证明了这一点，举例说明如下。

板蓝根来源为十字花科植物菘蓝*Isatis Indigotica* Fort. 的干燥根，药材依据质地可分为胶质和粉性两类。胶质和粉性板蓝根的显微结构基本相同，但细胞中淀粉粒的大小、复粒占淀粉粒总数的比例差异显著，不同居群之间也有差异。聚类分析表明，板蓝根质地的改变与薄壁细胞中淀粉粒特征的改变有关，甚至具有遗传性。

凹叶厚朴*Magnolia officinalis* Rehd. et Wils var. *biloba* Rehd. et Wils. 的5个变异类型，不仅树皮的厚薄、油燥程度、断面的纤维性与颗粒性、内外表面特征、色泽、表面结晶量等性状特征具有区别；而且横切面显微构造的木栓层宽度、石细胞环的细胞列数、皮层比例、射线中有无油细胞等也差异显著。其中油性大、香气浓、断面颗粒性强、小结晶多的油皮朴、红皮朴、黄皮朴具有油细胞多、纤维少的共性；而性状质量低劣的粗皮朴和薄皮朴则具有油细胞少、纤维束极多、且呈层片状排列等共性。这些都是内部显微组织结构以及细胞组成决定中药外部性状特征的典型实例。

在扫描电镜下观察3种不同光泽的淡水珍珠发现，强光泽珍珠表面为明显的层状结构，晶体排列和晶体形貌清楚，文石晶体大小均匀，相对较细，约3μm，晶体排列有序，结构致密。中等光泽珍珠的层状结构也明显，但珍珠层不甚完整，有碎片颗粒。弱光泽珍珠无明显层状结构，文石晶体大小不均匀，相对较粗，约4μm，排列较紊乱，结构松散，碎片颗粒较多。说明珍珠的表面光泽与其显微结构密切相关。

第三节　中药性状特征与质量的相关性

性状特征不仅是中药的自然属性，也是内在组织结构和质量的外部表征。中药性状鉴定经过数千年的传承积累，至今依然是生产、经营、科研、制药、检验等领域的重要鉴定手段和质控标准，说明中药的性状特征与其内在质量密切相关。一些中药的形、色、气、味与化学成分以及含量密切相关。如一等商品的五味子个大饱满，色红，果肉厚，质柔润，其挥发油、浸出物和五味子素等的含量均高。丹参表面棕红色，与结晶性菲醌类化合物含量相关；延胡索断面色越黄，生物碱尤其是延胡索乙素的含量越高；黄连、黄柏"以色黄、味苦者为佳"，与黄色的小檗碱等生物碱含量相关，含量越高药材颜色越黄，味越苦，质量越优。香气浓的枳壳、荆芥等含挥发油；阿魏的蒜气源于具强烈蒜臭气的挥发油，其主成分为萜烯及多种二硫化物。味极苦的苦参、山豆根含苦参碱；穿心莲味极苦，含有穿心莲内酯等苦味成分；味极甜的甘草含甘草皂苷（甘草甜素）等。

近年来的研究表明，道地产地、形状、颜色、气味和纯净度等中药性状特征会直接影响着中药质量以及化学成分的种类与含量。

一、道地性状特征与中药质量

《神农本草经》的"土地所出，真伪新陈，并各有法"强调了中药质量讲究道地产地的重要性。胡世林释义"道地药材"是"中药学控制药材质量的一项独具特色的综合判别标准"，是指药材"货真质优"。"货真质优"既有道地药材定性的概念，又有质量标准的涵义。道地药材包含了历代医药学家的科学智慧和丰富的实践经验，它用种质、产地、生境、种植技术、加工及销售的相对固定方式来控制中药质量，通常各环节具有特定的质量标准。

《本草经集注》记载"黄芪第一出陇西洮阳、色黄白甜美，今亦难得。次用黑水宕昌者，色白肌肤粗，新者，亦甘温补；又有蚕陵、白水者，色理胜蜀中者而冷补"。其强调了色泽、表面、气味等性状特征及疗效与产地相关，而道地产地的黄芪是临床用药的首选。

产于安徽铜陵凤凰山的凤丹皮，其优质性状特征表现于皮细肉厚，外表面褐色，质硬脆，断面粉白，粉性足，有亮银星，具浓郁的特殊香气。而其他产地的杂丹皮很少有亮银星，香气也淡。"粒大饱满、色红、肉厚、油润、籽少、味甜微苦"是道地产地宁夏枸杞子的优质性状特征，是质量最佳的药用枸杞子。而津枸杞呈类圆形或椭圆形，个小，色鲜红，果肉少，皮薄，味微酸、甜,一般用于佐料。

在用性状特征诠释优质药材时,一些经验术语具有质量标准的科学涵义。如西大黄的"槟榔茬";多伦赤芍的"糟皮粉碴";川黄连的"鸡爪形";蒙古黄芪的"鞭杆芪";吉林野山参的"五形全美";田三七的"铜皮铁骨狮子头";茅苍术断面的"朱砂点"与"起霜";凤丹皮的"小亮星";赭石的"钉头"等。这些术语无不形象地表明了性状质量特征与道地产地的相关性。

二、中药形状与中药质量

随着化学成分研究和认识的深入,尤其是对活性成分或疗效成分的探索,《中国药典》已经对部分中药采用了以两种乃至多种化学成分的含量作为内在质量标准。但是至今,对于中药性状质量与其化学成分之间的关联性尚无统一的定论。据相关资料,有些中药具有一定的相关性,而有些中药的相关性不明确或尚未被发现。

例如,研究表明鞭杆型绵性大的蒙古黄芪中黄芪多糖和黄芪甲苷的含量高于直根型绵性小的膜荚黄芪,可见中药形状与其化学成分含量有一定的关联。又如,受遗传因素的影响,不同变异类型厚朴的化学成分种类和主成分含量有明显差异。在红皮朴、黄皮朴、油皮朴的薄层色谱中,在厚朴酚与和厚朴酚之间多一个明显的暗红色荧光斑点,碘蒸气熏后,在R_f约0.8处有一个橙色斑点。厚朴酚与和厚朴酚总含量以油皮朴(5.95%~13.3%)和红皮朴(7.39%~11%)含量高。粗皮朴栓皮厚、油性小、粗糙枯燥、亮星稀、气味弱,12批样品中就有7批的酚类成分含量达不到国家标准;薄皮朴甚薄,纤维性强、油性小,酚类成分含量低。说明厚朴的形状特征与化学成分含量密切相关。实验表明,采用传统的外观性状标准如"树皮厚度、粉末颜色、易磨性、树皮粗糙度"等评价厚朴药材质量是可行的,通常"皮厚、粉末颜色深、易磨、树皮粗糙"的厚朴中厚朴酚与和厚朴酚含量高,其中粉末颜色和树皮厚度与有效成分含量的相关系数最大。因此"粉末颜色深、树皮厚、油性足"可作为优质厚朴的性状质量标准。再如,采用微机模拟栀子的生物学性状与产量、质量之间的相关性发现,栀子苷含量与果色、果宽、果形、叶宽、叶形、栀子黄含量之间显著相关,而栀子黄含量与果长、叶宽、叶形、栀子苷含量之间显著相关。这些标志形状可用于一定区域内栀子种质的划分依据,而且能稳定遗传。

三、中药色泽与中药质量

颜色因物体表面对光的吸收而产生,光泽因物体表面对光的反射而产生。药材性状色泽是指中药材或中药饮片的色泽。各种中药的颜色是不相同的,如丹参色红,黄连色黄。药材新鲜,含水适度,加工适当,则光泽好。加工或贮藏不当,则会改变其固有的色泽。作为中药最直观的外在特征,色泽与其质量有着密不可分的联系,中药的色泽是判断中药商品质量的重要指标之一。药材色泽的不同或变化,不仅与它的品种和本身的质量有关,还与中药的加工、储藏有关,不适当的加工和储藏方法也会直接影响药材的色泽,因此色泽是鉴别药材的重要因素。我们可以通过对药材外表颜色的观察,分辨出药材的品种、产地、质量的好坏以及采收时间、加工方法等,从而反映出中药的真伪优劣。比如,黄连色要黄,丹参色要红,玄参色偏黑等。

(一)颜色观察与描述方法

药材颜色的观察与描述,应采用干燥药材或饮片在白昼光下进行,必要时可使用日光灯。药材的颜色一般为复合色调,描述颜色以后一种色调为主,前一种色调为辅。如小茴香呈黄绿色,即以绿色为主,黄色为辅。如果所描述的药材有两种不同的颜色,一般将常见的颜色写在前面,少见的颜色写在后面,用"或"连接,如王不留行呈黑色或红棕色(未成熟);若药材的颜色变化在一定范围内时,可将两种颜色用"至"连接,如天冬表面呈黄白色至黄棕色。现在也有学者认为对中药颜色进行客观化描述是可行的,并对中药饮片颜色的客观化表达进行了研究。例如,孟庆安等借助图像扫描、背景剔除、边缘提取等现代数码技术,对中药颜色的采集和描述方法进行了规范化探讨,提高了目前中药颜色使用领域的效率和准确度。张慧慧等利用色彩色差计,对中药加工炮制饮片颜色测定的可行性进行考察,为规范中药加工炮制工艺与质量评价体系提供了新技术与新方法。

(二)性状颜色与中药质量

中药材一般具有较固定的色泽,它的变化与药材的质量有着密切的关系,是反映内在质量的重要标志之一。根据前人的经验,如玄参要黑、紫草要紫、茜草要红、黄连要黄等。现代研究表明,丹参以色红者为好,丹参中主含有色的菲醌类衍生物,如丹参酮 I(tanshinone I)为亮红色柱状结晶;丹参酮 II$_A$(tanshinone II$_A$)为红色小叶片状结晶。大黄以色黄者为佳,主含蒽醌类衍生物,而它们均是黄色的结晶体。一般认为,中药颜色越深,其中有效成分含量越高。王海等运用色彩色差计法和紫外-可见分光光度计进行颜色色度值测定,用高效液相色谱法测定药材有效成分的含量,对不同产地丹参的表面、断面、提取液的颜色及药材有效成分之间的相关性进行分析研究,结果表明,丹参药材表面颜色的色度值与丹参酮类成分具有正相关性。杨晓芸利用色度仪对金银花颜色进行了定量分析,对金银花中绿原酸、木犀草苷等成分进行含量测定,将含测结果与颜色值测定结果相结合,证明了颜色与化学结果关系密切,也揭示了传统认为金银花绿色的质量较好,黄色的质量较差的科学内涵。

色泽也是中药加工炮制程度判断的手段之一,生地黄加黄酒蒸制后以乌黑油亮者为佳,若蒸后外面黑灰色,内里棕黑色无光泽,则为次品;甘草生品黄色,蜜炙后变为老黄色等。因此掌握色泽变化对于控制中药品质十分必要,是衡量中药质量的重要依据之一。炮制方法的描述主要是以外观性状的变化来标示中药饮片的炮制程度,其中最主要便是颜色变化。殷放宙等以分光测色技术为基础,以山楂与栀子为对象,研究了饮片炮制火候与颜色值的相关性,通过对不同加热时间及温度的炮制样品颜色值的分析比较,两味药材的颜色值曲线均在一定范围内表现较好的规律。

药材色泽发生变化,往往会影响药材质量及用药的安全性、有效性。其变化的类型主要为褪色和色泽加深,变化过程中大多伴有泛油、泛糖、霉变、潮解等现象,如桔梗泛油色红棕;肉苁蓉泛糖色褐红;蒲黄霉变色黑棕;百部粘连色紫红;生地黄结块色棕黑;大青盐潮解色米白;砂仁碎散色红棕;巴戟天断裂色紫褐等。红花经日光照射后易褪色变黄;大黄经日光照射后由黄色变为红棕色;半夏受潮后变为粉红色、灰色甚至黑色;当归受潮后变成黑色等。如果色泽有明显的变化和严重的失真,就应考虑其质量出现变化甚至能否入药的问题。

(三)性状颜色与归经药效

归经是药性理论基本内容之一。一般指药物对于机体某部分的选择性作用,即某药对某些脏腑经络有特殊的亲和作用,因而对这些部位的病变起着主要或特殊的治疗作用,药物的归经不同,其治疗作用也不同。归经指明了药物治病的适用范围,也就是说明了药效所在,包含了药物定性定位的概念。也是阐明药物作用机制,指导临床用药的重要内容。按照中医理论的五行学说,中医认为,红色药物归心经,善治心经疾病,如丹参、紫草;黄色药物归脾胃经,善治脾胃疾病,如黄芩、黄连;青色药物归肝经,善治肝胆疾病,如青礞石、青黛;白色药物归肺经,善治肺部疾病,如川贝母、石膏;黑色药物归肾经,善治肾脏疾病,如玄参、熟地黄。因此,中药性状特征的色泽在鉴别中药质量、指导临床用药、确定作用靶点等方面也有积极的作用。

（四）影响性状色泽和中药质量的因素

1. 温度 贮藏温度过高会使药材或饮片自身发热,水分蒸发,加速荆芥、薄荷等药材挥发油的挥发;使含黏性物质的药材软化黏结,如阿胶、天冬等,使柏子仁、桃仁等含脂肪油的药油质外溢,所有这些都将导致药材的颜色及色泽改变。贮藏温度过低也会使某些新鲜药材出现变色现象,如当温度骤降至0℃以下时,颜色往往变深,品质变劣。

2. 湿度 药材或饮片在相对湿度60%~70%的环境下较为稳定,湿度过大,不仅会使药材或饮片颜色发生变化,还会引起霉变,从而影响质量。如菊花受潮后变色、失香和散瓣,枸杞子吸潮后而由红变黑,牡丹皮具粉性吸潮后易发热,其断面即变成红色,起麻点或转为黑色。

3. 久储 药材或饮片的新与陈,可以从色泽上加以鉴别。如白芍久贮变红;白术久贮走油变黑;麦冬、枸杞子、天冬等陈品均有不同程度的色泽变深,甚至变黑;麻黄、桑叶等久贮变成黄色;淡竹叶、鸡冠花久贮则易变白色等。

4. 日光 花类、叶类、草类等含色素多的中药或饮片在日光温度的影响下易分解、褪色、色素沉着,使药材或饮片色泽发生变化,影响质量。

5. 采集加工方法 中药或饮片的采收和加工方法也可以影响色泽和中药质量。如天麻采收时需用竹片刮去外皮,即入清水中浸约半日,否则易变黑色;白芷采收后未晒干前不得堆放,切忌雨淋,否则易腐烂或黑心。

中药或饮片的色泽性状特征与中药的内在质量及疗效均有密切关系。探索分析这些关系,寻求其中规律,应用科学、合理的方法描述药材或饮片颜色,避免药材或饮片颜色发生变化,对于深化对中医药学的认识、保证中药质量及指导临床用药均有重要的意义。

四、中药气味与中药质量

气味通常是中药特殊的固有属性,每一种中药都具有一定的气味,最能代表中药的本质。而中药的"气味"在性状特征与临床功效中的渊源和含义并非完全一致。

（一）中药的性状气味

1. 中药性状气味的渊源 中药的性状气味是指嗅之可闻、尝之可得的客观属性,是闻与尝的感觉,也是数千年来人们利用自己的嗅觉和味觉对中药进行鉴定的依据。"神农尝百草之滋味,水泉之甘苦,令民知所避就",在祖国医药学史上开创了用味觉辨别药物之先河。

中药性状的气和味是并存的,鉴定时,嗅气与尝味往往同时进行。现代生理学认为,嗅觉是由化学气体物质刺激嗅觉器官所引起的感觉;味觉是由溶解性化学物质刺激口腔内味蕾所引起的感觉,二者既密切相关又相互影响。实际上,中药性状气味都是中药的化学成分对人的化学感受器刺激引起的感觉。

人类的嗅觉是由脑神经系统传达讯息刺激各个组织而达到影响精神、心理、生理与行为的效果。人类的味觉则由位于舌表皮中的味蕾而感知。口腔内的药物必先溶于水,才能刺激味觉器产生化学信息,然后经神经元传到大脑而产生味觉。不同的味蕾,分别接受甜、咸、酸及苦等不同滋味的刺激,通常舌前端对甜味敏感,舌两侧对咸、酸味敏感,舌根对苦味敏感。许多中药可以利用性状气味进行品质评价。

2. 中药性状气味的物质基础

（1）中药性状的气：中药性状的气基于鼻闻的嗅觉，通常是由于中药中含有某些挥发性化学物质而形成的特殊性状属性，常作为专属性的鉴别特征之一。

某些中药因气而得名。具香气类在药名中常有"香"字，如木香、沉香、丁香、小茴香、广藿香、麝香、苏合香等。具臭气类的药名中常有"臭"字，如臭梧桐、臭椿等。此外，尚有具鱼腥气的鱼腥草，具鸡屎气的鸡屎藤，具腐败豆酱气的败酱草，具松节油气的甘松等。具有特殊气的中药常见于芸香科、樟科、唇形科、蔷薇科、菊科、伞形科、木兰科、姜科、五加科、桃金娘科等的一些植物。

中药性状的气多源于所含的挥发性成分，如挥发油、芳香酸类、酚类等。通常产生特殊气的化学成分越多，中药的气越浓，质量越好；反之质量下降，甚至变质，中药行业中称之"散失香气"。含挥发油类的中药，如藁本含挥发油具浓香；肉桂含挥发油具浓烈甜香气；吴茱萸含挥发油具浓郁芳香气；麻黄含微量挥发油气微香；薄荷含薄荷油具特异辛凉香气；乳香含挥发油气微芳香等。含芳香酸类的中药，如安息香、苏合香含大量芳香酸而具特异芳香气。含酚类的中药，含丹皮酚的牡丹皮和徐长卿具有芳香气；厚朴挥发油中含厚朴酚与和厚朴酚而气香。含特殊气成分的中药，如黄芪等豆科植物根具有生豆腥气；天麻具有特异马尿臭气；白鲜皮具羊膻气；香加皮含4-甲氧基水杨醛而香气浓郁；动物类中药常具特异的腥气。不含或少含挥发性成分的中药气微，如黑顺片、金钱草等。有的中药采用水试或火试法产生特殊的气。如含苦杏仁苷的苦杏仁和桃仁加水研磨后产生苯甲醛的香气。沉香燃之有浓烈香气；雄黄燃之有强烈蒜臭气，并产生白烟。

（2）中药性状的味：中药性状的味是口尝的实际滋味或味道。中药中常含有生物碱、黄酮类、蒽醌类、有机酸类、糖类、无机盐类、蛋白质等多种成分。通过口尝，能够产生酸、甜、苦、涩、咸、辛等味感。味感的强度与所含化学成分的量有关，味感的纯度与化学成分的类型、种类以及比例有关。

某些中药因味而得名。具酸味者在药名中常带有"酸""酢"字，如酸橙、酢浆草等。具甜味者在药名中带"甘""甜"字，如甘草、甘松、甜石莲、甜杏仁等。具苦味者在药名中带"苦"字，如苦参、苦杏仁、苦楝皮等。具咸味者在药名中带"咸"字，如咸秋石、咸大芸等。具辛味的在药名中常有"辛"字，如辛夷、细辛等。淡味者在药名中常有"淡"字，如淡竹叶、淡豆豉等。此外，还有味苦如胆汁的龙胆；甘、酸、辛、苦、咸味俱全的五味子等。

具酸味的中药常含有机酸以及维生素，以果实类居多。如味极酸的乌梅含有大量枸橼酸、苹果酸；味酸的山楂含山楂酸、酒石酸、枸橼酸；木瓜中含大量维生素C、苹果酸、酒石酸等。具甜味的中药多含糖类、苷类等，如黄芪、党参、枸杞子等。还有含苷类的甜味中药，如熟地黄含多种糖类，甜叶菊含甜菊苷。具苦味的中药主含生物碱类、苷类等。如味极苦的黄连含小檗碱；味苦的大黄含番泻苷类；味微苦的人参含人参皂苷。具涩味的中药富含鞣质类。如味涩的五倍子含五倍子鞣质50%以上；味酸、涩的诃子含诃子酸、诃黎勒酸等鞣质类20%~40%。具咸味的中药富含无机盐类，如氯化钠、氯化钾、氯化镁、硫酸镁等，常见于矿物药和动物药。如味咸的昆布和海藻含氯化钠及钾、碘等；味微咸的牡蛎、桑螵蛸、海马、海龙等均含多种无机元素。全蝎味咸主要与其加工方法有关。具辛辣味的中药与挥发油类、生物碱类、皂苷类等成分有关。如干姜的辛辣味源于挥发油中的姜酚和姜烯；吴茱萸的味辛辣而苦，因含挥发油和吴茱萸烯等生物碱；细辛含挥发油味辛辣而麻舌；富含巴豆油的巴豆味辛辣。

总之，中药性状气味源于中药特有的化学成分，化学成分是产生中药性状气味的物质基础。

3. 中药性状气味与质量的相关性　中药性状质量的核心是"形、色、气、味"。中药的性状气味源于中药中的化学成分，更与其内在质量密切相关。产生中药气味的化学成分种类复杂，且各种成分的含量差异显著，不同化学成分间的比例有别。一般当中药中产生气味的化学成分含量越高，所产生的气味就越浓，中药的质量越佳。

《中国药典》越来越多地规定了以多种化学成分的含量作为内在质量标准，其中一部分中药的性状气味就可能与这些化学成分相关。如地榆气微，味微苦涩，鞣质不得少于8.0%、没食子酸不得少于1.0%；黄芩气微，味苦，黄芩苷不得少于9.0%；徐长卿气香，味微辛凉，丹皮酚不得少于1.3%；芒硝气微，味咸，硫酸钠不得少于99.0%。药材优质性状与内在质量相统一的典型例子还见于：甘草以"味甜者为佳"，甜味成分甘草皂苷系甘草酸的钙、钠盐，其甜度为蔗糖的80~300倍，是甘草的主要有效成分，《中国药典》规定甘草酸的含量不得少于2.0%。因此，甘草越甜，甘草皂苷和甘草酸的含量越高，甘草的质量越好。

优质丁香"油性足，香气浓郁，入水萼筒垂直下沉"，这与挥发油的存在部位和含量有关。丁香挥发油比重大于1，主要存在于花萼筒的油室中。挥发油中丁香酚的含量80%~95%，是主要活性成分，《中国药典》规定不得少于11.0%，保证了丁香的质量。而提取过挥发油的丁香药渣中丁香酚含量和香气甚微，无油性，入水萼筒不下沉。

薄荷历来以"叶多、色深绿、气味浓者为佳"，《中国药典》规定"叶不得少于30%"，"挥发油含量不得少于0.8%（ml/g）"。薄荷特殊的清凉香气和辛凉味源于薄荷油，薄荷油主要存在于叶表面的腺鳞和腺毛中。因此，薄荷叶在药材中的比例越高，挥发油含量越多，气味越浓，质量就最佳。

总之，中药的性状气味是其微观化学成分在宏观特征中的具体表现，以气味作为品质评价指标可使微观化学成分与宏观性状在质量控制方面达到统一，为中药传统的质量标准提供科学依据。

（二）中药的药性气味

中药的药性气味即指中药药性中的"四气五味"。四气五味是中医药理论的主要组成部分，是中医临床诊疗疾病的特色。中药药性气味与中药性状气味不完全相同。

1. 中药药性气味的渊源

（1）中药的四气：四气是指药物所反映出来的寒、热、温、凉四种药性，又称"四性"。其中寒与凉、热与温是两类不同性质的药性，每二者具有共性，在二者共性的基础上又有程度上的差异。程度上的差异可概括为"寒为凉之极，凉为寒之渐；热为温之极，温为热之渐"。四气可概括为阴阳属性，即温热属阳、寒凉属阴。中药的温热与寒凉是与临床疾病的寒凉与温热相对而言的，如凉性的玄参、生地黄、麦冬、牡丹皮，寒性的大黄、黄连、知母、生石膏等药物，能减轻或消除温热病证；而温性的高良姜、艾叶、小茴香，热性的附子、干姜、肉桂等药物可以减轻或消除寒凉病证。中医临床认为寒凉性药具有清热解毒、消炎之功效，而温热性药具有温阳散寒、救逆之功能。

中医临床在中医药理论指导下，采用"寒者热之、热者寒之"的用药原则，也就是利用中药药性之偏性，调节机体阴阳之偏性，达到人体阴阳的相对平衡而痊愈。

（2）中药的五味：中药五味即指辛、甘、酸、苦、咸五种（淡附于甘,涩附于酸）药味。五味作为中药药性理论的主要组成部分,为历代医药学家所重视。五味可用于概括中药的某些功能特点,解释中药的功效原理,指导临床合理用药等。中药五味的最早本意是指药物的真实滋味或味道,以口尝而得,如生姜味辛、党参味甘、乌梅味酸、黄连味苦、海藻味咸等。《景岳全书》曰"每当用药,必逐件细尝"的医训就是古代重视"口尝确定药味"的真实记载（此时中药的性状之味与药性之味是一致的）。随着人们对中药使用和认识的深入,中药的五味逐渐不仅是口尝的结果,而与临床医疗结合起来。《素问·至真要大论》记载"辛能散能行,酸能收能涩,甘能缓能补,苦能燥能泻,咸能软能下",说明中药的五味既包涵了中药本身的味道,又是临床疗效的标志。古人在不断积累临床实践经验的过程中,对药物作用的认识不断丰富,发现一些药味已经难以用味效关系来解释,人们就采用了"以功能类推药味"的方法,将凡具发散功能的定为辛味,凡具补益功能的定为甘味等。如雄黄能燥湿杀虫,故味辛苦;石膏因发散故味辛,而尝之味淡;阿胶因补血味甘,而尝之不甜等。

中药药性五味的形成,实际上经历了由"口尝得味"到"以功能类推药味"的漫长发展过程,此时的中药五味不仅有味觉感知的真实滋味,同时又有指导药物临床疗效的实际功能。

2. 中药药性气与味的相关性　每一种中药都具有气和味,气味是相互联系的整体。五味理论比四气理论更具体、更全面。四气概括起来主要为寒与热两方面,与之对应的是阴与阳。所以在中药功效上,四气只反映寒与热;在治疗上,无论疾病多么复杂,它必须遵循"寒者热之、热者寒之"的原则。五味中酸能收、能涩,用于治疗体虚多汗、久泻久痢、肺虚久咳、遗精滑精、尿频遗尿等;甘能补、能缓、能和,用于各种虚证、痉挛疼痛症;苦能泻火、泻下、降泄和燥湿,用于治疗火热证、便秘、气逆和湿证;辛能发散、行气、活血,用于治疗表证、气滞证和血瘀证;咸能软坚、泻下,用于治疗痰核、瘿瘤和便秘等。相比之下,四气的功效和治疗原则过于笼统和狭窄,而五味的理论更具体全面,每种味都有各自具体的药效作用。

五味是物质,是中药固有的性质,是产生四气的基础,是产生功效的基本物质,没有五味就谈不上四气。四气是效应,即药物作用于机体,通过五味而产生寒、热、温、凉的效应。五味可以决定中药的寒、热、温、凉,苦味药中无热性药,少有温性药,多为寒凉之药,如黄芩、栀子等;辛味药多温热,极少寒凉,所有热性药均为辛味,如附子、丁香等;甘味、酸味药偏寒凉或平性;咸味药偏寒凉性,也可能偏平性。

气与味共存于每一种药物中,共同发挥药效作用。每个药物都只具有一个气,但可有数个味,其兼味越多,功效越广。因此必须将气与味的作用综合起来看。不同的气味有不同的作用和意义,气味相同的药物,作用往往相似,如苦寒的栀子、黄芩、黄柏、苦参、龙胆等均能清热燥湿或泻火解毒;辛热的附子、干姜等都能回阳救逆,温里散寒。

（三）中药性状气味与药性气味的相关性

综上所述,中药性状气味是鼻闻、口尝的自然属性。

中药药性气味,包含气即"寒、热、温、凉"四性是根据药物作用于人体后所发生的不同反应和治疗效果而作出的概括性归纳;味最早起源于口尝的实际滋味,逐渐发展到依据疗效推论定味,已超出了味觉的范围;所以中药的药性气味是建立在临床疗效基础之上。中药性状气味与中药药性气味虽然有一定的联系,但是二者用于不同的目的,其形成、发展路线、表达方式和研究思路均不相同,具有本质的差异。

对400种中药的药味进行统计,比较临床药性药味与口尝性状药味的区别。其中现代文献记载的药性药味与口尝药味相同的占35.7%~42%,不同的占58%~64.3%;最早文献记载的药味与口尝药味相同的占32%,不同的占68%,最早文献记载的药味与现代文献记载的药味相同的占56%,不同的占44%。结果表明,古今药性药味与实际口尝滋味并非完全一致,相同的不及一半,60%以上的不同。究其原因,一是口尝有误差,因为不同年龄、不同体质、不同性别、不同地域、不同海拔等的口尝都可能得出不同的结论;再者由于中药药性气味渊源的本身就与性状气味不同,前者往往具有推论的理念。因此二者既有相似之处,又有显著差异,不能混为一谈。

五、中药纯净度与中药质量

在中药性状鉴别时,除了观察中药或饮片的形状、大小、表面颜色、质地、断面、气味等自身的性状特征之外,中药材或饮片所夹带的泥沙等杂质的多少也是重要的性状鉴别指标。所以《中国药典》规定了中药的纯净度检查,包括杂质、水分、灰分等的限量标准。中药中的杂质通常来源于非药用部位,以及在采收、加工、包装、运输、贮藏、销售等过程中混入的异物。目前中药商品纯净度方面的问题颇多,而纯净度也可直接反映中药的质量。

(一)纯净度检查的意义

1. 市售中药纯净度问题严重   近年来,国家和地方药监部门发布的市售中药商品的抽验报告中,纯净度问题颇多。资料显示,某省一份抽验报告,336份不合格检品中杂质超标者占10.4%,灰分超标者占13%。某市的一份抽验报告,不合格检品中,杂质超标者竟达33%。某省的99份不合格中药检品中灰分超标者占35%,水分超标者占19%,杂质超标者占4%;另一份报告中53份不合格检品中杂质超标者占11.4%。

2. 不纯净中药的危害   不纯净中药中常掺有多种非药用物质,会引起一系列的危害:①直接影响中药的外观性状,致使整体质量下降。②造成临床剂量不准确,直接影响临床效果甚至延误最佳治疗时机。③威胁临床用药的安全性。有的"同株异药"不分开,会使疗效抵消、降低疗效或引起不良反应。④影响科研样品的科学性、研究结果的准确性和可重复性。⑤影响中药制剂的质量和稳定性。因此,清除杂质是保障中药及饮片质量的重要环节,严格净选程序是保证临床疗效的关键过程。

3. 纯净药材的性状要求   从严格意义上讲,药品范畴内的药材或饮片仅指经过净处理后的药物,而未经依法净制处理的原药材不能列为药品概念下的药材,只能是农副产品,不能直接入药。依据药品范畴内"药材或饮片"的含意,纯净药材的性状必须具备:①药品标准规定的药用部位,不得带有非药用部位。②表面不得沾有泥土或混有沙石。③不得混有其他异物。④不得混有霉变、虫蛀、变色等变质药材。

4. 纯净度是药材等级划分的重要标准   在符合药用标准的前提下,不同等级的药材或饮片对纯净度的要求不同,一般等级越高的药材纯净度较高,等级较低的药材纯净度较低。如东银花,一等:开放花朵不超过5%;无嫩蕾、黑头、枝叶。二等:开放花朵不超过15%,黑头不超过3%。三等:开放花朵不超过25%,黑头不超过15%,枝叶不超过1%。四等:花蕾或开放的花朵兼有,色泽不分,枝叶不超过3%。其中黑头属于变色,与枝叶均为杂质。

(二)纯净度与中药性状质量

1. 非药用部位   中药或饮片应是国家标准规定的药用部位,其他非药用部位属于杂质。近几年,中药中混入非药用部位的现象十分普遍,是造成质量下降的重要原因之一。如黄芪、柴胡、乌药等饮片中掺入茎秆切片；徐长卿、细辛、龙胆等带有地上部分；牡丹皮、地骨皮、远志筒带有木心；钩藤无钩，茎枝超长；金银花中掺入叶片、茎枝；蒲黄中混有大量花药及花丝；辛夷、五味子等带有花梗或果梗；金钱草等掺有其他杂草等。非药用部位的混入使中药性状质量发生了变化，直接影响了内在质量和临床疗效。

2. 泥沙与异物　中药中混入泥土、砂石异物不仅会增加重量，而且直接影响中药性状质量。易混入泥沙与异物的常见于根及根茎类、细小果实种子类、全草类、部分动物类或粉末状中药。如市售鹅不食草中常带有大量泥片、沙石、杂草、塑料、绳头；马齿苋中含大量泥沙；全蝎腹内注入水泥、铁钉；海金沙、蒲黄中掺黄土；金银花中掺入重粉、泥沙、化肥、食盐、淀粉；菟丝子中掺入泥沙泛丸等，均严重影响了中药的性状质量。泥沙超标主要是产地采收、加工或贮存时带入，也有不法商贩的故意掺加。

3. 水分超标　安全水分可以抑制微生物的活动，确保中药保持优良的品质。中药中水分超标，部分是因产地加工未完全干燥；也有不法药商将药材喷水或浸泡后用硫黄熏，使药材不发霉而增重，这样不仅会使中药中残留二氧化硫、砷、汞等有毒物质，而且完全是一种违法行径。根据经验可以判断药材的干燥程度，常用方法有断面特征鉴定法、敲击鉴定法、质地鉴定法、手插鉴定法、手搓鉴定法等。如白术、三七、天麻等，将两个药材对敲，发出清脆响声者为干燥品，声音沉闷不清脆、质软体重者为水分超标；硫黄熏制品有酸气。

4. 新货与陈货　新货系指当年采收加工，符合《中国药典》规定的药材。而陈货是指贮藏时间过久，或已变色、生虫、走油、散失香气的变质药材或饮片。如储存变黑的五味子、枸杞子；皮部呈棕褐色的板蓝根；茎叶发霉、无香气的广藿香；表面和断面暗棕色的天麻；切面色深，树脂道和形成层环及各部位有明显走油痕迹的人参、西洋参；洗净干燥染色后再投入市场的发霉变质药材或饮片等。凡此等不符合国家或地方标准的陈货检品，均应判为性状不合格者，不能再作为中药使用。

（三）建立药材"纯净度"检查标准

2015年版《中国药典》虽然大量增加了检查"杂质"的限量标准，但对"杂质"种类的模糊表示法，尚不能完全科学地反映药材与饮片的实际质量。大多数中药的杂质检查并未明确"杂质"的种类，如大蓟、广藿香、五味子等；仅少数中药明确规定了杂质的种类，如山茱萸中果核、果梗不得超过3%。

参考日本药局方对部分中药品种的纯度实验标准：如牛膝根中含茎不能超过5.0%，含茎以外的异物不能超过1.0%；麦冬块根中含细根不能超过1.0%；细辛根及根茎中不得含有叶及叶柄的地上部分，含地上部分以外的异物不能超过1.0%；桑白皮根皮中含根的木部及其他异物不能超过1.0%；紫苏叶及嫩枝中含直径3mm以上的茎不能超过3.0%，含茎以外的异物不能超过1.0%。经分析，纯度检查实际上包含了非药用部位和外来异物两部分，这种针对不同中药设定的杂质类型和限度标准优于笼统的"杂质"二字，可以有效地控制中药的纯净度。

《中国药典》在"来源""炮制"项下，明确规定了各药的药用部位、除去杂质或洗净，目的就是去除非药用部位、清除杂质，使药材达到纯净标准，得到"净药材"。检查"净药材"的"纯净度"可以有效地考察"去除杂质"的"干净程度"，较之检查中药中的"杂质"更科学、合理。因此，建议尽快建立中药"纯净度"检查的国家标准。

根据国家标准规定的药用部位，可以拟订出各大类中药纯净度检查的范围。如根类中药应检查茎和除茎以外的异物；根及根茎类中药应检查地上茎叶和除地上茎叶以外的异物；

根茎类中药应检查地上部分、须根和除地上部分、须根以外的异物；木质茎类中药应检查叶及规定直径以上的茎和除叶及规定直径以上的茎以外的异物；草质茎类中药应检查叶及木质茎和除叶及木质茎以外的异物；皮类中药应检查木质心和除木质心以外的异物；叶类中药应检查枝、叶梗和除枝、叶梗以外的异物；花类中药应检查叶、苞片、花梗和除叶、苞片、花梗以外的异物；果实类中药应检查果梗或果核和除果梗或果核以外的异物；种子类中药应检查果壳或种皮和除果壳或种皮以外的异物；全草类中药应检查根、老茎或其他植物和除根、老茎或其他植物以外的异物等。不同中药还要针对其特殊性拟定相应的检查内容。

第四节　性状特征是古代中药质量标准

数千年来,劳动人民积累了丰富的中药鉴定经验,同时又依据中药的形、色、气、味等属性进行品质鉴定。这些经验、方法和标准既简便实用,又具有科学的内涵,不仅可以分辨真伪,又是经典的质量标准。

一、古代中药的质量标准

古代中药质量标准的形成源于中医长期的临床实践。人们利用自己的视觉、嗅觉、味觉、听觉和触觉等来辨别中药,由原始的感知识别,发展到品质判定,逐渐形成了古代的中药质量标准。《淮南子·修务训》就记述了上古人很早用口尝感知和识别药物的传说;《神农本草经》记载"药有酸、甘、苦、辛、咸"五味,由五味发展为药性。

(一)古代中药质量标准的形成

古代中药质量标准的形成大概经历了如下几个阶段。

1. 模糊产地的质量标准　这个阶段包括了《神农本草经》之前的漫长时期。人们在感知、认识中药,进行临床医疗实践的同时,对所使用的药物进行疗效比较,发现不同地域的中药,在治疗同一种疾病时的疗效有一定差异。此时人们的认知面还比较模糊,对药物的认知度较肤浅,对药物的识别尚未达到完整认知的程度,处于药物优劣品质标志的模糊时期。通常采用以较大的区域,即以"古国名"或"模糊产地生境"命名中药的方式记述中药的质量标准。古国名如西周前后的巴、蜀、吴、秦、东阿等。以"古国名"命名中药作为质量标准的有:巴戟天(《名医别录》释生巴郡及下邳,即现代四川巴县西和江苏睢宁县西北古邳镇东)、蜀羊泉(《名医别录》释生蜀郡。即现代四川成都一带)、秦皮(庐江即冤句,即现代安徽庐江县西一百二十里和山东菏泽县西南)、阿胶(《名医别录》释生东平郡……出东阿。即现代山东东平县和东阿县)。以模糊产地生境作为中药质量标准的如:泽兰生大泽旁;海藻生池泽;牡丹生山谷;茅根生山谷田野;葛根生川谷;栝楼根生川谷及山阴;大枣生平泽……还有川泽、匠陵、平土等。

2. 具体产地的质量标准　随着对中药药性的认识和中药品质评价知识的不断积累,人们发现某一具体产地的中药疗效优于其他产地,逐渐有了"道地产地"的概念。人们开始详细观察中药的产地、生境、采收加工、疗效与其质量的关系,逐渐将产地对中药质量的影响由感性认识提升为理性认识,并作为理论记载于本草著作中,这就逐渐形成了古代具体产地的中药质量标准,这些标准被记载于《名医别录》、《本草经集注》及其之后的诸多本草中。《本草经集注》阐述了40余种常用中药的道地性,后世本草也均有记载。常用的词语有"第一出……""……者最佳""……为正道地""……为胜"等。如：龙胆"今出近道，吴兴（浙江湖州）为胜"（《本草经集注》），珍珠"以广东廉州合浦（广东合浦）产者为正道"（《药物出产辨》），党参"上党者为佳"（《本草从新》）、"产于山西太行山西潞安州（山西长治）等处为胜"（《本草纲目拾遗》），薄荷"今人用药多以苏州（江苏苏州）为胜"（《本草纲目》）等。表明古代具体产地的质量标准已经成为当时人们对中药质量控制的共识。

3. 专属性优质特征的质量标准　随着对药物性状特征认知的进一步深入，人们在强调药物具体产地的同时，注重了药物的形、性特征，并分析与临床疗效的相关性，发现中药的"形、色、气、味"等自然属性与临床疗效密切相关。经过历代医药学家的不断观察、总结、归纳和整理，提炼出了中药专属的优质特征，逐渐形成了古代中药的质量标准。由于古代中医药知识的传播方式为"父子相传、师徒相授"，所以这些性状标准非常简洁、明了、专属，朗朗上口。如黄连"蜀道者粗大，味极浓苦，疗渴为最。江东者节如连珠，疗痢大善。澧州者更胜"；人参"人形者上"（《证类本草》）、"根滋润坚实者为好"（《本草品汇精要》）；甘草"赤皮断理，看之坚实者，是抱罕草，最佳"（陶隐居），"甘草有数种，以坚实断理者为佳，其轻虚纵理及细韧者不堪"（《本草图经》）。这些古代中药质量标准源于临床疗效，具有长期的实践性和严谨的科学性，因此许多古代质量标准至今依然是中药性状品质评价的专属性特征。

总之，古代中药质量标准的形成经历了"模糊产地质量标准阶段"、"具体产地质量标准阶段"到"优质中药专属性特征质量标准阶段"的漫长过程。这些阶段的形成与发展既有依次顺序进行的实例，也有交叉与重叠发展的模式。

（二）古代中药质量标准的描述

纵观浩瀚的本草，古代中药质量标准的描述具有一定的规律性，通常采用物种来源表示法、道地产地表示法、最佳采收时间表示法、优质专属性特征表示法、加工炮制程度表示法等。古人以最简练的语言记载中药的质量标准，常见的关键词有"……者上、……者良、……者佳、……者真、……者胜、……者善、……为上、……为良、……为佳、……为真、……为胜、……为善、……最上、……最良、……最佳、……最真、……最胜、……最善"，此外尚有"……为贵、……为好"等。

古代中药质量标准的描述散在于历代各本草中，如：牛黄的来源——"水牛又不若黄牛为佳"（《本草新编》）；肉桂的产地——"出广州湛惠为好"（《本草经集注》）、"出岭南桂州者为良"（《本草备要》）；附子的采收——"以八月上旬采，八角者良"（《证类本草》）；紫苏专属性特征——"以背面皆紫者为佳"（《本草图经》）；牛黄专属性特征——"皆揩摩手甲上，以透甲黄者为真"、"轻虚而芬香者佳"（《证类本草》）；熟地黄加工——"以九蒸九晒，透心黑者为佳"（《增订伪药条辨》）等。

有学者采用典籍计算机分析法，对90部本草著作中记载的具有品质鉴定的448种中药进行了统计分析发现，古人对品质评价关键词的使用频率依次为"……者佳、……者良、……为佳、……为真、……为良、……为善、……最上、……为胜、……最胜、……为上、……者胜"等。依据"形状、颜色、质地、气味"进行统计分析，在根类药材中的使用频率依次为"颜色-气味-质地-形状"，说明颜色、气味、质地较之"形状"对于中药质量的控制更为具体。在不同的鉴别特征中使用最多的字分别是：形状-肥、长、纹、细、大；颜色-赤、紫、黑、黄、白；质地-肥、软、坚、润、实；气味-辣、甜、甘、苦、香。

以地黄为例，古代质量标准的描述有"味甘，寒。主折跌绝筋，伤中，逐血痹，填精髓，长肌肉,作汤除寒热积聚除痹,生者尤良"(《神农本草经》);陶弘景"以彭城干地黄最好,……近用江宁板桥者为胜";"地黄,生咸阳川泽,黄土地者佳,今处处有,以同州为上"(《名医别录》);"生地黄味甘,无毒,生于黄土者为佳"、"此药以二八月采者良"(《医方类聚》);"今人惟以怀庆地黄为上"(《本草纲目》);"汁液最多,虽暴焙极燥,顷则转润"(《本草乘雅半偈》);"唯重为佳"(《本经逢原》);"地黄,皮老疙瘩坚实,菊花心者佳"(《经验丹方汇编·贸药辨真假》);"生于怀庆肥大菊花心者良"(《本草求真》);"以怀庆肥大而短,糯体细,菊花心者佳"(《本草从新》);"以九蒸九晒,透心黑者为佳"(《增订伪药条辨》)。分别从产地、采收、形状、表面、色泽、质地、加工等方面阐述了地黄的优质性状标准。

二、古代中药的质量标准研究

古代中药质量标准源于中医临床疗效,以"形、色、气、味"为主线,辅以来源、产地和生境,具有科学性和实用性。采用本草考证与现代性状鉴定的方法,可以解析古代中药质量标准的内涵。

(一)地黄古代质量标准分析

首先对上述地黄的本草记载进行分析。

1. 产地分析 地黄古产地最早为"彭城"和"江宁板桥",即现代江苏省徐州和南京一带;次之为"咸阳川泽"和"同州",即现代陕西咸阳和大荔县一带。宋代开始栽培,至明代产地确定为"惟以怀庆地黄为上",古怀庆府即今之河南焦作,包括温县、沁阳、武陟、孟县、辉县、博爱一带。对产地的变迁,《本草乘雅半偈》据其药材质量解释道:南北相殊,药力大小悬隔。江浙壤地者,受南方阳气,质虽光润而力微,不及怀庆山产者,禀北方纯阴,皮有疙瘩而力大也。以药材质量奠定道地产地。本草中还强调了地黄的种植以"黄土地为上",现代怀地黄的道地产区土壤为砂壤土,是由黄河冲积而成,土壤特点是pH为7.5~8.5,透气性好,适宜地黄生长和有效物质的积累。

2. 专属性优质特征分析 古代地黄具有"味甘,无毒;根肥大,体重;皮老疙瘩、坚实,菊花心;肥大有菊花心;肥大而短,糯体细"等特征。归纳起来,古代生地黄的质量标准是以"根肥大而短、体重、质柔韧坚实、断面有菊花心、味甘者为佳。"据研究,道地药材"怀地黄"具有"颜色深,黄褐色,块状,最粗处直径大,长度/直径比值小。横切面有菊花心;木质部/韧皮部比值约为3.7,木质部及木薄壁细胞所占的比例高"等特征。现代生地黄的性状质量标准是"以块大、体重、断面棕黑者为佳",古今质量标准基本一致,说明古代中药质量标准是科学的。

(二)牛黄古代质量标准分析

1. 古代牛黄的记载 "皆揩摩手甲上,以透甲黄者为真","轻虚而芬香者佳"(《证类本草》)。"一子如鸡子黄大,重叠可揭折,轻虚而气香者为佳。……揩摩于手甲上,以透甲黄者为真"(《本草图经》);"牛黄,要嫩黄、轻虚、重叠可揭,气息微香,摩指甲竟透者真"(《经验丹方汇编·贸药辨真假》);"真牛黄大者如鸡子黄,小者如龙眼核,重叠可揭,其质轻虚,气香有宝色者佳"(《增订伪药条辨》)。

2. 古代牛黄的质量分析 根据上述记载,牛黄为圆形,大如鸡蛋黄,小至龙眼核;颜色为嫩黄,有光泽;质地轻虚、重叠可揭;气味为芬香、气香、微香;揩摩指甲上可以染黄。其中"轻虚"指"体轻酥脆","重叠可揭"即"断面有重叠的层纹,可分层裂开"。总结牛黄的古代质量标准是"以个大、嫩黄、体轻虚、重叠可揭、气香、透甲黄者为佳"。

3. 现代天然牛黄的性状与质量 呈不规则圆形、卵形、三角形或略方形,直径0.6~4.5cm。表面橙红色或棕黄色,细腻而略有光泽;或挂有黑色光亮的薄膜,俗称乌金衣;或略粗糙有疣状突起,习称荔枝黄;或呈龟裂纹。体轻,质酥脆,易分层碎裂;断面金黄色,有细密同心层纹。气清香,味苦而后回甜,有清凉感。嚼之不粘牙。以清水调和涂于指甲上,能将指甲染黄,习称挂甲。优质性状标准为"以完整、色红黄、质酥脆、断面层纹清晰而细腻者为佳"。

比较分析表明,古今(性状)牛黄的质量标准基本一致;而且古代牛黄的质量标准中,90%以上的内容依然是现代品质评价的专属性特征。

总之,古今中药性状质量标准具有密切的相关性和连续性。古代中药质量标准是一个由浅入深,由模糊产地生境标准到具体产地生境标准,再到专属性特征标准的过程,尤其是源于中医临床实践经验,具有科学性和实用性,许多珍贵的经验至今还是中药性状品质评价的依据。古代中药质量标准散落在历代医药典籍中,是我国医药事业的宝贵财产,我们应在不断发展的基础上,传承祖国的医药遗产。

但是,由于科技水平发展的局限性,古代中药质量标准均属于经验鉴定的范畴,对产地、环境、性状专属性与疗效等的相关性研究仍显肤浅。这就需要我们在研究和探讨古代中药质量标准的基础上,充分利用现代科技手段,制定出符合中医药理论特点的现代中药质量标准。

第五节 中药性状品质评价理论与新技术

一、"辨状论质"理论

"辨状论质"是谢宗万先生于20世纪90年代提出的中药品种传统经验鉴别的理论。"辨证论治"是中医理论结合实际治病原则的精髓,而"辨状论质"是中药品种经验鉴别的精髓。

1. "辨状论质"的内涵和依据 传统的经验鉴别法是长期以来人们对中药真伪优劣鉴别实践的高度总结。主要根据中药的外观属性(形、色、气、味),利用感官系统,即看、摸、闻、尝等方法,必要时辅以水试、火试达到鉴定目的。传统经验鉴别的依据是基于生物物种遗传的基因,任何动、植物药的种类都有其特定的外观性状及其某些特性。故"辨状论质"就是根据中药外观性状所表现出来的特征,判断中药的真伪优劣,从而阐明其质量的本质,这就是"辨状论质"的内涵和依据。

2. "辨状论质"的实质 中药的外观性状与内在质量具有相关性,是"辨状论质"的实质。一定的中药外观性状,不仅能反映真伪特征,而且包含着优劣标准。通常优质中药以"身干、个大、体重、质坚实者为佳",是因为"身干"意味着中药未曾受潮霉败变质。"个大、体重、质坚实"表明中药原植物生长健壮,营养丰富,有效物质贮藏量较高,采收时间和加工方法适宜。以"形、色、气、味"为质量优劣标志,实际上是中药内在质量在外部性状上的反映。传统经验鉴别语言简练、形象生动,鉴别方法简便易行、重点突出,是中药经验鉴别的独到之处。采用直观鉴定法可以迅速得出比较可靠的鉴定结果,在实际工作中,尤其是在基层的中药房、药店、药材购销、药材贮藏等得以广泛使用。

3. 传统经验鉴别应与现代技术相辅相成 任何一种鉴定方法都不是十全十美的。中药经验鉴别虽然有许多优点,但也有不足之处。当不同来源的中药偶然性的貌似而实异,或由于其生物体长期适应相同环境而致使中药的外形亦趋于近似，或近缘品种外形大同小异，而生物种的个性特征难以在外形上突出表现出来时，仅使用直观性状鉴别方法解决不了问题。这就需要根据实际情况，灵活运用现代科学鉴定方法加以辅助，包括植物分类学、显微鉴定、理化鉴定、仪器分析等方法，则可收到相辅相成之效。

4. "辨状论质"是中药经验鉴定的精髓　经验鉴定是国内使用最广而且能够解决问题的一种便捷方法，对中药真伪优劣的评价已经得到科学的证实。"辨状论质"总是正确的居多，结论有矛盾的为少，虽然有人提出以有效成分含量为标准，与经验鉴定的标准不同，但在中药商品经营方面却行不通，如三七主根与须根的"质"与"价"问题，中药的采购与经营仍然以经验鉴定标准来划档分级议价。因此，经验鉴定的精髓是"辨状论质"，这是无数中药鉴定客观事实的总结和概括。尤其是许多中药的药效成分尚不清晰，经验鉴定法依然是中药鉴定方法的主流，而且只要有中药存在，经验鉴定方法就会长期存在下去，"辨状论质"的理论也将在中药传统经验鉴定领域中对中药真伪优劣的品质评价起到理论指导作用。

二、电子鼻、电子舌技术对性状气味的模拟表达

"形、色、气、味"是中药性状品质评价的重要标志，性状气味一直以鼻闻、口尝检测，其结果不可避免地受感观差异和检测环境的影响，客观性和准确性难以保证。随着人工智能技术的快速发展，电子鼻和电子舌相继问世，并已试用于食品、环境和医药等领域。电子鼻和电子舌可以客观地评价气味，并把涉及成分相互作用的内在信息翻译成诸如不同气味和质量之间的关系，检测结果具有高灵敏度、可靠性和重复性。使它们在客观表达和控制中药外观信息气味方面表现出巨大的应用潜力。

1. 电子鼻与电子舌系统简介

（1）电子鼻原理与结构：电子鼻模拟人的嗅觉器官，工作原理与人的嗅觉形成相似，包括3个层次：①气味分子被人工嗅觉系统中的传感器阵列吸附，产生信号；②生成的信号经加工处理与传输；③处理后的信号经模式识别系统作出判断。

电子鼻由气味取样操作器、气体传感器阵列和信号处理系统3种功能器件组成。气体传感器阵列是电子鼻的关键，除气相色谱分析法外，还包括导电型、压电类、场效应、光纤等类型的传感器。电子鼻信号处理包括预处理和模式识别两部分。预处理是对传感器阵列传入的信号进行滤波、交换和特征提取；模式识别是对输入的信号再进行适当处理，以获得混合气体的组成成分和浓度信息，即对特征提取后得到的信息进行再处理。常用的模式识别方法有线性分类、局部最小方差、主成分分析、判别式分析、模板匹配、人工神经网络等。

电子鼻识别气味的主要机制是阵列中的每个传感器对被测气体都有不同的灵敏度，因而整个传感器阵列对不同气体产生不同响应信号。系统根据传感器的响应信号来识别气味。由于在同一个仪器里安装多类不同的传感器阵列，检测更能模拟人类嗅觉神经细胞，根据气味标识和利用化学计量统计学软件对不同气味进行快速鉴别。

（2）电子舌的原理与结构：电子舌是根据模拟味觉感受机制而设计的。用类脂作为模拟味蕾的敏感材料。不同的类脂膜材料可制备不同特性的味觉传感器。当味觉物质在薄膜上被吸收，数据便通过类脂膜上电位的变化而获得；然后计算机对数据进行模式识别，得到反映样品味觉特征的结果。电子舌由采样装置、传感器阵列和模式识别系统组成。

味觉传感器根据不同的技术机制，分为多通道类脂膜传感器、基于表面等离子体共振传

感器、基于表面光伏电压技术传感器、微结构离子敏味觉图像传感器等。

模式识别是根据研究对象的特征或属性,利用计算机系统,运用一定的分析算法认定其类别。电子舌的传感器数量众多,在多组成成分环境中每个传感器又会产生复杂的响应信号,通常要采用不同的模式识别方法,对多维数据进行处理。目前所使用的特殊数据处理方法主要有主元分析、人工神经网络识别、模糊识别和混沌识别等。

2. 电子鼻和电子舌的研究应用现状　电子鼻可用于测定样品气味中的挥发性成分,目前,其应用研究主要集中于饮料、酒类、茶叶、烟草、鱼肉等食品挥发气味的识别和分类,进行质量分级和新鲜度判别;还被用于环境中有害气体的检测、大气环境质量评价、矿山及其他危险工业环境中的气味监测、海关检查中违禁物品检测;医学上用于重症糖尿病患者的病情监测、帮助肺癌诊断等。研究表明,电子鼻技术用于气味分析,客观、准确、快捷、重复性好,是人和动物嗅觉所不及的。

电子舌集中用于食品、环境检测和医药领域的研究。电子舌可对液体样品中所溶解的有机成分和无机成分进行测定,能有效识别"酸、甜、苦、辣、咸"五种基本味感,包括对饮料的分类辨识、食物味道的量化、水质评定、茶叶品质的定性和定量、不良味道掩盖等,尤其是苦味程度的测试。同人工测试相比,电子舌具有可分析有毒样品或成分、不会疲劳的优势,国外常用于掩味效果的评价研究。电子舌系统提供了一种精确而可靠的味道检测手段,能辅助专家快速地进行系统化与科学化的味道鉴别、判断和分析。

3. 电子舌与电子鼻的集成化　将电子舌与电子鼻集成,可以模拟人的味觉与嗅觉同时应用方式,从不同角度分析同一种物质,提高酒、牛奶和尿液等的识别能力。

4. 电子鼻和电子舌对中药性状气味客观表达应用的构想

(1)用于中药外观质量标准化研究:中药是通过多组分、多靶点、多环节作用方式起效的,其物质基础是中药的药效成分。古人的经验鉴别是从整体上控制中药的质量,通过形、色、气、味等来评价中药的品质,但传统气味检测是由人的感观控制,缺乏一定的客观性,准确性和重复性较差。

电子鼻和电子舌可以实现气味的客观化表达,与色谱仪、光谱仪等普通化学分析仪器相比,它们得到的不是被测样品中某种或某几种成分的定性与定量结果,而是给予样品中与气味相关联成分的整体信息,也称为"指纹"数据。日本学者已使用味觉传感器对葛根汤、小青龙汤、小柴胡汤等汉方方剂进行了味觉评价研究。电子鼻和电子舌还可以对中药提取物的气味进行客观定性、控制残余溶剂,实现中药提取物气味的标准化。

(2)用于评价炮制工艺:与传统分析手段相比,电子鼻和电子舌的嗅觉和味觉传感器具有快速、准确、客观和高效的优势,可从气味方面实现对炮制新工艺研究的技术支撑、炮制火候的在线监控、有毒中药饮片的炮制程度检测等,从而实现从宏观上监控炮制工艺稳定性的目的。

三、中药半显微性状鉴定法

在中药性状鉴定中,借助放大镜、扫描仪或实体显微镜等仪器,可以建立一种介于性状和显微之间的鉴定方法,用于观察中药细微的外观性状,称之为"半显微性状鉴定法"。运用该法可以清楚地显示中药的表面纹理,但不能看清细胞形态,应属于"性状鉴别"的范畴。但因借助仪器观察肉眼无法看清的性状特征,又区别于传统的性状鉴定法。半显微性状鉴别法可用于细小的果实种子类、扁平的中药饮片、叶类及花类中药的鉴定;形体大而厚的中药可以观察其表面细微特征。

1. 放大镜半显微性状鉴定法　利用普通放大镜,简便易行,携带方便。但放大镜的分辨率不高,所得结果难以记录。

2. 扫描仪半显微性状鉴定法　利用电脑和扫描仪进行鉴定。主要利用扫描仪实物扫描和图像放大两个功能。

（1）设备配置：中等以上配置的电脑,扫描仪像素1200~2400,Photoshop6.0以上的图像处理软件。能支持数码相机,扫描仪或实体显微镜直接捕获图像。

（2）使用方法：打开Photoshop,点击［文件］→［导入］→双击扫描仪型号,进行扫描。①普通扫描：在扫描仪上,将需要放大鉴定的部位向下,覆盖合适颜色的背板进行预扫;在24bit色彩,像素300~600间进行普通扫描,中药图像直接展示在Photoshop中。②高精扫描：把像素调至2400,进行扫描,放大部分的图像可直接显示在Photoshop中。③在Photoshop中调整亮度和对比度,就可以得到中药细微特征的较清晰图像。

3. 实体显微镜半显微性状鉴定法　实体显微镜的光源为反射光,适于表面特征的观察,与样品厚度无关,能将肉眼无法看到的细微特征分辨清楚。

（1）设备配置：中等以上配置的电脑,实体显微镜（配备电子目镜一个,连接电脑的数据线）;Ulead photo explorer图形处理和浏览软件。

（2）拍摄准备：将实体显微镜通过电子目镜和数据线接到电脑上。打开软件,点击［文件］→［TWAIN获取］→［选取来源］→USB PC Camera选项,调至合适状态;点击工具栏的［TWAIN获取］→Device按扭,单击USB PC Camera项,进入拍照状态。

（3）拍照：将样品置于实体显微镜物镜下观察,调整至表面特征最清楚。此时电脑视频窗口也显示镜下的图像。双击Preference进行调整。单击Snapshot即可拍摄。

（4）保存：系统自动保存或另存为。使用工具栏的返回工具可以再次拍照。

半显微性状鉴别方法利用低倍显微仪器观察中药,可以弥补性状鉴定对样品细微观察的准确性。这种特殊的性状鉴定方法,既具有一般性状鉴定的简单、易行、迅速的特点,又比性状观察更为细致,而且可以避免一般显微鉴定操作复杂的弊端,是对性状鉴定方法的补充。

四、中药性状特征与中药品质的相关性研究

1. 中药性状特征与寒热药性的相关性研究　中药药性理论相关基础问题研究（973）项目组,基于药物法象原理,运用药物的外在表象归纳总结药物性状与功效、药性的相关性,进而研究认识中药药性。宋代《圣济经》列药理篇,强调"物生而后有象,象后而有滋,本乎地者味自俱,本乎天者气自彰。"并具体分析了形色气味法象之理。在实际运用中,药物的法象包括范围很广,举凡形态、颜色、质地、生境、习性等,均可作为释药依据。也就是说中药的性状鉴别归属于药物法象范畴。

以《中华本草》为文献依据,选取性状特征描述翔实、临床常用且具有代表性的1725种植物药（寒性药1067种、热性药658种）为研究对象,通过系统文献研究,对其寒热属性进行了界定,利用Access建立数据库,分析了寒热药性与功效主治、原植物性状、药材性状的关系。以523个基原性状为预测变量、以寒热药性为响应变量,做偏最小二乘回归分析（PLS）,建立偏最小二乘识别模型。对1725种中药做识别回代,寒性组和热性组的识别正确率分别为88.66%、93.62%,整体识别正确率达到90.55%。在此基础上,基于训练样本中1380种植物药

建立偏最小二乘识别模型,对测试样本中1345种中药进行药性预测分析,寒性组与热性组的识别正确率分别为82.14%、85.91%、整体识别正确率达到83.77%。根据对模型交叉验证、外推预测和模型合理性的比较研究,结果表明,本模型不仅能够通过中药性状特征实现药性的正确识别,还可确定基原性状与药性关系的方向和密切程度,初步实现了依据中药性状特征辅助对植物类中药寒热药性进行系统评价和识别。

2. 中药性状色泽标准化及与化学成分相关性研究　色泽是中药性状鉴别的重要特征。中药的色泽已经成为评价中药或饮片外在和内在质量中最受重视的要素之一。但当前《中国药典》中关于中药材及中药饮片性状中有关颜色的描述内容采用主观文字表达,如黄色至黄棕色,淡红棕色或暗棕色等仍然是一个模糊的定性指标,未达到数据化和标准化的衡量标准。不同的人所感受到的颜色是不同的。而传统的颜色评估方式是用眼睛来判断,这种方式无法达到真正的数据化和标准化,从而评价结果的稳定性和公正性经常受到质疑,在实际执行过程中带来较大的困难,亟须引入一种能够准确量化中药外观色泽的技术,实现中药外观色泽的客观化表达。

颜色的量化和标准化正是实现颜色准确控制、传递和交流的前提。基于这种需求,测色技术得到了日新月异的发展。目前,常用的色测量仪器主要分为光电积分式和分光光度式两类,它们都根据色度学三基色原理和混色原理进行颜色测量,并符合CIE标准色度系统推荐的标准照明体和规定的照明观察条件,定量地比较“标准”和“样品”在同一波长上的单色辐射功率,从而测量出样品的光谱透射比或光谱反射比。测色技术是一种绿色分析技术,具有快速、经济、无污染、无损、在线检测等特点,并从单一的光谱颜色理论研究逐渐进入了实际颜色检测应用阶段,其被广泛应用于农业、食品、工业、医学诊疗等行业。

开展中药外观色泽标准的规范化研究,实现色泽这一中药性状鉴别重要指标的客观化表达,建立各种中药或饮片的色泽量化范围,同时更应强调结合中药内在主要成分,探讨中药饮片色泽变化与其内在成分变化之间的耦合关系,从内、外两个角度控制中药的质量,为实现中药性状鉴别从经验、主观向客观、量化的科学评价模式转变奠定基础。

（李　峰）

参 考 文 献

[1] 国家药典委员会. 中华人民共和国药典(一部)、(四部)[S]. 北京:中国医药科技出版社,2015.

[2] 康廷国. 中药鉴定学[M]. 北京:中国中医药出版社,2012.

[3] 胡世林. 中国道地药材[M]. 哈尔滨:黑龙江科学技术出版社,1989.

[4] 吴永琴,李水福. 中药检定性状项所含信息的真正涵义与价值[J]. 中国药业,2004,13(6):62-63.

[5] 王凌诗,王良信. 中药材性状特征的质量评价[J]. 中草药,1999,30(5):371-374.

[6] 李水福,余华照,朱筱芬,等. 五种特殊类型厚朴的质量初探[J]. 中药材,1993,16(8):15-17.

[7] 李德勋,张观敏,马跃新. 昭通天麻的原植物调查与鉴定[J]. 现代中药研究与实践,2005,19(1):29-31.

[8] 张南平,肖新月,林瑞超. 中药材变异对质量标准的影响与对策[J]. 中国药事,2006,20(5):268-271.

[9] 赵中振,胡梅. 不同树龄三种厚朴中厚朴酚及和厚朴酚含量的研究[J]. 中国中药杂志,1992,17(1):15-18.

[10] 李卫建,李先恩. 连翘果实干物质与有效成分积累规律研究[J]. 中草药,2006,37(6):921-924.

[11] 刘盛,乔传卓. 不同栽培居群板蓝根性状及显微特征的变异研究[J]. 中草药,1999,30(5):368-370.

[12] 曹莉嘉,郭守国,史凌云. 珍珠的光泽与其表面结构的关系研究[J]. 宝石和宝石学杂志,2005,7(3):23-25.

[13] 斯金平,童再康. 厚朴质量的研究[J]. 中国中药杂志,2000,25(8):466-469.

[14] 朱红宏,郝博. 关于《中国药典》2005年版一部中药材杂质问题的探讨[J]. 中国药品标准,2005,6(5):38-41.

[15] 杨雄志,曹岚,黄璐明. 中药材纯度必须引起高度重视和严格监管[J]. 中国中医药信息杂志,2005,12(8):85-87.

[16] 刘群,杨晓农. 中药四气五味的现代认识[J]. 西南民族大学学报. 自然科学版,2006,32(5):981-985.

[17] 马威,管竞环. 植物类中药辛甘苦味的定量判别研究[J]. 微量元素与健康研究,2004,21(1):22-24.

[18] 蒋洪耀,王滕民. 药味产生的实验研究[J]. 基层中药杂志,2000,14(2):6-7.

[19] 李盛青,黄兆胜. 五味与四性关系的探讨[J]. 时珍国医国药,2001,12(11):1008-1009.

[20] 徐春梅,姚映芷,黄亚群. 试论中药气味理论的不足[J]. 时珍国医国药,2008,19(2):512-513.

[21] 张贤哲,林宜信,蔡贵花. 药材品质鉴定本草探源[J]. Chin Med,2006,17(3):111-126.

[22] 谢宗万. 中药品种经验鉴别"辨状论质"论[J]. 时珍国药研究,1993,5(3):19-21.

[23] 李文敏,吴纯洁,艾莉. 基于电子鼻、电子舌技术实现中药性状气味客观化表达的构想[J]. 中国科技论文在线,www. paper. edu. cn,2007-12-19.

[24] 贺玉琢. 使用味觉传感器对汉方方剂口味的评价(1)[J]. 国际中医中药杂志,2006,28(6):39-40.

[25] 姜红. 中药材半显微性状鉴定法[J]. 中国民族民间医药杂志,2008,17(4):54-56.

[26] 吕新广,黄灵阁,曹国华. 包装色彩学[M]. 北京:印刷工业出版社有限公司,2001.

[27] 潘凉. 谈药色"辨"[J]. 首都医药,2014,21(17):32.

[28] 陈楚明,吴纯洁,孙灵根,等. 中药饮片有关颜色描述客观化表达的构建思路[J]. 世界科学技术—中医药现代化,2007,9(4):22-25.

[29] 孟庆安,刘恩顺. 实现中药颜色客观化表达的研究思路探讨[J]. 天津中医药,2014,31(11):696-699.

[30] 张慧慧,陈楚明,刘粤疆,等. 基于色彩色差计的中药加工炮制颜色测量的可行性考察[C]. 中华中医药学会中药炮制分会. 中华中医药学会中药炮制分会2008年学术研讨会论文集,2008:6.

[31] 王昌利,杨景亮. LGS型色诊仪在中药质量管理方面的应用[J]. 陕西中医学院学报,1994,17(2):41-43.

[32] 王海,严铸云,沈昱翔,等. 丹参药材的颜色特征与有效成分的相关性研究[J]. 中药新药与临床药理,2014,25(3):333-338.

[33] 殷放宙,吴晓燕,毛春芹,等. 光谱颜色科学研究进展及其在中药领域中应用前景分析[J]. 光谱学与光谱分析,2013,33(9):2315-2320.

[34] 殷放宙,吴晓燕,李林,等. 炮制火候对饮片颜色的影响[J]. 中草药,2013,44(16):2252-2256.

[35] 吕献康,田玲仙,连国雄. 药材色泽与质量的关系[J]. 中药材,1990,18(4):29-30.

[36] 高秀清,孙宗森,许秀萍. 中药材颜色、气味与疗效关系研究[J]. 中国社区医师(医学专业),2012,14(10):40.

[37] 张培华. 常见中药材变色因素的探讨[J]. 中国中医药现代远程教育,2011,9(5):84-85.

[38] 项育民. 中药材变色原因初探[J]. 中药材,1987,15(5):34-35.

[39] 滕佳林,王鹏,张永清,等. 中药基原性状与寒热药性相关性研究工作的要点和注意事项分析[J]. 山东中医药大学学报,2008,32(6):446.

第四章　中药显微鉴定研究

中药显微鉴定是指根据中药在显微镜下所呈现的细胞、组织、内含物等微观特征,鉴别中药基原或真伪的一种方法。该方法具有快速、简便、准确的特点,为中药鉴别的四大方法之一。显微鉴定常用的方法包括组织鉴定、粉末鉴定和显微化学反应等,这就要求鉴定者既要熟悉中药组织和粉末的形态特征,又要掌握显微鉴定的基本技术。本章在本科阶段学习的基础上,对植物性、动物性中药的组织和粉末的形态学规律进行了总结,并对中药显微定量、数码显微成像等技术进行了介绍。

第一节　中药组织形态学规律

中药的组织形态学特征与药用植物的种类、药用部位等密切相关,按照传统的部位分类方法,中药可分为根类、根茎类、茎木类、皮类、叶类、花类、果实类和种子类。同类中药的组织构造既有共同特征,又有明显不同(相异特征),因此可再分为若干小类型或亚类型,简称为"亚类"。本节将介绍各类中药下划分的亚类型及其主要特点、各亚类型包括的常见中药及其分布的主要科属。

一、根类中药的亚类型及其组织构造特征

根类中药主要来源于双子叶植物和单子叶植物的直根或须根,根据其横切面次生构造的有无和发达与否,可将根类中药分为三个亚类;由于异常构造在根类中药中较为常见,因此具有异常构造的中药归为一个亚类。

(一)亚类Ⅰ——次生构造发达的根类中药

1. 组织构造的主要特点　以人参(人参*Panax ginseng* C. A. Mey.)的横切面构造(彩图4-1A)为例,说明该类中药的基本构造:①最外面的保护组织为木栓组织,这是该类中药最主要的特征;②栓内层(或称为次生皮层)多较窄,与韧皮部不易区别;没有皮层;③韧皮部一般较发达,如有分泌组织多分布于韧皮部;④形成层环明显;⑤木质部一般较发达,放射状,木质部导管的多少、射线的宽度以及木化程度因种类而异;如为木本植物,一般木质部宽度常为韧皮部的数倍,木纤维较多,木薄壁细胞木化,木射线细胞木化或薄壁;⑥一般无髓部,如有也很小。

2. 常见中药　该类中药主要来源于双子叶多年生草本植物,少数来源于木本植物,占根

类中药的大多数，主要集中于伞形科、豆科、五加科等。

伞形科：白芷［白芷*Angelica dahurica*（Fisch. ex Hoffm.）Benth. et Hook. f. 或杭白芷*A. dahurica* var. *formosana*（Boiss.）Shan et Yuan］、当归［当归*Angelica sinensis*（Oliv.）Diels］、独活（重齿毛当归*A. pubescens* Maxim. f. *biserrata* Shan et Yuan）、柴胡（柴胡*Bupleurum chinensis* DC.或狭叶柴胡*B. scorzoneraefolium* Willd.）、明党参（明党参*Changium smyrnioides* Wolff）、北沙参（珊瑚菜*Glehnia littoralis* Fr. Schmidt. ex Miq.）、前胡（白花前胡*Peucedanum praeruptorum* Dunn）、防风［防风*Saposhnikovia divaricata*（Turcz.）Schischk.］等。

豆科：黄芪［蒙古黄芪*Astragalus membranacens*（Fisch.）Bunge var. *mongholicus*（Bunge）Hsiao或膜荚黄芪*A. membranacens*（Fisch.）Bunge］、甘草（甘草*Glycyrrhiza uralensis* Fisch.、胀果甘草*G. inflata* Bat.或光果甘草*G. glabra* L.）、葛根［野葛*Pueraria lobata*（Willd.）Ohwi］、苦参（苦参*Sophora flavescens* Ait.）、山豆根（越南槐*S. tonkinensis* Gagnep.）等。

五加科：刺五加［刺五加*Acanthopanax senticosus*（Rupr. et Maxim.）Harms］、人参、三七［三七*Panax notoginseng*（Burk.）F. H. Chen］、西洋参（西洋参*P. quinquefolium* L.）等。

防己科：防己（粉防己*Stephania tetrandra* S. Moore）、千金藤［千金藤*S. japonica*（Thunb.）Miers］、木防己［木防己*Cocculus trilobus*（Thunb.）DC.］等。

茜草科：红大戟（红大戟*Knoxia valerianoides* Thorel et Pitard）、巴戟天（巴戟天*Morinda officinalis* How）、茜草（茜草*Rubia cordifolia* L.）等。

菊科：木香（木香*Aucklandia lappa* Decne.）、土木香（土木香*Inula helenium* L.）、川木香［川木香*Vladimiria souliei*（Franch.）Ling］等。

石竹科：银柴胡（银柴胡*Stellaria dichotoma* L. var. *lanceolata* Bge）、太子参［孩儿参*Pseudostellaria heterophylla*（Miq.）Pax ex Pax et Hoffm.］等。

马兜铃科：青木香（马兜铃*Aristolochia debilis* Sieb. et Zucc.）、广防己（广防己*A. fangchi* Y. C. Wu ex L. D. Chow et S. M. Hwang）等。

唇形科：丹参（丹参*Salvia miltiorrhiza* Bunge）、黄芩（黄芩*Scutellaria baicalensis* Georgi）等。

桔梗科：党参［党参*Codonopsis pilosula*（Franch.）Nannf.、素花党参*C. pilosula* Nannf. var. *modesta*（Nannf.）L. T. Shen或川党参*C. tangshen* Oliv.］、桔梗［桔梗*Platycodon grandiflorum*（Jacq.）A. DC.］等。

败酱科：缬草（缬草*Valeriana officinalis* L.）等。

樟科：乌药［乌药*Lindera aggregata*（Sims）Kosterm.］等。

十字花科：板蓝根（菘蓝*Isatis indigotica* Fort.）等。

虎耳草科：常山（常山*Dichroa febrifuga* Lour.）等。

蔷薇科：地榆［地榆*Sanguisorba officinalis* L.或长叶地榆*S. officinalis* var. *longifolia*（Bert.）Yu et Li］等。

卫矛科：雷公藤（雷公藤*Tripterygium wilfordii* Hook. f.）等。

葡萄科：白蔹［白蔹*Ampelopsis japonica*（Thunb.）Makino］等。

玄参科：地黄（地黄*Rehmannia glutinosa* Libosch.）等。

川续断科：续断（川续断*Dipsacus asper* Wall. ex Henry）等。

葫芦科：天花粉（栝楼*Trichosanthes kirilowii* Maxim.或双边栝楼*T. rosthornii* Harms）等。

毛茛科：白芍（芍药*Paeonia lactiflora* Pall.去皮的根）、赤芍（芍药*P. lactiflora* Pall.或川赤

芍 *P. veitchii* Lynch 带皮的根)、天葵子[天葵 *Semiaquilegia adoxoides*(DC.)Makino]等为该类型。

(二)亚类Ⅱ——次生构造不发达的根类中药

1. 组织构造的主要特点　以紫菀(紫菀 *Aster tataricus* L. f.)的横切面构造(彩图4-1B)为例,说明该类中药的基本构造。

该类中药组织构造的共同特点是"初生组织(表皮、皮层)与次生构造(维管组织)共存",即组织构造特征为:①最外的保护组织为表皮,或外皮层(有的称为下皮层)、后生皮层、内皮层甚至韧皮部组织,但无木栓组织;②具有明显的皮层与内皮层,内皮层具有凯氏点;③有限的次生生长形成了不甚发达的次生维管组织,次生木质部与韧皮部内外对列、与初生木质部切向相间排列,如果木质部已连成一片,则较难区分次生与初生木质部;④常具有较明显的髓部,如龙胆(条叶龙胆 *Gentiana manshurica* Kitag.、龙胆 *G. scabra* Bge、三花龙胆 *G. triflora* Pall.或坚龙胆 *G. rigescens* Franch.),有的根上部(粗端)有髓部而下部(细端)无髓部,如白头翁[白头翁 *Pulsatilla chinensis*(Bge.)Regel],也有少数无髓部,如威灵仙(威灵仙 *Clematis chinensis* Osbeck、棉团铁线莲 *C. hexapetala* Pall.或东北铁线莲 *C. manshurica* Rupr.)。

2. 常见中药　该类中药主要来源于具有须根的双子叶植物,大多根较细,常集生于短缩的根茎上。该类中药为数不多,主要来源于毛茛科(芍药属等除外)、萝藦科、菊科等部分植物的根。

毛茛科: 川乌、附子(分别为乌头 *Aconitum carmichaelii* Debx.的母根和子根)、草乌(北乌头 *A. kusnezoffii* Reichb.等)、白头翁、威灵仙、马尾连(多叶唐松草 *Thalictrum foliolosum* DC.)等。

萝藦科: 白薇(白薇 *Cynanchum atratum* Bge或蔓生白薇 *C. versicolor* Bge)、徐长卿[徐长卿 *C. paniculatum*(Bunge)Kitag.]等。

菊科: 紫菀、漏芦[祁州漏芦 *Rhaponticum uniflorum*(L.)DC.]等。

马兜铃科: 细辛[北细辛 *Asarum heterotropoides* Fr. Schmidt var. *mandshuricum*(Maxim.)Kitag.、汉城细辛 *A. sieboldii* Miq. var. *seoulense* Nakai或华细辛 *A. sieboldii* Miq.]等。

龙胆科: 龙胆等。

玄参科: 玄参(玄参 *Scrophularia ningpoensis* Hemsl.)等。

(三)亚类Ⅲ——无次生构造的根类中药

来源于单子叶植物的根类中药属于无次生构造的类型。

1. 组织构造的主要特点　以百部(对叶百部 *Stemona tuberosa* Lour.)的横切面构造(彩图4-1C)为例,说明该类中药的基本构造:①最外面为表皮,细胞壁木栓化或微木化的根被细胞普遍存在,常代替表皮起保护作用;②皮层宽广,内皮层明显且细胞呈马蹄形增厚;③初生木质部和初生韧皮部各自成束、相间排列;木质部为多原型,一般都在10束以上;④中央有髓部。

2. 常见中药　单子叶植物根类中药不多,较常见的除藜芦(藜芦 *Veratrum nigrum* L.)外,主要为块根,如百部[直立百部 *Stemona sessilifolia*(Miq.)Miq.、蔓生百部 *S. japonica*(Bl.)Miq.或对叶百部]、麦冬[麦冬 *Ophiopogon japonicus*(L. f.)Ker-Gawl.]、天冬[天冬 *Asparagus cochinchinensis*(Lour.)Merr.]、石刁柏(石刁柏 *A. officinalis* L.)、郁金(温郁金 *Curcuma wenyujin* Y. H. Chen et C. Ling、姜黄 *C. longa* L.、广西莪术 *C. kwangsiensis* S. G. Lee et C. F. Liang或蓬莪术 *C. phaeocaulis* Val.)等。

（四）亚类Ⅳ——具有异常构造的根类中药

少数根类中药具有异常构造,常见的异常构造有以下两种类型。

1. 具有异常维管组织（abnormal vascular tissue） 为根类药材中最常见的异常构造,即除了正常的初生和次生维管组织外,还会产生额外的维管组织,称为异常维管组织或三生构造（tertiary structure）。

（1）异常维管组织与正常的次生维管组织呈同心性（concentric）:在正常维管组织的外侧形成数轮同心的异常维管组织,一般为外韧型,异常形成层环明显或不明显。如商陆（商陆*Phytolacca acinosa* Roxb.等）、狼毒（狼毒大戟*Euphorbia fischeriana* Steud.）等具有明显的异常形成层环;牛膝（牛膝*Achyranthes bidentata* Bl.）、川牛膝（川牛膝*Cyathula officinalis* Kuan.）等异常维管束环列,但异常形成层不明显。

（2）异常维管组织发生与正常的次生维管组织呈异心性（eccentric）:在正常次生维管组织的韧皮部或木质部中产生额外的异常维管组织。如何首乌（何首乌*Polygonum multiflorum* Thunb.）的异常构造呈环状发生在韧皮部;狼毒（月腺大戟*Euphorbia ebracteolata* Hayata）、瑞香狼毒（瑞香狼毒*Stellera chamaejasme* L.）的异常构造发生在木质部,前者常呈环状,而后者常呈片段状。

（3）异常维管束和正常维管束呈交织型:异常维管束和正常维管束相互交织在一起,难以分清。如南沙参[轮叶沙参*Adenophora tetraphylla*（Thunb.）Fisch.或沙参*A. stricta* Miq.]。

（4）木间韧皮部（interxylary phloem）:正常次生木质部导管旁具有细小的筛管群即为木间韧皮部（也称为内涵韧皮部）。如华山参（华山参*Physochlaina infundibularis* Kuang）、白首乌（牛皮消*Cynanchum auriculatum* Royle ex Wight）等。

（5）多体中柱（polystele）:即具有多个中柱。毛茛科乌头属部分种类为如关白附[黄花乌头*Acoitum coreanum*（Levl.）Raipaics]等;如果多体中柱外围是异常木栓组织则形成裂生中柱（schizostele）,如牛扁（牛扁*A. barbatum* var. *puberulum* Ledeb.）等。

2. 具有异常木栓组织（abnormal cork tissue） 少数根类中药在正常的木栓组织（周皮,periderm）形成后,其内部还会形成数轮木栓组织环带,称为木间木栓（interxylary cork）或内周皮（inner periderm）。

（1）木间木栓与周皮呈同心状:与周皮呈同心状排列的木间木栓将韧皮部、木质部层层分割呈层状或条片状,如紫草[新疆紫草*Arnebia euchroma*（Royle）Johnst.或内蒙紫草*A. guttata* Bunge]、红景天[大花红景天*Rhodiola crenulata*（Hook. f. et Thoms.）H. Ohba]等。

（2）木间木栓与周皮呈异心状:与周皮呈异心状排列的木间木栓将中柱分裂成数个形成裂生中柱,而根则分裂为数股,如秦艽（秦艽*Gentiana macrophylla* Pall.、麻花秦艽*G. straminea* Maxim.、粗茎秦艽*G. crassicaulis* Duthie ex Burk.或小秦艽*G. dahurica* Fisch.）、甘松（甘松*Nardostachys jatamansi* DC.）等。

二、根茎类中药的亚类型及其组织构造特征

根茎类中药来源于蕨类植物、双子叶植物和单子叶植物的根茎,从形态上可分为根状茎、块茎和鳞茎类中药。其中,根状茎和块茎类中药的组织构造与植物类型密切相关,因此根据植物类型将其分为3个亚类;鳞茎类中药和具有异常构造的根茎类中药都较为特殊,故而各自单独归类。

（一）亚类Ⅰ——单子叶植物根茎类中药

1. 组织构造的主要特点　来源于单子叶植物的根茎类中药，其主要特点是没有次生构造，以石菖蒲（石菖蒲*Acorus tatarinowii* Schott）的横切面构造（彩图4-2 A）为例，说明该类中药的基本构造：①表皮为1列细胞，外壁常增厚，宿存或凋落；②皮层一般较宽广；有的外侧细胞特化为后生皮层；内皮层明显或不明显，若内皮层明显一般叶迹维管束较多见，若内皮层不明显则叶迹维管束少见或无；③中柱内维管束散列，外韧型或周木型，近内皮层处（即外侧）维管束较小、排列较密，向内渐大、排列渐疏松；④一般无明显的髓部或中空；⑤薄壁组织中常有分泌细胞或草酸钙结晶（多为针晶束）的分布。

2. 常见中药　该类中药占根茎类中药的多数，其形态多为块茎，主要集中于百合科、天南星科、薯蓣科和姜科。

百合科：黄精（滇黄精*Polygonatum kingianum* Coll. et Hemsl.、黄精*P. sibiricum* Red. 或多花黄精*P. cyrtonema* Hua）、玉竹［玉竹*P. odoratum*（Mill.）Druce］、重楼［云南重楼*Paris polyphylla* Smith var. *yunnanensis*（Franch.）Hand.-Mazz.或七叶一枝花*P. polyphylla* Smith var. *chinensis*（Franch.）Hara］、菝葜（菝葜*Smilax china* L.）、土茯苓（光叶菝葜*S. glabra* Roxb.）、知母（知母*Anemarrhena asphodeloides* Bge.）等。

天南星科：天南星［天南星*Arisaema erubescens*（Wall.）Schott、异叶天南星*A. heterophyllum* Bl.或东北天南星*A. amurense* Maxim.］、半夏［半夏*Pinellia ternata*（Thunb.）Breit.］、白附子（独角莲*Typhonium giganteum* Engl.）、千年健［千年健*Homalomena occulta*（Lour.）Schott］、菖蒲类（如石菖蒲、菖蒲*Acorus calamus* L.）等。

薯蓣科：绵萆薢（绵萆薢*Dioscorea spongiosa* J. Q. Xi，M. Mizuno et W. L. Zhao 或福州薯蓣*D. futschauensis* Uline ex R. Kunth）、粉萆薢（粉背薯蓣*D. hypoglauca* Palibin）、山药（薯蓣*D. opposita* Thunb.）、穿山龙（穿龙薯蓣*D. nipponica* Makino）、黄药子（黄独*D. bulbifera* L.）等。

姜科：生姜（姜*Zingiber officinale* Rosc.）、莪术（蓬莪术*Curcuma phaeocaulis* Val.、广西莪术*C. kwangsiensis* S.G. Lee et C. F. Liang或温郁金*C. wenyujin* Y. H. Chen et C. Ling）、姜黄（姜黄*C. longa* L.）、高良姜（高良姜*Alpinia officinarum* Hance）等。

禾本科：白茅根［白茅*Imperata cylindrica* Beauv var. *major*（Nees）C. E. Hubb.］、芦根（芦苇*Phragmites communis* Trin.）等。

兰科：天麻（天麻*Gastrodia elata* Bl.）、白及［白及*Bletilla striata*（Thunb.）Reichb. f.］等。

鸢尾科：射干［射干*Belamcanda chinensis*（L.）DC.］等。

黑三棱科：三棱（黑三棱*Sparganium stoloniferum* Buch.-Ham.）。

泽泻科：泽泻［泽泻*Alisma orientale*（Sam.）Juzep.］。

莎草科：香附（莎草*Cyperus rotundus* L.）。

仙茅科：仙茅（仙茅*Curculigo orchioides* Gaertn.）。

（二）亚类Ⅱ——双子叶植物根茎类中药

1. 组织构造的主要特点　来源于双子叶植物的根茎类中药，其主要特点是具有次生构造，以黄连（黄连*Coptis chinensis* Franch.）的横切面构造（彩图4-2B）为例，说明该类中药的基本构造：①木栓层为数列木栓细胞；少数为表皮或后生皮层；②皮层较宽或较窄，无明显的内皮层；可见叶迹维管束和横向或斜向通过的根迹维管束；常有石细胞、纤维束、分泌组织或草酸钙结晶等分布其中；③外韧型维管束环列，形成层环状或仅束内形成层明显；④髓部一般较为宽广,多由薄壁组织构成;髓射线明显,多为薄壁细胞,少数细胞壁增厚;⑤薄壁细胞常富含淀粉粒等贮藏物质。

2. 常见中药　来源于双子叶植物根茎的中药数量不多,其形态多为根状茎,少数为块茎(如罂粟科),主要来源于毛茛科、蓼科、伞形科等。

毛茛科:黄连(黄连、三角叶黄连*C. deltoidea* C. Y. Cheng et Hsiao或云连*C. teeta* Wall.)、升麻[大三叶升麻*Cimicifuga heracleifolia* Kom.、兴安升麻*C. dahurica*(Turcz.)Maxim.或升麻*C. foetida* L.]、九节菖蒲(阿尔泰银莲花*Anemone altaica* Fisch. ex C. A. Mey.)、竹节香附(多被银莲花*A. raddeana* Regel)等。

蓼科:虎杖(虎杖*Polygonum cuspidatum* Sieb. et Zucc.)、拳参(拳参*P. bistorta* L.)、金荞麦[金荞麦*Fagopyrum dibotrys*(D. Don)Hara]等。

伞形科:羌活(羌活*Notopterygium incisum* Ting ex H. T. Chang或宽叶羌活*N. franchetii* H. de Boiss.)、川芎(川芎*Ligusticum chuanxiong* Hort.)、藁本(藁本*L. sinense* Oliv.或辽藁本*L. jeholense* Nakai et Kitag)等。

罂粟科:延胡索(延胡索*Corydalis yanhusuo* W. T. Wang)、夏天无[伏生紫堇*C. decumbens*(Thunb.)Pers.]等。

菊科:白术(白术*Atractylodes macrocephala* Koidz.)、苍术[茅苍术*A. lancea*(Thunb.)DC.或北苍术*A. chinensis*(DC.)Koidz.]等。

小檗科:八角莲[八角莲*Dysosma versipellis*(Hance)M. Cheng ex Ying或六角莲*D. pleiantha*(Hance)Woodson]等。

防己科:北豆根(蝙蝠葛*Menispermum dauricum* DC.)等。

五加科:竹节参(竹节参*Panax japonicus* C. A. Mey.)等。

萝藦科:白前[柳叶白前*Cynanchum stauntonii*(Decne.)Schltr. ex Levl.]等。

玄参科:胡黄连(胡黄连*Picrorhiza scrophulariiflora* Pennell)等。

(三)亚类Ⅲ——蕨类植物根茎类中药

1. 组织构造的主要特点　蕨类植物属于较为原始的植物类群,所以其组织构造也较为简单。虽然该类中药也没有次生构造,但是没有单子叶植物根茎具有的多数、散在的维管束。以骨碎补[槲蕨*Drynaria fortunei*(Kunze)J. Sm.]的横切面构造(彩图4-2C)为例,说明该类中药的基本构造:①表皮为1列细胞,外壁常增厚;②表皮之内为基本薄壁组织,无皮层与髓部之分;靠近表皮的数列细胞常增厚特化为下皮层;③中柱多为较原始的管状或网状;若为管状,环状木质部内外均有韧皮部和内皮层,如狗脊;若为网状,分体中柱为周韧型,围以内皮层,如骨碎补、贯众类。

2. 常见中药　为数不多的来源于蕨类植物的中药绝大部分都是以根茎入药的,主要有狗脊[金毛狗脊*Cibotium barometz*(L.)J. Sm.]、绵马贯众(粗茎鳞毛蕨*Dryopteris crassirhizoma* Nakai)、骨碎补等。

(四)亚类Ⅳ——鳞茎类中药

鳞茎类中药主要来源于单子叶植物,入药部位为肉质肥厚的鳞叶,如果按植物器官分类应归入叶类中药,其横切面组织构造与叶片相似,由表皮、叶肉和维管束组成,与普通叶片的不同点为:叶肉为基本薄壁组织,无栅栏组织和海绵组织的分化,不含叶绿体,常分布有分泌组织、草酸钙结晶等,或富含淀粉粒;维管束细小,散列于叶肉组织中部。

常见的鳞茎类中药主要集中于百合科,如百合(卷丹*Lilium lancifolium* Thunb.、百合*L. brownii* F. E. Brown var. *viridulum* Baker或细叶百合*L. pumilum* DC.)和各种贝母类中药如川贝母*Fritillariacirrhosa* D. Don、浙贝母*F. thunbergii* Miq.、湖北贝母*F. hupehensis* Hsiao et K.C. Hsia、平贝母*F. ussuriensis* Maxim.伊贝母*F. pallidiflora*Schrenk等。

(五)亚类Ⅴ——具有异常构造的根茎类中药

少数根茎类中药具有异常构造,主要为髓维管束(medullary bundle),且主要发生在蓼科植物中,如大黄(掌叶大黄*Rheum palmatum* L.、唐古特大黄*R. tanguticum* Maxim. ex Balf.或药用大黄*R. officinale* Baill.)的根茎髓部具有异型复合维管束(星点),红药子(翼蓼*Pteroxygonum giraldii* Dammer et Diels)、朱砂莲〔毛脉蓼*Polygonum ciliinerve*(Nakai)Ohwi〕的根茎髓部都有异型维管束。髓维管束多分布于髓周。

三、茎木类中药的亚类型及其组织构造特征

茎木类中药可分为"茎"和"木"两类。茎类中药包括药用木本植物藤茎、茎枝和草本植物的茎,木类中药主要为木本植物的心材,其组织构造各有特点,因此分为四个亚类。

(一)亚类Ⅰ——藤茎类中药

1. 组织构造的主要特点 该类中药次生构造发达,其最主要的特征是具有典型的初生射线和次生射线,即前者一般数目固定,且宽而长,后者数目不定,一般较窄而短。以关木通(东北马兜铃*Aristolochia manshuriensis* Kom.)的横切面构造(彩图4-3A)为例,说明该类中药的基本构造:①木栓层细胞数列至数十列;②皮层较窄,常散有石细胞、纤维束或草酸钙结晶;③中柱鞘部位常有纤维束或纤维束和石细胞组成的厚壁细胞环带,一般纤维束位于韧皮部的外侧;④大部分藤茎类中药维管束明显,环列,初生射线(即髓射线)最长,次生射线较短或无,导管孔径一般较大;少数中药的韧皮部、形成层、木质部连接成环状,初生和次生射线无明显区别,如络石藤〔络石*Trachelospermum jasminoides*(Lindl.)Lem.〕、忍冬藤(忍冬*Lonicera japonica* Thunb.)等;⑤髓部大小不一,有时中空,一般为薄壁组织,有的有环髓纤维。

藤茎类中药常见的异型构造:①髓维管束,如海风藤〔风藤*Piper kadsura*(Choisy)Ohwi〕;②同心环状的异型维管束,如鸡血藤(密花豆*Spatholobus suberectus* Dunn);③木间韧皮部,如络石藤。

2. 常见中药 茎类中药主要为藤茎类中药,常见的有胡椒科的海风藤,木通科的木通〔木通*Akebia quinata*(Thunb.)Decne、三叶木通*A. trifoliata*(Thunb.)Koidz.或白木通*A. trifoliata* var. *australis*(Diels)Rehd.〕、大血藤〔大血藤*Sargentodoxa cuneata*(Oliv.)Rehd. et Wils.〕,蓼科的首乌藤(何首乌*Polygonum multiflorum* Thunb.),毛茛科的川木通(小木通*Clematis armandii* Franch.或绣球藤*C. montana* Buch.-Ham.),防己科的青风藤〔青藤*Sinomenium acutum*(Thunb.)Rehd. et Wils.或毛青藤*S. acutum*(Thunb.)Rehd et Wils var. *cinereum* Rehd. et Wils.〕,马兜铃科的关木通,豆科的鸡血藤,夹竹桃科的络石藤和忍冬科的忍冬藤等。

(二)亚类Ⅱ——草质茎类中药

草质茎类中药很少,但它是全草类中药药用的主要部位,因此其组织特征就成为鉴别全草类中药的主要依据之一。草质茎又可分为两类,一类为具有次生生长的双子叶植物和裸子植物,另一类为无次生生长的单子叶植物。

1. 亚类Ⅱ-1——有次生生长　为来源于双子叶植物和少数裸子植物的草质茎,虽有次生生长但不甚发达,以麻黄(草麻黄*Ephedra sinica* Stapf)的横切面构造(彩图4-3 B)为例,说明该类中药的基本构造:①表皮细胞1列,外被角质层;少数表皮下方有木栓形成层分化,但木栓组织不发达,仍有表皮存在;②皮层一般较窄,外侧常有厚角组织环状或聚集在棱角处,有纤维束、石细胞、分泌组织或草酸钙结晶等分布,一般无内皮层;中柱鞘部位常有纤维束连续或断续环列;③维管柱有两种情况:一种是维管束环列,髓射线明显;另一种是维管束不明显,韧皮部和木质部均已连成环状,韧皮部极窄且射线不明显,木质部放射状排列,木射线宽窄不一;④髓部宽广,由薄壁组织构成,有的中空。

2. 亚类Ⅱ-2——无次生生长　为来源于单子叶植物的草质茎,构造较为简单,以石斛(金钗石斛*Dendrobium nobile* Lindl.)的横切面构造(彩图4-3 C)为例,说明该类中药的基本构造:最外为表皮,其内为基本薄壁组织,有限外韧型维管束散生于基本组织中,无皮层和髓部之分;有的表皮下有增厚的下皮细胞。

3. 常见中药　草质茎类中药仅数种,如麻黄(草麻黄等)、紫苏梗[紫苏*Perilla frutescens* (L.)Britt.]、石斛(金钗石斛等)等。为数众多的是全草类中药如薄荷(薄荷*Mentha haplocalyx* Briq.)等。

(三)亚类Ⅲ——茎枝类中药

茎枝类中药主要是以木本植物的小枝、枝叶或其附属物(如刺、钩、翅等)等部位入药的中药,数量很少。该类型中药具有典型的次生构造,以桂枝(肉桂*Cinnamomum cassia* Presl)的横切面构造(彩图4-3D)为例,说明该类中药的基本构造:①最外大多为数列木栓组织细胞,少数幼枝为表皮细胞;②皮层一般较窄,有纤维束、石细胞、分泌组织或草酸钙结晶等分布;③中柱鞘部位多有厚壁组织连续或断续排列的环带;④维管柱放射状;韧皮部一般较窄,韧皮射线不明显,常有韧皮纤维分布,有的有分泌组织;形成层环明显;木质部远较韧皮部宽广,细胞壁一般均木化,木射线多较窄;⑤髓部常较小,由薄壁组织构成。

常见中药有桂枝、桑枝(桑*Morus alba* L.)、桑寄生[桑寄生*Taxillus chinensis*(DC.)Danser]、槲寄生[槲寄生*Viscum coloratum*(Komar.)Nakai]、钩藤[钩藤*Uncaria rhynchophylla*(Miq.)Miq. ex Havil.、大叶钩藤*U. macrophylla* Wall.、毛钩藤*U. hirsuta* Havil.、华钩藤*U. sinensis*(Oliv.)Havil.或无柄果钩藤*U. sessilifructus* Roxb.]等。

(四)亚类Ⅳ——木类中药

木类中药通常以木本植物的心材部分入药,因此其组织构造特征为木质部的特征,一般通过横切面、径向切面和切向切面来观察。

该类中药组织构造的主要特点为:①木纤维为其主要组成部分,细胞壁较厚,胞腔多狭小,少数胞腔较宽,如沉香[白木香*Aquilaria sinensis*(Lour.)Gilg];②导管一般较大,横切面上单个散在或数个纵列,有的含有侵填体;③木薄壁细胞大多木质化增厚,横切面上与木纤维不易区别,有的含草酸钙结晶或淀粉粒;④木射线为木类中药的主要特征,在横切面上呈线形(显示长和宽)、径向切面上呈砖墙状(显示长和高)、切向切面上呈梭形(显示宽和高),细胞中常含淀粉粒或草酸钙结晶。

木类中药的异常构造主要是木间韧皮部,如沉香。

木类中药很少,常见的有檀香(檀香*Santalum album* L.)、苏木(苏木*Caesalpinia sappan* L.)、降香(降香檀*Dalbergia odorifera* T. Chen)、沉香等。

四、皮类中药的亚类型及其组织构造特征

皮类中药是指以植物茎秆、枝或根部木质部之外的部分，即性状中的"皮部"入药，从组织构造来说，包括了植物形成层以外的部分，因此不应有导管等木质部的特征。由于茎与根组织构造不同，因此将皮类中药分为两个亚类。

（一）亚类Ⅰ——茎皮类中药

1. 组织构造的主要特点　①木栓细胞数列至数十列，有的已刮去；落皮层有或无；②栓内层与皮层不易区分，一般皮层很窄或无，可能有石细胞、纤维束、分泌组织或草酸钙结晶等分布；中柱鞘部位常有纤维束或石细胞等厚壁细胞组成的连续或断续的环带分布；③韧皮部是皮类中药主要的部分，其中，筛管群和韧皮薄壁组织常合称为"软韧部"，韧皮纤维（或石细胞）称为"硬韧部"，根据硬韧部、软韧部的排列方式，可将茎皮类中药分为2类：一类为硬韧部与软韧部切向相间、成层排列，并被射线径向分割成较为整齐的块状，如秦皮（苦枥白蜡树*Fraxinus rhynchophylla* Hance、白蜡树*F. chinensis* Roxb.、尖叶白蜡树*F. szaboana* Lingelsh.或宿柱白蜡树*F. stylosa* Lingelsh.）等；另一类为硬韧部散生于软韧部中，不成层状，如肉桂（肉桂*Cinnamomum cassia* Presl）等。

2. 常见中药　茎皮类中药占皮类中药的多数（包括茎皮、根皮同时药用的），常见的有厚朴（厚朴*Magnolia officinalis* Rehd. et Wils.或凹叶厚朴*M. officinalis* Rehd et Wils var. *biloba* Rehd. et Wils.）、肉桂、杜仲（杜仲*Eucommia ulmoides* Oliv.）、合欢皮（合欢*Albizia julibrissin* Durazz.）、关黄柏（黄檗*Phellodendron amurense* Rupr.）、黄柏（黄皮树*P. chinensis* Schneid.）、苦楝皮（川楝*Melia toosendan* Sieb. et Zucc.或楝*M. azedarach* L.）、秦皮等。

（二）亚类Ⅱ——根皮类中药

该类型中药主要为木本植物和少数多年生草本植物的根皮，与茎皮类中药的主要不同点为：①无皮层，若有也是次生皮层（即栓内层的累积）；②中柱鞘部位一般无厚壁细胞环带；③韧皮部的厚壁组织大多不发达，韧皮纤维束有或无，如有多为散列，少数有石细胞群；多有分泌组织和草酸钙结晶的分布；④薄壁细胞中多富含淀粉粒。

根皮类中药数量不多，主要有土荆皮（金钱松*Pseudolarix amabilis* Rehd）、桑白皮（桑*Morus alba* L.）、牡丹皮（牡丹*Paeonia suffruticosa* Andr.）、紫荆皮（南五味子*Kadsura longipedunculata* Finet et Gagnep.）、乌桕［乌桕*Sapium sebiferum*（L.）Roxb.］、五加皮（细柱五加*Acanthopanax gracilistylus* W. W. Smith）、香加皮（杠柳*Periploca sepium* Bge.）、地骨皮（枸杞*Lycium chinensis* Mill.等）、远志（远志*Polygala tenuifolia* Willd.或卵叶远志*P. sibirica* L.）、白鲜皮（白鲜*Dictamnus dasycarpus* Turcz.）等。

五、叶类中药的亚类型及其组织构造特征

叶类中药和全草类中药绝大多数来源于双子叶植物，双子叶植物叶片的组织特征是叶类和全草类中药的主要鉴别依据，因此将叶类中药分为两个亚类。此外，花类中药的苞片、花被片的结构与叶相似，只是叶肉多为海绵组织。

（一）亚类Ⅰ——双子叶植物叶类中药

1. 组织构造的主要特点

（1）叶片横切面：①上表皮和下表皮均为1列无色表皮细胞，外被角质层或毛茸等，极

少数具有复表皮;②叶肉薄壁组织大多数具有栅栏组织和海绵组织之分(异面叶,bifacial leaf),栅栏组织在中脉的上方连续或不连续,少数上、下表皮内侧均为栅栏组织(等面叶,isobilateral leaf);常有分泌组织、石细胞、草酸钙结晶或钟乳体等分布;③叶脉分为中脉和侧脉;中脉维管束的束数与植物种类有关,韧皮部位于下表皮侧,木质部位于上表皮侧;侧脉一般为单个维管束,其结构也相对简化。

(2)叶片表面片:①表皮细胞多呈不规则波状弯曲,彼此嵌合;②下表皮气孔较多,可观察气孔的类型和密度;③"栅表比"(palisade ratio)和"脉岛数"(vein-islet number)可用于相似种类的鉴别。

2. 常见中药　叶类中药数量不多,常见的有桑叶(桑*Morus alba* L.)、大青叶(菘蓝*Isatis indigotica* Fort.)、杜仲叶(杜仲*Eucommia ulmoides* Oliv.)、荷叶(莲*Nelumbo nucifera* Gaertn.)、枇杷叶[枇杷*Eriobotrya japonica*(Thunb.)Lindl.]、枸骨叶(枸骨*Ilex cornuta* Lindl. ex Paxt.)、番泻叶(狭叶番泻*Cassia angustifolia* Vahl或尖叶番泻*C. acutifolia* Delile)、紫苏叶[紫苏*Perilla frutescens*(L.)Britt.]、满山红(兴安杜鹃*Rhododendron dauricum* L.)、牡荆叶[牡荆*Vitex negundo* L. var. *cannabifolia*(Sieb. et Zucc.)Hand.-Mazz.]、艾叶(艾*Artemisia argyi* Levl. et Vant.)等。

(二)亚类Ⅱ——其他叶类中药

来源于其他植物类型的叶类中药极少,常见的只有:①银杏叶(银杏*Ginkgo biloba* L.),其组织构造与双子叶植物相似,但叶肉组织没有明显的分化,没有明显的中脉,常分布有分泌道;②竹类的叶片,如苦竹叶[苦竹*Pleioblastus amarus*(Keng)Keng f.],上表皮有扇形排列的泡状细胞,叶肉无栅栏组织和海绵组织的分化,中脉与侧脉维管束相似且均有维管束鞘。淡竹叶(淡竹叶*Lophatherum gracile* Brongn.)上表皮细胞主要为大型运动细胞组成。

六、果实类中药的亚类型及其组织构造特征

从组织构造上来说,果实与种子的关系及其组成如下:

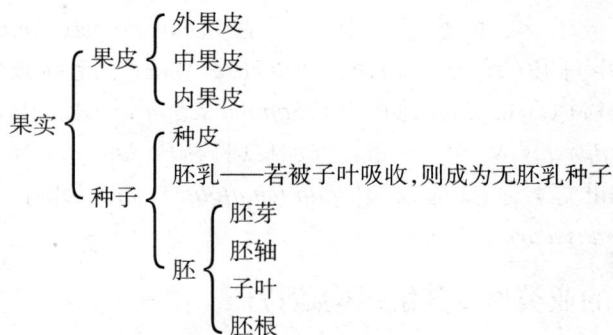

$$
果实\begin{cases}
果皮\begin{cases}外果皮\\中果皮\\内果皮\end{cases}\\
种子\begin{cases}种皮\\胚乳——若被子叶吸收,则成为无胚乳种子\\胚\begin{cases}胚芽\\胚轴\\子叶\\胚根\end{cases}\end{cases}
\end{cases}
$$

一般来说,果实类中药的鉴别点主要在于果皮(少数在于种皮),因此首先要了解果皮的组织构造,其基本特征为:外果皮为1列排列紧密的表皮细胞,或有数列下皮细胞;中果皮为数列薄壁组织,维管束环状散列,可能有分泌组织、草酸钙结晶、石细胞、纤维束或网纹细胞等分布;内果皮一般为1列切向延长的薄壁细胞,有的为多列纵横交错的厚壁细胞。

植物学上把果实分成了两大类,即肉果和干果。肉果成熟时一般果皮肉质多汁,而干果

的果皮多干燥坚硬,据此可将果实类中药分为两个亚类。以上的分类不包括姜科果实类中药,因其以果实采收、用时取种子,故归入种子类。

(一)亚类 I ——肉果类中药(包括肉质聚合果或聚花果)

1. 组织构造的主要特点 外果皮1列或数列,有的有分泌组织分布,如柑果类;中果皮常有分泌组织、草酸钙结晶、厚壁细胞等分布;内果皮为:①1列薄壁细胞,如枸杞子(宁夏枸杞*Lycium barbarum* L.)等;②1列厚壁细胞,如胡椒(胡椒*Piper nigrum* L.)等;③多列木化厚壁细胞,如核果、梨果类药材。

2. 常见中药 肉果类中药主要来源于芸香科、蔷薇科、葫芦科等植物。

芸香科柑果类:枳壳(酸橙*Citrus aurantium* L.及其栽培变种)、枳实(酸橙*C. aurantium* L.及其栽培变种或甜橙*C. sinensis* Osbeck)、橘红与陈皮(橘*C. reticulata* Blanco及其栽培变种)、佛手[佛手*C. medica* L. var. *sarcodactylis*(Noot.)Swingle]、枸橘[枸橘*Poncirus trifoliata*(L.)Raf.]等。

蔷薇科:木瓜[贴梗海棠*Chaenomeles speciosa*(Sweet)Nakai]、山楂(山里红*Crataegus pinnatifida* Bge var. *major* N. E. Br.或山楂*C. pinnatifida* Bunge)、乌梅[梅*Prunus mume*(Sieb.)Sieb. et Zucc.]、金樱子(金樱子*Rosa laevigata* Michx.)、覆盆子(掌叶覆盆子*Rubus chingii* Hu)等。

桑科:薜荔果(*Ficus pumila* L.)、桑椹(桑*Morus alba* L.)等。

使君子科:使君子(使君子*Quisqualis indica* L.)、诃子(诃子*Terminalia chebula* Retz.或绒毛诃子*T. chebula* var. *tomentella* Kurt.)、毛诃子[毗黎勒*T. bellirica*(Gaertn.)Roxb.]等。

葫芦科:罗汉果(罗汉果*Siraitia grosvenorii* Swingle)、瓜蒌(栝楼*Trichosanthes kirilowii* Maxim.或双边栝楼*T. rosthornii* Harms)等。

胡椒科:荜茇(荜茇*Piper longum* L.)、胡椒等。

樟科:荜澄茄[山鸡椒*Litsea cubeba*(Lour.)Pers.]等。

茄科:枸杞子等。

马鞭草科:蔓荆子[单叶蔓荆*Vitex trifolia* L. var. *simplicifolia* Cham.等]等。

楝科:川楝子(川楝*Melia toosendan* Sieb. et Zucc.)。

山茱萸科:山茱萸(山茱萸*Cornus officinalis* Sieb. et Zucc.)。

(二)亚类 II ——干果类中药

1. 组织构造的主要特点 外果皮多为1列薄壁细胞,多数外被角质层;少数外果皮为石细胞,如火麻仁(大麻*Cannabis sativa* L.);中果皮有以下3种情况:①为薄壁组织,维管束环状散列,常有分泌组织、草酸钙结晶、石细胞、纤维束、网纹细胞等分布;②外侧为薄壁组织,内侧为厚壁组织,有的有草酸钙方晶,如蒺藜(蒺藜*Tribulus terrestris* L.);③全为厚壁组织,如楮实子[构树*Broussonetia papyrifera*(L.)Vent.]。内果皮也有3种情况:①为1列扁长的薄壁细胞,有时皱缩、破碎而不明显;②为多列纤维或石细胞,外侧和内侧常呈不同方向的交错状排列,如花椒(花椒*Zanthoxylum bungeanum* Maxim.);③为1列栅状厚壁细胞,如八角茴香(八角茴香*Illicium verum* Hook. L.)。

2. 常见药材 干果类中药主要来源于豆科、唇形科、菊科等植物。

豆科:猪牙皂(皂荚*Gleditsia sinensis* Lam.)、补骨脂(补骨脂*Psoralea corylifolia* L.)、槐角(槐树*Sophora japonica* L.)等。

唇形科:茺蔚子[益母草*Leonurus artemisia*(Lour.)S. Y. Hu]、紫苏子[紫苏*Perilla* *frutescens*(L.) Britt.]、夏枯草(夏枯草*Prunella vulgaris* L.)等。

菊科：牛蒡子(牛蒡*Arctium lappa* L.)、鹤虱(天名精*Carpesium abrotanoides* L.)、苍耳子(苍耳*Xanthium sibiricum* Patr.)等。

木兰科：八角茴香、五味子[五味子*Schisandra chinensis*(Turcz.)Baill.]等。

伞形科：蛇床子[蛇床*Cnidium monnieri*(L.)Cuss]、小茴香(茴香*Foeniculum vulgare* Mill.)等。

木犀科：连翘[连翘*Forsythia suspensa*(Thunb.)Vahl]、女贞子(女贞*Ligustrum lucidum* Ait.)等。

芸香科：吴茱萸[吴茱萸*Euodia rutaecarpa*(Juss.)Benth.等]、花椒等。

桑科：火麻仁。

木通科：预知子[木通*Akebia quinata*(Thunb.)Decne]等。

蓼科：水红花子(红蓼*Polygonum orientale* L.)等。

藜科：地肤子[地肤*Kochia scoparia*(L.)Schrad.]等。

茜草科：栀子(栀子*Gardenia jasminoides* Ellis)等。

蒺藜科：蒺藜。

七、常见种子类中药的分布及其组织构造特征

种子类中药的鉴别特征主要在种皮上，不同植物种皮的组织构造差异较大，不易归类，一般来说，双子叶植物的种皮中常有栅状细胞层，而单子叶植物种皮一般没有栅状细胞层。下面着重介绍几类常见种子类中药的主要特征。

豆科：外表皮为1列栅状细胞，外侧常有光辉带；哑铃状支持细胞多为1列，少数多列，如刀豆子[刀豆*Canavalia gladiata*(Jacq.)CD.]；营养层为多列薄壁细胞，有的颓废状或内侧部分颓废，有的有色素细胞层。常见药材有沙苑子(扁茎黄芪*Astragalus complanatus* R. Br.)、决明子(决明*Cassia obtusifolia* L.或小决明*C. tora* L.)、白扁豆(扁豆*Dolichos lablab* L.)、赤小豆(赤小豆*Vigna umbellata* Ohwi et Ohashi或赤豆*V. angularis* Ohwi et Ohashi)、胡芦巴(胡芦巴*Trigonella foenum-graecum* L.)等。

鼠李科：与豆科植物相似，但没有支持细胞层，有1列细胞壁略增厚的内表皮细胞，如枳椇子(枳椇*Hovenia acerba* Lindl.)、酸枣仁[酸枣*Ziziphus jujube* Mill. var. *spinosa*(Bunge)Hu ex H. F. Chou]等。

锦葵科：外表皮和下皮各1列细胞，有的表皮细胞向外形成非腺毛；其下为1列栅状细胞，内壁极度增厚，胞腔位于上部，形状特异，如苘麻子(苘麻*Abutilon theophrasti* Medic.)。

旋花科：与锦葵科相似，但栅状细胞2~3列，不同列细胞的形态一样或不一样，有光辉带，如菟丝子(菟丝子*Cuscuta chinensis* Lam.)、牵牛子[裂叶牵牛*Pharbitis nil*(L.)Choisy或圆叶牵牛*P. purpurea*(L.)Voigt]等。

十字花科：表皮为1列黏液细胞，其下为2列下皮细胞；栅状细胞1列，侧壁和内壁增厚，外壁不增厚，如白芥子(白芥*Sinapis alba* L.)、黄芥子[芥*Brassica juncea*(L.)Czern. et Coss.]、葶苈子[播娘蒿*Descurainia sophia*(L.)Webb. ex Prantl.或独行菜*Lepidium apetalum* Willd.]、莱菔子(萝卜*Raphanus sativus* L.)等。

大戟科：有外种皮和内种皮之分；外种皮的内表皮为薄壁栅状细胞，内种皮的外表皮为

厚壁栅状细胞,如巴豆(巴豆*Croton tiglium* L.)、千金子(续随子*Euphorbia lathyris* L.)、蓖麻子(蓖麻*Ricinus communis* L.)等。

李亚科:外表皮细胞嵌合有石细胞,如苦杏仁[山杏*Prunus armeniaca* L. var. *ansu* Maxim.、西伯利亚杏*P. sibirica* L.、东北杏*P. mandshurica*(Maxim.)Koehne或杏*P. armeniaca* L.]、桃仁[桃*P. persica*(L.)Batsch或山桃*P. davidiana*(Carr.)Franch.]、郁李仁(欧李*P. humilis* Bge.、郁李*P. japonica* Thunb. 或长柄扁桃*P. pedunculata* Maxim.)等。

马钱科:外表皮细胞向外分化成单细胞毛,细胞壁木化增厚,基部石细胞状,如马钱子(马钱*Strychnos nux-vomica* L.)。

茄科:外表皮为侧壁和内壁三面增厚的黏液细胞,如天仙子(莨菪*Hyoscyamus niger* L.)。

姜科:假种皮为数列薄壁细胞;外表皮1列细胞,下皮1~2列细胞,含或不含色素;油细胞1~2列,或散在;色素层为多列薄壁细胞,多皱缩不易分辨;内种皮为1列杯状厚壁细胞,胞腔位于最上部,内含硅质块。如砂仁(阳春砂*Amomum villosum* Lour.、绿壳砂*A. villosum* Lour. var. *xanthioides* T. L. Wu et Senjen或海南砂*A. longiligulare* T. L. Wu)、草果(草果*A. tsao-ko* Crevost et Lemaire)、草豆蔻(草豆蔻*Alpinia katsumadai* Hayata)等。

第二节 中药粉末形态学规律

在植物性中药粉末中可能出现的组织和内含物有淀粉粒、草酸钙结晶、保护组织(表皮与木栓细胞)及毛茸、厚壁组织(纤维、石细胞)、分泌组织、输导组织(主要是导管或管胞,也可能有筛管)、薄壁组织和一些其他成分(如色素块等)。一般来说,淀粉粒、保护组织、输导组织、薄壁细胞和纤维在植物中普遍分布,用其作为主要特征来鉴别中药较为困难;而草酸钙结晶、石细胞由于形状、大小及存在方式的多样性,往往可用于植物类中药粉末的鉴别。

一、草酸钙结晶的分布规律

根据草酸钙结晶的形态和使用习惯,可将其分为簇晶、方晶(包括柱晶)、砂晶和针晶。草酸钙结晶的分布和形态与植物类群具有密切的关系,在双子叶植物中常见的是簇晶和方晶,单子叶植物中主要是针晶束,蕨类植物中一般无结晶(故不列入下面的类群)。根据草酸钙结晶的分布和形状,可将植物性中药分为6种类型。

(一)不含或含少量草酸钙结晶的中药

本类型中药大多数来源于双子叶植物,少数来源于单子叶植物。

1. 来源于双子叶植物的中药

十字花科:主要为种子类中药,如白芥子、黄芥子、葶苈子等,以及大青叶、板蓝根,均无结晶存在。

葫芦科:主要为果实种子类中药以及天花粉、王瓜根[王瓜*Trichosanthes cucumeroides* (Ser.)Maxim.]等,均无结晶分布。

伞形科:根与根茎类中药中一般无结晶分布,常见的中药仅少数几种有圆簇状或类圆形的簇晶分布,如白芷、川芎、藁本;果实类中药可见分布于胚乳细胞中的小簇晶。

毛茛科:主要为根与根茎类中药,一般不含结晶,仅黄连中可能有少数方晶,但芍药属

（*Paeonia*）除外。

大戟科：大多不含结晶，部分种子类中药的胚乳中含有簇晶。

玄参科：常见中药多不含结晶，如玄参、胡黄连等，但地黄中有少量小方晶。

此外，还有来源于报春花科的金钱草（过路黄*Lysimachia christinae* Hance）、车前草科的车前草与车前子（车前*Plantago asiatica* L.或平车前*P. depressa* Willd.）、桔梗科的桔梗与党参、杜仲科的杜仲、紫草科的紫草、罂粟科的延胡索、紫葳科的凌霄花［凌霄*Campsis grandiflora*（Thunb.）K. Schum.］、马钱科的密蒙花（密蒙花*Buddleja officinalis* Maxim.）与马钱子、列当科的肉苁蓉［肉苁蓉*Cistanche deserticola* Y. C. Ma或管花肉苁蓉*C. tubulosa*（Schenk）Wight］、锁阳科的锁阳（锁阳*Cynomorium songaricum* Rupr.）、景天科的红景天等中药均不含草酸钙结晶。

2. 来源于单子叶植物的中药

姜科：①根与根茎类中药偶见方晶或不含结晶，如姜、姜黄、郁金、高良姜等。②果实种子类中药中，果皮和假种皮细胞中一般含有小方晶和小簇晶，但其内种皮杯状厚壁细胞的胞腔中含有硅质块，如益智（益智*Alpinia oxyphylla* Miq.）等。

禾本科、黑三棱科、莎草科、泽泻科：不含结晶，如淡竹叶（淡竹叶*Lophatherum gracile* Brongn.）、麦芽（大麦*Hordeum vulgare* L.）、薏苡仁［薏苡*Coix lacryma-jobi* L. var. *mayuen*（Roman.）Stapf］，三棱、香附、荆三棱（荆三棱*Scirpus yagara* Ohwi.），泽泻等。

（二）主含草酸钙方晶的中药

含草酸钙方晶的中药主要来源于双子叶植物，极少数来源于单子叶植物和裸子植物。

豆科：①根、皮、木类中药都含有方晶，以及由含方晶细胞围成的晶鞘纤维，一般没有其他晶形；但是黄芪属（*Astragalus*）例外，不含方晶和晶鞘纤维，也无其他晶形。②花、果实、种子类中药一般也含有方晶（柱晶），有的同时含有簇晶，有的不含结晶，如胡芦巴（胡芦巴*Trigonella foenum-graecum* L.）、绿豆（绿豆*Phaseolus radiatus* L.）等。

含方晶细胞形成晶鞘纤维的植物类群还有檀香科檀香属（*Santalum*）、芸香科黄柏属（*Phellodendron*）和楝科楝属（*Melia*），如檀香、黄柏、川楝子、苦楝皮等。

木兰科：大多含有方晶。根、根皮类中药中常有小方晶形成的嵌晶纤维，如紫荆皮、黑老虎根［冷饭团*Kadsura coccinea*（Lem.）A. C. Smith］；皮类中药中有少量方晶，如厚朴；果实类中药有方晶（如八角茴香）或无结晶（如五味子）。

蒺藜科、马鞭草科均含有方晶（柱晶），如蒺藜、蔓荆子等。

鸢尾科：为单子叶植物，根茎中含有方晶（柱晶），如射干；花类中药西红花（番红花*Crocus sativus* L.）中含结晶，但形态小且多样。

松科：为裸子植物，根皮类中药中含少量方晶，如土荆皮。

（三）主含草酸钙簇晶的中药

由于草酸钙簇晶在植物中分布普遍，所以含有簇晶的中药也较多，而且主要来源于双子叶植物。

五加科：草酸钙簇晶为该科植物的特征之一，如根类中药人参、三七等，皮类中药五加皮等；也有可能有少数方晶，如刺楸［刺楸*Kalopanax pictus*（Thunb.）Nakai］的树皮。

蓼科：大型草酸钙簇晶为该科植物的特征之一，如大黄、何首乌、虎杖、拳参、水红花子等，均含有簇晶。一般无其他晶形。

毛茛科芍药属：根与皮类中药中均含有簇晶，如白芍、赤芍，牡丹皮中除簇晶外还含有少量方晶。

石竹科：该科植物一般均含有簇晶，其中石竹属（*Dianthus*）植物中有含簇晶细胞围成的晶鞘纤维，如瞿麦（瞿麦*D. superbus* L.或石竹*D. chinensis* L.）；银柴胡则同时含有砂晶和簇晶。

具有含簇晶细胞形成的晶鞘纤维的还有胡桃科胡桃属（*Juglans*），如核桃楸皮（核桃楸*J. mandshurica* Maxim.）。

蔷薇科：在根、叶、花类中药中，簇晶和方晶（少见）往往同时存在，如地榆、枇杷叶、梅花［梅花*Prunus mume*（Sieb.）Sieb. et Zucc.］等；果实种子类中药中，可见簇晶或方晶，如山楂中二者兼有，但木瓜中无结晶。

睡莲科：大都含有簇晶，如莲（莲*Nelumbo nucifera* Gaertn.）的根茎节部、叶、雄蕊和种子，分别为藕节、荷叶、莲须和莲子；但芡实（芡*Euryale ferox* Salisb.）中无结晶。

使君子科：主要为果实类中药，都含有簇晶，如诃子、使君子。

萝藦科：来源于鹅绒藤属（*Cynanchum*）植物的中药都含有草酸钙簇晶，如白前、白薇、徐长卿等。但香加皮不含簇晶，含有方晶。

此外，远志科的远志，桃金娘科的丁香和母丁香（分别为*Eugenia caryophyllata* Thunb.的花蕾和果实），忍冬科的金银花（忍冬*Lonicera japonica* Thunb.）等，均含有簇晶。来源于裸子植物的银杏叶的叶肉细胞中亦含簇晶。

（四）主含草酸钙针晶的中药

含草酸钙针晶的中药主要来源于单子叶植物的百合科、天南星科、薯蓣科、百部科和兰科，多以针晶束的形式存在于黏液细胞中，其他形态的结晶体较少见；少数来源于双子叶植物，但针晶多散在于细胞中，不成束。

1. 来源于单子叶植物的中药

百合科：①根与根茎类中药含有针晶，散在或成束存在于黏液细胞中，如天冬、麦冬、知母、土茯苓等。②鳞茎类中药不含针晶束，但或多或少含有方晶，如大蒜（大蒜*Allium sativum* L.）、贝母类。少数无结晶，如百合。

天南星科：块茎类中药均有草酸钙针晶束，存在于黏液细胞中，如天南星、半夏、白附子等；根茎类中药则不含针晶束和黏液细胞，而含有草酸钙方晶和晶鞘纤维，如石菖蒲、菖蒲。

薯蓣科：根茎中均含有草酸钙针晶束，存在于黏液细胞中。

兰科：含有针晶，但不一定有黏液细胞，如白及的针晶束存在于黏液细胞中（一个黏液细胞中有许多束针晶），但天麻、石斛的针晶或针晶束散于薄壁细胞中。该科植物的另一显著特征是，纤维束鞘周围常有含硅质块的细胞，如白及、石斛。

百部科：块根中无黏液细胞，草酸钙针晶散在于薄壁细胞中，如直立百部和蔓生百部［*Stemona japonica*（Bl.）Miq.］；或者无结晶，如对叶百部（*S. tuberosa* Lour.）。

2. 来源于双子叶植物的中药

龙胆科：主要为龙胆和秦艽两大类中药，薄壁细胞中有明显或不明显的细小针晶散在，无其他晶形。

茜草科：根类中药中主要为针晶束，存在于薄壁细胞（如巴戟天）或黏液细胞（如红大戟）中；茎枝类中药钩藤中有含砂晶的薄壁细胞；果实类中药栀子中兼有方晶和簇晶。

葡萄科:常用的为根类中药白蔹,有含针晶束的黏液细胞,还有簇晶共存。

(五)主含草酸钙砂晶的中药

含草酸钙砂晶的中药数量不多,来源于双子叶植物,单子叶植物一般不含砂晶。

苋科:根类中药有含砂晶薄壁细胞,方晶有或无,如牛膝和川牛膝(川牛膝*Cyathula officinalis* Kuan);种子类中药的胚乳细胞中有方晶,如青葙子(青葙*Celosia argentea* L.)。

木犀科:皮类中药有含砂晶薄壁细胞,如秦皮;果实类中药有的有砂晶或簇晶(胚乳细胞中),如女贞子(女贞*Ligustrum lucidum* Ait.);有的无结晶,如连翘[连翘*Forsythia suspensa* (Thunb.) Vahl]。

茄科:地骨皮、枸杞子和洋金花(白花曼陀罗*Datura metel* L.)中均含有砂晶。

麻黄科:茎类中药麻黄中砂晶丰富,形成嵌晶纤维,亦有细小方晶和簇晶。

(六)草酸钙结晶无明显分布规律的中药

菊科:①根与根茎类中药中,来源于苍术属(*Atractylodes*)的白术、苍术等的薄壁细胞中有不规则分布的细小针晶,紫菀有草酸钙簇晶,木香中小方晶偶见,大蓟(蓟*Cirsium japonicum* Fisch. ex DC.)则无结晶。②花、果类中药中,红花(红花*Carthamus tinctorius* L.)、牛蒡子(牛蒡*Arctium lappa* L.)含有方晶,菊花(菊*Chrysanthemum morifolium* Ramat.)、款冬花(款冬*Tussilago farfara* L.)等均无结晶。③叶与全草类中药常含有簇晶和方晶(多数在叶肉细胞中)或不规则形态的结晶,如大蓟、小蓟[刺儿菜*Cirsium setosum*(Willd.) MB.];也有不含结晶的,如鹅不食草[鹅不食草*Centipeda minima*(L.) A. Br. et Aschers.]。

唇形科:①根类中药中不含结晶,如丹参、黄芩。②叶与全草类中药可能含有细小针晶、小簇晶或小方晶(叶肉细胞),一般只含一种晶形,但也有含两种以上的,如益母草(益母草*Leonurus japonicus* Houtt.);或不含结晶的,如薄荷(薄荷*Mentha haplocalyx* Briq.,含橙皮苷结晶)、荆芥(荆芥*Schizonepeta tenuifolia* Briq.)等;该类中药的共同特征是同时具有非腺毛、腺鳞和小腺毛。③果实类中药常有方晶,存在于内果皮厚壁细胞的胞腔中,如紫苏子[紫苏*Perilla frutescens*(L.) Britt.]。

芸香科:①果实类中药中,来源于花椒属(*Zanthoxylum*)和吴茱萸属(*Evodia*)的一般含有簇晶,后者可能还有少量方晶;来源于柑属(*Citrus*)和枳属(*Poncirus*)的含有大型方晶,一般还多有橙皮苷结晶。②皮类中药含方晶,以及由含方晶细胞围成的晶鞘纤维,如黄柏。

桑科:桑白皮、桑枝中含方晶;桑叶中有簇晶和方晶,还有钟乳体;楮实子中可见含类圆形簇晶的厚壁细胞。

樟科:可能有散在或成束的细小针晶,如肉桂、桂枝;或有方晶,如桂皮[阴香*Cinnamomum burmannii*(Ness.) Bl.];或无结晶,如乌药。

马兜铃科:根类中药比较复杂,如青木香中无结晶,广防己中有簇晶,细辛[北细辛*Asarum heterotropoides* Fr. Schmidt var. *mandshuricum*(Maxim.) Kitag.等]中有含砂晶细胞;藤茎类中药如关木通中有簇晶。

防己科:根类中药防己中有小方晶,根茎类中药北豆根中含有砂晶兼有少量方晶,藤茎类中药青风藤中有细小针晶散在。

旋花科:主要为种子类中药,牵牛子子叶中含有簇晶,菟丝子不含结晶。

瑞香科:沉香中含有方晶(柱晶),而结香花(结香*Edgeworthia chrysantha* Lindl.)中含有簇晶。

胡椒科：海风藤含有砂晶，荜茇在胚乳中有少量方晶。

此外，山茶科的茶叶[茶*Camellia sinensis*（L.）O. Ktze.]，鼠李科的大枣（枣*Ziziphus jujuba* Mill.）和酸枣仁，桑寄生科的桑寄生[桑寄生*Taxillus chinensis*（DC.）Danser]和槲寄生[槲寄生*Viscum coloratum*（Komar.）Nakai]，牻牛儿苗科的老鹳草（牻牛儿苗*Erodium stephanianum* Willd.、老鹳草*Geranium wilfordii* Maxim.）等，同时兼有簇晶与方晶。

（七）含其他结晶的中药

桑科、爵床科、大麻科和荨麻科的叶类和全草类中药中常含有钟乳体；柽柳科植物中有簇状、方形或细小针状的石膏结晶，如西河柳（柽柳*Tamarix chinensis* Lour.）。

除菊科、桔梗科植物多含有菊糖外，山茱萸果实中也含有菊糖。

二、石细胞的分布规律

石细胞是一类广泛分布于植物体中的厚壁细胞，具有增加植物器官的硬度和加强支持的作用。石细胞的存在方式和形态在植物不同的器官、组织中差异较大。一般来说，花类中药中无石细胞；叶类中药中多无石细胞，如有石细胞，多单个散在，有的呈分枝状；果实种子类中药中普遍含有石细胞，且多以栅状细胞的形式出现，成群分布，常称为厚壁细胞，形态为长方形、长圆形或柱状，胞腔内常含有草酸钙方晶或硅质块；根、根茎与茎中的石细胞形态多样，可能散在，也可能成群，有的胞腔内含草酸钙结晶。

石细胞虽然是广布的，但它的存在与否与植物类群有着很大的关系。总的来说，石细胞主要存在于来源于双子叶植物的中药中，单子叶植物中少见。由于果实、种子类中药中普遍含有栅状细胞（特化的石细胞），而花类中药中无石细胞，所以除果实、种子和花类中药以外，对其他部位入药的中药粉末中石细胞的有无按照植物类群进行了总结。

（一）无石细胞或含石细胞较少的中药

该类型包括大多数来源于单子叶植物和一部分来源于双子叶植物的中药。

1. 来源于单子叶植物的中药　除果实种子类中药外，单子叶植物中药多为块根、根茎、鳞茎、球茎类，大多数都没有石细胞，如来源于姜科、天南星科、薯蓣科、百部科、兰科、泽泻科、禾本科、百部科的中药，均无石细胞。

2. 来源于双子叶植物的中药

五加科：根类中药不含石细胞，如人参等；皮类中药一般也无石细胞，但较老皮类中药中有木栓石细胞，如五加皮。

苋科：根类中药不含石细胞，如牛膝、川牛膝等。

玄参科：根与根茎类中药均不含石细胞，如地黄、玄参、胡黄连。

石竹科：根与全草类中药均不含石细胞，如银柴胡、瞿麦等。

豆科：①根类中药无石细胞或石细胞不易观察，如甘草、红芪（多序岩黄芪*Hedysarum polybotrys* Hand.-Mazz.）无石细胞，葛根、山豆根、苦参、黄芪等石细胞偶见。②木类中药无石细胞，如降香、苏木。③皮类中药不确定，如海桐皮[刺桐*Erythrina variegate* L. var. *orientalis*（L.）Merr.]无石细胞，而合欢皮（合欢*Albizia julibrissin* Durazz.）石细胞较多。④藤茎类中药石细胞较多，如鸡血藤等。

菊科：①根类中药无石细胞或石细胞少见，如大蓟、木香无石细胞，紫菀石细胞少见。②根茎类中药石细胞常见，如白术、苍术等。③叶与全草类中药无石细胞，如艾叶（艾*Artemisia* *argyi* Levl. et Vant.)、奇蒿（奇蒿 *A. anomala* S. Moore ）、鹅不食草等。

伞形科：主要为根与根茎类中药，大多不含石细胞，如当归、柴胡、川芎等，少数有石细胞，如前胡、藁本等。

毛茛科：主要为根与根茎类中药，大多无石细胞，少数有少量石细胞，如川乌、附子、威灵仙；但黄连属中有的种类石细胞较多，如来源于三角叶黄连（ *Coptis deltoidea* C. Y. Cheng et Hsiao ）根茎的黄连。

蓼科：主要为根与根茎类中药，大多不含石细胞，如何首乌、拳参等；但虎杖中含有大型分枝状石细胞。

龙胆科：主要为根类中药，即龙胆类和秦艽类。①秦艽类无石细胞，栓化细胞是其主要特征之一。②龙胆类又可分为两类，即具有外皮层的关龙胆型和没有外皮层的坚龙胆型，关龙胆型有石细胞，而坚龙胆型无石细胞。

紫草科：根类中药不含石细胞，栓化细胞为其主要特征之一。

萝藦科：①根类中药不含石细胞，如白薇、徐长卿等。②皮类中药含有石细胞，且为主要特征之一，如香加皮。

蔷薇科：除果实外其他部位的中药不多，常见的有地榆、枇杷叶，均不含石细胞。

楝科：皮类中药无石细胞，如苦楝皮。

大戟科：根类中药无石细胞，如甘遂（甘遂 *Euphorbia kansui* T. N. Lion ex T. P. Wang ）。

葡萄科：常见的为根类中药白蔹，石细胞少见。

睡莲科：所有中药均无石细胞。

爵床科：常见的为全草类中药穿心莲［穿心莲 *Andrographis paniculata*(Burm. F.) Nees ］，无石细胞。

远志科：根皮类中药无石细胞，如远志。

列当科、锁阳科：地上茎中均无石细胞，如肉苁蓉、锁阳。

马兜铃科：①根类中药无石细胞（如青木香）或有石细胞环带（如广防己），带有根茎的细辛有少数石细胞。②藤茎类中药有少数石细胞，如关木通。

（二）含石细胞较多的中药

该类型主要为来源于双子叶植物的中药和少数来源于单子叶植物的中药。

樟科：皮类和茎枝类中药有石细胞，且为其主要特征之一，如肉桂、桂枝；而根类中药无石细胞，如乌药。

防己科：根、根茎与藤茎类中药均含有石细胞，且为主要鉴别特征之一，如防己、北豆根、青风藤等。

唇形科：①根类中药石细胞多见，如丹参、黄芩。②叶与全草类中药无石细胞或少见，如紫苏叶、广藿香［广藿香 *Pogostemon cablin*(Blanco) Benth. ］、荆芥等无石细胞，藿香［藿香 *Agastache rugosa*(Fisch. et Mey.) O. Ktze. ］、薄荷等有石细胞但少见。

葫芦科：根类中药含有石细胞并为其主要特征之一，如天花粉、王瓜根等。

芸香科：除果实外主要是皮类中药，石细胞为其主要特征之一，如黄柏。

十字花科：除种子类中药外，主要是板蓝根和大青叶，板蓝根有石细胞，大青叶无石细胞。

茜草科：根类中药中石细胞的有无不确定，如巴戟天有数量较多的石细胞，而红大戟无石细胞;茎枝类中药钩藤无石细胞。

木兰科:除果实外主要为皮类中药,均含有石细胞且为主要特征之一,如厚朴、紫荆皮(为嵌晶石细胞)。

桑科:桑白皮、桑枝均有石细胞;桑叶无石细胞。

罂粟科:块茎类中药有石细胞,如延胡索。

杜仲科:皮类中药杜仲有石细胞,且为主要特征之一;而杜仲叶无石细胞。

山茶科:主要为茶叶,分枝状石细胞是其主要特征。

桔梗科:根类中药是否含有石细胞依种类而定,如党参含有石细胞且为其主要特征之一;而桔梗则不含石细胞。

木犀科:除果实类中药外,常见的为皮类中药秦皮,石细胞是其主要特征之一。

胡椒科:除果实类中药外,常见的为藤茎类中药海风藤,石细胞是其主要鉴别特征之一。

桑寄生科:茎枝中均含有石细胞,且为主要特征,如桑寄生、槲寄生。

茄科:根皮类中药地骨皮有石细胞。

百合科:块根类中药大多有石细胞,且为鉴别特征之一,如天冬、麦冬等;但鳞茎类中药均无石细胞,如贝母类。

黑三棱科和莎草科:球茎类中药中有石细胞,且为主要鉴别特征之一,如三棱、荆三棱。

三、动物药残留毛的形态规律

许多动物药表面都有残留的毛,有的是刚毛(seta),多来源于节肢动物门昆虫纲、多足纲、蛛形纲、甲壳纲动物,如全蝎、土鳖虫、虻虫等;有的是毛(hair),来源于脊索动物门哺乳纲动物,如鹿茸、鹿鞭、鹿尾等;有的是羽毛(feather),来源于脊索动物门鸟纲动物,如麻雀、燕窝、乌骨鸡等。研究表明,这些动物在入药时,其表面的残留毛是不清除或清除不尽的。即使药材被粉碎后,其残留毛特征在显微镜下也能清晰观察到,而且具有稳定的生物学特性。利用残留毛的专属性显微特征,可对该药材进行显微鉴定,且方法简便、易于操作,同时为动物分类及动物学研究提供参考。

(一)刚毛类

1. 来源　由表皮细胞内陷形成的刚毛囊中的一个细胞分泌而成,是覆有上表皮的、中空的、有关节的外表皮突起物。为动物体的运动器官,对动物在穴内或地面爬行时有支撑作用,属体壁的衍生物。

2. 构造　一般由毛尖、毛干(皮质、髓质)、毛根三部分组成(彩图4-4)。刚毛除了无毛小皮及髓质细胞特征外,其基本构造及部位的划分与毛相似。

3. 显微制片方法　将药材研碎,直接取粉末(或用刀片直接刮取药材表面刚毛),用水合氯醛加热透化2~3次,稀甘油封片,再盖上盖玻片。

4. 显微观察指标　刚毛颜色、表面纹理、刚毛长度、毛干直径、髓质直径、髓质指数。

5. 应用　中药土鳖虫来源于鳖蠊科昆虫地鳖*Eupolyphaga sinensis* Walker、冀地鳖*Steleophaga plancyi*(Boleny)的雌虫干燥体。市场常见混淆品为金边土鳖和东方潜龙虱,其中金边土鳖来源是姬蠊科昆虫金边土鳖*Opisthoplatia orientalis* Burm.的干燥虫体,东方潜龙虱来源于龙虱科昆虫东方潜龙虱*Cybister tripunctatus orientalis* Gschwendtner的干燥虫体。通过刚毛的显微鉴别可将4种不同来源的土鳖虫类药材区分开(表4-1)。

表4-1 地鳖、冀地鳖、金边土鳖及东方潜龙虱刚毛显微特征比较

类型	特征	地鳖	冀地鳖	金边土鳖	东方潜龙虱
粗刚毛	颜色	黄棕色或棕红色	棕黄色	黄棕色或红棕色	棕黑色
	毛长（μm）	30~750	50~425	212~820	30~300
	基部直径（μm）	8~43	15~41（中部）	15~50	10~30
	髓部直径（μm）	1~14	3~12	5~15	3~15
细刚毛	颜色	淡黄色至棕黄色	黄色	黄色至棕黄色	淡黄色
	毛长（μm）	65~640	125~500	530~2450	150~800
	基部直径（μm）	3~11	2~12	1~12	3~25
	髓部	髓腔狭长,呈分隔状	少数可见棕黑色细窄髓腔	细髓,髓质部内缘平直	髓部呈分隔状
短刚毛	颜色	棕黄色	棕黄至棕红色		
	形状	钉角状,具纵向纹理,毛根较窄,颜色稍淡,偏向一侧	钉角状、类球形、类三角形、蘑菇状等,具纵向纹理,毛根窄如瓶颈,颜色稍淡	—	—
毛窝	形状	圆形或椭圆形	圆形或长圆形	圆形或类圆形	圆形或椭圆形
	直径（μm）	6~45	4~38（圆形）30~50（长圆形）	5~36	10~45

（二）毛类

1. 来源 毛为哺乳动物所特有的角蛋白细丝,是由表皮的生发层形成的,开始时生发层变厚,再逐渐向真皮垂入,渐渐长成柱状体,末端渐为膨大,这就是毛球开始形成;同一时期,由中胚层分化的乳头,就处在毛球的中间,在毛球附近的上皮柱状体开始分化,边缘部分分成外根鞘,中心部则分化成内根鞘和毛茎,毛茎的细胞在毛球上部进行角质化,随着毛底下的细胞增长,毛就向外长出,这时柱状体上部的细胞开始退化,形成毛管。毛管逐渐伸长,毛茎也就长入管内,突破表皮,于是露出体外,形成毛干,在表皮下的毛发就是毛根。毛囊是表皮组织,虽然它的大部分位于真皮中或真皮下。毛是从毛囊中长出来的。毛的不断生长是由于毛囊基部的细胞迅速增殖,当毛干向上推出,新细胞脱离营养物质变成和指甲、爪、蹄以及羽毛一样的浓缩类型的角蛋白。

2. 构造 毛可分为毛尖、毛干、毛根三部分,毛干是露出皮肤以外的部分;毛根是埋藏在皮肤内的部分,毛根由毛囊包裹,毛囊下端膨大成球形,称毛球。毛球底部凹陷,含有结缔组织、毛细血管及神经称毛乳头;毛干的游离末端渐细而尖,称为毛尖。毛一般为三层同心结构,均由角质化的上皮细胞构成,由轴心向外依次为毛髓质、毛皮质、毛小皮（彩图4-5）。

毛髓质位于毛纤维的中心,由排列疏松的多角形髓细胞以胞突相互连接,形成许多不规则的气室。髓细胞的排列方式以及所呈现的花纹因动物类别的不同而有多种多样的形态,具有分类作用。髓细胞的疏松排列使髓腔中可容纳静止空气,有助于毛纤维的保温功能,髓

质的发达程度也影响着毛的弹性和韧性。毛几乎均具髓质,一般比皮质宽,占毛干宽度1/3以上,髓质细胞界面清晰,充实均匀,不呈连续性。在毛的发生过程中,形成髓质区域的有丝分裂活动开始较晚,停止较早,因而在毛的尖端和成熟毛的根部均无髓质(彩图4-6)。

毛皮质位于髓质的外围,由与毛纤维纵轴平行的紧密排列的细长而直的梭形细胞构成,其发达程度对毛的弹性和韧性起决定作用。细胞的横断面呈不规则的多角形,细胞间以胞间质和一些微丝紧密连接。皮质细胞或细胞间隙含有色素颗粒,色素颗粒的长轴与毛纵轴相平行(彩图4-6)。

毛小皮位于毛的最外层,又称为鳞片层。由一层到多层扁平的、完全角质化的细胞组成,这些细胞互相重叠,近端细胞叠盖远端细胞,呈冠状形、扁平形、镶嵌形、瓣状形、杂波形等多种多样的纹理形式,使之具有分类鉴别意义,鳞片的游离缘指向毛尖(彩图4-7)。

3. 显微制片方法

(1)毛髓片: 将毛发放入等量的95%乙醇和乙醚混合液中脱脂20分钟后取出,再放在无水乙醇中清洗5分钟,然后再放入二甲苯中透明30分钟,用滤纸吸干后放到载玻片上,用加拿大树胶加盖玻片封固,制成毛髓片。

(2)毛鳞片: 将毛发放入等量的95%乙醇和乙醚混合液中脱脂20分钟后取出,再放在无水乙醇中清洗5~10分钟,将清洁的毛平直摆放,上、下均夹载玻片上,用铁夹夹紧后放到110~120℃的恒温烘箱中加热2小时,冷却后取下铁夹及载玻片,用解剖针或毛刷将毛轻轻挑下放在载玻片上,加盖玻片封固,即制成毛鳞片的压模片。

(3)石蜡切片: 将毛发标本经过适当处理后,放入甲醛-乙醇-醋酸混合固定液(简称FAA)中静置。从固定液中取出样品,分别经50%乙醇、70%乙醇、80%乙醇、95%乙醇、无水乙醇逐级脱水。经脱水后,材料再分别经25%二甲苯、50%二甲苯、75%二甲苯、二甲苯透明。透明完全后的样品加入石蜡碎屑浸蜡,其间更换2~3次新鲜石蜡。将透蜡后的材料和熔融石蜡一同倒入模具中,静置放冷至石蜡凝固。将包埋有样品的石蜡修整成适宜大小的蜡块,固定于切片机上切片。最后,进行展片与粘片,脱蜡与封片。

(4)冷冻切片: 待冷冻切片机内的温度合适时,把经过前处理的材料转入冷冻切片机的样品台上,在周围滴加少量冷冻液。盖上已经降温的金属块,使材料迅速冷却并固定在样品台上。把样品台连同已经冷冻的材料固定于切片机上,调整所需厚度,摇动机身外的旋转杠杆进行切片。最后在载玻片上进行展片,取出后可直接观察。

(5)毛小皮印痕片: 取硝酸纤维片,剪成载玻片大小备用。将毛发用水洗涤,再用乙醇去脂干燥后,置于硝酸纤维片上。用手压紧毛发的两端,使毛发紧贴在硝酸纤维片上。将毛根端稍许抬高,沿该端滴1滴乙酸丁酯,当液滴沿毛发向下流至毛尖端后,将硝酸纤维片放平,经几分钟液滴干燥,毛发自然脱落,便在硝酸纤维片上留下永久性毛小皮印痕。同一张硝酸纤维片可同时作数根毛发的毛小皮印痕对照。

4. 显微观察指标　毛颜色、形态、毛长度、毛干直径、髓质直径、髓质指数、毛小皮纹理间距、毛小皮纹理密度。

5. 应用　中药鹿尾来源于鹿科动物梅花鹿*Cervus nippon* Temminck或马鹿*Cervus elaphus* Linnaeus的干燥尾,收载于《黑龙江中药材标准》和《卫生部药品标准》中药材第一册。目前市场上鹿尾的混淆品包括白唇鹿尾、水鹿尾两种,其中白唇鹿尾来源于鹿科动物白唇鹿*Cervus albirostris* Przewalski的干燥尾,水鹿尾来源于鹿科动物水鹿*Cervus unicolor* Kerr

的干燥尾,通过毛类的显微鉴别可将不同来源的4种鹿尾区分(表4-2)。

表4-2 梅花鹿尾、马鹿尾、白唇鹿尾、水鹿尾毛显微特征比较

品种	梅花鹿尾	马鹿尾	白唇鹿尾	水鹿尾
横切面形状	圆形	圆形或椭圆形	圆形或类圆形	椭圆或长圆形
皮质颜色	无色或棕色	黄色	无色	棕褐色
毛干直径(μm)	103~147	47~87	433~653	133~233
髓质直径(μm)	56~106	30~56	420~640	96~198
髓质指数	51~75	52~79	93~98	72~86
髓质细胞	多列	两列	多列	多列
毛小皮纹理	扁平形	扁平形	镶嵌形	杂波形
毛小皮纹理间距(μm)	8~18	8~16	17~33	8~18
毛体颜色(普通光)	灰黄色或黄褐色	棕黄色或灰黄色	棕黄色或灰黄色	棕色
毛体颜色(偏光)	棕黄色或多彩状	亮白色或亮黄色	多无偏光	多无偏光或多彩状

(三)羽毛类

1. 来源 羽毛是表皮细胞所分生的角质化产物,在系统进化上与爬行动物的角质鳞片是同源的。羽毛是从一个真皮乳突推出来抵过覆盖的表皮。然而,它不像鳞片一样扁,而是卷成一圆筒,叫"羽毛芽",并由表皮盖住。这个羽毛芽的基部稍沉下达到羽突,羽毛从此突出。一层角朊围绕着这个芽,也围住血管的髓腔。表面层的角朊从深处裂开形成一个鞘。深处的远端磨损形成平衡脊,中间的长大形成羽干,其他的形成羽小枝。然后鞘裂开,羽小枝展平形成羽片。生长结束时,羽根的髓腔干了留下腔,两端留下开孔。若是绒羽,鞘就爆裂,放出羽小枝,不形成羽干和羽片。当羽毛在囊中生长时,色素就加入到表皮细胞中。

2. 构造 根据羽毛的构造和功能,可分为以下3种。

(1)正羽:为被覆在体外的大型羽片,由羽轴和两侧的羽片构成。羽轴分为羽根和羽干,羽根为羽轴下端无羽枝的部分,较粗,为无色透明的管状结构,下端有孔,羽根的基部着生在皮肤内。羽干为羽轴上端较长的部分,形状扁平且有一定厚度,向梢端逐渐变细,有一定的弹性。在羽干的两侧由一系列斜形排列(约45°)的羽枝构成,这些互相平行、彼此相邻的羽枝上,又斜生着许多彼此平行的羽小枝。对于同一根羽枝来讲,其两侧的羽小枝是有区别的。靠近羽枝根部约1/4长度的部分,其两侧的羽小枝是自由伸展的,类似于绒,呈对称状态分布,羽小枝呈节状,节上具突起,节间可见色素颗粒,节的数量不等。羽枝上方约3/4的部分,其两侧的羽小枝形态不同,一侧是自由伸展的,与羽枝轴夹角为45°,即有钩羽小枝,也称远端羽小枝。有钩羽小枝由基柄、羽脉、腹齿、羽小钩、背腹纤毛等组成。另一侧的羽小枝与羽枝轴夹角常小于45°,即无钩羽小枝,也称近端羽小枝。无钩羽小枝由基柄、腹齿、背刺、羽脉等组成(彩图4-8,彩图4-9)。

(2)绒羽:位于正羽下方,呈棉花状,构成鸟体外面松软的隔热层,起着保暖作用。其结构特点是羽轴纤弱,髓部有时断续,常由多列细胞排列而成,支干斜生于羽干两侧,其上生有羽小枝,羽小枝呈节状,称节状羽小枝。节间上的钩状突起不发达,羽根膨大、中空,内有海

绵状填充物。

（3）纤羽：又称毛状羽，外形如毛发，杂生在正羽与绒羽之中。拔掉正羽与绒羽之后能看到。其基本功能是触觉。

3. 显微制片方法

（1）常规制片：取药材粉末（生品剪碎），用水合氯醛加热透化2~3次，稀甘油封片，盖上盖玻片。

（2）羽毛片：将羽毛（包括形成羽片的羽毛及绒羽）放入等量的95%乙醇和乙醚混合液中脱脂15分钟，再放在无水乙醇中清洗3分钟，自然干燥。将处理好的羽毛置于载玻片上，用加拿大树胶加盖玻片封固。

（3）羽小枝片：用镊子取羽小枝若干，放入等量的95%乙醇和乙醚混合液中脱脂15分钟，再放在无水乙醇中清洗3分钟，自然干燥。在体视显微镜下用解剖针将平行排列的羽小枝分开，然后用锋利的解剖刀切取羽枝轴两侧有钩羽小枝及无钩羽小枝（在取羽小枝时须从基部切取，以保证羽小枝的完整），置于载玻片上，以加拿大树胶加盖玻片封固。

4. 显微观察指标　羽毛颜色、有钩羽小枝长度、羽小钩数、纤毛数、腹齿数、无钩羽小钩长度、节状羽小枝节长、节直径、节间直径、色素长度。

5. 应用　麻雀为文鸟科动物麻雀 *Passer montanus* Linnaeus 除去羽毛和内脏的干燥全体，收载于《辽宁省中药材标准》。

麻雀羽毛显微鉴别为绒羽淡棕黑色或近无色，羽根粗大，中空；羽轴两侧有羽枝，羽枝直径为19~25μm（22.14±2.67，$n=20$），羽枝髓部直径为11~13μm（12.14±1.35，$n=20$），髓质指数为42~70（56.16±13.50，$n=20$），羽枝的单侧部有众多细长羽小枝；羽轴及较粗的羽枝髓质部发达，髓质细胞淡黄色或棕黄色（眼毛中羽枝髓质部均为棕黄色），呈多角形、长方形或方形；节状羽小枝，节长为28~38μm（33.1±4.72，$n=20$）眼毛羽小枝枝长为27~31μm（29.62±2.69，$n=20$），体毛羽小枝枝长为37~40μm（36.95±3.24，$n=20$），直径为3~5μm（4.08±0.98，$n=20$）；节部膨大，具"丫"形刺状突起或无，刺长3~9μm（6.36±3.34，$n=20$），膨大部直径为6~10μm（8.07±1.59，$n=20$），常含棕黑色或红棕色色素（眼毛中羽小枝节部含棕黑色色素较多）。

第三节　中药显微特征常数与化学成分的相关性研究

中药显微特征常数（microscopic character constant）与化学成分相关性研究是采用容量分析方法测定中药粉末中显微特征常数值，同时通过化学分析方法测定中药中含有的指标性化学成分含量，利用统计学方法对显微特征常数与化学成分含量进行相关性分析的一种研究方法。

通过对中药显微特征常数与化学成分相关性研究，可以做到：

1. 充实中药质量标准检测体系　目前中药的质量标准多采用以化学成分为指标，制定含量下限来控制中药的质量，如中药的显微特征常数与化学成分呈现高相关性，则代表通过显微特征常数值控制药材质量与通过化学成分控制药材质量具有同等意义，为此可直接通过测定显微特征常数来控制中药质量，并根据化学成分含量限度制定显微特征常数的下限。

2. 为中药质量鉴定开辟新方法　目前中药质量鉴定包括来源、性状、显微、理化、分子生物学鉴定,其中显微鉴定主要为粉末和组织鉴定。通过多个中药的显微特征常数与化学成分相关性研究发现,部分中药的显微特征常数可以体现其化学成分的含量,从而使通过常数测定评价药材的质量成为可能,从而为中药的质量评价开辟新的研究思路和方法。

3. 方便、快捷、稳定地评价中药质量 显微特征常数测定与目前常用的化学成分测定比较,所用仪器简单、成本低廉、操作简便,特别是在没有分析设备的情况下,可直接通过测定显微特征常数推测其化学成分的高低,从而达到快速鉴别中药质量的目的,适合于基层中药材鉴定。同时由于显微特征常数具有生物学稳定的特点,不会受测试环境的影响,相对稳定。

一、研究方法与步骤

（一）中药显微特征常数的测定

1. 显微特征的确定 针对中药的粉末特征,选择粉末片中显微特征明显,生物学稳定,具有专属性,数量众多且易于观察计数的特征,通过测量显微特征的长度、直径、面积及个数等方法进行计数。

2. 样品的制备 通过均匀设计法、正交试验等方法,对待测样品的取样量、粉碎粒度、混悬剂用量等样品制备条件进行多因素、多水平的优化,确定样品的制备过程和各种参数,同时测定待测样品的水分含量,计算待测样品的干重,备用。

3. 显微特征常数的测定 精密量取待测样品溶液置载玻片中,按粉末制片方法制片,置显微镜下按"之"字形观察,对完整的显微特征计为一个单位,对于破碎的显微特征,大于一半的计为一个单位,其他情况忽略不计。每份样品各装5~10片,记录样品的显微特征总数,运用公式计算每张片子的显微特征常数,运用数理统计方法计算均值及相对标准偏差,并通过t分布计算该显微特征常数的95%置信区间。计算的均值即为待测物的显微特征常数。

中药显微特征常数是指每毫克中药材所含有某种显微特征的总数（个/mg）。其公式为,显微特征常数$P=(X \cdot V/V' \cdot W)$,其中P为药材显微特征常数（个/mg）,X为每片盖玻片下药材显微特征数均值（个）,V为定量药材混悬液总体积（ml）,V'为盖玻片下药材混悬液体积（ml）,W为药材取样量（以干燥品计）（mg）。中药显微特征常数具有专属性和种间稳定性,对于特定同一基原的中药材而言,其显微特征常数为一固定值。

（二）化学成分含量的测定

1. 测定成分及测定方法的选择 根据文献,选择中药中含有的已知的,具有专属性的有效部位、有效成分或指标性成分作为含量测定成分,选择的成分要有代表性、化学性质稳定的特点,可以是单一成分,也可以是多个有效成分或指标性成分。根据成分的特点设计含量测定方法,含量测定方法可以根据成分的多少选择多个方法。

2. 样品的制备 依据选择的待测化学成分的理化性质,对提取的溶剂种类、提取时间、提取溶剂量、提取方式等进行优化,优化的方法可选择多因素、多水平的均匀设计法、正交试验等方法确定样品的制备过程,提取化学成分时注意尽可能避免产生次生代谢产物,影响与显微特征的相关性。

3. 化学成分的含量测定 取待测样品溶液,根据选定的含量测定方法,测定化学成分的含量。如采用紫外-可见分光光度法,则测定样品的吸光度值计算含量;采用高效液相色谱法、气相色谱法,测定样品的峰面积计算含量等,含量的计算方法多采用外标法或内标法求得。每个样品至少重复测定3次,取3次均值即为待测样品的化学成分含量。

（三）相关性分析

一般采用相关性分析软件,如SPSS等统计软件对测得的中药显微特征常数与化学成分含量进行相关性分析,通过相关系数的计算及其假设检验,回归方程的建立及检验,计算显微特征常数与化学成分含量相关性的相关系数r值来判断二者的相关性,相关系数r值是正值为正相关,即显微特征常数值与化学成分成正比;相关系数r值是负值为负相关,即显微特征常数与化学成分成反比。同时根据r值的大小来判断二者相关性的高低,其中$r>0.8$为高相关、$0.4 \leq r \leq 0.8$为中相关、$r<0.4$为低相关,高相关代表显微特征常数与化学成分含量有显著相关性,低相关代表二者相关性不明显。具有高相关的药材,即可通过显微特征常数的测定来代表其化学成分含量的高低,从而定量判断药材质量的优劣。

二、应用示例

何首乌为蓼科植物何首乌*Polygonum multiflorum* Thunb的干燥块根,现对何首乌草酸钙簇晶的显微特征常数与二苯乙烯苷类、结合蒽醌类化学成分的相关性进行研究。

1. 草酸钙簇晶的显微特征常数测定　精密称定粉碎后过80目筛的何首乌粉末0.4g,用水合氯醛水飞多次后移入25ml量瓶中,加入甘油8ml,再加水合氯醛至刻度,充分摇匀,精密吸取0.02ml装片,每份溶液平行装片10张,记录每张片中草酸钙簇晶个数,按公式计算显微特征常数,将所得结果计算平均值和相对标准偏差RSD,草酸钙簇晶个数的均值即为何首乌的显微特征常数。

2. 何首乌中化学成分的含量测定

（1）二苯乙烯苷类测定:①以十八烷基硅烷键合硅胶为填充剂;以乙腈-水（25∶75）为流动相;检测波长为320nm。理论塔板数按2,3,5,4'-四羟基二苯乙烯-2-O-β-D-葡萄糖苷计算应不低于2000。②对照品溶液的制备:取2,3,5,4'-四羟基二苯乙烯-2-O-β-D-葡萄糖苷对照品适量,精密称定,加稀乙醇制成每1ml含0.2mg的溶液,即得。③供试品溶液的制备:取本品粉末（过四号筛）约0.2g,精密称定,置具塞锥形瓶中,精密加入稀乙醇25ml,称定重量,加热回流30分钟,放冷,再称定重量,用稀乙醇补足减失的重量,摇匀,静置,取上清液滤过,取续滤液,即得。④测定法:分别精密吸取对照品溶液与供试品溶液各10μl,注入液相色谱仪,测定,即得。

（2）结合蒽醌类测定:①以十八烷基硅烷键合硅胶为填充剂;以甲醇–0.1%磷酸溶液（80∶20）为流动相;检测波长为254nm;理论塔板数按大黄素峰计算应不低于3000。②对照品溶液制备:取大黄素对照品、大黄素甲醚对照品适量,精密称定,加甲醇分别制成每1ml含大黄素80μg,大黄素甲醚40μg的溶液,即得。③供试品溶液制备:取本品粉末（过四号筛）约1g,精密称定,置具塞锥形瓶中,精密加甲醇50ml,称定重量,加热回流1小时,取出,放冷,再称定重量,用甲醇补足减失的重量,摇匀,滤过,取续滤液5ml作为供试品溶液A（测游离蒽醌用）。另精密量取续滤液25ml,置具塞锥形瓶中,水浴蒸干,精密加8%盐酸溶液20ml,超声处理（功率100W,频率40kHz）5分钟,加三氯甲烷20ml,水浴中加热回流1小时,取出,立即冷却,置分液漏斗中,用少量三氯甲烷洗涤容器,洗液并入分液漏斗中,分取三氯甲烷液,酸液再用三氯甲烷振摇提取3次,每次15ml,合并三氯甲烷液,回收溶剂至干,残渣加甲醇使溶解,转移至10ml量瓶中,加甲醇至刻度,摇匀,滤过,取续滤液,作为供试品溶液B（测总蒽醌用）。④测定法:分别精密吸取对照品溶液与上述两种供试品溶液各10μl,注入液相色谱仪,测定,即得。

3. 相关性分析 用数据统计软件SPSS17.0分析何首乌草酸钙簇晶的显微特征常数与二苯乙烯苷类、结合蒽醌类化学成分的相关性。结果显示,簇晶显微特征常数与两类化学成分中相关,为正相关。提示何首乌的草酸钙簇晶与二苯乙烯苷类和结合性蒽醌两类化学成分均具有相关性,其显微特征常数的高低代表了两类化学成分的含量高低,呈现正相关,根据《中国药典》2015年版一部要求的含量限度,二苯乙烯苷应大于1.0%,结合蒽醌应大于0.1%,由所得回归方程可知,含量达到《中国药典》标准的何首乌粉末中草酸钙簇晶的显微特征常数应大于61.07个/mg(二苯乙烯苷)、63.43个/mg(结合蒽醌),可见,通过显微特征常数可直接代表化学成分含量控制何首乌的质量(表4-3)。

表4-3 何首乌显微特征常数与化学成分测定结果

样品号	1	2	3	4	5	6	7	8	9
草酸钙簇晶(个/mg)	92.64	12.12	37.78	93.38	109.58	12.60	16.91	72.87	174.67
2,3,5,4'-四羟基二苯乙烯-2-O-β-D-葡萄糖苷(%)	3.70	3.84	4.69	4.55	5.30	4.55	3.73	5.06	6.04
大黄素+大黄素甲醚(%)	1.76	0.30	0.22	1.33	4.09	0.88	1.25	1.03	2.95
二苯乙烯苷类与簇晶相关性:	$Y=0.01x+0.3893$, $r=0.721$, $F=7.565$, $P=0.028$								
结合蒽醌类与簇晶相关性:	$Y=0.007x-0.344$, $r=0.751$, $F=9.080$, $P=0.020$								

第四节 中药显微鉴定技术

中药显微鉴定的基本技术包括显微标本片制作、显微特征描述(包括显微定量、显微化学分析等)和显微图像的制作。显微标本片制作常用的有组织切片(多为横切面切片)、组织表面片、粉末片和解离组织片等;根据保存时间的长短可分为永久制片、半永久制片和临时制片。显微特征描述是显微形象的文字、数据的记录和分析,显微图像制作是显微形象的图形记录,二者互相补充、相辅相成。传统的显微图形记录就是显微绘图法,虽然较为费时费力,但其优点是可对目的物进行取舍,突出重点,且在显微镜的不同视野下可连续作图,尤其适合于较粗大中药的简图;计算机-数码相机-显微镜的联用技术催生了显微图形记录的新方法——数码显微图像的制作。本节就中药显微鉴定中常用的显微定量、显微化学、孢粉学、超微结构鉴定以及数码显微成像等方法和技术作一介绍。

一、显微定量技术

显微定量分析应隶属于粉末生药学的范畴,其方法是选择中药粉末中具有稳定性和专属性的某一组织特征进行计量分析,从而进行中药的鉴定或相似中药的鉴别;如果计算出中药中某专属性组织特征的固定常数(称为显微特征常数),采用重量分析法或容量分析法,结合数理统计的方法求得回归方程,即可测定该中药在中成药中所占的比例。

(一)方法简介

显微定量方法主要有参比物法和非参比物法(又称直接定量法)。参比物法是利用一定重量的参比物,如常用海金沙孢子或蒲黄花粉粒,具有一定的孢子数或花粉粒数这一特点,将参比物与被测中药的特征微粒数目(或长度、面积)相比对,根据参比物的显微特征常数来求得被测中药的显微特征常数,或该中药在成药中的百分含量。非参比物法是指采用被测中药自身的显微特征代替参比物的作用,利用容量分析法来测定该中药的显微特征常数或在成药中的百分含量,目前实际应用中主要为此方法。

1. 非参比物法基本操作流程

(1)被测中药显微特征及计数方法的选择:根据被测中药的粉末特征,选择一个稳定、专属的显微特征作为被测特征物,计数的方法有计算个数、长度或面积,应根据特征物的形状和预试验结果选择合适的计数方法,其中个数计算是最简单的,也是应用最多的,下面的步骤就以计算个数的特征物为例说明。

(2)被测中药的粉碎:取适量的被测中药,根据选定的特征物大小决定中药的粉碎度,即药粉的粒度要略大于特征物最大值,粉碎,使其全部通过选定号码的药筛,同时测定水分含量,计算中药的干重。

(3)混悬液的制备:精密称取不同重量的中药粉末若干份(一般为5~6份),分别加入适量水合氯醛试液研磨后,定量移入适当大小的容量瓶中,加入适当的溶剂(混悬剂,常用甘油或水合氯醛)至刻度,配成系列浓度的混悬液,摇匀备用。

(4)显微特征常数的测定:分别精密吸取适量(常为10~50μl)上述每份混悬液于载玻片上装片,在显微镜下"之"字形移动,统计所选特征物的数目,并按下式计算显微特征常数:

显微特征常数(个/mg)$= X \cdot V / V' \cdot W$

上式中,X: 每片盖玻片下特征物的数目(个)

$\quad\quad V$: 中药混悬液总体积(ml)

$\quad\quad V'$: 盖片下混悬液体积(ml)

$\quad\quad W$: 中药取样量(mg,按干燥品计算)

上述每份混悬液各装5~10片,分别统计和计算显微特征常数。

(5)平均显微特征常数及其95%置信区间的计算:对上述求得的n个显微特征常数,采用数理统计方法计算其平均值和RSD(标准偏差/平均值),以此平均值作为该中药的显微特征常数,并采用t分布计算该显微特征常数的95%置信区间。

2. 非参比物法操作流程的改进　近些年,有研究者认为以上方法的实验条件没有经过实验设计和方法学考察,主观性较强,因此提出了要进行实验条件的优化,他们认为显微定量法的关键是被测样品混悬液的制备,影响样品混悬的主要因素有样品的重量、样品的粉碎度、混悬剂的选择等,可通过均匀试验设计来考察各因素不同水平的组合,筛选出优化条件。

(二)在中药鉴定中的应用

显微定量法在中药鉴定中的应用不多,已有的研究主要是针对同类的显微特征相似的中药的鉴别。方法为:首先分别测定相比较中药的显微特征常数,以"均数 ± 标准差"表示实验结果;t检验分析相比较中药间的差异,如果$P<0.05$表明两中药的显微特征常数具有显著性差异,可以用于二者的鉴别。

1. 应用示例　西洋参与人参的显微定量鉴别

取西洋参(国产)、人参(生晒参)各20g,粉碎过160目筛,粉末干燥至恒重,各精密称取

0.050g、0.100g、0.150g、0.200g、0.250g,经水合氯醛试液多次研磨,定容于10ml量瓶中,加水合氯醛试液至刻度,摇匀,得系列浓度的混悬液。精密吸取混悬液各0.05ml装片,加热透化,置显微镜下观察,以草酸钙簇晶为显微特征计数,每浓度重复装4片,取平均值(表4-4)。

表4-4　西洋参与人参显微特征数

样品浓度(g/10ml)	西洋参簇晶数								人参簇晶数							
	每片				每毫克				每片				每毫克			
0.050	4	5	3	4	16	20	12	16	10	12	10	8	40	48	40	32
0.100	7	8	10	10	14	16	20	20	18	21	20	16	36	42	40	32
0.150	11	10	14	12	15	13	19	16	26	26	28	27	35	35	37	36
0.200	16	18	15	18	16	18	15	18	40	43	30	38	40	43	30	38
0.250	22	21	20	21	18	17	16	17	49	53	46	45	38	42	37	36

对不同混悬液浓度与每片簇晶数的平均数进行回归分析,得西洋参回归方程为$Y=0.6+0.08X$,人参为$Y=-0.1+0.19X$,回归方程相关性检验呈显著正相关性。

按"方法简介"中公式计算显微特征常数即每毫克含有的簇晶数,根据t分布公式$\overline{X}\pm t_{0.05}(n)\,S_{\overline{X}}$计算,西洋参每毫克簇晶数为$17\pm0.9$($P<0.05$,$RSD=0.042$),人参为$38\pm1.8$($P<0.05$,$RSD=0.039$)。两者数据经$t$检验得,$t=36.55>t_{0.01}(n)$($4.604$,$P<0.01$),说明两者簇晶数有非常显著的差异,可用于西洋参和人参的鉴别。

需要注意的是,本例中没有测定中药的含水量,因此没有以干重来计算两种中药的显微特征常数,结果会有所偏差;再者每浓度的重复数偏少,应适当增加。

2. 已有研究　采用该方法进行比较鉴别的中药有射干与鸢尾(鸢尾*Iris tectorum* Maxim.根茎)、大黄的正品与伪品(藏边大黄*Rheum emodi* Wall.根及根茎)、老鹳草正品与混伪品[7种老鹳草属(*Geranium*)植物的地上部分]等,还有采用该方法研究了黄柏中石细胞与小檗碱含量的关系。

(三)在中成药鉴定中的应用

显微定量法主要应用于研究某味中药在中成药(以粉末入药的丸散膏丹)中所占的比例即百分含量。

1. 应用示例　五子衍宗丸中枸杞子的显微定量研究

(1)枸杞子显微特征(种皮石细胞)常数的测定:①采用均匀设计法优化枸杞子显微定量的条件,即对枸杞子药材的样品重量(150mg、200mg、250mg、300mg、350mg、400mg)、粉碎粒度(80目、100目)和甘油加入量(2.5ml、5.0ml、7.5ml、10.0ml、12.5ml、15ml)进行考察,筛选出优化条件为:枸杞子粉碎过100目筛,精密称定400mg,用水合氯醛水飞多次后移入25ml量瓶中,加入甘油13ml,再加水合氯醛至刻度,充分摇匀,精密吸取0.02ml装片,每份溶液平行装片50张,记录每张片子的种皮石细胞个数,将所得结果完全随机化分为5组,分别计算平均值(为每片的平均值),再计算5组平均值的RSD;②对筛选出的优化条件进行了实验验证,证明优化条件可行;③按照优化条件和①中所述方法测定枸杞子的显微特征常数(表4-5)。

表4-5 枸杞子种皮石细胞显微特征数测定结果

样品重量(mg)	每片显微特征数的平均值(个)					RSD(%)
401.5	49.65	46.60	46.05	46.20	46.05	3.45
402.1	47.85	47.15	46.10	49.10	45.50	3.02
402.8	47.10	45.05	47.95	49.40	45.40	3.84

枸杞子样品的水分含量为6.41%,故样品干重为:样品重量×(1–6.41%)。

按照"方法简介"中公式计算显微特征常数即每毫克中的石细胞数,其平均值为156.01个/mg;根据 t 分布公式 $\overline{X} \pm t_{0.05}(n)S_{\overline{x}}$ 计算,枸杞子每毫克含石细胞数为156.01 ± 2.8($P<0.05$)。

(2)五子衍宗丸中枸杞子的含量测定:将样品粉碎过100目,离心除去炼蜜,干燥,精密称定600mg,按上述同样条件和方法测定枸杞子种皮石细胞数目,取平均值(表4-6)。

表4-6 五子衍宗丸中枸杞子含量测定结果

批号	样品重量(mg)	每片石细胞平均数(个)	枸杞子含量(%)
5030103	606.3	22.87	34.59
5030108	603.3	22.76	34.59

成药水分含量为12.62%,因此样品干重为:样品重量×(1–12.62%)

枸杞子含量按下式计算:被测中药含量%=$(X \cdot V/V' \cdot W \cdot P)$×100%

P:被测中药显微特征常数(个/mg)

X:每片盖玻片下成药混悬液特征物的数目(个)

V:成药混悬液总体积(ml)

V':盖片下成药混悬液体积(ml)

W:成药取样量(mg,以干燥品计)

将被测中药的测得含量与实际含量进行t检验,两者如无显著性差异,则说明方法可行;然后以成药中该中药百分含量和显微特征物的数目进行相关分析,建立回归方程及显著性检验,绘制回归曲线图。实际应用时,镜检待检成药中的显微特征物数目,根据回归方程或曲线就可求得该中药的百分含量。

2. 已有研究 迄今为止,采用显微定量法研究的中成药近40种,如二陈丸、六味地黄丸、疏风活络丸、牛黄解毒丸(片)、知柏地黄丸、香连丸、蛇胆川贝散、贝羚散等,涉及被测中药28味,其中最早研究的中成药为二陈丸。

(四)在其他方面的应用

1. 中药炮制 炒炭是中药炮制品的大类之一,要求表面焦黑色、内部焦黄色为度,但是由于无量化指标规范炮制品的质量,难以掌握炮制火候,使同种炭药炮制品差异较大,导致药效不同。采用显微定量法,以炒炭对照品(即炮制至火候标准)中的显微特征常数作为判断其是否达到"炒炭存性"的依据,对牡丹皮(淀粉粒)、藕节(淀粉粒)、槐花(花粉粒)和鸡冠花(花粉粒)及其制成的炭药进行了分析,为炒炭制品质量控制提供了新的方法。

2. 杂质测定 这方面的应用较少,已有报道的如采用参比物显微定量法测定了蒲黄中杂质的含量。

二、显微化学技术

显微化学（microscopical chemistry）或组织化学（histochemistry），是将生药的干粉、手切片或少量浸出液置于载玻片上，滴加某些化学试剂使产生沉淀或结晶，在显微镜下观察反应结果或产生的特殊颜色，从而进行鉴定的方法。

组织化学属于边缘学科范畴，在形态学基础上利用染色或化学反应的方法来研究细胞或组织中某类物质的化学组成、定位、定量以及代谢变化，在植物的器官、组织和细胞内含物研究方面早有广泛的应用，常用的组织化学方法归纳于表4-7，这些方法也常被用于中药鉴定。

表4-7　常用组织化学方法

鉴别对象	方法	数字说明
纤维素	碘-硫酸法、氯化锌-碘法①、碘-磷酸（硫酸）法、碘-氯化锂法②、氢碘酸反应	①不专属，木质、半纤维素、黏质化的细胞壁也有同样的结果。
木质（素）	间苯三酚反应法③、硫酸苯胺或盐酸苯胺法、高锰酸钾-盐酸法④	②对于不同的纤维会显出不同的颜色。
栓质和角质	氯化锌-碘法①、苏丹Ⅲ反应⑤	③树胶以及羟基苯丙烷衍生物（如香荚兰素、阿魏酸）也有同样反应。
黏液质	钌红染色法⑥、羟氨-氯化铁法、亚甲蓝反应、刚果红反应、克拉林纳反应、硫堇反应	④单子叶植物和裸子植物不起颜色反应。
淀粉	碘-碘化钾法	⑤不专属。
糖类	苯肼试剂法⑦、费林溶液法⑧	⑥原生质颗粒、染色体、细胞核、糖原以及含氮物质也有反应。
菊糖	麝香草酚反应、α-萘酚反应	⑦针对葡萄糖、果糖、麦芽糖、蔗糖。
蛋白质	氯化汞-溴酚蓝法、曙红-酒精-苦味酸法、碘-碘化钾法、硝酸脱黄反应、米隆试剂法、钼酸钠-硫酸法、亚铁氰化钾-氯化铁法、氢氧化钠-萘酚法、三硝基酚反应	⑧针对还原糖。 ⑨不专属，栓质和角质也同样被染色。 ⑩针对乳汁管中的橡胶。
脂肪油、挥发油	苏丹Ⅲ反应⑨、紫草反应、锇酸反应	
单宁物质	氯化铁溶液法、钨酸钠反应	
橡胶	苏丹Ⅲ反应⑩	
草酸钙结晶	醋酸铜-硫酸铁法	
碳酸钙结晶	醋酸反应	
核酸	弗尔根染色法、甲基绿-焦宁染色法	

随着组织化学方法研究的深入,对药用植物中各类有效成分的显微鉴别和定位方法也进行了大量研究,对于阐明药用植物的组织结构、生长发育与有效成分分布和累积之间的关系起到了促进作用。但是由于植物组织化学研究的难度较大,近些年这方面新的研究较少,跟踪性研究较多,已有的研究主要集中在以下几类化合物。

1. 二萜内酯类　穿心莲内酯类化合物:Kedde试剂反应显紫红色,石油醚浸泡析出4种晶形,即方晶、板状结晶、柱状结晶、菊花状结晶。

2. 皂苷类　①Liebermann-Burchard试剂和醋酸铅水溶液对各皂苷类中药都产生阳性反应;②Bontrager反应仅对甘草皂苷起作用;③5%的香草醛-冰醋酸和浓硫酸的等量混合试剂与人参皂苷反应灵敏且专一性较强;5%香草醛-冰醋酸溶液和高氯酸的等量混合试剂使人参皂苷显色,并按其含量由少至多呈现出浅红-红-紫红;④三氯化锑的浓盐酸溶液或三氯化锑的高氯酸溶液使薯蓣皂苷呈现粉红色到深红色的颜色反应。

3. 生物碱类　①用碘化汞钾处理黄连根茎,使小檗碱沉淀固定在植物细胞内,石蜡切片法制片,小檗碱分布部位有黄色或黄褐色的结晶;②碘化铋钾、硅钨酸、浓硫酸、三氯水合乙醛使青藤碱分别显黄色、灰白色、淡红色、黄色,可用于观察其在植物体中的分布。

4. 蒽醌类　①2%~5% NaOH水溶液可使蒽醌类化合物呈绿色(并具红色荧光);②5% Pb(Ac)$_2$碱性水溶液可使蒽醌类化合物生成红色沉淀。

5. 酚类　0.1%咖啡因与酚类化合物可形成黑色沉淀。

6. 环烯醚萜类　环烯醚萜苷类化合物混合烯酸加热,能被水解、聚合产生棕黑色沉淀,可用于植物体内梓醇类化合物的定位研究。

三、孢粉技术

孢粉学(palynology)是一门研究植物的孢子(spore)或花粉(pollen)(二者合称孢粉)的形态、分类及其在各个领域中应用的科学,主要研究孢粉的形态、分类及生理、生化等方面的内容。有关孢粉学方面的专著很多,在中药鉴定中也早已得到广泛应用,主要是用于孢粉类、花类或带花中药的鉴定,因此对孢粉技术作一简单介绍。

(一)孢粉的制片技术

1. 花粉的采集　一般来说,如果花较大而雄蕊又很多,用镊子直接将雄蕊取下,放入离心管中;如果花很小,雄蕊不易辨别,可将其小花取下数朵放入离心管内。每采一份样品后,镊子必须洗干净后再采下一份样品,以免花粉混杂。将采集好的花粉样品用95%乙醇或冰醋酸固定。

2. 花粉的分解　花粉分解一般采用醋酸酐法。

(1)在装有花粉材料的离心管内加入少量冰醋酸,浸软后用玻璃棒将花粉捣碎。每份号码的样品都必须使用干净的玻璃棒,以免不同样品花粉的污染。

(2)捣碎的样品用铜纱网过滤到贴有同号标签的离心管内,加冰醋酸至5ml,离心机上离心让花粉沉淀后,将上面的溶液倒掉。

(3)加入新鲜配制的醋酸酐-硫酸(9∶1)混合液5ml,置于水浴中加热分解,用玻璃棒轻轻地搅动一两次使其均匀,2~3分钟后,用玻璃棒取出少量花粉放在载玻片上,显微镜下观察孢粉的内壁和原生质是否已全部被溶解掉,如果还没有完全溶解,可以继续进行分解,一直到完全溶解为止。

（4）分解完全后,将离心管离心5~6分钟使其沉淀,倒掉分解溶液,每管加入8ml蒸馏水洗2~3次,即每次加入蒸馏水离心后将水倒掉。

3. 花粉的制片

（1）光学显微镜观察的制片:①将保存在指管内的花粉用玻璃棒或吸管取出少量,置于载玻片上,如有杂物用镊子取出,放一小块甘油胶稍加热使其熔化,或加1滴已溶解了的甘油胶,用镊子轻轻搅匀,将盖玻片在酒精灯或微型电热板上稍烤热,迅速盖上封片。②封好片后,在载玻片的右边贴好样品标签;待甘油胶完全凝固后,用加拿大胶或中性树胶将盖片周围的边封好,即成永久制片,放入标本盒内保存起来。孢粉的观察通常在400~1000倍数的光学显微镜下进行。

（2）扫描电镜观察的制片:将经醋酸酐分解并水洗干净的花粉进行脱水(加入无水乙醇或叔丁醇等脱水剂,离心),吸取带花粉的溶剂滴于样品台(铜台)上,挥干溶剂,将样品台置于镀膜机中喷镀金膜即完成制片。将样品台转入扫描电镜即可进行观察,常用于研究孢粉表面纹饰及萌发孔的结构。

(二)孢粉的概念及显微观察常用名词

"孢粉"是孢子和花粉的合称,孢子是隐花植物(即苔藓、蕨类植物)的单细胞配子体;花粉是显花植物(即种子植物)的雄性配子体,由两个和两个以上的细胞组成。各类植物产生的孢子及花粉的形态构造各不相同。一般观察的主要是孢粉的外壁结构。

1. 孢粉的外壁与萌发孔(沟)

（1）花粉粒:外边的硬壁为花粉壁,称为外壁(exine),分为两层,即外壁外层和外壁内层。外壁外层常具有各种各样的雕纹,即表面饰纹,如刺状、疣状、网状等;外壁上有萌发孔(aperture),是花粉萌发时花粉管的通路,不同植物花粉的萌发孔形状与数量不尽相同,一般长形的称为萌发沟,短形的称为萌发孔,数目不定,也有无萌发孔的花粉。

（2）孢子:外壁无分层结构,萌发孔与花粉不同,呈"Y"形的三叉状裂缝或"I"形的单裂缝。

2. 孢粉观察的基本知识

（1）孢粉粒的点、轴、面:孢粉粒的两个极点分别称为近极点(proximal pole)与远极点(distal pole),二者的联线叫极轴(polar axis),垂直极轴的最大直径称为赤道轴(equatorial axis),包括赤道轴而垂直于极轴的平面叫赤道面(equatorial plane),赤道面将孢粉粒分为两部分,孢粉可根据其近极、远极两部分体积分为等极和不等极两种。

（2）孢粉粒的形态与表达:孢子或花粉的基本形态为类球形,其对称型式有左右对称、辐射对称和完全对称3种,依据极轴与赤道轴的比值关系大致可分为5级:超长球形(>8:4)、长球形(8:4~8:7)、近球形(8:7~7:8)、扁球形(7:8~4:8)和超扁球形(<4:8)。孢粉的大小以微米计算,常以"极轴长度×赤道轴长度"来表示,一般10μm以下为极小,200μm以上为巨大,中间可分为小、中、大、极大等等级。

（3）孢粉的主要鉴别特征:孢粉极面观和赤道面观的形状和萌发孔(沟)的数目、位置等,是孢粉鉴别和分类的重要特征。孢粉的极面观多呈圆形及多角形、裂片形;赤道面观则为豆形、圆形及各种不同程度椭圆形。

（4）孢粉类型与植物类型的关系:裸子植物有具气囊的花粉(松型)、具单沟的船形花粉(苏铁型)、具乳状突起的球形花粉(杉型)、无明显萌发孔的球形花粉(柏型)和橄榄形花粉(麻黄型）。被子植物花粉类型更多、更复杂,大多数为单粒花粉,按其形状、大小、表面饰纹和萌发孔及萌发沟的数目、大小和分布等可分为许多类型;还有少数植物为复合花粉(二合、四合和多合花粉)或花粉块。关于孢粉的详细类型可参阅有关的专业书籍。

四、超微结构鉴定技术

超微结构(ultrastructure),又称亚显微结构(submicroscopic structure),是指在普通光学显微镜(light microscopes)下不能分辨清楚但在电子显微镜(electron microscopes)下能清晰显示的细胞内的各种微细结构。在光镜(分辨率极限约为 $0.2\mu m$)下可以观察到体积较大的细胞器如线粒体、叶绿体等,但线粒体、叶绿体和其他较小的细胞器(细胞膜、内质网膜、核膜、核糖体、微体、微管和微丝等)的内部结构(亚显微结构)就必须使用分辨率更高的电子显微镜观察。根据成像原理的不同,电子显微镜主要分为扫描电子显微镜(scanning electron microscopes, SEM)和透射电子显微镜(transmission electron microscopes, TEM)。扫描电镜用于观察样品表面的结构特征,图像富有立体感,但不能用于内部结构的观察;透射电镜与普通光学显微镜一样用于观察样品内部的精细结构,需要制作切片,观察到的图像是平面的。

中药鉴定具有一定的特殊性,迄今为止,由于细胞亚显微结构对中药鉴别的意义不大,因此透射电镜的应用有限;而扫描电镜对各类中药的表面特征具有超高分辨率,联用技术多样,样品制备简单,因而应用广泛。本部分内容将以扫描电镜的介绍为主。

(一)电子显微镜样品制备技术

1. 扫描电镜样品制备技术　扫描电镜的样品制备过程较为简单。一般生物样品的制备包括以下几个步骤。

(1)取材:样品大小一般在 $8\sim10mm^3$,厚度要尽量薄,一般小于5mm,形状无特殊要求。

(2)样品清洁:扫描电镜要求表面或断面完整且干净,但是许多样品的表面常附有黏液、组织液、血液或灰尘等杂物,需要根据样品具体情况选择合适的方法进行清洁:①正常干燥的样品如平整的叶、花瓣、茎等样品,可用吹气球或用除尘器吹净,也可用软毛笔轻扫除去表面的灰尘和杂物,但不能损伤样品表面;②一般性的动植物组织,可用蒸馏水、生理盐水或缓冲液漂洗或冲洗,最好与后续处理的溶液一致,减少对后续处理的影响;③有油脂分泌物和蜡质覆盖层的样品如毛发、蚜虫等,如果需要除去这些表面覆盖物,应采用有机溶剂反复浸洗;④附有黏液的组织可采用酶解法或其他试剂来清洗,如一般组织可用木瓜蛋白酶和淀粉酶清洗;⑤微小的样品要用离心法或放在用镍过滤网制成的小容器中清洗;⑥特殊样品要用特殊方法进行清洗。

(3)双重固定:干净样品在2.5%戊二醛溶液(pH 7.0)中固定过夜(至少4小时),倒掉固定液,用0.1mol/L的磷酸缓冲液(pH 7.0)漂洗样品3次,每次15分钟;然后用1%的锇酸溶液(pH 7.0)再固定 $1\sim2$ 小时,倒掉固定液,用0.1mol/L的磷酸缓冲液(pH 7.0)漂洗样品3次,每次15分钟。

(4)脱水、干燥:样品先用系列梯度浓度(50%、70%、80%、90%和95%)的乙醇进行脱水处理,每个浓度15分钟,然后用100%乙醇处理2次,每次20分钟;再用乙醇与醋酸异戊酯的混合溶液(1:1, *v/v*)处理30分钟,纯醋酸异戊酯处理 $1\sim2$ 小时;置于临界点干燥器(液体二氧化碳)中干燥。

（5）镀膜、观察：干燥样品粘于样品台上，离子溅射仪或真空镀膜仪中镀膜，前者只需几分钟，而后者需要半小时以上；然后置扫描电镜中观察。

实际工作中，以上步骤可根据实际情况删减，例如，非新鲜样品不需要固定，大多数的中药材属于此类；有些新鲜样品（如叶子）不需镀膜即可在低电压、弱电流下进行短时间的直接观察，有些干燥样品可直接镀膜观察。此外，可根据具体情况决定样品是否需要适当的侵蚀或分解，暴露结构细节，以利于观察。

2. 透射电镜样品制备技术 由于透射电镜的样品必须很薄（60~70nm），所以常用的是超薄切片技术，即制作厚度在10~100nm的超薄切片。超薄切片制作过程包括取材、固定、脱水、渗透、包埋（聚合）、切片和染色等几个环节，和一般光学显微镜的石蜡制片过程相似。但是，透射电镜的样品制备要求严格，过程更为细致与复杂，所用试剂昂贵、强致癌，试剂的配制也很复杂。由于本方法在中药鉴定中应用不多，因此对其具体操作步骤不作详述。

（二）扫描电子显微镜在中药鉴定中的应用

扫描电镜由于视场大、景深长、放大倍数灵活、宽泛（从10倍到20万倍连续放大），样品制备简单，分辨率高，图像富有立体感，在自然科学的各个领域应用广泛。扫描电镜与其他仪器如X射线能谱仪、电子衍射仪等技术联用，使扫描电镜兼有元素定性、定量分析等功能，在以下几类中药的鉴定中应用广泛。

1. 花类中药 主要是通过观察花粉粒形态对其进行鉴别。花粉粒很小，在普通光镜下只能观察到轮廓，但在扫描电镜下，其表面纹饰特征一览无遗。花类和带花全草类中药常带有花粉粒，可依据花粉粒亚显微结构对其进行鉴别，如洋金花、金银花、莲须、红花、厚朴花等，其花粉粒大小、形态与纹饰各具特征，可用于鉴别；海金沙、石松、卷柏、马勃等的孢粉形状、纹饰、大小等特征可用于物种区别。关于花粉形态与外壁纹饰在药用植物基原方面的研究报道较多，涉及许多药用植物，如党参、溪黄草、地榆、延胡索等。从药用植物资源的角度，同一物种的不同品种或不同产区的花粉粒微形态也是有差异的，可用于区分品种和产地，如怀牛膝、明党参等。如中药广藿香药材商品按产地不同分为牌香（广州产）、枝香（肇庆产）和南香（湛江和海南产），扫描电镜观察结果发现，不同产地广藿香的花粉粒形态差异较大，具有显著的鉴别意义（表4-8，彩图4-10）。此外，电镜扫描下的花冠表面角质层特征也具有一定的鉴别意义，如辛夷。

表4-8　不同产地广藿香花粉粒的扫描电镜特征比较

花粉粒	牌香	枝香	南香
赤道面观	呈椭圆形，具4条萌发沟，沟区下陷，呈条索状，沟两侧有不规则的凸起纹理，并可见穴状孔纹	呈长球形，两端稍尖，具3~4条萌发沟，沟区下陷，表面成纵棱，两侧具网状纹理	呈长球形，两端稍尖，具3~4条萌发沟，沟两侧网状雕纹
极面观	呈类圆形，沟在极面上没有交汇，形成沟界极区，极区中央隆起，交叉呈十字	呈类三角形，有沟界极区，极区中心隆起呈花结样，网状雕纹明显	呈圆球形，如两枚戒指相互穿插，网格雕纹明显
外壁	表面有不规则凸起的纹理，凹陷处有穴状小孔	网纹清晰，每一大网眼中有多个小网眼，形成大网套小网的特殊网状雕纹	网纹清晰，大网网脊高，小网网脊低，小网眼类似穴状

2. 叶类中药　叶表面的电镜扫描可观察到光镜下看不到或不易判断的特征,例如上下表皮表面的角质层花纹、气孔形状和角质纹理,腺毛或非腺毛的形态、组成及其表面纹饰特征等,对于药用植物分类学、叶类或全草类中药的鉴定都具有重要的价值。但由于扫描电镜属于贵重仪器,因此用于单个药材的研究较少,仅有洋地黄、颠茄、番泻叶等少数药材;大多数都是针对同类或同属药用植物及其分类学的研究,如桑寄生、槲寄生类,绵马贯众类,瞿麦类,草薢类,野葛、粉葛类,香茶菜类,肉豆蔻类,九里香类等。

3. 果实、种子类中药　扫描电镜为细小果实和种子的鉴别提供了有力的工具。通过扫描电镜观察,比较果皮、种皮的表面特征如蜡被形态、角质纹理、表皮细胞形态、棱纹和腺毛、非腺毛等微形态特征,就可以达到鉴别的目的。对果实、种子的鉴别不仅适用于该类型中药,也适用于带有果实种子的全草类中药。扫描电镜用于果实、种子的研究较多,如车前子、急性子、葶苈子、黄芥子、枳壳、枳实类,芜蔚子及其混淆品、紫苏子、麦芽、地锦草、香茶菜、山茱萸等中药的鉴别;也有用于原植物鉴定研究的,如丹参类、黄芪类等药用植物种子的比较研究。

4. 动物类中药　动物类中药的鉴别一直是中药鉴定的难点。扫描电镜为动物类中药的鉴定提供了新工具,多为依据动物皮毛、鳞片或其他组织的表明纹饰等特征进行鉴别,已研究的中药主要有鹿茸、鹿角、鹿鞭、蟾酥、蛇类、海马、麝香、珍珠粉等。

5. 矿物类中药及细胞内含物　矿物类中药的鉴定一般依据外形、颜色、色泽等性状进行,质量分析多采用光谱分析或偏振光显微分析。扫描电镜,尤其是与能谱仪等现代分析仪器联用的扫描电镜,非常适合于矿物类中药的鉴定和分析。如生石膏与煅石膏,生磁石与煅磁石,滑石粉与石棉,雄黄、大青盐、白矾等。此外,已有研究表明,使用扫描电镜观察植物细胞中的内含物,如草酸钙结晶和淀粉粒,也有助于中药及其原植物的鉴定。

五、数码显微成像技术

显微鉴定研究的结果,除用文字描述外,需要有附图说明各种鉴别特征,图文一致,才能保证研究结果或所建立的显微鉴定标准被正确理解和应用。传统的显微附图为手工绘图,一般有中药组织构造的简图、详图和粉末图。由于绘图是对显微镜下所观测到的细胞和组织构造的再现,因而对绘图人的专业知识和绘画技术要求较高,主观性比较强,而且较费时费力。计算机数码成像技术与生物显微镜的结合产生了数码显微成像技术,克服了手工绘图的缺点,使显微附图更客观、更真实,同时彩色图谱具有更好的可视性。

（一）基本设备

1. 显微镜　可安装显微数码相机的生物显微镜,目前国内比较常用的品牌有日本的奥林帕斯(Olympus)和德国的徕卡(Leica),以及较有实力的国产品牌。

2. 显微数码相机　主要包括显微镜专用的数码相机、视频信息获取卡和成像工作站。最好是与显微镜同一品牌,这样兼容性比较好。

3. 计算机　计算机的硬件配置要适合于图像处理,如内存、显存、硬盘要尽量大一些,需要配置独立的显卡。

以上三部分组合在一起,就组成了数码显微成像系统。

（二）显微图片的拍摄

1. 准备工作

（1）在显微拍摄前,应首先对所研究中药的显微特征进行详细观察和描述,只有熟练掌握了该中药的显微特征,拍摄时才能把握重点,做到有的放矢。

（2）选择清晰、完整的制片,组织构造（如横切面、纵切面等）最好制作石蜡切片,粉末片或表面片等临时制片一定要干净,以免污染镜头。

2. 图片拍摄　将选好的显微制片置于显微镜的载物台上,使用同步的成像工作站进行显微图片的拍摄（按照说明书或厂家的指导培训）。拍摄中需要注意的问题如下。

（1）拍摄像素的选择:拍摄像素是可以选择的,一般有高、中、低三挡。工作站的默认值一般是最高像素,但是像素越高所占据的计算机资源越多,像素太低则图像打印或放大时清晰度欠佳。因此除非有特殊要求,一般选择中挡比较合适,如奥林帕斯DP 50（或DP 70）显微数码相机的高、中、低三挡像素分别为2776×2074、1392×1040和640×480,取中挡像素已能满足一般制版的要求。

（2）显微镜放大倍数的选择:放大倍数的选择应视中药的大小和拍摄的目的而定。在目镜固定的情况下（一般为10×）,如果要反映中药组织构造的全貌,即各组成部分之间的比例关系,最好选用低倍物镜,其照片可对应于手工绘图的简图,但比简图要详细,称为"概貌图";如果要详细反映某个局部特征,应使用高倍物镜,其照片可对应于绘图的详图或局部放大图;粉末特征的拍摄一般都用高倍物镜（即40×或100×）。

（3）视窗中图片位置和方向的调整:利用载物台可以上下左右移动和旋转的功能,调整图片在视窗中的位置和方向,尽量使要拍摄部分的图像居中并"横平竖直"。

（4）拍摄条件设置:拍摄前一定要先做白平衡,使照片减少偏色;拍摄的光强一般是自动的,但在工作站中可以通过对光强的增加或减少进行调整。视窗框中看到的图像一般是浏览的模式,与正式的照片还是有区别的,所以可以通过试拍来优化拍摄条件,以达到最清晰的效果。

（5）照片的保存:文件命名要有规律和必要的信息,如同一中药可用一样的名称加上数字,便于查找和使用,图像保存的格式最好使用无压缩格式,如常用的为"tif"格式。

（三）数码显微图像的制作

数码显微图像与普通数码照片和光学显微照片的最大不同在于照片的后期处理。由于显微镜视野的限制,大多数中药的组织构造不可能在一个视野中全部出现,而必须要采用适当的方法将多张照片拼接起来,再现其完整的组织构造。

解决方法之一:由数码显微成像系统自动完成拼接。该方法需要购买特殊的载物台和与之配套的工作站（同时具有图像拍摄和图像处理两大功能）,只要设定了所需要的区域,该工作站会自动进行一系列照片的拍摄并自动完成拼图工作。一般来说成本较高,但经费充足的话可以优先考虑。

解决方法之二:利用图像处理软件手工进行拼接,这是目前较常用的方法。图像拼接完成后,还要标好图注,才能形成符合要求的显微图像,该过程称之为数码显微图像的制作。

显微图像制作软件常采用Photoshop,其操作可见有关专业书籍,但显微图像的处理有其一定的特殊性,因此对常用的中药横切面组织图和粉末图制作的基本方法作一介绍。

1. 中药横切面组织图制作要点

（1）连续拼图:如果要把两个视野中拍到的两张照片拼成一张连续的图谱,①在拍摄时,两张照片的拼接面一定要有重叠的部分,并且重叠部分有非常明显的标志性特征;②两张照片拍摄时的像素和放大倍数必须一致;③打开Photoshop软件,将两张照片复制在同一个文件中,两张照片各占一个图层,以共有的标志性特征为参照,对两个图层的重叠部分进行准确拼合;④合并两个图层使之成为一张连续的显微图像,并保存;⑤标示线和图注可以在Photoshop中完成,也可以将图谱复制到Word文档中完成(彩图4-11)。

（2）断续拼图:较连续拼图简单,只要把需要拼接的数张照片复制入同一个文件中,根据需要进行适当的剪切或否,移动照片,使相邻两张照片中间有一行空白作为隔断即可,拼完的显微图谱类似于手工绘图的详图。在拍照时,也要保持所拼接的数张照片的像素和放大倍数一致(彩图4-12)。

（3）单张图谱:不需要拼图,但需要添加标示线和图注。

2. 粉末图制作要点　一般情况下,粉末照片都是一张照片(即一个视野)反映一个主要特征,因此粉末图制作的主要任务是:①抠图:即利用Photoshop软件强大的剪切功能,将所需要的显微特征从不同的照片上"抠"下来,都复制到同一个文件中(即同一张图上);②构图:即根据各粉末特征的形状、大小和数目来设置全图的大小和版面,同样的特征相对集中,拼完的版面既要清晰又要美观,最终全图一般呈长方形。需要注意的是,抠图用的所有粉末照片必须是一样的像素和放大倍数(多为10×40),如有不一样要有分隔线及相应的标注和说明;③加图注(彩图4-13)。

该拼图方法(暂且称之为"特征拼图")并不是唯一的,其优点是节省版面,图中某特征的多寡程度要与文字描述相一致,做到尽量客观地再现粉末中各特征大致的数量关系;缺点是对研究者要求较高,必须熟悉所研究药材的粉末特征,抠图工作量大,要有足够的耐心。现行很多中药鉴定专著中的中药粉末特征直接采用拍摄的带背景照片(暂且称之为"照片拼图"),比较真实,便于"场景"的重现,也免除了抠图的工作量,但由于版面所限,一般一个特征1~2张照片,只能说明该特征的存在和形态,不能体现各特征之间的比例关系。

3. 图谱制作过程中图像的修饰　高质量的照片是制作出高质量显微图像的基础。但由于各种条件所限,拼图照片可能在亮度、对比度、清晰度或色彩方面不一致或有一些缺陷,如果出现的问题不太大,可利用Photoshop软件的修饰功能加以改善。一般情况下,显微图谱制作过程中使用较多的是亮度、对比度和色阶的调整以及"锐化"等功能。如果需要拼图,则首先将要拼接的两张照片的亮度、色彩和清晰度调整到基本一致后再拼图;如果是单张照片,可直接将其修饰到满意的程度。

显微图像的长宽比例是不可以随意改变的,否则会失真。在Photoshop软件的默认状态下,图像大小改变时,长度和宽度的改变是连锁的。但是如将其插入文档或文件中,如果随意拉动图像改变大小,长度与宽度的比例就会改变,因此如果需要改变图像大小,最好使用"弹出框"进行设置,保证其长度与宽度的比例不变。

（张　勉　康廷国　张　慧）

参 考 文 献

[1] 康廷国. 中药鉴定学[M]. 北京: 中国中医药出版社,2012.

[2] 蔡霞,张爱新,吴鸿,等. 青藤与毛青藤茎中青藤碱积累的组织化学研究[J]. 西北植物学报,1999,19(1): 104-107.

[3] 蔡珍华,黄泽豪. 植物石细胞多态性及其在生药鉴定中的应用[J]. 福建中医药,2006,37(2): 61-62.

[4] 曹玉芳,林如,胡正海.盾叶薯蓣根状茎的发育解剖学和组织化学研究[J].武汉植物学研究,2003,21(4): 288-294.

[5] 陈家春,李志雄,毛维伦.中药炭药的显微鉴定[J].中国医院药学杂志,2000,20(9): 536-538.

[6] 郭洪利,俞炳林,秦玉山.蒲黄杂质检查方法的研究[J].山东中医杂志,1999,18(3): 132-133.

[7] 贺正全.草酸钙结晶体在被子植物中的分布及其在显微生药学中的应用[J].中国中药杂志,1989,14(1): 3-5.

[8] 姜荣兰.穿心莲组织的显微化学显色反应及穿心莲内酯类化合物晶体观察[J].植物学报,1979,21(1): 83-84.

[9] 金泽鑫.皂苷类中药的显微化学鉴别法[J].贵阳医学院学报,1993,18(2): 94-97.

[10] 李全华,陆荣杰.草酸钙结晶体和石细胞显微特征在药材显微鉴别中的应用[J].中药材,1994,17(3): 26-29.

[11] 林如,曹玉芳,胡正海.绞股蓝积累人参皂苷的组织结构的研究[J].中草药,2002,33(10): 944-946.

[12] 刘文哲,胡正海.贯叶连翘的分泌结构及其与金丝桃素积累的关系[J].植物学报,1999,41(4): 369-372.

[13] 刘训红,任仁安.几种显微定量法进行中成药质量分析的探讨[J].南京中医学院学报,1987,3(4): 34-36.

[14] 鲁高连,胡正海.黄连根茎中小檗碱积累的组织化学研究[J].西北植物学报,1994,14(3): 164-168.

[15] 栾晓静,苑冬敏,康廷国.五子衍宗丸中枸杞子的显微定量[J].辽宁中医杂志,2007,34(5): 646-647.

[16] 楼之岑,王英,张建生,等.秦艽类的研究//楼之岑,秦波.常用中药品种整理和质量研究(第3册)[M].北京:北京医科大学、中国协和医科大学联合出版社,1996: 388-416.

[17] 苏红文,胡正海.不同年生西洋参根的解剖结构及组织化学研究[J].石河子农学院学报,1995,31(3): 1-8.

[18] 童玉懿,商建华,楼之岑.国产乌头类生药榜嘎类和牛扁类的形态组织学研究[J].药学学报.1985,20(10): 766-771.

[19] 童玉懿,楼之岑.国产乌头类生药草乌的形态组织学研究(续)[J].药学学报,1986,21(2): 137-147.

[20] 王长埔,石俊英.二陈丸显微定量研究初报[J].山东中医学院学报,1982,6(1): 62-65.

[21] 王太霞,司源,李景原,等.怀地黄块根内含梓醇结构的组织化学和超微结构研究[J].西北植物学报,2005,25(5): 928-931.

[22] 王西芳.根类中药微观构造研究[J].中国中药杂志,1996,21(5): 264-268.

[23] 王西芳.根茎类中药微观构造研究[J].中国中药杂志,1996,21(6): 329-332.

[24] 王西芳.皮类中药微观构造研究[J].中国中药杂志,2003,28(10): 924-926.

[25] 王西芳.叶类中药微观构造研究[J].中国中药杂志,2003,28(11): 1022-1024.

[26] 许益民,李建新,吴启南,等.药用植物中结晶物的类型及分布述要[J].中国中药杂志,1989,14(2): 6-8.

[27] 苑冬敏,栾晓静,康廷国,等.中药显微定量法的应用研究[J].辽宁中医杂志,2006,33(4): 459-460.

[28] 苑冬敏,刘扬,康廷国,等.黄柏的显微定量研究[J].中华中医药学刊,2007,25(5): 964-966.

[29] 张瑜华.西洋参与人参的显微定量鉴别[J].中国中药杂志,1995,20(9): 523-524.

[30] 郑俊华,楼之岑.扫描电镜在生药鉴定中的应用[J].北京医学院学报,1983,15(2): 125-127.

[31] 苑冬敏,鞠庆波,康廷国.扫描电镜在中药显微鉴定中的应用[J].中草药,2004,35(8): 附13-附15.

[32] 张喆,胡晶红,李佳,等.扫描电镜在生药研究领域中的应用概况[J].中国医药导报,2013,10(30): 24-27.

[33] 肖新月.扫描电子显微镜在植物药研究中的应用[J].中国药学杂志,1999,34(4): 223-226.

[34] 李薇,潘超美,宋力飞,等.不同产地广藿香花的观察比较[J].中药材,2003,26(2): 79-82.

[35] 唐熙.花冠表面角质层对生药辛夷鉴定的意义[J].福建教育学院学报,2006,(4): 122-123.

[36] 刘萌萌,李峰.显微鉴定新技术在中药材鉴定中的应用进展[J].辽宁中医药大学学报,2011,13(12): 50-52.

[37] 高士贤.中国动物药志[M].长春:吉林科学技术出版社,1996.

[38] 杨仓良,齐英杰. 动物本草[M]. .北京:中医古籍出版社,2001.

[39] 张保国,张大禄. 动物药[M]. 北京:中国医药科技出版社,2003.

[40] 徐国钧. 中药材粉末显微鉴定[M]. 北京:人民卫生出版社,1986.

[41] 赵中振. 中药粉末显微鉴别彩色图集[M]. 广州:广东科学技术出版社,1999.

[42] 刘宝玲,岩崎裕二,风见务,等. 常用虫类药材的显微鉴定[J]. 中国中药杂志,2002,27(10):729.

[43] HU YN, Kang TG, Zhao ZZ. Studies on Microscopic Identification of Animal Drugs'Remnant Hair(1). Identification of Cordyceps sinensis and Its Counterfeits[J]. Natural Medicines,2003,57:163-171.

[44] HU YN, Kang TG, Zhao ZZ. Studies on Microscopic Identification of Animal Drugs'Remnant Hair(2). Identification of Ground Beetle and its Counterfeits[J]. Natural Medicines,2004,58:185-192.

[45] MIU DS, Yu JR(Translator). Introduction of Insectology[M]. Taiwan: Commercial Press,1970:69-73.

[46] YI XT. Economic Insectology[M]. Taiwan: State-maintained Edition and Translation Press,1962:13-14.

[47] 叶基荣,罗珍妹. 从鞭毛的显微结构来鉴别鹿鞭的真伪[J]. 福建药学杂志,1992,4(2):12.

[48] 王勤,王振清,战伟,等. 利用兽毛的显微特征鉴别各种鞭、筋类药材[J]. 中药材,1993,16(2):20.

[49] 文瑞良,周光善,刘曙. 3种鹿茸茸毛的显微鉴别[J]. 中国中药杂志,1994,19(5):269.

[50] CHENG XX,KANG TG,ZHAO ZZ. Studies on Microscopic Identification of Animal Drugs' Remnant Hair(3). Identification of Several Species of Cauda Cervi[J]. Natural Medicines,2007,61:51-55.

[51] 刘丽,曲静,康廷国. 六种鹿茸茸毛的显微特征比较研究[J]. 辽宁中医杂志,2008,35(6):906-908.

[52] 刘丽,康廷国. 7种鹿茸茸毛的显微鉴别及系统聚类分析[J]. 中药材,2009,32(3):345-347.

[53] KANG TG,FENG XH,YUAN DM, et al. Microscopic identification of the remnant hair or feather of five animal drug components in Shenrongbian pill[J]. Acta Pharmaceutica Sinica B,2012,2(3):306-311.

[54] 吴维均,管致和译. 昆虫学纲要[M]. 台湾:中华书局,1957.

[55] 杨世平译. 昆虫世界[M]. 台湾:自然科学文化事业股份有限公司,1978.

[56] 张伟,徐艳春. 毛发微观结构研究的回顾与展望[J]. 兽类学报,2003,23(4):339.

[57] 张伟,景松岩,徐艳春. 毛皮学[M]. 哈尔滨:东北林业大学出版社,2003:30-48.

[58] 侯森林. 兽类毛发研究现状及前景展望[J]. 森林公安,2006,(4):17.

[59] 朱小曼,郭云荣,肖建中,等. 54种动物毛的扫描电子显微镜观察[J]. 法医学杂志,1987,3(2):1.

[60] 黎红辉,沈猷慧,马再玉. 鸟类飞羽羽小枝的显微结构比较[J]. 动物分类学报,2005,30(7):666.

[61] 黎红辉,沈猷慧,赖勤. 20种鸟类绒羽羽小枝的显微结构研究[J]. 湖南师范大学自然科学学报,2005,28(3):68.

[62] LIANG L,ZHAO ZZ,KANG TG. Application of microscopy technique and high performance liquid chromatography for quality assessment of *Polygonum multiflorum* Thunb.(Heshouwu)[J]. Pharmacogn Mag,2014,10:415-421.

[63] LI D,LIANG L,KANG TG, et al. Application of microscopy technique and high performance liquid chromatography for quality assessment of the flower bud of *Tussilago farfara* L.(Kuandonghua)[J]. Pharmacogn Mag,2015,11:594-600.

第五章　中药理化鉴定研究

第一节　中药色谱鉴定

中药鉴定中常用的色谱方法主要包括薄层色谱法、液相色谱法、气相色谱法以及毛细管电泳色谱法等。随着近年来色谱分析技术的不断发展和完善,其在中药鉴定方面的应用也越来越广泛而深入。本节仅就薄层色谱、液相色谱、气相色谱和毛细管电泳色谱方法在中药鉴定中的应用情况作一简单介绍。

一、薄层色谱鉴定

薄层色谱法(thin layer chromatography,TLC)系将供试品溶液与适宜的对照品溶液分别点于同一薄层板上,在展开容器内用展开剂展开,使供试品所含相应成分分离,经适当方法显色,所得色谱图与相应的对照品色谱图对比,并可用薄层扫描仪进行扫描,用于鉴别、检查或含量测定的方法。20世纪70年代中后期,随着预涂板和高效薄层材料及相应技术的发展,出现了高效薄层色谱法。相对于常规薄层色谱技术,高效薄层色谱法具有分离度更强、灵敏度更高、结果准确和重现性好的特点。20世纪80年代以后,随着各种先进技术的发展和应用,薄层色谱法在检测灵敏度、分离效率、仪器设备、扩大应用等方面都有了长足的进步。薄层色谱不仅可以用于中药的定性鉴别、含量测定,也可以用于微量化合物的分离制备。目前,薄层色谱可分为常规薄层色谱(conventional thin-layer chromatography,TLC)、制备薄层色谱(preparative thin layer chromatography,PTLC)、加压薄层色谱(overpressure thin layer chromatography,OPLC)、离心薄层色谱(centrifugal thin-layer chromatography,CTLC)和胶束薄层色谱(micellar thin layer chromatography,MTLC)等类型,在中药鉴定中应用最多的是常规薄层色谱法。

薄层板常用的固定相有硅胶G、硅胶GF_{254}、硅胶H、硅胶HF_{254}以及微晶纤维素等,根据需要可以实验室自制,也有市售现成的不同类型和规格的薄层板。经展开剂展开后,若供试品含有可见光下具有颜色的成分可直接在日光下检视,也可用喷雾法或浸渍法以适宜的显色剂显色或加热显色,在日光下检视。有荧光的物质或遇某些试剂可激发荧光的物质可在365nm紫外光灯下观察荧光色谱。对于可见光下无色,但在紫外光下有吸收的成分可用带有荧光剂的硅胶板(如硅胶GF_{254}板),在254nm紫外光灯下观察荧光板面上的荧光猝灭物质形成的色谱。薄层色谱图的记录一般采用摄像设备拍摄,以照片或电子图像的形式保存。

薄层色谱法是一种高效、快速、经济、应用广泛的色谱分析方法,它对仪器设备的要求较低,价格低廉,操作简便易学,适用范围广,不受样品种类的限制,样品预处理简单,而且可以对多个样品进行同时分析,使薄层色谱在定性、半定量以及定量分析中得到了广泛应用。目前在中药鉴定中,薄层色谱法主要用于中药材和中成药的薄层定性鉴别、薄层色谱限量检查和有效成分含量测定。

(一)定性鉴别

单味药材中含有多种化学成分,其中既有有效成分,也有很多其他成分,而复方制剂中的成分就更加复杂。薄层色谱作为一种简便、快速的鉴别方法,已经成为中药材及中成药定性鉴别的首选方法。

1. 中药材的薄层色谱定性鉴别 薄层色谱鉴别是中药材理化鉴别的重要方法,主要用于中药材的真伪鉴别,易混淆药材鉴别,同种药材不同来源品种鉴别,不同产地、不同采收时期药材的鉴别等。例如常见的贝母类药材有川贝母、平贝母、伊贝母等,采用薄层色谱方法,分别将川贝母、平贝母、伊贝母和常见伪品土贝母样品的提取液以及贝母甲素、贝母乙素和平贝母对照药材点于同一薄层板上,以环己烷-乙酸乙酯-二乙胺(6∶4∶1)为展开剂展开,改良碘化铋钾试液显色,根据各样品显色斑点特征的不同,不仅能够区别川贝母、平贝母和伊贝母3种相近药材,而且能将伪品土贝母很好地鉴别出来。

中药材菊花按产地和加工方法的不同,可分为杭菊、滁菊、贡菊、亳菊、济菊等品种,以木犀草素为对照品,将全国9个产地的主流商品菊花进行了薄层色谱鉴别,样品经石油醚提取回收后,用醋酸乙酯溶解残渣、定容做为样品溶液,各样品点于同一块硅胶G薄层板上,以苯-醋酸乙酯-甲酸(8∶2∶0.5)为展开剂展开,置紫外光灯(365nm)下检视,结果各种菊花供试品的色谱中,在与对照品色谱相对应的位置上,均显相同颜色的荧光斑点,证明木犀草素可以作为菊花定性鉴别的指标性成分;同时发现来自山东嘉祥和禹城的济菊,其薄层色谱的最前沿有一斑点,而其他菊花未出现这一斑点,能够将济菊从其他菊花中鉴别出来。

9种不同产地的西洋参药材在与人参皂苷对照品Rb_1、Re、Rg_1和拟人参皂苷F_{11}相同R_f值处均显现相同颜色荧光斑点(R_f值分别为Rb_1: 0.1250; Re: 0.3125; Rg_1: 0.4125; 拟人参皂苷F_{11}: 0.4625),证明9种药材均为西洋参正品;除以上4种人参皂苷成分的荧光斑点外,西洋参药材的TLC图谱中,还有共有荧光斑点5个,R_f值分别为0.525、0.675、0.85、0.925和0.9625。因此,可以把以上9个特征荧光点看作西洋参药材TLC指纹图谱的共有荧光点。

2. 中成药的薄层色谱定性鉴别 薄层色谱法目前普遍用于中成药质量标准中,是中成药质量控制的重要组成部分,主要用于中成药的真伪鉴别。中成药由一味或多味药材组成,其真伪鉴别就是对组成中成药各单味药材的真伪及有无的鉴别。实际操作中重点对中成药中的贵细药材、主要药材进行鉴别。色谱分析时,在同一薄层板上分别点供试品溶液、中药化学对照品或对照药材溶液以及阴性对照溶液(取除去待鉴别药材以外的其他处方量药材,按制备工艺方法制备阴性对照样品,按供试品溶液制备方法制成阴性对照溶液),在相同色谱条件下得到图谱,从而进行比较鉴别。

如参白浓缩丸中赤芍的薄层色谱鉴别(图5-1),供试品色谱中,在与芍药苷对照品及对照药材色谱相应的位置上,显相同的蓝紫色斑点,赤芍阴性对照液无上述斑点。

图5-1 参白浓缩丸中赤芍的
薄层色谱鉴别图

1. 芍药苷　2. 药材对照品
3. 供试品　4. 阴性对照品

（二）限量检查

限量检查主要采用供试品溶液主斑点与对照品溶液主斑点或系列梯度对照品溶液作对照，要求供试品溶液主斑点颜色（或荧光强度）不得比对照溶液主斑点深，若进行薄层扫描，相应峰面积不得大于相关对照品峰面积。它是薄层色谱法半定量的应用，主要用于一些中药有毒成分的限量检查。如附子中乌头碱的限量检查，以乌头碱为对照品，供试品色谱中，在与对照品色谱相应的位置上出现的斑点应小于对照品的斑点或不出现斑点。

（三）含量测定

薄层色谱法既可用于中药的定性鉴别，又可进行含量测定，为中药的质量优劣评价提供了重要手段。中药主成分经薄层色谱分离得到的斑点进行含量测定，目前主要有两种方法：直接定量和间接定量（洗脱测定法）。直接定量是在薄层板上直接测定含量，当前应用较多的是薄层扫描法。薄层扫描法是用一定强度、一定波长的可见或紫外光对薄层板进行扫描，测定样品斑点对光的吸收强度或斑点激发后所产生的荧光强度，将扫描得到的图谱及积分数据用于中药的杂质检查、鉴别或含量测定；间接定量是刮取薄层上主要成分斑点，利用适当溶剂洗脱定容，然后使用其他测定仪器（如气相色谱、分光光度计等）进行含量测定。直接定量法由于不必经洗脱等操作，使用较为方便、快捷。随着其他仪器定量方法的发展使用，虽然薄层色谱法用于化学成分的定量检查有了很大的减少，但对于目前用HPLC、GC较难分析，无挥发性，无紫外吸收的成分，TLC仍为不错的选择。

如双波长薄层色谱扫描法测定头痛安片中丹参酮 II_A 含量，先进行供试品溶液和对照品溶液的制备，确定薄层色谱及扫描条件，完成标准曲线制备、稳定性试验、精密度试验、重现性试验、加样回收率试验等后，进行样品含量测定，扫描测定5批样品的含量，结果样品平均含量为（ 0.213 ± 0.012 ）mg/g，*RSD*=2.52%。

综上所述，在定性分析方面，薄层色谱法专属性好，设备简单，分析速度快，操作方便，适用性广，可以快速给出可靠、准确的结果，被广泛应用于药物分析中的鉴别和杂质检查，尤其是对于基层快检，可大大提高药品的抽样检测率。但在定量分析方面，由于受到薄层板的质量和层析系统、显色剂用量及加热条件等外界因素的限制，一定程度上影响了实验结果的重现性，随着其他具有更高准确度、精密度和重现性的HPLC、UPLC、GC等现代分析技术的出现和发展，制约了其作为定量手段的使用。但在今后的一定时期内，薄层色谱法仍将是可供选择的快速、简便、可靠、经济的分析方法之一，对中药鉴定将起着重要的作用。

二、高效液相色谱鉴定

高效液相色谱法（ high performance liquid chromatography，HPLC ）是20世纪60年代末70年代初在经典液相柱色谱的基础上发展起来的一项新型分离分析技术，系指采用高压输液泵将规定的流动相泵入装有填充剂的色谱柱进行分离测定的色谱方法。可分离极性的、离子化的、不挥发的、相对分子量大的和热不稳定的化合物，具有检测灵敏度高、分析速度快、适用范围广的特点。近年来,随着仪器分析技术的不断发展和完善,高效液相色谱法已成为中药成分分析及质量评价的重要手段,尤其在中药含量测定方面应用最为广泛。

在应用高效液相色谱法进行中药鉴定时,根据所要检测的成分不同,需要进行色谱柱、检测器、流动相等色谱条件的确定。

(一)色谱一般条件的确定

1. 色谱柱的选择 常用的高效液相色谱柱按照其分离模式的不同,可分为反相柱、正相柱、离子交换柱和凝胶渗透柱等。最常用的色谱柱填充剂为化学键合硅胶。反相色谱系统使用非极性填充剂,以十八烷基硅烷键合硅胶最为常用,也有使用辛基硅烷键合硅胶和其他类型的硅烷键合硅胶(如氰基硅烷键合相和氨基硅烷键合相等)。反相柱是根据溶质的疏水性不同而产生的在固定相与流动相之间分配系数的差异而分离,适用于大多数有机化合物,样品一般应溶于极性溶剂或相混溶的极性溶剂;正相色谱系统使用极性填充剂,常用的填充剂有硅胶等。正相柱是根据溶质极性的不同而产生的对吸附剂吸附性强弱的差异而分离,适用于中、弱至非极性化合物,样品一般应溶于非极性有机溶剂中;离子交换填充剂用于离子交换色谱。离子交换柱中的固定相可以和样品离子之间发生离子交换作用,使样品中无机或有机离子,或可解离化合物在固定相上有不同的保留而达到分离;凝胶或高分子多孔微球等填充剂用于分子排阻色谱,凝胶渗透柱主要用于分离高分子样品或进行高聚物分子量分布的测定。

2. 检测器的选择 根据被分析样品的性质不同,需要选择不同的检测器,最常用的检测器为紫外检测器(ultraviolet detector, UVD),包括固定波长或可变波长检测器和二极管阵列检测器(diode array detector, DAD),其他常见的检测器有荧光检测器(fluorescence detector, FD)、蒸发光散射检测器(evaporative light scattering detector, ELSD)、示差折光检测器(refractive index detector, RID)和电化学检测器(electrochemical detector, ECD)等。当所要分析的成分对紫外光的特定波长具有选择性吸收时,一般采用紫外检测器。这种检测器对温度和流速不敏感,最小检测量可达10^{-9}g,因此在实际工作中应用最为普遍;荧光检测器是利用某些物质在受紫外光激发后,能发射荧光的性质来进行检测的。对不产生荧光的物质,可使其与荧光试剂反应,制成可以产生荧光的衍生物再进行测定。它是一种具有高灵敏度和高选择性的检测器,最小检出量可达10^{-12}g,可以用于痕量组分的测定;蒸发光散射检测器不需要样品具备紫外发色团和适合的折射率,对梯度洗脱和流动相系统温度变化不敏感,对各种物质的响应因子很近,在一次分析中可以同时检测主要成分和杂质,但要求样品组分是非挥发性或半挥发性的,而流动相应该是易挥发的溶剂;折光指数检测器又称为示差折光检测器,它通过连续监测参比池与测量池中溶液的折射率之差来测定试样浓度,由于每种物质与其他物质相比都有不同的折射率,因此折光指数检测器是一种通用型的检测器。它对温度变化敏感,一般不能用于梯度洗脱,灵敏度低,不适用于痕量分析;电导检测器是一种选择性检测器,用于检测阴离子或阳离子,在离子色谱中应用广泛。检测时需要保持恒温,不适用于梯度洗脱。

此外,不同的检测器对流动相的要求不同。如采用紫外检测器,所用流动相应至少符合紫外-可见分光光度法对溶剂的要求。采用低波长检测时,还应考虑有机相中有机溶剂的截止使用波长,并选用色谱级有机溶剂。蒸发光散射检测器和质谱检测器通常不允许使用含不挥发盐组分的流动相。

3. 流动相的选择   可采用固定比例(等度洗脱)或按规定程序改变比例(梯度洗脱)的溶剂组成作为流动相系统。由于C_{18}链在水相环境中不易保持伸展状态,故对于十八烷基硅烷键合硅胶为固定相的反相色谱系统,流动相中有机溶剂的比例通常应不低于5%,否则C_{18}链的随机卷曲将导致组分保留值变化,造成色谱系统不稳定。

反相色谱通常以水作流动相,为改善分离效果,常向水中加入一定量的可与水混溶的"有机改善剂",如甲醇、乙腈或四氢呋喃(THF)等,尤以甲醇和乙腈应用最为广泛;正相色谱采用的流动相基本是以正己烷、三氯甲烷、二氯甲烷等为主,再根据样品的极性添加甲醇等醇类化合物而制成;离子交换色谱中分离度的控制主要通过对流动相中盐的浓度、pH及盐的种类调节而达到。常用的盐有磷酸盐、醋酸盐、硼酸盐等;凝胶渗透色谱通常采用四氢呋喃、三氯甲烷作流动相。

(二)定性鉴别

1. 利用已知标准物定性鉴别   利用已知标准物对未知化合物定性是高效液相色谱最常用的鉴别方法。每一种化合物在某一固定的色谱条件下有其特定的保留值,如果在相同的色谱条件下被测化合物与标准物的保留值一致,即样品未知峰与已知标准物峰的保留值完全相同,则可初步认为被测化合物与标准物相同。如果改变色谱柱或多次改变流动相组成时,两者保留值仍然相同,就进一步证明了被测化合物与标准物为同一物质。

也可采用将已知标准物加入到样品中的方法,如果标准物的加入能使样品中的某一未知峰增高,峰面积增大,而且在改变色谱柱或流动相组成后,该未知峰仍然增高增大,则可基本确定这个未知峰所代表的组分与已知标准物相同。

对于配备有二极管阵列式紫外检测器的高效液相仪,在进行未知组分与已知标准物比对时,除了比较二者的保留时间外,还可以比较未知组分与已知标准物的立体峰形以及紫外光谱图,若二者的保留时间一样,立体峰形和紫外光谱图均相同,则可基本认定为同一物质。但是,如果只是保留时间一致,而二者的紫外光谱图有较大差别,则两者不是同一成分。

2. 利用其他方法定性鉴别   高效液相色谱分离后,被测化合物经过光学检测器不受破坏,可采用传统方法收集每一个组分的洗脱液,再对这些组分进行仪器分析,如进行紫外、红外、质谱、核磁共振波谱、元素分析等,或者利用化学分析或物理测定方法,如对其熔点、沸点、折光、旋光学等方面进行定性分析,以鉴定成分。

高效液相色谱与质谱的联用使液相色谱的定性鉴别产生了飞跃的发展,不仅大大提高了成分鉴定的准确性、灵敏性和重现性,而且为分析工作带来了极大的方便。本节在后面将对液-质联用技术作详细介绍。

(三)定量分析

在采用高效液相色谱定量分析之前,要求对仪器进行适用性试验,即用规定的对照品对仪器进行试验和调整,以达到规定的要求;若达不到要求,需要对色谱分离条件作适当的调整。具体可按照《中国药典》中"系统适用性试验"的要求进行色谱柱的理论塔板数、分离度、重复性和拖尾因子等指标的测定。常用的定量分析方法主要有以下5种。

1. 内标法加校正因子测定供试品中主成分或某个杂质成分的含量   内标法定量首先要选择合适的内标物,内标物应与被测组分有相近的保留值,并且不能与组分峰相重叠。精密称(量)取对照品和内标物质,分别配成溶液,精密量取各溶液,配成校正因子测定用的对照溶液。取一定量注入仪器,记录色谱图。测量对照品和内标物质的峰面积或峰高,按下式计算校正因子：

$$校正因子(f) = \frac{A_S/C_S}{A_R/C_R}$$

式中A_S为内标物质的峰面积或峰高，A_R为对照品的峰面积或峰高，C_S为内标物质的浓度，C_R为对照品的浓度。

再取含有内标物质的供试品溶液，注入仪器，记录色谱图，测量供试品中待测成分（或其杂质）和内标物质的峰面积或峰高，按下式计算含量：

$$含量(C_X) = f \cdot \frac{A_x}{A_{S'}/C_{S'}}$$

式中A_x为供试品（或其杂质）峰面积或峰高，C_X为供试品（或其杂质）的浓度，$A_{S'}$为内标物质的峰面积或峰高，$C_{S'}$为内标物质的浓度，f为校正因子。

2. 外标法测定供试品中主成分或某个杂质含量 精密称（量）取对照品和供试品，配制成溶液，分别精密量取一定量，注入仪器，记录色谱图，测量对照品和供试品待测成分的峰面积（或峰高），按下式计算含量：

$$含量(C_X) = C_R \frac{A_x}{A_R}$$

式中各符号意义同上。

由于微量注射器不易精确控制进样量，当采用外标法测定供试品中某杂质或主成分含量时，以定量或自动进样器进样为好。

3. 加校正因子的主成分自身对照法 测定杂质含量时，可采用此方法。在建立方法时，精密称（量）取杂质对照品和待测成分对照品各适量，配制测定杂质校正因子的溶液，进样，记录色谱图，按上述（1）法计算杂质的校正因子。此校正因子可用于校正杂质的实测峰面积。这些需作校正计算的杂质，通常以主成分为参照采用相对保留时间定位。

测定杂质含量时，将供试品溶液稀释成与杂质限度相当的溶液作为对照溶液，进样，调节仪器灵敏度（以噪声水平可接受为限）或进样量（以柱子不过载为限），使对照品溶液的主成分色谱峰高达满量程的10%~25%或其峰面积能准确积分［通常含量低于0.5%的杂质，峰面积的相对标准偏差（RSD）应小于10%；含量在0.5%~2%的杂质，峰面积的RSD应小于2%］。然后，取供试品溶液和对照品溶液适量，分别进样，供试品溶液的记录时间一般应为主成分保留时间的2倍，测量供试品溶液色谱图上各杂质的峰面积，分别乘以相应的校正因子后与对照品溶液主成分的峰面积比较，依法计算各杂质含量。

4. 不加校正因子的主成分自身对照法 当没有杂质对照品时，也可采用不加校正因子的主成分自身对照法。同上述（3）法配制对照溶液并调节检测灵敏度后，取供试品溶液和对照品溶液适量，分别进样，前者的记录时间一般应为主成分保留时间的2倍，测量供试品溶液色谱图上各杂质的峰面积并与对照品溶液主成分的峰面积比较，计算杂质含量。

若供试品所含的部分杂质未与溶剂峰完全分离，则按规定先记录供试品溶液的色谱图Ⅰ，再记录等体积纯溶剂的色谱图Ⅱ。色谱图Ⅰ上杂质峰的总面积（包括溶剂峰），减去色谱图Ⅱ上的溶剂峰面积，即为总杂质峰的校正面积。然后依法计算。

5. 面积归一化法 由于峰面积归一化法测定误差大，因此，通常只能用于粗略考察供试品中的杂质含量。除另有规定外，一般不宜用于微量杂质的检查。方法是测量各杂质峰的面积和色谱图上除溶剂峰以外的总色谱峰面积,计算各峰面积占总峰面积的百分率。如采用高效液相色谱法测定参白浓缩丸中黄芪甲苷的含量,以黄芪甲苷为对照品,并制备除黄芪外的其他处方量药材的黄芪阴性对照样品,在完成实验方法学的基础上,测定5批样品,黄芪甲苷含量(mg/g)分别为1.2029、1.2132、1.1907、1.2186、1.1876。

高效液相色谱技术在传统中药现代化研究中显示了独特的优势,成为现代中药研究的重要手段。随着对色谱系统分离能力和选择性技术要求的提高,对分析仪器自动化和智能化要求的提高,近年来,在高效液相色谱的基础上又出现了超高效液相色谱(ultra performance liquid chromatography, UPLC)和多维高效液相色谱(multidimensional high performance liquid chromatography, MPLC)等技术。超高效液相色谱技术,是采用细粒径填料(1.7μm)获得超强分离度、超高灵敏度、超高速度的新型色谱技术,有利于提高流速,节省时间,是分析复杂样品的一种强有力工具。多维高效液相色谱法,是利用两根以上的色谱柱分离复杂样品中的待测组分,它在很大程度上解决了样品中杂质多的问题。多维高效液相色谱法和超高效液相色谱法的出现,不仅进一步提高了仪器的分离效果,而且拓宽了液相色谱的应用范围。

三、气相色谱鉴定

气相色谱法(gas chromatography, GC)系采用气体流动相(载气)流经装有填充剂的色谱柱进行分离测定的色谱方法。物质或其衍生物汽化后,被载气带入色谱柱进行分离,各组分先后进入检测器,用记录仪、积分仪或数据处理系统记录色谱信号。气相色谱因以气体作为流动相,传质速度快,具有分离效能高、灵敏度高、鉴别能力强的特点,可同时完成待测组分的分离和鉴定,特别适用于多组分混合物中未知组分的定性-定量分析、判断化合物的分子结构、准确地测定化合物的分子量。由于气相色谱法的特点,使其在含有挥发性成分、主要成分为脂肪酸类的药材和挥发油等的质量检测方面具有不可替代的作用和较为理想的效果。另外对不挥发性成分和热不稳定的物质,可做成适宜的挥发性衍生物再进行分析。近年来气相色谱法已广泛应用于中药的品种鉴定和质量评价。

(一)定性鉴别

气相色谱法用于复杂样品的分离,可采用多种定性方法。利用气相色谱进行中药的定性鉴别,常用的方法有保留值定性、纯样叠加法定性、选择性检测器组合定性以及与其他仪器联用定性等。

1. 保留值定性鉴别 随着柱性能和重复性的不断改进以及仪器精密度和稳定性的不断提高,对于成分相对不太复杂的样品可用化合物的保留值作为定性依据。一般要求用两根不同极性的柱子,或用一根柱子在多个不同操作温度下测得的保留值来核实各组分的定性结果。但应用时注意,对于含有不同类型组分的未知复杂样品,仅用保留值定性往往不能奏效,必须求助于检测器的选择性或采用多种联用技术。

保留值系指保留时间t_R、保留体积V_R、相对保留值和保留指数等。在柱子和操作条件(包括柱温、进样量、流速等)严格不变的情况下,任何一种物质都有特定的保留值,因此在相同条件下比较已知物和未知物的保留值,可以对相应组分进行定性分析。为了避免在同一根色谱柱上几种组分有相同的保留值,应采用双柱或多柱定性,因为在一根柱子上有相同保留值的组分在另一根极性不同的柱子上保留值一般不同。两柱极性相差越大,保留值相差也越大。若在两根不同的柱子上已知物和未知物的保留值都能吻合,则可初步判定未知组分与该已知物基本相同,使用更多柱子定性,判断结果将更为可靠,但工作量随之增加。采用绝对保留值定性时,必须严格控制操作条件。

保留指数定性是气相色谱中较常用的一种定性方法。选用两种以上相邻的正构烷烃与被测组分混合在一起或分别在相同条件下注入色谱柱中,求得各自保留时间,即可通过计算得到保留指数。国内外文献和气相色谱手册中收集有大量的保留指数数据,可供参考。如果柱子类型和柱温相同,一般可以利用文献数据定性,而不必采用纯样品。但注意必须在重现文献所给实验条件下(包括柱子尺寸、液膜厚度、载气种类和流速、柱子初始温度和程序升温速度等)用已知组分进行验证,以确定利用文献值定性的可信度。

采用程序升温操作和恒温操作的定性方法基本一致,但保留值的测定方法有所不同。程序升温操作中线形升温和含有恒温阶段的升温过程,保留值的测定也有所区别,需采用相应的计算方法。如采用气相色谱-质谱联用技术结合Kovats保留指数(KI)比较法,对南岭自然保护区内野生的毛桃木莲、乳源木莲、乐昌含笑、金叶含笑和深山含笑等5种木兰科芳香植物精油进行了化学成分对比鉴定。结果表明这种方法与单纯质谱匹配度的方法相比,大大提高了组分化学物质鉴定的准确性。采用GC-MS结合保留指数对肉桂、紫苏、苏木、金钱草、仙鹤草、独活6种中药的挥发油进行分析,对其中的重叠色谱峰采用直观推导式演进特征投影法(HELP)进行了分辨,同时计算了各组分的程序升温保留指数,通过质谱库定性,得到共有成分32个。

2. 纯样叠加法定性鉴别 纯样叠加法定性是将预想的已知纯样品加入到被测样品中,对比加入前后色谱图中组分峰增高的情况即可作出初步判断,柱子分离能力越高,定性结果越可靠。为了防止加入的纯样品与被测组分虽保留值相同,但并非是同一组分等问题,应采用另一根极性不同的柱子进行核对。这种方法更适用于样品中只有少数几种未知物的样品定性或排除某一组分在样品中存在的情况。

3. 选择性检测器组合定性 选择性检测器是指对某类物质特别敏感(响应值很高),而对另一类物质却极不敏感(响应值很低)的检测器。如电子捕获ECD(对电负性物质特别敏感),火焰光度FPD(对含硫、磷化合物敏感)、碱盐离子化TSD(对含氮、磷化合物敏感)等均为选择性检测器,它们对烃类化合物都不敏感,响应值小,而火焰离子化检测器FID却对烃类化合物有很高的响应值,因此若将两种或两种以上检测器组合起来使用,即可同时得到两张或更多不同色谱图,以利于未知组分的分类和定性。

在采用选择性检测器组合定性时,为了扩大应用范围,可对样品进行不同衍生化反应,例如生物碱、氨基酸、甾族化合物和一些药物的代谢产物,均可与N-甲基双三氟乙酰胺,N-三氟乙酰胺和N-七氟丁酰咪唑等衍生化试剂反应生成相应衍生物,然后用电子捕获检测器检测。

(二)定量分析

气相色谱常用的定量分析方法有面积归一化法、内标法、外标法和标准溶液内加法,其中面积归一化法、内标法和外标法的具体内容与高效液相色谱法的要求相同。按测量参数的不同,气相色谱定量又可分为峰面积法和峰高法。在使用填充柱色谱时,一般采用峰面积定量;在使用毛细管柱色谱时,因分离的峰形尖锐,采用峰高定量在一定条件下往往比峰面积更为准确、简单。气相色谱法的系统适用性试验一般参照高效液相色谱法进行。

1. 面积归一化法 将样品中所有组分含量之和定为100%，计算其中某一组分含量百分数的定量方法，称为面积归一化法。如采用气相色谱-质谱联用方法，结合计算机质谱图库检索技术对唇香草挥发油进行结构分析，共鉴定出67种化学成分，占挥发油总量的92.05%，应用峰面积归一法确定了各成分的相对含量。采用减压蒸馏法收集莪术挥发油不同沸程的馏分，利用气相色谱-质谱联用仪进行分离测定，结合计算机检索对分离的化学成分进行结构鉴定，应用峰面积归一化法测定各化学成分的相对百分含量，结果共检出51个峰，鉴定出11个化学成分。

2. 内标法 向样品中加入内标物后进行色谱分析，然后利用内标物对组分进行定量的方法，称为内标法。如以N, N-2-甲基甲酰胺为内标物，用气相色谱法测定苏红通络酊中丁香酚和水杨酸甲酯的含量，首先计算各成分的校正因子，再分别以丁香酚面积/内标面积对丁香酚浓度/内标浓度、水杨酸甲酯面积/内标面积对水杨酸甲酯浓度/内标浓度进行回归处理，得到回归方程。经方法学验证后，采用内标法对样品中的丁香酚和水杨酸甲酯进行了含量测定。

3. 外标法 比较在相同分析条件下组分纯样与样品色谱分析所得峰面积或峰高进行定量的方法称为外标法。外标法简单易行，为了保证结果的准确性，除要求进样量固定及操作条件稳定外，应经常考察定量校正曲线的变化。如采用外标法测定了活血止痛气雾剂中樟脑的含量，以对照品樟脑的进样量与峰面积绘制标准曲线，得到回归方程，经方法学考察验证后，测定并计算了样品中樟脑的含量。

4. 标准溶液加入法 精密称(量)取待测成分对照品适量，配制成适当浓度的对照品溶液，取一定量，精密加入到供试品溶液中，根据外标法或内标法测定待测成分含量，再扣除加入的对照品溶液含量，即得供试液溶液中该成分的含量。

气相色谱法定量分析，当采用手工进样时，由于留针时间和室温等对进样量的影响，使进样量不易精确控制，故最好采用内标法定量；而采用自动进样器时，由于进样重复性的提高，在保证进样误差的前提下，也可采用外标法定量。当采用顶空进样技术时，由于供试品和对照品处于不完全相同的基质中，故可采用标准溶液加入法以消除基质效应的影响；当标准溶液加入法与其他定量方法结果不一致时，应以标准加入法结果为准。如采用气相色谱法测定黑水缬草挥发油中乙酸龙脑酯的含量，结果表明，以萘为内标物，灵敏、准确、重现性好，能够准确测定黑水缬草挥发油中乙酸龙脑酯的含量，可用于黑水缬草药材的品质评价。从样品测定结果可以看出，不同采收时期样品中乙酸龙脑酯含量略有差异，果熟期达到最高值，枯萎期含量有所下降。

四、高效毛细管电泳色谱鉴定

毛细管电泳(capillary electrophoresis, CE)又称高效毛细管电泳(high performance capillary electrophoresis, HPCE)，是指以高压电场为驱动力，以弹性石英毛细管为分离管道，样品中各组分根据其淌度(单位场强下的电泳速度)和分配行为上的差异进行高效、快速分离的一种电泳新技术。HPCE是近十余年分析化学中发展最为迅速的领域之一，具有电泳和色谱两种分离机制，但无论是电泳还是色谱，其分离过程都是实现成分的差速迁移，可以用相同的理论进行描述，色谱中所用的一些名词概念和基本理论，如保留值、分离度、塔板理论和速率理论等均可借用于毛细管电泳中。与HPLC相比，HPCE具备以下特点：①分离效率高，理论塔板数可达$10^6 \sim 10^7 m^{-1}$;②分析速度快,一般为几分钟到几十分钟;③样品用量少,为纳升级;④化学试剂消耗量少,价格低廉,分析成本低;⑤毛细管柱抗污染能力强,容易清洗,对样品预处理要求不高;⑥灵敏度高,应用激光诱导荧光检测器进行检测,其检测值可达$10^{-24}g$的超低检出限。此外,HPCE还具有仪器操作简单、自动化程度高、具备多种分离模式及应用范围广等优点。近年来,随着毛细管电泳技术的迅速发展和逐渐完善,高效毛细管电泳法被越来越多地应用于中药的定性定量分析,如中药有效成分的鉴别、含量测定及指纹图谱等方面,所分析的成分包括生物碱、黄酮、苷类、酚类、有机酸、香豆素、木脂素、蒽醌类及其他成分。尤其是可用于药味较多、成分复杂的中药复方化学成分的分析。

(一)定性鉴别

高效毛细管电泳定性分析方法与其他色谱的定性分析方法相同,依据大多是通过与已知标准物质的保留值进行对比,确定色谱图中的未知峰。主要区别在于色谱上将物质流出曲线的最高点所对应的时间称为保留时间,而在毛细管电泳中称为迁移时间。

如采用毛细管电泳法鉴别6种决明属药用植物种子。结果表明,不同来源钝叶决明的电泳结果显示,采集时间和地点的不同对峰数目和峰面积影响较小,因此利用CE鉴别决明类种子具可行性。通过钝叶决明、茳芒决明、望江南、豆茶决明、光叶决明和腊肠树差别峰和特征峰的认定,可以有效地鉴别这6种决明属植物种子。利用混合样分析结果可以在电泳中起到与内标类似的作用,解决CE方法迁移时间重现性差的问题,进一步认定各指纹峰的客观存在。根据研究结果,综合比较峰数、峰形及峰面积,可推测茳芒决明和望江南成分最相近;钝叶决明和茳芒决明及望江南成分较相近;豆茶决明、光叶决明与上述3种植物成分差异较大;腊肠树和其他几种决明属植物成分差异最大。此结果表现出的亲缘关系与6种植物形态比较及前人研究的结果基本一致。

(二)定量分析

1. 中药材的高效毛细管电泳定量分析 HPCE定量方法同高效液相色谱法项下,但由于目前毛细管电泳仪的进样精度较高效液相色谱法低,定量分析时通常采用内标法。

在中药的毛细管电泳分析中,生物碱是被研究得最为广泛的化合物种类之一。生物碱类药材提取物的组分复杂,在采用高效液相法分析时,即便经过预处理也容易造成色谱柱的污染,尤其是生物碱类结构中的-N-基可与填料上残余的-Si-OH基结合而造成色谱峰拖尾,影响分离效果。而HPCE在含生物碱类药材的含量测定中显示出了独特的优势。由于生物碱在低pH环境下带正电荷,所以生物碱常能在pH<7的缓冲溶液中得到分离和分析。对于生物碱的分析,多采用毛细管区带电泳(capillary zone electrophoresis,CZE)和胶束电动毛细管色谱(micellar elec-trokinetic capillary chromatography,MECC)两种分离模式。

如采用高效毛细管电泳法测定十大功劳属部分植物茎中生物碱。从电泳图谱可以看出,主要成分为小檗碱、巴马亭和药根碱,故测此3种成分的含量。测定结果表明:除《中国药典》(2005年版)中的阔叶十大功劳*Mahonia bealei*(Fort.)Carr.和细叶十大功劳*Mahonia fortunei*(Lindl.)Fedde.外,其余8种植物的生物碱含量也比较高。故*Mahonia*属的多种植物可作为功劳木入药,为新的药材资源开发提供了理论依据。

2. 中药复方制剂的高效毛细管电泳定量分析 中药复方所含药味较多,成分复杂,目前控制其质量的方法是测定其中一种或一类有效成分的含量,但这种方法不能完全体现出中药制剂的整体质量,尤其是复方制剂的整体质量。随着高效毛细管电泳技术在中药及其有效成分鉴别等方面的迅速发展,建立在此基础之上的中成药与中药复方制剂有效成分的定性和定量分析也随之发展起来,近年来分析工作者应用HPCE法进行了多种组分同时测定的深入研究,建立了适用于中药复方中多化学成分的分离测定与质量控制方法。

如采用高效毛细管电泳法测定槐角丸中4种有效成分。在完成实验方法学的基础上,测得2批样品中染料木素(genistein)、芸香苷(rutin)、黄芩苷(baicalin)、没食子酸(gallic acid)4个组分含量分别为1.27mg/g、5.83mg/g、12.26mg/g、3.88mg/g和1.08mg/g、5.42mg/g、12.13mg/g、3.12mg/g($n=5$)。

HPCE为中药鉴定工作提供了一种高效、准确、可靠的方法,尤其在中药及其复方制剂的分析中突出了其独特的优势,拥有广阔的应用前景,除可分析小分子酸、碱、盐及中性分子外,还可用于生物大分子如核酸、多肽和蛋白质等及手性分子的分离分析。但仍存在重现性较差、线性范围窄和灵敏度较低等不足。随着仪器的不断改进与完善和自动进样器的普遍使用,其重现性可以与常规HPLC法基本接近。另外采用柱前富集技术或增加样品溶液浓度能够提高其灵敏度,使HPCE检测灵敏度可以与HPLC媲美。此外,HPCE技术与其他技术联用,如CE-MS(质谱)、CE-NMR(核磁共振)以及CE-MS-MS等技术,使HPCE的高分离效率和NMR或MS的高灵敏度及定性鉴别能力相互结合,可完成多种有效成分或指标性成分的分离与结构鉴定。相信HPCE作为一种强有力的分析技术,势必会在中药质量控制中发挥其强大的作用。

五、色谱 - 质谱联用鉴定

(一)高效液相色谱-质谱联用(HPLC-MS)

液相色谱-质谱联用技术是一门综合性的分析技术。色谱法的优势在于分离混合物,但色谱方法难以得到结构信息,对无紫外吸收化合物的检测和未知化合物的定性还要依赖其他手段。质谱法能提供大量结构信息,但质谱法制备样品时分离纯化程序复杂,耗时长。将两种分析方法结合起来,取长补短,组成了新的仪器,获得了两种仪器单独使用时所不具备的功能。液相色谱-质谱联用技术的应用,弥补了紫外检测器的不足,可提供大量的化学成分信息,能够对流出组分直接定性,从而为中药材的鉴别及其质量控制提供可靠的依据。

液相色谱-质谱联用技术在中药成分分析研究中已经得到了广泛的应用,包括对已知成分和未知成分的定性定量分析。在对已知化合物定性分析及结构鉴定时,可通过对照组分和标准化合物的保留时间、紫外吸收光谱以及质谱中的准分子离子峰和特征碎片峰等指标快速鉴定中药提取物中的已知成分;对于未知成分的定性分析,质谱检测器可以给出大量的结构信息,参照同类已知结构化合物的裂解规律,或结合其他检测方法以及化合物的特有理化性质,即可对未知成分进行直接分析;利用LC-MS还可对中药成分进行定量分析,通常选用多级监测技术,在一级质谱中选定待测物的母离子,进而在二级质谱中检测经过碰撞诱导裂解产生的该化合物的特征子离子,具有高选择性、高灵敏性和快速分析等特点。

此外,液相色谱-质谱-质谱联用技术(HPLC-MS/MS)的性能更为优越,通过HPLC分离后,应用MS/MS分析技术,能够从含有大量杂质的混合物中分析待测物质,进一步提高了分析的灵敏性和特异性,从而可获得更多的化学结构信息。

如HPLC-MS法分析朝鲜淫羊藿中的化学成分。在完成样品的制备和液相色谱条件与质谱检测条件选择后,取30μl样品溶液,注入HPLC-MS。样品经HPLC分离,依次进入质谱检测器检测,分别得到一级质谱离子流图、总离子流图以及化合物的多级质谱图。质谱的解析:朝鲜淫羊藿中化合物及相对分子质量的文献检索　HPLC-MS技术的一级质谱能给出化合物的准分子离子峰,这样通过化合物的相对分子质量可以排除大部分化合物,大大缩小了鉴定化合物的范围。因此,检索化合物的相对分子质量是解析多级质谱,鉴定化合物的第一步。通过文献的检索及相对分子质量的计算,得到朝鲜淫羊藿中的56个化合物及其相对分子质量。

化合物的解析。化合物 I:21.4~21.5min的一级质谱图给出m/z 663.1(M^++H)的峰,对照淫羊藿化合物的相对分子质量,此峰可能是淫羊藿苷A(epimedoside A)的准分子离子峰。二级质谱以m/z 663.1为母离子进行裂解,给出m/z 517.0(M^+-146+H),355.1(M^+-146-162+H),299.0(M^+-146-162-56+H)。根据朝鲜淫羊藿黄酮类化合物的结构特点可知m/z 517.0(M^+-鼠李糖基+H),355.1(M^+-鼠李糖基-葡萄糖基+H,即苷元),299.0(M^+-鼠李糖基-葡萄糖基-C_4H_8+H),各峰能得到合理的解释并和文献报道一致,也符合淫羊藿苷A的裂解规律。由以上信息鉴定m/z 663.1为淫羊藿苷A的准分子离子峰。

化合物 II:29.3min的一级质谱给出m/z 839.0(M^++H),和化合物的相对分子质量对照,只有朝藿定A(epimedin A)的相对分子质量是838,所以此峰可能为朝藿定A的准分子离子峰。是否为朝藿定A,要通过二级质谱给出的碎片峰确定。二级质谱给出碎片离子峰m/z 677.1(M^+-162+H),531.0(M^+-162-146+H),369.0(M^+-162-146-162+H),313.0(M^+-162-146-162-56+H)。根据淫羊藿黄酮类化合物的结构特点可知m/z 677.1(M^+-葡萄糖基+H),531.0(M^+-葡萄糖基-鼠李糖基+H),369.0(M^+-葡萄糖基-鼠李糖基-葡萄糖基+H,即苷元),313.0(M^+-葡萄糖基-鼠李糖基-葡萄糖基-C_4H_8+H),各峰能得到合理解释也符合朝藿定A的裂解规律。由以上信息可鉴定m/z 839.0为朝藿定A的准分子离子峰,与文献报道一致。

(二)气相色谱-质谱联用(GC-MS)

气相色谱-质谱联用(GC-MS)综合了气相色谱和质谱的优点,弥补了各自的缺陷,为中药的研究提供了更为广阔的前景,为天然药用资源的扩大利用以及植物的化学分类和药理学的研究提供了更多的有用信息。GC-MS法以其高分辨性、高灵敏性、高选择性、简便、准确的特点,广泛应用于体内外药物的监测,特别适用于挥发性成分或可以制成适宜的挥发性衍生物的成分测定,为中药质量标准的建立以及鉴别研究提供了可靠的分析手段。

气相色谱-质谱(GC-MS)联用技术是鉴定复杂样品中未知物结构的有效工具。GC-MS结合了色谱、质谱两者的优点,使样品的分离、定性及定量成为连续的过程。质谱检测器作为理想的色谱检测器,与传统检测器相比具有更高的灵敏度,样品用量少,只需10^{-9}~10^{-12}g;分析速度快、应用范围广,在选择合适电离方法的前提下,一般化合物都能被电离,从而获得更多的化合物结构信息,弥补了传统检测器的不足。另外,红外光谱能够提供丰富的分子结构信息,不同的物质产生不同的红外光谱,气相色谱-红外光谱联用也可用于成分的定性分析。结合气相色谱-质谱联用与气相色谱-红外分析法,测定了白豆蔻的挥发油成分。

如黑水缬草挥发油成分的GC-MS分析。根据GC-MS所得质谱信息,经NIST数据库检索,并对照有关文献确定成分,共检测出62个峰,确定了其中的40个成分,占总峰面积的91.89%。其中含量最高的成分是反石竹烯,占总峰面积的28.04%,其次是1,2-二乙烯基-4-(1-甲基-乙烯基)-环己烷(19.83%)、乙酸龙脑酯(12.08%)、莰烯(3.05%)和葎草烯(2.35%)。并且发现了柠檬烯、芳樟醇、异戊酸龙脑酯和缬草酮4种具有镇静作用的成分,4种成分占总峰面积的2.5%。

(三)高效毛细管电泳-质谱联用(HPCE-MS)

质谱(MS)法具有灵敏度高,专属性强等特点,在一次分析中能够提供大量分子的结构信息,具有较强的定性功能。CE的高分离效率与MS的强鉴定能力相互结合,使得用纳升级样品进行分子结构的分析和分子量的准确测定成为可能,近年来越来越受到人们的关注。多种接口技术如电喷雾接口(ESI)、离子喷雾接口(ISP)、连续流快原子轰击接口(CF-FAB)、大气压化学电离接口(APCI)等的相继出现,不断发展并逐渐完善着高效毛细管电泳各种分离模式与质谱联用技术。随着中药研究的深入和发展,人们开始把这一技术应用于中药成分的分析研究中。如采用高效毛细管电泳-电喷雾飞行时间质谱联用(HPCE-ESI-TOF/MS)技术分析了黄连中的生物碱类成分,利用未涂层石英毛细管,以50mmol/L乙酸铵-0.5%甲醇溶液作为运行缓冲液,分离电压为25kV,鞘液组成为50%甲醇-49.5%水-0.5%乙酸。质谱选用正离子模式,碰撞电压(fragmentor)为100V。

通过对色谱峰紫外光谱和质谱测得精确分子量的分析,结合文献,对黄连中的7种生物碱进行了鉴定。方法简便、快速,可作为黄连中生物碱类化合物快速分离、鉴别的有效手段。建立了毛细管电泳-电喷雾-质谱-质谱联用技术分离并鉴定粉防己生物碱类成分的方法,以非水毛细管电泳对粉防己甲醇提取物中的生物碱进行分离,并利用在线电喷雾离子阱质谱得到准分子离子及碎片信息对其进行鉴定。使用未涂层毛细管(86cm×75μm ID),50mmol/L醋酸铵-4%HAc-甲醇溶液为运行缓冲液,分离电压为25kV。质谱接口为同轴鞘液接口;电喷雾电压为5kV。铝毛细管温度为170℃,鞘液组成为60%异丙醇-39%水-1%HAc,鞘液流速为5μl/min。结果证明采用毛细管电泳-质谱及质谱-质谱联用技术对粉防己甲醇提取物中的生物碱进行分离鉴定,比传统的根据迁移时间或淌度定性更加准确,可用于中药复杂成分的研究。

第二节 中药光谱鉴定

近30年来,随着科学技术突飞猛进的发展,出现了许多以仪器分析为主的现代鉴别方法,尤其是光谱技术发展极快,已逐步成为中药真伪鉴别及质量评价的重要手段之一。当物质与辐射能相互作用时,物质内部发生能级跃迁。记录由能级跃迁所产生的辐射能强度随波长(或相应单位)的变化,所得的图谱称为光谱。利用物质的光谱进行定性、定量和结构分析的方法称为光谱分析法,简称为光谱法。例如:原子发射光谱法、原子吸收光谱法、原子荧光光谱法、分子荧光光谱法、紫外可见吸收光谱法、红外吸收光谱法、核磁共振波谱法等。光谱技术具有指纹性、快速、简便、灵敏、重现性较好、无损和对样品要求低等优点,目前正越来越广泛地应用于中药鉴定研究中。中药光谱鉴定是依据中药材中有效成分或特征性成分对光的吸收、发射或散射等具有特异性这一特点,通过测量中药产生的发射光、吸收光或散射光的波长和强度,取得样品的特征图谱和数据,以鉴别中药的真伪优劣(种间区别、资源利用、采收期、道地性、气味本质、生化分析、质量控制等)的专门技术。光谱技术应用于中药鉴定,解决了不少形态组织学方法难以解决的问题。光谱技术依据中药中有效成分或特征性成分进行鉴别,可避免一般鉴别方法的主观性和片面性,较为客观地反映其内在质量,对形态组织相似、亲缘关系相近、外形失真的药材,树脂类、浸膏类、动物结石类、胆类以及矿物类中药等,更具独特的优势,对于指导中药材生产、采收加工、储运炮制、研究中药材的有效成分、寻找和扩大新药源等多方面,有着重要的科学意义和实用价值,大大丰富了中药鉴定研究的内容。常用于中药鉴定的光谱分析技术主要包括:紫外-可见光谱、红外光谱、原子吸收光谱、发射光谱、荧光光谱和拉曼光谱(图5-2)。

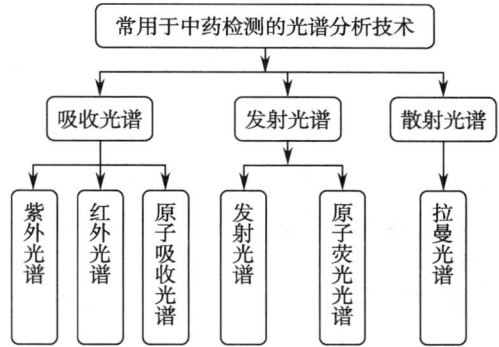

图5-2　中药鉴定的常用光谱分类示意图

一、紫外-可见光谱鉴定

紫外-可见光谱为电子光谱,是研究分子中电子能级跃迁的方法。引起分子中电子能级跃迁的光波的波长范围为10~800nm,研究工作者最感兴趣的是波长190~800nm的紫外-可见光区。虽然紫外吸收光谱基本上反映的是物质分子中发色团的特性,而不是整个分子的特性,然而,紫外吸收光谱在各种不同复杂的分子中能辨认出其特征基团,同时表现出可用性、简便、快速、精确和低成本等特点。因此,其在中药生产、质量控制及有效成分的研究方面非常重要,且将继续受到欢迎。

(一)定性鉴别

利用紫外-可见分光光度法对有机化合物进行定性鉴别的主要依据是多数有机化合物具有吸收光谱特征。例如吸收光谱形状、吸收峰数目、各吸收峰的波长位置、强度和相应的吸收系数值等。结构完全相同的化合物应有完全相同的吸收光谱;但吸收光谱完全相同的化合物却不一定是同一种化合物。因为有机分子中选择吸收的波长和强度,主要决定于分子中的生色团和助色团及其共轭情况。利用紫外-可见分光光度法进行化合物的定性鉴别,多数采用对比法,即将样品化合物的吸收光谱特征与标准化合物吸收光谱特征进行对照比较;也可以利用文献所记载的紫外-可见标准图谱进行核对。

如利用该法鉴定桔梗与伪品霞草50%乙醇浸提液,可依据最大吸收波长将二者区分。

(二)纯度检测

1. 杂质检查　如果化合物在紫外-可见区没有明显吸收,而其杂质有较强的吸收,那么含有少量杂质就可用光谱检查出来。若化合物有较强的吸收峰,而所含杂质在此波长处无吸收峰或吸收很弱,杂质的存在将使化合物的吸收系数值降低;若杂质在此吸收峰处有比化合物更强的吸收,则将使吸收系数值增大;有吸收的杂质也将使化合物的吸收光谱变形,这些都可用作检查杂质是否存在的方法。

2. 杂质的限量检测　药物中的杂质,常需制定一个容许其存在的限量。为了限制杂质的含量,可规定一个峰谷吸光度比的最小允许值。

3. 中药中单一化学成分的定量方法　根据朗伯-比尔定律,物质在一定波长处的吸光度与浓度之间有线性关系。因此,只要选择一定的波长测定溶液的吸光度,即可求出浓度。通常应选被测物质吸收光谱中的吸收峰处的波长值作为测定波长,以提高灵敏度并减少测定误差。被测物如有几个吸收峰,可选不易有其他物质干扰的、较高的吸收峰处的波长。一般不选光谱中靠近短波长末端的吸收峰处的波长。

如选择(276±1)nm为测定波长,测定双黄连注射液中间体黄芩苷的含量。结果表明,紫外分光光度法检测结果均低于液相色谱法检测结果,符合成品制剂中间体检测条件要求。

4. 中药中多种化学组分的测定方法 有两种或多种组分共存时,可根据各组分吸收光谱相互重叠的程度分别考虑测定方法。原则上,只要混合组分的吸收光谱有一定的差异,都可以根据吸光度加和性的基本原理设法测定。按照各组分吸收曲线的形状不同和相互干扰的程度不同,可以推导出标准曲线法、解线性方程组法、双波长分光光度法、三波长法等测定方法,其中双波长分光光度法最为常用。紫外光谱与高效液相色谱法相结合更是可以快速地对多组分进行测定分析,有研究对丹参和红花药材的44个提取液进行紫外光谱扫描后,通过高效液相色谱法测定丹参素、迷迭香酸、紫草酸、丹酚酸B和羟基红花黄色素A的含量,然后使用偏最小二乘法建立紫外光谱与5个成分含量间的校正模型,能够很好地预测它们的含量;采用紫外光谱结合高效液相色谱法,可在22分钟内实现毛竹中荭草苷、异荭草苷、牡荆苷和异牡荆苷4种成分的有效分离和含量测定。

二、红外光谱鉴定

波长>0.76μm、<500μm(或1000μm)的电磁波,称为红外线。红外光谱按照波长范围的不同可分为3个区域:近红外光谱(0.8~2.5μm)、中红外光谱(2.5~50μm)和远红外光谱(50~500μm)。其中,中红外光谱(MIR)是由分子的振动-转动能级跃迁产生的光谱,简称红外吸收光谱或振转光谱。中红外光谱技术成熟,是各国药典普遍规定化合物鉴别的关键方法,在中药材鉴定中具有重要的应用价值。

(一)红外光谱鉴定中药的原理

红外光谱具有极强的植物特征性,对中药材及其制剂的鉴定原理是简单地把中药看作是一种混合物。这一混合物的红外光谱在本质上为其所含组分的红外光谱特征叠加,光谱的吸收峰强度与峰形是相同或不同的官能团互相作用的结果。因此,只要中药材中各种组分在质和量的方面相对稳定,并且样品处理方法按统一要求进行,其红外光谱就应该具有一定的特征性、客观性和可重复性。

利用上述原理,根据叠加峰进行成分解析,不用将混合物的红外光谱各主要吸收峰归类,只要在4000~400cm^{-1}范围内进行光谱特征的鉴定识别即可。如果要认定鉴定的样品就是正品的话,则二者的各种不同极性的溶液浸出物的光谱必须完全相同。

(二)红外光谱鉴定中药的应用

红外光谱鉴别中药关键是要把具有差异的化学成分富集起来,使其表现在红外光谱上,所以样品的前处理非常重要。依照溶剂使用情况,本着由简到繁的原则,大体有粉末直接压片法、溶剂提取法、分离处理或梯度萃取法、借助OMNI采样器直接测定等方法。

1. 中药化学成分及结构的研究 在中药化学成分研究中,对分离后的成分作定性鉴别来确定是否为某种已知成分,最简捷的方法是取已知成分的标准品与待测成分样品在相同的条件下进行红外光谱测定,然后再对谱图进行比较。如中药罗布麻提取物中的槲皮素、虎杖提取物中的大黄素等,分别用标准品槲皮素及大黄素作对照进行红外光谱分析后即可做鉴别。

2. 中药分类鉴别　对近缘种或种内不同类型的中药材进行红外光谱检测,可以获得其指纹性的特征图谱,以达到分类鉴别的目的。如灵芝的鉴别,通过获得36种灵芝产品的红外特征图谱,可以将它们鉴别开来。同时,通过测定红外光谱可以鉴别不同产地的赤芍、藿香、黄芪,不同品种的石斛和胡椒属的7种药用植物。

3. 中药材真伪优劣的鉴别　中药属于特殊的商品,由于其丰厚的经济价值,导致中药材的真伪优劣一直是中药市场一个严重的问题,随着红外光谱技术不断发展完善,使得其在中药的真伪优劣鉴别上潜力巨大,且取得了一定的成果。如牛黄的鉴别,利用红外光谱对猪胆结石、人胆结石、假牛黄(由大黄、黄芩、黄连和黄柏制成)进行测定,能有效地将天然牛黄与人工牛黄、猪胆结石、人体胆结石和假牛黄等区分开。正品半夏和伪品半夏在红外光谱的二维图谱上存在显著性差异,可作为药材真伪品的鉴别依据。

4. 中药生产过程中的质量控制　目前由于天然麝香的药源短缺,常用合成麝香酮作为代用品。在麝香酮的合成生产过程中,最后的工艺流程是环合加氢。若氢化不完全,则产品的红外光谱图可出现碳-碳双键的伸缩振动吸收峰,并且使羰基伸缩振动的谱带因共轭效应向低波数方向移动。用此法可以达到对生产工艺流程进行质量控制的目的。藏药川西獐牙菜及其不同提取物的红外光谱分析表明,其原药材、水提物和不同浓度醇提物的红外谱图存在一定相似性和相似度的变化规律,可为其不同提取物后期活性成分的宏观控制和入药提供借鉴。

5. 红外光谱仪器中的计算机技术及应用　红外光谱的定量分析是随计算机的发展和应用而得到广泛应用的。主要是红外光谱计算机多成分同时定量分析方法,目前已形成14种方法联合的计算机定量分析商品化软件包,可同PC机兼容及与相关的各类红外光谱仪连接。测定得到的红外图谱可与红外光谱谱库的图谱进行比较分析。20世纪90年代初,已存入计算机红外光谱谱库的谱图数量已近9万张(全谱和谱峰),并已分类入库。如Sadtler的FTIR检索谱库有固定专业内容的软件包形式的谱库达46种以上;还有各类有机化合物的凝聚相和气相光谱库类、实用商品谱库类等。除此之外,红外光谱图谱还可以通过计算机数据处理。现有25种以上的处理方法,包括导数法、对比法、聚类分析法和人工神经网络等。

升麻为毛茛科植物大三叶升麻*Cimicifuga heracleifolia* Kom.、兴安升麻*C. dahurica* (Turcz.) Maxim.和升麻*C. foetida* L.的干燥根茎。市场上商品升麻的基原涉及毛茛科升麻属(*Cimicifuga*)、虎耳草科落新妇属(*Astilbe*)、蔷薇科假升麻属(*Aruncus*)、菊科麻花头属(*Serratula*)和爵床科马蓝属(*Strobilanthes*)共计5科5属11种1变种。将FTIR和计算机比对软件相结合,快速、直接地测定15种升麻基原植物,比较了同种不同产地、不同采集时间、同属不同种以及不同科的四类升麻药材。

三、荧光光谱鉴定

有些物质受到光线照射时,除吸收某种波长的光之外,还会发射出波长比所吸收的光波波长更长的光,当激发光停止照射后,这种光线也随之消失,这种光称为荧光。如果待测物质是分子,称为分子荧光;如待测物质为原子形式,称为原子荧光。根据激发光的波长范围又可分成紫外-可见荧光、红外荧光和X射线荧光。由于物质分子结构不同,所吸收光的波长和发射的荧光波长也有所不同。

荧光属于受激发射光谱,具有两个特征光谱,即激发光谱与发射光谱。激发光谱是指不同激发波长的辐射引起物质发射某一波长荧光的相对效率。荧光发射光谱又称荧光光谱，表示所发射的荧光中各种波长组分的相对强度。荧光物质的最大激发波长和最大荧光波长是鉴定物质的依据，也是定量测定时最灵敏的光谱条件。

荧光分析法最主要的优点是高灵敏度和高选择性。一般紫外-可见分光光度法的灵敏度为10^{-7}g/ml，而荧光法的灵敏度可达到10^{-10}g/ml甚至10^{-12}g/ml。虽然能发荧光的物质数量不多，但许多重要的生化物质、药物及致癌物质（如许多稠环芳烃等）都能发射荧光。荧光衍生剂的使用更扩大了荧光法的应用范围，所以在医药分析中，荧光法有特殊的重要性且得到了广泛应用。

（一）定性鉴别

分子荧光光谱法可测定荧光物质的激发光谱和发射光谱两个特征光谱，因此，它对物质的定性鉴别可靠性更强。用荧光分光光度法进行定性时，需要有纯品作对照，既要比较激发光谱的一致性，还要比较发射光谱的一致性。

利用荧光光谱对13种不同来源鹿茸样品进行了成像分析，获得了各样品的特征荧光光谱曲线，鉴别结果与作为对照实验的性状、显微鉴别结果一致，能够将正品鹿茸与鹿茸伪品、鹿茸碎片和其他物质的粘贴混合物区分开来。表明荧光鉴别具有检测简便、无损、快速和可重复等优点，可作为中药真伪鉴定的依据，且有普遍意义。

（二）定量分析

荧光法定量的依据是荧光强度与浓度的线性关系，所测定的是荧光强度。荧光分析大多用于荧光物质的定量分析，测定方法与分光光度法基本相同，一般多采用工作曲线法。如果荧光的标准曲线通过零点，就可选择其线性范围，用比例法进行测定。在荧光分析中，也可以像分光光度法一样，从多组分混合物中不经过分离就可测得被测组分的含量。

采用荧光光谱法考察清开灵注射液在不同温度条件、不同存放时间的荧光谱图变化。结果表明样品恒温（40℃、80℃）条件下、不同存放时间的热稳定性的荧光谱图，呈现出规律性的变化。荧光光谱法能够准确地对中药注射剂的热稳定性进行判定，为中药注射剂稳定性的研究和控制提供一种新的途径。

四、原子吸收光谱鉴定

原子吸收法是20世纪50年代中期问世的一种新型仪器分析方法。原子吸收分光光度法，通常又简称为原子吸收法，是根据气态原子对辐射能的吸收程度来确定样品中待测组分含量的方法。近年来，这一方法由于具有一系列突出的特点而得到了飞速的发展。其特点如下。

1. 灵敏度高 火焰原子吸收法可测到$10^{-6}\sim10^{-9}$级，非火焰（石墨炉）原子吸收法可测到10^{-12}级，可与高灵敏度的中子活化法相媲美。

2. 选择性好 用原子吸收法分析不同元素时，选用不同的元素光源灯，干扰因素比用分子特征进行分析要少，消除干扰的方法也较简便，通常无需采用冗长的化学分离。

3. 测定快速 由于选择性好、化学处理及测定操作简便，分析速度较快，随着自动化程度的提高和计算机的应用，更加提高了测定速度。有的仪器在1小时内就能测出100个样品中3~6种元素的含量。

4. 准确度好 在合适的测量范围内，一般类型仪器的相对误差可控制在1%~2%的范围内，性能好的仪器相对误差仅为0.1%~0.5%。

5. 应用及测定范围广　通常可直接测定70余种元素。利用间接法还可测定氟、氯、碘、硫、磷和一些有机物。测定的范围也较广，既可测定微量或痕量组分，也可测定常量组分。此外，还可用于微升级或毫克级样品的分析。

6. 操作简便，容易掌握　20世纪80年代以来，国内外对294种中药（包括植物药、矿物药、动物药）中微量元素的分析资料表明：对人体必需的微量元素有Fe、Cu、Zn、Mn、Co、Cr、Se、I、Ni、F、Mo、Sn、Si、V 14种，对人体有害的微量元素有As、Cd、Sb、Hg、Pb、Bi等。在近300种中药中测定出的微量元素共计30余种，可分为碱金属元素（Li、Na、Rb、Cs等）、碱土金属元素（Be、Mg、Ca、Sr、Ba等）、黑色金属元素（Fe、Co、Ni、Cr、Mo、Mn等）、有色金属元素（Cu、Zn、Cd、Hg、Sn、Pb、Sb、Bi等）、难熔金属元素（B、Al、Si、V等）等。原子吸收光谱法是中药材及中成药中微量元素分析的重要手段，由于中药品种繁多、成分复杂，其有效有机成分和无机元素含量又受生长地域、生态环境等因素的影响，因此不同品种的中药中所含有机成分和微量元素是不同的。即使是同一品种不同产地的中药材，它们所含的有效有机成分和无机元素也存在着很大的差别。

利用原子吸收法分别对不同批次、不同产地金银花中镉的含量进行检测。实验结果表明，所有金银花样品中均检出镉，其中有3批超出了《中国药典》规定的限度。对11家生产企业黄连上清丸中7种金属元素的测定表明，不同产地的中药材质量参差不齐，有些批次的微量元素超过了其限度要求，为今后中药饮片加工、中成药生产及临床应用提供安全有效的科学依据。

对27批次的大活络丸用原子吸收光谱仪测定12种无机元素，并建立指纹图谱的研究，尝试用向量相似法和成分数据分析法对大活络丸和不同种类的中药进行鉴别。对不同采收时间栽培与野生羌活药材中的6种微量元素的含量进行了测定。结果表明，完全可以达到区分和鉴别的作用，并且证明了中药原子吸收法质量控制标准的建立是可行的。通过原子吸收法指纹图谱建立和对不同种类中药的鉴别，为中药无机元素质量标准的建立提供了新思路、新方法。

原子吸收法尚有不足之处和一定的局限性，例如测定不同元素时需要换光源灯；某些元素目前尚难以测定；测定高含量组分的准确度还有待提高；分析复杂样品时尚有干扰；仪器价格较贵，不易普及。尽管如此，原子吸收法与其他分析方法相比，由于具有上述诸多优点，因而在生物、医药、卫生、食品、环境监测等方面的应用日趋广泛。

五、质谱鉴定

质谱是按照带电粒子（即离子）的质量对电荷的比值（m/z）大小依次排列形成的图谱。根据对质谱的分析，来确定分子的原子组成、分子量、分子式和分子结构的方法称为质谱法（mass spectroscopy, MS）。从本质上讲，质谱不属于光谱范畴，它是物理粒子的质量谱。因此没有光谱学中常见的透光率和波长等概念，但在仪器结构原理中有类似于光学中的聚集、色散等所谓离子光学概念，故习惯上仍将其纳入光谱范围。

质谱应用于中药材鉴别，可将中药提取液置质谱仪中进行电子轰击，获得提取液中化学成分的EI-MS图，不同中药材提取液所含成分不同，所得质谱图所显示的各类离子峰亦不一致，从而达到鉴别目的。该方法主要用于中药中化学成分的结构鉴定。在物质结构鉴定方面，可以通过各种"软"电离技术，得到被鉴定物质的分子离子峰（或准分子离子峰），从而得到被鉴定物的分子量信息,如利用激光解吸技术把样品分子直接进入飞行时间质谱,可以得到样品分子准确的分子量。利用四级杆质谱或磁质谱所提供的信息,可以推断出被鉴定物的组成中可能有某些元素。利用高分辨质谱则更有可能较准确地判断出被分析物由哪些元素组成,再加上质谱中碎片离子所提供的信息,辅以IR、NMR、UV等提供的信息,可以推断出分子结构,或至少提出几种可能的结构以供选择。

利用电喷雾质谱技术对桑叶中的黄酮类化合物进行直接分析鉴定。通过实验数据并对比文献,鉴定了桑叶中的6种黄酮类化合物,并根据一些特征的中性碎片丢失,提出了其质谱裂解规律,为黄酮类化合物的快速鉴定提供了质谱新方法。

国内学者建立了一种基于气相色谱-质谱技术(GC-MS)的化学指纹图谱,对当归及其不同炮制品的挥发油化学指纹图谱进行分析后,发现了当归及其不同炮制品的潜在标志物,并可对样品进行识别。

利用QuEChERS结合气相色谱-质谱可快速测定人参提取物中的农药残留,并表现出良好的准确度、重复性和灵敏度,为中药提取物中农药残留的检测提供了新思路。目前质谱多用于联用分析法,常用的方法有色谱-质谱(HPLC-MS和GC-MS)、光谱-质谱(IR-MS)和质谱-质谱(MS-MS)等。利用(超)高效液相色谱串联质谱则越来越多地应用到中成药中的有效成分含量测定,如乳块消颗粒中6种成分的含量、射干合剂中8种成分的含量等。

质谱鉴别法具有分析速度快、分析范围广(可对气体、固体、液体等进行分析)、灵敏度高、精密度好、信息直观等优点,在中药鉴别方面越来越受到重视。

六、核磁共振光谱鉴定

核磁共振光谱(nuclear magnetic resonance spectroscopy, NMR)是近几十年发展起来的一种分析方法。它是将有磁矩的原子核放入磁场后,用适宜频率的电磁波照射,就会吸收能量,发生原子核能级的跃迁,同时产生核磁共振信号,得到核磁共振谱。核磁共振光谱与红外光谱、紫外光谱类似,也属于吸收光谱。

1946年,美国斯坦福大学的F. Bloch和哈佛大学E. M. Purcell领导的两个研究组首次独立观察到核磁共振信号。起初,NMR的发展仅限于物理领域,主要用于测定原子核的核磁矩等物理常数。直到1950年,W.G. Proctor等发现在不同环境的同种原子核有不同的共振频率,即不同的化学位移。接着,又发现了相邻自旋的多重谱线,即自旋-自旋亲和,这一发现奠定了NMR在化学领域中的应用和发展。20世纪60年代,计算机技术的发展使核磁共振技术和谱仪得以实现和推广,引起了该领域的革命性进步。核磁共振光谱作为一门科学技术已经渗透到物理、化学、生物、医学以及农业、工业等国民经济的许多领域,其研究内容包括化合物结构的测定、中药的鉴定以及临床医学应用等。近几年来,由于该技术的不断发展和完善,核磁共振光谱在各种研究领域中的地位也越来越重要。

常用的核磁共振光谱主要有核磁共振氢谱(^{1}H-NMR)和核磁共振碳谱(^{13}C-NMR)。核磁共振氢谱是利用具有磁性的氢原子,通过共振吸收电磁波能量发生跃迁,因所处不同化学环境而引起不同电磁信号,从而可以提供信息,分析化合物的结构。核磁共振氢谱在化学结构及药物分析领域中早已得到广泛的应用,用于中药材的鉴定是近几年发展起来的又一个应用的重要方面。中药成分复杂,用一定方法得到中药的特征性化学成分(或化学成分组)总提取物,同时这些特征性化学成分的含量是相对固定的,则在规范的提取分离条件下,中药的¹H-NMR图谱与药用植物品种间存在着严格的对应关系。实验研究表明,中药的¹H-NMR图谱具有高度的特征性和重现性,可依照图谱上显示的特征共振信号和数据鉴别中药材。国内学者已成功使用核磁共振氢谱对五加科(人参、西洋参、三七)、蓼科(何首乌、虎杖)及天麻、黄连等药材进行了鉴别。该方法样品用量少,提供信息多,效率高,误差小,结果重现性好,再结合化学计量学方法优化数据,对于中药材的鉴定有着很大的发展应用前景。

¹H-NMR研究可对中药材中单体化合物的结构进行鉴定,从而构建基于化学成分的¹H-NMR指纹图谱。¹H-NMR指纹图谱法鉴定中药材是以反映中药材的整体化学特征和多组分的特点为基础理论依据,从而实现对中药材的基原鉴定和品质评价。随着仪器及技术手段的不断发展,¹H-NMR在中药化学成分解析、鉴别和指纹图谱解析等方面应用越来越广,如吴茱萸、升麻和环草石斛等多种中药材都建立了¹H-NMR指纹图谱。

在有机物中,有些官能团不含氢,例如C=O,C=C=C、N=C=O,官能团的信息不能从核磁共振氢谱中得到,只能从核磁共振碳谱中得到。核磁共振碳谱具有分辨率高、化学位移范围大等特点,但灵敏度低,自然丰富度低,无法区别碳上连接的¹H核数目。

七、光谱鉴定新进展

(一)紫外谱线组光谱

鉴于单一紫外谱线法鉴别中药的局限性和选择溶剂(或溶液)的烦琐性,为了提高紫外光谱鉴别中药的可靠性和灵敏度,在单一紫外谱线法鉴别中药及其复方制剂的基础上,根据中药及其复方制剂中化学成分的复杂性及各种化学成分的极性大小不同,并着眼于中药及其复方制剂中化学成分的整体效应,改单一溶剂为多种溶剂,按溶剂极性大小选择4种固定溶剂,如蒸馏水、无水乙醇、三氯甲烷、石油醚;改单一紫外谱线为多条紫外谱线。以其紫外谱线组的四条谱线上总的吸收峰数目及峰位值,可实现统一使用固定的4种溶剂达到鉴别任何中药及其复方制剂的目的,避免了单一紫外谱线法选择溶剂的烦琐性。

1. 紫外谱线组法的原理和依据　中药及其复方制剂的物质基础是化学成分,其防病治病的功效是源于其中所有化学成分的总体效应。而中药鉴别紫外谱线组法是以中医药理论为基础,从中医用药整体出发,着眼于中药及其复方制剂物质内部化学成分微观分子的总体宏观效应,遵照"物质相似相溶"及混合物各成分的紫外吸收光谱具叠加性的原理而创立的。同种中药及其复方制剂的各种成分的质和量基本相同,则其对应的各浸泡液中成分应基本相同,由各种成分的紫外吸收光谱叠加而成的紫外吸收光谱也应呈现出相似性,其紫外吸收谱线组上的全部吸收峰数目及峰位值应相同。同理,不同种中药及其复方制剂的各种成分的质和量不尽相同,则其对应的各浸泡液中成分应有差异,由各种成分的紫外吸收光谱叠加而成的紫外吸收光谱应呈现出差异性和特征性,其紫外吸收谱线组上的全部吸收峰数目及峰位值应有差异。这就是紫外谱线组法鉴别中药及其复方制剂和中成药的依据。

2. 紫外谱线组法的特点　紫外谱线组法是以中医药理论为基础,从中医用药的整体出发,着眼于中药及其复方制剂或中成药物质内部化学成分微观分子的总体宏观效应,遵照"物质相似相溶"及混合物各成分的紫外吸收光谱具叠加性的原理而创立的。这种方法又可称为"内像法",即由物质内部分子总体效应决定的谱线组图像,区别于感光胶片照相法,即"外像法"。"内像法"更能反映物质内在实质性质。该法采用固定极性大小的4种溶剂浸泡样品,可以分别将水溶性成分和脂溶性成分按极性大小顺序从样品中浸泡出来,所测绘出的

4条谱线能全面地反映出样品所含成分的整体效应差异性、特征性、灵敏性和方法的统一性。该法将样品物质内部化学成分的质和量与样品真伪优劣评价紧密结合起来,并且可以避免只见"树木"(一种或几种成分含量)、不见"森林"(总体成分效应)所产生的鉴定或鉴别的片面性。该法避免了单一谱线法中反复多次选择合适的单一溶剂(或溶液)和条件的麻烦,只用4种固定溶剂便可以对任何样品随时测试出紫外谱线组,从而达到鉴别样品的目的。该法对基原相近、缺乏形态特征的动植物药材均可以鉴别,且不受药材形状的影响。该法统一、客观、准确、快速、灵敏、特征性强、重现性好、适用面广,易于掌握和推广应用。至于目前的光谱法是采用紫外谱线组法或称内像法。规定用极性差异甚大的4种溶剂(水、乙醇、三氯甲烷、石油醚)浸取中药试样,以浸出液的紫外光谱谱线组的峰数、峰位等宏观表象为依据进行鉴定(别)。利用该法已获得了有价值的122种中药材、100种中成药的UV和导数UV谱线组图。总体而言,该法所使用仪器较普。尽管操作较简易,但是UV测定仍必须先经溶剂浸取步骤,从而使药材丧失原本性。加之UV反映的是电子光谱,它仍缺乏较明显的指纹特征性。

利用紫外谱线组法对牡丹皮和牡丹皮炭不同炮制程度及其不同极性部位进行研究,发现它们的紫外谱线组吸收峰、峰位和吸收度均差异显著,可用于鉴别牡丹皮及其炮制品。不同产地壁虎药材的紫外谱线组图谱表明,其共有特征吸收峰明显,但峰位和吸收强度存在一定差异,可作为壁虎药材快速鉴别的依据。同时,利用紫外谱线组动态变化整体地分析复方三芪丹胶囊全成分图谱,可鉴别复方三芪丹胶囊,为质量评价提供参考。

(二)近红外光谱

1. 发展概况 近红外(near infrared, NIR)谱区指可见谱区到中红外谱区之间的电磁波,其波长范围为780~2526nm,波数范围为12 500~4000cm^{-1}。因此分子的近红外光谱在信息特征和信号特征方面与可见区的电子光谱及中红外的振动光谱均有一定相似性。分子在近红外区的吸收主要是由一些能量较低的电子跃迁以及分子振动状态间的跃迁所产生的。近红外分析的应用主要是利用分子振动的非谐振型产生的光谱吸收信息,但与中红外区的分子振动基频吸收不同,近红外区由于频率较高,反应的特征信息主要是分子内部含氢基团(C-H、N-H、O-H、S-H)的倍频吸收与合频吸收。

近红外光谱技术在医药、农业、药物仪器分析、食品等领域发展迅速,因为NIR技术是一种非侵入和非破坏样品的分析手段,且样品无需出来或者简单出来便可直接测定,同时能够获得样品在物理和化学方面的信息。近年来,近红外光谱技术与计算机和光导纤维技术相结合,采用透射、散射、漫反射等光学检测方法,直接对颗粒状、固体状、糊状等不透明的样品进行定性和定量分析,为药物生产过程质量的实时在线分析、过程控制和无损的药品质量鉴定提供了一种很有前景的分析技术。

2. 近红外光谱常规分析方法 近红外光谱的分析技术主要可以分为两大类:透射光谱技术和反射光谱技术。

透射光谱技术是把待测样品置于作用光(光源发出的光)与检测器之间。检测器所检测到的分析光是作用光通过样品体与样品分子相互作用后的光(因而负载了样品的结构与组成信息)。若样品是透明的真溶液,则分析光在样品中经过的路程(光程)一定,透射光的强度与光程、样品中组分浓度的关系符合朗伯-比尔定律。这种把透射光用于分析测定的方法称为透射分析法,也就是吸收光谱的常规分析方法。若样品是混浊的,样品中有对光产生散射的颗粒,则光在试样中透射时受到多次散射,光在样品中经过的路程不确定,透射光的强度与样品浓度间的关系不符合朗伯-比尔定律,用于测定时称为漫透射分析法。因此,透射光谱主要用于测定均匀的流动性好的液体样品。

进行反射光谱分析时,将检测器与光源置于待分析样品的同一侧,检测器所检测到的分析光是光源发生的作用光投射到物体后,以各种方式反射回来的光。物体对光的反射分为规则反射(镜面反射)与漫反射。规则反射指光在物体表面按入射角等于反射角的反射定律发生的反射;漫反射是光投向漫反射体(常是粉末或其他颗粒组成的物体)后,在物体表面或内部发生的方向不定的反射。应用漫反射光进行的分析方法称为漫反射分析法。漫反射技术可直接测定固体样品,无需破坏样品及制样,操作简便、快速。液态或固态的透明物体也可以进行漫反射光谱分析,此时在待测样品的后面放置陶瓷一类表面漫反射体,作用光通过透明体后在该漫反射体上发生漫反射,漫反射光又透过样品后由检测器检测,这种分析方法也叫做透射漫反射分析法,适用于在漫反射装置上测定透明样品。此外,还有把漫透射和漫反射分析结合在一起的综合漫反射分析测定方法以及衰减全反射测定法。

近红外光谱技术在中药材的真伪优劣及不同产地等鉴别方面表现优秀,具有简单、快速、准确、可操控性等优点,建立的近红外光谱技术鉴别模型可以很好地鉴别大黄、何首乌、南板蓝根、浙贝母鲜切和熏硫等的真伪优劣。在矿物类中药的鉴别方面,结合X衍射分析结果对8种含碳酸盐的矿物类中药的近红外光谱特征进行对比分析,可以有效地识别它们的特征谱段。

近红外常规定量分析方法与紫外-可见区定量方法类似,也是依据朗伯-比尔定律。这里只讨论近红外透射光谱法与紫外-可见透射光谱法的不同之处。分子对近红外谱区的吸收不仅比紫外-可见区低得多,而且与中红外光谱比,由于分子振动的倍频吸收和合频吸收发生的概率比基频吸收的概率小得多,所以近红外谱区有机分子的摩尔吸收系数一般比中红外谱区小1~2个数量级,大致在10L/(mol·cm)以下。所以近红外谱区样品的浓度一般应达到10~100g/L。但近红外谱区可像紫外-可见区那样,用1~10cm光程的样品池,这比在中红外区常用的0.1mm样品池方便得多。由于样品池光程长,日常分析不需进行光程校正。但近红外分析所用的样品量相应也比中红外区分析用的多。近红外样品池的窗口材料可选用石英或氟化钙,它们的透光范围分别为0.18~3.8μm(55 555~2631cm^{-1})及0.12~12μm(83 333~833cm^{-1})。近红外区分析用的样品池常可与紫外区的样品池合用,所以制样技术大体与紫外光谱法相似,而不同于中红外区分析制样技术。国内学者研究报道,利用近红外光谱可对知母中的芒果苷含量,银杏叶中总黄酮苷含量进行测定,具有快速、简便、准确、无损的优点。

(三)红外光谱仪器的联机技术

1. FTIR-GC联机技术　色谱仪是对混合物进行分离的十分有效的仪器。红外光谱是对单一的纯化合物进行定性鉴定的有效仪器。在实际应用中,如果把两者的优点结合起来,相互取长补短,可以充分发挥其功能。GC-IR主要应用于较高浓度物质的分离和测定(受到IR灵敏度的限制),且在操作上亦较为麻烦(由于当时IR是光栅仪器,扫描速度慢,即取得全光谱信息速度慢)。GC-IR曾应用于石油蒸发分离中的异构物的分析、城市大气中挥发性有机物的观察、滥用药物分析、聚合物材料裂解产品的分析等。但是,由于IR灵敏度低和扫描速度慢,阻碍了GC-IR的应用。此后由于傅里叶变换红外光谱即FTIR在20世纪70年代后期的迅速发展,人们更多地倾向于利用GC-FTIR进行应用研究工作,而且取得了相当大的进展。

GC与FTIR连接接口是实现GC-FTIR联机的关键。目前主要有两大类：光管接口和冷冻捕集（tracer）接口及直接析出接口（direct deposition）。目前应用最多的还是光管接口。

2. FTIR-显微镜联机的微区微量分析技术 1953年推出了第一台商品化红外分光光度计显微镜附件。在该显微镜设计中使用了3个Cassegrain透镜，其中，第一个Cassegrain透镜用于聚焦红外光束在样品上；第二个Cassegrain透镜用于收集通过样品的红外光束；第三个Cassegrain透镜用于聚焦红外光束到检测器上。目前，傅里叶变换红外光谱仪所配置显微镜的光路也都采用了3个Cassegrain透镜来完成这些功能。早期由于色散型红外分光光度计本身所固有的光通量小、灵敏度低的弱点，使得显微红外光谱分析技术的发展和应用受到限制。随着科学技术的发展，人们需要对微量样品和微区结构进行分析以获得所需信息。微量分析和微区分析已成为分析测试技术研究的重要方向。20世纪70年代傅里叶变换红外光谱仪的出现，为红外光谱法分析微量样品提供了有利条件。从20世纪70年代到80年代初，人们对于傅里叶变换红外光谱用于微量样品分析方面的技术进行了很多研究。该技术是把样品放置于直径很小的样品孔里（样品孔直径50~250μm）。该样品孔位于一个聚光光路的焦点，然后进行红外光谱分析以获得该微量样品的红外光谱图。该分析技术虽然可作微量样品分析，但也带来一些问题：首先是光路调整麻烦，调整仪器耗用大量时间；其次是反射镜增多也带来光能量损失。直到1983年新型傅里叶变换红外光谱仪显微镜的出现，使傅里叶变换红外光谱仪显微分析技术得到迅速发展。自1983年以来，显微傅里叶变换红外光谱法已在许多领域得到应用，成为一种微量、微区分析新技术。与此同时，傅里叶变换红外光谱仪的生产厂家相继推出商品化、操作方便的显微镜附件。

与普通红外光谱法和其他分析方法相比，傅里叶变换红外光谱分析技术用于显微样品和显微微区分析，有以下特点。

（1）灵敏度高：检测限可达10ng，几纳克样品就能获得很好的红外光谱图。

（2）能进行微区分析：目前，傅里叶变换红外光谱仪所配显微镜测量孔径可达8μm或更小。在显微镜观察下，可方便地根据需要选择样品的不同部位进行分析。对非均相样品，可在显微镜下直接测量样品各个相的红外光谱图。对于固体不均混合物，可直接测定各个固体微米区域组分红外光谱图。

（3）样品制备简单：只需把待测样品放在显微镜样品台上，就可进行红外光谱分析。对于体积较大或不透光样品，可在显微镜样品台上选择分析部位，直接测定反射光谱。

（4）显微镜光路调整简单：现在有关厂家生产的显微镜附件都是采用同轴光路系统，即显微观察与红外光谱分析是同一光路，很容易实现用显微镜对样品待分析部位定位，然后对该部位进行红外光谱分析，并带有微区部位摄像机，使分析部位一目了然。

（5）能保持样品原有形态和晶型：在分析过程中，测量后的样品不需要重处理，可直接用于其他分析。

3. FTIR-热重分析联机分析技术 热重分析（themogravimetric analysis，TGA）是在程序温度控制下测量样品的质量随温度变化的一种分析仪器技术。它的分析信息是样品失重与温度或时间之间构成的函数关系，据此可进行样品的定量分析。但它难以全面提供样品失重部分是何种物质的信息，尤其是不能提供样品失重部分的分子结构、晶态、相变等信息。TGA的分析信息重点是分离和定量分析，而FTIR则是从分子水平上研究分子的定性存在及其分子结构的变化，因而这两种仪器的联机或称联机技术可相互补充、联合应用。

（四）二维相关红外光谱

二维（2D）光谱是近几年发展起来的红外光谱的新功能。1986年Noda建立了二维红外相关技术，即用一个低频率的扰动作用在样品上，通过测定不同弛豫过程的红外振动光谱，并运用数学上的相关分析技术得到二维相关红外光谱图（two dimensional correlation infrared spectroscopy，2D-IR）。亦即利用计算机的三维绘图功能（习惯于把数学的三维在光谱中称二维）给出分子在微扰作用情况下，用红外光谱对分子相关性和不相关性进行分析。实验证明，二维红外光谱的开发既能提高光谱的分辨率，又是研究功能基团动态结构变化和分子内、分子间相互作用的一种强有力手段。前者特别适用于差别较小样品的分析鉴定（别），后者则往往能获得1D-IR实验不能得到的许多新信息。国内已于1994年首次发表2D光谱研究报告，目前尚在发展之中。

1. 实验原理　二维相关分析技术首先是在NMR领域发展起来的。通过多脉冲技术激发核自旋，为了能同时获得核体系中某些相干信号而引入第二个时间变量，最后采集核自旋磁化矢量的自由感应衰减的时域信号，经二维傅里叶变换便得到二维核磁共振谱。这项技术很快在结构分析中得到广泛应用，但要将该技术应用到其他分子光谱（如红外光谱）中，由于原子间的振动弛豫速率比原子核自旋弛豫速率要快好几个数量级，因此想用类似的方法获得二维红外光谱目前尚不可行。因为每种实验方法有着不同的时标，时标与频率大致互为倒数关系。核磁共振所用频率为10^8Hz，时标为10^{-8}秒。考虑到分子内部运动、化学交换等引起化学位移δ值产生变化（用频率之差Δ来表示），此时实际时标为1/Δ，已经相当于毫秒数量级。在红外光谱中，红外光频率为$10^{12}\sim10^{13}$Hz，故时标为$10^{-12}\sim10^{-13}$秒。如此快速的时标，欲测量IR事务必用接近皮秒级的高功率脉冲技术方能实现。然而目前的脉冲技术尚未实现。目前的二维红外光谱另辟蹊径，是通过引入外加的微扰造成体系的动态谱后作数学上的相关分析处理的途径来完成。它更接近于NMR中的动态谱。

二维红外相关谱法建立在对红外信号的时间分辨检测基础之上，是一种研究分子内官能团间相互作用和分子间相互作用的新方法。严格地讲，这种二维红外相关谱方法的核心是将数学中的交叉-相关分析（cross-correlation analysis）方法运用到一系列动态红外光谱数据的处理中，从而得到三维的立体图谱。其平面的二维是由两个自变量构成，通常是同一物理量（如二维红外光谱中的波数-波数等），且彼此之间是相关的。第三维是反映平面上特定自变量下的强度变化。这种二维相关谱大体有两种表示方法，一种是由纸面上表示的立体的三维渔网图（fishnet map），另一种是将其中的第三维强度固定，得到的是三维立体谱图的一个截面图，等高线图（contour map），这就是通常所用的二维红外相关谱。

随后在二维红外相关光谱的基础上，Noda于1993年又提出了广义的二维相关谱（generalized two-dimensional correlation spectroscopy）的概念，从而将二维相关谱从普通的红外光谱推广到近红外光谱、拉曼光谱、荧光光谱、电子自旋共振谱等。目前，二维相关谱已经成功应用到物理、化学、生物学、药学研究的各个领域，如聚合物研究、蛋白质二级结构研究、液晶类化合物研究、分子动力学研究、中药鉴定（别）等，并且还可以与一系列新技术相结合，如步进扫描、纵深断层剖析等，从而使二维相关谱具有更为广阔的应用前景。

2. 实验方法　二维红外光谱的产生基于由外部微扰所产生的样品体系的动态变化的检测。外部微扰以设定好的一定的规律连续激发样品分子，诱发体系内各种局部环境产生不同变化，所检测并记录到的这一系列受到微扰的瞬态光谱也就有相应的变化。这一系列变化着的瞬态光谱称为动态光谱（dynamic spectra）。图5-3是获取二维相关谱的原理示意图。

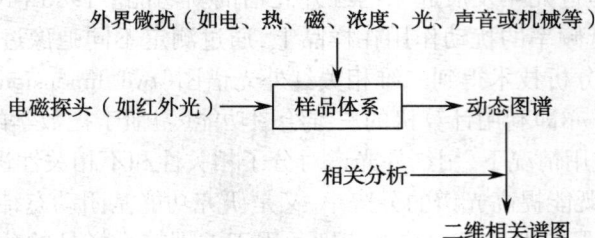

图5-3　获取二维相关谱的原理示意图

当任意一种外界微扰作用于样品体系时，样品的各种化学组成被选择性地激发。例如，对于聚合物薄膜，可以采用拉伸的办法；对于蛋白质样品，可以采用H-D交换。对中药样品，可采用加热变温的微扰方法。激发和后继的向平衡方向的弛豫，通常可以用包括IR光束在内的电磁探头来探测。微扰诱发产生的分子区域性环境的变化，可以由相应的各种谱图随着微扰的作用时间的变化来表示，即获得一系列的动态谱。在红外光谱中，观察到的动态谱的典型变化包括：吸收峰强度的变化、吸收峰的位移等。对这些动态谱进行数学上的相关分析，就可以产生非常有用的二维相关谱。

3. 谱图的性质　经相关分析所获得的二维谱包括同步谱和异步谱。图5-4（a）是一个示意性的二维同步相关谱。从图中可以看到，同步相关谱是关于主对角线对称的谱。在处于主对角线位置（$\nu_1 = \nu_2$）上的峰，它是动态IR信号自身相关而得到的，所以称为自动峰（auto peak）。自动峰总是正峰，它们代表吸收谱带对该微扰的敏感程度。

二维红外相关光谱中的信号反映了样品中的化学基团的瞬态偶极矩的重新取向，其2D-IR同步相关谱中的自动峰则代表了样品中各化学基团对瞬态偶极矩重新取向的难易程度，越容易者则自动峰强度越高。

在二维同步相关谱中，位于非主对角线位置处的峰称为交叉峰（cross peak）。当两个独立波数处的动态红外信号彼此相关或者反相关（变化同向或者反向）时，就会出现交叉峰。

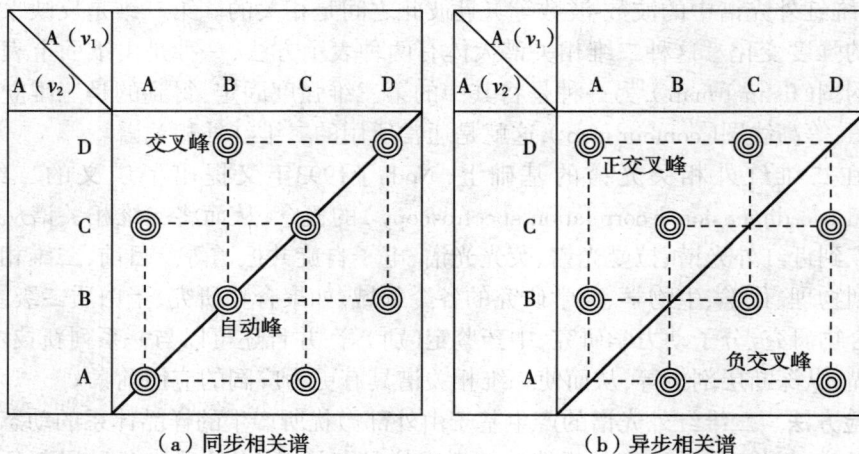

（a）同步相关谱　　　　　　　（b）异步相关谱

图5-4　同步和异步相关谱示意图

与自动峰不同,交叉峰有正峰、负峰。交叉峰的出现说明在分子内或者分子间的峰位所涉及的官能团之间存在着相互作用,而且这些作用会限制官能团变化的独立性。当两个不同官能团的两个瞬态偶极矩的变化方向一致(动态信号的相差为0),在相关谱图中则观察到相应的正交叉峰;如果它们的变化方向相反(动态信号的相差为π),则相应地观察到一对负峰。图5-4(a)中的交叉峰说明谱带A、C可能有关联,B、D可能有关联,这说明与这些红外谱带相对应的分子官能团之间可能存在着强的相互作用或协同作用。另一方面,在图5-4(a)中A与B、A与D、B与C或B与D等谱带对之间没有明显的关联,其对应的官能团的瞬态偶极矩或多或少是独立变化的,即这些官能团之间不存在相互作用。

图5-4(b)是一个示意性的异步相关谱,它是关于主对角线反对称的相关谱。在谱图中主对角线上没有峰,只有非对角线位置上才出现交叉峰。同样,交叉峰有正峰和负峰。正像图5-4(b)所示,谱图中有8个交叉峰,其中4个为正峰,4个为负峰。

异步相关谱中的交叉峰是当瞬态偶极矩彼此独立地以不同速率变化时产生的,交叉峰的产生表明分子内或分子之间的官能团之间没有相互作用、没有直接相连或成对现象,如图5-4(b)中的A与B、B与C、C与D。如果两个谱带无交叉峰(如A与C、B与D),说明它们的瞬态偶极矩变化是高度协同化的。

异步相关谱的一个优点就是可以提高红外光谱图的表观分辨率。当分子内或分子间的两个或更多官能团的红外吸收带位置很靠近或重叠时,由于这些官能团对微扰的动态响应不同,将在二维红外相关异步谱中呈现不同的交叉峰在平面内分辨开来。

国内学者在对谱图进行小波消噪的基础上,对药用菊花不同炮制品(怀菊花、炒菊花及菊花炭)的红外光谱、二阶导数谱及二维相关谱的谱图特征进行研究,结果显示怀菊花、炒菊花及菊花炭红外光谱、二阶导数谱及二维相关谱特征性明显。对7种不同产地的仙鹤草原药材及其总鞣酸提取物研究表明,不同产地仙鹤草红外光谱、二阶导数谱及二维相关谱特征性明显,可以很好地区分开来,同时还可以提供仙鹤草主要化学成分的相关信息。说明该法用于中药炮制品、中药材及其提取物的鉴别是可行的。

采用红外光谱法并结合二维相关分析技术,利用真伪天麻化学成分的差异研究在热微扰过程中所引起药用植物结构变化的规律,用来无损快速鉴别药材的真伪。在正品天麻和伪品芭蕉芋880~1500cm^{-1}区域的二维红外同步相关谱中,正品天麻在对角线上出现了2个较强的自相关峰,它们所对应的基团振动峰的位置分别是在1237cm^{-1}和1415cm^{-1}处,说明这些吸收峰所对应的基团随着温度的升高变化较明显。同时,正品天麻在对角线两边出现2个正交叉峰,1415cm^{-1}处的吸收峰和1237cm^{-1}处的吸收峰呈正相关。而伪品芭蕉芋则在对角线上出现了4个较强的和1个次强的自相关峰,它们所对应的基团振动峰的位置分别是在1024cm^{-1}、1055cm^{-1}、1194cm^{-1}、1225cm^{-1}和1162cm^{-1}处,说明这些吸收峰对应的基团随着温度的升高变化较明显。伪品芭蕉芋与正品天麻不同,在对角线两边出现了许多较弱的正交叉峰。利用二维相关红外光谱法还可对阿胶、黄芪及中药掺伪等进行快速有效的鉴别和分析,在中药的鉴别领域具有广泛的应用前景。

(五)荧光光谱新技术

1. 激光荧光法 激光荧光法与一般荧光法的差别在于使用了波长更纯、强度更高的激光作为光源,大大提高了荧光法的灵敏度和专一性。如1975年采用可调谐激光器作光源和一个荧光单色器组成激光荧光分光光度计,能测量生化样品、气体样品及有机化合物中的自由基等。一次测量所需样品液体积小于1μl。在分析单细胞核内元素时，最小可测到$10^{-16}\sim10^{-14}$g。

2. 时间分辨荧光法 由于分子荧光的寿命不同，可在激发和检测之间延缓一段时间，使具有不同荧光寿命的物质达到分别检测的目的，这就是时间分辨荧光法。时间分辨荧光法采用脉冲激光作为光源，激光照射样品后所发射的荧光是混合光，它包括待测组分的荧光、其他组分或杂质的荧光和仪器噪声。如果选择合适的延缓时间，可测定被测组分的荧光而不受其他组分、杂质荧光及仪器噪声等的干扰。故该法在测定混合物中某一组分时的专一性比用样品前处理法更好，而且省去前处理的麻烦。目前已将时间分辨荧光法应用于免疫分析，形成时间分辨荧光免疫分析法。

3. 同步荧光法 同步荧光法是在1971年由Lloyd设计，后被应用于多核芳香族化合物的荧光分析。同步荧光法是在荧光物质的激发光谱和荧光发射光谱中选择一适宜的波长差值$\Delta\lambda$（通常选用最大λ_{ex}与最大λ_{em}之差），同时扫描荧光发射波长和激发波长，得到同步荧光光谱。若$\Delta\lambda$的波数相当或大于斯托克斯位移，能获得尖而窄的同步荧光峰。荧光物质浓度c与同步荧光峰峰高呈线性关系，故可用于定量分析。

同步荧光光谱的信号$F_{sp}(\lambda_{ex},\lambda_{em})$与激发光谱信号Fex及荧光光谱信号Fem的关系为：

$$F_{sp}(\lambda_{ex},\lambda_{em})=KcF_{ex}F_{em}$$

式中，K为常数。由式可知当荧光物质浓度c一定时，同步荧光信号与F_{ex}和F_{em}乘积成正比，故此法灵敏度较高。

4. 胶束增敏荧光法 除上述仪器和测量技术上的改进外，还可用化学方法提高荧光效率，从而提高荧光分析的灵敏度。因为溶剂对荧光有很大影响，从20世纪40年代起人们就观察到胶束溶液对荧光物质有增溶、增敏和增稳作用，20世纪70年代后发展成胶束增敏荧光法。

超过临界胶束浓度后，极性较小而难溶于水的荧光物质在胶束溶液中溶解度显著增加。例如，室温时芘在水中溶解为$(5.2\sim8.5)\times10^{-7}$mol/L，而在十二烷基硫酸钠的胶束水溶液中溶解度为0.043mol/L。胶束溶液对荧光物质的增溶作用是因非极性的有机物与胶束的非极性尾部有亲和作用，使荧光分子定位于胶束的亲脂性内核中，这也对荧光分子起了一定保护作用，减弱了荧光质点之间的碰撞，减少了分子的无辐射跃迁，增加了荧光效率，从而增加了荧光强度，这就是胶束溶液对荧光的增敏作用。除此之外，胶束溶液提供了一种对激发单线态的保护性环境。荧光物质被分散和定位于胶束中，得到了有效的屏蔽，降低了溶剂中可能存在的荧光熄灭剂的猝灭作用，也降低了荧光物质因自身浓度太高造成的荧光自熄灭，从而使荧光寿命延长，这是胶束溶液对荧光的增稳作用。

由于胶束溶液对荧光物质有增溶、增敏和增稳作用，因此采用胶束溶液作为荧光介质可大大提高荧光法的灵敏度和稳定性，从而发展为胶束荧光新技术。

国内学者对甘草次酸的二维和三维荧光光谱进行了研究，发现甘草次酸的荧光强度与浓度在一定范围内呈良好的线性关系，为荧光法测定中药中成分的含量提供了有利依据。应用荧光光谱成像技术对13种不同来源的鹿茸样品检测表明，各样品都有其特征荧光光谱曲线，可对鹿茸的真伪进行鉴别。结合荧光光谱和计算机模式识别，则表明不同品种及不同厂家的中药凉茶颗粒光谱图差异显著，同品种同厂家不同批次间差异极小，可用于中药凉茶颗粒的分类和鉴别。

（六）傅里叶变换拉曼光谱

傅里叶变换拉曼光谱（FT-Raman）是20世纪90年代以后发展起来的最新技术，它与传统的色散型拉曼光谱仪有较大的差别。传统的拉曼光谱仪使用400~800nm可见波长的激光照射样品，自然界中90%的样品会产生荧光，造成拉曼光谱被淹没或数据难以采集。FT-Raman光谱仪采用近红外激光照射样品。大大减弱了荧光背景，可给出自然界80%样品的拉曼图谱。虽然近红外激光照射样品所产生的拉曼信号较弱，但可利用傅里叶变换技术提高信噪比来补偿这一缺陷。因此FT-Raman光谱技术在化学、生物和医学等领域具有广阔的应用前景。

不同种类的药材因所含化学成分的不同，会导致拉曼基团频率振动的差异，对于中草药这一复杂的混合物体系，只要所含化学成分不同、各成分含量的比例不同，都会造成拉曼谱图的差异。因此，只要药材品种和产地以及采摘时间的不同，其拉曼谱图也会有差别。因此，将来可采用FT-Raman及FTIR、UV等手段对药材样品进行直接鉴定，测定出各种药材的标准谱并进行分类，编制图谱库，建立检测系统。该系统可根据图谱准确地鉴定药材品种，识别药材真伪，还可快速地找出类同品及代用品以开发新药源等。有报道利用FT-Raman技术区分了八角茴香和其伪品。孙素琴等取其药材饮片（或断面）装在样品架上，放入样品室内直接测定23种常用植物生药材，根据每种药材的光谱特征对它们进行了分类鉴定。

23种常用植物生药材中，根及根茎类药材17种，皮类药材2种，种子类药材1种，果实类药材1种，藻类、菌类、地衣类药材2种。这些植物中药材由于各自所含的化学成分不同，使得某种药材都有自己的特征谱，根据这些拉曼基团频率振动峰的差异，可将这23种药材分为以下五大类（图5-5）。

Ⅰ类：拉曼光谱特征频率出现在1090cm^{-1}附近。

第一类药材如图5-5中a所示，基团拉曼振动峰较多，在23种药材的谱图中，只有党参、茯苓和猪苓在1066cm^{-1}、1092cm^{-1}和1111cm^{-1}处有较强的基团拉曼振动峰，这3种药材所含的化学成分都有一定量的糖类化合物（即糖、寡聚糖和多聚糖）。

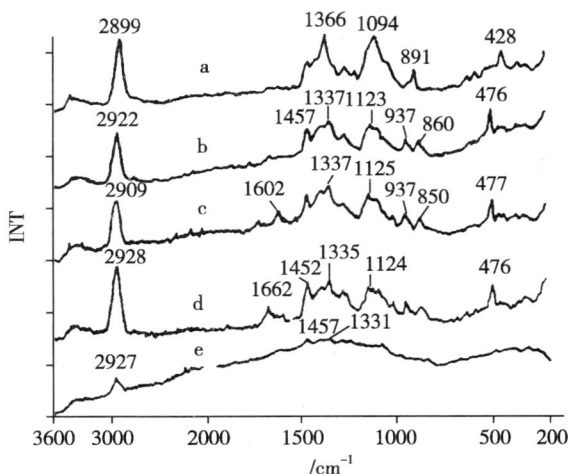

图5-5　五类药材的拉曼谱图

a.茯苓　b.太子参　c.白芍　d.扁豆　e.白术

Ⅱ类：拉曼光谱特征频率出现在475cm⁻¹附近。

第二类药材如图5-5中b所示，拉曼基团频率振动峰也很多，但这一类药材（山药、天花粉、葛根、太子参、北沙参、泽泻）均在475cm⁻¹附近有一个中等强度的基团频率振动峰。这6种药材除泽泻外，共同的特点是所含化学成分都有一定量的淀粉或糖类化合物。如北沙参含挥发油、氨基酸及多糖，山药含20%~30%的淀粉，太子参含35%的果糖淀粉，葛根含10%~14%的淀粉。

Ⅲ类：拉曼光谱特征频率出现在1600cm⁻¹附近。

第三类药材如图5-5中c所示，白芍在1602cm⁻¹有一特征基团频率，赤芍、柴胡和黄芩在1599cm⁻¹处，板蓝根在1598cm⁻¹处，牡丹皮、青皮和枳实分别在1605cm⁻¹、1604cm⁻¹、1603cm⁻¹处有一明显的振动峰。这8种药材的共同特点是所含化学成分都有一定量的芳香族化合物。如赤芍、白芍含有苯甲酸，牡丹皮含有对羟基-α-(甲氨基甲基)苯甲醇，柴胡含甲苯酚、乙苯酚，黄芩含黄酮类物质。

Ⅳ类：拉曼光谱特征频率出现在1900~1650cm⁻¹附近。

第四类药材如图5-5中d所示，基团频率振动峰较多，在1650cm⁻¹有较明显的基团频率振动峰，如扁豆的拉曼光谱特征频率出现在1662cm⁻¹。这类药材主要含蛋白质、维生素B和胡萝卜素等化合物。

Ⅴ类：拉曼光谱特征频率振动峰较少。

第五类药材如图5-5中e所示，荧光干扰较大，光谱基线较差，拉曼光谱基团频率振动峰较少。知母、白术、莪术、川芎和附子只有3~4个基团频率振动峰，这5种药材除知母含多种皂苷、胆碱和烟酸，附子除主要含毒性较小的单酯类生物碱外，所含化学成分都有一定量的挥发油，如白术含1%~4%，莪术含1%~2%，川芎含1%。

此外，红外光谱与拉曼光谱可给出互补的信息。红外光谱检测的是分子振动时产生的偶极矩变化，因此它对极性基团较为灵敏，而拉曼光谱则对分子的形态以及极化度变化较为敏感，因此它对于非极性基团是一个很好的探头，两者结合对于中药鉴别将是非常有效的。同时，红外光谱无法测定水溶液的光谱，水在中红外区有许多吸收，严重干扰试样的测定，拉曼光谱则不受限制，以玻璃或石英为容器的水溶液试样同样可以得到满意的结果。国内学者利用傅里叶变换近红外光谱和傅里叶变换拉曼光谱对大黄(西宁大黄)与伪品大黄(华北大黄、山大黄、水根大黄)进行了无损快速鉴别。结果表明，尽管正品大黄与伪品大黄差别较小，大部分化学成分有很大的相似之处，但在红外、拉曼谱图中各自的特征峰较突出，根据谱峰的强度和位置可将它们区别开来。也有报道表明，利用近红外傅里叶变换拉曼光谱法结合计算机辅助比对软件可将不同来源的黄芩鉴别开来。

第三节　中药电化学分析鉴定

电化学分析法(electrochemical analysis, EA)，简称电分析法。是由德国化学家C. 温克勒尔在19世纪首先引入分析领域的，捷克化学家J. 海洛夫斯基于1922年建立极谱法，电分析技术应用于药物分析始于20世纪30年代。电化学分析法的原理是根据待测组分的电化学性质，选择适当的电化学电池，通过测定某种电信号(如电位、电流、电导、电量)或其他物理量(如质量、体积),从而确定待测组分浓度或含量的分析方法。根据原理不同,经典电化学分析法可分为:电导分析法、电位分析法、电解分析法、库仑分析法、极谱法和伏安法。应用于中药鉴定领域的方法主要有电位分析法、库仑分析法、极谱法和伏安法。

常见中药的有效成分一般可分为生物碱、皂苷、萜类(单萜、倍半萜、二萜、三萜及强心苷)、酚类(醌、色原酮、黄酮、香豆素、木脂素等)、酸、胺和杂类等,这些物质在分子结构上大都带有电化学活性基团(如碳碳共轭双键、碳卤键、羰基、硝基、亚硝基、偶氮基、季铵基、巯基等),从原理上讲,凡含有这些电化学活性基团的中药均可用某一合适的电化学技术予以研究。然而,电化学的稳定性差,且中药成分的电化学行为通常会受到溶液的pH、溶剂的浓度等因素的影响,在一定程度上阻碍了电化学分析技术在中药质量检测标准中的应用。中药的电化学分析尚处于改进与创新的阶段,近年来随着电化学分析技术的迅速发展,已越来越广泛地应用于中药质量控制研究中。

电化学分析法具有分析速度快;灵敏度高;选择性好;样品用量少,适用于微量操作;仪器简单,容易进行自动化控制的特点。

一、电化学分析常用的鉴定技术

1. 电位分析法 电位分析法是根据待测组分的电化学性质,选择合适的指示电极和参比电极插入试液中组成原电池,测量原电池电动势的方法,包括直接电位法和电位滴定法。

直接电位法是通过直接测量被测溶液的化学电池电动势,测定被测成分的含量。电位滴定法是在溶液中插入待测离子的指示电极和参比电极组成化学电池,指示电极电位随溶液中被分析成分的离子浓度的变化而变化,参比电极的电位固定不变,在到达滴定终点时,因被分析成分的离子浓度急剧变化而引起指示电极的电位突减或突增,此转折点称为突跃点,确定反应的终点,根据滴定剂被测成分的关系,计算被测物质的含量。如利用电位滴定法测定五味子总有机酸含量,利用电位的突跃来确定滴定终点,既克服了中药提取液由于颜色较深而导致酸碱滴定指示剂难以选择的障碍,也解决了滴定终点指示不明显的问题。

2. 库仑分析法 库仑分析法是指在适当的条件下,根据电活性物质氧化还原过程中电量变化,通过测量通过电解池的电量,求得在电极上发生反应的物质的量的电化学分析方法。库仑分析法包括控制电位库仑分析法和恒电流库仑分析法两种。

黄酮类化合物分子中的A-B环上多数具有苯酚结构,可与溴发生取代反应,采用含有溴化钾的酸性溶液为电解液,以库仑滴定法可测定黄酮类化合物的含量。二萜内酯类化合物穿心莲内酯的分子结构中具有一个易于卤素加成的双键,也可以用库仑滴定法进行测定。

3. 极谱法和伏安法 极谱法和伏安法都是以电解过程中所得的电流-电压曲线为基础来进行分析的方法。极谱分析法是一种特殊的电解分析法,是将被测溶液放在一个具有滴汞电极的电解池中进行电解,再根据电解过程中所得的电流-电压曲线进行定性和定量分析的方法。若电解池中不是滴汞电极,而使用的是固体电极或表面静止的电极,如铂电极、悬汞电极、汞膜电极等作为工作电极,则称为伏安法。

极谱法和伏安法是电化学分析中较早出现的分析方法,由于具有快速、灵敏、简单的特点,是电化学研究中的热点之一。

极谱法作为灵敏度高、选择性好的经典电分析方法广泛应用于中药成分分析,凡能在滴汞电极上起氧化还原反应的物质都可以用极谱法进行鉴定和有效成分测定。用极谱法测定中药的示波图形,可用于中药基原的鉴定及正品与伪品的鉴别。黄酮类因结构上具有与苯共轭的羰基,可在滴汞电极上还原,可用极谱法进行测定,如利用脉冲极谱法测定三白草总黄酮、槐花中的芦丁、柴胡中的槲皮素等取得良好的测定效果。其他成分如生物碱结构中有喹啉和吡啶环的或有与醛酮共轭双键的,可直接在滴汞电极上还原,可用极谱法测定;皂苷分子中有羰基与相邻的双键形成共轭,则在适当的电解质中出现极谱波;蒽醌在碱溶液中可被还原为氧化蒽醌而在酸性介质中则还原成蒽酚,蒽醌及其衍生物的这种性质可用于极谱分析上;香豆素在结构上具有极谱可还原的共轭双键等,在适当的条件下均可用极谱法进行分析测定。示波极谱法测定中药微量金属元素,具有快速、检出限低、灵敏度及准确度高、重现性好等优点。

4. 中药电化学指纹图谱 中药电化学指纹图谱是近十年建立的能用于各种物相和剂型的中药中所有化学成分群集表征的指纹图谱。其原理是基于化学振荡体系产生化学振荡反应。化学振荡反应涉及众多(多达数十个)基元反应,中药十分复杂的化学成分中任一成分对任一基元反应产生影响即相当于对整个化学振荡反应产生影响,因而化学振荡体系对中药十分敏感。不同种类或不同质量的中药,由于其化学成分或其成分含量不同,对振荡反应产生的干扰或与振荡反应体系中组分发生的作用不同,引起诱导和振荡反应各种特征信息的改变也不同,故获得的E-t曲线的形状或信息参数不同。利用其信息可从整体上分析该中药的化学成分,从而对该中药进行鉴别或评价。故这种E-t曲线,称为中药电化学指纹图谱。电化学指纹图谱特征参数有诱导时间、振荡周期、振荡时间、最高电位、最低电位、最大振幅等。在一定检测条件下,不同种类的中药因其化学成分及其含量的差别,具有不同特征的电化学指纹图谱,因而可利用该图谱对不同种类、不同产地的中药材进行鉴别。如利用电化学指纹图谱鉴别几种贝母、豆科几种药材、毛茛科几种药材以及鉴别不同产地的菊花、甘草、莪术;中药电化学指纹图谱中的特征参数等定量信息与中药化学成分的浓度或含量之间呈线性关系,可作为评价中药质量的信息指标。

该方法具有无需烦琐的预处理,适应所有中药体系,图谱信息含量大,特征值明显,重现性好,检测费用低廉等特点,为中药的定性分析、中药指纹图谱研究带来一种新的研究方法和思路。

二、电化学分析鉴定的应用示例

(一)应用实例1:库仑法测定穿心莲内酯的化学纯度

穿心莲内酯是中药穿心莲*Androyraphi spaniculata*(Burm.f.)Nees的主要有效成分之一。穿心莲内酯是二萜内酯类化合物,分子结构中具有一个易与卤素加成的双键,可以利用含有溴化钾的溶液为电解液,在阳极上以恒电流发生溴与其反应,用双指示电极法确定终点,采用库仑滴定方法,测定其纯度。同时采用高效液相色谱分析方法测定穿心莲内酯样品的纯度,来验证库仑滴定方法检测方法的可靠性。

标准物质 穿心莲内酯。

电解液 溴化钾(1mol/L)–硝酸钾(4mol/L)–盐酸(1mol/L)(1:1:1)。

仪器电流值标定 采用亚砷酸根溶液标准物质(GBW08666)对库仑滴定仪进行仪器电流校准。其中,亚砷酸根溶液标准物质的质量浓度以砷(As)计:(75.7 ± 1.2)μg/g。进样量500μl。依据法拉第律推导出电流计算公式为:

$$i = \frac{C_{AS} \times F \times N}{t M_{AS}} = \frac{75.5 \times 500/10^6 \times 96483 \times 2}{t \times 7492} = \frac{97.4875}{t}$$

其中：C_{AS}＝亚砷酸根溶液浓度；F＝法拉第常数（96 483库仑/当量）；N＝转移电子数（2）；t＝电解时间；M_{AS}表示砷的原子量。

仪器操作　电流上升法。指示电流：10μA；电解电极：双铂片；电解电流0.9985mA。在H型电解池阳极区加入约8ml电解液，阴极区加入相同电解液至液面等高，在适当电流下进行空白滴定以消除电解液中的杂质的影响，然后加入适量供试品溶液进行电解，当接近滴定终点前，指示电极相连的电流表指针开始移动，当指针移动10μA时立即停止电解并记录电解时间。

样品测定　将穿心莲内酯标准物质样品在105℃条件下干燥4小时至恒重，精密称取30~35mg，置于25ml量瓶中，甲醇定容，摇匀。进样体积为250μl，记录反应时间，测定10次。由以下计算式计算穿心莲内酯的纯度：

$$n = \left[\frac{Q \times M}{W/V_1 \times V_2 \times F} \right] \times 100\% = \left[\frac{i \times t \times M}{W/V_1 \times V_2 \times F} \right] \times 100\%$$

W＝称样量（mg）；V_1＝量瓶体积（ml）；V_2＝样品进样体积（ml）；Q＝通过电极的电量（mC）；i＝电流（mA）；t＝时间（s）；M＝相对分子质量；n＝电子数（2）；F为法拉第常数（96483库仑/当量）

反应电子数的确定　采用库仑滴定方法，原理是穿心莲内酯分子结构中具有的双键能与溴进行加成反应，产生电流。穿心莲内酯分子结构中虽然有2个双键，但C_{12}和C_{13}位的双键由于C_{16}位羰基的吸电子共轭效应，不利于进行亲电加成反应。C_8和C_{17}的双键易于与溴发生加成反应，根据法拉第定律，n值（转移电子数）为2。

测定结果　10次进样测得穿心莲内酯的平均纯度为99.76%，RSD为0.5%。

2种方法检测结果的一致性比较　同一样品应用高效液相色谱法和库仑滴定法同时进行测定，结果分别为99.77%，99.76%。库仑滴定法和高效液相色谱法的测定结果相符，表明了用库仑滴定法测定穿心莲内酯纯度结果的可靠性。本论文建立的利用库仑滴定方法测定穿心莲内酯纯度，具有微量、快速和准确，不需要用标准物质等优点。

（二）应用示例2：大黄电化学的非线性化学指纹图谱研究

大黄为临床常用中药，来源于蓼科植物掌叶大黄*Rheum palmatum* L.、唐古特大黄*R. tanguticum* Maxim.ex Balf.和药用大黄*R. offcinale* Baill.的根及根茎。该文报道了以大黄中的化学成分作为主要耗散物，针对不同来源大黄药材的化学成分对振荡反应机理产生不同影响，从而引起振荡体系电位-时间（*E-t*）曲线形状的不同变化为特征的B-Z化学振荡体系，从而制定大黄的非线性化学指纹图谱，用于大黄的定性分析。

药材　掌叶大黄、唐古特大黄、药用大黄。

方法　化学振荡反应在连续搅拌的带夹套的反应器中进行，开启超级恒温水浴锅，调节温度控制在（310±0.05）℃，分别加入过250μm筛筛分后干燥至恒重的掌叶大黄、唐古特大黄、药用大黄粉末0.3000g（精确至0.0001g），10ml H₂SO₄（1.0mol/L）溶液，5ml CH₃COCH₃（0.54mol/L）溶液，5ml MnSO₄（0.1mol/L）溶液于带夹套的反应器中，盖好带温度计和电极的反应器盖。开启通过数据采集装置相连的计算机，以及磁力搅拌器（转速300r/min），恒温恒速搅拌10分钟时,通过注射器迅速加入5ml KBrO$_3$(0.3mol/L)溶液,即刻点击菜单采集数据,记录E-t曲线至电位振荡消失为止,即获得电化学指纹图谱。

由于不同来源的大黄含有的化学成分不完全一样,它们参与到振荡反应的过程不一样,因而E-t曲线的诱导时间、振荡寿命、最高电位、起振电位、最大振幅等各项特征参数不同,以及诱导曲线、振荡曲线的形状不同,这些特征都有助于利用指纹图谱对不同来源的大黄进行定性鉴别。

采用封闭体系在B-Z振荡体系中,固定振荡体系中BrO$_3^-$、Mn^{2+}、H$^+$和丙酮的浓度,通过加入不同来源大黄作为耗散物,获得的振荡波形无疑就是该药材的特征波形,即该药材的特征电化学指纹图谱。该方法具有直观、重现性好和应用简便的特点,而且还是一种通用、经济、简便、易行和有效的定性分析和评价中药的方法。

第四节　中药热分析鉴定

热分析(thermal analysis)是德国人Tammann于1905年首次提出的,是一门与热相关的分析技术;是在程序控制温度的条件下,测量物质的理化性质随温度变化关系的一类技术;是研究物质受热过程所发生的晶型转变、熔融、蒸发、脱水等物理变化或热分解、氧化等化学变化以及伴随发生的温度、能量或重量改变的方法。物质伴随物理变化及化学变化所发生的能量变化,通过热分析仪将能量变化转化为热谱或热重曲线,由曲线的变化分析判断被测物质的性质。该技术包括三方面的内容:其一,物质要承受程序控温的作用,通常指以一定的速率升(降)温。其二,要选定用来测定的一种物理量,它可以是热学的、力学的、声学的、光学的以及电学的和磁学的等。其三,测量物理量随温度的变化关系。物质在受热过程中要发生各种物理、化学变化,可用各种热分析方法跟踪这种变化。其中以热重分析(TG)和差热分析(DTA)的历史最长,使用也最广泛;微分热重分析(DTG)和差示扫描量热法(DSC)近年来也得到较迅速的发展。

热分析法的优点为对样品的物理状态无特殊要求,所需样品少,几乎不需要预处理,而且灵敏度高,对样品进行分析可以使用各种温度程序(不同的升降温速率),可以选择很宽的温度范围,并可以与其他技术联用,从而获取多种信息,现已广泛用于药物分析中。

目前常用热分析鉴定技术主要包括热重分析法、差热分析法、差示扫描量热法、热机械分析法、动态热机械分析法等。

一、热分析常用的鉴定技术

1. 热重分析法(TG)　热重分析法(thermogravimetric analysis,TG)是在程序控温下,测量物质的质量与温度或时间关系的技术,通常是测量物质的质量变化与温度的关系。物质在热环境中发生化学变化、分解、成分改变时可能伴随着质量的变化。热重分析就是在不同的热条件(以恒定速度升温或等温条件下延长时间)下对物质的质量变化加以测量的动态技术。记录物质重量变化与温度或时间的关系曲线称热重曲线(TG曲线),中药中化学组分的含量、结构、理化性质存在很大差异,决定了不同来源的中药材在热作用下会表现不同的特征图谱。多来源的同一种中药材或来源相同产地不同的药材虽然失重图谱具有一定的相似性,但起始分解温度以及同一温度下的失重百分数存在明显差别,也即热稳定性差异较大,可以作为区分和鉴别他们的依据。

如对浙贝母、平贝母、伊贝母、川贝母、湖北贝母等贝母类中药材热重图谱进行分析,对不同贝母类中药材粉末在热作用下的热失重数据进行整理比较,结果显示不同贝母的热失重图谱具有一定的相似性,但热稳定性差异较大,即起始分解温度以及在350℃、460℃的失重百分数差异较大,5种贝母粉末的热稳定顺序为湖北贝母>伊贝母>川贝母>浙贝母>平贝母,为贝母类中药材的区分和鉴定提供一种简单可行的分析手段。

2. 差热分析法(DTA)　差热分析(differential thermal analysis, DTA)是在程序控制温度下,测量物质与热惰性参比物之间的温度差与温度关系的一种技术。在对物质与热惰性参比物进行同时加热(或冷却)的条件下,当物质发生某种物理或化学变化时伴随着吸热和放热现象,如晶型转变、沸腾、升华、蒸发、熔融等物理变化,以及氧化还原、分解、脱水和离解等化学变化均伴随一定的热效应变化,物质和参比物之间将产生温度差(ΔT),以温度差对加热温度作图,得到差热曲线(DTA曲线)。差热分析正是建立在物质的这类性质基础之上的一种方法。差热曲线直接提供的信息有峰的位置、峰的面积、峰的个数和形状,吸热反应峰向下,放热反应峰向上。不同物质的热性质不同,相应的差热曲线上峰的位置、峰的个数和形状不同,即差热分析对物质定性分析的依据。

不同来源的中药材化学成分组成及含量不同,成分的物理化学性质不同,导致在受热过程中出现吸热和放热的先后顺序以及热量的变化存在较大的差异,差热曲线的形状及差热数据(吸热峰和放热峰的峰顶温度)存在显著差异,可以作为药材鉴别依据。也可以作为区别不同产地中药材的方法,由于不同地区气候条件、土壤等外界环境因素的影响,化学成分的含量和理化性质上存在差异,虽然差热图谱形状上相似,吸热峰和放热峰的峰顶温度显示差异。如利用差热-热重联用对6种不同产地、不同等级的金银花进行区分鉴别,取得较好效果。

差热分析方法用于中药鉴别具有取样方便、快速、准确、重复性好、样品用量少、不用提取等优点,为中药材的鉴别提供另一有效的手段。

3. 差示扫描量热法(DSC)　差示扫描量热法(differential scanning calorimeter, DSC)是在程序控制温度下,测量输给物质和参比物的热量差(dQ/dT)与温度关系的一种技术。以输给物质和参比物的热量差(dQ/dT)为纵坐标、温度T为横坐标作图,即得到差示扫描量热曲线(DSC曲线),物质不同而显示不同的吸热峰或放热峰。该法具有与差热分析法相似的定性定量原理和操作方法。根据测量方法的不同,又分为功率补偿型DSC和热流型DSC两种类型。常用的功率补偿型DSC是在程序控温下,使试样和参比物的温度相等,测量每单位时间输给两者的热能功率差与温度关系的一种方法。在差热分析或差示扫描量热分析中,通常可以采用α-氧化铝空坩埚或其他惰性空坩埚作为参比物应用。

与中药材来源不同的掺伪品由于成分差异,DSC曲线的谱形及图谱特征均有显著差异,用于中药材的真伪鉴别简便直观,且具有试样微量化、不用溶剂、曲线易于解析、快速简便的特点,该方法已用于熊胆及其伪品、阿胶及其伪品、珍珠粉及珍珠层粉、山茱萸及其伪品的鉴别上。

4. 热机械分析法(TMA)　热机械分析法(thermal mechanical analysis, TMA)是在程序温度控制下(等速升温、降温、恒温或循环温度),测量物质在非振动载荷下的形变与温度的关系,研究试样温度-形变曲线的方法。所采用的载荷有拉伸、压缩、弯曲、扭曲和针入等方式。物质随温度变化其力学性能发生变化,力学性能的变化通常体现在物质的形变上。将物质的形变转换成电压改变信号,通过分析信号的改变研究物质的应用温度范围及力学性能,即热机械分析法。用该方法研究高分子材料的玻璃化温度、转变点等。

5. 动态热机械分析法(DMA) 动态热机械分析(dynamic thermal mechanical analysis,DMA)是在程序温度控制下,测量物质在振动载荷(如正弦负荷)下的动态模量和(或)力学损耗与温度关系的一种技术。高分子物质具有时间-温度等效原理,即固定温度升高频率或固定频率升高温度具有等效作用。利用这一原理在物质上施加一个固定温度变化频率或固定频率升高温度,测量物质的模量和力学阻尼随频率或温度变化,从而反映物质的动态力学性能。动态热机械分析仪多是采用固定频率升高温度测定物质的动态学性能的原理制成的。

二、热分析鉴定的应用示例

(一)应用示例1: 阿胶、龟甲胶、鹿角胶的热分析区分鉴定

阿胶、龟甲胶、鹿角胶均为我国传统中药材。阿胶为马科动物驴的干燥皮或鲜皮经煎熬、浓缩制成的固体胶。龟甲胶为龟甲经水煎煮、浓缩制成的固体胶。鹿角胶为鹿角经水煎煮、浓缩制成的固体胶。3种药材制备方法接近,成品均为棕色或深褐色,从外观、气味、手感等方式来鉴定区分不易。该文报道了3种药材的微商热重曲线(DTG)及差热分析曲线(DTA)的不同,可以作为3种药材的区别。

药材 阿胶,龟甲胶,鹿角胶。

方法 分别选取阿胶、鹿角胶、龟甲胶样品约6mg,为保证样品的均匀受热,将其研磨粉碎,置于同步热分析仪中。选用耐热参比物为三氧化二铝(Al_2O_3),在空气气氛下,保持空气流速200ml/min,由于升温速度对于实验结果有较大影响,温度上升越缓慢,反映物质内部情况越准确,因此采用较低的升温速度(以5℃/min的速度从20℃匀速升至550℃)。每种样品测量3次,将原始数据取平均值后输入数据处理软件Originpro 8.0,绘制3种样品的DTG和DTA特征曲线。

3种胶类DTG曲线 3种样品在300℃左右均出现较高较宽的峰,阿胶的峰顶点出现于306.3℃,龟甲胶的峰顶点出现于311.1℃,鹿角胶于288.8℃、308.5℃出现"阶梯式"峰顶点。阿胶于127.0℃、413.3℃、432.8℃、496.5℃共出现4个特征峰;龟甲胶在326.8℃、430.7℃、503.3℃出现特征峰,并且在140.6℃、150.6℃、160.9℃连续出现3个较矮的峰,共有6个特征峰;鹿角胶特征峰不明显。

3种胶类的DTA曲线 阿胶样品在127.0℃、440℃处存在向下凹陷,在300℃左右有一个向上凸起;龟甲胶样品在150℃附近出现了3个连续的凹陷,在260℃、430℃、500℃存在3个明显的向上凸起;鹿角胶样品在290℃、308℃附近出现两个连续的凸起。

3种中药胶类均来源于动物的胶原蛋白制品,内部成分较为接近,在300℃时都产生一个比较强烈的失重过程,说明内部所含各种氨基酸种类比较接近,在此高温下,生物内部大分子的天然结构开始瓦解,形成了挥发性的小分子物质,所以形成此过程。3种胶类分别为动物的皮、甲、角,其内部氨基酸种类、含量等还是存在一定差异,表现为峰顶点和特征峰位置不同,并且特征峰的数目也存在差异。因此利用DTG曲线可以将阿胶、龟甲胶、鹿角胶区分开。

DTA曲线中各处凸起和凹陷反映物质内部某种特有成分的分解,从各种胶类DTA曲线

可以看出,不同位置的凹陷和凸起反映了胶类内部各组分的不同,因此DTA曲线也可将阿胶、龟甲胶、鹿角胶区分开。

3种动物胶类DTG曲线的特征峰在数目及位置上都存在显著差异,这充分表明了物质的热分析曲线能够作为标识该物质的"身份"信息;DTA曲线既可独立反映出物质内部的特征信息,又可以联合DTG曲线印证动物胶类内部成分的分解过程特点,因此采用两种曲线联合比对参测样品,可以使区分结果更准确,热分析法对样品处理简单,重现性好,信息直观,对比方便。

(二)应用示例2: 山茱萸及其伪品的差示扫描量热法鉴别

山茱萸为常用中药,由于山茱萸药材资源较紧,且价格较高,市场上屡见伪品,常见的伪品或掺假品有酸枣果皮、川楝子果皮、大枣果肉、山楂等。该研究报道了采用差示扫描量热法(DSC曲线分析法)对不同产地的山茱萸及其伪品进行鉴别。

材料 山茱萸药材分别购自河南、陕西、浙江、安徽。伪品(酸枣果皮、川楝子果皮、大枣果肉、山楂)。

方法 将上述药材放入真空干燥器60℃下干燥24小时,取出适量粉碎,过100目筛,备用。DSC量程±50mw,升温速率20℃/min;气氛为静态空气;升温范围30~500℃,参比物为空铝坩埚。取样品约10mg,每个样品2份,精密密称定,置于铝坩埚中,按实验条件程序升温,分别对样品进行图谱扫描。

山茱萸的DSC谱图 不同产地山茱萸的DSC曲线具有相同的峰形及图谱特征,当升温至190℃左右出现一个吸热峰,焓变在182J/g左右。在361℃左右有一个较小的放热峰,焓变在9J/g左右。由于不同产地的山茱萸中所含化学成分略有不同,可见个别峰有微小的差异。

山茱萸伪品的DSC谱图 山茱萸与其伪品的DSC曲线在峰形及图谱特征等方面有明显差异,伪品出现吸热峰的温度和焓变值与山茱萸有明显差异,放热峰温度差异不大,但是焓变值相差较大,易于分别。结果见表5-1。

表5-1 山茱萸及其伪品的峰值温度和焓变值

样品	吸收峰		放热峰	
	温度/℃	焓变/(J/g)	温度/℃	焓变/(J/g)
山茱萸(河南南阳)	188.32	185.51	361.20	9.29
山茱萸(河南西峡)	190.73	182.28	362.08	7.83
山茱萸(陕西佛坪)	191.75	184.75	361.92	9.92
山茱萸(浙江杭州)	189.45	181.16	360.34	8.46
山茱萸(浙江淳安)	190.38	182.88	361.26	7.45
山茱萸(安徽亳州)	191.93	183.39	363.63	6.93
山茱萸(安徽黄山)	192.63	181.85	363.73	8.11
伪品1(酸枣果皮)	126.92	20.56	383.69	16.91
伪品2(川楝果皮)	132.07	91.43	361.67	25.47
伪品3(大枣)	160.99	2671.44	372.75	19.28
伪品4(山楂)	136.66	68.39	369.22	18.02

　　本实验用DSC图谱对不同产地的山茱萸及其伪品进行了鉴定,结果显示不同产地的山茱萸图谱基本一致,只在个别峰有微小差异;山茱萸与伪品图谱之间有明显的差别,该方法可用于山茱萸与伪品的鉴别。

（姜大成　胡本祥　杨　俊）

参 考 文 献

[1] 康廷国. 中药鉴定学[M]. 北京: 中国中医药出版社,2012.

[2] 中华人民共和国药典委员会. 中华人民共和国药典(一部)[S]. 北京: 中国医药科技出版社,2015.

[3] 吴晓民,王艳红,郑友兰. 平贝母药材的薄层色谱鉴别[J]. 人参研究,2006,18(3):28-29.

[4] 李英霞,吴维群. 全国主流商品菊花薄层色谱鉴别[J]. 陕西中医,2007,28(5):600-601.

[5] 杨远荣,高逢喜. 双波长薄层色谱扫描法测定头痛安片中丹参酮II_A含量[J]. 医药导报,2005,24(1):70-71.

[6] 袁杰,龚又明,鞠鹏,等. HPLC-MS^{2}法分析朝鲜淫羊藿中的化学成分[J]. 中草药,2004,35(4):371-374.

[7] 钟瑞敏,曾庆孝,张振明,等. 气质联用结合保留指数对比在五种木兰科芳香精油成分鉴定中的应用[J]. 分析测试学报,2006,25(5):16-20.

[8] 宋贤丽,郭宝林,刘克武,等. 6种决明属药用植物种子毛细管电泳法鉴别[J]. 中国中药杂志,2003,28(6):491-496.

[9] 纪秀红,李奕,刘虎威. 十大功劳属部分植物茎中生物碱的高效毛细管电泳法测定[J]. 药学学报,2000,35(3):220-223.

[10] 高苏亚,党高潮,李华. 槐角丸中4种有效成分的高效毛细管电泳法测定[J]. 中国医药工业杂志,2007,38(4):290-292.

[11] 陈军辉,赵恒强,李文龙,等. 高效毛细管电泳-电喷雾飞行时间质谱联用分析黄连中的生物碱[J]. 化学学报,2007,65(23):2743-2749.

[12] 孙国祥,慕善学,侯志飞,等. 连翘的毛细管电泳指纹图谱研究[J]. 色谱,2006,24(2):196-200.

[13] 刘训红,王玉玺. 中药材光谱鉴别[M]. 上海: 第二军医大学出版社,2001.

[14] 彭师奇. 药物的波谱分析[M]. 北京: 北京医科大学、中国协和医科大学联合出版社,1998.

[15] 谭仁祥. 植物成分分析[M]. 北京: 科学出版社,2002.

[16] 范康年. 谱学导论[M]. 北京: 高等教育出版社,2001.

[17] 袁久荣. 中药鉴别紫外谱线组法及应用[M]. 北京: 人民卫生出版社,1999.

[18] 苗明三,李振国. 现代实用中药质量控制技术[M]. 北京: 人民卫生出版社,2000.

[19] 姜大成,王永生,翁丽丽. 常用中药光谱鉴定[M]. 北京: 化学工业出版社,2006.

[20] 张春娟,孟志芬,郭雪峰,等. HPLC结合紫外光谱法快速定性定量分析四种竹叶黄酮碳苷[J]. 光谱学与光谱分析,2014,34(9):2568-2572.

[21] 严俊斌,刘爽悦,郭正泰,等. 基于紫外光谱的丹红提取液质量快速分析技术[J]. 中国中药杂志,2013,38(11):1676-1678.

[22] 毕晓黎,董玉娟,罗文汇,等. 复方三芪丹胶囊的紫外谱线组法鉴别研究[J]. 湖南中医杂志,2014,30(10):159-161.

[23] 包华音. 壁虎药材紫外谱线组法鉴别研究[J]. 时珍国医国药,2015,26(5):1146-1148.

[24] 朱琼花,付腾飞,周立艳,等. 牡丹皮及牡丹皮炭紫外谱线组法鉴别研究[J]. 时珍国医国药,2013,24(9): 2148-2149.

[25] 张雅杰. 紫外分光光度法测定双黄连注射液中间体黄芩苷含量[J]. 黑龙江医药科学,2006,29(5): 54.

[26] 张汉明,李松林,王勇. 真伪牛黄的红外光谱鉴别[J]. 第二军医大学学报,1991,12(4): 376-377.

[27] 杨红霞,马芳,杜玉枝,等. 藏药川西獐牙菜及其不同提取物的红外光谱分析[J]. 光谱学与光谱分析, 2014,34(11): 2973-2977.

[28] 周晔,张庆伟,罗学军,等. 傅立叶红外光谱法鉴别部分胡椒属生药的研究[J]. 光谱学与光谱分析, 2014,34(9): 2419-2423.

[29] 刘飞,王元忠,杨春艳,等. 基于红外光谱的石斛品种判别分析[J]. 光谱学与光谱分析,2014,34(11): 2968-2972.

[30] 巩丽丽,星星,魏爱华,等. 不同产地藿香的红外分析[J]. 环球中医药,2015,8(1): 46-52.

[31] 黄冬兰,陈小康,徐永群. 不同产地黄芪的红外光谱鉴别研究[J]. 分析科学学报,2015,31(3): 379-383.

[32] 邓三尧,陈小康. 荧光光谱法研究清开灵注射液热稳定性[J]. 中南药学,2005,3(3): 146-147.

[33] 张奇凤,朱隆尹,丁树良,等. 大活络丸原子吸收指纹图谱和鉴别的研究[J]. 光谱学与光谱分析,2008, 28(3): 681-685.

[34] 孟建荣,徐强,王溶溶. 原子吸收光谱法测定不同批次、不同产地金银花中镉的含量[J]. 中国现代应用 药学,2014,31(9): 1107-1110.

[35] 赵群涛,杨俊杰,周修森,等. 原子吸收光谱法测定黄连上清丸中7种金属元素[J]. 中成药,2015,37(6): 1235-1239.

[36] 李春丽,周国英,胡凤祖,等. 原子吸收光谱法测定不同采收时间栽培与野生羌活药材中微量元素的含 量[J]. 光谱学与光谱分析,2011,31(4): 1122-1125.

[37] 赖青海,王琳琳,余河水,等. QuEChERS结合气相色谱-质谱快速测定人参提取物中25种农药残留[J]. 中 国实验方剂学杂志,2015,21(11): 55-60.

[38] 林志燕,杨荣富,唐跃年. 高效液相色谱质谱联用法测定射干合剂中8种中药成分的含量[J]. 中国药师, 2015,18(4): 574-577.

[39] 陈伟康,马双成,罗跃华,等. 超高效液相串联质谱法同时测定乳块消颗粒中6种成分的含量[J]. 中国药 学杂志,2015,50(7): 629-633.

[40] 华永丽,魏彦明,郭延生,等. 气相色谱-质谱法对当归及其炮制品挥发油的指纹图谱和潜在标志物研究 [J]. 分析化学,2012,40(4): 602-607.

[41] 赵安琦,李博,张慧荣,等. 应用电喷雾质谱技术分析鉴定桑叶中黄酮类化合物[J]. 分子科学学报, 2014,30(4): 293-298.

[42] Woo YA, Kim HJ, Cho J, et al. Discrimination of herbal medicines according to geographical origin with near infrared reflectance spectroscopy and pattern recognition techniques[J]. J Pharmaceut Biomed,1999,21(2): 407-413.

[43] 王钊,孙素琴,李晓波,等. 红外光谱法无损鉴别升麻的研究[J]. 光学谱与光谱分析,2001,21(3): 311- 313.

[44] Isao Noda. Advance in two-dimensional correlation spectroscopy[J]. Vibrational Spectroscopy,2004(36): 143-165.

[45] 白雁,鲍红娟,王东,等. 菊花不同炮制品的红外原谱、二阶导数谱及二维相关谱谱图分析[J]. 中药材,

2006,29（6）：544-547.

[46] 曹峰,周群,孙素琴. 真伪天麻二维相关红外光谱法的鉴别研究[J]. 现代仪器,2002,4：19-21.

[47] 张飞,李路扬,丁奇,等. 胡颓子属3种药用植物的红外光谱鉴别研究[J]. 中药材,2015,38（1）：69-72.

[48] 韩莹,毕福钧,侯惠婵,等. 近红外光谱法鉴别何首乌真伪的应用研究[J]. 中国中药杂志,2014,39（22）：
　　4393-4398.

[49] 张丹雁,曹曼,刘家水,等. 近红外光谱技术鉴别南板蓝根药材的真伪优劣[J]. 时珍国医国药,2014,25
　　（12）：2933-2935.

[50] 杜伟锋,张焱新,张浩,等. 基于近红外光谱的浙贝母鲜切和硫熏加工饮片的快速鉴别[J]. 中药材,
　　2014,37（12）：2189-2191.

[51] 陈龙,袁明洋,余驰,等. 8种含碳酸盐的矿物类中药的近红外光谱特征谱段分析[J]. 药物分析杂志,
　　2015,35（4）：654-658.

[52] 谢彩霞,谢惠英,白雁,等. 近红外光谱法快速测定知母中芒果苷的含量[J]. 中国实验方剂学杂志,
　　2015,21（10）：59-62.

[53] 陈朋,涂瑶生,孙冬梅,等. 近红外光谱法快速测定52批银杏叶总黄酮醇苷的含量[J]. 中药材,2014,37
　　（10）：1812-1815.

[54] 武小单,金哲雄,孙素琴,等. 七种不同产地仙鹤草原药材及提取物的红外光谱与二维相关光谱的分析
　　与鉴定[J]. 光谱学与光谱分析,2010,30（12）：3222-3227.

[55] 许长华,周群,孙素琴,等. 二维相关红外光谱法与阿胶的真伪鉴别[J]. 分析化学,2005,33（2）：221-224.

[56] 黄冬兰,孙素琴,徐永群,等. 二维相关红外光谱法与黄芪及其伪品刺果甘草的分析与鉴定[J]. 光谱学
　　与光谱分析,2009,29（9）：2396-2400.

[57] 李树,乐健,陈桂良,等. 中药掺伪的二维相关红外光谱法分析[J]. 光谱学与光谱分析,2007,27（11）：
　　2212-2215.

[58] 孙艳涛,王丽秋,魏红丽,等. 甘草次酸的荧光光谱研究[J]. 时珍国医国药,2013,24（3）：621-622.

[59] 彭翠红,郭会时,王少玲,等. 基于荧光光谱法的中药凉茶颗粒的快速判别分析[J]. 中国实验方剂学杂
　　志,2014,20（22）：69-73.

[60] 胡翠英,王琳,刘传明,等. 基于荧光光谱成像与聚类分析的鹿茸鉴别研究[J]. 光电子·激光,2014,25
　　（6）：1225-1228.

[61] 孙素琴,周群,张宣,等. 傅里叶变换拉曼光谱无损鉴别植物生药材[J]. 分析化学,2000,28（2）：211-214.

[62] 孙素琴,刘军,周群,等. 傅立叶变换红外光谱和傅立叶变换拉曼光谱法无损鉴别药材的真伪[J]. 分析
　　化学,2002,30（2）：140-143.

[63] 刘蓬勃,朱世玮,孙素琴,等. 傅里叶变换拉曼光谱法鉴别八角茴香及其伪品[J]. 时珍国医国药,2001,
　　12（10）：903-904.

[64] 周群,蔡少青,王建华,等. 拉曼光谱法快速鉴别黄芩中药材[J]. 光散射学报,2002,14（3）：166-168.

[65] 余鹏,^{1}H-NMR及FTIR结合化学计量学在中药鉴别中的应用研究[D]. 浙江：浙江师范大学硕士学位论
　　文,2010.

[66] 陈士林,郭宝林,张贵君,等. 中药鉴定学新技术新方法研究进展[J]. 中国中药杂志,2012,37（8）：1044.

[67] 秦海林,张建新,王峥涛,等. 环草石斛的[1]H-NMR指纹图谱解析[J]. 中国中药杂志,2002,27（12）：919-
　　923.

[68] 莫善列,张建新,欧莹,等. 吴茱萸的[1]H-NMR指纹图谱解析[J]. 时珍国医国药,2007,18（10）：2487-2488.

[69] 沈莉,赵燕燕,谢洪平,等. 升麻的¹H-NMR指纹图谱-模式识别研究[J]. 中国中药杂志,2013,38(2): 217-222.

[70] 黄璐琦,胡之璧. 中药鉴定新技术新方法及其应用[M]. 北京:人民卫生出版社,2009: 151.

[71] 孔继烈. 现代电化学分析技术在中药研究领域中的应用与前景[J]. 化学进展,1999,11(3): 300-312.

[72] 徐飞,于慧,吴启南,等. 电化学技术在中药质量控制方面的研究进展[J]. 南京师大学报(自然科学版),2011,34(4): 77-82.

[73] 国家药典委员会. 中华人民共和国药典(四部)[S]. 北京:中国医药科技出版社,2015: 86,82.

[74] 张奇,叶正良,李德坤,等. 电位滴定法测定五味子提取物中总有机酸含量[J]. 陕西中医,2011,32(3): 342-343.

[75] 徐礼燊,刘爱茹. 黄酮类化合物库仑滴定法[J]. 药学学报,1981,16(2): 132-138.

[76] 杨宁,杨德智,徐礼燊,等. 库仑法测定穿心莲内酯的化学纯度[J]. 中国中药杂志,2010,35(8): 1014-1017.

[77] 徐礼燊. 极谱法在中草药有效成分分析中的应用[J]. 中国中药杂志,1982,7(5): 39-42.

[78] 张泰铭,梁逸曾,袁斌,等. 中药电化学指纹图谱的检测方法和条件因素[J]. 科学通报,2007,52(9): 1012-1020.

[79] 陈振华,程旺兴,方成武,等. 大黄的非线性化学指纹图谱研究[J]. 分子科学学报,2013,29(3): 190-197.

[80] 王书军,高文远,陈海霞,等. 热分析(TG,DTA)方法在鉴别贝母类中药材中的应用[J]. 中国中药杂志,2007,32(4): 296-299.

[81] 赵华,杜红霞,刘润静,等. 差热-热重联用法鉴别金银花的研究[J]. 湖北科技大学学报,2009,30(1): 51-53.

[82] 王杰晶,李银峰,李佩,等. 差示扫描量热法在药物定性分析中的应用[J]. 现代药物与临床,2013,28(5): 815-818.

[83] 喻喜华,陈晓辉,李泽运,等. 山茱萸及其伪品的差示扫描量热法鉴别[J]. 中成药,2011,33(7): 1197-1198.

[84] 殷学毅. 阿胶、龟甲胶、鹿角胶的热分析区分鉴定[J]. 湖北中医药大学学报,2013,15(2): 39-41.

第六章　中药生物鉴定研究

　　生物鉴定(bioassay)是近年来兴起的一种中药品质鉴定新方法,它与经典的基原鉴定、性状鉴定、显微鉴定、理化鉴定一起,并称为中药的五大鉴定。生物鉴定具有先进性、适用性、可操作性以及专属性强、重现性好等特点,并且能够突出中药的药效学作用,准确性高。

　　生物鉴定是利用中药或其所含的药效组分对生物体的作用强度,以及用生命信息物质特异性遗传标记特征和基因表达差异等鉴定中药。也就是通过对生命信息物质(核酸、蛋白质等)的识别或对中药所含化学物质的生物效应(药效、活力或毒力)测定,来鉴定中药的品种和质量。常用的方法有分子生物学鉴定、细胞生物学鉴定、免疫学鉴定、生物效应鉴定等。

第一节　中药分子生物学鉴定

　　分子生物学鉴定是依据携带遗传信息的大分子(核酸和蛋白)特征,应用分子标记技术鉴定中药。按鉴定特征可分为核酸分子鉴定和蛋白质分子鉴定两大类,由于DNA分子作为遗传信息的直接载体,具有较高的遗传稳定性和化学稳定性,核酸分子鉴定主要集中于DNA分子鉴定。常用的方法有DNA分子标记鉴定、DNA分子条形码鉴定、mRNA差异显示鉴定等。

一、DNA分子标记鉴定

　　DNA分子标记鉴定是依据反映生物个体、居群或物种间基因组中具有差异特征的DNA片段来鉴定,不受环境饰变、生物体发育阶段和器官组织差异的影响以及经验的限制,在中药材品种鉴定上具有准确性高、特异性强、重现性好及快速、微量等优点,非常适合于近缘品种、易混淆品种、珍稀品种、动物药材、破碎药材、陈旧药材、腐烂药材及样品量极为有限的植物模式标本、中药出土标本、古化石标本等珍贵样品的鉴定。

　　生物体DNA分子双螺旋结构的发现与聚合酶链反应(polymerase chain reaction, PCR)技术的发明,堪称为分子生物学发展史上的里程碑。英国科学家弗朗西斯·克里克(Francis Crick)、莫里斯·威尔金斯(Maurice Wilkins)以及美国科学家詹姆斯·华生(James Watson)三人因发现DNA分子结构而共同获得1962年诺贝尔生理学或医学奖。1985年美国科学家凯瑞·穆利斯(Kary B. Mullis)发明了PCR技术,并由此获得1993年诺贝尔化学奖。DNA分子双螺旋结构的成功解析,PCR技术的发明以及分子生物学的迅速发展,有力促进了中药DNA分子标记鉴定法的形成和发展。

　　DNA分子是由G、A、C、T 4种碱基（base pairs）构成，为双螺旋结构的长链分子，且两条链的走向相反，碱基配对具有一定规律性（碱基互补规律），生物体特定的遗传信息便包含在特定的碱基排列顺序中，不同物种遗传上的差异便表现在4种碱基排列顺序的变化，这就是生物的遗传多样性（genetic diversity）。在DNA分子上，有编码与物种存活密切相关的基因区域、不十分密切相关的基因区域和非编码基因区域。基因组DNA的这些不同区域在生物进化过程中所受的选择压力不同，前者所受选择压力大，表现出高度的保守性；后者所受选择压力小，表现出较大的变异。正是由于这种DNA分子不同区域承受的选择压力不同，使得DNA分子的不同区域有不同程度的遗传多样性。因此可以选择适当的DNA分子遗传标记，在科、属、种、亚种、居群和个体水平上对研究对象进行准确鉴别。

　　PCR技术是一种模拟自然DNA复制过程的体外酶促合成特异核酸片段技术。它以待扩增的两条DNA链为模板，以一对人工合成的寡核苷酸作为引物，通过DNA聚合酶的作用，在体外进行特异DNA序列扩增。

　　PCR类似于DNA的天然复制过程，其特异性依赖于与靶序列两端互补的一对寡核苷酸专属性引物。PCR包括变性→退火→延伸三个基本反应步骤：变性：模板DNA双螺旋的氢键断裂，双链受热解离形成单链DNA；退火：适当降温，使引物与模板DNA单链的互补序列配对结合；延伸：适当调整温度，DNA模板-引物结合物在DNA聚合酶的作用下，以4种脱氧核糖核苷三磷酸（dNTPs）为反应原料，靶序列为模板，按碱基互补配对与半保留复制原理，合成一条新的与模板DNA互补的半保留复制链。重复循环高温变性、低温退火、中温延伸三过程，就可获得更多的半保留复制链，且每一次循环的产物又成为下次循环的模板，随着循环次数的增加，目的DNA以几何级数增加，可在数小时内扩增得到几百万倍目的DNA片段（图6-1）。

　　DNA分子标记技术是检测DNA分子由于缺失、插入、异位、倒位、重排或由于存在长短与排列不一的重复序列等机制而产生的多态性（polymorphism diversity or fingerprinting）的技术。DNA分子标记技术分为三类：一是基于分子杂交技术的限制性片段长度多态性（restriction fragment length polymorphism，RFLP）；二是基于PCR技术的随机扩增多态性DNA（random amplified polymorphic DNA，RAPD）、任意引物PCR（arbitrary primer PCR，AP-PCR）、

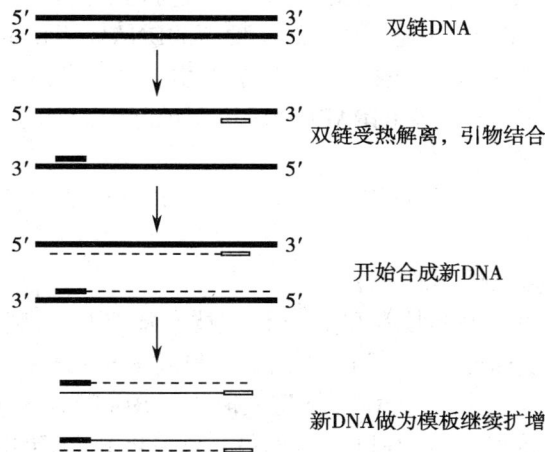

图6-1　PCR原理示意图

（仿1993年诺贝尔化学奖Press Release）

扩增片段长度多态性（amplified fragment length polymorphism，AFLP）、简单重复序列（simple sequence repeat，SSR）、简单重复序列区间（inter-simple sequence repeat，ISSR）、相关序列扩增多态性（sequence-related amplified polymorphism，SRAP）、序列特异性扩增区（sequencing characterized amplified region，SCAR）；三是基于DNA序列分析的单核苷酸多态性（single nucleotide polymorphism，SNP）、DNA测序（DNAsequencing，DNA-seq）、PCR-RFLP、位点特异性鉴别PCR（diagnostic PCR）等。现将主要的DNA分子标记技术介绍如下。

（一）限制性片段长度多态性（RFLP）

RFLP标记是发展最早的DNA标记技术，1974年由T. Grodzicker等人创立；1980年由Bostein再次提出，并于1983年由Soller和Beckman最先应用于品种鉴别和品系纯度测定，属于第一代分子标记。其基本原理是利用限制性内切酶能识别基因组DNA的特异序列，并在特定序列处切割基因组DNA，产生长短不等、数量不同的限制性酶切片段，这些限制性片段经凝胶电泳分离，再通过Southern印迹将片段转移到支持膜上，用放射性同位素或非同位素标记探针与之杂交，经放射自显影或酶学检测显示出不同材料的RFLP谱带。不同物种基因组DNA由于在检测区域内发生了点突变、缺失、插入或重排，都会导致酶切位点数量和长度发生改变，即限制性酶切片段长度多态性（RFLP），从而使限制性酶谱的条带上表现出不同程度的多态性。早期的RFLP技术对DNA模板质量的要求较高，仅适用于DNA未明显降解的新鲜材料，且操作烦琐，包括转膜、探针标记、杂交、检测等，限制了其应用。随着PCR技术的出现和发展，PCR-RFLP技术较多地应用于中药材品种鉴定领域。

（二）随机扩增多态性DNA（RAPD）

RAPD是1990年由Williams等人提出建立在PCR技术基础上的遗传标记技术。RAPD是以一个10碱基的任意序列的寡核苷酸片段作为单引物，对未知序列基因组DNA进行PCR扩增，然后观察、记录谱带差异以反映DNA多态性的DNA分析技术。与RAPD类似的DNA分析技术为任意引物PCR（AP-PCR），是用20~30个碱基的任意引物，以未知序列基因组DNA为模板，通过PCR扩增作DNA指纹分析。

RAPD技术原理是利用PCR技术从扩增的DNA片段上分析多态性，由于片段被引物选择性地扩增，扩增得到片段能通过凝胶电泳显现，这样就可通过同种引物扩增条带的多态性反映出模板DNA的多态性。RAPD是基于PCR的一种新的DNA标记技术，其特点为引物是由一段任意序列的寡核苷酸组成，而每次扩增只需1个引物。每组样品可用多个引物进行筛选，以获取丰富的多态性条带。扩增后的RAPD片段可用琼脂糖凝胶分离、检测，根据条带特征进行多态性分析。

RAPD具有快速、灵敏、通用性好等特点，成为目前应用最为广泛的DNA标记技术，现已广泛应用于中药材品种鉴定。

（三）扩增片段长度多态性（AFLP）

AFLP标记是一种建立在PCR技术和RFLP标记技术基础上的，利用PCR技术扩增DNA限制性酶切片段的DNA分子标记技术，是1992年由荷兰Keygene公司科学家Vos Pieter等发明并发展起来的第二代分子标记技术。AFLP标记实际上是RFLP与RAPD相结合的结果。它结合了RFLP和PCR技术的特点，具有RFLP技术的可靠性及PCR技术的高效性，并克服了RAPD标记稳定性差及标记呈隐性遗传的缺点。同时与RFLP比较，用PCR技术代替了Southern blotting技术，更加方便快捷。AFLP扩增可使一物种出现特定的DNA条带，而另一物种可能无此条带产生,因此通过引物诱导及扩增后得到的DNA多态性可作为一种分子标记。AFLP标记是通过选用不同的内切酶达到选择性扩增的目的,因此AFLP标记又称为选择性限制片段扩增(selective restriction fragment amplification,SRFA)标记。

AFLP标记原理是对基因组DNA限制性酶切片段进行选择性扩增。首先用限制性内切酶双酶切产生基因组DNA酶切片段,然后使用双链接头与基因组DNA的酶切片段连接形成扩增反应的模板。由于不同物种的基因组DNA序列不同,基因组DNA经限制性内切酶酶切后,产生大小不同的限制性片段。使用特定的双链接头与酶切DNA片段连接作为PCR模板,用含有选择性碱基的引物(在引物的3′端加1~3个核苷酸)对模板DNA进行扩增。选择性碱基的种类、数目和顺序决定了扩增的结果。选择性扩增产物经聚丙烯酰胺凝胶电泳分离、染色,然后根据凝胶上DNA指纹来检测物种基因组DNA的多态性(图6-2)。

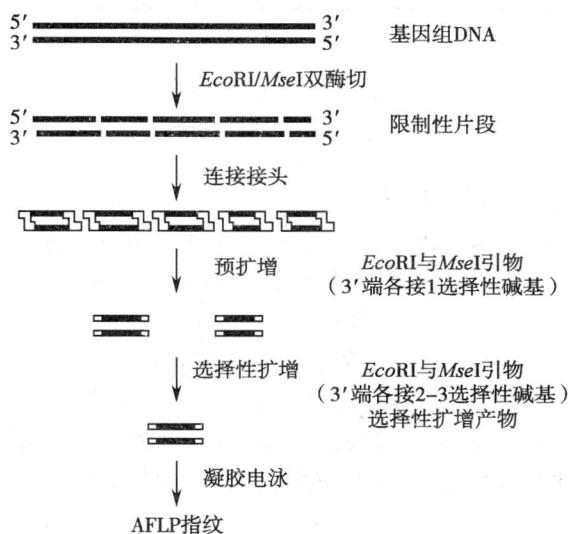

图6-2　AFLP原理示意图

AFLP信息量大,灵敏度高,能检测亲缘关系非常近的物种间的差异,AFLP构建的DNA指纹谱具有稳定性好、重复性强的优点,该技术已广泛应用于中药材品种鉴定,尤其适用于鉴别道地性中药材、建立中药材道地性评价体系,为从分子生物学水平上建立中药材道地性的统一质量控制标准提供简便、快速、准确的鉴别技术。

(四)简单重复序列区间(ISSR)

ISSR标记技术是1994年由加拿大学者Zietkiewicz等提出的。它是在简单重复序列(SSR)标记技术基础上发展起来的,扩增重复序列之间区域的DNA分析技术。ISSR也称作锚定SSR(ASSR)、以微卫星为引物的PCR(MP-PCR)技术。其基本原理是用锚定的微卫星DNA为引物,即在SSR序列的5′或3′端加上2~4个随机核苷酸构成锚定引物,在PCR反应中,锚定引物可引起特定位点退火,导致与锚定引物互补的间隔不太大的重复序列间DNA片段进行PCR扩增。所扩增的SSR区域的多个产物凝胶电泳分离获得扩增指纹图谱。ISSR标记技术是一种用于分析物种、种群、不同品系、甚至是个体间遗传变异的理想方法。

ISSR引物通常为16~18个碱基序列,由1~4个碱基组成的串联重复和几个非重复的锚定碱基组成,从而保证了引物与SSR序列的5′或3′端结合,使位于反向排列,间隔不太大的重复序列间的基因组DNA片段得以扩增(图6-3)。

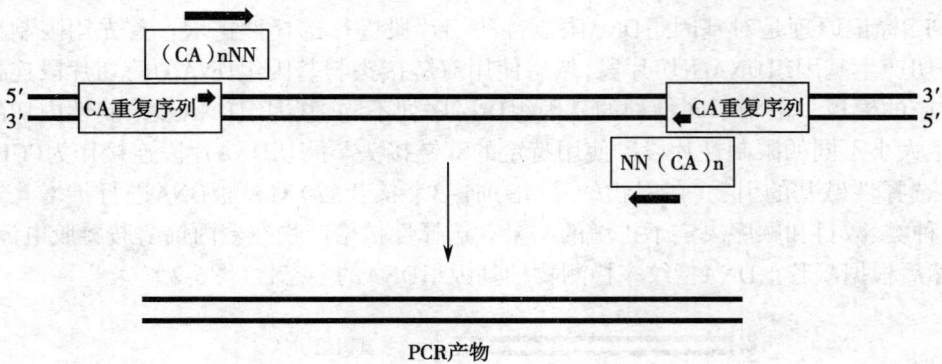

图6-3 ISSR原理示意图
(3′锚定2个碱基的引物)

(五)相关序列扩增多态性(SRAP)

SRAP标记是一种新型的基于PCR的标记系统,是由美国加利福尼亚州立大学Li与Quiros博士于2001年提出,又称基于序列扩增多态性(sequence-based amplified polymorphism,SBAP)。SRAP是与RAPD技术相似的一种标记技术,即SRAP可用一对引物,但所用的引物是在SSR的基础上设计的。SRAP技术是一种无需任何序列信息即可直接PCR扩增的新型分子标记技术,具有简便、高效、产率高、高共显性、重复性好、易测序、便于克隆目标片段的特点,尤其是可检测基因的可译框(OPFs)区域,针对性强。主要应用于种质资源的鉴定评价、遗传图谱的构建、重要性状基因标记、cDNA指纹分析乃至定位克隆方面。

SRAP标记技术原理是利用基因外显子里G、C含量丰富,而启动子和内含子里A、T含量丰富的特点设计两套引物,对基因的开放阅读框架(open reading frames,ORFs)的特定区域进行扩增,上游引物长17bp,对外显子区域进行特异扩增。下游引物长18bp,对内含子区域、启动子区域进行特异扩增。因不同个体以及物种的内含子、启动子与间隔区长度不同而产生多态性。

(六)单核苷酸多态性(SNP)

在不同个体的同一条染色体或统一位点的核苷酸序列中,绝大多数核苷酸序列一致而只有一个碱基不同的现象(约1%),称为SNP。这种因单核苷酸差异引起的遗传多态性特征的DNA序列区域可作为一种DNA标记,即为SNP标记。这种新型的分子标记技术是第三代分子标记,在生物学等领域应用前景广阔。

SNP通常呈双等位基因多态性,是基因组中最简单、最常见的多态性形式,具有很高的稳定性。一个SNP表示在基因组某个位点上一个核苷酸的变化,这种变化可以由单个碱基的转换、颠换所引起,也可以由碱基的插入或缺失所致。转换的发生率总是明显高于其他几种变异,具有转换型的SNP约占2/3。SNP按照其在基因中位置,可分为基因编码区SNP(cSNP)、基因控制区SNP(pSNP)及非编码区SNP(iSNP)三类。cSNP按照其对生物遗传性状的影响,分为碱基突变不引起其编码的氨基酸变化的同义cSNP和碱基突变会引起其编码的氨基酸变化的非同义cSNP。非同义cSNP可能影响基因的功能,常是导致生物性状改变的直接原因;基因控制区SNP可能会影响基因的表达,这两类SNP具有重要意义。

SNP标记技术应用广泛,随着其检测技术的不断简化、完善,将在中药材的分子鉴定、道地药材的形成机制、优良品种的培育等方面有重要应用前景。

(七)DNA测序(DNA-seq)

经典的DNA序列分析是以分子克隆为基础,所需时间长、工作量大、成本高,很难应用于大量基因或分类群的研究中。基于PCR技术的DNA直接测序技术是以双链或单链DNA为模板,以PCR扩增引物作为测序引物,采用全自动DNA序列测序仪对PCR扩增的双链DNA进行测序。与分子克隆测序法相比所需时间短、效率高,无论是杂合的等位基因或是重复序列的重复单位存在序列上的差异,序列图谱均能得到反映。在DNA测序及序列分析中,只需测定核苷酸在基因组DNA特定区域的排列顺序即可,而不必获得基因组DNA线性序列的完整资料。引物设计是DNA测序的关键点之一,PCR扩增的基本条件是引物所覆盖区域的DNA序列是已知的,以便根据其序列设计引物,即需预先知道靶基因(目的片段)的序列信息。

目前用于DNA测序的基因主要有叶绿体基因组(cpDNA)的*rbcL*、*matK*,核基因组(nDNA)的rRNA、ITS等(植物类),线粒体基因组(mtDNA)的Cyt-b、12S rRNA(动物类)。*rbcL*(核酮糖-1,5-双磷酸羧化酶/加氧酶大亚基,large subunit of ribulose-1,5-bisphosphate carboxylase/oxygenase)基因分辨率高,变异较均匀分布,进化速率差异大,一般用于科级以上分类群研究。*matK*位于*trnL*基因的内含子中,长约1500碱基,编码成熟酶并参与RNA转录本中Ⅱ型内含子的剪切,是叶绿体基因组蛋白质编码基因中进化速率最快的基因之一,变异较均一,一般用于种一级分类群亲缘关系研究。rRNA是编码核糖体DNA的基因,在植物体中以重复连续排列方式存在,包含进化速率不等的编码区、非编码转录区和转录区,可选择较保守的片段如18S、5S的rRNA进行各种亲缘关系研究。ITS(内转录间隔区,internal transcribed spacer)在核糖体DNA中位于18S和26S基因之间,由5.8S基因分为ITS1与ITS2两段(图6-4),由于被子植物中ITS存在于高重复的核糖体DNA中,进化速率快且片段长度仅700 bp(ITS1和ITS2各为350 bp),加上协同进化使该片段在基因组不同重复单元间非常一致,等位基因间甚至ITS的不同拷贝之间都可能存在序列上的差异,所以一般用于种下一级分类群亲缘关系研究。Cyt-b(细胞色素b,cytochrome b)、12S rRNA基因常用于动物类群亲缘关系研究。此外,核基因是双亲遗传,不同于叶绿体基因的单亲遗传,能反映真正的进化历程,因此核基因在中药品质鉴定研究中具有重要价值。

二、DNA 分子条形码鉴定

DNA分子条形码鉴定法是近年来基于分子标记技术发展起来的一种物种鉴定新技术,由加拿大分类学家Paul Hebert于2003年首次提出。该技术可以用于动物、植物和真菌物种

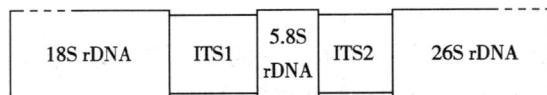

图6-4　ITS区简图

(仿Baldwin et al.,1995)

的快速鉴定,实现门、纲、目、科、属、种、变种等不同分类水平物种的鉴定。该技术在中药鉴定领域推广应用,可大大提高中药鉴定的速度和质量,有力地促进中药鉴定技术的发展。

(一)DNA条形码概述

1. DNA条形码的定义 DNA条形码(DNAbarcoding)是利用基因组中一段公认标准的、相对较短的DNA片段作为标记,对物种进行快速、准确、自动化的识别和鉴定的一种生物鉴定新方法。该方法通过筛选确定通用条形码,建立条形码数据库和鉴定平台,通过生物信息学分析方法分析比对DNA数据,进而对物种进行鉴定。DNA条形码技术通过综合利用电子学和遗传学的原理和技术,可方便、快捷地鉴别物种以及重新获得生物的一些未知信息,加速命名成千上万尚未命名物种,并为生物多样性的管理和分享提供了一种新的高效工具。

2. DNA条形码的原理 因为每个物种的DNA序列都是唯一的,DNA条形码通过测定基因组上一段标准的、具有足够变异的DNA序列来实现物种的鉴定。理论上这个标准的DNA序列对每个物种来讲都是独特的,每个位点都有A、T、C、G四种碱基的选择,15bp的DNA序列就有4^{15}种组合编码,从理论来讲完全可以编码地球上的所有物种。

3. DNA条形码筛选标准 并非所有的基因片段都适合作DNA条形码,理想的DNA条形码选择标准如下:①标准的短DNA片段。②序列的变异要适度,种间的差异幅度要足够大,便于区分鉴别不同物种,同时要具有相对的保守性,确保种内变异尽量小而稳定,使种间和种内变异有一个很明确的界定。③序列两端相对保守,以便引物的设计。

4. DNA条形码候选序列 ①单片段: COⅠ,*psbA-trnH*,*atpF-atpH*,*psbI-psbK*,*matK*,*rbcL*,*rpoC1*,*rpoB*,*ycf5*,ITS,ITS2等;②组合片段: COⅠ+ITS2,ITS2+*psbA-trnH*,*rbcL*+*psbA-trnH*,rpoC1+*matK*+ *psbA-trnH*,rpoC1+rpoB+matK,matK+ *atpF-atpH*+ *psbI-psbK*,*matK*+*atpF-atpH*+*psbA-trnH*。其中,COⅠ及COⅠ+ ITS2序列用于动物类药材DNA条形码鉴定,ITS2+*psbA-trnH*及ITS2常用于植物类药材DNA条形码鉴定。

5. DNA条形码的技术优势 DNA条形码在中药鉴定中的成功应用将带来中药鉴定方法的革命性突破。DNA条形码鉴定快速准确,重复性和稳定性高,有望实现中药鉴定标准化和自动化,克服传统鉴定法的诸多缺陷,是传统中药鉴定方法的有效补充。技术优势如下:①鉴定材料不受个体形态、大小等特征和完整性的限制,只要能提取出DNA的材料即可,直接提供丰富的分子鉴定依据,可实现对中药材原植物、原药材或标本、饮片、粉末以及组织、细胞等材料来源的准确鉴定。②鉴定用生物材料不受生长发育阶段的影响,从卵、种子到幼虫、幼苗,再到成虫、植物体,都可以鉴定该物种。③不受物种的限制,标准DNA条形码数据库建立,使各物种的鉴定成为可能,不限于濒危物种、土著物种或入侵种等。④可有效地区别形态相近的近缘物种,特别对于识别貌似无害的有毒生物非常有效,同时可以进一步展现生物的多样性;还可鉴定出许多群体中普遍存在的隐存分类单元。⑤只需选用一个或少数几个基因片段即可对某个属、科甚至几十个科的绝大部分物种进行准确鉴定。⑥获取信息量大,通过建立DNA条形码数据库,可在短时间内快速鉴定大量样本;精确性高,利用四种碱基组成的序列使物种鉴别数字化,获得物种的明确数字信息,弥补了形态描述含糊不清的不足。⑦易于构建DNA条形码数据库,形成统一的物种鉴定标准;DNA条形码序列数据与计算机信息系统结合,实现物种鉴定的标准化和自动化。⑧鉴定技术程序稳定,易于操作,配备标准化的DNA条形码数据库,可满足不同行业、不同科研背景工作者对物种快速鉴定的要求。⑨有助于构建生物种的系谱树。⑩二维DNA条形码将以二维码作为DNA序列的信息载体,为生物条形码扫描仪的研制开辟道路,将为中药材流通管理带来巨大革新;还可通过互联网和信息平台对现有物种序列信息进行集中统一管理,并可实现共享。

（二）DNA条形码鉴定技术流程

中药DNA条形码鉴定技术流程主要包括样品收集、DNA提取、PCR扩增、DNA测序、序列分析、物种鉴定等步骤。分述如下。

1. 样品收集　样品收集要遵循一定的采样规范和取样原则。植物类药材,应为没有被真菌、细菌及病毒等感染的原植物体的叶片、花、芽、果实或种子等组织或器官的新鲜材料;动物样品的常用取样方法有伤害性取样、非伤害性取样和非损伤性取样3种。新鲜材料可及时提取DNA或低温(−80℃冰箱或液氮中)有效保存。干燥药材、饮片或馆藏标本等,只要能提取出DNA即可,要避免发霉等。取样时应注意保护DNA,避免核酸、pH、过热、强光等导致DNA降解的诸多因素。

2. DNA提取　包括破坏细胞、释放核酸、DNA分离和纯化、DNA浓缩、沉淀与洗涤、DNA质量检测等基本步骤。选用各种成熟方法或加以改进提取样品DNA,如CTAB(十六烷基三甲基溴化铵)法、Qiagen DNeasy kit、蛋白酶K-酚抽提法、使用试剂盒提取、高盐低pH法等。植物类药材常采用CTAB或其改良方法提取DNA。

3. PCR扩增

（1）引物设计并合成:对GenBank数据库和NCBI数据库中的DNA序列进行研究分析,确定可以用作条形码的DNA片段及其序列数。准备不同分子标记的可用作PCR通用引物设计的DNA序列。动物类药材可根据标准片段COⅠ基因设计引物,植物类药材可根据ITS2、*matK*、*psbA-trnH*、*rbcL*等片段设计引物,也可对组合片段中的每个片段设计引物。将设计好的引物采用DNA合成仪,通过固相亚磷酰胺三酯法合成。DNA条形码引物应具有通用性,能够适合同一类群大多数物种DNA条形码序列的扩增,其引物设计基本原则为:序列应位于高度保守区,与非扩增区无同源序列;引物长度以15~40bp为宜;碱基尽可能随机分布,GC含量占50%~60%;引物内部避免形成二级结构;两引物避免有互补序列;引物3′端为关键碱基,5′端无严格要求。

（2）PCR扩增目的片段:通过调整PCR扩增反应体系和PCR扩增程序,优化反应条件。先调整好PCR扩增反应体系,再根据PCR仪技术参数设计合理的扩增程序,其中最重要的是温度变化速率或变换两个临界温度所需时间,根据扩增结果不断修改程序以得到优化的反应条件。PCR常用反应体系为:PCR Buffer(10×)2.5μl,Mg^{2+} 2μl(25mmol/L),dNTPs混合物2μl(25mmol/L),引物各1μl(25μmol/L),模板DNA1μl(约30ng),Taq DNA聚合酶1.0U,加灭菌双蒸水至25μl。PCR扩增程序为:变性温度与时间一般分别为92~95℃、30~60秒,富含G、C的序列可适当提高,但变性温度过高或时间过长都会导致酶活性损失。退火温度与时间通常分别为50~65℃、25秒~2分钟。引物G、C含量高、长度长,与模板完全配对时,应提高温度。但温度越高,产物特异性越高。延伸温度一般为72℃,接近Taq DNA酶的最适75℃;时间要注意把握,过长会导致产物非特异性增加。但对低浓度的目的序列,则可适当增加时间。循环次数30~40,循环次数过多,非特异性产物会大量增加。

（3）PCR产物检测与纯化:采取琼脂糖凝胶电泳方法检测,若条带单一,可直接测序;否则要纯化。参照Marker在紫外灯光下快速、有效地切下目的片段所在位置的凝胶,选用NaI法或回收试剂盒(如QIAEXⅡ琼脂糖凝胶回收试剂盒)纯化回收。

4. DNA测序 对PCR所得产物直接进行双向测序或克隆后测序。经典的测序方法有Sanger双脱氧链终止法和Maxam-Gilbert DNA化学降解法。新的测序方法有杂交测序法、质谱法、单分子测序法、原子探针显微镜测序法、流式细胞仪测序法、大规模平行实测法和DNA芯片法。还可以采用DNA测序仪（如3700型全自动遗传分析仪等）进行测序。然后进行序列拼接,去除测序结果两端的低质量部分,获得DNA条形码序列。目前常用序列拼接包括Linux平台的Phrap、Cap3等软件和Window平台的Sequench、CodonCode Aligner、Genious、DNAStar等软件。

5. 序列分析 DNA条形码研究的核心问题是通用序列的筛选和鉴定,理想的条形码序列应该是物种种间变异程度大于种内变异,种间与种内有"barcoding gap"。评价种内种间变异的方法,即植物条形码研究中常用的分析方法有: 遗传距离分析、barcoding gap检验、Wilcoxon非参数检验、系统学分析法等。

（1）遗传距离分析: 遗传距离分析基于比对后的遗传距离值,距离值的计算常采用p距离(pairwise uncorrected p-distance)或K2P距离(Kimura-2-parameter distance)。K2P距离可通过MEGA和PAUP软件计算,是生物条形码联盟(CBOL)推荐使用的距离计算模型,是在变异很小时区分物种的最佳模型。种内距离计算包括K2P距离、平均 θ 值和平均溯祖度三个评价参数。平均 θ 值是指每个物种内不同个体间的平均K2P距离。目的是消除不同物种因样品采集数不均而引起的偏差。平均溯祖度是指物种内所有个体间最大的K2P距离,能反映种内最大的变异范围。

（2）barcoding gap检验: 理想的条形码种间与种内遗传变异之间存在显著差异,形成一个明显的间隔区,即"barcoding gap"。通过MEGA或PAUP计算种内和种间的K2P距离;并对距离值进行统计,分别考察种内种间不同分布范围序列遗传距离的分布情况,再将种内种间的分布情况作图比较。

6. 物种鉴定 对于实验获得可以鉴别物种的条形码经过检验分析后,确定能成功识别生物物种后,将该条形码信息提交到相关数据库。DNA条形码物种鉴定方法有相似性搜索算法、距离法、建树法等。相似性搜索算法是目前各大数据库(NCBI、BOLD等)进行搜索查询的主流方法,此方法将查询序列与参考数据库进行比较,通过两两序列局部对比或搜索短的核苷酸字符串来查询数据库中与之最匹配的序列。相似性搜索算法通常使用相似度得分来评价序列的相似性,而参与序列的性质和匹配长度等信息可以通过概率值反映出来,如E-value。常用的相似性搜索算法有BLAST、BLAT、FASTA、megaBLAST等,最为常用的是BLAST(基于局部比对算法的搜索工具, basic local alignment search tool)方法,由Altschul等1999年发布。BLAST优化了本底相似度算法,使用最大片段比对得分算法,能够实现比较两端核酸或蛋白质序列之间同源性功能,通过模式搜索,BLAST能够快速地找到两段序列之间的同源序列并对比对区域进行打分以确定同源性的高低。距离法是将查询序列与参考序列进行两两比对,当参考序列与查询序列有最小的两两比对距离时,则可对结果进行判断。建树法是通过物种系统进化关系重建来达到物种鉴定的目的。

（三）DNA中药材DNA条形码分子鉴定法指导原则

本法用于中药材(包括药材及部分饮片)及基原物种的鉴定。

DNA条形码分子鉴定法是利用基因组中一段公认的、相对较短的DNA序列来进行物种鉴定的一种分子生物学技术,是传统形态鉴别方法的有效补充。由于不同物种的DNA序列是由腺嘌呤（A）、鸟嘌呤（G）、胞嘧啶（C）、胸腺嘧啶（T）四种碱基以不同顺序排列组成，因此对某一特定DNA片段序列进行分析即能够区分不同物种。

中药材DNA条形码分子鉴定通常是以核糖体DNA第二内部转录间隔区（ITS2）为主体条形码序列来鉴定中药材的方法体系，其中植物类中药材选用ITS2/ITS为主体序列，以叶绿体*psbA-trnH*为辅助序列，动物类中药材采用细胞色素C氧化酶亚基Ⅰ（CO Ⅰ）为主体序列，ITS2为辅助序列。

1. 仪器的一般要求　所用仪器有电子天平、离心机、聚合酶链式反应（polymerase chain reaction，PCR）仪、电泳仪和测序仪。DNA序列测定用测序仪，是一台具有自动灌胶、自动进样、自动数据收集分析等全自动电脑控制的测定DNA片段中碱基顺序或大小，以及定量用精密仪器。测序方法主要采用双脱氧链终止法，又称Sanger法。4种双脱氧核苷酸（ddNTP）的碱基分别用不同的荧光进行标记，在通过毛细管时，不同长度的DNA片段上的4种荧光基团被激光激发，发出不同颜色的荧光，被电荷耦合元件图像传感器（charge-coupled device，CCD）检测系统识别，并直接翻译成DNA序列，获得供试品的峰图文件和序列文件。

2. 测定步骤　主要包括供试品处理、DNA提取、DNA条形码序列PCR扩增、电泳检测和序列测定、序列拼接及结果判定，主要步骤如下。

（1）供试品处理：按药材和饮片取样法（《中国药典》2015年版"通则9101"）取样。为防止外源微生物污染，药材和饮片一般使用75%乙醇擦拭表面后晾干，或采取其他有效去除微生物污染的方法。称取10~100mg备用。供试品具体取样部位根据不同药材特性作出相应规定。

（2）DNA提取：DNA的提取包括使用研钵或研磨仪破碎细胞，粉碎成细粉，用试剂盒法进行DNA的分离和纯化等步骤，目前常用试剂盒包括植物基因组DNA提取试剂盒和动物组织/细胞基因组DNA提取试剂盒，实验选用的试剂盒须能够提取到满足后续实验要求的模板DNA。

由于植物类中药材种类繁多，可根据所鉴定中药材的具体情况对提取方法加以改进。例如：植物细胞内含有大量多糖、多酚等次生代谢产物，这些物质在提取DNA的过程中与DNA共沉淀，形成黏稠的胶状物，难以溶解或氧化产生褐变，严重影响DNA提取的产量与质量，以及后续的PCR扩增实验。但如在提取DNA过程中加入抗氧化剂*β*-巯基乙醇，则可抑制氧化反应，避免其褐化。再如：PVP（聚乙烯吡咯烷酮）是酚的络合物，能与多酚形成一种不溶的络合物质，有效去除多酚，减少DNA提取过程中酚的污染；同时它也能和多糖结合，有效去除多糖。因此若将PVP和*β*-巯基乙醇配合使用，能够有效地防止DNA提取过程中多酚及多糖的污染。此外，乙二胺四乙酸（EDTA）能螯合Mg^{2+}或Mn^{2+}，从而抑制DNA酶（DNase）活性，防止DNA被其降解；在天然状态下，DNA与蛋白质以DNA蛋白质复合物（DNP）的形式存在，十六烷基三甲基溴化铵（CTAB）是一种阳离子去污剂，可溶解细胞膜，并与DNA形成复合物，使细胞中的DNP释放出来，该复合物在高盐溶液（>0.7mol/L NaCl）中能充分溶解，存在于液相中，通过有机溶剂抽提，去除蛋白质、多糖、酚类等杂质后加入乙醇沉淀即可使DNA分离出来。三羟甲基氨基甲烷（Tris-HCl）（pH8.0）溶液可提供一个缓冲环境，防止DNA被降解。

根、根茎、茎木类、皮类：通常根和根茎组织中多酚、多糖含量高，在研磨时多酚极易氧化成醌类，使DNA带有一定颜色，在纯化过程中很难去除，影响后续的PCR反应，所以在提取根及根茎类药材DNA时一定要注意多糖、多酚的去除，提取此类药材DNA时水浴时间一般为90

分钟,对于质地坚硬的根、根茎类和茎木类药材,可以延长水浴时间并降低水浴温度,如56℃水浴8~12小时,使得DNA充分释放到缓冲溶液中。此外,根茎类药材由于富含纤维和淀粉等贮藏物质,需加大样品量才能提取到足量DNA,可用大体积离心管(5ml或15ml)抽提。皮类中药材组织中富含薄壁组织和纤维等,加液氮不易研磨成细粉,需适当增加样品量,同时应增加β-巯基乙醇和PVP的使用量。

叶、花、全草类:该类药材采用试剂盒法一般都能成功提取其DNA,对于保存时间较久的叶、花、全草类药材可适当增加水浴时间,同时适当降低水浴温度,如56℃水浴8~12小时。

果实、种子类:果实及种子类中药材中多富含油脂,研磨时易被氧化,且易黏着在研钵壁上,损失较大,提取时需增加样品量。另外,对研磨后的材料可用丙酮浸提,去除脂溶性酚类化合物。

动物药材:肌肉类动物药材如海龙、蛇类、蛤蚧等,需使用75%乙醇擦拭表面消除外源性污染,待乙醇挥发后进行充分磨碎。含有脂类较多的动物内脏器官如哈蟆油,首先用含蛋白酶K和十二烷基硫酸钠(SDS)的缓冲液浸泡药材,SDS是一种阴离子表面活性剂,在55~65℃条件下能裂解细胞,释放出核酸;然后在试剂盒消化缓冲液中增加SDS含量,有利于脱去脂类。角甲类药材如龟甲、鳖甲和鹿茸等,由于DNA含量较低,样品量要适当增大,也可用大体积离心管抽提。壳类药材如石决明、瓦楞子、蛤壳等,由于存在共生或寄生生物,提取前需进行去除。

(3)PCR扩增:植物类中药材及其基原物种扩增ITS2或*psbA-trnH*序列,动物类中药材及其基原物种扩增COI序列,通用引物及扩增条件如下。

ITS2序列扩增正向引物ITS2F: 5′-ATGCGATACTTGGTGTGAAT-3′;反向引物ITS3R: 5′-GACGCTTCTCCAGACTACAAT-3′。*psbA-trnH*序列扩增正向引物psbAF: GTTA-TGCATGAACGTAATGCTC-3′;反向引物trnHR: 5′-CGCGCATGGTGGATTCACAATCC-3′。COI序列扩增正向引物HCO2198: 5′-TAAACTTCAGGGTGACCAAAAAATCA-3′;反向引物LCO1490: 5′-GGTCAA- CAAATCATAAAGATATTGG-3′。

PCR反应体系以25μl为参照,包括:1×PCR缓冲液(不含MgCl$_2$),2.0mmol/L MgCl$_2$,0.2mmol/L dNTPs,0.1μmol/L引物对,模板DNA,1.0U Taq DNA聚合酶,加灭菌双蒸水至25μl。设置未加模板DNA的PCR反应为阴性对照。

ITS2序列扩增程序: 94℃ 5分钟; 94℃ 30秒,56℃ 30秒,72℃ 45秒,35~40个循环; 72℃ 10分钟。*psbA-trnH*序列扩增程序: 94℃ 5分钟; 94℃ 1分钟,55℃ 1分钟,72℃ 1.5分钟,30个循环; 72℃ 7分钟。COI序列扩增程序: 94℃ 1分钟; 94℃ 1分钟,45℃ 1.5分钟,72℃ 1.5分钟,5个循环; 94℃ 1分钟,50℃ 1.5分钟,72℃ 1分钟,35个循环; 72℃ 5分钟。

(4)PCR产物检测:采取琼脂糖凝胶电泳方法检测PCR产物。电泳后,PCR产物应在相应的DNA条形码序列长度位置出现一条目的条带,阴性对照应无条带。

(5)测序:在紫外光灯下迅速切取目的条带所在位置的凝胶,采用琼脂糖凝胶DNA回收试剂盒进行纯化。使用DNA测序仪对目的条带进行双向测序,PCR扩增引物作为测序引物,测序原理同Sanger测序法。有目的条带的样品在测序仪上进行双向测序。

(6)中药材DNA条形码序列获得:①序列拼接:对双向测序峰图,应用有序列拼接功能的专业软件进行序列拼接,去除引物区。②序列质量与方向:为确保DNA条形码序列的可靠性,需去除测序结果两端信号弱或重叠峰区域,序列方向应与PCR扩增正向引物方向一致,获得相应的DNA序列。

（7）结果判定：将获得的序列与国家药品管理部门认可的中药材DNA条形码标准序列比对。

3. 方法学验证 应符合《中国药典》2015年版"通则9101"相关要求。

（1）影响因素考察：考察DNA条形码分子鉴定法的影响因素，包括DNA提取（样品量、水浴温度和水浴时间）、PCR条件（变性时间、退火温度与时间及延伸时间）和产物纯化（考察不同纯化试剂盒），保证实验方法的准确性。

（2）方法适用性考察：采用DNA条形码分子鉴定法对20批次以上药材或基原物种进行测定，积累数据，确定种内序列变异大小，保证该测定方法的适用性。

（3）基原物种对比验证：以分类学家确认的基原物种叶片为对象，采用该方法获得DNA条形码数据，与相应药材产生的DNA条形码数据进行对比，避免内生真菌等污染，保证结果准确性。

4. 注意事项

（1）实验场所应具备分子生物学实验室的基本条件。

（2）本法暂不适用于混合物与炮制品的鉴定及硫黄熏蒸等造成不适用的情况。

（3）为防止外源微生物污染，实验前须将实验用具进行高压灭菌，并用75%乙醇擦拭药材表面。有些药材本身含有内生真菌，如果内生真菌存在于药材的外围组织，则选用内部组织进行实验。如果真菌遍布整个药材，植物类药材需选用*psbA-trnH*条形码（真菌内不含有该基因片段），不能选用ITS2序列。为进一步确保实验结果不被真菌污染，实验者可在GenBank数据库应用BLAST方法对所获ITS2序列进行检验，以确保序列鉴定准确。

（4）本法用于鉴定药材的基原物种，不能确定药用部位。

（5）必要时结合其他鉴别方法综合判断。

（6）种内阈值的确定。同一物种的不同样品间存在一定的变异范围，即种内变异阈值。不同物种，不同条形码序列均会影响种内变异范围。

三、mRNA 差异显示鉴定

mRNA差异显示（mRNA differential display，DD）鉴定法是利用中药材不同组织或细胞在基因表达（gene expression）上的差异进行鉴定的一种方法。它通过将总mRNA反转录成单链cDNA（complementary DNA），然后进行PCR扩增反应，分离出不同分子大小的DNA，筛选出差异表达的目的基因并进行序列分析。既可以制备探针用于稳定灵敏的检测实验，也可以制备其蛋白产物及其抗体进行免疫检测。该技术为分离、克隆参与药用植物有效成分生物合成的基因，研究植物代谢与生态环境关系，探讨野生与栽培药材、道地与非道地药材等之间的遗传差异，提供了一种检测技术手段，有望广泛应用于中药的品质鉴定。

（一）概述

mRNA差异显示技术（mRNA differential display reverse-transcription PCR，DDRT-PCR）是Liang和Pardee 于1992年提出的，它是一种比较不同细胞系、不同组织间，或同一细胞系、同一组织不同条件下基因差异表达的方法，已成为研究高等植物的发育、生理代谢、基因表达的重要技术手段。不同来源的药用植物由于受外界环境的影响，基因选择性表达出现差异，进而导致药用植物生命活动的多样性，使不同生态型药材的有效成分含量出现差异。该技术可揭示野生与栽培药材、道地与非道地药材等有效成分差异成因的分子机制,鉴定和评价不同来源中药材的品质。

1. 基本原理　差异显示是针对从特定细胞或组织类型的mRNA池来源的样品,用PCR技术对其中许多的cDNA基因一起进行扩增和显示的实验方法。该实验方法依赖两套不同类型的合成寡核苷酸引物:锚定反应引物和随机正义引物。锚定反应引物是与mRNA的poly(A)尾及3′-非翻译区的连接处相复性结合。正义引物是一种10-mer的随机引物,用锚定引物将mRNA反转录成cDNA,对反转录产物采用5′端的随机引物和3′端的锚定引物以及含有放射性同位素标记的dNTP进行PCR扩增反应,所得PCR产物进行聚丙烯酰胺凝胶电泳,通过比较两种不同细胞类型或在不同生长条件下同种细胞类型来源的扩增cDNA产物的电泳带谱,能够用于鉴定其表达基因谱图的差异。

绝大多数真核细胞mRNA 3′端具有一段多聚腺苷酸结构,即poly(A)尾巴,与3′端的poly(A)尾相连前面的两个碱基只有12种组合,即GG、GC、GA、GT、CC、CG、CA、CT、TT、TG、TA、TC。因此,人工合成与poly(A)配对Oligo(dT)并接上与上述12种组合相配的两个碱基作为引物,每组引物锚定总mRNA的1/12,称之为锚定引物。锚定引物与mRNA 3′端锚定后,在反转录酶的作用下生成cDNA的第一条链;然后再加入由10个碱基组成的随机引物,以生成的第一条链为模板,进行低温退火的PCR扩增,因不同mRNA扩增产物的大小不同,通过变性聚丙烯酰胺凝胶电泳分离,通过自显影或荧光显色检测得到mRNA的指纹图谱。两种以上细胞的mRNA指纹图谱比较可得到差异表达的mRNA带,可进一步扩增、筛选、克隆和鉴定分析,以获得差异表达的目的基因。

2. 技术优势　差异显示技术克服了传统的mRNA差减杂交技术的不足,具有快速、灵敏、简单和可分析低丰度mRNA的优点。利用差异显示技术几乎可检测到细胞表达的所有基因,可同时比较多种细胞类型,展现所有差异,同时检测基因的上调和下调的表达。具有以下优越性:①能有效鉴定低丰度mRNA,差异显示仅需少量的总RNA(0.2~0.02μg,约200个细胞中所提取的总RNA)。用总RNA和poly(A)RNA做模板可获得相同结果,这也说明在大量tRNA、rRNA存在的情况下,锚定引物T12MN(M=A、G、C;N=A、T、G、C)能特异地结合于mRNA poly(A)的尾部。②差异显示应用PCR技术,起到了放大作用,敏感度高。为了筛选低转录水平的mRNA,将消减杂交与差异显示结合,先通过杂交使差异片段富集,再进行比较,则可提高低转录水平的mRNA的展示度;通过2轮PCR扩增(巢式),第2轮引物较第1轮在3′端多两个碱基,使与之匹配的模板减少,模板间的竞争减少,则低转录水平的mRNA易于被扩增。③差异显示在测序胶上同时比较2种以上不同来源样品间基因表达的差异。同时回收那些出现或消失的差异条带,则可获得"打开"或"关闭"的基因。④差异显示可在2~3周内获得结果。通过以下几点最大限度地排除假阳性:不同浓度模板的平行反应及重复实验可排除因模板质量数量而导致的假阳性;用缺省反转录酶或用RNase降解RNA作为阴性对照等严格对照实验来排除DNA污染;差异片段的初筛,如将研究对象RNA反转录,掺入同位素制成探针,分别与点有所有差异片段的尼龙膜杂交(即反向点杂交),有效地集中了目标片段。

(二)mRNA差异显示鉴定技术流程

mRNA差异显示鉴定技术流程主要包括样品收集、RNA提取、mRNA反转录、PCR扩增、聚丙烯凝胶电泳等步骤。首先在反转录酶的作用下,由特异的引物3′端锚定引物,将一对细胞和组织的总RNA反转录成cDNA；再以此cDNA为模板，通过5′端与3′端引物的合理设计和组合，进行PCR扩增；用聚丙烯酰胺凝胶电泳和银染法，将细胞中表达的基因直接显示在DNA测序胶上，从而找出细胞和组织中表达有差异的cDNA片段。将所获得的cDNA片段再扩增，扩增后的PCR产物应用质粒载体进行克隆，筛选阳性克隆测序。经过计算机网络查询，确定是已知或未知序列。用Northern杂交验证其在组织中的表达，最后确定基因的全长。

四、分子生物学鉴定应用示例

（一）DNA分子标记鉴定

近十多年来，DNA分子标记技术在中药相关研究中得到了广泛的应用，主要体现在药材真伪鉴定、药材基原植物鉴定、近缘物种鉴定、种质资源评价、道地药材分析、动物类药材鉴定等方面。DNA分子标记鉴定法已成为国家法定方法。

1. 药典收载实例

（1）乌梢蛇聚合酶链式反应法鉴别：①模板DNA提取：取药材0.5g，置乳钵中，加液氮适量，充分研磨使成粉末，取0.1g置1.5ml离心管中，加入消化液275μl［细胞核裂解液200μl，0.5mol/L乙二胺四乙酸二钠溶液50μl，蛋白酶K（20mg/ml）20μl，RNA酶溶液5μl］，在55℃水浴保温1小时，加入裂解缓冲液250μl，混匀，加到DNA纯化柱中，离心（转速为每分钟10 000转）3分钟；弃去过滤液，加入洗脱液800μl［5mol/L醋酸钾溶液26μl，1mol/L Tris-盐酸溶液（pH 7.5）18μl，0.5mol/L乙二胺四乙酸二钠溶液（pH 8.0）3μl，无水乙醇480μl，灭菌双蒸水273μl］，离心（转速为每分钟10 000转）1分钟；弃去过滤液，用上述洗脱液反复洗脱3次，每次离心（转速为每分钟10 000转）1分钟；弃去过滤液，再离心2分钟，将DNA纯化柱转移入另一离心管中，加入无菌双蒸水100μl，室温放置2分钟后，离心（转速为每分钟10 000转）2分钟，取上清液，作为供试品溶液，置零下20℃保存备用。另取乌梢蛇对照药材0.5g，同法制成对照药材模板DNA溶液。②PCR反应：鉴别引物：5′GCGAAAGCTCGACCTAGCAAGGGGACCACA 3′和5′CAGGCTCC CTAGGTTGTTATGGGGT- ACCG 3′。PCR反应体系：在200μl离心管中进行，反应总体积为25μl，反应体系包括10×PCR缓冲液2.5μl，dNTP（2.5mmol/L）2μl，鉴别引物（10μmol/L）各0.5μl，高保真Taq DNA聚合酶（5U/μl）0.2μl，模板0.5μl，无菌双蒸水18.8μl。将离心管置PCR仪，PCR反应参数：95℃预变性5分钟，循环反应30次（95℃ 30秒，63℃ 45秒），延伸（72℃）5分钟。③电泳检测：照琼脂糖凝胶电泳法（《中国药典》2015年版"通则0541"），胶浓度为1%，胶中加入核酸凝胶染色剂GelRed；供试品与对照药材PCR反应溶液的上样量分别为8μl，DNA分子量标记上样量为2μl（0.5μg/μl）。电泳结束后，取凝胶片在凝胶成像仪上或紫外透射仪上检视。供试品凝胶电泳图谱中，在与对照药材凝胶电泳图谱相应的位置上，在300~400bp应有单一DNA条带。

（2）蕲蛇饮片聚合酶链式反应法鉴别：①模板DNA提取：取药材饮片0.5g，置乳钵中，加液氮适量，充分研磨使成粉末，取0.1g，置1.5ml离心管中，加入消化液 275μl［细胞核裂解液200μl，0.5mol/L乙二胺四乙酸二钠溶液50μl，蛋白酶K（20mg/ml）20μl，RNA 酶溶液5μl］，在55℃水浴保温1小时，加入裂解缓冲液250μl，混匀，加到DNA纯化柱中，离心（转速为每分钟10 000转）3分钟；弃去过滤液，加入洗脱液800μl［5mol/L醋酸钾溶液26μl，1mol/L Tris-盐酸溶液（pH 7.5）18μl，0.5mol/L 乙二胺四乙酸二钠溶液（pH8.0）3μl，无水乙醇480μl，灭菌双蒸水273μl］，离心（转速为每分钟10 000转）1分钟；弃去过滤液，用上述洗脱液反复洗脱3次，每次离心（转速为每分钟10 000转）1分钟；弃去过滤液，再离心2分钟，将DNA纯化柱转移入另一离心管中，加入无菌双蒸水100μl，室温放置2分钟后，离心（转速为每分钟10 000转）2分钟，取上清液，作为供试品溶液，置零下20℃保存备用。另取蕲蛇对照药材0.5g，同法制成对照药材模板DNA溶液。②PCR反应：鉴别引物：5′GGCAATTCACTACACAGCCAACATCAACT3′和5′CCATAGTCAGGT-GGTTAGTGATAC 3′。PCR反应体系：在200μl离心管中进行，反应总体积为25μl，反应体系包括10×PCR缓冲液2.5μl，dNTP（2.5mmol/L）2μl，鉴别引物（10μmol/L）各0.5μl，高保真Taq DNA聚合酶（5U/μl）0.2μl，模板0.5μl，无菌双蒸水18.8μl。将离心管置PCR仪，PCR反应参数：95℃预变性5分钟，循环反应30次（95℃ 30秒，63℃ 45秒），延伸（72℃）5分钟。③电泳检测：照琼脂糖凝胶电泳法方法（《中国药典》2015年版"通则0541"），胶浓度为1%，胶中加入核酸凝胶染色剂GelRed；供试品与对照药材PCR反应溶液的上样量分别为8μl，DNA分子量标记上样量为2μl（0.5μg/l）。电泳结束后，取凝胶片在凝胶成像仪上或紫外透射仪上检视。供试品凝胶电泳图谱中，在与对照药材凝胶电泳图谱相应的位置上，在300~400bp应有单一DNA条带。

（3）川贝母聚合酶链式反应-限制性内切酶长度多态性方法鉴别：①模板DNA提取：取药材0.1g，依次用75%乙醇1ml、灭菌超纯水1ml清洗，吸干表面水分，置乳钵中研磨成极细粉。取20mg，置1.5ml离心管中，用新型广谱植物基因组DNA快速提取试剂盒提取DNA[加入缓冲液AP1 400μl和RNA酶溶液（10mg/ml）4μl，涡漩振荡，65℃水浴加热10分钟，加入缓冲液AP2 130μl，充分混匀，冰浴冷却5分钟，离心（转速为每分钟14 000转）10分钟；吸取上清液转移入另一离心管中，加入1.5倍体积的缓冲液AP 3/E，混匀，加到吸附柱上，离心（转速为每分钟13 000转）1分钟，弃去过滤液，加入漂洗液700μl，离心（转速为每分钟12 000转）30秒，弃去过滤液；再加入漂洗液500μl，离心（转速为每分钟12 000转）30秒，弃去过滤液；再离心（转速为每分钟13 000转）2分钟，取出吸附柱，放入另一离心管中，加入50μl洗脱缓冲液，室温放置3~5分钟，离心（转速为每分钟12 000转）1分钟，将洗脱液再加入吸附柱中，室温放置2分钟，离心（转速为每分钟12 000转）1分钟]，取洗脱液，作为供试品溶液，置4℃冰箱中备用。另取川贝母对照药材0.1g，同法制成对照药材模板DNA溶液。②PCR-RFLP反应：鉴别引物：5′CGTAACAAGGTTTCCGTAGG TGAA3′和5′GCTACGTTCTTCA-TCGAT 3′。PCR反应体系：在200μl离心管中进行，反应总体积为30μl，反应体系包括10×PCR缓冲液3μl，二氯化镁（25mmol/L）2.4μl，dNTP（10mmol/L）0.6μl，鉴别引物（30μmol/L）各0.5μl，高保真Taq DNA聚合酶（5U/μl）0.2μl，模板1μl，无菌超纯水21.8μl。将离心管置PCR仪，PCR反应参数：95℃预变性4分钟，循环反应30次（95℃ 30秒，55~58℃ 30秒，72℃ 30秒），72℃延伸5分钟。取PCR反应液，置500μl离心管中，进行酶切反应，反应总体积为20μl，反应体系包括10×酶切缓冲液2μl，PCR反应液6μl，Sma I（10U/μl）0.5μl，无菌超纯水11.5μl，酶切反应在30℃水浴反应2小时。另取无菌超纯水，同法上述PCR-RFLP反应操作，作为空白对照。③电泳检测：照琼脂糖凝胶电泳法（《中国药典》2015年版"通则0541"），胶浓度为1.5%，胶中加入核酸凝胶染色剂GelRed；供试品与对照药材酶切反应溶液的上样量分别为8μl，DNA分子量标记上样量为1μl（0.5μg/μl）。电泳结束后，取凝胶片在凝胶成像仪上或紫外透射仪上检视。供试品凝胶电泳图谱中，在与对照药材凝胶电泳图谱相应的位置上，在100~250bp应有两条DNA条带，空白对照无条带。

2. 近缘物种鉴定 姜科山姜属（*Alpinia*）植物具有很高的药用与经济价值，高良姜、益智仁、草豆蔻、红豆蔻等药材的原植物均来源于该属,同时山姜属大部分种群亦在不同地区作药用。由于该属植物的系统发育关系较为复杂,且种间共性明显,种内个体变异幅度较大等原因,长期以来,系统学家们各执己见,争议颇多。属下等级的划分不尽一致,一些种群的界限不甚清晰,给中药鉴定带来很多困难,这些长期存在的问题,经典方法已难以有所突破。对国产山姜属19个分类群的nrDNAITS区序列进行测定,并以姜属珊瑚姜*Zingiber corallinum* Hance为外类群,构建了中国山姜属植物系统树,结合形态学特征,从基因水平上探讨了山姜属属内系统发育关系,为来源于山姜属的中药材鉴定提供有力的DNA分子证据。实验思路:代表性样品的收集→总DNA提取→PCR扩增→直接测定nrDNAITS区序列→构建基因树与系统发育分析→分子标记种间分辨率的评价。具体步骤:国产山姜属4个亚属19个分类群及外类群样品的收集;PCR引物为P1: 5′-CGTAACAAGGTTTCCGTA- GGTGAA C-3′, P2: 5′-TTATTGATATGCTTAAACTCAGCGGG-3′;PCR产物纯化后直接测序。序列分析结果显示,山姜属19个分类群ITS区序列总长度范围为401~412bp(不包括5.8S);山姜属属内各类群间的变异位点为136,信息位点101;信息位点占总位点的24.5%。可见山姜属ITS区种间分化较为活跃;对属内各类群有很好的种间分辨率。用NJ法(neighbor-joining method)、UPGMA法(unweighted pair group method with arithmetic mean)分别构建了中国山姜属植物的系统树。在此基础上,进行了中药红豆蔻的DNA分子鉴定研究。红豆蔻为姜科植物红豆蔻*Alpinia galanga* Willd.的干燥果实,但在一些地区,同属植物节鞭山姜*A. conchigera* Griff.、华山姜*A. suishanensis* Hayata、假益智*A. maclurei* Merr.以及多花山姜*A. polyantha* D. Fang的果实亦作红豆蔻入药。对红豆蔻及其4种混淆品的nrDNAITS区序列进行分析:它们的ITS1区长度变化范围为177~178bp, ITS 2区为225~234bp,5.8S编码区均为164bp;成对比较时,序列差异较大。基于这些分子标记,可准确鉴定红豆蔻及其混淆品。

3. 种质资源评价 列当科植物肉苁蓉*Cistanche deserticola* Y.C.Ma为中药肉苁蓉原植物之一,带鳞叶的肉质茎入药,具补肾阳、益精血、润肠通便之功效。肉苁蓉为沙生、寄生植物,目前野生资源濒临枯竭,进行种质资源多样性研究与发展人工栽培是当务之急。应用AFLP分子标记技术,分析栽培与野生肉苁蓉种质资源多样性,为肉苁蓉的种质资源评价与保护提供遗传学资料。实验思路:总DNA提取→酶切与接头连接→预扩增→选择性扩增→限制性片段分离→指纹分析。具体步骤:收集58个样品,包括栽培品30个植株,野生3个居群共28个植株。分别提取总DNA后,以2种限制性内切酶*Eco* RI及*Mse* I双酶切,之后限制性片段的两端分别接上特异性接头(接头序列如前所述)。AFLP预扩增引物只设计有1个选择性碱基,即*Eco*RI引物3′端为A,*Mse*I引物3′端为C;将预扩增产物适当稀释,作为选择性扩增模板。选择性扩增引物序列与预扩增引物基本相同,只是3′端各设计有3个选择性碱基。实验中,从64对*Eco*RI/*Mse*I引物中筛选出8对引物,分别进行梯度PCR扩增(引物需用荧光染料标记,以便扩增产物的仪器检测)。扩增产物的凝胶电泳分离及限制性片段的检测在ABI 377 DNA自动测序仪上完成。最后应用相关软件进行多态性分析。结果显示,栽培肉苁蓉多态位点百分率79.16%,野生居群总计多态位点百分率89.53%,4个居群平均Nei基因多样性指数为0.1938, Shannon多态性信息指数为0.3004,基因分化系数(Gst)为0.0979。并得出以下结论,栽培与野生肉苁蓉遗传多样性均较高,遗传分化很小。说明现阶段该物种的种内丰度较高,其濒危原因不在于此。因此,野生抚育和人工栽培是保护肉苁蓉资源并实现可持续利用的根本方向。

　　中药桔梗为桔梗科植物桔梗*Platycodon grandiflorum*(Jacq.) A. DC. 的干燥根,具宣肺、利咽、祛痰、排脓之功效,用RAPD技术对桔梗野生与栽培种质遗传多样性进行分析,为优良品种的选育提供基础资料。实验思路:栽培种质、野生种质的收集→遗传材料的收集与品系纯化→总DNA提取→引物筛选→PCR扩增→结果分析。具体步骤:实验材料的收集:栽培种质4种,来自安徽亳州和太和、内蒙古、山东,共20份;野生种质3种,来自北京、河北承德、山东淄博,共3份;育种遗传材料4种,共4份;总共11种27份种质92个样品。遗传材料来自同一份从市场购买的桔梗种子,通过多代自交将原群体中的紫、白、粉花植株纯化为花色不再分离的3个花色纯系,花色分离株为原始材料。从新鲜叶片中提取总DNA;对264条10碱基随机引物进行筛选,最终确定6条重复性好、条带清晰的特异性引物分别对92个样品基因组DNA进行扩增,由此获得桔梗栽培种质、野生种质及育种遗传材料的RAPD指纹图谱。对图谱中的DNA条带进行量化:条带存在为1,条带不存在为0。在相同条件下,迁移率相同的条带视为同源位点。进一步的数据分析结果显示:所有种质的多态性位点比率(P)为66.67%,Nei基因多样性指数(Ht)为0.2099,栽培种质的P值大小顺序为:安徽太和>安徽亳州>内蒙古赤峰>山东淄博,Ht值大小顺序为:安徽亳州>安徽太和>内蒙古赤峰>山东淄博;野生和遗传材料中各份种质的Ht和P值很低,但总体值仍高;UPGMA聚类和SPSS聚类可将各种不同来源的种质很好地区分开来。因此,可得出桔梗栽培种质在遗传背景上为混杂群体,纯系材料遗传背景均一,不同栽培产区桔梗种质已出现明显遗传分化的结论。

　　4. 道地药材分析　　中药当归为伞形科植物当归*Angelica sinensis*(Oliv.) Diels的干燥根,自古以来,以甘肃岷县一带为道地产区,所产当归药材质量最佳,习称"岷归"。应用RAPD技术对当归不同产地的18个样品进行分析,从分子生物学角度为当归药材道地性的形成提供新的启示。实验思路:样品收集→总DNA提取→引物筛选→PCR反应→结果分析。具体步骤:收集甘肃省宕昌、武都、漳县、岷县以及四川省南坪5个当归不同产区的18个样品,CTAB法提取叶片中的总DNA,用筛选出的谱带清晰并呈多态性的10个RAPD引物进行PCR扩增,反应总体积为25μl;结果显示,这10个引物在每个样品中获得的DNA片段总数平均为55个。在此基础上,构建不同产地18个当归样品的聚类树状图。进一步的分析表明,地理分布距离越小,当归的遗传差异越小;反之,越大;但生态环境特别是小生境对当归遗传差异的作用不可忽视。药材的道地性不仅是一个地理意义上的概念,同时具有广泛的生物学内涵以及丰富的遗传特性。

　　中药厚朴的原植物为木兰科厚朴*Magnolia officinalis* Rehd. et Wils.及其变种凹叶厚朴*Magnolia officinalis* Rehd. et Wils. var. *biloba* Rehd. et Wils.,而药材历来又有"川朴"与"温朴"之分。鉴于各地栽培品种形态特征的多样性,以及市场习用品或伪品的复杂性,应用RAPD标记技术探讨厚朴种下等级的系统发育关系、药材的道地性问题;并寻找正品厚朴DNA指纹特征。实验思路:样品收集→总DNA提取→随机引物筛选→PCR扩增→扩增条带的分离→聚类分析。具体步骤:收集厚朴主要分布区11个产地33个植株为研究对象,从74个随机引物(每一引物由10个随机排列的核苷酸组成)中筛选出17个条带清晰、多态性强而且重现性好的引物。由此得到116条带,其中多态性带105条,一致性带11条。对扩增条带进行统计时,有带记为"1",无带记为"0"。然后用相关软件进行聚类分析,并得出以下结论:①将厚朴分为3个地理宗更合适,分别是:典型的厚朴、典型的凹叶厚朴及中间类型,这与叶的形态等性状一致;②"川朴"及"温朴"有明显的遗传分化,且与有效成分相关,故厚朴的道地性主要来源于遗传差异;③具有代表性的样品研究结果可用于正品厚朴DNA指纹鉴别库的建立。

5. 动物类药材鉴定 中药龟甲为龟科动物乌龟*Chinemys reevesii*(Gray)的背甲及腹甲,药材来源十分复杂,其性状、理化鉴别方法存在很大局限性,则对龟甲进行分子鉴定研究。以线粒体12S rRNA基因为分子标记,构建了21种龟类的序列数据库;在此基础上,对19个市场龟甲样品进行了鉴定,为龟甲类药材提供了准确的DNA分子鉴定方法。实验思路:总DNA提取→PCR扩增→直接测定12S rRNA基因序列→序列分析与构建数据库→样品测序→与数据库比较→获得鉴定结果。具体步骤:收集乌龟和其他20种龟样品,其中包括市场主流混淆品缅甸陆龟、眼斑沼龟和齿缘摄龟等。总DNA提取;PCR扩增引物为L1373: 5′-CGC TGC AGA GAA ATG GGC TAC ATT TTC T-3′,H1478: 5′-TGA CTG CAG AGG GTG ACG GGC GGT GTG T-3′,用于扩增约110bp的线粒体12S rRNA基因片段。直接测序与序列分析后,构建序列数据库。从数据库中可以看出,乌龟与其余所有龟类的序列均有差别,与花龟的序列差异最小,为3.7%(4/109 bp),与眼斑沼龟的序列差异最大,为15.7%(17/108 bp)。将19个市场龟甲样品中获得线粒体12S rRNA基因同一片段,与构建的数据库进行比对,结果显示19个样品中只有3个的原动物为乌龟,其余均为混淆品;混淆品中最多的为缅甸陆龟,其次为眼斑沼龟。

6. 其他方面的研究 中药蛇床子为伞形科植物蛇床*Cnidium monnieri*(L.)Cuss.的干燥成熟果实,其所含香豆素类成分类型与原植物地理分布似有一定相关性。以叶绿体*matK*基因为分子标记,探讨蛇床子居群间的DNA序列变异与地理分布的关系,可为蛇床子品质评价提供分子依据。实验思路:居群取样→总DNA提取→PCR扩增→直接测定*matK*基因序列→构建系统分支树→相关性分析。具体步骤:收集湖南、江苏、黑龙江、河南、河北衡水及河北安国6个产地蛇床子样品;PCR引物为通用引物*matKF*: 5′-CTA TAT CCA CTT ATC TTT CAG GAG T-3′;*matKR*: 5′-AAA GTT CTA GCA CAA GAA AGT CGA-3′。由于*matK*基因序列长度约1.2kb,利用单个引物进行一次PCR测序反应无法测得此区段全部序列,因此还设计了两对测序引物。序列分析结果显示,蛇床子6个居群的*matK*基因序列长度均为1268bp,编码成熟酶(422个氨基酸);6个居群间的序列存在12个变异位点,氨基酸序列9个替代位点。用邻接法构建的系统分支树表明:蛇床子居群间的亲缘关系与地理分布及所含香豆素化学型呈良好的相关性。

(二)DNA分子条形码鉴定

1. ITS2序列对中药基原植物与科内密切相关种的鉴定 ITS2序列对菊科植物进行鉴定,在菊科植物较大尺度取样上进行了DNA条形码候选序列的评价研究,在综合考虑扩增效率、序列变异度及鉴定能力的基础上,ITS2与其他四个序列(*matK*、*rbcL*、*psbA-turnH*和ITS)相比表现最优;在菊科494属2315种的3490个样本中,ITS2正确鉴定效率在种水平和属水平分别达到76.4%和97.4%。此外,在不同属的菊科物种中,ITS2序列的鉴定效率有所差异。结果显示ITS2可以作为菊科植物的DNA条形码,为解决更多菊科植物鉴定问题及其他科属DNA条形码候选序列的评价奠定了坚实的理论和技术基础。此外,ITS2序列还对蔷薇科、豆科、芸香科、大戟科植物进行鉴定,鉴定成功率均大于70%。

2. ITS2或*psbA-trnH*对中药基原植物属内密切相关种的鉴定 ITS2序列对重楼属药用植物鉴定,重楼属(*Parisa*)有很多重要的药用植物,其植物分类复杂,由于不同类群的特征形状交叉重叠,各类型界限模糊不清,给重楼属药用植物鉴定带来困难。对重楼属11个物种17份样品的*psbA-trnH*、*rpoB*、*rpoC1*、*rbcL*、*matK*和核ITS2序列进行PCR扩增和测序,比较各序列扩增和测序效率、种内和种间变异,进行barcoding gap分析,采用BLAST1和Nearest Distance方法评价不同序列的鉴定能力。ITS2序列在所研究的重楼属药用植物中的扩增和测序效率均为100%,其种内种间变异、barcoding gap与其他DNA条形码候选序列相比具有明显的优势,ITS2序列在重楼属中的鉴定成功率达到100%。对于ITS2序列扩大至29个物种67份样品依然具有100%的鉴定成功率。通过对重楼属不同条形码进行比较,筛选得到的ITS2序列成功鉴定了包括华重楼、滇重楼、七叶一枝花、长药隔重楼等重要重楼属药用植物,能够有效解决重楼药材混伪品不清等鉴定问题。此外,采用psbA-trnH对金银花和石斛属及其伪品进行鉴定,结果表明,psbA-trnH基因间隔区适合作为中药材金银花及山银花基原植物鉴定的条形码,psbA-trnH序列可用来鉴定石斛属物种及其伪品。

3. ITS2或psbA-trnH对中药基原植物及其混伪品的鉴定 采用ITS2序列鉴定大青叶及其混伪品,大青叶是我国传统常用中药,但是由于历史原因,大青叶的来源比较混乱,十字花科植物菘蓝、爵床科植物马蓝、蓼科植物蓼蓝、马鞭草科植物大青、豆科植物木蓝等诸蓝之叶在中医临床中均被用做大青叶。利用ITS2条形码对大青叶基原植物及其混伪品进行了比较,结果表明大青叶的基原植物菘蓝的ITS2条形码序列长度很短,仅191bp,易于扩增和测序,其种内平均K2P距离(0.002)远远小于其与混伪品的种间平均K2P距离(0.882),在局域邻接法构建的系统聚类树中,各物种均表现出了单系性,而同时又和其他物种明显区分开,ITS2二级结构所提供的分子形态学特征进一步显示了菘蓝及其混伪品具有的明显差异。因此,基于ITS2条形码可以方便、快捷地鉴定中药材大青叶正品及其混伪品,该研究对《中国药典》中其他药材的相关研究具有重要的参考价值。此外,ITS2序列还对砂仁、党参、藁本、金钱草、高良姜、京大戟、赤芍及其混伪品进行了鉴定,结果表明,ITS2条形码可成功鉴定上述药材及其混伪品;psbA-trnH对肉苁蓉等及其混伪品进行鉴定,结果表明,条形码序列psbA-trnH可以鉴定肉苁蓉等及其混伪品。

(三)mRNA差异显示鉴定

柑橘新品种明柳甜橘是从春甜橘自然芽变中选育出来的,用mRNA差异显示技术(DDRT-PCR)研究春甜橘和明柳甜橘柑橘的差异表达基因,建立柑橘mRNA差异显示技术。以春甜橘和明柳甜橘的叶片为试验材料,首先提取春甜橘和明柳甜橘叶片的总RNA,经3种锚定引物(HT11A,HT11C,HT11G)反转录成3类cDNA,再利用相应的锚定引物和34个随机引物(HAP1-HAP34)组成引物对,反转录cDNA进行差异显示PCR扩增,将扩增产物经6%的变性聚丙烯酰胺凝胶电泳后进行银染,获得了比较清晰的差异条带,初步筛选获得一些春甜橘和明柳甜橘叶片的差异条带,重复性较好。然后回收差异条带并进行克隆测序,经生物信息学分析表明,得到的大部分片段是与酶调控和生长发育等相关的基因,为从转录水平鉴别和揭示两者的差异形成的遗传学机制奠定基础。

第二节 中药生物芯片鉴定

20世纪90年代,在分子点阵杂交技术的基础上,综合生命科学、医学、光学、电子、化学、物理、机械、数学、计算机软件、自动控制等多个学科技术手段,形成了生物芯片(biochip)技术。该技术是将生物活性物质(寡核苷酸、DNA、多肽、抗体、抗原、细胞等生物分子探针)固定于玻璃片、高分子材料薄膜等载体上形成生物分子点阵（bioarray），利用生物分子之间的特异性亲和反应（如分子杂交、抗原-抗体反应等），从而实现对DNA、RNA、多肽、蛋白质以及其他生物物质的高度集成化、高通量、大规模并行分析和快速检测。近年来进一步发展了将样品分离、纯化、反应、检测等功能集合于一体的芯片实验室（lab on a chip）。

生物芯片类型根据固定在载体上的识别分子不同，可分为基因芯片、蛋白质芯片、细胞芯片、组织芯片、糖芯片等。根据功能不同，可分为测序芯片、基因作图芯片、基因表达谱芯片、克隆选择和文库筛查芯片、物种鉴定和基因组分型芯片、突变检测芯片、多态性分析芯片、药物芯片、噬菌体文库筛选芯片等。

生物芯片技术已经成功用于分子生物学、生物医学的基础研究和医学的临床诊断、食品科学以及司法鉴定等诸多领域，是当前研究和应用的热点技术之一。近年来，已将这一新兴技术应用到中药鉴定的研究和实践中，相对传统方法具有更迅速、准确、高通量和自动化程度高的优势，展示出广阔的前景。

一、生物芯片鉴定程序

中药生物芯片鉴定的基本程序是：①找出待鉴定中药具有鉴定意义的特定探针。②采用适当方法将这些探针装配到芯片载体上。③提取检测样品并进行扩增和标记。④检测样品与芯片上探针进行杂交。⑤通过荧光或其他方式进行检测。⑥通过计算机软件进行结果分析。研究者获得探针后可以购买芯片点样仪自行点样、固定，可以向公司定做芯片或购买。

（一）生物芯片的制备

生物芯片载体一般为片状或膜状，目前使用最广泛的片基是玻璃片，其次是尼龙膜、金属片等。片基表面键合上各种各样的活性基团进行修饰，分子探针以共价键形式与这些基表面活性基团耦合固定。根据芯片表面活性基团的类型，可分为氨基片、醛基片、环氧乙基片和N-羟基琥珀酰亚胺酯片等，最常用的是氨基片、醛基片和环氧乙基片。根据与生物分子的结合特性来选用能与研究的生物活性分子特异亲和的芯片片基类型。

目前已有多种方法可以将寡核苷酸或短肽固定到固相支持物上，主要包括合成后点样法与原位合成法两种类型。点接触法和喷墨法均属于合成后点样法。将纯化、合成好的探针通过阵列复制器或阵列点样机将不同探针定量点样于尼龙膜、玻璃片等片基上，点样后经过水合、干燥、交联及封闭后制成芯片，这种点样方法称为点接触法。也可以将纯化后的探针以定点供给的方式从喷嘴中将探针直接喷射到芯片载体上，喷嘴不与芯片直接接触，这种点样方法称为喷墨法。

确定探针分子结构后，可以采用原位合成法制备芯片。原位合成法研究较多的有光刻原位合成法和分子印章合成法。光刻原位合成法是光刻技术和固相DNA的化学合成相结合，在芯片点阵原位上合成DNA；光刻原位合成法也可以制备光导肽芯片。分子印章合成法先根据所需微阵列设计制备微型分子印章，在刻好的印章上涂上对应的核苷酸，按设计的顺序将涂有不同核苷酸的微印章依次压印在同一芯片上，然后清洗、脱保护、氧化剂封闭等化学步骤进行原位合成DNA。

（二）样品制备与检测

由于灵敏度所限，待测样品还需要经过体外扩增并加以标记，才能使靶基因杂交后有足够的信号强度供检测使用。靶基因体外扩增的方法目前常用的是PCR法,扩增后的产物可以用PAGE电泳分离。

样品多采用荧光物质(荧光素、罗丹明、HEX、TMR、FAM,Cy3、Cy5)进行标记。荧光标记方法可以利用荧光标记的引物进行PCR扩增反应,或使用荧光标记的三磷酸脱氧核糖核酸(如Cy3-dCTP/UTP、Cy5-dCTP/UTP)在扩增过程中掺入到靶基因序列中。此外还有放射性同位素,如^{32}P、^{33}P、^{35}S、^{125}I和^{3}H等,其中^{35}S因敏感性较高、半衰期适中,常被选作标记物。

杂交是利用探针与样品之间特异性结合的生物学特性进行,杂交条件要满足检测的敏感性和特异性。不同的杂交信号,检测扫描装置不同。采用荧光标记法可以用荧光扫描成像检测,激光激发芯片上的样品发射荧光;严格配对的杂交分子荧光强,不完全杂交的荧光弱,不杂交的无荧光,如探针完全正常配对时所产生的荧光强度是有单个或两个错配碱基探针的5~35倍。目前主要应用的检测方法是荧光扫描法,商业化的芯片扫描仪主要有两类:激光共聚焦芯片扫描仪和CCD芯片扫描仪。生物芯片中的靶标分子常用2种或2种以上的荧光染料标记,故扫描结果常用两种荧光光密度的比值来表示,以减少或消除实验误差,提高结果的可靠性。CCD芯片扫描仪同时读取整个芯片结果,速度快于激光聚焦扫描仪。采用核素标记的可以磷感应屏成像,将核素标记的杂交结果放在磷屏上曝光。

扫描得到的图像文件通过划格确定杂交斑点的位置,过滤去除芯片背景噪声,提取信号强度值,以数据列表的形式输出。数据通过"看家基因"法、"总值标准化"法、"中值标准化"法或"均值标准化"法进行标准化处理减少或消除各个芯片实验间的差异后,比较多个芯片表达的结果。

二、生物芯片在中药鉴定学中的应用

基因芯片(DNAchip),又称DNA微阵列(DNA microarray),是研究开发最早、最为成熟和目前应用最广泛的技术,也是在中药鉴定中应用较多的生物芯片技术;其次是蛋白质芯片技术应用于动物类中药的鉴定;组织芯片、细胞芯片、芯片实验室等生物芯片技术还需要进一步探索在中药鉴定中应用的方式和方法。

基因芯片是基于碱基互补原理,在固体表面按一定的阵列集成大量的基因探针,通过与待测基因进行杂交反应,进而对大量基因进行平行瞬时分析检测的技术。中药基因芯片鉴定就是依据上述原理,将不同中药的特异性基因片段作为探针,固定在支持物上制成芯片,通过待测药材的DNA与基因芯片上的基因片段发生互补结合,从而实现该中药的鉴定。生物芯片技术相对于传统方法而言,具有样品用量较少,更快速、准确、高通量、自动化、微型化的优势,能够在分子水平上快速、准确地鉴定多个单一样品以及混合样品,为实现中药鉴定的高通量、标准化及自动化提供了强大的技术支撑。

基因芯片技术能否成功鉴定中药的关键是获取中药鉴定中特异性基因探针,实践中根据特定的需要选择有效的筛选途径。可以利用现有药用植物基因数据库资源筛选,或从分子生物学实验从DNA文库、nrDNA、叶绿体DNA*matK*或*trnL*基因、差减DNA克隆库、RAPD或AFLP多态性产物中获得特征分子探针。获取不同中药样本的特异性基因序列后,将这些特定序列作为探针固定于玻璃片等片基上制成基因芯片,当一个来自植物或动物的中药样本中含有可以与之互补的特定基因片段时,基因芯片即可将其检测出来。如果单片芯片上固定足够多的来自不同中药样本的特有基因序列,则此种芯片就可以用于多种中药样本的鉴别。不同中药样本的特异基因序列可理解为广义的中药指纹图谱,随着研究的深入,有望用生物芯片技术对不同质量、产自不同地域甚至不同季节的中药样本进行鉴别。

(一)中药品种的快速、准确、自动化鉴定

中药的品种鉴定对保证中药疗效至关重要,传统鉴定方法不仅要求从业人员须有一定的理论知识,而且要有丰富的实践经验,鉴别速度慢、耗时较长,鉴定结果比较容易出现差错。应用基因芯片技术则可实现中药品种的快速、准确、自动化鉴定,还有助于解决一些至今未解的难题,如一些植物的分类问题,一些同属多种来源的中药(贝母类、石斛类)、动物类(蛇类、龟板鳖甲类)。对这些中药进行DNA序列进行研究,进而制成基因芯片,可使中药鉴定这一古老科学走上现代化之路。

(二)道地药材的鉴别

在中药使用上,道地药材一直受到历代医家重视。道地药材具有客观真实性,其生产除了与药材特定的生长环境和特定的采收加工技术有关外,还与该道地药材产区这一物种的地方种群或居群中遗传上的特殊性有关,由于这种遗传性差异,造成道地药材与非道地药材品质差异。道地药材与非道地药材在形态和生药性状等特征上差异不是很显著,给道地药材鉴别带来困难,针对生物体内DNA的不同区段,其遗传保守性和变异性不同,选择适当方法,利用DNA分子遗传标记技术,研究DNA分子中保守性较低的区段,找出道地药材特征DNA序列,应用基因芯片技术即可准确区分道地药材与非道地药材。

(三)复方制剂中单味药材的检出

中药复方制剂中单味药材的检出,应用传统鉴别方法时常难以奏效,如果通过分子遗传标记研究,找到该种药材的特异性DNA片段,以此为基础制备出对该种药材高度特异性的寡核苷酸探针,应用基因芯片技术可达到鉴别目的。

(四)中药复方的分子定量分析

在中药的复方质量研究中,由于复方制剂成分复杂,许多动、植物类成分目前尚不明确,其质量优劣难以判定,应用基因芯片上探针与样品分子杂交配对产生的荧光信号强度与样品靶分子的含量呈一定的线性关系,可实现复方制剂中单味药材的DNA分子定量分析。因此,基因芯片技术为中药复方制剂质量的标准化拓展了一个新的领域。

三、生物芯片应用示例

贝母类药材基原复杂,一些品种外观非常类似,但药材质量及临床疗效差异显著,将不同种属多态性片段的特异性寡核苷探针制成芯片,建立了贝母类药材基因芯片检测方法。根据草本植物中高度保守的26SDNA基因D1至D12区在不同种属具有多态性,可作为鉴别依据的特点,首先提取来自多种贝母根茎的基因组DNA,对26SDNA基因与D3区的多态性进行直接测序,将针对不同种属多态性片段的特异性寡核苷酸探针固定于经多聚赖氨酸处理包被的芯片。然后设计特定引物,用来自不同种属贝母的PCR产物与固定的寡核苷酸探针进行杂交。由于在PCR反应过程中使用了荧光标记的ddNTP,不同种属贝母即可在芯片不同位置检测到荧光信号,从而提供了一种快速高效的集基因分型和中药材鉴别于一体的方法,显示DNA芯片技术可为植物的种属验证与质量控制提供一种快速、高通量的检测工具。

第三节 其他生物学鉴定

其他生物学鉴定主要介绍细胞生物学鉴定、免疫学鉴定、生物效应鉴定及薄层色谱-生物自显影鉴定等。

一、中药细胞生物学鉴定

细胞生物学鉴定法主要是采用染色体（chromosome）的核型分析技术对中药进行鉴定。中药某个特定种群的生物体细胞中染色体的形态、组型及带型是稳定不变的，代表着该种群的基本遗传特征，根据该特征即可鉴定中药的品种。由于染色体形态只能在细胞分裂的中期或后期观察到，故此方法适用于果实和种子类中药的鉴定，在中药基原鉴定中应用广泛。

本方法是将需要鉴定的药材培养发芽后，取根尖制片，观察并找到较好的染色体排列，根据染色体的排列制成核型模式图，测定染色体长臂和短臂长度，计算同源染色体相对长度及臂长比值、着丝点指数、差值等，求出核型公式，再根据"不对称核型分类"标准确定其核型，与已知该植物染色体的背景资料进行比较，即可鉴定该药材的物种。

（一）染色体分析

染色体分析及其多态性研究，通常都采用有丝分裂中期染色体，每种生物的染色体数目和形态已经恒定，是最易识别和区分便于分析与研究的时期。因此，有丝分裂中期染色体是核型分析、带型分析、多态性研究的最佳时期。但对于少数短染色体物种采用粗线期研究分析效果好。

1. 核型分析与带型分析 染色体是生物性状世代传递的遗传信息载体。在有丝分裂中期，每种生物体细胞成对存在的染色体数目和形态都是恒定的。不同种生物染色体数目和形态均不同。把所制备的中期分裂象染色体根据其大小、着丝粒位置进行同源染色体配对，大小排列、编组，则构成核型。所以核型是正常二倍体生物的一个体细胞完整的一套中期染色体排列成对的集合，它代表一个物种正常粒细胞的特征。把所制备的中期分裂象染色体经不同显带处理构成核型后，再进行遗传分析，则称为核型分析（karyotype analysis）和带型分析（banding pattern analysis）。

2. 核型标记 对核型分析中的核型标记，首先要记载所制备的动物细胞染色体数量，其次注明性染色体组成。若常染色体畸变，则在性染色体组成后面注明畸变类型及畸变染色体号码、部位，若在p或q上角写+或−，则表示畸变染色体短臂或长臂部位增加或缺失。

3. 性染色体分析 一般来说，当细胞处于分裂间期至前期时，核内染色体呈伸展状态。但是雌性哺乳动物性染色体中的一条X染色体，由于处于功能性异染色质状态而异常凝缩成小体附着在核膜上，则把该凝缩的小体称为X-染色质体、X-小体或Barr小体。这种X-染色质体呈现在正常雌性哺乳动物XX细胞中，而不显现在正常雄性XY细胞中。

4. 染色体多态性

（1）染色体数目多态性：当一个体体细胞所具有的染色质数目是单倍体（n）的倍数时，则称该个体为整倍体，包括单倍体（n）、二倍体（$2n$）、三倍体（$3n$）和多倍体（$>3n$）；当一个体体细胞所具有的染色质数目不是该物种单倍体的确切倍数时，则称该个体为非整倍体

（2n±x）。

（2）染色体结构多态性：家畜中常见的染色体结构多态性主要是易位、NOR多态性、C带多态性和Y染色体多态性。

（二）细胞生物学鉴定研究实例

中药川芎为伞形科植物川芎*Ligusticum chuanxiong* Hort.的干燥根茎，具活血行气、祛风止痛之功效。药材有"坝川芎"、"山川芎"、"抚芎"及"云芎"等品种之分，对川芎染色体核型进行分析，可为川芎的鉴定和良种培育提供细胞学资料。实验思路：采集材料→染色体制片→核型分析。具体步骤：取川芎幼苗茎尖分生组织，用0.002mol/L 8-羟基喹啉溶液预处理3小时左右，水洗后固定液固定5小时，再次水洗后，用1mol/L盐酸在25℃水解20分钟，制备细胞悬液，用悬滴法制片，干燥后用Giemsa染色，封片。在光学显微镜下观察60个分散良好、无明显缺失的中期分裂象，进行计数，结果显示川芎的体细胞染色体数为2n=22；确定全部染色体可配成11对同源染色体，各对染色体的长度、相对长度系数、染色体类型、臂比等见表6-1；川芎染色体的核型公式为K（2n）=2X=22=16m+4sm+2st（SAT）。见表6-1。

表6-1　川芎的核型分析

编号	相对长度（%）			相对长度系数	染色体类型	臂比	着丝点位置
	短臂	长臂	全长				
1	6.90	7.10	14.00	1.53	L	1.03	m
2	5.00	5.90	10.90	1.19	M2	1.18	m
3	5.00	5.50	10.50	1.15	M2	1.10	m
4	4.90	5.10	10.00	1.10	M2	1.04	m
5	4.40	4.60	9.00	0.99	M1	1.04	m
6	2.50	6.50	9.00	0.99	M1	2.60	sm
7	3.90	5.00	8.90	0.98	M1	1.28	m
8	2.30	6.20	8.50	0.93	M1	2.70	sm
9	4.00	4.10	8.10	0.89	M1	1.02	m
10	3.00	3.50	6.50	0.71	S	1.17	m
11*	1.10	3.90	5.00	0.55	S	3.54	st

注：*随体不包括在内

中药黄芪为豆科植物蒙古黄芪*Astragalus membranaceus*（Fisch.）Bge. var. *mongholicus*（Bge.）Hsiao或膜荚黄芪*Astragalus membranaceus*（Fisch.）Bge.的干燥根，具补气固表、利尿托毒、排脓、敛疮生肌之功效。对黄芪原植物染色体进行核型分析研究，可为膜荚黄芪和蒙古黄芪之间亲缘关系的探讨与系统位置的确定，以及黄芪栽培和良种选育提供细胞遗传学依据。实验思路：种子萌发→染色体制片→核型分析。具体步骤：种子萌发后，取幼根用0.05%秋水仙素和0.002mol/L的8-羟基喹啉溶液预处理4小时，卡诺固定液固定，1mol/L的盐酸解离10分钟，放入45%的冰醋酸中软化30分钟，苯酚品红染色，常规压片。统计50个细胞进行染色体计数，核型分析取5个细胞的平均值。结果显示，尽管膜荚黄芪及其变种蒙古黄芪的染色体数目均为2n=16,但染色体形态有所不同:膜荚黄芪中部着丝点染色体有4对(其中随体染色体1对),近中部着丝点染色体4对,核型公式为K(2n)=2X=16= 8m(2SAT)+ 8sm,为"2A"型。蒙古黄芪中部着丝点染色体有3对,近中部着丝点染色体5对(其中随体染色体1对),核型公式为K(2n)=2X=16= 6m + 10sm(2SAT),为"2B"型。核型分析结果支持《中国植物志》将蒙古黄芪做为膜荚黄芪变种处理的分类学观点。另外,有关黄芪的染色体数目,除了16外,还有22的不同报道;所用实验材料原植物的分类学鉴定是否准确是影响实验结果的重要原因之一。

二、中药免疫学鉴定

免疫鉴定法是利用中药含有的特异蛋白为抗体制备的特异抗体,与供试品中特异抗原结合产生沉淀反应的一种方法。它是通过制备特异抗原试剂,采用免疫电泳、酶免疫分析或琼脂免疫扩散等方法实现对中药的鉴定。

免疫分析技术作为药物分析的方法,尤其是检测药物中的微量组分,具有灵敏度高、操作简便、样品用量少、可批量测定等优点。中药免疫鉴定是基于中药的组分与抗体免疫反应的特异性,以及标记抗原和非标记抗原对特异性抗体的竞争性反应原理,对于准确鉴定中药品质具有十分重要的意义。

(一)概述

近30年来,免疫学分析技术发展很快,继20世纪50年代的荧光免疫(IFA)和60年代的放射免疫(RIA)分析技术之后,在70年代初建立了酶免疫分析技术,如酶联免疫吸附测定法(enzyme-linked immunosorbent assay, ELISA),在80年代初又建立了免疫印迹检测法(Western blotting)。目前ELISA和Western blotting已被广泛应用于生物学和医学科学的许多领域。

1. 基本理论 免疫学分析是根据不同标记方法和标记物建立多种分析技术,如放射免疫、荧光免疫、酶免疫、免疫电泳等。实质上,免疫反应是特异性抗体与抗原的结合反应,抗原只有与相应的特异抗体才能发生抗原-抗体反应,形成抗原-抗体复合物,保证了免疫分析的专属性。抗原与抗体的结合反应结果需要通过反应系统中加入标记物来显示。由于抗原与抗体结合时具有专属性和可饱和性,所以可以利用被测药物(未标记抗原)与标记药物(标记抗原)之间竞争性地与抗体结合的原理,建立药物浓度响应值之间的函数关系,从而对生物样品中的药物进行定量分析。

2. 抗原(antigen) 是指能在机体内引起特异性免疫应答的物质。抗原具有两种性质:一种是刺激机体产生免疫反应,称为免疫原性(immunogenicity);另一种是与免疫反应产物发生特异性结合,称为反应原性(reactiongenicity)。兼有免疫原性和反应原性的抗原是完全抗原,仅有反应原性而缺乏免疫原性的抗原称为半抗原。大多数异种蛋白质能引起免疫反应产生相应抗体,并能与抗体结合,属完全抗原。药材的有效成分多为小分子的次生代谢物,不能引起免疫反应,缺乏免疫原性,属半抗原,但与大分子蛋白质结合后能引起免疫反应产生特异性抗体,便成为完全抗原。抗原的制备是植物免疫分析技术成败的关键之一,也是建立免疫分析技术首先遇到的问题。抗原免疫原性的强弱主要取决于异物性、抗原的物理性状、抗原决定簇等因素。

3. 抗体(antibody) 是指能与抗原特异性结合的免疫球蛋白(immunoglobulin, Ig)。Ig分IgG、IgA、IgM、IgD和IgE五类。与免疫测定有关的Ig主要为IgG和IgM。机体受抗原刺激后,

B淋巴细胞产生相应的抗体。含有抗体的血清称为抗血清(antiserum)。每一系B细胞只产生针对某一抗原决定簇的抗体。如将多种抗原或含多个抗原决定簇的抗原注入机体,则将由多系的B细胞产生相应的多种抗体,这些抗体均存在于免疫血清中。免疫测定中所用的抗血清多用抗原免疫兔、羊、马制得。

4. 抗原-抗体反应　①可逆性:抗原与抗体结合形成抗原-抗体复合物的过程是一种动态平衡。抗体的亲和力是抗原-抗体间的固有结合力。用亲和层析法提取的特异性抗体,应用于免疫测定效果更好。②取适比例:在恒定量的抗体中加入递增量的抗原形成抗体复合物(沉淀)的量。曲线的高峰部分是抗原-抗体比例取适的范围,称为等价带。③特异性:抗原-抗体的结合实质上只发生在抗原的抗原决定簇与抗体的抗原结合位点之间。由于两者在化学结构和空间构型上呈互补关系,所以抗原-抗体反应具有高度的特异性。④敏感性:在测定样本中某一物质的含量时,化学比色法的敏感度为mg/ml水平,酶反应测定法的敏感度为5~10μg/ml水平,标记的免疫测定的敏感度可提高数千倍,达ng/ml水平。

(二)免疫鉴定方法

免疫鉴定方法有放射免疫分析法、荧光免疫分析法、免疫扩散法、酶免疫分析法、免疫电泳法、免疫印迹检测法等。其中,ELISA和Western blotting在中药品质鉴定中较为常用。

1. 放射免疫分析(RIA)法　是体内药物分析中应用较早、技术比较成熟的免疫分析方法之一,它是用放射性同位素标记抗原(药物),通过测定结合的或未结合的标记抗原放射性来指示反应的情况。目前,几乎对各类药物都有成功的放射免疫方法,它的特点是特异性强、灵敏度高,可用于定性、定量和定位分析。使用此方法,对成分复杂的生物样品无需预处理,具有方便、快速、准确的优点。该方法包括抗血清制备、标记抗原制备、游离标记物与结合标记物分离、标准曲线制作等操作步骤。

2. 荧光免疫分析(FIA)法　是一种以能产生荧光或猝灭荧光的物质作为标记物,以荧光强度的变化来显示标记抗原、抗体结合的情况。荧光物质的分子在特定条件吸收激发光的能量后,呈激发态而极不稳定,因此,处于激发态分子将迅速回到稳定的基态,并以电磁辐射形式释放出所有的光能,发射出波长较照射光长的荧光。荧光免疫分析法可分为荧光免疫组织化学法和荧光免疫测定法两类。荧光抗体技术属于前者,它是利用某些荧光素通过化学方法与特异性抗体结合制成荧光抗体,使其仍保持原抗体的免疫活性,然后使荧光抗体与被检抗原发生特异性结合,形成的免疫复合物在一定波长光的激发下可产生荧光,因此借助荧光显微镜检测或定位被检抗原。根据荧光抗体染色的方法可分为直接荧光抗体法、间接荧光抗体法和补体荧光抗体法。直接法是用特异荧光抗体滴于待测抗原样品上,标记抗体与抗原发生特异性结合,呈现荧光的分布和形态,以此来确定抗原的存在与否及其抗原性的部位;间接法是用未标记的特异性抗原加在切片上先与标本中的相应抗体(第一抗体)结合,再用针对第一抗体的抗抗体(第二抗体、荧光抗体)重叠结合,从而间接地显示出组织或细胞中抗体的存在;补体法是在抗原和抗体反应时加入补体(多用豚鼠补体),再用荧光标记的抗补体抗体进行示踪。根据荧光抗体检测的方法可分为荧光偏振免疫分析(FPIA)、时间分辨荧光免疫分析(TR-FIA)和猝灭荧光免疫分析(QFIA)。FPIA是一种利用物质分子在溶液中旋转速度与分子大小呈反比的特点对荧光标记抗体进行检测的技术;TR-FIA是一种以稀土金属螯合物标记抗体,利用荧光发射荧光寿命差别而将波长相同的荧光分开的近代荧光光谱技术;QFIA的原理是:当用荧光物质标记药物后,标记药物与抗体结合,荧光强度减弱。在样本测定时,被测药物(未标记抗原)与标记药物(标记抗原)竞争性地与抗体结合,被测药物多,标记药物就结合得少,即未结合的标记药物剩余的多。因此,荧光被猝灭得少,即荧光强度高。所以被测药物的浓度与荧光强度成正比,与荧光猝灭的程度成反比。

3. 免疫扩散法　免疫扩散是根据抗原和抗体在琼脂介质中扩散的结果,对其性质进行分析的一种方法。琼脂介质为琼脂凝胶,是一种半固体的多孔网状物质。绝大多数抗原和抗体的相对分子质量都在20万以下,能够在琼脂凝胶中自由扩散,并在凝胶中形成扩散物的浓度梯度,在抗原与抗体最适比例处,形成肉眼可见的免疫沉淀。由于不同抗原物质的扩散系数不同,扩散速度就不同,这样就可以达到分离鉴定的目的。免疫扩散法分为单向免疫扩散和双向免疫扩散。①单向免疫扩散:是指抗原或抗体之一成分扩散的方法,根据形式可分为试管法和平板法两种。平板法是目前最常用的抗原定量技术。如将抗体与琼脂混合,置抗原凝胶孔中,抗原则呈辐射状扩散,并在孔的周围与抗体形成可溶性的免疫复合物。继续向外扩散,与更多的抗体结合,直到抗原与抗体的等电点时,即形成一个沉淀环。由于试验过程中抗原向四周扩散,称为单向辐射状免疫扩散(SRID)。沉淀环的直径与孔中抗原的量以及抗体在凝胶中的浓度有关。当用已知量的参考品作标准曲线时,根据标准曲线和样品孔沉淀环的直径,就可测得样品中相同抗原的量。相反,若将抗原加入凝胶而将抗体加入凝胶孔中,则可测定抗体的浓度。②双向免疫扩散:是指抗原和抗体在同一凝胶内部扩散,彼此相遇后形成特异性的沉淀线。该法是将抗原与抗体在同一凝胶板中、两个相隔一定间距的小孔内进行相互扩散,当抗原与抗体浓度之比相适宜时,彼此相遇后形成一白色弧形沉淀线。双向免疫扩散也常用平板法,在同一凝胶中,当两个抗原的决定簇相同时,则两抗原与抗体形成的沉淀线相吻合;若两抗原的决定簇完全不同时,则与抗体所形成的沉淀线呈不相关的交叉线;若两种抗原有部分决定簇相同时,则与抗体形成部分吻合或部分交叉的沉淀线。沉淀线的形态、清晰度及位置等还反映了抗原或抗体的各种性质。若沉淀线正处于两个样品孔之间,说明抗体抗原浓度适宜,扩散速率相似;反之,若抗原、抗体浓度相似但扩散速率不同,或它们的浓度不同而扩散速率相似,则形成的沉淀线往往偏于扩散速率慢的或浓度低的孔。若抗原(或抗体)的浓度大大超过抗体(或抗原)时,则沉淀线模糊,这是由于沉淀线向浓度低的一方扩散的缘故。

4. 酶免疫分析法　酶免疫分析是用不同的酶来标记抗原或抗体,以测定酶的活性来显示标记抗原抗体结合的情况。

(1)酶放大免疫分析(EMIT):抗原用酶标记后,酶活性发生两种可能的变化:第一种可能是受到抑制,第二种可能是保持不变。在第一种情况下,酶标记的抗原与抗体结合后,使原来受到抑制的酶活性得到恢复,而第二种情况却使原来保持不变的酶活性被抑制。在具体测定中,加入的未标记抗原(待测药物或对照品)与酶标记的抗原竞争抗体,使酶标记抗原与抗体的结合减少,导致酶活性改变的程度发生变化,据此可以通过酶与底物作用后生成的有色反应产物表现出来。由于有色反应物的生成与被测药物的量密切相关,因此可用紫外-可见分光光度法定量。

(2)酶联免疫吸附测定法(ELISA):是将已知的抗原或抗体吸附在固相载体表面,采用抗原与抗体的特异反应将待测物与酶连接,然后通过酶与底物发生颜色反应对受检物质进行定性或定量分析的一种检测方法。①基本原理:结合在固相载体表面的抗原或抗体仍保留其免疫学活性,酶标记的抗原或抗体既保留其原免疫学活性,又保留酶的活性。测定时,待测抗原或抗体(受检样本中)与固相载体表面的抗体或抗原起反应,加入酶标记的抗体或抗原,进行抗体抗原的特异性免疫反应,生成抗体或抗原—待测抗原或抗体—酶标记抗体或抗原的复合物,再加入酶反应的底物,与该酶的底物反应生成有色产物,可根据加入底物的颜色反应来判断是否有免疫反应的存在,而且所生成的颜色深浅与受检样本中相应的抗原或抗体的量成正比,故可根据底物显色的程度,借助于光吸收率进行定量分析。ELISA测定的对象可以是抗体也可以是抗原。在这种测定方法中有3种必要的试剂:固相的抗原或抗体(免疫吸附剂)、酶标记的抗原或抗体(标记物)、酶反应的底物。②检测方法:根据试剂、样本及检测条件可设计不同的检测方法。主要有用于检测抗体的间接法、用于检测抗原的双抗体夹心法以及用于检测小分子抗原或半抗原的抗原竞争法。其基本操作步骤包括:加特异性抗体或抗原与固相载体联结,形成固相抗原或抗体;加受检样本,保温反应;加酶标抗体或酶标抗抗体,保温反应;加底物显色;比色测定。③技术优势:该技术最突出的优势是灵敏性高和特异性强。其灵敏度来自作为报告基团的酶,酶的催化效率很高,间接地放大了免疫反应的结果。ELISA实现了在细胞或亚细胞水平上示踪抗原或抗体的所在部位,或在微克、甚至纳克水平上对其进行定量。其特异性来自抗体或抗原的选择性。抗原抗体的结合实质上只发生在抗原的抗原决定簇与抗体的抗原结合位点之间。由于两者在化学结构和空间构型上呈互补关系,所以抗原抗体反应具有高度的特异性。

5. 免疫电泳法　是利用电场作用下,带电蛋白质在琼脂凝胶中具有不同迁移率,以及相同的蛋白质具有完整的抗原性的特点,用于分析抗原或抗体性质的一种方法。该法可用于检查蛋白质制剂的纯度,分析蛋白质混合物的组分,研究抗血清制剂中是否具有抗某种已知抗原的抗体,检验两种抗原是否相同。免疫电泳主要包括简易免疫电泳、对流免疫电泳、"火箭"免疫电泳及双向免疫电泳。

（1）简易免疫电泳:是蛋白质(或蛋白质混合物)在琼脂凝胶中电泳,然后与加入的抗体进行免疫双向扩散,形成沉淀弧,据此进行免疫鉴定。第一步是将蛋白质的不同组分依据其性质差异进行分离,第二步是双向免疫扩散过程。此法是把抗原置于用缓冲液配制的琼脂板预先打好的孔穴内,进行电泳。同时凝胶中已刻一槽,其方向与电场相平行,同时与蛋白质泳动的路线相距几毫米,电泳后,抗原所含组分按各自的理化性质分成不同的区带。此时,将待测蛋白质的抗体加入槽内,抗原与抗体进行双向扩散。当抗原与相应的抗体相遇并达到等量时,则形成沉淀弧。每种抗原组分可形成一个沉淀弧,借助沉淀弧线来观察这类复合物。

（2）对流免疫电泳:利用在pH 8.2电泳时,处在阳极的抗体的电渗力大于电泳力,故抗体向阴极移动。而处在阴极的抗原则向阳极移动,直至相遇后出现沉淀线。其原理与双向免疫扩散相同,但具有方法简便、快速及一次电泳可以检测多个样品等特点。

（3）"火箭"免疫电泳:当抗原在电场的作用下通过含有抗体的琼脂凝胶时,将与相应的抗体形成沉淀弧,而未结合的抗原将继续移动至抗原-抗体沉淀弧的先导部分,并溶解复合物再向前移动,直至抗原与抗体反应完毕,便可看到形状似"火箭"的沉淀峰。在抗体量一定时,火箭的高度随着抗原量的增加而增加。

（4）双向免疫电泳:又称交叉免疫电泳。它是将蛋白质抗原在琼脂糖凝胶中相互垂直的两向电泳。第一步将抗原在适宜pH(一般为pH 8.6)的琼脂糖中进行各组分的分离,第二步使抗原进入含有抗血清的琼脂糖中,当抗原与抗体相遇时出现弧形沉淀峰,第二向的每一个沉淀峰表示一种抗原成分,峰面积与抗原量成正比,而与琼脂糖中抗体的含量成反比。该法比经典的免疫电泳优越,有较好的分辨率,可用于样品纯度的鉴别和样品组分的定量分析。

6. 免疫印迹检测法(Western blotting) 又称蛋白质印迹,是分子生物学、生物化学和免疫遗传学中常用的一种实验方法。

(1)基本原理:是通过电泳分离待测样品不同组分,再在电流的作用下,使分离的蛋白质转移到固相载体(膜)上,固相载体以非共价键形式吸附蛋白质,且能保持膜上蛋白质的抗原性质不变,以固相载体上的蛋白质作为抗原,以特异性抗体作为探针,抗原与抗体发生免疫反应,再与酶标记的第二抗体起反应,对靶物质进行检测,通过分析着色的位置和着色深度获得特定蛋白质在所分析的细胞或组织中表达情况的信息。该技术结合了凝胶电泳的高分辨率和固相免疫测定的特异敏感等特点,可检测到1ng(最低可到10pg)中等大小的靶蛋白。

(2)实验操作:包括样品制备→电泳→转膜→封闭→孵育第一抗体→孵育第二抗体→显色等步骤。①样品制备:根据实验目的的不同选择不同的裂解液,如RIPA裂解液、NP-40裂解液、SDS裂解液,同时根据蛋白质提取组分的不同选择不同的方法,如提取核蛋白、细胞质蛋白、膜蛋白等。根据蛋白质的提取条件不同,可采取不同的定量方法,如Bradford法、BCA法等,对蛋白浓度估算。②电泳:采用变性聚丙烯酰胺凝胶(SDS-PAGE)电泳,依据需要检测蛋白的分子量选取分离胶的浓度,分别配制分离胶和积成胶,凝胶凝固后进行蛋白质上样和电泳。③转膜:将SDS-PAGE上的蛋白质转移到膜(NC膜,PVDF膜等)上,可采取半干法和湿法转移。④封闭:是为了后续加入的抗体仅仅只能同特异的蛋白质结合而不是和膜结合。常用5%脱脂奶粉或5% BSA封闭过夜(4℃)或室温1小时。⑤孵育一抗:用被检测蛋白质的兔抗血清,第一抗体是特异性的。用5%脱脂奶粉稀释一抗到合适的浓度,与膜室温孵育1小时或4℃过夜,孵育时间可参考抗体说明书,并加以优化,一抗孵育后TBST洗膜3次,每次3分钟。⑥孵育二抗:特异性酶标记的羊抗兔(鼠)IgG,第二抗体对于第一抗体是特异性结合的,并作为指示剂。用5%脱脂奶粉稀释二抗到合适的浓度,与膜室温孵育1小时,TBST洗膜3次,每次5分钟。⑦显色:酶标记蛋白质区带,产生可见的、不溶解状态的颜色反应。将两种显色底物溶液A(主成分为鲁米诺及特制的发光增强剂)和B(主成分为H_2O_2及特殊稳定剂)按比例稀释混合均匀后滴在膜上,置于压片盒中,迅速盖上胶片,关闭胶盒进行曝光,曝光一定时间后取出胶片,浸入显影液中显影,直到出现清晰的蛋白质条带,清水漂洗一下后放在定影液中至底片完全定影,清水冲净晾干,标定Marker,扫描胶片和Western blotting图片分析。

(三)免疫学鉴定研究实例

天花粉为常用药材,市场上时常出现混伪品,直接影响到临床用药的有效和安全。天花粉蛋白(TCS)是天花粉药材特有的蛋白,建立竞争酶联免疫吸附测定法(ELISA)测定待测检样品中天花粉蛋白的含量,根据天花粉蛋白含量的差异,对天花粉药材的真伪进行鉴别。实验方法:用天花粉蛋白的对照品免疫家兔,制备多抗,然后用免疫亲和柱纯化抗天花粉蛋白抗体,建立竞争ELISA方法;提取待检样品中总蛋白,通过包被抗原浓度和抗体稀释度的优选、线性关系及灵敏度、精密度、回收率等方法学考察,建立竞争ELISA检测天花粉蛋白方法,同时用免疫印迹检测法(Western blotting)验证竞争EUSA方法检测天花粉蛋白含量的特异性；用竞争ELISA法测定天花粉真伪品中天花粉蛋白含量。实验结果：不同产地的正品天花粉新鲜品、饮片和天花粉饮片标本中天花粉蛋白的含量与各伪品（王瓜根、湖北栝楼根、木鳖子根、异叶马㼦儿根等）中天花粉蛋白含量差别非常显著，正品药材中天花粉蛋白含量为1.35~29.07mg/g，而伪品中均未检出天花粉蛋白。结论：ELISA技术可以鉴定天花粉的真伪。

三、中药生物效应鉴定

生物效价鉴定（estimation of biological potency）又称生物活性鉴定，是利用药物对于生物体（活体或离体组织）所起的作用，以测定药物的疗效、作用强度及毒性的方法。中药生物效应（价）鉴定是利用生物体的反应来评判其有效成分的存在、含量或效价，以及测定其生物活性（药效、活力或毒力），以实现鉴定和评价中药品种和质量的方法。该方法是以分子药理学为基础，以生物统计为工具，运用特定的实验方法和病理模型，通过比较被测物与参照物在一定条件下产生特定生物效应的剂量比例，测出中药的生物活性，以此作为鉴定中药的依据之一。

中药生物效应鉴定是以中药有效性为基础，可以说是中药优劣鉴定的最佳方法，在中药质量控制和品质评价中具有独特的优势。该法适用于结构复杂、理化方法不能测定其含量，或理化测定不能反映其临床生物活性的中药，特别对尚未明确有效成分的中药，以其疗效为基础设计生物效价鉴定方法，达到控制质量的目的，尤其具有重大的现实意义。

（一）概述

1. 量反应与质反应

（1）量反应：药物对生物体所引起的反应是可以计量大小的，如器官长度的伸缩，血压、血糖的高低，抑菌直径的大小等；也包括时反应，即观察一种反应出现所需的时间，如动物的生存时间、凝血时间等，属于特殊的量反应。

（2）质反应：是指当一定量的药物注入动物体后，观察某一反应或反应的某一程度出现与否，如死亡、惊厥等，只有质的变化。此时只用反应率，如死亡率、阳性率及惊厥率等，来表达个体的反应程度，而不能用量来表示。在一定条件下，量反应与质反应可以互相转换。

2. 生物效应鉴定基本方法
按研究对象、测定方法及评价指标的不同，中药生物效应鉴定可分为生物效价测定法（量反应法）和生物活性限值测定法（半定量法或质反应法）。前者在一定剂量范围内，作用趋势一致、量效关系较明显，更易于量化评价；后者多用于达到某一特定值（给药量）的条件下，才出现某效应的评价，属于半定量或定性的范畴。一般优先选用生物效价测定法，未能建立生物效价测定的品种可考虑采用生物活性限值测定法，待条件成熟后可进一步研究采用生物效价测定法。除生物效价值外，生物效应谱也是重要的生物评价指标。

中药生物效应鉴定方法不同于一般的药理学实验方法，须具备定量药理学与药物分析的双重属性和要求。一般药理学实验方法主要是重现其趋势和规律，重在证实实验结果与对照组比较是否具有统计学意义，而药物分析则要求重现试验数据的绝对值，但允许有一定的误差范围。中药生物效应鉴定方法学考察既包括试验设计、量化指标、剂间距、分组、对照、可靠性检验等定量药理学的内容，还包括线性范围、精密度、重现性等药物分析的内容。

3. 生物效价测定
是中药生物效应鉴定的重要内容之一。其主要原则是将被测物与参照物（包括对照药物、药效成分）在严格规定的试验条件下，比较它们在生物体所产生的反应强度,再计算出中药或其制剂的剂量标准。中药的效价通常以1g中药中所具有的"作用单位"数量表示,这种"作用单位"即"效价单位",即指在一定的条件下所表现一定生理作用的最小剂量。其测定方法,按所使用的实验动物的不同,常有蛙法,猫法,鼠法及鸽法等;按照实验设计方法的原理,可分为直接测定法和量反应平行线测定法;按生物效价或活性的不同,常用的有抗菌效价、免疫作用、抗凝血活性、异常毒性、降压物质的测定以及过敏反应检查法、溶血与凝聚检查法等。

生物效价检测可分为体内检测(in vivo)和体外检测(in vitro)两种途径。体内检测是以整体动物为生物体,能反映药物对人体的作用方式,是最经典的生物效价检测方法。体外检测是以离体器官、组织、微生物、酶和细胞(原代细胞、传代细胞)为生物体,通过离体动物器官测定法、细胞培养(促进细胞生长、抑制细胞生长、间接保护细胞)测定法、生化酶促反应测定法、免疫学活性测定法(基于抗原-抗体反应,免疫化学与使用仪器相结合的方法)等方法。无论是体内还是体外的生物效价检测方法,都有其自身的缺点。体内效价检测的缺点是通常不能定量,一般不能建立保护性免疫水平,即使在纯种动物中进行实验,其重复性也比较差;体外效价检测的缺点是不能检测可能的免疫效果。所以应根据不同的实验对象和目的选择合适的效价检测方法。

4. 生物效应鉴定的应用 ①药效物质不清的中药质量评控:如板蓝根、角甲类动物等。②"有毒"中药的质量与安全性控制:如附子、何首乌、雷公藤等。③中药材道地性与商品规格等级的生物评价:如大黄等。④中药注射剂质量评控与临床合理用药的应用:中药注射剂质量一致性与稳定性的生物监测;基于生物热动力学表征的中西药注射剂无菌快速检测;基于化学热动力学表征的中西药注射剂无菌快速检测。

(二)生物效应鉴定实验设计与方法建立

1. 生物效应鉴定实验设计 生物效应鉴定是从定量的角度研究量效关系,因生物差异较大,因此在实验设计和结果分析时需要借助数理统计学方法。生物效应鉴定一般是根据平行线原理进行统计和分析。其中,质反应设计有概率单位法,量反应设计有完全随机法、随机分组法、交叉设计法和拉丁设计法等。

2. 生物效应鉴定方法建立

(1)生物模型的筛选:主要是选取3类生物模型:①基本工具菌;②相关病原微生物或低等原生动物;③目标组织细胞及细胞器,蛋白、基因等小分子物质。

(2)检测方法的筛选:应具有快速、灵敏、客观、可定量、普适性好等特点。如抗生素微生物效价检测法、免疫测定法、生物热动力学法等。

(3)检测指标的筛选:尽可能与中药功能主治或生物活性作用相关联,且可量化,重现性好。如可用于生物效价检测的生物热动力学方法的主要参数为有效成分含量或有效成分半数有效浓度EC_{50}值、生长速率常数K、抑制率I和半抑制率IC_{50}、最大发热功率、热焓变化$\triangle H$等。

(4)检测方法的方法学考察:选择性、准确性、精密度、重复性、检测限度、定量限度、线性、范围、耐用性等。

(5)生物效价检测方法的常规药理验证:根据所选中药的药理作用,开展其常规药效药理学实验,如解热、抗炎、抑菌、抗病毒、调节免疫等实验,以验证生物效价检测方法所得结论的客观性和可靠性,筛选快速、灵敏、稳定、高效、经济、通用性好的生物效价检测方法,进而建立基于生物物效价检测的中药生物活性评价模式和方法。

（三）生物效应鉴定研究实例

中药板蓝根为十字花科植物菘蓝 *Isatis indigotica* Fort.的根,具清热解毒、凉血利咽之功效。目前对其品质评价方法尚不完善,难以评价不同产地板蓝根的品质优劣。建立基于抗菌效价检测的板蓝根药材品质评价方法评价和控制该药材的品质。实验思路:样品制备→方法学考察→抗菌效价测定→结果分析。具体步骤:收集10批板蓝根药材样品,5批来自安徽省阜阳市GAP基地,其他分别产自河北省安国市、内蒙古自治区赤峰市、甘肃省武都市、黑龙江省佳木斯市、安徽省亳州市。方法学考察:以庆大霉素为标准品,以管碟法的抑菌圈直径大小为指标,通过单因素考察菌浓度、培养时间、细菌传代数对板蓝根抗菌效价的影响,选择适宜条件建立板蓝根抗菌效价的测定方法。考察结果显示,板蓝根的抗菌效价测定适宜的菌浓度为0.38MCF,适宜的培养时间为15.0小时,适宜的细菌传代数为3代或4代金黄色葡萄球菌。用此方法对10批板蓝根药材样品的抗菌效价进行测定,结果表明不同来源的板蓝根药材品质差异明显:来源于同一GAP种植基地不同批次的药材抗菌效价差别不大,约为3.80U左右,提示实行GAP规范化种植、管理,有利于保证药材品质的均一、稳定;而来源于不同产地的药材抗菌效价差别较大,从0.83U到6.77U不等,且随纬度增加呈下降趋势,提示日照时间长短对药材的抗菌品质有影响。抗菌活性为板蓝根的生物活性之一,用抗菌效价鉴定法并结合其他传统方法综合评价板蓝根药材品质,显然更为客观准确。

中药穿心莲为爵床科植物穿心莲 *Andrographis paniculata*(Burm.f.) Nees的地上部分,具清热解毒、凉血、消肿之功效。对药材的质量评价常以穿心莲内酯和脱水穿心莲内酯含量为指标(总量不得少于0.80%),显然有其局限性。应用生物效价法进行穿心莲药材及其制剂的质量评价,实验思路:标准菌株的确定→标准曲线的制定→供试品的效价测定→结果分析。具体步骤:取大肠埃希菌、金黄色葡萄球菌、枯草芽胞杆菌、藤黄微球菌4种标准菌株制成10^4/ml的菌液,采用2倍稀释法测定穿心莲对4种标准菌株的最小抑菌浓度(MIC),结合其他方法,最终选定金黄色葡萄球菌为穿心莲生物鉴定法的标准菌株。标准曲线的制定:当穿心莲的浓度为0.11~0.55g/ml时,穿心莲的对数剂量和反应效应呈线性关系。在上述浓度范围内,采用一点法,以穿心莲对照药材为对照品,对来自广东及陕西的穿心莲样品和不同厂家的含穿心莲的中成药样品进行检定,获得各自的效价。同时,用药典法测定其中的脱水穿心莲内酯含量。将两种评价方法得到的结果比较后发现,用HPLC测定陕西产穿心莲的质量要比广东产穿心莲质量好,甲厂产复方穿心莲片的质量要比乙厂产的复方穿心莲片质量好;但是,用穿心莲生物效价鉴定法的测定结果恰恰与之相反,结果耐人寻味。

四、薄层色谱 - 生物自显影鉴定

（一）概述

薄层色谱-生物自显影技术(TLC-bioautography)是将薄层色谱分离和生物活性测定相结合的活性物质筛选方法。该法无需特殊的仪器设备,操作简单,实验耗费低,灵敏度和专属性高,普适性强,生物活性的测定速度快,是一种集分离、鉴定和活性测定于一体的药物筛选的 "化合物+生物活性" 的测定方法。

TLC鉴别具有快速、易操作等特点,成为中药质量控制的常用手段,但有一定的局限性,TLC上显色(或荧光)斑点的有无和强弱只能说明某成分的有无与含量的高低,不能反映其生物活性,且常用化学显色剂多为通用显色剂,缺乏专属性。薄层色谱-生物自显影技术综合了分光光度法与薄层色谱分离技术两者的优点,并将色谱分离与原位活性测定有机地结合在一起,可快速锁定中药的活性成分,使活性成分在薄层色谱板上直接显现活性斑点,在中药检验中可直观地对药物活性成分作定性鉴别,实现了传统薄层鉴别目的,且也可用于定量,能反映中药的活性强弱。该技术是国际公认的快速筛选和检测抗菌活性物质的最有效方法之一,目前主要应运用于对具有抗菌/真菌,抑制胆碱酯酶以及清除自由基和抗氧化等活性成分的筛选。

人们最早采用纸色谱-生物自显影技术对抗菌药物进行筛选,而后发展到采用薄层色谱与生物显色剂联合用于食品、工业污染等微生物的测定以及各类天然抗菌成分的筛选。此外,在胆碱酯酶抑制剂和抗氧化剂的筛选等方面都得到广泛应用。1967年,Galvind等提出以1,1-二苯基-2-苦肼基自由基(1,1-diphenyl-2-picrylhydrazyl,DPPH)为显色剂定量测定清除自由基活性的观点,DPPH是一种稳定的以氮为中心的自由基,若被测物能清除它,则说明被测物可能具有降低羟自由基、烷自由基或过氧自由基等自由基的有效浓度,打断脂质过氧化链反应的作用。DPPH本身显紫色,具有清除DPPH自由基能力的物质能使其还原成DPPH-H而呈现黄色,从而筛选出活性组分。目前国内外广泛采用DPPH分光光度法筛选天然抗氧化剂。以DPPH为显色剂的薄层色谱-生物自显影技术(TLC-DPPH)近年来已应用于中药质量评价的研究,《中国药典》(2010年版)也首次引入了该检测方法。

(二)薄层色谱-生物自显影检出方法

薄层色谱-生物自显影检出包括生物检出法和酶检出法两种。

1. 生物检出法 将具有生物活性的物质(如抗生素等)在薄层板上展开分离后,与培养有供试微生物的琼脂培养基表面贴合,经过适当条件的培养后,非活性部位会被生长出的供试微生物所覆盖而呈现背景色,活性部位由于抗菌活性物质的存在,指示微生物的生长受到抑制,琼脂表面相对位置出现抑菌点而得到定位。如将芽孢杆菌接种在琼脂介质中制成琼脂平面,然后将点有新霉素的薄层展开后贴合在琼脂表面上,使新霉素斑点扩散到琼脂表面,再经过培养就可以观察到抑菌点。如将血液-明胶混悬液涂在展开后的薄层上,经过一定时间若看到红色背景上呈现透明无色斑点,则可以认为样品中含有皂苷类物质。

2. 酶检出法 将具有生物活性的物质在薄层分离后喷相关的酶稀释液,在适当的条件下孵育,然后再喷以能与酶产生显色反应的相关显色试剂,如果被分离的活性物质对酶有抑制作用,则斑点处就会显示出与背景颜色区别明显的斑点,此法不仅可用于分离和定位,更重要的是可以较直观地反映出物质生物活性的大小。

(三)薄层色谱-生物自显影鉴定研究实例

1. 生地黄与熟地黄 《中国药典》(2015年版)对中药采用薄层色谱-生物自显影技术控制的品种有生地黄与熟地黄,以DPPH为显色剂,鉴别生地黄与熟地黄中具有抗氧化活性的成分毛蕊花糖苷。具体方法如下:取药材粉末1g,加80%甲醇50ml,超声处理30分钟,滤过,滤液蒸干,残渣加水5ml使溶解,用水饱和正丁醇振摇提取4次,每次10ml,合并正丁醇液,蒸干,残渣加甲醇2ml使溶解,作为供试品溶液。另取毛蕊花糖苷对照品,加甲醇制成每1ml含1mg的溶液,作为对照品溶液。照薄层色谱法(《中国药典》2015年版"通则0502")试验,吸取上述供试品溶液5μl、对照品溶液2μl,分别点于同一硅胶G薄层板上,以乙酸乙酯-甲醇-甲酸(16:0.5:2)为展开剂,展开,取出,晾干,用0.1%的2,2-二苯基-1-苦肼基无水乙醇溶液浸板,晾干。供试品色谱中,在与对照品色谱相应的位置上,显相同颜色的斑点。

2. 乌药与厚朴 用薄层色谱-生物自显影技术评价乌药、厚朴药材的抗氧化活性。方法：薄层色谱分析：分别将一张乌药与厚朴展开后的薄层板喷以0.04%DPPH乙醇溶液，于40℃下加热30分钟后在可见光下检识，拍摄照片，自动生成轮廓扫描图谱，同时获得积分数据作为对照。将另一张乌药薄层板用碘蒸气熏，在可见光下检识；厚朴薄层板用1%香草醛的10%硫酸乙醇溶液显色，在105℃下加热至斑清晰，在可见光下检识。抗氧化作用评价：采用薄层色谱视频模拟扫描软件，通过测算各药材活性斑点总峰面积的大小，用于比较不同产地或批次的药材样品的抗氧化能力，总峰面积越大，抗氧化能力越强。以单个斑点的峰面积占总峰面积的百分率来评价该成分在相应药材中抗氧化的贡献，百分率越大，贡献越大。结果：不同产地乌药样品中以浙江天台产乌药的色谱峰积分总面积最高，说明其清除DPPH自由基能力最强，为天台乌药是道地药材提供了佐证。去甲异波尔定占各样品总峰面积的43.8%~66.0%，是乌药的主要抗氧化活性成分。5批厚朴样品中以四川凉山产厚朴色谱峰积分总面积最大，浙江产厚朴总面积最小，两者相差5倍以上，说明四川凉山产厚朴清除DPPH自由基能力最强。其中厚朴酚与和厚朴酚之和占各样品总峰面积的73.2%~93.2%，表明厚朴酚及和厚朴酚是厚朴的主要抗氧化活性成分。

第四节 中药生物鉴定研究展望

中药的品种鉴定和质量控制是中医药研究的基础，建立最佳鉴定方法有效评价中药的真实性、有效性及安全性，是中药创新药物研制以及实现中药标准化、现代化、国际化的重要环节。随着生物技术的迅猛发展和中药鉴定研究的不断深入，中药生物鉴定法应运而生，正在中药的品质评价、质量标准制定及新药源开发等方面发挥着独特的作用，克服了传统"四大鉴定法"的诸多缺陷，解决了一些经典方法难以解决的问题，已成为传统中药鉴定方法的有效补充。DNA分子标记鉴定、DNA分子条形码鉴定、生物芯片鉴定、生物效应鉴定、薄层色谱-生物自显影鉴定等生物鉴定方法已被2010年版、2015年版《中国药典》所收载，成为国家法定方法。中药生物鉴定法更侧重中药的品质与临床用药安全性、有效性等有机结合的研究，在确保临床用药安全有效方面有着不可替代的重要作用。生物鉴定法目前虽在中药鉴定领域得到很大的应用，收到令人满意的效果，但此方法尚处于起步阶段，各种方法具有其各自的局限性，还有待于在具体实施中进一步完善。但可坚信该方法在不久的将来定会成为中药鉴定领域的重要手段。

DNA分子标记鉴定：中药材90%以上为来源于植物类和动物类药材，其品种质量的多样归根结底是由其生物多样性所决定的。DNA分子标记鉴定是依据反映生物个体中具有差异特征的DNA片段来鉴定，不受环境饰变、生物体发育阶段等因素的影响，比起经典鉴定法具有准确性高、特异性强、重现性好等优势，非常适合于近缘品种、易混淆品种、动物药材的鉴定。但该方法实现鉴定的前提是样品中能提取到合格的DNA，而中药材常为死亡动植物体或其一部分，由于加工炮制、贮藏运输等环节的影响，使得药材中的DNA降解严重，样品中保留的片段较小，难以有效获取用于DNA分子鉴定的模板，是限制该方法广泛应用的瓶颈。因此，需进一步加强基础研究，积累更丰富的基因组序列资料，寻找小片段分子标记，并不断完善实验方法和创建新方法。

DNA分子条形码鉴定：DNA条形码鉴定法是基于分子标记技术的一种新鉴定方法，与其他分子鉴定方法相比具有三大优势：鉴定结果可重复性良好；方法通用性强；可构建统一数据库和鉴定平台，易于推广和标准化。但该方法也存在着与其他分子鉴定方法同样的劣势，即要求检品中能提取到合格的DNA。随着DNA条形码技术的推广，特别是在动物研究领域，鸟类、鱼类等很多条形码计划不断推出。当然，采用DNA条形码鉴定物种依然面临着一些尚未解决的难题：①尚有大量物种之间还没有形成足够的有利于鉴定的变异序列；②鉴别目前存在争议的物种；③鉴别两个物种间的杂合体；④核内一些假基因的区别。这些难题还有待于多学科联合攻关突破。DNA条形码技术有望成为中药鉴定的强大工具，提升中药鉴定标准化的进程。目前已建立了以ITS2为核心、*psbA-trnH*为补充序列的植物类药材DNA条形码鉴定体系和以CO I 序列为核心、ITS2为辅助序列的动物类药材DNA条形码鉴定体系。同时，为加快中药DNA条形码研究和应用步伐，还建立了药用植物DNA条形码数据库。随着数据库的充实和扩大，相信在不久的将来，便可通过数据库对中药材进行快速检索和鉴定，应用前景广阔。随着二维码自动识别技术的广泛应用，将DNA序列转换成二维码图像，创建基于二维DNA条形码技术的物种移动鉴别系统，目前已突破了DNA条形码序列与二维码之间的编码与解码技术，二维DNA条形码技术应用于中药生产和流通诸多环节必将给中药材流通管理带来巨大革新。

mRNA差异显示鉴定：mRNA差异显示技术已在农业、植物学、动物学、医学等领域得到应用。鉴于该技术快速、灵敏和可分析低丰度mRNA等方法学的优势，结合其研究对象的广泛性和灵活性，既可同时比较多种研究对象，展现所有差异，也可检测基因上调和下调的表达，还可检测新基因，然后筛选出差异表达的基因进行序列分析。这样既可制备探针用于稳定灵敏的检测实验，亦可制备其蛋白产物及其抗体进行免疫检测。因此，采用该技术可以提炼出野生与栽培药材、道地与非道地药材之间的遗传差异特征以及揭示其有效成分差异成因的分子机制，可望广泛用于中药的品种遗传分析和质量鉴定。当然，mRNA差异显示技术尚有一些缺陷：出现差异条带太多，假阳性率偏高，重复性差，且对高拷贝的mRNA具有倾向性；差异的显示片段中难以知道哪些基因是已知基因或未知基因；得到的差异扩增条带短；以poly（A）为引物的PCR扩增只适合于真核生物。因此仍需进一步深入研究。

中药生物芯片鉴定：基因芯片技术能够对微量样本中核酸序列信息进行快速、准确、高通量、自动化检测和分析，特别是其大通量并行化采集生物信息的特点，是目前其他分析方法无法相比的。作为一门新兴技术，基因芯片已经在医学、生物学等众多领域中显示出它的重要作用，也正越来越多地应用于中药研究的各个领域中，如分离差异表达的基因及发现新基因、功能基因组学研究、中药的鉴定、转基因药用植物的检测、药用植物作用分子机制及病害的相关研究等。该技术在中药鉴定领域的优势也崭露头角，在药用植物重要基因的发掘、中药材快速高通量鉴定、道地药材的鉴别等方面取得了显著成果，有望为实现中药鉴定的高通量、标准化及自动化提供强大的技术支撑。但是，生物芯片技术并非万能的手段，具有一定的局限性。如用该技术筛选药物活性成分，主要是在体外建立实验模型，探索中药对已知靶点是否有作用，并不能反映机体的全部生理机能，无法建立药物对整个机体作用的理想模型。另外，生物芯片制作费用较高，检测仪器设备较昂贵，过程复杂，也限制了该技术在中药鉴定领域中的应用和普及。虽然我国生物芯片研究起步较晚，但生物芯片技术发展迅速，已经从单纯的技术研究阶段走向技术应用和产品销售阶段。相信，随着技术的日趋完善，生物芯片将会成为中药鉴定的重要技术和手段。

中药细胞生物学鉴定：细胞生物学鉴定是依据真核生物的细胞核中染色体形态具有遗传稳定性，不同物种间染色体形态存在差异这一原理进行中药品种鉴定。该方法实现鉴定必须具备以下基本条件：①活的生物体；②细胞分裂的中、后期才能观察染色体形态。故此方法只适用于果实种子类药材的鉴定，多用于中药的基原鉴定。另外，染色体的特征量不多，该法用于多种近缘属来源的中药鉴别有一定难度。

中药免疫学鉴定：中药免疫鉴定是基于中药的组分与抗体免疫反应的特异性，以及标记抗原和非标记抗原对特异性抗体的竞争性反应原理，对于准确地鉴定中药品质具有十分重要的意义。酶联免疫吸附测定法（ELISA）和免疫印迹检测法（Western blotting）最突出的优势是灵敏性高和特异性强。ELISA测定的对象可以是抗体也可以是抗原，包括小分子的半抗原。药材中的各种特定蛋白质（有的为药效成分）可直接制备完全抗原；药材中的小分子次生代谢产物（药效成分），可通过半抗原与蛋白质的耦联；药材中的一些有害物质（重金属、农药、微生物等），可根据其特征制备相应的抗原。这些均可用ELISA法鉴定中药材的优劣。Western blotting结合了凝胶电泳的高分辨率和固相免疫测定的特异敏感等特点，可检测到至1ng（最低可到10pg）中等大小的靶蛋白。这两种方法在中药材鉴定领域的应用范围极广，其应用前景十分广阔。当然，免疫鉴定法也存在一些缺点：实验周期较长，所需动物用量较大，特异性高的抗体不易制备；免疫血清属半克隆抗体，存在交叉反应，干燥药材各种蛋白的降解较难解决。因此，免疫分析技术用于中药鉴定学科，仍需进一步深入研究，使免疫鉴定方法更加完善。

中药生物效应鉴定：中药生物效应鉴定是以中药有效性为基础，因而该方法是一种对中药优劣鉴定的最佳方法，对中药真伪鉴定不失为一个良好的补充方法。中药有着几千年的应用历史，疗效可靠，但古典中医药著作中所载的中药主治和疗效，都是在人体宏观上所表现出来的效应，这些整体效应的分子基础就是中药活性成分对机体生物分子（受体、递质、酶等）的作用。生物效应评价是继性状评价、化学评价之后，推动中药质量标准走进临床、关联疗效的有效途径和手段。2010年版《中国药典》正式收录了"中药生物活性测定指导原则"，2015年版《中国药典》制订了以清热解毒类、活血化瘀类中药为典型实例的生物评价标准。中药生物效应鉴定在中药质量控制和品质评价中具有独特的优势。该法适用于现有理化方法尚不能测定其含量或理化测定不能反映其临床生物活性的中药，特别对尚未明确有效成分的中药更为适用。

当然，生物效应鉴定在中药质量评价与控制中存在一些亟待解决的问题：生物效应是评价药物有效性和安全性的一个非常重要的指标。现有主要生物效应方法有酶活力、抗病毒、抗炎、抗菌活性等，虽然这些方法专属性较强，但通用性较差，有限的实验条件难以同时满足几百种甚至几千种不同中药及中药制剂的质量控制和评价。由于药物的作用不是单一的，而是复合的，如何将这些复合作用进行生物效应评价是一个需要不断探索和解决的问题，因此至今尚未建立药物生物效应评价法的标准体系。生物效应评价参照物与评价方法，生物效应评价参照物需稳定可控且与待测样品作用机制相似，甚至要求待分析样品与参照物之间同质；对中药复杂成分而言，目前仅是从效应角度来评价同质；评价方法宜以体外方法为优，以便于应用，但仍难以建立与体内相关良好的效应评价方法，从而影响生物效应评价的推广与普及。加强生物评价方法在中药质量全过程控制的研究和应用，针对中药产品从药材到饮片、提取物、制剂的产品链过程，加强中药生物活性传递规律研究，有利于提高中药质-效-量一体化评控,提升中药产品整体质量。加强生物评价方法在中药研究领域的拓展应用,使生物评价方法不仅可用于中药质量评控,还可用于中药种质资源优化评价、药效活性物质发现及制剂生产工艺评价等方面。

　　生物效应评价法是中药有效性、安全性鉴定的重要手段。中药生物效应鉴定的方法学仍是今后研究的重点,通过基础研究与实际应用相结合,切实解决生物效应鉴定中的测定模型、指标选择、样品处理、体内体外方法及可能产生的差异、参照物的指定等关键问题。建立标准化、整体性的生物效应评价方法从生物效应角度对中药品质进行鉴定;建立生物效应法与化学指纹图谱关联分析的中药质量评价体系,从整体角度鉴别不同品种及同一品种不同产地的药材,以保证药材整体质量。当今,中药质量标准化虽然取得了重要成就,但其对临床合理用药和临床疗效提升的指导和支持作用一直难以体现。如何阐释质量标准与临床功效和安全性关系,将是中药质量生物效应评价深入研究的一项重要内容。要放眼中药大质量观,开展临床导向的中药质-效-量一体化评控研究,即临床导向的中药标准化研究,建立中药效应成分指数、道地品质指数和中药效应成分当量等综合量化集成的中药品质评控方法体系,以确保临床用药安全、有效、可控。

　　薄层色谱-生物自显影鉴定:薄层色谱-生物自显影技术将化学成分分离-活性评价有机结合,将中药指纹图谱中化学成分的变化与其生物活性联系起来,建立真正意义上的中药指纹图谱"谱效关系",为中药的质量控制和药效评价标准提供科学依据。当然,以不同抗氧化机制和其他生理活性为指标的薄层色谱-生物自显影方法的建立还有待于进一步研究与开发,以促进薄层色谱-生物自显影鉴定法的推广和应用。

　　系统生物基因组学、转录组学、蛋白质组学和代谢组学等多种现代生物技术整体研究方法,有助于帮助人们逐步形成从局部观走向整体观,从线性思维走向复杂性思维,正确认识中药质量。因此,基于系统生物学整体研究的思路与方法建立中药品质整体综合分析模式和生物鉴定方法,将是中药品质评价发展的一项重要研究内容。相信随着生物技术的发展和研究的深入,中药生物鉴定方法与技术的内涵将更加丰富,应用将越来越广泛,成为中药鉴定领域的重要手段。

(刘训红　邓可众)

参 考 文 献

[1] 国家药典委员会. 中华人民共和国药典(一部、四部)[S]. 2015年版. 北京:中国医药科技出版社,2015.

[2] 黄璐琦,肖培根. 分子生药学[M]. 第3版. 北京:中国中医药出版社,2008.

[3] 邹喻苹,葛颂,王晓东. 系统与进化植物学中的分子标记[M]. 北京:科学出版社,2001.

[4] J D Watson, F H C Crick. Molecular structure of nucleic acids: A structure for deoxyribose nucleic acid[J]. Nature,1953,171: 737-738.

[5] R K Saiki, S Scharf, F Faloona, et al. Enzymatic amplification of beta-globin genomic sequences and restriction site analysis for diagnosis of sickle cell anemia[J]. Science,1985,230(4732): 1350-1354.

[6] 张贵君. 常用中药生物鉴定[M]. 北京:化学工业出版社,2006.

[7] 黄璐琦. 中药鉴定新技术新方法及其应用[M]. 北京:人民卫生出版社,2010.

[8] Baldwin B G, Sanderson M J, Porter J M, et al. The ITS region of nuclear ribosomal DNA: a valuable source of

evidence on angiosperm phylogeny[J]. Ann Missouri Bot Gard,1995,82:247-277.

[9] 陈士林,郭宝林,张贵君,等.中药鉴定学新技术新方法研究进展[J].中国中药杂志,2012,37(8):1043-1055.

[10] 徐红,王峥涛,胡之璧.中药分子鉴定技术的发展与应用[J].世界科学技术—中医药现代化,2003,5(2):24-30.

[11] 廖顺尧,鲁成.动物线粒体基因组研究进展[J].生物化学与生物物理进展,2000,27(5):508-512.

[12] Chase M W, Soltis D E, Olmstead R G, et al. Phylogenetics of seed plants: An analysis of nucleotide sequences from the plastid gene *rbc*L[J]. Ann Missouri Bot Gard,1993,80:528-580.

[13] T Grodzicker, J Williams, P Sharp, et al. Physical mapping of temperature-sensitive mutations of adenoviruses [J]. Cold Spring Harbor Symp Quant Biol,1974,39:439-446.

[14] D Botstein, R L White, M Skolnick, et al. Construction of a genetic linkage map in man using restriction fragment length polymorphisms[J]. Am J Hum Genet,1980,32:314-331.

[15] J G K Williams, A R Kubelik, K J Livak, et al. DNApolymorphisms amplified by arbitrary primers are useful as genetic markers[J]. Nucleic Acids Res,1990,18(22):6531-6535.

[16] J Welsh, M McClelland. Fingerprinting genomes using PCR with arbitrary primers[J]. Nucleic Acids Res,1990,18(24):7213-7218.

[17] P Vos, R Hogers, M Bleeker, et al. AFLP: a new technique for DNAfingerprinting[J]. Nucleic Acids Res,1995,23(21):4407-4414.

[18] D Tautzl, M Renz. Simple sequences are ubiquitous repeative components of eukaryotic genomes[J]. Nucleic Acids Res,1984,12(10):4127-4138.

[19] M Litt, J A Luty. A hypervariable microsatellite revealed by in vitro amplification of a dinucleotide repeat within the cardiac muscle actin gene[J]. Am J Hum Genet,1989,44:397-401.

[20] 陈士林.中药DNA条形码分子鉴定[M].北京:人民卫生出版社,2012.

[21] Liang P, Pardee AB. Differential display of eukaryotic messenger RNA by means of the polymerase chain reaction[J]. Science,1992,257:967.

[22] 陈士林,姚辉,宋经元,等.基于DNAbarcoding(条形码)技术的中药材鉴定[J].世界科学技术—中医药现代化,2007,9(3):7-12.

[23] 陈士林,庞晓慧,姚辉,等.中药DNA条形码鉴定体系及研究方向[J].世界科学技术—中医药现代化,2011,13(5):747-754.

[24] Sun ZY, GaoT, Yao H, et al. Identification of Lonicera japonica and its related species using the DNAbarcoding method[J]. Planta Med,2011,77:301-306.

[25] 徐荣,陈君,陈士林,等.肉苁蓉种质资源多样性的AFLP分析[J].中草药,2007,38(11):1703-1707.

[26] 魏建和,杨成民,陈士林.桔梗栽培及野生种质遗传多样性的RAPD分析[J].世界科学技术—中医药现代化,2006,8(3):37-41.

[27] 高文远,秦恩强,肖小河,等.当归药材道地性的RAPD分析[J].中草药,2001,32(10):926-929.

[28] 郭宝林,吴勐,斯金平,等.厚朴DNA分子标记的研究——正品的RAPD研究[J].药学学报,2001,36(5):386-389.

[29] 吴平,周开亚,徐珞珊,等.中药材龟甲的分子鉴定研究[J].药学学报,1998,33(4):304-309.

[30] 曹晖,蔡金娜,刘玉萍,等.蛇床子地理分布与叶绿体*mat*K基因序列的相关性分析[J].中国药学杂志,

2001,36(6): 373-376.

[31] 刘凯,曾继吾,夏瑞,等. 柑橘mRNA差异显示技术体系建立[J]. 基因组学与应用生物学,2009,28(2): 339-341.

[32] 郑传进,赵树进. 中草药鉴定种特异性DNA探针的筛选方法[J]. 时珍国医国药,2008,19(5): 1263-1266.

[33] 翟金萍,邓月影,郎爱东. 生物芯片技术用于中药研究的新进展[J]. 药物生物技术,2013,(01): 72-75.

[34] 李书文,张爱芹,曾鸣,等. 生物芯片技术在中医药研究中的应用[J]. 时珍国医国药,2013,24(10): 2489-2492.

[35] 荆志伟,王忠,高思华,等. 基因芯片技术与中药研究-中药基因组学[J]. 中国中药杂志,2007,32(4): 289-292.

[36] 蔡佩欣,胡学善,黄文秀,等. DNA芯片技术用于贝母的基因分型和种类鉴别[J]. 药学学报,2003,38(3): 185-190.

[37] 杨忠,张亚鸥,黄文秀,等. 基因组学与生物芯片技术在中药研究与开发中的应用[J]. 药学学报,2002, 37(6): 490-496.

[38] 李绍平,李萍,董婷霞,等. 生物芯片技术中中药鉴定研究中的应用与展望[J]. 世界科学技术—中药现代化,2000,2(3): 15-18.

[39] 朱立平. 免疫学常用实验方法[M]. 北京: 人民军医出版社,2000.

[40] 冯成强,黄璐琦,柳川,等. 蛋白免疫检测技术在天花粉真伪鉴别中的初步研究[J]. 中国药学杂志, 2005,40(8): 574-577.

[41] 吴伯英. 生物鉴定法在中药鉴定中的应用及前景[J]. 中药与临床,2012,3(5): 47-48,64.

[42] 肖小河,王伽伯,鄢丹. 生物评价在中药质量标准化中的研究与应用[J]. 世界科学技术—中医药现代化,2014,16(3): 514-518.

[43] 黄彦君,张艺,尹鸿翔. 生物效应评价法在中药鉴定学中的应用现状及展望[C]. 中华中医药学会第九届中药鉴定学术会议论文集,2008: 52-55.

[44] 郑敏霞,沈洁,丰素娟,等. 生物效价检测研究进展[J]. 中国现代应用药学,2011,28(6): 511-514.

[45] 肖小河,肖培根,王永炎. 基于道地药材和生物效价检测的中药质量控制与评价模式的研究[J]. 湖南中医药大学学报,2007,27: 5-8.

[46] 李会芳,王伽伯,孙琴,等. 生物效价检测在中药品质及药性研究中的应用[J]. 中医杂志,2012,53(3): 190-192.

[47] 李寒冰,鄢丹,曹俊岭,等. 中药生物效价检测用对照品的选择与标化[J]. 中国中药杂志,2009,34(3): 363-365.

[48] Luo R, Zhang GJ, Wang JJ, et al. Research of Quality Evaluation Method of Liyan Dan Complex Pharmaceutics by Biological Effect Ratio[J]. Progress in Modern Biomedicine,2007,7(3): 404-407.

[49] 魏丽,李远,李寒冰,等. 基于抗菌效价检测的板蓝根药材品质评价方法的研究[J]. 世界科学技术—中医药现代化,2008,10(2): 33-36.

[50] 王盛民,张瑛,赵子剑,等. 清热解毒类中药的生物鉴定法Ⅲ——穿心莲的生物鉴定[J]. 实用临床医药杂志,2006,10(3): 27-37.

[51] 严拯宇. 中药薄层色谱分析技术与应用[M]. 北京: 中国医药科技出版社,2009.

[52] 谷丽华,吴弢,张紫佳,等. 应用薄层色谱-生物自显影技术评价乌药等三种中药的抗氧化活性[J]. 药学学报,2006,41(10): 956 -962.

第七章 中药指纹图谱鉴定研究

中药来源于药用植物、动物及矿物。作为天然来源的药物,其品种、生态环境、采收加工方法,甚至干燥、储藏或运输过程都可能影响药材的质量。同时,中药多以复方的形式应用,即使是单方,也含有成百上千种化学成分,但其中只有一小部分结构明确,且作用机制尚不清楚,因此,真正有意义的质量控制仍然难以实现。此外,因形态相似或资源短缺,导致中药基原混乱,很多中药包含同属多种植物,并时有替代品、混伪品出现,无疑大大增加了其质量控制的难度,也因此成为制约中药现代化、国际化的瓶颈问题。

随着现代科学技术的发展,特别是中药化学、分离分析科学、现代分析仪器的发展,越来越多的中药化学成分被认知,以一种或数种成分作为定性鉴别和含量测定的指标成分,已经成为现今中药质量标准制定和质量控制的主导方向。

然而,作为生物样品,中药是一个复杂体系,体现在构成组分种类上的多样性和数量上的不确定性,属于大部分待测组分和干扰物性质未知的灰色复杂体系,或称之为"黑箱",更重要的是,其结构、组分与功能之间具有非线性特征,用经典的线性分析的理论和技术难以直接进行测量和评价。因此,如何针对复杂混合体系对象开展行之有效的信息提取、模式识别、数据挖掘,从而建立真正全面反映其内在品质的分析方法,是一个难点和热点问题。

为克服基于单一或少数指标成分进行质量控制的局限性,国际上近年来采用"指纹图谱"技术来鉴定其真伪,评价其优劣,以及产品批次间的稳定性。如中药的化学指纹图谱研究与制定,作为定量分析的补充,已经被普遍接受。以指纹图谱作为中药(天然药物)、提取物及其制剂的质量控制方法,已成为目前国际共识,各种符合中药(天然药物)特色的指纹图谱控制技术体系正在研究和建立。

然而,关于中药指纹图谱的定义、特点、基本要求,特别是指纹图谱的表征与评价方法等方面,仍然存在很多争议和不够确定因素,需要不断规范和完善。

第一节 中药指纹图谱的概述

一、中药指纹图谱的起源与发展

"指纹"(fingerprint)鉴定来源于法医学,依据每个人在指纹结构上的微小差别可以鉴别区分不同的个体。近代指纹分析的概念随着生物技术的发展延伸到了DNA指纹图谱分析,而且应用范围也从犯罪学、亲子鉴定扩大到医学和其他生命科学领域。指纹是以图像的形式表现，而DNA指纹图谱是由特定区域的DNA片段所构成的条带图谱。分析的目的也不断扩展，既可以像指纹分析一样做人或生物个体"唯一性"的鉴定，又可以判别物种、居群间的共性，研究生物多样性和系统进化、亲缘关系等。

我国中药化学指纹图谱研究最早可以追溯到20世纪60年代，如采用薄层色谱、紫外光谱、红外光谱制定中药材的指纹图谱等，来描述中药材主要成分的特征，这是早期的原始的指纹图谱，具有直观、在简单情况下容易比较差异的优点。

20世纪90年代，《中国药典》在薄层色谱鉴别中采用对照药材，为中药色谱指纹图谱的研究和发展奠定了基础。2000年，原国家食品药品监督管理局颁发了《中药注射剂指纹图谱研究的技术要求（暂行）》。

国际上，20世纪80年代，日本汉方药生产企业在企业内部就已经采用高效液相指纹图谱技术控制产品质量。首先以按饮片配方煎煮得到的煎汁作为标准样品，测定指纹图谱，以此为基础指导和监控生产过程。美国食品药品管理局（FDA）允许草药保健品申报资料中提供色谱指纹图谱；世界卫生组织（WHO）在1996年草药评价指导原则中也规定，如果草药的活性成分不明确，可以提供色谱指纹图谱以证明产品质量的一致；欧共体在草药质量指南中亦称，单靠测定某种有效成分考查质量的稳定性是不够的，因为草药及其制剂是以整体为活性物质。

1994年，Cheung等首次用AP-PCR法建立能区别西洋参*Panax quinquefolius* L.和人参*P. ginseng* C. A. Mey的DNA指纹图谱。随后Shaw等又用此方法对人参属3种药材人参、西洋参与三七*Panax notoginseng*（Burk.）F. H.Chen及4种伪品桔梗*Platycodon grandiflorum*（Jacq.）A. DC.、紫茉莉*Mirabilis jalapa* L.、土人参*Talinum paniculatum*（Jacq.）Gaertn和商陆*Phytolacca acinosa* Roxb.进行了鉴别研究，得到了能区别3种人参属药材与伪品的指纹图谱。

目前，随着分析技术的飞速发展和计算机科学的广泛应用，基于化学计量法的中药指纹图谱的研究方法向高效、灵敏、专属、联用型、智能化方向发展，高效液相色谱法（HPLC）、气相色谱法（GC）和高效毛细管电泳法（HPCE）等色谱法以及紫外光谱法（UV）、红外光谱法（IR）、质谱法（MS）、核磁共振谱法（NMR）和X-射线衍射法（X-ray）等光谱法等分析技术的应用和各种数学分析方法的运用，为中药指纹图谱的研究与发展提供了广阔的前景。

二、中药指纹图谱的定义与基本属性

（一）中药指纹图谱的定义

关于中药指纹图谱的定义，最普遍的观点是"某些中药材或中药制剂经适当处理后，采用一定的分析手段，得到的能够标示其化学特征的色谱图或光谱图"。谢培山先生认为，中药色谱指纹图谱是一种综合的、可量化的鉴别手段，是当前符合中药特色的评价中药真实性、稳定性和一致性的质量控制模式之一。

原国家食品药品监督管理局《中药注射剂指纹图谱研究的技术要求（暂行）》对原料药（中药材）指纹图谱的定义为："中药材指纹图谱系指中药材经适当处理后，采用一定的分析手段，得到的能够标示该药材特性的共有峰的图谱"。其关键词为"共有峰"，仅仅适用于对作为注射剂原料药材的规定，具有较大的局限性；而且，"共有峰"、"非共有峰"等，是指纹图谱分析过程中人为设定的参数，不应出现在指纹图谱的定义中。

上述定义,仅仅是狭义的化学指纹图谱的定义。广义的中药指纹图谱应该定义为:采用物理、化学、生物学等分析测试方法获得的能够表征被测样品(中药)品质或功能信息特征的谱图、图像或图形,如形态指纹图谱、化学指纹图谱、生物指纹图谱。

指纹图谱与特征图谱:近年来,有学者提出特征图谱的概念:"中药特征图谱"是指中药材经过适当的处理后,采用一定的分析手段和仪器检测得到,能够标识其中各种组分群体特征的共有峰的图谱。实际上二者并没有本质的区别;而且"各种组分群体特征的共有峰"的表述也不够清晰。"特征图谱"是相对于"全谱"而言,法医学的"指纹"可以说是全谱识别,而我们是无法获得中药的"全谱"的。任何一张中药的指纹图谱,都是在特定的实验条件下获得的、只能反映该中药部分特征的图谱。从这个意义上来讲,目前的各类中药指纹图谱,都是特征图谱。

定量指纹图谱:有学者提出"定量指纹图谱"的概念,实际上是指纹图谱鉴别结合含量测定,来进行中药的质量评价和控制。

(二)中药指纹图谱的基本属性

中药指纹图谱应该具备如下基本属性:整体性、专属性、模糊性。

1. 整体性　中药指纹图谱是一种采用现代分析技术对中药复杂体系中所有相关待测特征组分开展的以定性、定量化学计量学分析为基础的"全景式"高通量、高内涵分析技术。指纹图谱分析技术不同于经典分析方法之处在于它不再从一个"点"(少数指标性化合物或最大吸收波长所代表的标量),而是从某一个"面"(特定条件下的整体组分信息表征的多维矩阵)对对象进行表征与分析。这种从"特写模式"到"全景模式"的刻画方式的转变,体现了由经典的"微观分解"研究思路向现代"宏观分析"策略的演进和理念上的改变,力求获得分析对象所含"组分"的全貌。

当然,这里的"全景"并非指全谱,而是在给定的分析条件下所能够捕获的特征信息的最大限度的表征,也可以采用多张指纹图谱分别表征其特定类别的成分,如总皂苷、总生物碱、总黄酮等。

2. 专属性　理想的药材指纹图谱应能反映出该种药材(或成药)有别于任何其他种类的本质特征。

中药指纹图谱最重要的功能是中药真伪鉴别和优劣评价,因此中药指纹图谱应该具备高度的专属性。理想的情况下,任何一种中药的指纹图谱应该能够表征该药材所特有的、能与其他种类相区别的信息特征,特别是当该中药存在着混伪品、替代品时,运用指纹图谱技术可以实现物种、居群、类群间的鉴别、判别。中药材指纹图谱所表征的通常为次生代谢产物,如生物碱、皂苷、黄酮等。这些次生代谢产物的生成和积累,主要是受遗传基因调控。同种或同属的植物,往往具有相同或相似的代谢途径,产生相同或相似的次生代谢产物,这也是用化学指纹图谱对中药材进行真伪鉴别和品质评价的理论基础。如人参、三七含有特征性的达玛烷型三萜皂苷,大黄、何首乌含有蒽醌及其苷类,黄连、黄柏含有原小檗碱型异喹啉类生物碱,龙胆、秦艽含有裂环烯醚萜苷等,成为其指纹图谱构建的化学基础。

来自同一物种的中药因生态环境、生长年限、采收加工、饮片炮制工艺的不同而对中药的质量产生较大影响。中药指纹图谱的专属性,也应能反映因产地、采收期、加工、炮制方法不同而造成的差异;对于中成药,则能反映出不同厂家、不同剂型、不同批次间的质量差异。

有学者提出中药指纹图谱应该具有"唯一性"。实际上是很难做到的。因为中药样品实在是太复杂,其化学成分的合成、累积受到多种因素的影响。很多中药都是多基原品种(即来自同属数种植物、动物),即便是单一基原者,也因不同产地、不同采收时间、不同加工方法等因素,导致所含化学成分的质和量的巨大差异。在有限样本数量的前提下,只能做到指纹图谱具有相对的"专属性"。

3. 模糊性 中药复杂体系具有多样性、不确定性和基质效应等诸多特点。分析对象大多属于部分待测组分和干扰物性质未知的灰色体系,体现在构成组分种类和数量上的复杂性,以及相互之间作用关系的多元化与非线性等特征,难以用线性代数的理论和方法对指纹图谱进行直观的分析和评价,往往需要借助于模糊数学、化学计量学等手段进行信息提取、模式识别、数据挖掘,以解决质量评价的复杂技术问题。

三、中药指纹图谱的分类

中药指纹图谱可用于中药资源、生产、质控、活性评价等各个领域,可按研究对象、分析测试方法、表征方式进行分类。

1. 按研究对象分类 中药包括中药材、中药饮片、成方制剂。广义的中药饮片也包括提取物。按研究对象分类,可分为中药材指纹图谱,中药饮片、提取物指纹图谱和中药制剂指纹图谱。

(1)中药材指纹图谱:主要应用于中药材的鉴定和品质评价。中药材是饮片、提取物、制剂生产的源头,其品质受到种质基因、产地、生态环境、采收季节、加工方法等多重因素的影响,其真伪优劣直接关系到临床应用的安全性、有效性。因此,中药材指纹图谱的研究、建立至关重要,也是相应饮片、制剂指纹图谱建立的基础和依据。

需要强调的是,中药材指纹图谱不能或不完全等同于中药制剂原料药的指纹图谱,因为后者是在与制剂工艺提取方式相同的条件下进行样品制备而获得的"有限"信息的图谱。一种中药往往含有多种结构类型、不同物理性质和功效各异的成分,可应用于不同的处方、制剂中,因此应最大限度地表征其所含有的各类成分,必要时制备数张指纹图谱。

(2)中药饮片、提取物指纹图谱:应用于中药饮片、提取物的真伪鉴别与品质评价;饮片炮制、提取物制备工艺;稳定性考察。

(3)中药制剂指纹图谱:应用于原料药提取、制剂工艺考察;制剂的质量评价和标准;稳定性考察;不同产品批次间质量一致性考察等。

2. 按检测、分析方法分类 中药指纹图谱按检测、分析与表征方法的不同,可分为形态指纹图谱、化学指纹图谱、生物指纹图谱。

(1)形态指纹图谱:包括宏观、微观形态指纹图谱,是运用数码成像、显微、超微、激光共聚焦等技术获得的图像(images)及其处理后的数据资料。中药材、饮片的性状、显微鉴别,即便是在化学分析快速发展的今天,仍然是不可或缺的。每种中药都有各自不同的性状、显微特征,而很多中药的形态或微形态特征及其与混伪品、近缘种的区别,往往很难用语言精确描述,只可意会,不可言传。借助于高分辨率的数码相机、光学或电子显微镜,获得其图像,结合影像分析技术,可以获得具有鉴别意义的形态指纹图谱。

(2)化学指纹图谱:是采用色谱、光谱及其联用技术获得的表征中药所含有的特征组分、成分的轮廓图,是中药指纹图谱研究和应用的主要技术手段。

按中药所含有的化学成分的生物合成、代谢模式,可分为次生代谢产物指纹图谱产物和初生代谢产物指纹图谱；按分析、检测方式的不同，又可分为色谱指纹图谱和光谱指纹图谱。

中药的主要药效或活性成分为次生代谢产物，如生物碱、酚类、萜类与甾体等，是指纹图谱研究和表征的主要对象。但是，初生代谢产物，如糖类（多糖、寡糖、单糖）、蛋白质与氨基酸、核苷酸、酯类、维生素等的生理功能日益被发现，对其进行指纹图谱研究，同样是十分重要的。

（3）生物指纹图谱：包括分子标记鉴定、生物效应指纹图谱。中药材分子标记指纹图谱包括DNA分子标记和蛋白质分子标记指纹图谱，用于中药材的种质基因鉴定、药用植（动）物分类、遗传多样性评价研究等。生物效应指纹图谱包括基于药物小分子与生物大分子相互作用的生物色谱指纹图谱，和采用细胞、分子生物学、系统生物学等技术，对中药及其成分的多通路、多靶点的生物活性进行系统表征的生物指纹图谱。

四、中药指纹图谱构建的基本要求

中药指纹图谱的构建须以系统的生药学、化学、药理学研究为基础，以样品的代表性、分析方法的系统性、信息的特征性和结果的重现性为基本要素。

1. 样品基原明确、具有代表性 毫无疑问，样品的代表性对于任何一种分析方法的建立都是必要的，但对于指纹图谱分析尤其重要。这是由指纹图谱的基本属性所决定的。2个近缘种或正品与替代品之间的差别，往往就在于其指纹图谱间微细的、指纹区的差别，而这些差别，会被不同产地、采收时间、加工方法的不同所导致的变化所掩盖。建立标准指纹图谱所用样品，应该是物种准确，产地、采收时间、加工方法明确的凭证标本，且具有代表性，这样建立的指纹图谱采用应用价值。

2. 信息最大化 指纹图谱表征的是中药的全景模式，因此应最大限度地展现待测中药样品的所包含信息特征。对化学指纹图谱而言，一方面，要全面了解待测样品的全部或主要的化学成分，特别是有效部位的组分、成分；另一方面，建立优化的样品制备方法、色谱条件、检测参数，实现这些化学信息的有效表征。

由于中药成分的复杂性，构建色谱指纹图谱一般采用梯度洗脱，通过逐步提高流动相洗脱能力获得更多的色谱峰，提供更多指纹信息。由于药材中各种成分的吸收波长及对不同检测器的响应不同，实际应用中多使用多种联用技术，充分利用各检测器的互补性，从不同角度反映药材及制剂的全貌，从各种图谱中得到结构信息。必要时，可构建多张指纹图谱，分别表征不同结构类型、理化性质的化学成分。HPLC-UV是最常用的中药指纹图谱分析方法，但往往对很多化学成分具有歧视性。为了获得漂亮、相似度高的指纹图谱，以牺牲部分信息为代价，而选择较大的检测波长的做法，是不应提倡的。

3. 信息表征的特征性 中药指纹图谱所表征的信息应具有待测样品自身的特征性或专属性。如，用于中药鉴别的化学指纹图谱，应具有物种的专属性；用于药用植物分类、资源化学研究的指纹图谱，应具有科、属等不同分类单位间的专属性，且种间的差异应该大于种下、种内居群间的差异；用于道地性等评价的指纹图谱，应能有效区分道地与非道地药材。应能特征性地区分中药的真伪与优劣，换言之，理想的中药的指纹图谱，应该成为特定中药的"化学条码"。

4. 结果的重现性 重现性较差是中药指纹图谱，特别是化学指纹图谱的最大缺陷，一方面是由于中药样品自身的复杂性和不确定性，另一方面，是为了获得尽可能多的，有时令人眼花缭乱的指纹图谱,采用的分析方法、条件过于复杂、苛刻。为克服这一问题,在保证样品基原准确、背景清楚的前提下,建立指纹图谱的样品制备方法、色谱条件、检测方法等应尽量简单易行,便于重复,以利于在规定的方法与条件下,不同操作者、不同实验室之间,在误差允许的范围内获得相同或相似的指纹图谱,保证指纹图谱的适用性。

五、中药指纹图谱的主要应用

指纹图谱在中药质量控制中有着广泛的应用。指纹图谱可以用来鉴别中药真伪,评判优劣,区分不同产区、采收时间、炮制方法、用药部位的同种药材;对于中药制剂,它可以作为产品的质量标准,用于鉴别产品真伪,控制产品批次间质量差异,评价工艺的合理性。

1. 中药鉴定与品质评价 中药真伪鉴别是中药使用的首要问题之一,尤其是植物药,同属植物中含有许多种类,能够入药的往往只是其中有限的几种,不同种间质量差异较大。杨雪晶等采用UPLC-DAD/ESI-MS方法,对千里光*Senecio scandens*与欧洲千里光*S. vulgaris*指纹图谱进行了研究,可以明显区分这两种千里光属植物。

2. 中药材资源与生产过程评价 中药指纹图谱可用于中药研究、生产的各个阶段的中药材质量控制,中药材指纹图谱的制定对中药材GAP基地建设、中药材种植规范、选择优良资源和药材道地性研究具有重要的意义。郑晓珂等采用高效液相色谱指纹图谱和主成分分析法对连翘样品进行研究,发现连翘成分随采收月份不同而各异,不同生长期采集的连翘中成分积累具有一定规律,对连翘质量控制以及规范化种植提供了理论依据。

3. 中药炮制工艺研究 文献对不同方法炮制的(酒)山茱萸饮片进行了高效液相色谱指纹图谱研究,通过分析比较发现,山茱萸常压酒蒸品和加压酒蒸品的共有峰和特征峰完全相同,从而为(酒)山茱萸饮片的加压酒炙炮制工艺提供了科学依据。

4. 中药制剂与过程控制 中药指纹图谱也可以作为中药制剂的质控指标,用于评价产品质量及稳定性,评价生产工艺的合理性。采用GC-MS对醒脑滴鼻液、醒脑注射液等复方制剂的研究,以其出峰先后及相对含量为依据,构建了复方制剂的GC-MS的指纹图谱,同时在生产中中药指纹图谱也可作为提高中药复方制剂质量标准的有效途径之一。

5. 指纹图谱谱效关系研究 由于指纹图谱中成分较多,大部分研究均未能对各指纹峰进行一一鉴定。因此,选择有效成分作为指纹共有峰就显得尤为重要,中药指纹图谱研究中的谱效关系研究也因此逐渐得到开展。如采用指纹图谱结合药效实验,对加味四妙丸有效部位群GC指纹图谱进行谱效关系及配伍变化研究,发现指纹图谱谱效关系是表征复方整体成分-配伍-药效相关性的有效途径。

第二节 中药化学指纹图谱

一、中药色谱指纹图谱

中药色谱指纹图谱是一种综合的、可量化的鉴别手段,是当前符合中药特色的评价中药真实性、稳定性和一致性的质量控制的主要模式之一,主要包括薄层色谱指纹图谱、高效液相色谱指纹图谱、气相色谱指纹图谱、高效毛细管电泳指纹图谱和高速逆流色谱指纹图谱等。

1. 薄层色谱(TLC)指纹图谱　TLC分析具有简单、快速、直观、经济、高通量(可同板分析多个样品),配合不同的衍生化方法和荧光检测,提供丰富的化学信息;辅以扫描技术/数码成像和数据处理方法,可以瞬间形成轮廓图谱,进行不同样品间的比对分析。对于中药鉴别,一直是首选的方法。《中国药典》(1985年版)首次收载TLC鉴别法,自1990年版开始普及,并采用对照药材进行TLC鉴别,推动了TLC指纹图谱技术的发展。

近年来,高效薄层色谱(HPTLC)和自动点样、自动展开等技术的发展,使TLC鉴别分离度、重现性差的问题得到克服,成为世界各国药典普遍推崇的中药、植物药鉴别方法。

当然,TLC/HPTLC是一种离线的分析技术,基本上是在开放的条件下进行,在指纹图谱鉴别方面,与HPLC、GC等柱色谱及其联用技术相比,在色谱容量、分离度、重现性、在线联用分析等方面,仍然有其自身的局限性。

2. 高效液相色谱(HPLC)指纹图谱　HPLC具有分离度好、灵敏度高,分析速度快、重现性好等优点,配合梯度洗脱和多种检测器,可以实现中药中大多数成分的分离分析,检测手段多等优点,是目前中药指纹图谱鉴别、含量测定应用最广泛的色谱技术。快速液相色谱技术的发展,大大缩短了HPLC的分析时间,也提高了分离度。近年来发展起来的亲水相互作用色谱(hydrophilic interaction liquid chromatography, HILC)为水溶性成分的分离分析提供了可能,这对于以水煎为主要应用方式的中药药效物质基础的发现和质量控制提供了支撑。

HPLC最常用、普及的检测器是紫外(UV)检测器,适合于大多数中药化学成分的分析。但是,紫外检测器的最大问题是对不同结构类型的化学成分具有歧视性,色谱峰面积的大小与其含量的高低往往不呈线性关系。即便是同一结构母核的成分,因取代基、不饱和度等的差别,其紫外响应系数也会有很大的不同,这也是目前常用的主要依据色谱峰面积作为相似性判断依据的色谱指纹图谱分析软件的软肋。

3. 气相色谱(GC)指纹图谱　GC是封闭性色谱,具有高选择性、高灵敏度等优点,最适合于各种挥发性成分的分析,尤其是毛细管气相色谱法,分辨率很高,往往一个色谱可以分离出上百种成分,一般使用质量型检测器-氢火焰离子化检测器(FID)。对于不挥发性成分,也可通过柱前衍生化技术或裂解气相色谱及闪蒸气相色谱进行分析。

与高效液相色谱相比,GC的最大优点是对色谱峰的无歧视性,采用线性归一化,用一种对照品(外标或内标),实现所有色谱峰的准确定量。

采用GC法进行含量测定、指纹图谱分析的最大缺点不是来自其GC技术本身,而是挥发性成分的化学稳定性差。中药材因贮存条件、时间等因素,挥发性成分的变化极大,会直接影响到对结果的判断。苏薇薇等对中成药乌鸡白凤丸石油醚提取物进行了气相色谱分析,获得的指纹图谱可作为乌鸡白凤丸质量评价的标准。

4. 高速逆流色谱(HSCCC)指纹图谱　HSCCC是目前较新型的液-液分配色谱技术,利用相对移动的两相互不相溶的溶媒系统,在处于动态平衡的两相中将具有不同分配系数的组分分离。其特点是不用固相载体作固定相,克服了样品吸附、损失、峰形拖尾问题。操作更为简便,容易掌握。对样品的预处理要求低,仅需一般粗提物即可。该技术的回收率高,能实现梯度操作,亦能重复进样,在中药质量分析控制研究中,尤其在指纹图谱研究中有较好的应用前景。已有报道将HSCCC应用于生物碱、黄酮、木脂素、蒽醌等天然产物的分离分析。

5. 毛细管电泳(CE)指纹图谱　毛细管电泳(CE)又叫高效毛细管电泳(HPCE),以弹性石英毛细管为分离通道,以高压直流电场为驱动力,依据样品中各组分之间淌度和分配行为的差异而实现分离的电泳分离分析方法,是近年发展起来的一种新的分离技术,是电泳技术和层析技术结合的产物,兼有高压电泳的高速高分辨率及HPLC的高效率等特点,其选择性与高效液相有很大的互补性,因此在指纹图谱研究方面的应用越来越广泛。毛细管电泳的广泛应用取决于其多变的分离模式,几乎涉及分析化学中所有的分离对象,小到无机离子,大到蛋白质和高分子聚合物,也能够分析不带电荷的中性物质。具有所需样品少、溶剂消耗少、抗污染能力强、可直接分析水溶液等优点。其中毛细管区带电泳(CZE)和胶束电动毛细管电泳色谱(MECC)是中草药分析中最常见的两种模式。但该方法的重现性有待提高。王寅等用CZE对不同居群大青叶*Isatis indigotica*的理化特征差异进行研究,结果表明异地栽培的不同居群大青叶药材酸性提取部位的化学成分和含量有显著差别,依据电泳图谱中特征峰的迁移时间和峰面积,能有效地鉴别不同居群大青叶药材。

二、中药光谱指纹图谱

中药光谱指纹图谱主要包括紫外光谱指纹图谱、红外光谱指纹图谱、拉曼光谱指纹图谱、荧光光谱指纹图谱、核磁共振指纹图谱、质谱指纹图谱以及X射线衍射指纹图谱等。

1. 紫外(UV)光谱指纹图谱 UV谱是基于不同结构类型的化学物质的电子共轭体系特征,导致其紫外吸收曲线的形态、峰位、峰强度亦有差异,以此达到鉴别目的。常用导数光谱及结合各种数学分析法来消除样品中的一些无关吸收,排除原图谱中的某些干扰。UV谱鉴别的专属性差,分辨率低,故目前已很少用于指纹图谱的构建。

2. 红外(IR)光谱指纹图谱 红外光谱又称分子振转光谱,是一种分子吸收光谱。根据量子力学的理论,分子内各原子的振动、分子整体的平动和转动都有相应的能级。从所处的区域上划分为远红外光谱($400\sim10cm^{-1}$),中红外光谱($4000\sim400cm^{-1}$)和近红外光谱($13\,300\sim4000cm^{-1}$)。物质分子中所含的化学键或官能团不同,或官能团所处的化学环境不同,其振动能级和转动能级从基态跃迁到激发态所需的能量不同,因此会吸收不同的红外光,在不同波长出现吸收峰,从而导致物质的红外光谱图不完全相同,这就是红外光谱进行定性分析的基础。

对于某单一有机化合物,其红外光谱服从朗伯-比尔定律,而且具有很好的重现性;中药材是一个复杂体系,是多种有机物和无机物的混合物,其红外光谱是其所含各种化合物红外光谱的叠加,高峰度的组分对峰的强度会有更大的贡献。对于不同种类的中药材,因其所含各个化合物组分及比例不同,其红外光谱,特别是在指纹区的会有明显的差异,因此可以凭借中药材红外光谱图的差异特征(峰位、峰强度和峰形状)等,即"宏观的指纹性"来对中药材进行特性识别。这种识别方法和判别准则被称为"红外宏观指纹法",即红外光谱指纹图谱、近红外光谱指纹图谱。同样,对红外光谱进行导数数学处理可得到一阶导数红外光谱,二阶导数光谱和多阶导数光谱等。红外光谱的导数光谱同样具有"宏观指纹性"。刘丹等对不同生长年份的园参、移山参及野山参进行了一维红外光谱、二阶导数光谱和二维红外光谱解析,运用红外光谱与模式识别相结合的方式,建立了移山参不同部位、不同生长年限的模式识别系统,其中以全参和表皮建立的模型最好,可以通过此方法区别8~12年、15~20年参龄的移山参,其准确率约为55%,为移山参年份的鉴定提供了参考依据;然而,对移山参年份鉴别较大的为草酸钙结晶、酯类物质,而非人参皂苷类成分,说明了红外光谱法应用于中药鉴别的局限性。

3. 拉曼光谱（RS）指纹图谱 拉曼光谱（Raman spectra）是一种散射光谱。拉曼一次可以同时覆盖50~4000波数的区间，可对有机物及无机物进行分析。拉曼光谱谱峰清晰尖锐，适合于定量分析、数据库搜索及运用差异分析进行定性研究。拉曼光谱具有无需破坏样品、分析速度快、灵敏度高的特点，为中药的质量控制、中药有效成分的微量分析研究提供了一种新的简便、快速的分析方法。周群等运用傅里叶变换拉曼光谱法和计算机辅助比对软件对12个不同产地、不同种植方式及不同采集时间的中药材黄芩进行了快速鉴别，结果表明可以由拉曼光谱的特征频率与强度鉴别不同种植方式的黄芩样品。

4. 荧光光谱（FS）指纹图谱 荧光光谱的基本原理是蒸气状态的原子因吸收能量而跃迁至高能态，并在这个过程中发射出具有固定波长的荧光。荧光光谱能形象地反映出荧光组分的各种信息，所有荧光组分的种类和量的信息均反映在光谱上，使得每种中药的荧光光谱有所差异而具有了良好的指纹性。结合计算机技术，根据一定的标准进行确认，便可达到对中药的识别和质量控制等目的。其具有灵敏度高、选择性好、方法简便、重复性好和用样量少等优点，正日益成为分析方法中研究的热点。史训立等对中药三维荧光指纹图谱数据库的构建进行了探索，得到了200余种国家标准对照药材的三维荧光光谱，同时设计了检索程序的算法和数据库的结构，在中药材的化学成分尚未完全清楚的时候，快速地实现对中药的鉴别和质量控制。

5. 核磁共振氢谱（1H-NMR）指纹图谱 ^{1}H-NMR是鉴定有机化合物结构的重要方法之一，其提供的结构信息独具特点，可以获得化合物的包括各类质子的化学位移、数量、偶合关系等结构信息，近年来也应用于中药指纹图谱研究。植物类中药特征性化学成分往往不限一种，多表现为特征性成分组，因此，其特征性标准提取物的^{1}H-NMR图谱是其中各种成分^{1}H-NMR图谱的叠加。在这种混合物的^{1}H-NMR图谱上，除每个信号的化学位移数据外，信号的相对强弱反映了混合物中各组分的相对含量，当图谱不太复杂时，也可观察到有些信号的偶合关系。通过化学成分分离纯化后各化合物的结构鉴定和^{1}H-NMR谱图研究，则可实现植物类中药^{1}H-NMR指纹图谱的解析。^{1}H-NMR对有机化合物所提供的结构信息具有高度的特征性和重现性，这种图谱称为植物中药^{1}H-NMR指纹图。秦海林等应用这一技术，对人参、天麻、黄连、何首乌、虎杖、大黄、苦皮藤，环草石斛等进行了系统研究，分别建立了相应的^{1}H-NMR指纹图谱，并用于人参伪品的鉴别。

6. 质谱（MS）指纹图谱 将中药提取液置质谱仪中进行电子轰击电离，可获得提取液中化学成分的质谱指纹谱，不同中药提取液所含成分不同，所得质谱图显示的分子离子峰及进一步裂解的碎片峰不一致，可供鉴别。由于中药样品的复杂性，采用直接进样质谱分析如今已很少采用。

7. X-射线（X-ray）衍射光谱指纹图谱 当某一物质进行衍射分析时，该物质被X-射线照射而产生不同程度的衍射现象。可分为单晶X衍射法与粉末X衍射法。物质组成、晶型、分子内成键方式、分子的构型等决定该物质产生特有的衍射图谱。如果该物质是一混合物，X-射线衍射图是各混合物各组分衍射效应的叠加。只要这一混合物的物质组成是恒定的，其衍射图谱可以作为该混合物的特征图谱。X-衍射指纹图谱具有指纹性强，图谱稳定可靠等特点，尤其是X衍射傅里叶谱分析法可用于药材的指纹鉴定。

周俊国等对3种及不同产地共12个蛇床子药材进行了粉末X-衍射分析，结果表明，不同产地蛇床子的衍射图谱按其几何拓扑性质大致可分为4类相似衍射模糊图形,与TLC分析的结果基本一致。龚宁波等采用粉末X线衍射傅里叶指纹图谱分析技术,获得了栀子和水栀子药材中的各自对照衍射图谱和特征标记峰,可以很好地区分药材栀子、水栀子及地方用品黄花栀子。

三、中药色谱-光谱联用指纹图谱

由于中药复方制剂成分复杂,现行的各种单一测定方法给出信息量少,无法建立较完善的指纹图谱。色谱-光谱联用技术的出现,加快了中药研发的步伐,该技术具有所需样品量少、速度快、可得到更多信息等特点,目前正处于快速发展阶段。目前常用的联用技术包括气-质联用(GC-MS)、液-质联用(LC-MS^n)、高效液相-核磁共振仪联用(HPLC-NMR)、毛细管电泳-核磁共振仪联用(HPCE-NMR)、液相色谱-核磁-质谱联用(LC-NMR-MS)等。色谱-光谱联用技术将色谱法良好的分离能力与光谱法特有的结构鉴别能力相结合,已成为非常有效的药物分离和鉴定手段。

第三节 中药生物指纹图谱

一、中药材分子标记鉴定指纹图谱

(一)中药材DNA标记指纹图谱

传统的中药鉴定采用的主要是性状鉴定、显微鉴定及理化鉴定等方法。这些方法的鉴定标识在生物学上均为物种的遗传表现型,不仅受到遗传因素的影响,而且与生物体的生长发育阶段、环境条件、人类活动如引种驯化、加工炮制等有着密切的关系,具有很大的变异性及可塑性,难免存在主观性强、重复性和稳定性差等缺点,因此限制了它们的应用与发展。近年来,随着分子生物学技术在中药学领域的渗透与发展,以DNA分子为标记的中药分子鉴定方法得到不断的发展与应用。DNA分子作为遗传信息的直接载体,信息含量大,在同种或同品种内具有高度的遗传稳定性,且不受外界环境因素和生物体发育阶段及器官组织差异的影响,因此用DNA分子特征作为遗传标记进行中药鉴别更为准确可靠,非常适合于近缘种、易混淆品种、珍稀品种、动物药材、破碎药材、陈旧药材、腐烂药材及样品量极为有限的植物模式标本、中药出土标本、古化石标本等珍贵样品的鉴定。

1. 基于限制性内切酶切片段长度多态性(RFLP)的中药DNA分子鉴定技术 RFLP是最早检测到DNA水平的分子标记技术,1974年,Grozdicker等在鉴定温度敏感表型的腺病毒DNA突变体时,首次利用经限制性内切酶酶解后得到的DNA片段的差异进行检测,不久以后,人们开始用该方法构建遗传连锁图以及系统发育与品种鉴定等。20世纪90年代后,该方法被逐渐用于药用植物分类与中药材的鉴定。1993年,Mizukami首次利用该方法对 *Glehnia littoralis* 的种间和居群间差异进行了分析,随后又对分布于日本的三岛柴胡 *Bupleurum falcatum* L.的3个地理种群进行了分类学研究,用水稻cDNA探针杂交,从12种限制性内切酶中筛选出3种具有鉴别意义的酶,经聚类分析,将3个地理种的柴胡分为2组,与形态学、细胞学和化学成分研究得出相同的结果。1996年,Mizukami得到了苍术类(Atractylodes)3种植物具有鉴别意义的RFLP指纹图谱,同时探讨了三者的系统演化关系。但是在研究应用时由于RFLP存在试验技术烦琐,使用放射性物质,合适的分子杂交DNA难以筛选,DNA模板质量要求高、用量大等不足之处,限制了其在中药鉴定领域的发展与应用,近年来相关的研究报道较少。

2. 基于PCR方法的中药DNA分子鉴定技术(RAPD与AP-PCR)　20世纪80年代中期建立的聚合酶链式反应(polymerase chain reaction, PCR)技术是现代分子生物学研究中的一项富有革新性的创举,对整个生命科学的研究与发展,都有着深远的影响。自90年代引入中药学研究领域后,对中药材鉴定新方法的建立与发展也产生了巨大的推动作用,包括随机扩增多态DNA(random amplified polymorphic DNA, RAPD,或arbitrary primer-PCR, AP-PCR)技术。

RAPD与AP-PCR方法是Williams J G K和Welsh J领导的两个研究小组同时发展起来的一种DNA分子标记技术。由于它预先不需要知道DNA序列的情况,对DNA模板的需求量少,质量要求低,具有快速、灵敏、通用性好等特点,迅速渗透到生物学的各个领域,成为目前应用最为广泛的DNA指纹图谱技术,已被成功用于遗传指纹作图、基因定位、系统进化以及动植物、微生物物种及中药材鉴别等各个领域。

如人参、西洋参与三七及其伪品,蒲公英与6种土公英混淆品,动物药材蛇类进行了鉴别研究。用RAPD技术进行中药鉴定的研究报道逐年增加,使该技术成为在中药材鉴定中应用最为广泛的DNA分子标记技术。在此基础上还衍生出特异性和重复性更高的SCAR方法用于人参鉴定研究。

对于实验的重复性问题,为了找到一个普遍适用的反应体系最佳组合值,人们对诸如DNA的质量、模板DNA浓度、引物和dNTP的浓度、Taq酶的商品型号、Mg^{2+}浓度、反应时间与温度参数等进行了考察,结果表明统一反应条件能够大大消除前后实验结果的不一致性,使实验的稳定性得到提高。

3. 基于PCR-RFLP技术的DNA分子标记指纹鉴定技术　PCR-RFLP是在PCR和DNA序列分析技术基础上产生的RFLP技术,首先使用PCR技术获得目的基因片段,然后根据序列分析的结果,确定限制性内切酶酶切位点做RFLP分析,与经典的RFLP技术相比,试验步骤简单化,不需使用同位素,减少了实验室的污染。

1996年, Nakai等采用PCR-RFLP与RAPD技术对淫羊藿属(*Epimedium*)8种植物进行了指纹分析,发现RAPD指纹图谱能够鉴别中国特有种箭叶淫羊藿*Epimedium sagittatum*与产于日本的7种淫羊藿。1995年, Mizukami用通用引物扩增当归*Angelica sinensis*(Oliv.)Diels、三岛柴胡*Bupleurum falcatum*、珊瑚菜*Glehnia littoralis*的5S rRNA基因片段,用限制性内切酶Hind Ⅲ消化PCR产物,获得具有鉴别意义的PCR-RFLP图谱。

（二）中药材蛋白质标记指纹图谱

随着我国经济的迅速发展,中药在我国乃至世界医药的发展中起着越来越重要的作用,由于人们对药材资源的无序采挖,临床应用中药材伪品也随之出现,有些中药材的属内各种间的形态学差异较小,遗传标记法就成为中药材种间亲缘关系的鉴定常用的方法之一。遗传标记是标示遗传多样性的手段,主要有形态标记、细胞学标记、生化标记和分子标记4种类型,生化标记是以基因表达产物蛋白质作为遗传标记,同工酶标记是在同工酶多态性基础上发展起来的生化标记方法。同工酶研究技术,在基质方面经历了从淀粉胶,琼脂胶,聚丙烯酰胺的凝胶的发展过程,从方法上讲,经历了水平板电泳,圆盘电泳,垂直板电泳的发展过程,近年来又产生了非常先进的薄层等电聚焦电泳技术,使同工酶的研究逐步深入并有了很大的进步。目前同工酶研究技术已成成功应用到中药学、微生物学、农学及医学领域中。

张惠等以5年生人参根为供试材料,采用聚丙烯酰胺凝胶电泳(PAGE)法得到人参根超氧化物歧化酶(SOD)同工酶、过氧化氢酶(CAT)同工酶和细胞色素氧化酶(CYT)同工酶的电泳胶片,并生成指纹图谱叠加图,对不同生长时期人参根中上述3种氧化还原同工酶图谱进行分析。结果不同生长时期人参根中SOD同工酶和CYT同工酶的酶带条数存在明显差别,而CAT同工酶的酶带条数无明显变化,3种同工酶均具有各自的主要特征酶带。SOD同工酶和CYT同工酶在人参果后参根生长期和枯萎期活性升高,CAT同工酶在人参生长发育的各个时期活性相对稳定。

二、中药生物效应指纹图谱

(一)中药生物色谱指纹图谱

生物色谱法(biochromatography)是20世纪80年代中后期问世,由生命科学与色谱分离技术交叉形成的一种极具发展潜力的新兴色谱技术。它利用药物产生效应(或毒性)一般是通过药物与靶点即生物大分子包括受体、通道、酶等结合的原理,应用于药物活性成分的筛选、药物作用机制的研究。它使效应成分的分离与筛选结合在一起,进而探讨药物的作用机制,是化学成分-效应-作用机制联动的一种药物研究方法,尤其适合于天然药物效应物质基础的研究,其独特的优点为其展示了光明的发展前景。

现代生命科学已阐明了细胞、细胞膜的结构组成,并逐步了解了酶、受体、抗体、传输蛋白、DNA、肝微粒体等在生命活动中所起的重要生理作用。若将这些活性生物大分子、活性细胞膜、甚至活细胞作为配体固着于色谱担体上,制成一种生物活性填料,用于现代色谱分析技术,形成一种能够模仿药物与生物大分子、靶体或细胞相互作用的色谱系统,这样药物与生物大分子、靶体间的相互作用就能用色谱中的各种技术参数定量表征,我们就可以方便地研究药物与生物大分子、靶体或细胞间的特异性、立体选择性等相互作用,筛选活性成分,揭示药物的吸收、分布、活性、毒副作用、构效关系、生物转化、代谢等机制,探讨药物间的竞争、协同、拮抗等相互作用。

因此,建立中药生物色谱技术,可以模拟生理或病理状态下药物在体内进行生物活性表达的一些关键步骤,将中药或中药复方中的效应物质进行分离,能使效应成分的分离与筛选结合在一起,克服了以往先从中药中分离有效部位或单体,再分析其药效,从而使成分分离与效应筛选脱节的弊端;对已知结构的化合物进行中药效应成分及作用靶点分析,加强中药效应物质基础、作用机制的研究。由于该技术能较快地提供中药的效应物质基础,并通过制备型HPLC制备相当数量的纯品,就有可能针对性地设计提取工艺,以尽可能多地富集效应成分;了解了效应物质基础,就有可能针对效应物质制定质量标准,也就可能针对效应物质的理化特征,研究其制剂形式,以保证药品的安全、有效、可控、稳定、均匀,实现中药研究的现代化。

生物色谱将生物分子作为色谱固定相,药物分子作为样品或流动相,使药物分子与生物分子相互作用机制和色谱过程相结合,快速、准确地表征它们之间相互作用,从而筛选出与生物分子相互作用的药理活性成分。一定意义上,生物色谱技术其实是亲和色谱的扩展,但它侧重于研究生物分子间相互作用,是一种利用基质-流动相作用体系研究生物分子之间相互作用的技术。

在生物色谱的基础上,Huang等提出了中药生物指纹谱分析(biological fingerprinting analysis of TCMs)的概念,用于定性和定量研究中药提取物和生物大分子的相互作用。中药的生物指纹谱指在一种或多种药理功能作用下中药指纹图谱,包括色谱、质谱、光谱等。中药生物指纹图的两大要素:首先具有指纹图谱的特征;其次含有中药成分与生物分子相互作用的信息。中药生物指纹谱的两种形式:一是中药与游离的生物分子相互作用前后的指纹图谱比较;其次是中药与固定化的生物分子相互作用后得到的指纹图谱。

龙胆泻肝汤为临床常用方,大量临床报道证明其疗效确切且用途广泛,但尚未见有关其物质基础的研究。由于建立比较全面反映中医证型的动物模型具有一定的难度,且中药复方成分复杂多样,具有多个作用靶点,因而通过建立整体动物模型筛选并确定活性成分具有很大的难度。Wang等选择了生物色谱筛选技术对龙胆泻肝汤进行活性成分筛选,建立了龙胆泻肝汤的生物指纹谱。

(二)中药生物效应指纹图谱

现代系统生物学是一门新兴的,不断发展的交叉学科,基因组学和蛋白质组学中的高通量方法为系统生物学发展提供了大量的数据,计算生物学通过数据处理、模型构建和理论分析,成为系统生物学发展的一个强有力的工具。系统生物学是研究一个生物系统中所有组成成分(基因、mRNA、蛋白质、代谢物等)的构成,以及在特定条件,如遗传的、环境的因素变化时,分析这些组分间相互关系的学科。系统生物学以整合多种组学信息为手段,力图实现从基因到细胞、组织、个体的各个层次的整合,是以整体性研究为特征的一种大科学。目前系统生物学在中医药方法学创新研究中引起高度关注。

系统生物学的研究促使我们与化学信息学、中药学等研究相结合,从整体上、系统上和信息水平上阐明中医理论,在信息水平上建立中药和中药材质量控制体系与药效评估评价平台。

1. 用系统生物学方法阐明传统中医药理论 中医提倡辨证论治,其基本理论都是从系统的观点来解释人体的构造及运行规律。中药药性理论、气味学说等可看作是对中药复杂性的一种经验归纳,从系统生物学的信息整合和器官与人体的模拟中寻找中医的理论根据,在信息系统水平上解释其各种学说,使中医理论成为透明可控的现代医学体系。

2. 建立信息水平上的中药质量控制体系 作为多成分的复杂模糊体系,中药中各化学成分的协同作用,过去仅以药材的形态、性状、气味、一些简单的理化鉴别、有效成分或者指标性成分来判断中药品质的真伪优劣,远远不足以整体反映中药的内在质量。系统生物学的研究促使人们从系统的水平上来理解和评价中药,以其形态、性状、气味等及各种分析方法得到数据为基础,结合各种数据库挖掘技术等进行药材信息的抽取与整合,建立计算机评价模型,直观反映了中药的质量。

3. 进行中药组效关系复杂性研究 中药的复杂性不仅表现在化学组分的复杂性及其相互关系的复杂性,也体现在方剂与人体相互关系的复杂性。要与生物学的研究相结合并运用数据库知识发现技术,运用综合评价方法考察生物效应指标与主要药效指标间关系,使用关联规则等方法研究方剂药效组分与作用途径的相关性,研究药效组分配伍与生物效应间的相关性,用各种方法如决策树、粗糙基、模糊控制、神经网络等建立组效辨识的智能计算方法,建立中药的组效关系模型,并且在指纹图谱研究的基础上,开展谱效学的研究。

4. 建立信息水平上的药效评价平台 首先从中药本身整体出发,以中医的系统思想和整体理论为指导,在中药基因组学和各种分析数据的基础上,利用系统生物学的研究方法来研究其信息特征,并建立中药组效学的研究模型来评估其药效。其次利用系统生物学对人体各个层次上的模拟,得出其宏观信息,预测对人体系统的扰动,包括它对非正常机体的治疗及对正常机体的毒副作用,对多组分、多途径、多靶点复杂的中药作出科学的评价。

通过生物学、信息学、中药学等学科的整合,建立宏观、系统、高效中药质量及药效的评价平台,不仅有助于实现中药材、中成药药效的科学评估,副作用预测,为不同人群推荐适合的药物,而且可以为复方的改进给出前瞻性的建议。

第四节　中药指纹图谱的信息处理

中药指纹图谱技术实际上包含信息获取、信息处理、信息挖掘三方面的内容。具体而言,就是从中药物质基础的角度出发,运用现代分离分析科学的手段,获取中药化学指纹图谱。结合药效研究和相关物质成分的分离鉴定,经谱效关系研究,获取表征中药特征信息的指纹图谱,应用于中药材,中间体和中药复方制剂的质量控制,以及创新药物研究的实践中,为中药质量评价、科学标准制定提供一个补充手段。

一、信息获取与处理

指纹图谱信息化包括数据的获取和数字化。主要过程为针对某类样品和要求,确定合适的获得指纹图谱的分析方法(如色谱或光谱等),建立整个分析方法的各种操作条件,进行测试,以获得不同样品的指纹图谱,即数据的获取。对所得指纹图谱进行分析,确定其数字特征。如对红外指纹图谱、可用峰的波数和强度作为其数字特征来表示某个峰。

主要指纹图谱数据的标准化(standardization, normalization),是数据挖掘的一项基础工作。

运用指纹图谱技术对中药进行鉴别、品质评价,是一种多指标的综合评价方法。所谓多指标综合评价方法,就是把描述评价对象不同方面的多个指标的信息综合起来,并得到一个综合指标,由此对评价对象做一个整体上的评判,并进行横向或纵向比较。而在多指标评价体系中,由于各评价指标的性质不同,通常具有不同的量纲和数量级。当各指标间的水平相差很大时,如果直接用原始数据(图谱)进行分析,就会突出数值较高的指标在综合分析中的作用,相对削弱数值水平较低指标的作用。这对于运用指纹图谱技术进行中药的鉴别,尤为重要。如丁公藤(丁公藤*Erycibe obtusifolia* Benth.或光叶丁公藤*Erycibe schmidtii* Craib的干燥藤茎)与其代用品飞蛾藤属(*Porana*)植物的指纹图谱鉴别,因这两属植物均含有较高含量的绿原酸类成分和香豆素(东莨菪素),而丁公藤甲素等莨菪烷类生物碱是丁公藤属植物的特征性成分,但含量极低。如用指纹图谱软件直接对原始HPLC图谱进行分析,很难有效鉴别正品丁公藤与其代用品飞蛾藤。因此,为了保证判别、评价结果的可靠性,需要对原始指标数据进行标准化处理。

目前数据标准化方法有多种,归结起来可以分为直线型方法(如极值法、标准差法)、折线型方法(如三折线法)、曲线型方法(如半正态性分布)。不同的标准化方法,对系统的评价结果会产生不同的影响。然而遗憾的是,在数据标准化方法的选择上,还没有通用的法则可以遵循。

二、数据挖掘

指纹图谱是一种全景模式,难以直接、直观地进行分析。需要采用模糊数学的手段进行信息解读、比较和判断,即从大量指纹图谱数据中得到内在的规律和联系。采用的方法有聚类分析、模式判别、关联度分析、主成分分析、人工神经网络等。

1. 聚类分析　聚类分析就是根据一定的规律和要求,对研究的对象进行分类。其基本思路是用"相似度"来衡量样品之间的亲疏程度,并以此来实现分类。通常将相似度大的样本归为一类,相似度小的样本归为不同类。对于不同批次的中药样品,其色谱指纹图经计算机快速辨识处理可依据样品批与批之间的相似度,确定中药样品批间的稳定性。

模糊聚类分析的基本步骤如下。

(1)计算样品之间的相似度,并将其构成模糊相似关系矩阵R。在由m个已量化的指纹特征组成的m维空间中,可用多种方法定义样品之间的相似度。如:相关系数法、最大最小法、算术平均最小法、几何平均最小法、绝对指数法、广义夹角余弦法、马氏距离法、欧氏距离法等。

(2)用上述方法建立起来的模糊相似关系矩阵R,只有自反性和对称性,而没有传递性,需要将模糊相似关系矩阵R改造为模糊等价关系矩阵R,再进行分类。

(3)取一定M值,作等价矩阵的截矩阵,依据取值的不同得到动态聚类谱系图。

2. 模式判别　模式判别的基本思路是先建立标准样本模式的色谱指纹图谱,然后对未知模式(待鉴定样品)色谱指纹图谱进行计算机解析,依据其与标准样本模式的"隶属度"、判别未知模式的真伪及优劣。

3. 关联度分析　众所周知,衡量药品质量的终极标准是药效。采用化学分析方法控制药品质量是一种间接的质量控制手段。一味中药相当于一个复方,其成分多而复杂,且大部分中药的化学成分不完全明确,某些已知成分并不能代表中药的全部疗效,因此传统的质量控制模式即单一成分的定性与定量难以控制药品质量。就中药指纹图谱而言,也存在着指纹图谱与药效相脱节的问题。所谓关联度,是指两个系统或两个因素间关联性大小的量度。关联度描述了系统发展过程中因素间相对变化的情况。如果两者在发展过程中相对变化基本一致,则认为两者关联度大;反之,两者关联度小。

4. 主成分分析　主成分分析法是将分散在一组变量上的信息集中到某几个综合指标(主成分)上的探索性统计分析。该方法基于最小二乘原则,能够尽可能多地保留和概括指纹图谱样本的总体信息,具有较好的信息优化性质。对可能存在的异常样本能够方便观察和及时发现,并采取措施消除异常样本的影响。该法具有变差最优、信息损失最小、相关性最优等特点,已广泛用于色谱、光谱及其联用指纹图谱的模式识别中。于生等运用主成分分析法对4种唇形科药材(薄荷、荆芥、香薷和广藿香)进行聚类分析,并获取他们的紫外-可见指纹图谱。结果表明主成分1和主成分2的累积可信度已达99%,以主成分1和2对所有建模样本的得分值作出的得分图,对4种药材具有良好的区分作用。

5. 人工神经网络　人工神经网络(artificial neural network,ANN)简称为神经网络(NN)或称作连接模型(connectionist model),是一种模仿动物神经网络的行为,并进行分布式信息处理的数学模型。该方法具有分布存储、平行计算、容错和自适应能力,使其在测量数据的特征提取中占重要地位,适宜处理中药指纹图谱信息。反向传播(back propagation,BP)

模型是目前应用最广泛的人工神经网络模型,具有判别分类可靠性大、速度快等优点。汤彦丰等通过人工神经网络误差反向传播算法(BP-ANN)对红外数据进行处理,建立了中药紫花地丁的红外指纹图谱,可以有效地鉴别野生紫花地丁和栽培紫花地丁,准确率达到92.86%。

6. 其他方法　指纹图谱数据的挖掘方法还包括峰重叠法、夹角法、决策树,遗传算法及近邻算法等。近来又出现了几种相似度计算的方法。

第五节　中药指纹图谱的展望

随着现代分析技术的发展,指纹图谱技术是当今国际公认的控制中药质量的质控模式。

在实际应用中,中药指纹图谱还面临许多问题,主要有四点:一是中药来源的混乱无序,指纹图谱研究首先需要解决这个源头问题。中药材作为一种天然产物,受品种、产地、生长环境、种植管理、采收期、炮制加工方法等多种因素影响,难以控制,不同药材其指纹图谱有一定的差异,不利于指纹图谱的应用。因此在制定标准指纹图谱时,所选取的药材来源及成药的工艺应相对稳定,有足够的代表性,同时保证质量,才能保持标准指纹图谱的先进性和代表性;二是新技术的应用还不够前沿,对于中药这样一个复杂体系,需要解决分离与检测两大问题,而采用单一分离模式勉为其难,采用传统的检测手段或单一联用技术也易丢失大量信息;三是由于实验室条件,仪器设备的不同造成指纹图谱差异,从药材提取分离到分析检测全过程的标准化、规范化程度不够,影响实验室之间的重现性,难以推广,应在实验条件和仪器进行规范的条件下建立"标准图谱";四是对大量信息的化学计量处理方法还不够完善,指纹图谱的特征性不够明确具体,指纹图谱与药理作用的相关性缺乏研究。

中药指纹图谱技术是符合中医理论及现状的较好的质量控制技术。因为它并不需要详细了解药物的具体活性成分信息,只需要了解个别指标性活性组分信息,以指标性成分峰作为标记,结合非指标成分进行比对,用来综合评价药物质量,既符合中医药理论的整体观点,也满足了对中药质量的可控、保证其疗效的要求。

运用中药指纹图谱和指标成分定量相结合的方式,既可以完善表述中药的整体性特征,又有别于西药单一成分定量的质量控制模式,要根据中国的国情,建立自己的中药质量控制体系和评价体系,尽快建立一支高水准、高素质的专业技术队伍,使中药指纹图谱技术得以推广和应用。

中药指纹图谱是用多学科交叉、综合技术手段对复杂物质组成体系质量稳定性进行评价的检测方法,又是分析科学、中药学、分离科学以及化学、生物信息学等二级学科交叉,综合应用研究的结果,是中药现代质量标准体系的核心技术之一,又是解决药品质量控制和监督这一关键问题而采取的一种方法。通过相似性和相关性比对,发展质量变异和缺陷,从而全面特异地把握住中药的质量命脉,又为中药新药研发带来了一种崭新的研究模式,从整体综合的角度把握住了药物多靶点作用及针对性,为新药发现和快速筛选提供了思路和方法。

（王峥涛　张秀桥　杨扶德　裴香萍）

参 考 文 献

[1] 曹晖,毕培曦,邵鹏柱. 香港市蒲公英及其混淆品土公英的DNA指纹鉴别研究[J]. 中国中药杂志,1997, 22(4):197-200.

[2] 陈士林. 中药DNA条形码分子鉴定[M]. 北京:人民卫生出版社,2012.

[3] 房方,李祥,陈建伟,等. 中药紫石英X-衍射Fourier指纹图谱鉴别研究[J]. 药物分析杂志,2011,31(8): 1589-1592.

[4] 傅兴圣,刘训红,林瑞超,等. 磁石的傅里叶变换红外光谱指纹图谱研究[J]. 光谱学与光谱分析,2011,31 (4):947-950.

[5] 康廷国. 中药鉴定学[M]. 北京:中国中医药出版社,2012.

[6] 李蓓佳,向诚,杨秀伟,等. 应用高效液相色谱-质谱联用技术研究通脉颗粒的指纹图谱[J]. 药学学报, 2010,45(11):1410-1414.

[7] 罗国安,梁琼麟,王义明,等. 中医药系统生物学发展与展望[J]. 中国天然药物,2009,7(4):242-248.

[8] 牛红军,姜明,杨官娥,等. 同工酶分析技术在中药鉴定中的应用进展[J]. 时珍国医国药,2013,24(12): 2976-2977.

[9] 秦海林,张建新,王峥涛,等. 环草石斛的¹H-NMR指纹图谱解析[J]. 中国中药杂志,2002,27(12):919- 923.

[10] 秦海林,赵天增. 核磁共振氢谱鉴别植物中药的研究[J]. 药学学报,1999,34(1):58-62.

[11] 史训立,张琳,杜红莉,等. 中药三维荧光指纹图谱数据库的构建[J]. 计算机与应用化学,2013,30(1): 102-106.

[12] 苏薇薇,冯毅凡,叶文坚. 乌鸡白凤丸气相色谱指纹特征研究[J]. 中药材,1998,21(1):37-39.

[13] 王海波,邸学,包永睿,等. 中药羌活HPLC-荧光指纹谱研究[J]. 光谱实验室,2010,27(2):568-572.

[14] 王义权,周开亚. 蛇类药材分子遗传标记鉴别的初步研究[J]. 药学学报,1997,32(5):384-387.

[15] 王寅,乔传卓,尹茶. 高效毛细管电泳法用于不同居群大青叶药材的鉴别[J]. 中草药,2000,31(7):547- 549.

[16] 吴浩,顾晓风,辛妮,等. 续断高效毛细管电泳指纹图谱研究[J]. 药物分析杂志,2012,32(7):1259-1263.

[17] 谢培山. 中药色谱指纹图谱质量控制模式的研究和应用[J]. 中药新药与临床药理,2001,12(3):18-23.

[18] 尹莲,钱俊. 加味四妙丸有效部位群GC指纹图谱谱效关系及配伍变化研究[J]. 中成药,2007,29(5): 634-637.

[19] 张惠,赵雨,杨菲,等. 不同生长时期人参根中3种氧化还原同工酶分析[J]. 中草药,2012,43(12):2494-2498.

[20] 张振凌,朱轩,刘博,等. 不同方法制酒萸肉饮片高效液相指纹图谱的建立与比较[J]. 时珍国医国药, 2007,18(8):1859-1860.

[21] 周俊国,蔡金娜,吕杨,等. 中药蛇床子的粉末X衍射分析[J]. 中草药,1999,30(1):59-61.

[22] Cheung KS, Kwan HS, But PPH, et al. Pharmacognostical identification of American and oriental ginseng roots by genomic fingerprinting using arbitrarily primed polymerase chain reaction(AP-PCR)[J]. Ethnopharmacol, 1994,42(1):67-69.

[23] Grozdicker T, Williams J, Sharps P, et al. Physical mapping of temperature-sensitive mutations of adenovirus[J]. Cold Spring Harbor Symp Quant Biol,1974,39:439.

[24] HUANG XD, KONG L, LI X, et al. Strategy for analysis and screening of bioactive compounds in traditional

Chinese medicines[J]. Chromatogr. B,2004,812: 71-84.

[25] LI YG, ZHANG F, WANG ZT, et al. Identification and chemical profiling of monacolins in red yeast rice using high-performance liquid chromatography with photodiode array detector and mass spectrometry[J]. Pharmaceut Biomed,2004,35: 1101-1112.

[26] LIU D, LI YG, XU H, et al. Differentiation of the root of Cultivated Ginseng, Mountain Cultivated Ginseng and Mountain Wild Ginseng using FT-IR and two-dimensional correlation IR spectroscopy[J]. Mol Struct,2008, 883-884: 228-235.

[27] LIU M, LI YG, ZHANG F, et al. Chromatographic fingerprinting analysis of Danshen root(Salviae Miltiorrhizae Radix et Rhizoma) and its preparations using high performance liquid chromatography with diode array detection and electrospray mass spectrometry(HPLC-DADESI/ MS)[J]. Sep Sci,2007,30: 2256-2267.

[28] Mizukami H, Ohbayshi K, Ohashi H. Bupleurum falcatum L. in northern Kusushu Uamaguchi prefecture are genetically distinguished from other populations, based on DNAfingerprints[J]. Biol Pharm Bull,1993,16(7): 729-731.

[29] Mizukami H, Shimizu R, Kohda H, et al. Restriction fragment length polymorphisms of rDNAand variation of essential oil composition in Atractylodes plants[J]. Biol Pharm Bull,1996,19(4): 577-580.

[30] Mizukami H, Shimizu R, Kohjyouma M, et al. Polygenetic analysis of Atractylodes plants based on chloroplast trnK sequence[J]. Biol Pharm Bull,1998,21(5): 474-478.

[31] Nakai R, Shoyama Y, Shiraishi. Genetic characterization of Epimedium species using random amplified polymorphism DNA(RAPD) and PCR-restriction fragment length polymorphism(RFLP)diagnosis[J]. Biol Pharm Bull,1996,19(1): 67-70.

[32] Shaw PC, But PPH. Authentication of Panax species and their adulterant by random-primed polymerase chain reaction[J]. Planta Med,1995,61(5): 466-469.

[33] SHI YH, XIE ZY, WANG R, et al. Quantitative and Chemical Fingerprint Analysis for the Quality Evaluation of Isatis indigotica based on Ultra-Performance Liquid Chromatography with Photodiode Array Detector Combined with Chemometric Methods[J]. Int J Mol Sci,2012,13(7): 9035-9050.

[34] WANG J, HA WY, Ngan FN, et al. Application of sequence characterized amplified region(SCAR)analysis to authenticate Panax species and their adulterants[J]. Planta Med,2001,67(8): 781-783.

[35] WANG Y, KONG L, LEI XY, et al. Comprehensive two-dimensional high-performance liquid chromatography system with immobilized liposome chromatography column and reversed-phase column for separation of complex traditional Chinese medicine Longdan Xiegan Decoction[J]. Chromatogr A,2009,1216(11): 2185-2191.

[36] WEN FF, CHENG XM, LIU W, et al. Chemical fingerprint and simultaneous determination of alkaloids and flavonoids in aerial parts of genus Peganum indigenous to China based on HPLC-UV: application of analysis on secondary metabolites accumulation[J]. Biomed Chromatogr,2014,28(12): 1763-1773.

[37] XU SJ, YANG L, TIAN RT, et al. Species differentiation and quality assessment of Radix Paeoniae Rubra (Chi-shao)by means of high-performance liquid chromatographic fingerprint[J]. Chromatogr A,2009,1216 (11): 2163-2168.

[38] YANG XJ, YANG L, XIONG AZ, et al. Authentication of Senecio scandens and S. vulgaris based on the comprehensive secondary metabolic patterns gained by UPLC-DAD/ESI-MS[J]. J Pharmaceut Biomed,2011, 56(2): 165-172.

第八章　中药安全性评价

中药的安全性评价（safety evaluation）就是利用毒理学和理化分析等方法,检测中药的毒性和有害物质,评价其在临床使用过程中的安全性。中药的安全性评价是中药质量标准中不可缺少的组成部分,也是保证临床用药安全可靠的重要措施。

中药的安全性是药品属性中最基本的要素之一。因此,一直备受医药工作者们的关注。特别是随着中药临床应用的日益广泛以及人们对医学解读能力的不断提高,中药的安全性问题更是成为大家关注的焦点。据国家食品药品监督管理总局新近发布的药品不良反应监测年度报告（2014年）中的统计,全国药品不良反应监测网络收到新的和严重药品不良反应/事件报告341 300余份,与2013年比增长了17%,且报告数量自1999年以来呈逐年持续增多的态势尚未改变。仅在2014年一年中的药品不良反应/事件报告所涉及的中药就占17.3%。这些不良反应主要集中在肝、肾、肺、心脏以及内分泌系统、造血系统、免疫系统、神经系统、生殖系统等诸多方面。特别是近年来在国内外发生的中药不良反应,如鱼腥草、刺五加、小柴胡、马兜铃、黄连事件等,更加深了人们对中药安全性的担忧。

然而,中医药体系具有自身的特殊性,影响中药安全性的因素也较为复杂。除剂量问题外,还涉及品种、炮制、配伍、煎服方法等诸多因素,而且可变因素多,检测难度大。因此,如何科学、正确地评价中药的安全性给中药研究者提出了更高的要求。因为它既关系到临床的用药安全,又关系到中医药事业的顺利发展,是一项具有战略意义的重大研究课题。

第一节　影响中药安全性的物质分类

引起中药毒副作用,影响药物安全性的物质依据来源,可以分为内源性和外源性两大类。

一、内源性具有毒副作用的物质

此类物质主要是指中药自身所含有的化学成分。这些化学成分大多是生物体的次生代谢产物（secondary metabolites）,包括生物碱、萜类、挥发油类、酚类、醌类、内酯类、苷类等。这些成分很早就作为药物在临床应用,但随着研究的不断深入,逐渐地发现这些产生药效的物质也常伴有不同程度的毒副作用。通常按其毒害的部位分为以下类别。

1. 具有消化系统毒性的中药　常见的消化系统毒副作用常表现为胃肠道反应,如恶心、呕吐、上腹不适、腹痛、腹泻等。同时，还有可能引起肝脏毒性反应，如黄疸、肝大、肝炎、胆汁淤积、肝硬化、肝细胞坏死等。根据临床报道和动物实验结果表明，常引起胃肠道反应的中药有：鸦胆子*Brucea javanica*（L.）Merr.、了哥王*Wikstroemia indica*（L.）C. A. Mey.、常山*Dichroa febrifuga* Lour.、苦楝子*Melia azedarach* L.、巴豆*Croton tiglium* L.等。具有肝脏毒性的中药有姜半夏*Pinellia ternate*（Thunb.）Breit.、桑寄生*Taxillus chinensis*（DC.）Danser、蒲黄*Typha angustifolia* L.等。天花粉*Trichosanthes kirilowii* Maxim.或其注射剂可引起肝功能异常；千里光*Senecio scandens* Buch.-Ham. 可造成肝内血管闭塞；野百合*Crotalaria sessiliflora* L.提取物可引起急性肝炎。川楝子*Melia toosendan* Sieb. et Zucc.、苍耳子*Xanthium sibiricum* Patr.、草乌*Aconitum kusnezoffii* Reichb.、蓖麻子*Ricinus communis* L.、雷公藤*Tripterygium wilfordii* Hook. f.等中药的煎剂可导致肝损害；大黄*Rheum palmatum* L.、泽泻*Alisma orientale*（Sam.）Juzep.或其静脉注射液会引起胆红素代谢障碍导致黄疸。

2. 具有泌尿系统毒性的中药 常见的泌尿系统毒性症状有尿少、尿闭、尿频、尿急、水肿、血尿、蛋白尿、尿毒症、肾衰竭等。近年来人们对含有马兜铃酸的关木通*Aristolochia manshuriensis* Kom.、广防己*Aristolochia fangchi* Y. C. Wu ex L. D. chou et S. M. Hwang等中药的肾毒性较为关注。其中所含有的马兜铃酸（aristolochi acid，AA）已证实可以造成不同程度的肾脏损害。另据报道，具有肾脏毒性的常用中药还有草乌*Aconitum kusnezoffii* Reichb.、巴豆*Croton tiglium* L.、天花粉*Trichosanthes kirilowii* Maxim.、蜈蚣*Scolopendra subspinipes mutilans* L. Koch、斑蝥*Mylabris phalerata* Pallas、光慈菇*Tulipa edulis*（Miq.）Baker、益母草*Leonurus heterophyllus* Sweet、厚朴*Magnolia officinalis* Rehd. et Wils.等。

3. 具有中枢神经系统毒性的中药 常见的中枢神经系统毒性症状为口唇麻木、嗜睡、抽搐、惊厥、牙关紧闭、眩晕、意识模糊、烦躁不安、昏迷、瞳孔缩小或放大、严重者死亡。临床常用的中药马钱子*Strychnos nux-vomica* L.所含士的宁（strychnine）、颠茄属（*Hyoscyamus*）植物含有的阿托品（atropine）和天仙子胺（hyoscyamine）、西红花*Crocus sativus* L.所含的藏红花素（crocetin）以及罂粟*Papaver somniferum* L.所含的吗啡（morphine）都被动物实验证实具有不同程度的中枢神经毒性。

4. 具有造血系统毒性的中药 常见的造血系统毒副症状是溶血性贫血、缺血性贫血、白细胞减少、粒细胞缺乏、再生障碍性贫血，严重者导致死亡。可引起造血系统毒性反应的中药有雷公藤*Tripterygium wilfordii* Hook. f.、光慈菇*Tulipa edulis*（Miq.）Baker、八角莲*Dysosma versipellis*（Hance）M. Cheng、青风藤*Sinomenium acutum*（Thumb.）Rehd. et Wils.，以及正清风痛宁、蝮蛇抗栓酶、穿琥宁注射液、小檗碱（berberine）、枯痔宁、感冒清、感冒通等中成药制剂。

5. 具有心血管系统毒性的中药 常见的心血管毒性症状是心律失常、心悸、胸闷、循环衰竭，严重者死亡。乌头*Aconitium carmichaeli* Debx.、附子及其炮制品均为临床常用中药，具有镇静、强心、抗肿瘤等作用，常用于多种痛症的治疗。其主要药效成分乌头碱（aconitine）、中乌头碱（mesaconitine）、次乌头碱（hypaconitine）等可引起心血管毒性，并可损害外周脊髓。其他具有心血管毒性反应的中药还有蟾酥Bufonis Venenum、藜芦*Veratum nigrum* L.、黄花夹竹桃*Thevetia peruviana*（Pers.）. K. Schum.等。

6. 具有呼吸系统毒性的中药 呼吸系统毒性产生的症状有咳嗽、呼吸困难、肺水肿、呼吸麻痹、呼吸衰竭，甚至窒息死亡。常见产生呼吸系统毒性的中药有苦杏仁Armeniacae

Semen Amarum和桃仁Persicae Semen所含的苦杏仁苷(amygdalin)、闹羊花*Rhododendron molle* G. Don所含毒性成分八厘麻毒素(andromedotoxin)、乌头*Aconitium carmichaeli* Debx.和附子中所含成分乌头碱(aconitine)、细辛*Asarum heterotropoides* Fr. Schmidt var. *mandshuricum*(Maxim.)Kitag.所含成分甲基丁香酚(methyleugenol)等,这些成分主要是通过影响延髓呼吸中枢引起呼吸困难乃至呼吸衰竭。

7. 具有免疫系统毒性的中药　最常见的免疫系统毒性就是过敏反应。通常表现为皮疹、荨麻疹、哮喘、发热、黏膜水肿等症状,有时甚至会导致过敏性休克等严重后果。常引起过敏反应的大多是中药注射剂。造成这种毒性作用的原因之一就是中药注射剂中所含的大分子动、植物蛋白,以及具有抗原或半抗原性质的物质,如绿原酸、酶、皂苷和角质蛋白等。有些中药如雷公藤*Tripterygium wilfordii* Hook. f.、防己*Stephania tetrandra* S. Moore等,还存在不同程度的免疫抑制作用。

8. 具有致畸胎、致突变及致癌作用的中药　有些中药可干扰胚胎的正常发育而引起畸胎。具有这种生殖毒性的中药有雷公藤*Tripterygium wilfordii* Hook. f.、棉酚(gossypol)、昆明山海棠*Tripterygium hypoglaucum*(Lévl.)Hutch.、苦瓜*Momordica charantia* L.、川楝子*Melia toosendan* Sieb. et Zucc.、天花粉蛋白(trichosanthin, TCS)等。有些中药可引起基因突变和癌变,如槟榔*Areca catechu* L.、款冬花*Tussilago farfara* L.、千里光*Senecio argunensis* Turcz.、广防己*Aristolochia fangchi* Y. C. Wu ex L. D. chou et S. M. Hwang、关木通*Aristolochia manshuriensis* Kom.、细辛*Asarum heterotropoides* Fr. Schmidt var. *mandshuricum*(Maxim.)Kitag.、土荆芥*Chenopodium ambrosioides* L.、雄黄(Realgar)、砒霜(arsenouse oxide)、土贝母*Bolbostemma paniculatum*(Maxim.)Franq.、野百合*Crotalaria sessiliflora* L.等。如果长期过量使用这类中药,可增加基因突变和引发癌症的概率。此外,石菖蒲*Acorus tatarinowii* Schott、花椒*Zanthoxylum bungeanum* Maxim.、八角茴香*Illicium verum* Hook. f.等植物所含的黄樟醚(safrole)和青木香*Aristolochia debilis* Sieb. et Zucc.等所含的N-硝基化合物等,现已证实可诱发动物产生肝癌。

9. 具有内分泌系统毒性的中药　中药引起内分泌毒性的研究报道不多,但较为明确的是含重金属的中药对内分泌具有较大的毒性,如砒霜和朱砂。砷元素破坏人和动物的内分泌系统,通常是以阻断或模仿激素的方式来干扰正常激素的作用。

二、外源性具有毒害作用的物质

外源性具有毒害作用的物质主要来自中药材的栽培或养殖、采收加工、包装、运输和贮藏等环节。此外,中药制剂生产中所涉及的辅料、提取溶剂、工艺设备、接触器皿等也都是外源性有毒副作用物质污染的重要途径。由此可见,中药中存在有害残留物或污染物质的概率较高。一旦这些污染物随药品进入人体后,无疑会对身体造成不同程度的伤害。参考《中国药典》(2015年版)中所收载的一系列与中药安全性相关的指导原则:《中药有害残留物限量制定指导原则》《色素测定法指导原则》《中药中铝、铬、铁、钡元素测定指导原则》《中药中真菌毒素测定指导原则》,可以将外源性有毒副作用的物质分为以下类别。

1. 残留农药　目前我国生产和使用的农药主要分为5类:第1类为有机磷农药,属磷酸酯类或硫代磷酸酯类化合物,是应用最广泛的农药。长期少量接触有机磷农药会出现慢性中毒症状,表现为神经衰弱综合征——头痛、头晕、乏力、恶心、食欲减退、视物模糊。第2类为氨基甲酸酯类农药,属中低毒性农药。可经呼吸道、消化道侵入人体,也可经皮肤、黏膜缓慢吸收,中毒症状与轻度有机磷农药中毒相似。第3类为杀虫脒,皮肤吸收或消化道侵入人体,可直接对心肌和血管平滑肌引起损害以及严重的高铁血红蛋白血症造成缺氧,最终导致组织或器官的损害。第4类为溴氰菊酯(凯嗪灵),中毒症状主要表现为皮肤刺激,有烧灼感、红斑、丘疹;神经系统症状表现为恶心、呕吐、腹痛、头痛、头晕、乏力、肌肉跳动、流涎、视物模糊。第5类为百草枯,毒性非常强,不仅损害肾小管,导致蛋白尿、血尿,引起肾功能损害,而且极易引起进行性呼吸困难,最终导致呼吸衰竭而死亡,还会造成心、肝、肾上腺中毒,引起相应症状和体征。由于中药的需求量日渐增多,药农们为了提高中药产量,不得不频繁地使用各种农药,预防病虫害,因此,造成了农药对中药的污染严重。目前,中药常见的农药残留(pesticide residues)种类主要有3大类:①有机氯农药,如六六六(BHC)、滴滴涕(DDT)及五氯硝基苯(PCNB)等。②有机磷农药,如敌敌畏、对硫磷、甲基对硫磷、乐果、氧化乐果、甲胺磷、久效磷、二嗪农、乙硫磷、马拉硫磷、杀扑磷、乙酰甲胺磷等。③拟除虫菊酯类农药,如氯氰菊酯、氰戊菊酯及溴氰菊酯等。这些残留农药不仅可以长期滞留在土壤、空气、水体等自然环境里难以分解,而且还通过食物链产生新的污染。

2. 重金属及有害元素　中药常见的重金属及有害元素(hazardous elements)主要指铅(Pb)、汞(Hg)、镉(Cd)、铜(Cu)、银(Ag)、铋(Bi)、锑(Ti)、锡(Sn)、砷(As)等金属元素。这些物质的毒性作用主要是通过与体内蛋白质、酶和氨基酸内的官能团上的巯基(-SH)和双硫键(-S-S-)牢固地结合在一起,使蛋白质变性,酶失去活性,致使组织细胞产生结构和功能上的改变。比如,铅主要损害造血、消化、神经、血液、心血管和泌尿系统。镉可抑制各种氨基酸脱羧酶、组氨酸酶、淀粉酶、过氧化物酶的活性,使肝、肾等组织中的酶系统正常功能受损。此外,镉还有致癌、致畸、导致基因突变的作用。汞主要是损害肾脏,造成肾衰竭。汞中毒还严重影响人的中枢神经系统,使听力减弱、语言失控、四肢麻痹甚至造成痴呆。砷主要是扩张毛细血管,麻痹血管舒张中枢,使腹腔脏器严重充血,引起肝、肾、心脏等实质脏器的损害。长期吸收砷化合物会诱发肺癌和呼吸道肿瘤。除此之外,中药在种植、生产、加工等过程中可能会引入铝(Al)、铬(Cr)、铁(Fe)、钡(Ba)等金属元素,其含量过高也会导致潜在的身体伤害。

3. 真菌毒素　真菌毒素是由多种类型的真菌菌核所产生。自然界中常见的产毒真菌来自曲霉属、镰刀菌属和青霉属的真菌。与曲霉属相关的真菌,如黄曲霉(*Aspergillus flavus*)和寄生曲霉(*Aspergillus parasiticus*)所产生的代谢产物称为黄曲霉毒素(aflatoxin, AF),有十余种之多,具有强烈的致肝损害和致癌作用,其中以黄曲霉毒素B_1(AFB_1)的毒性最大。它是一种杂环分子,具有糠酸呋喃和香豆素的基本结构。动物食用进入体内经过肝脏转化后,产生环氧衍生物,在体内经过激活,可以产生碳正离子,能够与核酸或蛋白质等大分子结合,从而导致细胞畸变或癌变。因此,世界各国对食品和药物中黄曲霉毒素的限量均作了严格的规定。黄曲霉毒素属于超剧毒级,其毒性是氰化钾的10倍,是砒霜的68倍。黄曲霉毒素还具有较强的耐热能力,在1.5kg/cm²蒸气压力下,加热至100℃,持续40分钟,其毒素破坏率仅为72%,说明其分子结合力非常稳定。所以,中药所含黄曲霉毒素的种类和限量成为安全性评价中必不可少的内容。此外,其他纳入监控的真菌毒素尚有曲霉属相关的真菌毒素赭曲霉毒素A、与镰刀菌属相关的真菌毒素玉米赤霉烯酮、T-2毒素、呕吐毒素和伏马毒素等；与青霉属相关的真菌毒素展青霉素和桔青霉素等。

4. 硫化物 某些中药在产地加工和贮藏过程中，为了使药材色泽洁白，防止霉烂，常采用传统加工炮制方法——熏硫，即利用硫黄熏制促进水分蒸发、防止药材褐变和抑制微生物的生长繁殖，由此造成中药中二氧化硫(SO_2)残留量超标。二氧化硫是一种无色、易溶于水、有刺激性气味的气体，其化学性质活泼，既具有氧化性、又具有还原性，因此常被用作保鲜剂和防腐剂。二氧化硫不仅可以改变中药材的化学成分，影响有效成分的含量，而且因pH改变导致中药性味归属也发生变化。二氧化硫自身也能引起多种组织器官的损伤和疾病，尤其以脑、心、肝、肺的影响更为严重。二氧化硫可被吸收进入血液，通过破坏酶的活性、降低糖类及蛋白质的代谢，对全身产生毒副作用；也可直接引起气道阻塞性疾病如气管炎、哮喘、肺气肿等多种呼吸道疾病，甚至与肺癌的发生有关。

5. 其他外来杂质 中药在采收、加工和贮藏过程中还有可能混入其他有毒有害物质，如砂石、泥块、尘土、明矾、盐、色素、微生物、致病菌以及其他非药用部位的杂质。一旦这些杂质混入中药，将会增添中药用药安全的隐患。因此，中药的质量标准中常设置有专项检查。此外，非法添加剂也是值得关注的一类外源性杂质。近年来在市场上发现某些不法商贩非法添加一些化学品或色素等以谋取暴利，如利用过氧化氢溶液(双氧水)浸泡天麻漂白；添加硫酸镁使通草、猪苓增重；用氧化铁水洗丹参使其外皮染成紫红色或用高锰酸钾为人参染色等现象。如果这些用于掺假的添加剂随意使用，不仅直接影响临床用药的安全性，甚至还会影响到多年来在人们心中所建立的对中药的信赖度。因此，有针对性地对其进行专项监控也是目前中药安全性评价研究的热点。

第二节 中药安全性评价方法

依据影响中药安全性物质的分类方式，中药安全性评价方法也分为两大类：一类是属于中药毒理学方面的实验方法。主要分为三个阶段：临床前的中药毒理学研究、临床中药毒理学以及中药上市后的不良反应监测。临床前中药毒理学方法主要是利用实验生物学等手段，对实验动物进行体内或体外，从整体到器官、细胞和基因等多层次上的毒理学试验。通过毒理学试验了解中药的毒性反应、毒性程度、毒害发展过程及毒性作用是否可逆。其研究内容主要包括单次给药及反复给药的毒性试验、安全性药理学试验、生殖毒性试验、遗传毒性试验、致癌性试验、局部(皮肤或黏膜)给药的毒性试验、药物依赖性试验、免疫学毒性试验、毒代动力学研究等。针对注射制剂还设置了专属性很强的安全性试验，如局部刺激、降压物质检查、过敏试验、溶血与凝聚试验、异常毒性检查等项目。关于这方面的具体内容属于药理学范畴，本节不再赘述。另一类是物理和化学分析实验方法。此类方法主要是利用经典的或现代的物理和化学手段，针对产生毒副作用的中药成分和有害物质进行定性和定量的分析和测定。目前常用的安全性检测指标有农药残留量、重金属及有害元素、黄曲霉毒素等，其他与安全性相关的限量检测方法尚有二氧化硫残留量、杂质和灰分、酸败度、铅、镉、砷、汞、铜、汞和砷元素形态及其价态等。

一、农药残留量的检查方法及限量指标

（一）农药残留量检测样品的处理

1. 取样原则　农药残留量测定的取样原则与一般的取样有较大差别,因为农药残留是极其不均匀的,很有可能一个叶片、一个果实受到污染而影响整个检测结果。因此,具体取样时要根据考察目标而定:如要全面考察中药产品受到农药污染情况,则要全面而又有代表性地取样;如要考察重点怀疑的中药产品,则不必考虑取样的均匀性,重点抽取该部分进行检测。由于中药大多是经过产地加工或者炮制后的产品,因此,取样时也应抽取加工炮制后的成品。

2. 样品的前处理　由于中药内农药残留量通常在纳克至皮克（ng~pg）级水平,使得供试品中农药的提取、分离、净化和富集的难度增大,因此,供试品前处理的方法显得非常重要。然而,不同的前处理技术有着各自不同的适用范围和特点,因此,在实际过程中,应根据待测样品的种类、待测成分的性质、存在状态、测定要求以及检测仪器的性能等条件,选用合适的供试品前处理方法。常规的提取纯化方法有索氏提取、组织捣碎、振荡提取、水蒸气蒸馏同步萃取、液-液分配、柱色谱（硅胶、硅藻土及氧化铝柱色谱）等方法,这些方法的优点是不需要昂贵的设备和特殊仪器,但具有费时、分析误差大、有机溶剂用量大,污染环境等缺点。近年来,提倡使用快速、精确、环保和高度自动化的方法,如固相萃取、固相微萃取、超临界流体萃取、微波辅助萃取、凝胶渗透色谱和免疫亲和色谱等先进方法,以弥补以往传统处理方法存在的不足。

（二）农药残留量的测定方法

1. 气相色谱测定法　依据《中国药典》（2015年版）规定,药材、饮片及制剂中部分有机氯、有机磷和拟除虫菊酯类农药残留量测定法一般采用气相色谱法（GC）。该方法是采用气体为流动相（载气）流经装有填充剂的色谱柱进行分离测定的色谱方法。其原理为样品经加热汽化后,被载气带入色谱柱内,各组分在气、液（固）两相中进行反复分配,因分配系数的不同而达到分离,先后由柱出口进入检测器并产生信号,再由数据处理系统记录色谱信号,从而进行物质的定性和定量分析。载气通常用氮气和氦气。固定相有2种:一种为固定吸附剂,称为气-固色谱法（GSC）;一种为涂在惰性固体表面的液膜,称气-液色谱法（GLC）,其中,以GLC应用最为广泛。气相色谱具有高分离效能、高灵敏度等特点,配以高选择性的火焰离子化检测器（FID）、磷氮检测器（NPD）、火焰光度检测器（FPD）,在有机氯和有机磷农药的分析领域中占有绝对优势。但气相色谱多数情况在高温下进行,即待测物质需经过高温汽化,若待测物质不能汽化,则不能用气相色谱进行分析,故对易分解的高沸点有机物的分析则比较困难。因此,气相色谱的应用范围具有一定的局限性。

2. 质谱法　质谱法（MS）目前是《中国药典》（2015年版）用于检测农药残留量的常用方法之一。该法由进样系统、离子源、质量分析器和检测器组成,各部分均由计算机系统控制,并进行测试过程中的数据记录、处理和储存。检测限可达10^{-15}~10^{-12}mol数量级。定量测定时可采用内标法或外标法,直接可获取待检物的组成和结构信息。目前多种分离技术已实现了与质谱的联用,经分离后的各种待测成分,可以通过适当的接口导入质谱仪分析,如气相色谱-质谱联用（GC-MS）、液相色谱-质谱联用（LC-MS）、超临界流体色谱-质谱联用（SFC-MS）、毛细管电泳-质谱联用（CE-MS）。特别适合检测微量物质。多年来一直广泛用于

环境样品中痕量农药、多氯联苯等成分的分析。目前,本方法大量应用于中药中的有机磷、有机氯和拟虫菊酯类农药残留量的测定,且具有实用性强、快速、简便、回收率高、重复性好等特点。

(三)农药残留量的其他测定方法

近年来,农药残留分析技术成为研究者们探索和开发较为活跃的领域之一。除了上述的分析方法外,农药残留分析还采用了其他方法,如气相-红外光谱测定法、毛细管电泳色谱法、酶联免疫吸附法、流动注射化学发光法、共振光散射比浊法以及基于酶抑制原理的分光光度法等。这些方法各自有着不同的特点和适用对象,正逐渐被人们采纳并应用于实际工作中。

(四)限量指标

为了进一步提高中药安全性,与农药残留量相关的国家标准正在陆续制定出台。例如,《中国药典》(2015年版)在人参、西洋参标准中制定了有机氯等16种农药残留的限量标准:含总六六六(α-BHC、β-BHC、γ-BHC、δ-BHC之和)不得过0.2mg/kg;总滴滴涕(pp'-DDE、pp'-DDD、op'-DDT、pp'-DDT之和)不得过0.2mg/kg;五氯硝基苯(PCNB)不得过0.1mg/kg;六氯苯不得过0.1mg/kg;七氯(七氯、环氧七氯之和)不得过0.1mg/kg;艾氏剂(Aldrin)不得过0.05mg/kg;氯丹(顺式氯丹、反式氯丹、氧化氯丹之和)不得过0.1mg/kg。而在甘草和黄芪项下也规定:总六六六(α-BHC、β-BHC、γ-BHC、δ-BHC之和)不得过0.2mg/kg;总滴滴涕(pp'-DDE、pp'-DDD、op'-DDT、pp'-DDT之和)不得过0.2mg/kg;五氯硝基苯不得过0.1mg/kg。虽然农药残留量的检查项目和限度标准并未全面实施,限量指标也不统一,但新近颁布的《中药有害残留物限量制定指导原则》(附录9302)提供了有害残留物限量制定的重要依据,有效地促进了中药安全性评价水平的提高。其中农药残留量限值标准建立所需的计算公式为:$L=AW/100M$,式中L为最大限量理论值(mg/kg);A为每日允许摄入量(mg/kg);W为人体平均体重(kg),一般按60kg计;M为中药材(饮片)每日人均可服用的最大剂量(kg);100为安全因子,表示每日由中药材及其制品中摄取的农药残留量不大于日总暴露量(包括食物和饮用水)的1%。该公式是根据毒理学数据,结合残留物的暴露情况和人类日常膳食摄入情况分析评估的结果,计算出最大限量理论值。相信随着指导原则的不断应用以及技术手段的不断更新,中药农药残留量检测方法也会不断完善。

二、重金属及有害元素的检查方法及限量指标

(一)重金属及有害元素检测样品的前处理

样品中的重金属一般以化合态形式存在。因此,在检测时需要对样品进行前处理。只有使重金属以离子状态存在于供试液中,才能保证分析的准确性。此外,样品的前处理还可以去除干扰因素,保留完整的被测组分,或使被测组分浓缩。传统的方法主要有湿法消化和干法灰化。湿法消化是在适量的样品中加入硝酸、高氯酸、硫酸等强酸,结合加热来破坏有机物。由于高氯酸湿法消解方法简单,已被广泛采用。但在消化过程中,该法易产生大量的有害气体,存在爆炸的潜在危险,同时,在消解过程中要消耗大量的酸而可能引起较大的空白值。干法灰化是在高温灼烧下使有机物氧化分解,剩余的无机物供测定。此法能降低污染,但消化周期长,耗电多,被测成分易挥发损失,坩埚材料有时对被测成分有吸留作用,致使回收率降低,因此,目前针对干法和湿法又新增了许多改进方法。如微波消解技术和梯度升压微波消

解技术在样品处理的应用。微波消解能力强,速度快,消耗化学试剂少,重金属元素不易挥发损失,污染小及空白值低,而且样品经一次处理后就可以同时测定多种元素,灵敏度较高,精密度好,线性范围宽,回收率好。其测定结果与国标法规定的方法进行比较,无显著性差异。

(二)重金属及有害元素检测方法

1. 比色法 目前《中国药典》(2015年版)中收载的重金属总量的测定就是比色法。其原理就是测定在规定实验条件下,能与硫代乙酰胺或硫化钠作用显色的金属杂质。通过与已知浓度铅标准液进行颜色深度的比较,来判断重金属的总含量是否超标。此法虽简便易行,但仅适用于大批量产品的粗筛,其测定结果不够精准,容易受到人为因素的影响。

2. 原子吸收分光光度法 《中国药典》(2015年版)规定中药中的铅、镉、砷、汞、铜的测定方法为原子吸收分光光度法(AAS)。该方法是基于从光源辐射出待测元素的特征光谱,通过样品经原子化产生的原子蒸气时,被蒸气中待测元素的基态原子所吸收,由辐射光波强度减弱的程度,可以计算出样品中待测元素的含量。原子吸收分光光度法又分为冷原子吸收法、石墨炉原子吸收法和火焰原子吸收法。

(1)冷原子吸收法:冷原子吸收法较适合测定汞的含量。其主要原理是利用汞在常温下蒸气压较高和在空气中不易氧化的特点,用还原剂将高价汞还原成汞蒸气,汞蒸气对其特征谱线(253.7nm)具有强烈的吸收作用,用载气将汞蒸气吹出,通过石英吸收池,汞蒸气对汞空心阴极灯的辐射产生吸收,从而达到定量分析的目的。

(2)石墨炉原子吸收法:石墨炉原子吸收法较适合于测定铅、镉等重金属元素。其主要原理是利用电能加热盛放试样的石墨容器,使之达到高温,以实现试样的蒸发和原子化,达到原子化的样品通过炉内光路产生吸收的目的。因汞的高挥发性和炉中各种因素的干扰,使汞的测定灵敏度低、重现性差,而对于铅、镉等重金属元素的测定则可以获得良好的结果。由于对人体产生影响的血液中的重金属是非常微量的,另加上这类元素易挥发且电离电位较低的元素,如果使用一般火焰的原子光谱,原子化率是非常低的,即它的灵敏度达不到检测人体血铅、镉、砷的检测范围,使用石墨炉原子吸收光谱可以大大提高重金属元素的原子化率,使灵敏度大幅度增加而达到检测范围。但石墨炉原子吸收光谱受光散射和分子吸收的影响比火焰原子吸收法大,因此有必要对石墨炉原子吸收光谱进行背景校正,一般选择塞曼效应校正背景。这种方法被称为塞曼石墨炉原子吸收法。

(3)火焰原子吸收法:火焰原子吸收法的原理是利用化学火焰实现原子化,使被测元素由试样中转入气相,并解离为基态原子。原子化器由雾化器、雾化室和燃烧器三部分组成,雾化器将试液雾滴均匀化,然后再喷入火焰中,使进入火焰的微粒原子化。通过测定被测元素的吸收度,计算出被测元素的含量。

3. 高效液相色谱-电感耦合等离子质谱法 电感耦合等离子体与高效液相色谱技术联用被称为高效液相色谱-电感耦合等离子质谱法(LC-ICP-MS)。该法具有谱线简单,干扰少、检出限极低,适应范围宽达8个数量级和同时多元素测定等优点,被《中国药典》(2015年版)采用作为测定汞和砷形态及其价态的方法。电感耦合等离子体质谱配备有溶液进样、电热蒸发、激光烧蚀进样系统,主要应用于金属材料、水样、环境样品、药物、半导体、高纯物质等痕量元素分析。检测周期表中除氧、氮、氢、碳以外大多数元素,分析含量范围是固体为0.000 001%~0.1%,液体为1pg/ml~100μg/ml,尤其擅长高温合金、稀土、高纯物质分析和痕量分析,能够有效地分离并同时测定中药中结合态与游离态的各类重金属含量,方法方便、快速、准确性高。

4. 原子荧光光度法　原子荧光光度法（AFS）是通过测量待测元素的原子蒸气在辐射能激发下所产生荧光的发射强度来测定待测元素的一种分析方法。原子荧光光度度法检出限低于原子吸收法，谱线简单且干扰少，但适用检测的元素有限，仅用于砷、锑、硒、锗、锡、铅、锌、汞等的分析。

5. 电感耦合等离子体原子发射光谱法　电感耦合等离子体与原子发射光谱联用，被称为电感耦合等离子体原子发射光谱（ICP-AES）。高频感应电流产生的高温将反应气加热、电离、利用元素发出的特征谱线进行测定，谱线强度与重金属量成正比。ICP-AES具有灵敏度高，干扰小，线性宽，可同时或顺序测定多种元素，特别是对高温金属元素可以进行快速分析，但灵敏度较ICP-MS略差，可用于除镉、汞以外的大多数重金属元素的测定。

6. 酶抑制法　利用重金属离子与形成酶活性中心的巯基或甲巯基结合后，改变了酶活性中心的结构与性质，引起酶活力下降，从而使底物-酶系统中的显色剂颜色、pH、电导率和吸光度等发生变化，这些变化可直接通过肉眼或借助于电信号、光信号等加以区别。与传统的重金属分析方法相比，酶抑制法具有快速、简便、对所分析的样品需要量少等优点，特别适合于重金属的现场快速检测。目前由于脲酶廉价易得，故使用最广泛。

7. 免疫分析法　选用合适的络合物或其他化合物与金属离子结合，使其获得一定空间结构，从而产生反应原性，然后，将结合了金属离子的化合物连接到载体蛋白上，产生免疫原性，再通过酶联免疫吸附反应（ELISA）进行检测。由于重金属抗体的制备要求特异性较高，因此在很大程度上限制了重金属离子免疫分析方法的发展。

（三）限量指标

中华人民共和国商务部于2005年4月1日发布的《药用植物及制剂外经贸绿色行业标准》（WM/T2—2004），其中对药用植物原料、饮片、提取物及其制剂等规定了重金属及砷盐的限量：重金属总量≤20.0mg/kg；铅（Pb）≤5.0mg/kg；镉（Cd）≤0.3mg/kg；砷（As）≤2.0mg/kg；汞（Hg）≤0.2mg/kg；铜（Cu）≤20.0mg/kg。《中国药典》（2015年版）在白芍、甘草、黄芪、西洋参、丹参、金银花等大宗常用中药材中规定了含铅、镉、汞、砷、铜的限量标准，5种重金属及砷盐的限量指标与《药用植物及制剂外经贸绿色行业标准》相同。《中国药典》（2015年版）中也在中药有害残留限量制定指导原则中提供了重金属及有害元素残留量限值标准建立所需的计算公式，可用于其他尚在建立中的中药材（饮片）的重金属限量参考使用。该公式为：$L=AW/10M$，式中L为最大限量理论值（mg/kg）；A为每日允许摄入量（mg/kg）；W为人体平均体重（kg），一般按60kg计；M为中药材（饮片）每日人均可服用的最大剂量（kg）；10为安全因子，表示每日由中药材及其制品中摄取的重金属量不大于日总暴露量（包括食物和饮用水）的10%。除了应用上述计算公式得到最大限量理论值外，还应考虑其他影响因素，如毒性程度、暴露水平、生产方式等，综合进行评价后，还将根据因素的变化进行调整，最终确定其标准限值。特别值得提醒的是，限量值体现的不是安全剂量，而是为了保障其作为生产供应的物质而应达到的最小残留量。

三、黄曲霉毒素的检查方法及限量指标

（一）检测方法

1. 高效液相色谱法　高效液相色谱法（HPLC）具有高效、快速、准确性好、灵敏度高，重

现性好、检测极限低等优点。《中国药典》（2015年版）中规定药材、饮片及制剂中的黄曲霉毒素的测定方法就是采用本方法。其原理是样品溶液中几种待测化合物在流动相和固定相之间有不同的分配量，从而达到分离的目的。黄曲霉毒素经柱后电化学衍生化后，能发射特征性荧光，被荧光检测器捕获后而得到检测，最后由化学工作站处理数据。HPLC是近几年来较为常用的检测黄曲霉毒素的方法，主要是用荧光检测器检测，在适宜的流动相条件下，采用反相C_{18}柱，使多种黄曲霉毒素同时分离，经碘衍生法或光化学衍生法处理后，同时测定出黄曲霉毒素B_1、黄曲霉毒素B_2、黄曲霉毒素G_1和黄曲霉毒素G_2。但HPLC法对实验室条件及仪器设备的要求较高，检测消耗的成本也较高。

2. 高效液相色谱-串联质谱法 除了HPLC法，《中国药典》（2015年版）中还收载了高效液相色谱-串联质谱法（LC/MS/MS），用于检测药材、饮片及制剂中的黄曲霉毒素。此法灵敏度高，重现性好，同时测定出4种黄曲霉毒素，因而也可作为HPLC法测定结果超出限度时进行确认的第二备选方法。

3. 其他方法 根据黄曲霉毒素的特性，国内外学者还探索了其他检测方法，如溴化荧光分光光度法（SFB）、竞争性酶联免疫吸附法（ELISA）、放射免疫测定法、荧光偏振免疫测定法、微柱筛选法、薄层色谱法等。这些方法虽然可用于黄曲霉毒素的定性和定量，但在应用中仍存在不少问题，因此，亟待进一步探索更快速、准确且经济可行的黄曲霉毒素检测方法。

（二）限量指标

由于黄曲霉毒素毒性强，目前国际上不建议设定黄曲霉毒素的安全耐受量和无毒作用剂量，也无最大限量理论值计算公式，限量越低越好。黄曲霉毒素限量标准的制定，应根据具体品种和具体污染状况，参考相关品种国外药典和各国、各国际组织相关限量标准等规定，尽可能地将其限量控制在最低范围内，以降低安全风险。通常要求规定黄曲霉毒素B_1和黄曲霉毒素B_1、黄曲霉毒素B_2、黄曲霉毒素G_1和黄曲霉毒素G_2总和的限量标准。根据中华人民共和国商务部发布《药用植物及制剂外经贸绿色行业标准》（WM/T2—2004）中的规定，药用植物原料、饮片、提取物及其制剂中黄曲霉毒素的限量暂定为黄曲霉毒素$B_1 \leq 5\mu g/kg$。《中国药典》（2015年版）限量规定黄曲霉毒素以黄曲霉毒素B_1、黄曲霉毒素B_2、黄曲霉毒素G_1和黄曲霉毒素G_2的总量计算。如桃仁、僵蚕等药材每1000g含黄曲霉毒素B_1不得过5μg，含黄曲霉毒素B_1、黄曲霉毒素B_2、黄曲霉毒素G_1和黄曲霉毒素G_2的总量不得过10μg。

四、二氧化硫残留量的检查方法及限量指标

（一）检测方法

《中国药典》（2015年版）收载的二氧化硫残留量测定的方法分别是酸碱滴定法（第一法）、气相色谱法（第二法）、离子色谱法（第三法），可根据具体品种情况，选择适宜的方法进行二氧化硫残留量的检测。酸碱滴定法是将中药材以蒸馏法进行处理，样品中的亚硫酸盐系列物质加酸处理后转化为二氧化硫后，随氮气流带入到含有双氧水的吸收瓶中，双氧水将其氧化为硫酸根离子，采用酸碱滴定法测定，计算药材及饮片中的二氧化硫残留量。气相色谱法和离子色谱法也都是采用类似的处理方法，离子色谱法采用的蒸馏方法略有不同，然后分别利用相应的色谱检测仪检测其硫酸根离子，并计算药材及饮片中的二氧化硫残留量。

（二）限量指标

制定限量标准的目的是为了防止滥用或过度使用硫黄熏蒸。新近颁布的《中国药典》

（2015年版）根据中药材产地传统加工的实际情况,参考对食品和农副产品规定的二氧化硫限量标准,分别制定了中药材二氧化硫限量标准,其中规定中药材及饮片(矿物类除外)的二氧化硫残留量不得超过150mg/kg。少数药材如山药、牛膝、粉葛、天麻、天冬、天麻、天花粉、白及、白芍、白术、党参等11味产地加工采用硫黄熏蒸的药材及其饮片二氧化硫残留量不得超过400mg/kg,但山药片(饮片)的二氧化硫残留量为10mg/kg。

第三节　中药安全性评价的现状及发展趋势

一、现状分析及存在问题

近年来,随着科学技术的发展,在中药的研究中也引入了许多学科的新的研究理念和先进的技术手段,并取得了令人瞩目的成果。但这些研究成果多集中在中药所含化学成分的分析以及药理、药效作用的确认等方面,而中药安全性评价方面的研究仍然较为薄弱,主要表现在以下几方面。

1. 中药特殊的作用方式使安全性评价难度增大　中药产生的不良反应与西药相比有其特殊性,主要是中药常为多味药配伍使用的复方制剂,其成分复杂,作用靶点不专一,加之不同病人各自会表现出不同不良反应,使得受损的器官和受损的程度难以明确。因而,对中药毒副反应的相关研究如药物有效剂量、毒性剂量、毒副反应作用靶点、毒性产生机制甚至预防急救手段等方面的认识严重不足,如何有效进行中药的安全性评价存在着诸多困难。

2. 现行的中药质量标准未能全面管控中药的安全性　中药的质量标准是保证中药安全有效的重要文件,同时也是中药安全性评价水平高低的标志。目前对中药安全性的评价一直是借助西药的评价手段和指标,其检测的指标覆盖面窄,指标又缺乏代表性。比如某单一有毒物质的绝对含量就很难适用于复方中药安全性评价的指标。此外,不合理中药的配伍可能产生增毒作用,也有可能会产生新的有害物质,而针对这种有害物质则缺乏合适的指标和检测方法。由此可见,现行的中药质量标准并不能全面管控中药在生产使用过程中的安全隐患。

3. 单一学科的技术力量难以推动中药安全性评价整体水平的提高　中药在生产、销售、使用整个过程中均涉及安全性问题,单靠某个专业的技术力量难以有效解决中药安全性评价中存在的难题。目前的相关研究大多局限于各学科内部,针对量大面广的中药各行业中出现的问题只能被动应付,缺少多学科和多领域相互交叉、良性互动的综合性研究和管理运行机制。因此,难以有效推进中药安全性评价整体水平的提高。

二、未来发展趋势

中医药是中华民族的知识宝库,蕴藏着丰富的内容。随着全世界范围科学技术的飞速发展,中医药研究将不断进步。在中医药理论指导下开展中药安全性评价研究,也将会给研究者带来施展才华的余地以及大有可为的探索空间。深入开展中药安全性评价研究,无论从临床保障患者身体健康,增加临床用药的安全性,还是从丰富和完善中医药学术研究,发展中医药事业,促进中医药与国际药学相互接轨,使中医药更好地为全人类服务,都具有重要的现实意义和深远历史意义。为此,今后的研究工作可以从以下几方面进行探索。

1. 不断完善和更新对中药安全性的认知　从近年来发生的中药不良反应事例分析发现，许多传统中医认为没有毒性的中药在临床上仍然有不良反应事件发生。这些事实提示我们对中药不良反应的认识，决不能仅局限于传统中医药文献记载的那些有毒中药，而必须广泛吸收、借鉴、研究现代药学研究成果和临床不良反应的报道。在经过科学思维的基础上，开展药物安全性评价工作，扩大中药毒副作用和不良反应的监测范围，把所有引发过不良反应的中药都纳入研究对象，通过现代信息交流方式，让广大医务工作者了解和预防，并在实际工作中不断补充和完善。

2. 持续构建中药安全性评价体系　针对中药的作用特点，建立科学规范的中药安全性评价技术和方法。要针对中药安全性评价工作中所涉及的关键技术进行研究。研究内容主要包括：①单一成分或复合成分的安全性检测和评价方法。②中药制剂中致敏原快速检测和筛选技术。③毒性物质、有害残留物及致敏物质的高效、灵敏、专一的分离和鉴定技术。④中药安全性数据库的建立等技术。同时还要解决从分子、细胞、组织器官和整体水平等不同水平层次上的中药安全性评价的技术问题。此外，还应提升中药质量标准，建立科学化、现代化的中药安全性评价体系。

3. 深入开展中药安全性相关的基础研究　中药安全性评价时不应孤立地去研究药物本身，而是应该着眼于药物与药物之间、药物与机体之间的相互关系。因此，要以中医药学独特的思维模式与理论体系丰富安全性评价的理论与研究方法。利用现代科学技术手段，开展对中药不良反应的研究，明确不良反应发生的机制。同时加强有毒中药和常用中药有毒成分研究，阐明毒性成分、中毒剂量及机制、毒效关系等。积极开展中药毒代动力学研究，弘扬中医药学中炮制减毒、配伍减毒、辨证（病）减（避）毒等理论的特色，科学地维护中药安全性的巨大优势和良好声誉。

（李　薇）

参 考 文 献

[1] 康廷国. 中药鉴定学[M]. 北京: 中国中医药出版社, 2012.

[2] 国家药典委员会. 中华人民共和国药典[S]. 2015年版. 北京: 中国医药科技出版社, 2015.

[3] 王宁生. 中药毒性与临床前评价[M]. 北京: 科学出版社, 2004.

[4] 张贵君. 常用中药安全性检测[M]. 北京: 化学工业出版社, 2008.

[5] 周玉新. 现代中药鉴定技术[M]. 北京: 化学工业出版社, 2004.

[6] 陈长勋. 中药药理学[M]. 上海: 上海科学技术出版社, 2006.

[7] 陈奇. 中药药效研究思路与方法[M]. 北京: 人民卫生出版社, 2005.

[8] 杨茂春, 杨哲. 中药安全性评价与监护方法的探讨[J]. 药物警戒, 2007, 4(1): 30-34.

[9] 吴启南, 邵莹, 谷巍, 等. 中药资源产业链中的污染物与中药安全[J]. 中国现代中药, 2013, 15(3): 169-173.

[10] 魏锋, 刘薇, 严华, 等. 中国中药材及饮片的质量情况及有关问题分析[J]. 中国药学杂志, 2015, 50(4): 277-283.

[11] 薛雯, 薛健, 孙晖, 等. 中药材二氧化硫残留的危害及检测研究[J]. 辽宁中医杂志, 2011, 38(12): 2431-2433.

第九章　中药质量标准及中药标准物质研究

中药是我国人民数千年来在与疾病作斗争中不断积累和发展起来的传统药物,为中华民族的繁衍昌盛作出了巨大贡献。随着世界经济的发展和疾病谱的改变,当今"崇尚自然,回归自然"已然成风,中药以其完整的理论体系和确切的疗效受到全世界广泛关注和青睐。随着我国实行改革开放政策和加入WTO,中药在我国人民和世界人民的健康产业中发挥着越来越重要的作用。

随着知识经济时代的到来和科学技术的高速发展,药物检测技术水平和质量标准的竞争已成为国际药物市场竞争的焦点之一,谁制定标准,谁就能在竞争中掌握主动权。中药是中国人民发现并使用了数千年的药物,中国人最有资格制定中药的质量标准。

中药是中医防治疾病的物质基础,其质量的优劣直接关乎中医临床疗效的好坏。但长期以来中药的质量缺乏严格的具有鲜明中医药特色的质量标准和质量评价体系,成为制约中药现代化、标准化和国际化的瓶颈。为打破中药国际贸易技术壁垒,实现中药现代化、标准化和国际化,在中医药理论指导下制定具有鲜明中医药特色的中药质量标准以保证临床用药的安全、有效、稳定、可控已刻不容缓。

第一节　中药质量标准研究概况

一、中药质量标准的定义

1. 药品　药品是指用于预防、治疗、诊断人的疾病,有目的地调节人的生理机能并规定有适应证或者功能主治、用法和用量的物质,包括中药材、中药饮片、中药提取物、中成药、化学原料药及其制剂、抗生素、生化药品、放射性药品、血清、疫苗、血液制品和诊断药品等。

2. 中药质量标准　在我国《药品标准工作管理办法》中规定:药品标准是国家对药品质量及检验方法所做的技术规定,是药品生产、经营、使用、检验和监督管理部门共同遵循的法定依据。药品中包括中药,有关中药的药品标准(中药材、中药饮片、中药提取物、中成药),即为中药质量标准。

二、中药质量标准的属性

制定中药质量标准的目的在于保证中药在临床应用中的安全性、有效性、稳定性及可控性。中药的质量标准,尤其是国家药品标准具有以下属性。

1. 权威性 《中华人民共和国药品管理法》规定:"药品必须符合国家药品标准"。但世界各国均不排除在药品生产中采用非国家药品标准方法进行日常检验,用于控制产品质量,但对药品质量是否合格进行仲裁时,则须按照法定标准(如国家药典等)进行检验和判断。

2. 科学性 中药的质量标准是对各具体中药进行研究而制订的,它有适用性的限制。其检验方法与限度标准的制订均是在大量试验的基础上确定的,具有充分的科学依据。

3. 进展性 药品标准是对药品质量控制认识的阶段小结,即使是法定标准也难免有不够全面之处。随着生产技术水平的提高和检测手段的改进,应适时对药品标准进行修订和完善。《中国药典》作为我国的国家药品标准,从第1版开始,就包含了中药质量标准。从1953年至今,已颁发了10版,而从1985年版起,每隔5年修订再版一次,新版药典一旦颁布实施,同品种的上版药典即停止使用。

三、中药质量标准的分类

中药是我国人民防病治病、养生保健的物质基础,有着几千年的使用历史,从古到今中药一直处在不断规范化、标准化的进程中。从《神农本草经》《新修本草》到《本草纲目》等众多本草著作,古人为中药的标准化做了大量工作。《新修本草》更是公认的我国和世界上最早的药典,为控制中药的质量,促进中药的国际交流,保证临床用药的安全、有效发挥了重要作用。

中药技术标准是中药技术创新链中的重要一环,是技术成果的规范化和标准化,在参与国际市场竞争中是打破技术贸易壁垒,占领中药贸易竞争制高点的法宝。中华人民共和国成立以来,国家先后出台了一系列政策法规和技术标准,以确保中医药事业在继承的基础上健康发展。

《中华人民共和国药品管理法》第32条规定:"药品必须符合国家药品标准"。"国务院药品监督管理部门颁布的《中华人民共和国药典》和药品标准为国家药品标准"。国家药品标准包括《中华人民共和国药典》和《中华人民共和国卫生部药品标准》等。国家药品标准的制定是药品最高层次的成果体现,是科学成熟度的重要标志。在中药质量控制方面,我国除有国家药品标准外,中药材和中药饮片还有地方药品标准。地方药品标准是指各省、自治区、直辖市颁行的药品标准。此外,药品生产企业可制定高于法定标准的企业内控标准,以更好地控制药品质量。

中药包括中药材、中药饮片、中药提取物和中成药。中药材是中药饮片、中药提取物和中成药生产的原料,药材的质量则是中药现代化过程中最基本的核心问题,中药质量标准水平的提高已成为中药标准化与现代化的"瓶颈"。建立规范的中药材质量标准,是保证临床用药安全有效和整个中药生产链正常发展的前提。本章择要介绍新中国成立以来中药材质量标准的相关分类情况。

(一)国家药品标准

1.《中华人民共和国药典》 《中华人民共和国药典》(简称《中国药典》)是国家监督管理药品质量的法定技术标准。它规定了药品的来源、质量要求和检验方法,是全国药品生产、供应、使用和检验等单位都必须遵照执行的法定依据。中华人民共和国成立以来,《中国药典》先后共颁布了10版,分别是1953年版、1963年版、1977年版、1985年版、1990年版、1995年版、2000年版、2005年版、2010年版和2015年版。1953年版仅一部，收载药品531种，其中收载植物药与油脂类65种，动物药13种，多为国际通用生药；生药制剂46种，制剂均为单味制剂。从1963年版开始，到2000年版等6版《中国药典》均分为一部和二部，一部收载中药，从而突出了中药标准的地位。2005年版、2010年版《中国药典》分设为三部，一部收载中药，三部收载生物制品。2015年版首次将《中国药典》分设为四部，一部收载中药，四部为总则（包括前言、凡例、品种目次、通则、附表索引等内容）。

纵观历版药典，从第1版到第10版，无论是在突出中医药理论特色、中药品种收载数量还是质量控制技术、安全保障方面，每版都在前一版基础上有大幅度的提升。《中国药典》各版收载中药味数、鉴别方法及含量测定方法基本情况见表9-1。

表9-1　《中国药典》各版收载中药相关内容对比表

版次（年版）	中药材、饮片、植物油脂、提取物	中成药及单味制剂	合计	鉴别方法	含量测定方法			
					TLCS	HPLC	GC	LC-MS
1（1953）	78	46	124	性状	—	—	—	—
2（1963）	446	197	645	性状	—	—	—	—
3（1977）	882	270	1152	性状、显微☆、理化☆	—	—	—	—
4（1985）	506	207	713	性状、显微、理化、TLC及光谱☆	—	—	—	—
5（1990）	509	275	784	性状、显微、理化、TLC及光谱	2	5	2	—
6（1995）	522	398	920	性状、显微、理化、TLC（417项）及光谱	19	11	3	—
7（2000）	534	458	992	性状、显微、理化、TLC（602项）及光谱	60	105	11	—
8（2005）	582	564	1146	性状、显微、理化、TLC（1507项）及光谱	45	505	37	—
9（2010）	1103	1062	2165	性状、显微、理化、TLC（4001项）、光谱、指纹图谱鉴定☆、DNA分子鉴定☆、薄层-生物自显影技术☆	34	1643	86	4
10（2015）	1114	1484	2598	性状、显微、理化、TLC（6067项）、光谱、指纹图谱鉴定、DNA分子鉴定、薄层-生物自显影技术、气相色谱☆等	35	2234	105	4

注：☆为与前一版相比，新增加的方法

2. 其他的国家药品标准 ①《中华人民共和国卫生部药品标准》简称《部颁药品标准》（包括药材部颁标准、进口药材部颁标准、中成药部颁标准）；②《国家中成药标准汇编》（中成药地方标准上升国家标准部分）；③《国家药品标准》（新药转正标准）；④《药品注册标准》。

（二）地方药品标准

包括各省、自治区、直辖市中药材标准和各省、自治区、直辖市中药饮片炮制规范。

（三）企业内控药品标准

由药品生产企业自行制定并用于控制其药品原料生产、中间体和成品质量的标准，称为企业药品标准或企业内部标准，属于非法定标准，它仅在本企业或本系统药品质量管理上有约束力。

第二节 中药质量标准现状分析

一、现行中药质量标准取得的成果

新中国成立以来，特别是近30余年，我国药学工作者先后对200多种常用中药材进行了系统的品种整理和质量研究，内容包括本草考证和文献查考、药源调查、品种整理、药材鉴定、成分分析、含量测定、药理实验和质量标准研究。国家"九五"科技攻关项目完成70~80个常用中药的可用于质量控制的有效成分研究。尤其是近10来年，在中药的药效物质基础研究、分析方法研究、质量标准研究等方面取得了长足的进步，中药质量标准的水平有了大幅度提高，《中国药典》中有关中药质量控制的记载被认为是世界上最全面的，已成为国际植物药应用参照的标准。

现以近两版《中国药典》（2010年版、2015年版）一部中药质量标准为例，对我国中药质量标准所取得的成果做一个简略分析。

（一）药典组成更趋合理

《中国药典》（1953年版）仅为一部，从1963年版起到2000年版，每版分为二部，2005年版、2010年版均分为三部。一部收载中药，其正文部分最明显的变化是品种分类由原来的"药材及其制剂"和"成方及单味制剂"两大部分改为"药材及饮片""植物油脂和提取物""成方制剂及单味制剂"三部分，这种重新分类既有利于对品种的科学定义，又有利于管理。二部收载化学药品、抗生素、生化药品、放射性药品及药用辅料等。三部收载生物制品，将《中国生物制品规程》并入《中国药典》。2015年版首次将《中国药典》分设为四部，坚持求同存异的原则，兼顾中药、生物制品的特性，把原来药典各部附录中的检验方法、制剂通则等进行了整合，并与药用辅料品种标准等一起形成了第四部，从而避免了以往各部药典收载的方法、通则等内容重复，彼此间缺乏协调、统一、规范等问题。同时也可减少篇幅，便于使用。

（二）药典收载中药品种大幅度增加

2010年版《中国药典》一部收载品种2165种，其中新增1019种、修订634种，中药新增品种占2010年版《中国药典》一、二、三部（中药、化药、生物制品）全部新增品种总数的73.5%，为2005年版《中国药典》一部收载总数的88.9%，中药品种收载数量几乎翻了一番。2015年版《中国药典》一部收载品种数又有所增加,为2598种,其中新增440种,修订517种,同时还去掉了紫河车等7个2010年版《中国药典》收载的品种。

(三)加强对中药饮片的质量控制

长期以来,中药饮片缺乏明确的定义,各种中医药古籍和现代教科书众说纷纭,由于定位不清,严重影响了对中药饮片生产、流通和使用环节的监管。2010年版《中国药典》经充分讨论,首次明确了中药饮片的定义,可将饮片和药材明确界定,理清了中药材和饮片的监管思路。

2005年版《中国药典》收载的饮片标准只有23个,而2010年版《中国药典》通过新建和明确分类定位的方法,饮片标准达到822个,已经完全覆盖了中医临床常用饮片目录,并且基本构建了以《中国药典》为中药饮片标准主体,各省的《饮炮制规范》或省级饮片标准仅为满足辖区内中医用药特点而设,为国家饮片标准的补充形式的饮片标准体系框架,解决了长期以来饮片缺乏国家标准的问题,这也是该版《中国药典》中医药特色的体现。2015年版在饮片标准方面进行了进一步补全,使其更加完善。

(四)完善和提高中药质量标准

1. 均衡发展,全面提高 2010年版《中国药典》对原标准(包括2005年版全部修订品种和拟新增品种)收载的方法进行了全面验证和复核,使质量标准整体水平和系统性、可行性、规范性大大提高。对标准中的杂质、水分、灰分、酸不溶性灰分、有关物质等有可能影响中药质量和安全的一般检查项目全面增补完善,使标准不缺项。2005年版《中国药典》收载各类检查1465项,而2010年版《中国药典》仅新增各类检查就达1868项,其收载总数为2005年版的228%。2015年版《中国药典》新增检查项达541项,进一步完善检查项目,提升了中药质量和安全的可靠性。

2. 增强质量控制水平

(1)有效性方面:2010年版《中国药典》在有效性方面的成果主要体现在专属性鉴别、专属性检测和建立能反映中药整体特性的方法等方面。

1)专属性鉴别:对所有的药材和饮片以及含生药粉的中成药都增加和修订补齐了专属性的横切面或粉末显微鉴别,其显微粉末鉴别技术已经达到国际领先水平。2005年版收载显微鉴别620项,而2010年版仅新增显微鉴别就达633项,其收载总数为2005年版的202%。除矿物药外,所有的药材和饮片、植物油脂和提取物、中成药标准中基本都增加和修订补齐了能有效鉴别所含成分的专属性强的薄层色谱鉴别。2005年版收载薄层色谱鉴别1507项,2010年版新增薄层色谱鉴别2494项,收载总数为2005年版的266%。充分体现了该版药典中药标准在专属性和准确性方面大幅度提高。

2)专属性检测:建立了与品质直接相关、能体现有效活性的专属性检测方法,改变了现行中药质量标准基本上借鉴化学药质量控制方法的模式,由单一指标成分定性定量转向活性有效成分、多指标成分质量控制。如肿节风(草珊瑚)原测定"异秦皮啶"非特征非活性有效成分,现经系统研究,改测活性强的有效成分迷迭香酸;又如藏药独一味,原标准测定的木犀草素为水解后的黄酮苷元类成分,既无专属性又无质量控制意义,现改测独一味所含环烯醚萜苷类有效成分山栀苷甲酯和8-O-乙酰山栀苷甲酯,该成分为独一味专属的有效成分。此类标准的新增和修订占总项目的半数以上。黄连在2005年版中仅测小檗碱单一成分的含量,但小檗碱在多种植物中均有大量分布,作为黄连唯一的指标,专属性和质量可控性较差。

2010年版采用高效液相色谱一测多评技术,即用一种小檗碱对照品可同时测定小檗碱、药根碱、表小檗碱、黄连碱、巴马汀5种成分的含量,可控成分达到10%,既体现有效成分、多指标成分质量控制要求又大大节约了对照品的消耗。同时整体上体现黄连有别于黄柏等的活性关系。2005年版含量测定收载高效液相色谱法505项,而2010年版新增含量测定高效液相色谱法1138项,其收载总数为2005年版的325%。其中做到有效活性成分测定的713项,占新增总数的62.7%。

3)建立能反映中药整体特性的方法:中药成分复杂,其药效往往是多种化学物质综合作用的结果,某种单一成分作为质量控制指标越来越不适应中药质量控制的要求。2010年版药典根据多年的研究实验积累,基于色谱指纹图谱能够反映中药内在质量的整体变化情况,从而能更进一步控制中药质量的均一,尤其在保证产品批与批之间内在质量的稳定方面是切实可行的。将色谱指纹图谱纳入药典质量标准中,能够表征被测中药样品主要化学成分的特征,具有整体、宏观、模糊分析等特点。该版药典有选择地在中药注射剂和中药提取物质量标准中采用HPLC色谱指纹图谱技术控制产品质量。共有2个注射剂标准、4个口服固体制剂标准、5个提取物标准建立了HPLC色谱指纹图谱,另有8个口服固体制剂标准、10个提取物标准建立了HPLC色谱特征图谱,使该版药典在整体性控制中药质量方面有了大幅度的提高。

2015年版《中国药典》在原标准的基础上加强了有效性控制,对于中药材(胶类药材)加强了专属性鉴别(如采用LC-MS特征图谱进行鉴别),增加了含量测定;50种药材增加了显微鉴别;采用PCR检测方法对川贝母进行鉴别;对某些中药材增加特征氨基酸的含量测定;对六味地黄丸系列品种建立了主要成分莫洛苷的检测方法;部分中药材(丹参、灵芝、功劳木)增加了一测多评的方法,建立了有效成分的含量测定;建立了羌活、沉香、枣仁安神胶囊、心脑健片等30多个品种的标准特征图谱等。

(2)安全性方面:2010年版《中国药典》高度重视安全性控制,对用药时间长、儿童常用的品种增加了重金属和有害元素检查,限度与国际保持一致,对中药注射剂全部增加重金属和有害元素限度标准,对易霉变的桃仁、杏仁等新增黄曲霉毒素检测,其方法和限度也与国际一致。该版药典还全面禁用了苯作为溶剂,所有采用含苯的分析方法均重新修订,工艺使用有机溶剂的均检查有机溶剂残留,对于川乌、草乌、马钱子等有毒药材或,采用HPLC等更先进、更精确的方法进行内源性有害物质的限量检查。

2015年版《中国药典》加强了安全性控制,中药饮片、药材在种植、流通、储藏过程中都会存在一些风险因素,所以针对这些可能存在的风险因素,新版药典在中药安全性方面重点加强了对二氧化硫残留、农药残留、重金属及有害元素、黄曲霉毒素、色素、微生物、内源性有害物质等的检测。初步统计,新版药典增加了4个中药安全性的技术指导原则,增修订7个与安全性相关的检测方法。特别是在2010年版基础上,又对30个品种的标准中分别增加了二氧化硫残留、重金属残留、农药残留、黄曲霉毒素等检测。如山药、葛根增加了二氧化硫的检测;珍珠、海藻等海洋类药材增加了重金属及有害元素检测;对人参、西洋参增加了农药残留的检测品种,从过去检测9种增加到16种;对柏子仁、莲子、薏苡仁等14种易受黄曲霉毒素感染的中药材及饮片标准中增加了黄曲霉毒素的检测;此外还对中药注射剂规定了重金属和有害元素的检测以及限度标准;建立了X射线单晶衍射的检查方法,对滑石矿中可能伴有的有害成分石棉进行检查;完成了67个中成药薄层色谱检测中使用的展开剂中毒性溶剂的替换(67个品种苯替换成甲苯);取消紫河车药材饮片和含紫河车中药材品种的收载;修订了银杏叶提取物测定内源性有害物质银杏酸的方法,质控能力提升。

3. 强化现代检测技术的应用　2010年版《中国药典》对于用常规分析方法解决不了的问题,积极采用新技术,新方法,一大批中药标准已超越国际同类标准水平。①LC-MS(液相色谱-质谱联用技术)的应用:近年来新发现千里光有严重的肝、肾毒性,国际上已基本禁用,国内多种中成药中含有千里光,经过大量研究考证发现,中国产的千里光与国外报道的种不一样,中国产千里光毒性成分含量极低,有的甚至检测不到,为合理利用国产资源,针对该毒性成分无发色团,含量痕量的特点,该版药典采用LC-MS方法对其毒性成分进行定量限量测定,既保障了使用,又保证了安全。采用同样方法的还有川楝子和苦楝皮,都是用于控制毒性大、量微的成分。②DNA分子鉴定技术的应用:该版药典首次引入DNA分子鉴定技术,用于蛇类药材等的物种鉴定,并研究采用了试剂盒,使操作时间大大缩短,精度提高,该方法的采用有力地遏制了困扰市场和监督多年的假冒伪品问题。③薄层-生物自显影技术的应用:该版药典在乌药、熟地黄、紫苏梗等标准中应用了薄层-生物自显影技术,这是一种薄层色谱分离和生物活性测定相结合的分析方法,它可以使通常TLC分离得到的结果,除了鉴别真伪之外,还能知道其中哪些成分有清除自由基和抗氧化等活性作用。

2015年版《中国药典》提高了检测技术的专属性,扩大了先进、成熟的现代分析技术的应用,加强了药品质量控制的检测技术储备,如超临界流体色谱法、临界点色谱法、X射线衍射法、HPLC-ICP-MS、GC-MS等。该版药典在重金属及有害元素的检测技术水平上有较大的提升,实现了多种重金属及有害元素的同时检测,还针对重金属在不同价态下表现出不同的药理、毒理作用和特点,探索和制定了汞和砷等元素不同价态的检测方法,其检测水平已经达到了国际先进水平。农药残留量的检测采用了气相色谱串联质谱法和液相串联质谱法,与原来收载的气相色谱法相比,具有更好的特异性和灵敏度,可以检测出229种农药残留,为进一步加强中药材的农药残留检测种类以及检测限度奠定了很好的基础。与欧洲药典(8.4版),美国药典(38版)对植物药建立了农药残留的限度标准相比,它们仅有70个限量要求,涉及106种农药,故2015年版《中国药典》在农药残留检测方面已达到了很高的水平。

4. 标准规范化　2010年版《中国药典》对中药材拉丁名和一些基原植物的拉丁学名进行了修订。关于药材拉丁名,我国药典长期采用药用部位在前、药材名在后的药材拉丁名命名原则,但目前国际上普遍采用药材名在前、药用部位在后的命名原则。为了与国际接轨,该版药典经过反复讨论,采用了药材名在前、药用部位在后的命名原则,并对所有的药材和单列的饮片进行了修订。对于药材的基原植物,中国药典已历经7版未对拉丁学名做过修订,该版药典根据《Flora of China》、《中国高等植物》、《中国植物志》等植物分类方面的权威著作记录的植物拉丁学名,结合中药材原植物拉丁学名的历史沿革,对29种原植物的拉丁学名进行了修订,包括属名或种名应用错误、拼写错误等,此举得到国内外植物学界的一致好评。另外,该版药典还对性味归经、功能与主治、用法与用量、注意事项等进行了规范。2015年版《中国药典》在此基础上又针对一些药材来源项的问题进行了修订,如火麻仁的药用部位由"果实"改为了"种子";花蕊石的来源项增加了"主含碳酸钙($CaCO_3$)"的描述;附子不同加工规格中均将原来的"食用胆巴"改为了"胆巴";菊花的不同加工规格中增加了"杭菊";对蜂胶药用部位的描述进行了细化,规定为"工蜂采集的植物树脂与其上颚腺、蜡腺等分泌物混合形成的具有黏性的固体胶状物"等,使标准的规范化水平进一步提升。

（五）附录整合与增修订

2010年版《中国药典》一部收载附录112个,中药新增附录14个,修订47个。2015年版《中国药典》附录变化较大,将前版药典一部、二部、三部的附录(包括制剂通则、检测方法和辅料标准等)进行了整合,增设为药典第四部,分类更加清晰明确。四部收载通则总数317个(包括整合修订和新增部分),其中制剂通则38个、检测方法240个、指导原则30个、标准物质和对照品相关通则9个;药用辅料收载270种,其中新增137种、修订97种。

1. 附录的整合　2010年版《中国药典》一部、二部、三部共收载附录410个,其共同采用的附录分别在各部予以收载,使得一些内容重复。据统计,除去重复内容,附录共280项,其中生物制品相关的100项。2015年版《中国药典》将前版各部药典的附录进行了整合,制剂通则以原药典二部为主,整合一、三部的有关内容,求大同存小异;合并了采用同一方法的多个附录,并进行了协调统一,有特殊要求的纳入正文品种中描述(如三七伤药片需检查乌头碱限量),生物制品等需特殊规定的事项在总的方法或通则下进行特殊说明。解决了长期以来各部之间相同方法要求不统一的问题。

2. 通则的编码　1990年版《中国药典》以前,附录无编码,品种正文项下写明"依法测定(附录**页)",从1995年版《中国药典》起,附录开始编码,参照《英国药典》,采用了两级编码,即罗马字母+英文大写字母,如"VE气相色谱法",并一直沿用至今。但其附录存在分类不清晰,编目空间不足等问题。2015年版《中国药典》将各部附录单独成卷,最大的变化就是附录编码的变化,在考虑附录分类和编目的问题上,尽可能遵照原使用习惯,符合原来的顺序,适当合并大类,并预留空间,故新版药典通则采用了四位数字两码制的新编码,如0100制剂通则,0101片剂,0102注射剂等,这样的编码可分99类,每类有99个条目,预留空间大,引用也比较简洁、方便,如正文项下写明"通则0510"、"通则0911"。

3. 主要增修订内容　2015年版《中国药典》在整合前版药典各部附录的基础上,对通则及药用辅料进行了增修订。

（1）制剂通则:进一步规范常用剂型的分类和定义,对共性要求和必要的检测项目进行了增修订;及时收载成熟的剂型或亚剂型,以真实反映我国制药工业制剂水平,如新增口崩片,中药特色片剂另列,并新增有效成分片、有效部位片等;同时还开展了新剂型、新方法和新剂型指导原则的研究,为其应用奠定基础,如微粒制剂指导原则中增加了亚微乳和纳米乳、纳米粒、高分子胶囊等内容。

（2）现代分析技术:新版药典从总体上看,药品检验技术向仪器检测方式发展,在通则中,对分光光度法、色谱法及其他一些光谱/波谱法进行了全面修订,新增拉曼光谱法、高效液相色谱-电感耦合等离子体质谱法、超临界流体色谱法、临界点色谱法等。

（3）安全性检测:2015年版《中国药典》对农药残留量测定方法、重金属及有害元素测定方法、高效液相色谱-电感耦合等离子体质谱测定法、真菌毒素测定方法、色素测定方法、二氧化硫残留量检测方法、中药注射剂安全检测方法等进行了增修订。采用GC-MS/MS检测农药76种、LC-MS/MS检测农药153种,合计检测农药229种,其检测农药品种和检测方法与国际检测技术接轨,检测药材种类逐步扩展;建立了药材、中成药中9种元素同时检测的电感耦合等离子体质谱法及电感耦合等离子体原子发射光谱法,增订了10种中药材、10种中成药中多元素的检测方法,提出了合理的元素限量及铝、铬、铁、钡4种元素的定法指导原则;增订了高效液相色谱-电感耦合等离子体质谱法,新增汞元素、砷元素形态及其价态测定法,有助于正确评价中药中砷、汞的形态和毒性；采用HPLC、LC-MS/MS进行了中药中真菌毒素测定方法的研究，新增黄曲霉毒素测定法第二法（LC-MS/MS）及中药中真菌毒素测定法指导原则，新版药典在检测的毒素品种、检测方法及监测药材种类上较前版药典有大幅度的提高；增订27种色素的定性检测方法（TLC、HPLC、LC/MSn）和25种色素的定量测定方法（HPLC、LC/MSn），检测药材4类，新增色素测定法指导原则；修订了二氧化硫残留量测定方法，包括一法（酸碱滴定法）、二法（气相色谱法）、三法（离子色谱法），对于具体品种，可根据情况选择适宜方法进行二氧化硫残留量测定；对于中药注射剂安全检测方法，新版药典采用凝胶电泳法进行其蛋白质检测，与原方法相比，灵敏度更高，专属性更强。

（4）药用辅料：我国制剂使用的药用辅料大约543种，但具有药用质量标准的占少数，尤其在药典中收载较少，2010年版《中国药典》收载132种，约占总数的24.31%。美国大约有1500种辅料，收载于USP/NF约占50%。欧洲有药用辅料约3000种，在药典中收载也已经达到50%。2015年版《中国药典》将药用辅料与通则单独成卷，重点进行了药用辅料标准的制修订，参照英国药典收载项目，内容包括：①名称；②结构式、分子式/经验式、分子量、CAS号；③来源与制法、性状、鉴别；④检查：理化性质、生物安全性和功能性检查；⑤含量测定；⑥类别；⑦规格；⑧贮藏、标示。共计开展了249个新增辅料、132个修订辅料、4个附录方法和4个指导原则的起草工作，最后收入标准的药用辅料270种，其中新增137种、修订97种，首次收载了中药炮制用辅料，包括白酒、黄酒、炼蜜、食盐和醋。

（六）注重资源保护和可持续利用

中药资源是我国中药和民族药工业赖以生存发展的物质基础，而目前常用的600余种药材中，纯依赖野生药材资源的占400多种，人工种养的占200余种，其中50%左右的需求量仍依赖其野生药材资源。由于近年来对野生药材资源的无节制采挖，使其遭到不同程度的破坏，一些野生药材濒临灭绝甚至已经灭绝，药材资源的可持续发展受到严重威胁，因此保护药材资源刻不容缓。参照了与珍稀濒危中药资源保护相关的国际公约及协议，提出新版药典原则上不再收载濒危野生药材，近两版《中国药典》在人参项下删去了山参，改收载已实现产业化的林下山参；中成药中使用麝香和牛黄的除极少数获林业总局批准的品种外，绝大部分均改为人工麝香和人工牛黄；石斛、川贝母的野生资源极度匮乏，增加收载了栽培近似种；藏药材"独一味"，原标准规定药用部位为带根的全草，由于对生态环境的特殊要求，其资源紧缺，基于大量基础研究，证明其地上部分与根所含成分基本一致，为保护资源，将其药用部位改为地上部分，保留根部使之得以重新繁育。在2015年版《中国药典》中，又将石斛夜光丸中的羚羊角改为资源丰富的山羊角替代，以保护和合理利用资源。

二、现行中药质量标准存在的问题与不足

就中药的质量标准来说，虽然整体水平有了极大提高，但由于历史遗留问题较多和中药本身的复杂性以及研究思路和方法等因素的局限，作为我国传统医药产业基石的中药各种质量标准水平参差不齐，高低不一。尽管现行版《中国药典》比以往历版药典的质量标准水平有了大幅度的提高，但目前所制定的中药材、中药饮片、中药提取物以及中成药的质量标准仍然有待完善和提高，以有效地控制和评价中药的质量与全面保证临床用药的安全性、有效性、稳定性和可控性，满足现代中药制药产业发展的需求。分析我国现有药材质量标准的不足，主要包括以下几方面。

（一）国家药品标准收载的中药材数量相对较少

中药材是中药饮片、中药提取物和中药制剂生产的原料，其质量直接关系到中药制剂质量和临床用药的安全性、有效性。虽然《中国药典》在收载中药材的数量上逐版有所增加，但目前除《中国药典》《部颁药品标准》收载的中药材品种外，其余大多数药材为地方药品标准收载。按照《中华人民共和国药品管理法》规定，仅中药饮片可以有地方标准，中药材地方标准的合法性尚无明确的法律依据，这就导致不少常用中药材无法定药品标准，其质量控制无法可依。

（二）中药饮片质量控制标准尚待完善

中药需经过加工、炮制成中药饮片后才能直接应用，这是中药在应用方面的重要特色，也是中药与其他国家的天然药、民族药的最大区别。饮片炮制的主要目的是减毒、增效、缓性或产生新功效，但目前许多中药炮制机制尚不清楚，我国中药饮片加工生产水平较低，技术落后，炮制规范不统一，饮片质量不稳定，经过加工炮制的饮片中指标成分的含量往往低于药材的含量，这与炮制的目的形成了悖论。

中药饮片质量控制乏力，究其原因如下。

1. 饮片基础研究相对滞后　中药饮片质量标准的制定，必须建立在对中药的化学成分、药效学、毒理学以及炮制工艺等进行系统性研究的基础之上，尽管2010年版和2015年版两版药典收载的中药炮制品的品种数量和质量控制水平都有较大幅度提高，但由于中药材经过切制、炮制后药材外形发生变化，特别是经过炒、蒸、炙、煅等加热以及增加辅料处理，中药材的外形、质地乃至有效成分或指标成分均发生不同程度的变化，制定中药饮片质量标准，评价真伪优劣的难度增大。基础研究相对滞后，制约了中药饮片质控内容的更新和质量标准的发展速度。

2. 炮制操作规程尚未统一　早在1988年原卫生部就编辑出版了《全国中药炮制规范》，但制订的饮片及炮制品标准极低，完全不能控制饮片质量。《中国药典》自1995年版开始，在附录中收录了中药材炮制通则，对规范全国的炮制操作方法、统一饮片规格发挥了重要的促进作用。但由于通则中的方法比较笼统，操作起来仍有较大的不确定性。同时，各省市亦有自己的炮制规范，且各省市对同一种药物炮制方法也不尽相同。由于存在着全国性和地方性两套"炮制规范"，"一药数法"和"各地各法"的现象比较普遍。

中药饮片产地与加工方法、炮制辅料的选择和用量、炮制工艺是否合理、炮制火候的掌握等，均可影响到中药质量和临床疗效，必须对炮制方法制定统一的操作规程。如果改变加工方法、炮制工艺，必须先对方法的可靠性、科学性和有效性进行验证。

3. 饮片质量标准有待完善和提高　新中国成立后，《中国药典》已经颁行了10版，随着新方法、新仪器的应用及检测方法和手段的快速发展，中药材的质控方法日臻完善。尤其自1985年版《中国药典》开始，在内在质量控制方面，每一版均较上一版发生质的飞跃。但完善总是相对的，现行《中国药典》的质量控制方法、控制内容在执行过程中仍暴露出许多不容忽视的问题，亟待进一步修订完善。

（1）加强中药饮片标准中理化鉴别方法的专属性：目前中药饮片标准中理化鉴别方法的专属性尚需进一步加强，尤以动物药类饮片较为突出。例如龟甲和鳖甲，经过炮制加工后大多已成碎片，依靠性状鉴别很难与同属近缘动物的背甲或腹甲相区别。特别遗憾的是胶类（阿胶、鹿角胶、龟甲胶等）质量标准不能辨别真伪与掺假，近年来，由于利益驱使，用驴皮、牛皮、马皮、猪皮等生产阿胶、鹿角胶、龟甲胶的现象时有发生,《中国药典》一直努力提高其质量控制水平,但由于技术难度较大,尚未突破有效辨别真伪的瓶颈。2015年版《中国药典》采用了LC-MS特征图谱进行鉴别,提高鉴别的专属性。

（2）饮片质量控制有待量化:目前,判断中药饮片真伪、区分优劣以及确定加工炮制是否合格,大多凭眼看、口尝、鼻闻和手摸等感观经验,缺乏严格的量化的质量控制和检测指标。对那些国际上关注的质量控制指标,如有效成分、指标性成分含量,浸出物测定以及杂质检查、农药残留量、重金属限量、微生物限度检查等,亟待补充和完善。例如生半夏为有毒中药,炮制成法半夏后方可供内服,法半夏炮制是否合格,《中国药典》仅以口尝微有麻味作为判断指标,操作过程中尺度难以把握。如果选择半夏的毒性成分限量指标和有效成分含量作为判断炮制是否合格的指标,方法将更为科学,亦容易得到国际上的认同。

（三）一药多基原及一药野生品和栽培品同等入药问题

现行版《中国药典》一部收载的常用中药不少来源于2个、3个、4个、5个、6个种(如石决明),有的中药来源于同科不同属(如老鹳草、水蛭等)的数种植(动)物,甚至来源于不同科(如小通草等)的植物,其临床疗效参差不齐,中药质量控制困难。

目前在商品药材中,一些中药材品种的野生品和栽培品二者同等入药,但栽培品因受栽培措施及生态环境因素的影响,其药用部位性状变异较大、化学成分和含量也有所变化,势必造成临床疗效的差异。现行版《中国药典》对这些变异多无描述和相应的检测指标,对其进行质量控制缺乏科学依据。如银柴胡、防风、甘草、黄芩等。

（四）中药药效物质基础与作用机制研究薄弱

国内外对中药、天然药物进行了大量的成分研究,对于阐明中药的有效成分起到积极作用。但据报道,至今为止,大部分中药真正的药效物质基础即有效成分仍未得以阐明,中药药效物质基础与作用机制研究薄弱。中药成分复杂,又多为复方配伍用药,然而过去的研究多按照化学药品的模式来研究中药,未能从本质上阐明中药防病治病的物质基础和作用机制。一味人参,将其所含的人参皂苷像拆机器零件一样分离出去,一个一个孤立地筛选活性,虽然单一的皂苷也有活性,但人参"大补元气、复脉固脱、补脾益肺、生津、安神"的整体功能已荡然无存,药材整体质量也不再受关注。单体成分的活性研究肯定是研究中药的方向之一,而且单体成分的深层次研究,不仅可能发掘出过去不为人知的新药,反过来可能更有助于深刻了解药材的整体功能。关键是我们往往在对传统知之甚少,甚至是无知的情况下,以偏概全,轻易取舍。如此不当处理,中医药的内涵和精髓将消失殆尽。中药是携带着中医文化信息的载体,如果全部按照化学药品模式来研究中药,谈何中药质量控制?

（五）定性与定量检测指标不尽合理

中药质量评价和控制问题,至今以《中国药典》为代表的中药质量标准,主要选取以一个或多个指标成分的定性定量进行质量控制的模式,虽然对保障中药的基本质量起了肯定的作用,但在长期实施的过程中,也逐步暴露出它的不足。

1. 定性与定量检测成分的专属性问题　中药的任何一种单一成分都无法代表一味药材的整体疗效,而且相当多的活性成分或者指标成分都不是某一种药材所独有的,而是在近缘植物甚至在一大类植物中普遍存在的,如小檗碱、大黄素、槲皮素、齐墩果酸、熊果酸、绿原酸等,用它们做检测指标对药材真伪鉴别专属性不够。黄连含小檗碱,但不能说检出小檗碱就一定是黄连;检出齐墩果酸不一定是女贞子;检出金丝桃苷不能肯定是贯叶连翘等。即使某种中药材含独有成分,如氯化两面针碱存在于两面针药材,银杏内酯存在于银杏叶,淫羊藿苷存在于淫羊藿属药材等,可以据此鉴别这些药材的真伪,但没有证据说明孤立的单一成分可以表达该药材整体疗效。如白芍(芍药*Paeonia lactiflora* Pall.的根)与赤芍(包括两个种,芍药*Paeonia lactiflora* Pall.、川赤芍*Paeonia veitchii*的根),二者均有毛茛科植物芍药*Paeonia lactiflora* Pall.的根,现行质量标准的检测目标成分都是芍药苷。现行版《中国药典》规定白芍之芍药苷含量不得少于1.6%,赤芍含芍药苷不得少于1.8%,二者几乎处于无差别状态。但白芍平肝止痛,养血调经,敛阴止汗;用于头痛眩晕,胁痛,腹痛,四肢挛痛,血虚萎黄,月经不调,自汗,盗汗。赤芍清热凉血,散瘀止痛;用于瘟毒发斑,吐血衄血,目赤肿痛,肝郁胁痛,经闭痛经,癥瘕腹痛,跌打损伤,痈肿疮疡。按中医的传统经验,二者的功能与主治明显不同。再如丁公藤和华山参,均以东莨菪内酯的含量评价其质量,但丁公藤具有祛风除湿、消肿止痛的功效;而华山参药材及饮片的功效是温肺祛痰、平喘止咳、安神镇惊。尽管检测结果显示东莨菪内酯的含量合格,但是选择的对照品与临床疗效南辕北辙,如果质量标准脱离了临床用药,理论前提的误差可能影响到临床用药的有效性,甚至存在不安全因素。

2. 含量测定限度标准的科学性问题　目前中药的质量控制主要采用"指标"成分进行定性、定量分析。现行的国家中药质量标准中对某一成分含量限度的规定,仅仅是正在流通的商品药材、饮片、制剂中该成分实际含量的客观反映,根据测定数批样品而人为设定,往往是照顾到较低含量的样本群体,缺少药效毒理试验或临床试验支持,"量而不准"。且存在同一指标成分不同含量限度评价性味功效、主治用法用量完全一致的两个中药及含量测定限度标准只有下限没有上限的问题。例如:如葛根来源于豆科植物野葛*Pueraria lobata* (Willd.) Ohwi的干燥根,粉葛来源于同属植物甘葛藤*P. thomsonii* Benth.的干燥根,现行版《中国药典》以不同的药材收载,分别规定野葛含葛根素不得少于2.4%,粉葛含葛根素不得少于0.3%,虽然葛根(野葛)与粉葛(甘葛藤)所含葛根素的量相差8倍以上,但葛根与粉葛的功能主治、用法用量完全相同,葛根素含量的高低是否能完全反映药材质量的优劣?中医处方在相同的剂量下怎能保证等效?以此作为评价药材的标准,值得商榷。另外,现行药品标准采用"指标"成分进行定量分析时往往只规定有下限,没有上限。实际上有效成分含量并非越高越好,超过一定限度,往往会产生毒、副作用。由此可见,目前的中药质量标准尚无法完全科学地反映其内在质量。真正含义的质量标准,应该能够反映该品种的最低有效剂量或者是最大安全剂量。这是需要深入、系统的药理、毒理、代谢等基础研究的。

3. 中成药检测指标的合理性问题　对于众多的中成药品种,其质控指标基本都局限于处方中某一味药材(或提取物)的单一或多个指标性成分,而不是对组成中药的每味药材进行定性定量,而且不能判断每味药材的投料量是否与处方相同。目前中成药的质量控制标准实际上只是指标性的控制,尚不能表达其整体的质量和疗效,达不到以"量"控制"质"的目的。即使是单成分或多个成分的指标性控制,也存在着产品批次间含量波动大,或同一处方品种,不同厂家生产的同一产品间的含量相差很大的现象。

(六)现行中药质量标准模式的局限性

现行中药质量控制的基本模式是参照国外植物药的质量控制方法,借鉴化学药品质量控制的模式建立的,化学定性鉴别与指标成分的含量测定是其主要内容。对于化学药品而言,多为单一成分,其分子结构清楚,构效关系明确,鉴别、检查、含量测定可以直接作为疗效评价的指标。中药成分复杂,又多为复方配伍用药,其作用是其所含化学成分的综合作用,或者不同的成分作用于不同的器官、脏腑、证候,即表现为多途径、多靶点的作用特点,因而检测任何一种活性成分均不能体现其整体疗效,这是中药与化学药品质量标准的根本区别。因此,按照国外植物药和化学药品质量控制的模式来建立中药的质量标准,显然是不可行的。

目前这种质控模式既难以有效地监控中药质量,也不能评价中药质量,更难以反映其安全性和有效性。如冬虫夏草测定腺苷含量、板蓝根检测精氨酸的存在,而腺苷和精氨酸既不是冬虫夏草和板蓝根主要有效成分,也不是其专属性成分,检测它们对其中药质量控制几乎没有实际意义。即使是检测有效成分,往往量效关系不明显,也难以实现对其中药质量进行有效的控制和评价,如人参,其主要药效物质为人参总皂苷,人参(主根)一般约为2%,人参须约含5%,而人参叶可达10%,如以此指标评价人参类药材质量,岂不可以得出人参叶优于人参须、人参须优于人参(主根)之怪论? 这是广大中医师、药农、药商以及广大老百姓都难以接受的。

一个值得注意的倾向是因中药质量控制方法的全盘"西化"而废弃了中药赖以生存的中医基础。例如麻黄碱虽然可以平喘,但是中医的麻黄汤、麻杏石甘汤中麻黄的"解表"作用不能用麻黄碱代替;小檗碱杀菌治痢,能否解决黄连具有的"清热燥湿、泻火解毒""平亢盛之心火""解不寐之心烦"的问题;甘草酸的现代药理研究能否解释"炙甘草汤"之用于"脉结代"时为何以炙甘草为"君药"? 目前尚缺乏由此及彼的研究。对此,我们既不可惘然不知,更不应不屑一顾。

(七)中药标准物质的局限

1. 中药标准物质短缺　中药标准物质是中药检测(定性、定量)使用的实物对照,用于确定药品的真伪,评价药品质量优劣。在提高和保证药品质量方面发挥着重要作用。我国从中药标准物质的建立到发展,经过了20年的艰辛,目前,已建立起较为完备的国家级天然产物标准物质库,约有中药标准物质1336种,包括化学对照品565种、对照药材740种、对照提取物31种。但是,由于绝大部分中药标准物质需从植物体内提取分离纯化,耗费成本较高,我国现行国家药典、部颁及局颁药品标准收载了大量应用中药化学对照品及对照药材的检测项目,目前仍有一些含量低、分离制备困难的中药标准物质难以保证需求数量。

另外,由于目前相关机构主要研制与供应各类国家药品标准涉及的标准物质,对于产业研究、发展用标准物质并未涉及,因此在保障药品检验、质量标准的研究与提高等工作的前提下,中药化学对照品的品种和数量不能满足科研、新药研制等诸方面的要求。

2. 缺少与临床疗效对应的标准物质　目前,很多中药都在使用与疗效不对应的化学成分作为其质量评价指标,化学对照品不具有药的属性,与临床疗效没有相关性,用其含量指标作为中药质量评价的依据失去了药品的基本特征。在这个标准下标定的中药并不能证明其治疗有效性和安全性,利用化学对照品去评价和控制中药质量有弊而无利。

(八)分析方法的科学性、先进性与适用性需要系统的评价和交叉验证

现代仪器和现代分析技术,如薄层色谱、气相色谱、高效液相色谱、高效毛细管电泳等色谱技术,紫外、红外、质谱、核磁共振等光谱技术以及各种色谱/光谱联用技术,已经广泛应用于中药的质量研究与评价。然而目前的研究与尝试往往是孤立的、片面的、分散的、缺乏系统的评价和交叉验证,以至于同一个样本,由于仪器不同,条件不同,操作者不同,分析的结果各不相同。

中药的化学指纹图谱研究与制定,作为定性、定量分析的补充,已经被普遍接受,这无疑是中药质量控制的一大进步。但应该看到,同一种药物(药材、饮片或制剂),不同的实验室由于采用的样品及处理方法、分析条件的不同,所表征的指纹图谱往往面目全非,究竟哪一张图谱是最具代表性的,缺乏科学的评价体系。中药化学指纹图谱对保证产品质量一致性和稳定性有促进作用,但难以反映其安全性和有效性。中药化学指纹图谱只是中药部分成分的"化学条形码",不能对所有成分进行全面控制,有相当一部分药物成分难以用常规的色谱或光谱方法检识,如多肽、多糖类等。中药化学指纹图谱的重复性、专属性和代表性等尚需深入研究。同时,把太多的精力用于指纹图谱的"模式识别",专注于其"相似性"的判断,而忽略了对于其所表征的"指纹峰"的鉴定,难免会产生错误的导向。忽视了特定提取部位的生物效应的表征,而仅仅去关注那几个"共有峰",很可能会在样品处理过程中丢掉真正发挥药效的成分,甚或保留"毒性"成分。鱼腥草注射剂毒性及其他注射剂的安全隐患,必须引起我们的高度重视。

(九)安全性检测不足

1. 多数毒性中药无毒性成分限量检查 《中国药典》及部颁中药材标准记述有小毒、有毒和有大毒的药材及其制品共90余种,仅少数毒性中药规定了毒性成分限量检查或毒性成分的含量范围。如制川乌、制草乌规定有双酯型生物碱限度检查及单酯型生物碱含量测定,而多数毒性中药如天仙子、甘遂、洋金花、闹羊花、斑蝥等均无毒性成分限度检查项目,不利于安全合理用药。

2. 重金属及有害元素、农药残留量检测不力 2010年版《中国药典》仅对甘草、黄芪等少数几个中药规定了重金属及有害元素的限量检查。虽然在农药残留量测定法附录中收载了有机氯类农药、有机磷类农药和拟除虫菊酯类农药残留量测定,使对农药残留量测定的范围从原1大类9种增加到3大类24种,但在具体的中药中仅甘草、黄芪等少数品种收载了有机氯类农药限量检查。2015年版《中国药典》加强了安全性控制,但这对几百乃至上千种常用中药的安全性控制仍远远不够。

3. 对有害微生物及其毒素缺乏检测 中药在生产、运输、贮藏过程中很容易造成染菌。致病霉、菌对中药污染后对人体造成的危害应引起药品标准的高度重视,特别是黄曲霉毒素等强致癌物质的检查更是不容忽视。对29份不同产地、不同商品规格、不同贮藏期的商品全蝎进行了微生物限度检查,发现染菌率达100%。霉菌染菌率达72.4%,咸全蝎霉菌染菌率较淡全蝎高出23%。另发现被污染的霉菌之中,与人类疾病有关的病原菌4种,口服后易引起肺部和其他器官感染,严重者可引起败血症。虽然2010年版《中国药典》收载了桃仁、杏仁的黄曲霉毒素限量检查,2015年版《中国药典》又增加了对柏子仁、莲子、薏苡仁等14种易受黄曲霉毒素感染的中药材及饮片的黄曲霉毒素检测,但对于大多数中药材及饮片尚未制订其有害微生物及其毒素的限度检查标准,以确保用药安全。

第三节　中药质量标准体系发展趋势

改革开放以来,随着医药产业和药品检验技术水平的发展,以及加入WTO所面临的新形势,我国早期制定的国家药品标准已严重滞后于药品生产现状和药品检验工作发展的实际,一些药品标准已不足以控制药品的质量,难以保证人民用药安全有效,也给一些假冒伪劣药品扰乱市场、危害百姓生命健康以可乘之机。

为了从根本上解决中药质量控制问题,早在2004年2月12日,原国家食品药品监督管理局就发布了《提高国家药品标准行动计划》,提出计划用3~5年时间,实现国家药品标准的检测技术达到国际先进水平。主要工作包括:分期分批完成原部颁标准(包括中药材、中成药、民族药、进口药材质量标准)、历版药典遗留品种的标准和部分新药已转正标准的提高工作。

中药质量控制的根本和最终目标应该是保证临床用药安全、有效,而现行中药质量标准的目标是保证中药材或制剂的一致性和稳定性。中药内在质量控制模式基本上是"惟成分论"的,即通过对个别或部分指标性成分进行定性或(和)定量分析来实现质量控制和评价。但是,个别或部分指标性成分的一致性和稳定性不等于其药材、饮片和制剂质量的一致性和稳定性,制剂质量的一致性和稳定性也不等于能保证其临床的安全性与有效性。也就是说,这种"以管窥豹"的质控模式和策略,既难以保证中药的稳定、可控,也难以保证安全、有效。因此,有必要重新审视和明确中药质量控制和评价的目标与策略、模式与方法;有必要建立一套既能保证"稳定、可控",又能直接关切"安全、有效"的新型中药质量控制、管理方法体系。

2008年,依据《国家中长期科学和技术发展规划纲要(2006—2020年)》的部署,国务院决定组织实施"重大新药创制"科技重大专项。在该专项中专门设置了"中药标准研究平台"和"中药研究关键技术",为实现中医药的标准化、现代化和国际化提供强有力的支撑。

国家药品标准提高工作是一项系统工程,针对目前我国中药质量标准中存在的问题,药学工作者们进行了有益的探索,在大量调查和科学研究的基础上,对现行中药质量标准进行改进和提高,发表了许多真知灼见。

一、增加国家药品标准收载的中药数量

1. 中药材　除现行的国家标准品种外,应对历版药典遗留的药材品种及各省市、自治区地方药品标准中使用面广、历史悠久、商品量大、疗效肯定的中药材品种进行系统研究,提高其质量标准,逐步纳入国家药品标准,以满足临床配方和中成药生产中原料药材质量控制的需要。

2. 中药饮片　据粗略统计,《中国药典》(2005年版)所载中药材中需要经过切制和炮制后方可入药的品种中,约有90%的品种缺乏饮片质量标准或质量控制项目,这对规范中药饮片生产,保证饮片质量极为不利。2010年版、2015年版《中国药典》虽然大幅度增加了饮片质量标准,但仍需在饮片品种数量和专属性鉴别、纯净度控制指标、有效成分或指标性成分的定量分析等方面进一步补充完善。国家应在中药饮片的化学成分、药效学、毒理学以及炮制工艺等方面进行系统性研究的基础之上,尽快建立全国统一的炮制方法和标准操作规程,并在此基础上建立国家中药饮片质量标准体系,统一和规范中药饮片的生产和质量控制。

3. 中药提取物　中药提取物的生产近年来发展迅速,由于其质量较易控制,质量标准在国际贸易中较易被接受,这对中药的国际化大有裨益。据报道,世界天然提取物中国展(NEX China)由世界制药原料药中国展(CPhI China)在2008年新开辟的天然提取物专区起步,伴随着行业的发展,逐渐从一个新兴专区成长为成熟的国际展会。目前,我国提取物出口已突

破10亿美元。近两版《中国药典》收载植物油脂和提取物数量虽有大幅度提升,但与中药的产业发展仍有较大差距。建议《中国药典》增加中药提取物的数量,以便控制和规范中药提取物的质量。

二、推进中药一物一名和一名一物工作进程

现行国家药品标准已在中药一物一名和一名一物方面做了不少工作,但常用中药材中仍有许多属于多基原药材。现行版《中国药典》收载的药材和饮片二基原的有91种,三基原的有41种,四基原的有9种,五基原的有2种,六基原的有2种,多基原(不同栽培品种或同属植物都做同一药材使用)的有12种。

有的中药来源于同属不同种,如:①黄芪为豆科植物蒙古黄芪*Astragalus membranaceus*(Fisch.)Bge. var. *mongholicus*(Bge.)Hsiao或膜荚黄芪*Astragalus membranaceus*(Fisch.)Bge.2个种的干燥根。②甘草为豆科植物甘草*Glycyrrhiza uralensis* Fisch.、胀果甘草*Glycyrrhiza inflata* Bat.或光果甘草*Glycyrrhiza glabra* L. 3个种的干燥根及根茎;黄连为毛茛科植物黄连*Coptis chinensis* Franch.、三角叶黄连*Coptis deltoidea* C. Y. Cheng et Hsiao或云连*Coptis teeta* Wall.3个种的干燥根茎。③淫羊藿为小檗科植物淫羊藿*Epimedium brevicornum* Maxim.、箭叶淫羊藿*Epimedium sagittatum*(Sieb. et Zucc.)Maxim.、柔毛淫羊藿*Epimedium pubescens* Maxim.或朝鲜淫羊藿*Epimedium koreanum* Nakai 4个种的干燥地上部分。④钩藤为钩藤*Uncaria rhynchophylla*(Miq.)Miq. ex Havil.、大叶钩藤*Uncaria macrophylla* Wall.、毛钩藤*Uncaria hirsuta* Havil.、华钩藤*Uncaria sinesis*(Oliv.)Havil.、无柄果钩藤*Uncaria sessilifructus* Roxb. 5个种的干燥带钩茎枝。⑤川贝母为百合科植物川贝母*Fritillaria cirrhosa* D. Don、暗紫贝母*Fritillaria unibracteata* Hsiao et K. C. Hsia、甘肃贝母*Fritillaria przewalskii* Maxim. 或梭砂贝母*Fritillaria delavayi* Franch.、太白贝母*Fritillaria taipaiensis* P. Y. Li.或瓦布贝母*Fritillaria unibracteata* Hsiao et K. C. Hsia var. *wabuensis*(S. Y. Tang et S. C. Yue)Z. D. Liu、S. Wang et S. C. Chen 6个种的干燥鳞茎;石决明为鲍科动物杂色鲍*Haliotis diversicolor* Reeve、皱纹盘鲍*Haliotis discus hannai* Ino、羊鲍*Haliotis ovina* Gmelin、澳洲鲍*Haliotis ruber*(Leach)、耳鲍*Haliotis asinina* Linnaeus或白鲍*Haliotis laevigata*(Donovan)6个种的贝壳。⑥石斛为兰科植物金钗石斛*Dendrobium nobile* Lindl.、鼓槌石斛*Dendrobium chrysotoxum* Lindl.或流苏石斛*Dendrobium fimbriatum* Hook.的栽培品及其同属近似种的新鲜或干燥茎;蒲公英为菊科植物蒲公英*Taraxacum mongolicum* Hand. -Mazz.、碱地蒲公英*Taraxacum borealisinense* Kitam. 或同属数种植物的干燥全草。

一些中药来源于同科不同属甚至不同科,如:①水蛭来源于环节动物门水蛭科动物蚂蟥*Whitmania pigra* Whitman、水蛭*Hirudo nippo-nica* Whitman或柳叶蚂蟥*Whitmania acranulata* Whitman 的干燥全体。②小通草来源于旌节花科植物喜马山旌节花*Stachyurus himalaicus* Hook.f. et Thoms.、中国旌节花*Stachyurus chinensis* Franch.或山茱萸科植物青荚叶*Helwingia japonica*(Thunb.)Dietr.的干燥茎髓。

显而易见,不同科或同科不同属的植、动物其治病的物质基础存在巨大差异,就是同科同属不同物种甚或同种植物因产地、生长年限、采收加工等不同,或野生与栽培或养殖的不同,在质量上也存在明显差异。如石斛,据近年来对石斛属植物的研究结果表明,一些不同物种的石斛无论在化学成分还是在药理作用方面均有明显差异,而其"近似种"的使用,更

增加了石斛临床疗效问题的复杂性和不确定性。为了扩大药用资源，不断地从生物高度同源性确定植物的可药用性，认为同科同属化学成分相近，就可作为同一药材使用，这样就缺少传承的临床实践支持，质量标准缺乏药品的属性，安全性评价的依据不足。

应针对多基原药材中品质和临床疗效差异较大的品种开展相关研究，并对地方药品标准进行整理和提高，在充分考虑当前用药客观情况的基础上，经过深入细致的研究，尽量杜绝在全国所有药品标准范围内出现同名异物和同物异名现象，逐步将其过渡到一物一名，一名一物，以利于质量控制和临床疗效的保证。

如上所述，同种药材的野生品和家种、家养品在药材性状、组织构造、化学成分等诸多方面存在较大差异，故应积极进行野生变家种、家养药材与其野生药材质量的对比研究，并制定其切实可行的质量标准，以保证临床用药的准确性和可靠性。

三、加强中药药效物质基础与作用机制研究

中药的药效物质基础是中药质量标准制定的科学依据，是影响中药质量标准制定的关键问题之一。国内外对中药、天然药物进行了大量的成分研究，对于阐明中药的活性物质基础及有效成分起到了积极作用。但至今为止，大部分中药真正的药效物质基础即有效成分仍未得以阐明。现行版《中国药典》收载的中药材（含饮片和提取物）中，有化学成分研究报道的约占60%，约20%进行过较系统的化学成分研究，但至今已阐明其有效成分的品种不到5%。中药药效物质基础与作用机制研究工作的薄弱，已严重制约了中药质量标准的科学化、现代化和国际化进程。

在国家"重大新药创制"科技重大专项"十一五"计划中，要进行"中药药效物质基础及物质资源库研究关键技术"研究，重点选择具有中医药特色、疗效可靠、在防治重大疾病中具有重要应用价值且具有良好研究基础的中药以及经典方剂为研究对象，综合利用现代化学多种分离、分析、制备的新技术和新方法，结合适合中药特点的药效和药理评价方法，建立中药及其复方药效物质高效分离、结构分析、在线结构解析、高效、快速的药效评价新技术、新方法；在此基础上，构建以组分为主、全面、标准化的中药化学资源库及其有效利用的技术与方法。"十二五"计划中，要建设"中药化学成分库"，以临床有效方剂和常用中药为主要对象，收集或以现代科学方法分离制备中药化学成分和化学组分，研究建立实物保存库，并应用现代信息技术建设面向新药发现的中药化学成分或化学组分的智能数据库。项目完成后，库内要达到不少于5000个具有活性的化学组分和不少于8000个中药化学成分单体，并建立与上述实物对应的智能数据库，包括化学结构、物理常数、鉴定图谱、药理药效、成药性数据等。可以预期，我国在中药药效物质基础与作用机制的研究上将有较大的提升，为建立合理的中药质量标准提供科学依据。

四、加强中药标准物质研究

中药标准物质在中药质量控制和质量评价中成为不可或缺的物质基础，将发挥着越来越重要的作用。我国政府高度重视中药标准物质的研制，早在国务院组织实施的"重大新药创制"科技重大专项"十一五"计划中就明确提出，要构建中药化学对照品制备关键技术体系，研究成果要求达到国际先进或国内领先水平。要研制200个以上的中药标准品。除中药化学对照品外，还应研究中药对照药材和对照提取物。在中药对照药材的基础上研究、建

立对照提取物,不仅可以提供更多的化学信息,也可以弥补对照品制备困难、供应不足的矛盾。目前,我国在中药标准物质的数量上已有了显著的增加。

中药标准物质的研制,一方面要加强与国际标准物质提供机构的联系与合作,更重要的是要加强自主创新性研究,开展中药标准物质基准物的纯化、纯度分析和稳定性评价方法的研究;开展中药对照药材、中药组分对照物、中药化学对照品的研究,提高创新中药及相关原料的检测水平和标准。

近年来,有学者提出中药标准物质应体现中药自身的临床疗效特点,因此,应在中药功能主治的基础上,创造性地研制中药药效组分标准物质。另外,对于中药饮片而言,虽然化学对照品、对照药材及对照提取物在其质量控制中发挥了重要作用,但由于中药饮片成分和炮制机制的复杂性,采用当前的质量评价方法与质控标准仍然无法反映中药饮片的科学内涵和特征属性,因此进行中药标准饮片作为中药标准物质的基础研究是非常必要的。

五、加强中药安全性研究与检测

在对药品质量进行监控中,国际上无一例外均把药品的安全性放在首位。中药虽然比化学药品相对安全,但对其安全性研究,如药材、饮片、提取物、中成药,尤其是毒性中药及中药注射剂的安全性研究与检测方法的完善与规范仍不容忽视。

以中药为研究对象,建立其有害物质(重金属、砷盐、农药残留、微生物等)的检测方法及限量标准;并对中药的化学成分或化学成分组合物为研究对象,探讨它们的毒性;对于有毒中药材或国外发现的有毒中药进行系统研究,阐明毒性成分、中毒剂量及机制、毒效关系等。

国家"重大新药创制"科技重大专项"十一五"计划中提出要进行"中药有害残留物的检测技术研究",内容包括中药有害残留物的研究及标准品的制备;高效、灵敏、专一的中药有害残留物的检测方法研究,包括化学方法、仪器方法和生物技术方法;中药有害残留物数据采集和数据库的建立等。要达到建立科学的、国际认可的中药有害残留物检测、分析技术规范及残留限度的研究目标。要对"中药安全性评价关键技术"进行研究。要从分子、细胞、组织器官和整体水平开展中药安全性评价的技术和方法的研究,主要包括单一成分或复合成分的安全性检测和评价,中药注射剂致敏原快速检测和筛选,毒性物质、致敏物质的研究、分离和鉴定技术,中药安全性、致敏原数据库的建立等技术研究。研究目标要达到针对中药作用特点,建立符合GLP原则、科学规范的中药安全性评价技术和方法,研究成果要求达到国际先进或国内领先水平。

通过以上研究,可以期望在以后的中药质量标准中建立中药内在毒性成分限量检查和中药有害残留物,如重金属及有害元素、残留农药、有害微生物及其毒素检测指标,以利于充分保障临床用药的安全性。

六、提升中药质量标准的先进性与实用性

中药质量控制是一个复杂的系统工程,不仅涉及药材的生产、饮片炮制、成药的制备和包装、贮藏、运输等过程,还涉及分析方法的完善和创新。虽然目前这种沿用化学药品质量标准模式建立的中药质量控制模式随着中药现代化、国际化进程的加速,其局限性和缺陷已凸显出来,但在可预见的将来仍将是质量控制模式的主流。

随着现代科学技术的飞速发展,许多新方法、新技术被不断引入到中药质量评价和质量

控制领域,且还会不断地完善和创新。如光谱法、色谱法及其联用技术,质谱技术、热分析技术、X-射线衍射分析技术、分子生物技术、电泳技术、扫描电镜技术、计算机图像分析技术、统计学多元分析技术、模式识别技术、人工神经网络、示波极谱技术等以及中药指纹图谱技术(应采用色谱/波谱联用技术,结合化学成分制备分离、鉴定,对色谱指纹图谱的特征色谱峰进行指认和鉴定)等。对分析方法和技术进行科学的评价和准确度验证,用这些方法和技术建立多指标、多信息质量控制模式的中药质量标准,可大大提升中药质量标准的先进性与实用性。

七、进行中药质量评价系统模式和中药质量标准模式的研究

中药的质量控制和评价是制约中药现代化发展的关键问题之一,也一直是中医药研究的难点和热点。由于中药本身的复杂性、科学技术条件、研究思路和方法等因素的局限,现行中药质量控制-中药质量标准的基本模式是参照国外植物药的质量控制方法,借鉴化学药品质量控制的模式建立的,化学定性鉴别与指标性成分的含量测定是其内在质量控制的主要内容。这种质量控制模式和方法不仅难以有效地控制和评价中药的质量,更难以反映其安全性和有效性。

国家"重大新药创制"科技重大专项"十一五"计划提出,要建立能够准确反映中药自身质量的系统评价方法和体系;逐步建立系统完备、能为国际认可和接受的中药标准体系。近年来,有关专家在探寻具有中医药特色的中药质量控制与评价新模式方面进行了研究,主要包括以下几方面。

1. 多元化中药质量控制和评价模式 当前中药质量控制和评价的方法可概括为形性检测法、化学检测法、生物检测法。有关专家比较分析了各种方法的特点,认为对于中药,从某种程度上讲,生物效价检测比化学成分含量测定更具实际价值和优势。而针对中药的复杂成分与多项疗效,认为中药质量控制和评价模式应采取多元化的策略与方法,采取生物检测+化学检测+形性检测三位一体的多元化检测方法将是中药质量控制和评价的方向,并结合对道地药材在中药生产质量控制上的历史作用和现实意义的分析,提出了建立基于道地优级药材和生物效价检测的中药质量控制和评价新模式,即采用适宜的现代科技手段客观而灵活地刻画优质药材的品质和药效,并以之作为参照物,建立从药材-饮片-中间体-产品的全方位中药质量控制与评价标准,以及生产质控一体化管理规范体系,为保证中药安全性、有效性和质量稳定性,促进中药现代化发展提供新的科学对策和技术支持。

2. 以临床功用为导向的中药质量评控模式 现行的中药质控格局单一,难以应对临床的多功效使用,而仅用任何一种评价模式都不能在真正意义上控制中药质量。中药质控需要一种综合、系统、有效、可控的标准去体现中药质量及临床功效。有学者提出了以"功用-格局-模式-方法"为主线的中药质量评控新格局与适宜模式,在感官评价和化学评价的基础上,将与临床疗效密切相关的生物评价模式和适宜的生物检测方法引入中药质量评价控制标准,针对不同中药品种或同一药物的不同功用采取各自适宜的质控格局,从常规、化学、生物等多角度认识和把控中药质量。

3. 基于"组分构成"理论的中药质量控制 中药的一大特色是多组分,大多数单一组分又多含有多个成分,且多个成分并不是简单的堆积,而是一个有序的整体,单体成分是其最基本的单位,相似的单体成分按照一定的比例构成了组分,不同的组分又按照一定的比例构

成了中药的整体。中药发挥药效强调的是其整体的协同作用,故中药的质量控制必须是宏观到微观的整体系统的控制,只针对中药指标性成分的控制脱离了中药效用的整体性特征,无法从中药本质上来控制其质量,即便是对中药各有效总组分量的控制,也仅是宏观结构上的量化,不足以体现中药内在微观结构的整体性和系统性,无法体现中药的"组分构成"。故在中药质量控制方面,应明确量化中药组分间及组分内部各成分的配比结构关系、设定中药组分间及成分间比例最优可控范围窗,并认为在中药物质基础研究的过程中就应该深入到中药多组分及多成分微观量比结构的研究,为今后建立更为合理的中药质量控制体系奠定基础。

4. 综合量化集成的中药品质评控 当前中药质量控制的主要模式是以多成分、多指标进行质量评控,但这种以多指标成分进行含量测定监控的手段,大多定性且彼此孤立,与临床安全性和有效性缺乏关联,忽视了不同成分对药材整体药效的贡献度问题,没有一个基于化学信息分析与药效活性检测的综合量化集成指标,难以科学、全面地评控中药质量。有学者分析了中药质量评控的基本现状和主要问题,提出了在构建化学成分分析与生物效应关联检测的基础上,构建一套中药品质综合量化集成的评控新方法——中药效应成分指数(effect-constituent index, ECI),使不同成分所关联的药效大小得到有效表征,使临床安全性和有效性得到初步关联,使中药质量评价和控制模式与指标更加科学有据、综合全面。

5. 在临床疗效和传统辨状论质的基础上制定中药质量标准 中药质量评价应以中医独特的内在整体理论为基础,以临床疗效为评价指标,应该充分考虑中药各成分之间复杂的相互作用所产生的协同效应。加强化学成分、药效、临床研究的关联,逐步完善多指标含量测定体系。重视传统辨状论质,建立临床用中药材的等级机制,对比野生品与栽培品不同等级药材药效组分和药效的差异,确定用量范围。采用药效组分理论指导来完善中药质量标准,以保证临床用药的安全有效、稳定可控。

总之,由于中药作用的整体性、组成成分的多样性、作用靶点的复杂性以及成分间相互作用的难以预测性,使得检测其中任何一种单一的活性成分都不能代表中药的整体疗效。整体观与辨证论治是祖国医药理论体系中两个最显著的特点。有学者提出,中药质量评价研究整体观思想是破解目前中药质控碎片化,突破"找成分、测含量、订下限"模式的重要指导,应突破单纯的"唯成分论",构建符合中药采、制、性、效、用特点的综合量化集成的评控模式。并在归纳总结近年来各种体现"整体观"思想的中药质量评价方法的基础上,从中药质量的本草属性、品种特性、化学特性、组效关系、组分结构关系等方面对中药质量的评价模式进行了概述,认为只有将各种研究思维有机融合,相互借鉴,扬长避短,才会有实质性的突破,找到中药质量评价的科学方法,才能真正把握中药质量内涵,从而科学评价中药质量的优劣。

八、中药国际化标准的研究与建立已成大势所趋

随着全球对于天然药物需求的增加,以及化学药物新药研发遭遇瓶颈,中药国际化正面临着前所未有的大好机遇。在国际社会,对包括中药在内的天然药物的需求日益扩大,天然药品占世界药品市场的份额已达30%以上,国际市场对中药的需求迅速扩大,增速远高于化学药品。但是,在中药国际化进程中也遇到了许多阻碍,其中之一就是中药标准国际化问题。中药在临床治疗中具有多靶位的独特优势,但是目前还没有国际通行的关于

中药的标准和规则。很多中药材属于国际化流通的大品种,如人参、甘草、当归、大黄、龙胆等,为很多国家的药典所收载。如人参分别为《中国药典》《韩国药典》《日本药局方》《美国药典》《欧洲药典》等许多国家和地区的药典所收载。但由于各国对该药材质量控制理念的不同,无论是定性或定量分析中,样品的处理、标准物质的采用,分析方法和结果的判断上都不相同,存在较大差别,无法满足这些常用中药材及其产品的国际化、全球化进程的需求。在国家"重大新药创制"科技重大专项"十一五"计划中提出,要"建立100个左右的中药相关标准并争取获得国家相关部门认可,其中有10个以上的标准进入国际互认程序"。并提出,要根据中药复合成分的特点,建立科学的中药制剂质量控制系统,全面提升中药制剂质量稳定可控,参与制定国际标准相关的关键技术研究,满足中药国际化的基本技术需求。

对于国际上流通的中药大品种,经过协商、研究,制定中药国际化共同标准已经成为时代的需求。中药是中国人民在数千年的医疗实践过程中发现并使用的药物,在品种数量、质量和对国际传统药和天然药物的使用和发展上均具有深刻的影响和卓著的贡献,根据中药特点"以我为主,兼容并蓄",制定与提出符合中药特色的标准,向世界推广并逐步建立国际标准,达到影响世界、实现双向接轨的目标。让中药更好地为世界人民的健康事业服务。

第四节　中药标准物质研究

随着现代科学技术的飞速发展,中药质量研究的手段得到不断提升,中药质量评价已由性状鉴别、显微鉴别和一般的理化鉴别发展到以化学对照品、对照药材和对照提取物等药品标准物质为对照来鉴别中药的真伪和评价质量的优劣,这对保证中药临床用药的安全性与有效性发挥了极其重要的作用。

我国药品标准物质是国家颁布的药品标准使用的一种实物标准,中药标准物质在中药的质量控制中是确认中药质量必不可少的标准参照物。用它作为标准参照物对中药质量进行评价,可以保证分析测试质量,且测试结果具有可溯源性、准确性与合法性。

早在2002年10月,国务院办公厅就发文《中药现代化发展纲要》(2002—2010),明确提出2002年至2010年要建立国家的中药标准物质库。国家"重大新药创制"科技重大专项"十一五"计划又提出要开展中药对照药材、中药组分对照物的研究,开展中药标准物质基准物的纯化、纯度分析和稳定性评价方法的研究;研制200个以上的中药标准品,提高创新中药相关原料及产品的检测水平和标准。2015年版《中国药典》新增了"药品标准物质通则",这些举措对中药的现代化、药品检验、新药开发等具有非常重要的意义。

一、标准物质及药品标准物质的含义与特性

(一)标准物质及药品标准物质的含义

1. 标准物质　按照"国际通用计量学基本术语"和"国际标准化组织指南",标准物质有如下定义:具有一种或多种足够均匀和很好确定了的特性值,用于校准设备,评价测量方法或给材料赋值的材料或物质。

2. 药品标准物质 《药品注册管理办法》第一百三十九条规定："药品标准物质,是指供药品标准中物理和化学测试及生物方法试验用,具有确定特性量值,用于校准设备、评价测量方法或者给供试药品赋值的物质,包括标准品、对照品、对照药材、参考品。"

药品标准物质是药品质量标准的物质基础,是用来检查药品质量,保证测量数据准确可靠,具有良好重现性的一种专用量具和基准,也是作为校正测试仪器和方法学验证的物质标准,在药品检验中,它是确定药品真、伪、优、劣的对照,是控制药品质量必不可少的工具。药品标准物质包括中药标准物质。

(二)标准物质的特性

标准物质应具有高度均匀性、量值准确性、良好的稳定性。使用标准物质是保证和评价分析测试质量的重要手段。主要用于确定产品或材料的量值,评价测量方法的准确和标定测量仪器等,应用广泛,几乎涉及国民经济科学技术及社会生活各方面。随着天然药物基础研究工作的逐步深入,中药研究、质量控制对药品标准物质的需求问题越来越突出,品种、数量及应用范围均在不断增加和扩大。

二、中药标准物质的发展概况

中药标准物质的建立和发展与《中国药典》的发展息息相关,《中国药典》1985年版一部首次收载了用于中药材及其制剂的化学对照品60种,另有对照药材16种;以后各版药典药品标准物质收载的数量逐版上升(表9-2)。同时原卫生部、原国家食品药品监督管理局药品标准(中药成方制剂标准、新药转正标准、中药保健药品转国家药品标准、地方标准升国家药品标准等)收载使用中药对照物质的数量也显著增加。为保障药品标准的执行,国家相关法定检测机构自1988年供应中药标准物质76种,至2009年已达1086种(表9-3),2013年的药品标准物质增加到了3000余种(化学对照品2090种,对照药材740种,生物标准品180种),其中中药标准物质为1336种,包括化学对照品565种、对照药材740种、对照提取物31种。取得了显著的社会效益。随着2015年版《中国药典》的颁布实施,中药标准物质有了更加突破性的发展。

表9-2　历版《中国药典》收载中药标准物质情况表

版次(年版)	化学对照品(个)	对照药材(种)	对照提取物(种)
1(1953)	—	—	—
2(1963)	—	—	—
3(1977)	—	—	--
4(1985)	60	16	0
5(1990)	100	39	0
6(1995)	143	96	0
7(2000)	203	152	0
8(2005)	282	218	11
9(2010)	464	369	16
10(2015)	534	386	21

表9-3　国家相关法定机构部分年份中药标准物质供应品种数量情况表

年份	化学对照品(个)	对照药材(种)	总计
1988	64	16	80
1993	140	94	234
1998	210	152	362
2001	192	272	464
2002	214	379	593
2003	238	429	667
2004	310	483	793
2005	337	572	909
2006	391	623	1014
2007	403	641	1044
2008	425	652	1077
2009	430	656	1086
2010	443	656	1099
2011	485	657	1142
2012	502	670	1172
2013	515	696	1211
2014	529	702	1231
2015	592	746	1338

三、标准物质的分类及医药用标准物质的分级和定级条件

(一)标准物质的分类

标准物质的种类繁多,也有不少分类方法,常用的分类方法有下列两种。

1. 按技术特性分类

(1)化学成分标准物质(亦称成分量标准物质):这类标准物质具有确定的化学成分,并用技术上正确的方法对其化学成分进行了准确的计量,用于成分分析仪器的校准和分析方法的评价,如金属、地质、环境、药品等化学成分标准物质等。

(2)物理化学特性标准物质:这类标准物质,具有某种良好的物理化学特性,并已经过准确计量,用于物理化学特性计量器具的刻度校准或计量方法的评价,如pH、燃烧热、聚合物分子量标准物质等。

(3)工程技术特性标准物质:这类标准物质具有某种良好的技术特性并经准确计量,用于工程技术参数和特性计量器具的校准、计量方法的评价及材料或产品技术参数的比较计量,如粒度标准物质、标准橡胶、标准光敏褪色纸等。

2. 按学科或专业分类　可分为地质学、物理化学、核科学、放射性、环境科学、有色金属、钢铁、聚合物、玻璃、陶瓷、耐火材料、生物学和植物学、生物医学和药学、临床化学、纸张、石

油、无机化工产品、有机化工产品、技术工程、物理学等十几类，ISO（international organization for standardization）采用这种方法汇编了标准物质指南。

（二）医药用标准物质的分级及定级条件

1. 医药用标准物质的分级 医药用标准物质是根据应用对象和采用的测定方法不同而分为化学标准物质和生物标准物质。由于使用要求不同，两种标准物质均分为国际级、国家级及工作级3级标准。

（1）国际级（亦称原始基准物质）：指由世界卫生组织分发的，具有最高计量学特性的标准物质，或是该药品原始研发厂用一系列经过验证的方法确定量值的标准物质，在世界各国医药界所作出的测量均由它导出。

（2）国家级：指各国药品管理当局用原始基准物质标化的、本国的国家标准物质。我国已批准的新药用对照品均属国家级。

（3）工作级：指研究或生产部门用国家标准物质标化的一批原料，作为本单位的工作标准物质供日常检测工作使用。

各级生物标准物质又由使用目的不同分为标准品、对照品及对照试剂。化学标准物质则均称化学对照品。化学对照品根据不同的用途分为：鉴别用、纯度或杂质检查用、含量测定用、校正仪器用。由于中药鉴别的特殊需要并设有对照药材，从2005年版《中国药典》起还增设了对照提取物。对照药材只用于鉴别，对照提取物可用于鉴别和含量测定。

2. 我国标准物质的定级条件 按照国家计量局颁布的《标准物质管理办法》第六条规定，我国标准物质的定级条件如下。

（1）一级标准物质：①用绝对测量法或两种以上不同原理的准确可靠的方法定值。在只有一种定值方法的情况下，用多个实验室以同种准确可靠的方法定值；②准确度具有国内最高水平，均匀性在准确度范围之内；③稳定性在1年以上或达到国际上同类标准物质的先进水平；④包装形式符合标准物质技术规范的要求。

（2）二级标准物质：①用与一级标准物质进行比较测量的方法或一级标准物质的定值方法定值；②准确度和均匀性未达到一级标准物质的水平，但能满足一般测量的需要；③稳定性在半年以上，或能满足实际测量的需要；④包装形式符合标准物质技术规范的要求。

四、药品标准物质的制备、标定与管理

我国药品标准物质是国家颁布的药品标准所使用的一种实物标准，其研制、标定、分装、发放的确认必须具有国家认可的合法程序。

根据《标准物质管理办法》规定，国务院计量行政部门聘请有关主管部门和有关单位的专家组成标准物质技术评审组织，负责对申请《制造计量器具许可证》的考核以及标准物质定级鉴定的评审。定级鉴定由国务院计量行政部门按标准物质的专业分类，授权有关主管部门的技术机构或法定计量检定机构负责。标准物质技术评审组织的章程和工作程序，由国务院计量行政部门组织制定。制造标准物质的企业、事业单位，必须对重复制造的每批标准物质，进行定值检验和均匀性检验，出具标准物质产品检验证书，保证其技术指标不低于原定级的要求。没有标准物质产品检验证书和编号的，或超过有效期的标准物质，一律不得销售和向外单位发放。

　　根据《药品管理法》规定,国务院药品监督管理部门的药品检验机构负责标定国家药品标准品、对照品。中国食品药品检定研究院(简称"中检院",原名为中国药品生物制品检定所)负责标定国家药品标准物质。中检院可以组织有关的省、自治区、直辖市药品检验所、药品研究机构或者药品生产企业协作标定国家药品标准物质。中检院负责对标定的标准物质从原材料选择、制备方法、标定方法、标定结果、定值准确性、量值溯源、稳定性及分装与包装条件等资料进行全面技术审核,并作出可否作为国家药品标准物质的结论。

五、化学对照物质的建立

(一)各级化学对照物质建立的原则和步骤

1. 国际化学对照物质　由WHO药品标准化专家委员会向成员国收集意见,通过讨论提出需要和可能建立的品种,并在委员会例会上讨论确定品种后交负责单位筹备,经国际间协作标定,为各成员国承认。主要解决:①国际药典中需用者;②用于代替过去作为国际生物标准物质的化学检验用标准物质;③用作国际研究工作用的化学对照物质。

2. 国家或区域性标准物质　也由几个国家协作制备并与国际标准物质进行对比,例如WHO和东南亚地区分部共同支持的西太区东盟五国即印尼、新加坡、菲律宾、马来西亚和泰国组织协作标准品制作和应用,迄今已有硫酸阿托品、盐酸麻黄碱等20余种。

3. 国家化学对照物质　是与国际对照物质对比制备建立或根据各国药典或部颁药品标准中所需,由国家药品检定机构建立,是法定对照物质。

4. 地方中药材标准中所需的对照物质　我国由于现存两级标准,国家标准即药典及部颁药品标准中所需品种名单由药典委员会提出,卫生部批准,由国家食品药品检验机构统筹、规划、研制、标化、贮存和分发。而地方中药材标准中所需品种,由省、市、自治区食品药品检验机构统筹制备。

5. 研制新药的质量标准中所需要的对照物质　研制新药的质量标准中所需要的对照品及有关资料,由研制单位起草和提供。在质量标准试行期间,对照品暂由所在省、自治区、直辖市药品检验所负责审核并提供。在试行标准转正的同时,所在省、自治区、直辖市药品检验机构将对照品及其审核意见和有关资料转报国家食品药品检验机构进行复核标定。该新药的正式标准颁布执行后,对照品由国家食品药品检验机构负责提供。

(二)化学对照物质原料的来源

1. 国际对照品是由各国生产相应品种中的优质生产厂提供　国际对照品提供数量的多少,有许多决定因素,如稳定性、价格、质量等。一般以5年用量为限,在一批对照品用完之前,或稳定性变化后,即应更换第二批样品,质量要求应不低于第一批,以维持原水平及延续性。

2. 国家对照品由国内生产相应品种优质生产厂提供　天然药物化学对照品则有其特殊性,属于有商品生产的品种,如我国盐酸麻黄碱、盐酸小檗碱、硫酸阿托品等则与一般化学对照品相同,选优质品为原料,或再经进一步精制而作对照品的原料。但绝大部分无商品药品生产,多数由生药中提取而得,个别也有合成品,都是由生产、科研、检定、教学等单位专为提供对照品而研制。

　　我国中药用国家化学对照品一次制备编作一个批号,因其在中药中含量低,提取精制不易,收率低、成本高,一般1批只制备1~3年需要量,各种化学对照品的批号因各种检品不同而异。

六、中药对照物质的标定技术及质量要求

（一）中药化学对照品

1. 中药化学对照品的标定技术要求　中药化学对照品定值过程中采用的标定方法及测定项主要包括：

（1）纯度分析：采用TLC、HPLC同时测定。

（2）结构鉴定：包括紫外光谱、红外光谱、质谱、氢谱、碳谱。

（3）理化分析：包括熔点、比旋度、热分析、引湿性、炽灼残渣、干燥失重与水分等项。

（4）定值项：质量平衡法、外标法、容量分析法、差示扫描量热法等。

对于首次研制的品种上述测定项均为必做项，为了保证其结构的准确，结构鉴定中的光谱、质谱及核磁共振项尤为重要。

中药化学对照品的定值主要采用质量平衡法，即一个化学对照品的主成分、水分、有机溶剂、无机杂质、有机杂质含量的总和应为100.0%，其定值公式为：含量（%）＝（100.0×水分×有机溶剂–无机杂质）×纯度（%）。为保证量值的准确性，同时采用"（4）定值项"中的其他方法对质量平衡法的量值进行辅佐证明，并应广泛开展协作标定工作。

2. 中药化学对照品的质量要求　中药化学对照品除个别为合成者外，绝大部分由天然产物中提取、分离、精制而得，这与用于合成药物研究的化学对照品不同，因无相应的国际标准物质进行量值溯源及辅佐证明，主要靠研制中药化学对照品的过程中不断积累经验，结合中药药品标准的要求，同时借鉴WHO关于化学对照品的指导原则，以保证量值的准确有效。

（1）来源：应注明对照品的来源，用天然产物为原料提取的对照品应注明其原料的基原，包括植物（动物）的科名、植物（动物）名、拉丁学名，药用部位，产地，采收加工方法等。

（2）确证：天然产物中成分复杂，常有同系物或异构体存在，因此要对其化学结构加以确证，如测定熔点、红外、紫外、核磁、质谱等至少3个数据，并与已知文献核对；如无文献记载，可按未知物对待，分析各种光谱图及有关参数，应与所需求的化学物质吻合。并应提供其英文名称、化学名称、分子式、分子量、结构式、来源、用途、批号、提供单位等。供含量测定用的对照品，含量（纯度）应在98%以上，供鉴别用的对照品含量（纯度）应在95%以上，并提供含量测定的方法和测试数据及有关图谱。

（3）纯度检查与含量：纯度，指对照品以外的杂质多少；含量，指对照品本身的含有数量。作为对照品的纯度与含量要求均应比较严格，但由于个别品种在天然药物中含量低，提取分离特别是纯化难度大，影响提供数量或成本极高，根据不同的用途，如鉴别用、检查用、含量测定用，其纯度与含量要求可暂允许以适应于既定的目的为原则。

1）鉴别用中药化学对照品：主要用于中药材、中药饮片、中药提取物及中成药的薄层色谱、气相色谱等色谱法鉴别项目，纯度应达到95%以上。未标识量值，首先根据所制定的质量标准中使用的鉴别方法检查其纯度。如用薄层色谱法鉴别，相应的对照品也选用该法来考察纯度；《中国药典》一部收载的樟脑、薄荷脑、冰片、水杨酸甲酯为伤湿止痛膏气相色谱鉴别用，则用气相色谱方法考察。

2）杂质检查用中药化学对照品：用于中药材、中药饮片、中药提取物及中成药的薄层色谱、气相色谱等色谱法检查杂质，区分药材品种及毒性成分的限量检查等。根据使用目的应分别符合鉴别用和含量测定用对照品的纯度要求。检查用对照品纯度要求除做薄层检查外，

必须做色谱归一化法测定,并应尽可能做含量测定。检查用对照品的纯度越低,检验结果偏高。纯度要求与含量测定用对照品要求基本相同。

3）含量测定用中药化学对照品:用于中药材、中药饮片、中药提取物及中成药的紫外分光光度法、比色法、薄层扫描法、高效液相色谱法、气相色谱法等测定用,纯度应达到98%以上(用于单体成分原料及其制剂的含量测定对照品,则被视同化学药品对照品对待,纯度要求在99.5%以上,其中也包括色谱法中的内标物质)。标识量值及使用前的处理方法。由于中药化学对照品多由有机溶剂中提取或精制,故一般水分含量很低,而按常规水分测定法测定中药化学对照品水分含量需样量较大,因此目前没有规定其水分含量,只是在标定时对熔点较高,化学性质较稳定者可置105℃干燥;对不稳定品则可置硅胶或五氧化二磷真空干燥器中干燥后应用。严格说对照品应规定干燥失重限度,对残留有机溶剂也应有所规定。

（4）稳定性考察:对对照品的质量鉴别,应建立复核考察制度,对考核稳定性的检测方法,要根据物质的性质或情况选用。如理化检测用标准物质稳定性核查有以下原则:①稳定性检验的时间间隔可以按先密后疏的原则安排。在使用期间内应有多个时间间隔的监测数据。②当药品标准物质有多个特性量值时,应选择易变的和有代表性的待定特性量值进行监测。选择不低于定值方法精密度和具有足够灵敏度的测量方法进行稳定性检验,并注意操作及实验条件的一致。③按时间顺序进行的测量结果在测量方法的随机不确定度范围内波动,则该特性量值在实验的时间间隔内是稳定的。在药品标准物质发放期间要不断积累稳定性数据,以延长使用期限。④稳定性监测时,当产生新的杂质或纯度的改变损害了该批标准物质的一致性,应立即公示并停止使用该批标准物质。

（二）对照药材

对照药材的应用国内外均有,如《中国药典》一部使用对照药材对中药材、饮片及中成药进行薄层鉴别的比例在60%以上。

1. 对照药材的作用　中药对照药材为已确认品种的原生药材粉末,是我国药品检验工作中按标准规定供薄层鉴别使用的另一类对照物质,主要用于中药材、中药饮片、中药提取物、中成药的薄层鉴别。我国的对照药材品种从1988年的16种已增加到2013年的740种,对照药材品种增长迅猛,使用广泛。

（1）增加鉴别的整体专属性:用对照药材比用中药化学对照品可以提供更多的信息,增加鉴别的整体专属性。如与化学对照品同时应用于鉴别中药材或中成药,可以区别基原相近的不同药材,如人参与西洋参。或同一药材不同的植物品种,如甘草不同的植物品种和细辛不同的植物品种。也可以鉴别中成药中含相同主成分的不同原料药材,如在大补阴丸原料中有黄柏,而脏连丸中原料有黄连,黄柏和黄连均主含小檗碱,如只以小檗碱作对照,则二者的原料药材难以确认;但黄连、黄柏尚含各自的特征性成分,而具有不同的色谱,如在使用盐酸小檗碱对照品的同时,分别使用黄柏对照药材和黄连对照药材为对照进行薄层色谱鉴别,则可准确鉴别其原料药材是否为黄柏或黄连。又如,定坤丹使用阿魏酸作鉴别对照品,由于处方中当归、川芎均含有阿魏酸,不能将两者区分,《中国药典》采用当归、川芎对照药材作对照,则能区分当归和川芎。

（2）弥补暂时无某些化学对照品或化学对照品不稳定的不足:如太子参、巴戟天、北豆根、白及等,均暂无相应的化学对照品,故均以其对照药材作为对照品进行薄层色谱鉴别。通宣理肺丸中鉴别紫苏,因无紫苏醛对照品,则以紫苏药材作对照。

有些药材所含化学成分不稳定,特别是提纯后更不稳定,如血竭中的血竭素,因此对血竭的鉴别以血竭药材和血竭素高氯酸盐同时作为对照品进行薄层鉴别。

（3）具有其他对照物质不可替代的重要作用:对照药材作为国家法定的药品检验的标准物质,对中药材和中成药检验的规范化、专属性与重现性,都具有其他物质不可替代的重要作用。

2. 对照药材的标定技术要求　对照药材的标定项目主要包括:

（1）品种的确定:中药对照药材品种是依据国家标准中薄层鉴别项下规定使用的药材品种而确定的,各品种均必须按规定鉴定植物种,以植物种确定发放的品种。

（2）原料的采集与收集:对照药材原料一般采用主流商品的道地药材,符合GAP规范要求的栽培的优质中药材。

（3）生药学鉴定:对药材进行性状、组织及粉末显微鉴定,确定药材的基原,须符合标准规定。

（4）检查项:按标准规定,除去杂质。

（5）薄层鉴别项:首先选择标准中规定的试验方法,其次再根据药材的成分以不同于标准的提取方法或展开条件进行试验。被检药材必须检出与对照药材或标本具有一致的色谱行为,主要化学成分若有已知的化学对照品,则应与化学对照品具一致的色谱斑点。

（6）含量测定项:按标准规定进行含量测定,应符合标准规定。

通常首批建立的品种,一般以基原准确、可靠的药材标本,或采集的植物标本作对照,已知药材所含的化学成分时,尽可能同时以单体中药化学对照品作对照,换批原料标定,须以首批对照药材作对照,薄层色谱结果必须与首批色谱一致,以保持对照药材的延续性。对于含量测定项不合格的药材,即使其他项薄层鉴别符合规定,仍不能作为对照药材使用,但实验中也发现有的药材,在经过对多批药材进行实验考察,仍不能找到含量合格的药材,在与起草单位联系调查,并结合实际测定结果,若为标准限度制定有所不当,这样的药材目前仍暂作为对照药材使用,标准限度问题留待标准修订时解决。

3. 对照药材的质量要求

（1）必须准确鉴定其来源:必须准确鉴定其科名、拉丁学名和药用部位,一般不可采购商品药材为对照药材。对于多来源的对照药材,应分别进行对比试验,如层析色谱不同,应结合检验方法规定的特征要求,分别选择应用。

（2）一般均采用生品:对照药材一般均采用生品,即未经炮制和化学提取的原生药材,特殊需炮制品者应说明理由。

（3）应选定优质药材:对照药材的质量,一般均应高于药典规定的该药材的质量。作为薄层鉴别,实际也包含半定量的作用,因为要严格遵循方法中的取用量（包括对照品及被检定的样品）,在规定的点样量范围内即应呈现明显的斑点。在过去标化对照品时,曾遇到老梗无叶的的薄荷检不出薄荷醇,老梗的益母草检不出水苏碱,槟榔中生物碱含量不符合药典规定的情况,故对照药材应选定优质药材。

（4）均匀性:药材个体间存在差异,采收期不同,药用部分不同（如全草包括茎、花、叶、果实、种子或带根或不带根）所含成分及量不同,必须粉碎过筛,取得均匀的粉末应用。

（5）稳定性:由于药材易吸潮、虫蛀、所以必须采取相应的措施,并以严密的包装,以保证试用期内对照药材质量的稳定性。

（三）对照提取物

中药对照提取物是一类非单体成分对照物,包括药材提取对照物、挥发油对照物等,用于薄层色谱法或其他色谱鉴别用或标示含量测定用。2005年版《中国药典》首次增加了中药对照提取物,共收载11种,首次将对照提取物用于中药的鉴别,这标志着中药的鉴别已开始由单一指标成分作为指标朝着以成分群作为指标的方向发展。到2013年,国家食品药品检验机构已发放了31种中药对照提取物,品种有:银杏叶对照提取物、穿龙薯蓣皂苷提取物、三七总皂苷、三七茎叶皂苷、人参茎叶皂苷、黄山药皂苷提取物、金龙胆草提取物、荆芥油、生姜油、莪术油、八角茴香油、鱼腥草油、牡荆油、小茴香油、紫苏油、肉桂油、薄荷素油、烈香杜鹃油、月见草油、薏苡仁油、三七总皂苷对照提取物(标示含量)等。2015年版《中国药典》收载的对照提取物增加到了21种。

1. 对照提取物的优点与应用

（1）优点:中药对照提取物不仅具有相对固定的化学组成,主要药效成分也有一定的定量指标,与原药材的量化关系明确,专属性较强,同时具有安全、稳定的理化特性。因此,将中药标准对照提取物应用于中药质量控制中具有很多优点:①质量评价方面,与用单一对照品进行鉴别相比,采用对照提取物进行鉴别,某种程度上相当于同时采用多个化学对照品进行鉴别,这不仅提高了鉴别的专属性,而且具备定性的指纹图谱的特性。②经济成本方面,对照提取物与化学对照品相比,价格低廉,可以减少单体中药化学对照品的使用,降低检测检验成本,节约标准物质研制成本。③供应与制备方面,对照提取物分离难度小,较易获得,便于贮存和运输,其本身是一种混标,配制操作简单,按照标准要求,溶解于有机溶剂后可直接使用。④实际应用方面,对照提取物拥有良好的均匀性与稳定性,与原药材基原相似,避免测定过程中其他因素的干扰,并且充分利用色谱信息,稳定地传递与表征其质量特征,保证量值的准确性和不同批次产品质量的相对稳定性。

（2）应用:中药对照提取物与中药化学对照品和对照药材比较,具备这两种标准物质所没有的一些特点和优势,对中药质量标准的完善和检测效率的提高具有促进作用。因此,对照提取物的品种数量将不断地增加。现行版《中国药典》一部收载内容分为药材和饮片、植物油脂和提取物、成方制剂和单味制剂3部分,其检测项目中应用对照提取物的情况见表9-4。

表9-4　2010年、2015年版《中国药典》应用对照提取物的中药品种数量统计表

检测项目	药典版次	药材与饮片	植物油脂和提取物	成方制剂和单味制剂
鉴别	2010	1	5	15
	2015	1	5	23
含量测定	2010	0	2	2
	2015	1	2	3
检查	2010	0	1	0
	2015	0	1	0

1）鉴别:对照提取物主要用于成方制剂和单味制剂,以及用于植物油脂和提取物的定性鉴别,药材与饮片的质量标准中使用较少,仅薏苡仁油1种。另外,也用于对有效部位新药的鉴别。药材提取对照物和挥发油对照物一般都是直接溶于有机溶剂,与对照药材提取过

程烦琐、耗时相比,这更有利于药品检测的简便、快捷,提高了药品检测单位和工作人员的检测效率。

如现行版《中国药典》收载的"银杏叶提取物""银杏叶片""银杏叶胶囊""地奥心血康胶囊"等质量标准中的鉴别项,就是以银杏叶对照提取物为对照进行银杏叶提取物、银杏叶片、银杏叶胶囊的薄层色谱鉴别;以黄山药皂苷对照提取物为对照,采用薄层色谱法鉴别地奥心血康胶囊原料药。有些对照提取物能用于高效液相色谱鉴别,例如薏苡仁药材标准鉴别项(3)中使用薏苡仁油对照提取物在高效液相下测得7个主要色谱峰的保留时间作为定性鉴别的依据,鉴别项(2)使用薏苡仁对照药材,以薄层色谱显相同颜色的荧光斑点为鉴别依据。薏苡仁对照药材所表达的信息量模糊,而薏苡仁油对照提取物可以通过呈现多个保留时间一致的色谱峰来达到定性鉴别的目的,相比对照药材准确性、专属性更高。尚有文献报道,由于薏苡仁对照药材粉末不稳定,而薏苡仁油较为稳定,在薄层色谱鉴别时可采用薏苡仁油对照提取物替代薏苡仁对照药材。

另外,在采用"对照提取物"对有效部位新药进行鉴别时,可在规定的色谱条件下展开、显色,并规定"在相同的位置显相同颜色的斑点",必要时,可规定主斑点的个数,如"在相同的位置显不少于5个相同颜色的主斑点"等。

当然,在有些中药材标准中对照药材可能相比对照提取物信息量多,色谱行为更一致,具有其他物质不可替代的重要作用。可以发展对照药材和对照提取物共同建立的鉴别标准,相比单一对照药材或者对照药材和化学对照品共同建立的鉴别标准,在提高对中药材检验的规范化、专属性、重现性情况下,节约了检测成本,对照提取物不失为中药材标准的有益补充。

2)含量测定:对照提取物作为一种混合标准物质已经被成功应用,如对三七总皂苷和银杏叶提取物及其制剂的含量测定。尤其在银杏叶提取物及其制剂的标准中,现行版《中国药典》同时收载了其化学对照品与对照提取物这两种可供选择使用的含量测定方法。例如银杏叶片制剂标准中,需要对总黄酮醇苷和萜类内酯进行含量测定,其中涉及槲皮素、山柰素、异鼠李素、白果内酯等7种化学对照品,根据国家食品药品检测机构的定价,总共达到3000多元,若采用已标示槲皮素、山柰素、异鼠李素含量以及已标示白果内酯、银杏内酯A,B,C含量的两种银杏叶对照提取物进行含量测定,检测成本大大降低。同时,减少单体对照品的使用有利于缓解化学对照品的供应不足,从而满足新药研制和科学研究的供应需求。另一方面,也为实现多信息质量控制模式奠定了基础。

3)检查:目前对照提取物在检查项目中应用较少,仅有总银杏酸1种作为高效液相色谱定位对照用。

2. 对照提取物的标定技术要求

(1)来源:原料的来源、提取部位及制备工艺应明确。

(2)化学组成:主成分比例及含量相对固定(TLC、HPLC、GC)。

(3)理化特征:溶解度、相对密度、折光率、旋光度等理化特征换批间应一致。

(4)鉴别:一般采用色谱方法进行鉴别,首选TLC鉴别。对于TLC分离效果差的对照提取物,可考虑采用HPLC鉴别。对于挥发油或主要含挥发性成分的提取物,可采用GC进行鉴别。采用TLC进行鉴别,应对供试品溶液的制备方法、薄层板、展开系统、检测方法、点样量等进行比较、考察,建立分离度好、检测灵敏度高的TLC方法。采用HPLC进行鉴别,应对供试品溶液的制备方法、色谱柱、流动相、柱温、流速、进样量、检测方法等进行考察。采用GC进行鉴别,应对供试品溶液的制备方法、色谱柱、进样口温度、柱温、载气流速、检测器温度、进样量等进行考察。

（5）指纹图谱检测标准：供指纹图谱或特征图谱检测用对照提取物应建立指纹图谱或特征图谱检测标准。采用HPLC或GC方法建立指纹图谱或特征图谱,并对化合物结构明确的色谱峰进行指认。对照提取物指纹图谱与首批对照提取物指纹图谱比较,其相似度应大于0.95。为了确保指纹图谱的重现性,一般选择化学对照品或内标物作为参照物。采用HPLC方法建立指纹图谱或特征图谱,应对参照物溶液的制备方法、供试品溶液的制备方法、色谱柱、流动相、柱温、流速、进样量、检测方法等进行考察,并对结构明确的色谱峰进行指认。采用GC方法建立特征图谱或指纹图谱,应对参照物溶液的制备方法、供试品溶液的制备方法、色谱柱、进样口温度、柱温、载气流速、检测器温度、进样量等进行考察,并对结构明确的色谱峰进行指认,建立对照指纹图谱。对照提取物指纹图谱与对照指纹图谱或首次对照提取物指纹图谱比较,其相似度应大于0.95。

（6）含量测定：用于多成分含量测定用的对照提取物应进行含量测定。采用色谱方法测定主要成分的含量。用含量测定用化学对照品作对照,测定提取物中相应组分的含量。采用协作标定结果的统计值作为标准物质的含量值。应对对照品溶液的制备方法、供试品溶液的制备方法、色谱条件与系统适用性试验、标准曲线及线性范围、精密度、重复性、稳定性及准确度等进行考察。总的可控成分含量不得低于70%。

3. 对照提取物的质量要求

（1）来源：对提取物的原料药材应准确鉴定其科名、植物（动物）名、拉丁学名,固定药用部位,必要时还应明确并固定产地、采收期、加工方法等。对于多基原的药材应固定品种,因品种不同其所含成分和同种成分的含量均有差异,品种不固定会导致原料质量的差异。

（2）制备工艺要固定：对照提取物是一类非单体成分对照物,但要求其对照提取物的物质组成应当稳定,主要成分比例相对固定. 对其最基本也是最重要的要求是：在相同条件下色谱行为的稳定性,可重现性。要达到这一要求必备的条件是除按本项（1）要求外还要有固定的制备工艺。

（3）制定严格的质量标准：要对对照提取物制定严格的质量标准,保证其在相同条件下色谱行为的稳定,并对其稳定性、贮存条件、包装等进行考察,明确有效期。质量标准应包括对照提取物的来源、原料的科名、拉丁学名、药用部位及有关的制备工艺、性状（如详细描述颜色、气味、溶解度、相对密度、折光率、旋光度、凝点等）、鉴别、检查、含量测定、批号和提供单位等。

（马逾英）

参 考 文 献

[1] 康廷国. 中药鉴定学[M]. 北京: 中国中医药出版社,2012.

[2] 中华人民共和国主席令（第四十五号）. 中华人民共和国药品管理法.2001年2月28日修订通过,自2001年12月1日起施行.

[3] 国家药典委员会. 中华人民共和国药典[S].2010年版一部. 北京: 中国医药科技出版社,2010.

[4] 国家药典委员会. 中华人民共和国药典[S].2015年版一部. 北京: 中国医药科技出版社,2015.

[5] 国家药典委员会.《中华人民共和国药典》2015年版专项培训教材. 北京: 2014.

[6] 肖小河,金城,赵中振,等. 论中药质量控制与评价模式的创新与发展[J]. 中国中药杂志,2007,32(14): 1377-1381.

[7] 国家食品药品监督管理局.国家食品药品监督管理局提高国家药品标准行动计划. 国食药监注〔2004〕35号,2004年2月12日.

[8] 钱忠直. 建立符合中医药特点的中药质量标准-解读2010年版《中国药典》[J]. 中国中药杂志,2010,35(16): 2048-2051.

[9] 刘晶晶,王晶娟,张贵君. 现行中药质量标准研究的误区及其解决方案[J]. 现代药物与临床,2013,28(2): 258-260.

[10] 刘丹,贾晓斌,郁丹红. 基于"组分构成"理论的中药质量控制新思路[J]. 中国药学杂志,2012,437(6): 865-870.

[11] 鄢丹,熊吟,马丽娜,等. 建立以临床功用为导向的中药质量评控格局与适宜模式的设想[J]. 中草药,2013,44(1): 1-5.

[12] 姜华,高原,杨景明,等. 源于"整体观"思想的中药质量评价方法研究概述[J]. 中国中药杂志,2015,40(6): 1027-1031.

[13] 解思友,张贵君. 中药的质量标准与中药安全性[J]. 药物评价研究,2013,36(4): 245-248.

[14] 孙琴,肖小河,金城,等. 中药质量控制和评价模式应多元化[J]. 中药材,2008,31(1): 1-4.

[15] 熊吟,肖小河,鄢丹,等. 综合量化集成的中药品质评控策略:中药效应成分指数[J]. 中草药,2014,45(1): 1-7.

[16] 王宝琹. 中成药质量标准与标准物质研究[M]. 北京: 中国医药科技出版社,1994.

[17] 国家计量局. 标准物质管理办法. 1987年7月.

[18] 马玲云,刘明理,马双成. 国家药品标准物质的发展历程与现状[J]. 中国药学杂志,2012,47(13): 1017-1021.

[19] 马玲云,马双成. 中药标准物质的发展现状与展望[J]. 中国药事,2010,24(12): 1232-1235.

[20] 马双成. 中药标准物质在中药质量控制中的应用[C]. 北京: 第三次中华中医药科技成果论坛论文集. 2013.

[21] 中国食品药品检定研究院. 全国地市药检系统模块化培训课件.2015年11月11日.

[22] 中国食品药品检定研究院. 关于2012-2014年国家药品标准物质新增品种通告. 2013年1月23日;2013年12月27;2014年12月29日.

[23] 谢晶鑫,刘明理,李澄,等. 国家药品标准物质的项目化管理工作模式研究[J]. 中国药师,2015,18(8): 1370-1371,1425.

[24] 陆兔林,翟为民,蔡宝昌,等. 对照提取物在中药质量控制中的应用[J]. 中国药学杂志,2013,38(3): 462-465.

[25] 陈勇,陆静娴,周建良,等. 薏苡仁对照药材和薏苡仁油对照提取物稳定性考察[J]. 中国药品标准,2012,13(1): 39.

[26] 王燕,金杨,刘振琪. 中药质量标准研究中存在的问题及建议[J]. 大理学院学报,2012,11(12)1-3.

[27] 何先元,喻录容,冯婧,等. 2010年版《中国药典》一部收载中药的资源特点[J]. 中国实验方剂学杂志,2013,19(11): 329-332.

[28] 李丽,刘颖,肖永庆. 中药标准饮片作为标准物质应用若干问题探讨[C]. 广州: 中华中医药学会第七次中药分析学术交流会论文集,2014: 434-436.

第十章　中药采收、贮藏时间节律与中药质量

中医学认为："天地合气,而万物化生矣"。植物、动物同人一样,都是大自然的产物,在时间与空间这一立体坐标中,其生长、发育等生命活动,无不与大自然的运动、发展、变化有着密切的联系。宇宙节奏的时间因素影响生物的生理节奏,是"时间生物学"的基础。例如:植物需要阳光和空气等进行光合作用、蒸腾作用及呼吸作用,其生长速度是有节律的,在日出时生长得快些;不同的季节和节气直接影响其生命活动,每种生物几乎都经历着"春生、夏长、秋收、冬藏"的生命节律;不同的产地生长不同的植物,不同的季节有不同的植物,甚至开花都有节律,紫罗兰开花在初春,红玫瑰开在仲夏,金菊花开在晚秋,梅花盛开在冬日,牵牛花约在寅时(清晨3~5时)打开喇叭,相反夜来香要在酉时(傍晚5~7时)才放出香味;鸡叫三遍天亮,青蛙冬眠春晓,大雁南来北往等就更为人知了。无论植物还是动物,其功能周期性变化并非局部或个体现象,它反映了一切有机生命活动的基本规律。

中药(植物类和动物类药),既然是特殊的有机生命体,其生物活性物质在自身体内存在的规律,必然与宇宙节奏的时间因素密切相关。因此研究中药有效成分积累的一般时间规律,选择最佳采收期,揭示贮藏时间对内在质量的影响规律,对提高中药的质量至关重要。另外,即使是质量合格的中药,其内在活性物质进入人体内的代谢时间规律,或曰起效时间规律,以及服用时间的选择,对于充分发挥药效,都有重要意义。这些时间规律或节律的深入研究,无疑为系统地提高和评价中药的质量并充分发挥药效,起到重要的作用。"时间中药学"的产生也正是基于这一观点,它是研究中药基原的有效成分积累、采收期、药材贮藏、药理作用及服用等一般时间规律,以确保药材质量,提高药效的应用学科。本章就"时间中药学"中关于中药采收的时间节律、中药贮藏的时间节律与中药质量的关系进行论述。

第一节　中药采收的时间节律

中药的疗效与中药的有效成分相关,而有效成分的含量在植、动物体内呈动态积累或随时间的变化而变化,即含量(Y)是时间(X)的函数,其数学表达式为:$Y=f(X)$。

这种函数关系依植、动物的品种不同而各异,具有一定的规律性。因此,中药的采收时间,直接关系到临床疗效。元代王好古《用药法象》中记载:"根叶花实,采之有时,……失

其时则性味不全"。孙思邈《千金翼方》亦云:"夫药采取,不知时节,不以阴干暴干,虽有药名,终无药实,故不依时采取,与朽木不殊,虚费人工,卒无裨益"。民间也有采药谚语:"春采茵陈夏采蒿,知母、黄芩全年刨,九月中旬采菊花,十月上山摘连翘"。也就是说,在最佳采收期采收中药,质量才好。

一、年节律

1. 适年采收以提高中药性效质量　药用植、动物体内有效成分的积累,需要一定的时间,特别是多年生者。野生猪苓*Polyporus umbellatus*(Pers.)Fries中总糖含量1年生为0.53%,2年生为0.98%,3年以上生者为0.64%;家种猪苓中总糖含量1年生为0.63%,2年生为0.77%,3年以上生者为0.58%,可见均以2年生者总糖含量最高(图10-1)。远志*Polygala tenuifolia* Willd.中细叶远志皂苷含量1年生为2.71%,2年生为3.45%,3年以上生者为3.56%,可见2年生远志药材有效成分的含量明显高于1年生药材,2年生与3年生成分含量变化不大,因此采收年限以2年为宜。1~4年生何首乌*Polygonum multiflorum* Thunb.中的二苯乙烯类与蒽醌类成分的含量随生长年限而增加,在第1年到第2年间积累最快,二苯乙烯苷类成分含量从1年生的2.98%增加至2年生的4.44%,蒽醌类成分从1年生的0.224%增加至2年生的0.411%,从2年以后则增长缓慢,3年生何首乌中所测各成分含量均达到最高值,且高于4年生。1~3年生金钗石斛*Dendrobium nobile* Lindl.中石斛碱含量随着生长年限越长含量越低,呈现负相关,1年生石斛碱含量为0.546%、2年生为0.395%、3年生为0.345%,1年生石斛碱含量最高,以石斛碱为评价依据,采收年限以1年为宜。麝香的产量旺期是3~7.5岁的麝,原麝*Moschus moschiferus* Linnaeus最高产香年龄为4.5岁,产香18.04g,林麝*Moschus berezovskii* Flerov是5.5岁,产香18.46g,13岁以后的麝基本不分泌麝香。白芍*Paeonia lactiflora* Pall.中芍药苷含量与生长年限呈正相关,1年生为2.025%,3年生为3.128%,5年生为3.756%,7年生为4.147%。但4年以后芍药苷含量与药材外观性状(根易变腐)呈现负相关,从药材性状与芍药苷含量相结合考虑,采收年限以3~4年为宜。

2. 适年采收以提高中药产量质量　选择有效成分含量最高的年龄期作为最佳采收期,是保证中药质量的根本,但同时还要考虑到产量及经济效益等诸多因素。如1~5年生威灵仙

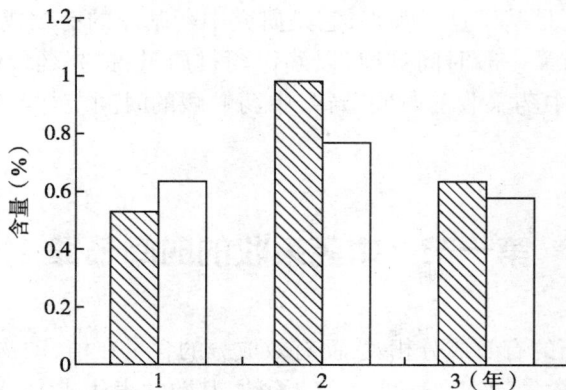

图10-1　猪苓不同采收年总糖含量变化

▨野生　□家种

（东北铁线莲）*Clematis madshurica* Rupr.中的齐墩果酸含量随生长年限的增加而增加，1~2年生者齐墩果酸含量偏低，仅能达到3~5年生者含量的20%左右；从第3年开始，其根生长迅速，有效成分含量也明显增加，此时无论是有效成分的含量，还是根及根茎的生物产量，都符合采收要求；第4年后齐墩果酸的含量增加不明显。因此，东北铁线莲的最佳采收年限应为3~4年生者（图10-2）。2~4年生秦艽*Gentiana macrophylla* Pall.中龙胆苦苷含量3年生时含量最高，但是，这时的产量没有形成，不适宜采挖，4年生秦艽中龙胆苦苷含量稍有降低，但产量增加显著，且药材外观质量得到提高，因此最佳采收期为4年。1~4年生西洋参*Panax quinque folium* L.中总皂苷含量变化与参龄呈正相关的关系，至第4年达到最高值，故栽培西洋参最佳采收年限为4年，这与传统的西洋参采收年限一致。明党参*Changium smyrnioides* Wolff中多糖含量与其生长规律有明显的相关性，2~3年生为生长高峰期，4年生后进入转折点，生长速度变得缓慢，因此，为节约成本，利用地力，宜在3年生即移栽后第2年进行采收。

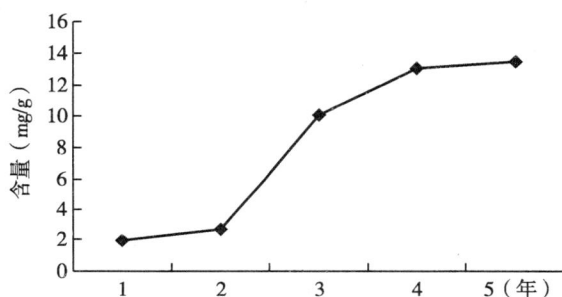

图10-2　威灵仙（东北铁线莲）不同采收年齐墩果酸
含量变化

　　另外，有些药材中某种成分的含量与生长年限呈负相关。如不同生长年限的党参*Codonopsis pilosula*（Franch.）Nannf.中党参苷Ⅰ含量随生长年限增加而有降低趋势，1年生为0.17%，2年生为0.12%，3年生为0.10%。不同生长年限的黄芪*Astragalus membranaceus*（Fisch.）Bge.中黄芪多糖的含量分别为：1年生32.13mg/g、2年生23.42mg/g、3年生16.86mg/g，1年生者含的多糖量较3年生者高一倍多；免疫活性实验也是以1年生者最好，2年生次之，3年生再次之。因此要综合考虑中药的效用，做到有的适时采收，也是一个值得研究的课题。

　　古人确定的药材最佳采收年限，通过现代有效成分含量研究证明，绝大多数都是科学的，而且一直沿用至今。但深入研究其科学内涵，尚有许多工作要做。

二、月节律

　　1. 适月采收以提高中药性效质量　药用植、动物生长过程中，在不同月份其有效成分的含量也有所不同，如射干*Belamcanda chinensis*（L.）DC.中鸢尾苷的含量1月份最高，其次为2、7月份；野鸢尾苷的含量4月份最高，其次为1、2月份；鸢尾苷元的含量4月份最高，其次为7、5月份；野鸢尾苷元的含量5月份最高，其次为3、7月份；总异黄酮含量在4月份最高，除鸢尾苷外其余成分在4月份均可达到或接近最大值，参考其生物学产量，4月份应为最佳采收期，与射干春天传统采收期相一致（图10-3）。忍冬藤*Lonicera Japonica* Thunb. 在秋末冬初时的马钱苷含量最高，即植株落果后至完全枯萎前，具体时间为11月中旬到12月上旬，含量达到最大,均大于2mg/g。广藿香*Pogostemon cablin*(Blanco)Benth.在6~8月含油率分别为0.8%、0.7%、0.6%,广藿香醇含量以7月最高为42.62%,6月稍低为40.84%,8月最低为31.40%;无论从挥发油含量,还是广藿香醇含量均以7月和6月较高,此时广藿香长势良好,而8月广藿香叶片有泛黄现象,故广藿香以7月和6月采收较为合适,与传统采收期相一致。朝鲜淫羊藿*Epimedium koreanum* Nakai中淫羊藿苷含量在6月初和8月初有2个明显的高峰期,分别为2.7mg/g、3.3mg/g,并且8月初最高;地下部分在6月初和9月初为高峰期,分别为1.3mg/g、1.0mg/g;茎没有明显的高峰期;叶中总黄酮含量在8月初含量最高,为92.6mg/g,与淫羊藿苷高峰期相一致,因此淫羊藿在8月份采收最好。广陈皮*Citrus reticulata* cv. Chachiensis同一年份药材中3种黄酮类成分橙皮苷、川陈皮素、橘皮素的含量随着采收期的推迟均逐渐下降,其中橙皮苷含量从10月份2.615%到11月份2.295%到12月份再减少到1.680%,川陈皮素含量从10月份0.354%到11月份0.321%到12月份再减少到0.236%,橘皮素从10月份0.257%到11月份0.251%到12月份再减少到0.182%,可见广陈皮的最佳采收期应为10月。水红花子*Polygonum orientale* L.中槲皮素含量从8月初开始逐渐增高,至10月中旬达到最高点,然后又呈下降趋势,总体分析10月份槲皮素的含量高于其他月份,为此10月中旬应为水红花子的最佳采收期,槲皮素为0.697mg/g。不同季节银杏叶*Ginkgo biloba* Linn.中总黄酮、总黄酮醇苷及总内酯的含量变化较大,银杏叶总黄酮在8月、总黄酮醇苷在5月、萜类内酯在6月份含量最高,分别为20.4%、1.55%、0.421%。综合来看,银杏叶的最佳采集季节在5~8月份。白术*Atractylodes macrocephala* Koidz.中白术内酯Ⅰ、Ⅱ、Ⅲ和内酯总含量均在5月下旬最高,分别为0.740mg/g、0.394mg/g、0.972mg/g、2.106mg/g,如果白术药用以内酯类成分为主,5月下旬(摘蕾之前)为最佳采收时期。

2. 适月采收以提高中药产量质量 北京产桑叶*Morus alba* L.中芦丁和绿原酸的含量以5月份嫩叶中最高,分别为0.1485%和0.6323%,随着时间变化,含量均逐步降低。7月份芦丁含量约降为5月份的1/3,为0.0463%,绿原酸含量下降非常显著,约降至5月份的5%,为0.0298%;从8月份开始,芦丁及绿原酸含量均有较大幅度提高,9月份芦丁含量约是7月份的2倍多,绿原酸含量则是7月份的10倍多,但此时两者的含量仍低于5月份嫩叶时的水平;10月份桑叶芦丁及绿原酸的含量均较9月份略有降低,至11月份二者含量均急剧下降至最低点,分别为0.0025%和0.0006%,综合考虑产量和传统用药习惯,10月下旬经初霜后采收为宜(图10-4)。穿心莲*Andrographis paniculata*(Burm.f.)Nees中穿心莲内酯和脱水穿心莲内酯的含量之和在9月份最高,为3.49%,10月份后开始下降;醇溶性浸出物的含量在9月份达到最大,为19.62%,其后呈下降趋势;穿心莲在现蕾期前(8月10日左右)可达到产量的最大增长点。综合考虑,穿心莲药材的最佳采收期为8月下旬至9月上旬。丹参*Salvia miltiorrhiza* Bge. 中丹参酮Ⅱ$_A$、丹酚酸B、丹参素和隐丹参酮含量在9月份最高或接近最高值,但丹参药材生物产量的最高值是10月份,故丹参的最佳采收期以10月份为最佳。女贞子*Ligustrum lucidum* Ait.在幼果期(8月下旬)齐墩果酸含量最高为8.04%,随着果实进一步发育成熟,其含量呈下降趋势,至12月份以后果实完全成熟时,含量降至2.5%左右不再下降,根据这一变化规律,考虑女贞子的产量,10月上旬当女贞子基本发育成熟时为最佳采收期。

3. 适发育期采收以提高中药质量 药用植物不同的生长发育期,其有效成分的含量及干物质的积累也不相同,采收时要综合考虑。龙胆*Gentiana scabra* Bge. 中獐牙菜苦苷和龙胆苦苷含量,8月份分别为4.67%和70.95%,8月后逐渐降低,9月(花期)时含量最低,分别为2.71%和37.78%,10月含量逐步升高,所以采收龙胆要避开花期,选择休眠期采收。细辛(北

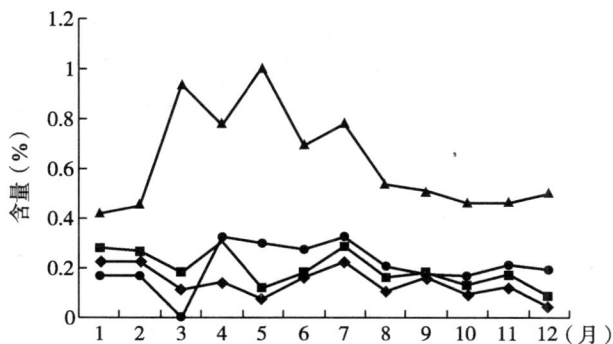

图10-3　射干不同采收月异黄酮含量变化

◆鸢尾苷　■野鸢尾苷　●鸢尾苷元　▲野鸢尾苷元

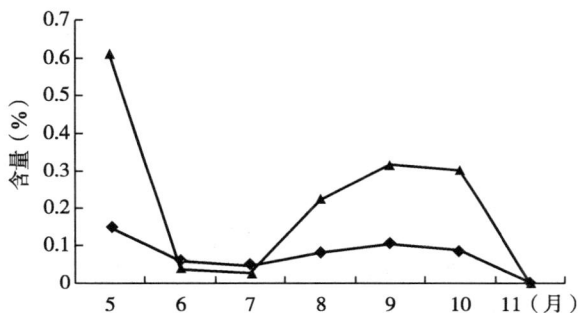

图10-4　桑叶不同采收月成分含量变化

◆芦丁　▲绿原酸

细辛）*Asarum heterotropoides* F. Schm. var. *mandshuricum*（Maxim.）Kitag根中甲基丁香酚含量以萌动期和花期最高,分别占挥发油总量的39.48%和37.72%;黄樟醚含量以萌动期、花期和果后期最高,分别占挥发油总量的29.57%、32.93%和32.28%;地上部分甲基丁香酚及黄樟醚含量均以花期为最高,分别占挥发油总量的9.61%和2.13%,以后各期依次减少,可根据不同的药用部位选择适宜的采收时间。白头翁*Pulsatilla chinensis*（Bge.）Regel初夏或夏季采收,其总皂苷含量开花前期为8.39%,开花期为5.78%,开花后期为4.69%,因此最佳采收时间应在开花前期,此时白头翁的产量也高。丽江山慈菇*Iphigenia indica* Kunch. et Benth. 鳞茎中秋水仙碱的含量于盛果期最低仅为0.22%,果实饱满期最高达0.38%,果熟期0.36%,果实成熟后慢慢降低,至翌年鳞茎刚萌发时最低,故丽江山慈菇的最佳采收时期为果熟期。

三、日节律

中药在同一采收月份的不同时期,有效成分的含量也不相同。通过对7~8月间采集的水蛭*Whitmania pigra* Whitman中活性成分动态变化的研究结果发现,在7月28日所采集样品的6-氧嘌呤含量和抗凝血酶活性均最高(图10-5)。北沙参*Glehnia littoralis* Fr. Schmidt ex Miq. 通常于每年的9~10月采收,当年生栽培北沙参4个采收时期香豆素总含量、欧前胡素和异欧前胡素的含量均在10月15日最高,分别为0.0772mg/g、0.0349mg/g和0.0302mg/g,至10月30日收获时均有所下降,但补骨脂素含量在各采收期含量相差不大。因此10月15日是北沙参药材中香豆素总量和3种香豆素含量较高的时期,表明10月15日是北沙参采收的最佳时期(图10-6)。对10月初至11月初采收的山茱萸*Cornus officinalis* Sieb. et Zucc.中的马钱苷进行测定,发现马钱苷在10月20日含量最高,为1.66%,因此证明10月中旬左右含量最高,同时也是山茱萸的最佳采收期。西红花*Crocus sativus* L.中番红花苷的含量在未开花时达最高,开花第2、3、4天含量逐日减少11%、17%、25%,产量以第一天最高,综合产量、质量因素,番红花必须做到当天开花的要当天采摘。10月中、下旬至11月中、下旬不同采收期金樱子*Rosa laevigata* Michx.中多糖含量呈动态变化,从9月20日开始至11月5日金樱子果粉和果肉粉中多糖含量呈现递增,11月5日含量积累达到最高峰,分别为50.15%、63.83%,从11月5日开始至次年1月20日其多糖含量又呈递减趋势,以10月中下旬至11月中下旬为多糖含量积累较高阶段,也是金樱子果实的最佳采收期。10个不同采收期(8月3日~11月4日)水红花子中的花旗松素含量从8月3日(1.23%)开始逐渐增高,至10月14日达到最高点(11.67%),然后又呈下降趋势。五倍子在生长的全过程中单宁酸含量维持稳定,其采收期由获取最大的产量因素决定,应选择在7月12日至7月30日之间,过早采收会导致人为缩短虫瘿的生长时间,过晚采收五倍子成熟爆裂,会造成减产。

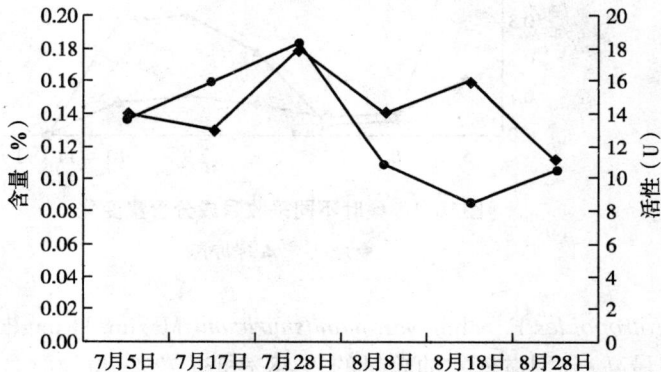

图10-5 水蛭不同采收日质量变化

◆6-氧嘌呤含量 ●抗凝血酶活性

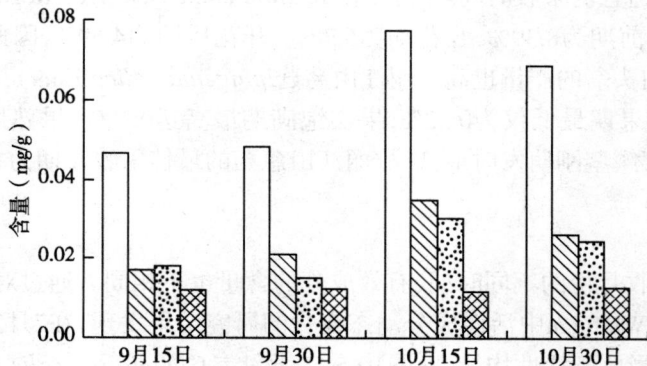

图10-6 北沙参不同采收日成分含量变化

□总香豆素 ▨欧前胡素 ▦异欧前胡素 ▧补骨脂素

四、时节律

药用植物的有效成分含量在一天内的不同时间段亦有变化。艾叶*Artemisia argyi* Levl. et Vant.中挥发油的含量在同一天以13时采者含量最高为0.54%,8时采者含量次之为0.48%,20时采者含量最低为0.44%,挥发油含量最低的晚上采者与最高的中午采者相差达8.5%(图10-7)。伊贝母*Fritillaria pallidflora* Schrenk新生鳞茎一天内有效成分的含量变化极为有趣,似循子午流注规律,其总生物碱和西贝素在午时正中(中午12时)含量最高,分别为0.75%、0.60%;而在子时正中(夜间12时)含量最低,分别为0.33%、0.17%,最高点与最低点相差3倍(图10-8)。红花*Carthamus tinctorius* Linn.在1天内不同时间采摘,其中羟基红花黄素A的含量有明显变化,每天早6~8时含量较高,之后其量迅速下降,并维持在相对较低的水平,同时红花的花冠要在傍晚时才开始伸展,至次日6时左右充分展开,8时后停止伸展,综合考虑,红花在早晨6~8时采摘最宜。中国水仙*Narcissus tazetta* L. var. *chiensis* Roem鳞茎中的伪石蒜碱含量上午10时最低,下午2时及清晨6时为最高,高低之差为2倍,故以清晨6时及下午2时采收较好。薄荷*Mentha haplocalyx* Briq.每天于朝露干后至下午2时采收,挥发油含量最高。青蒿*Artemisia annua* L.中的青蒿素在每日中午12时及下午16时含量最高,分别为1.197%和1.204%。

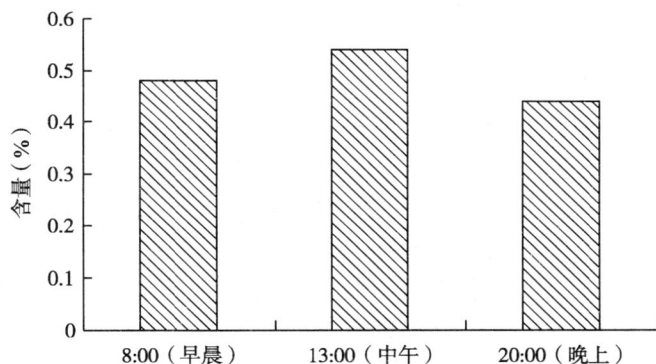

图10-7　艾叶一天中挥发油含量变化

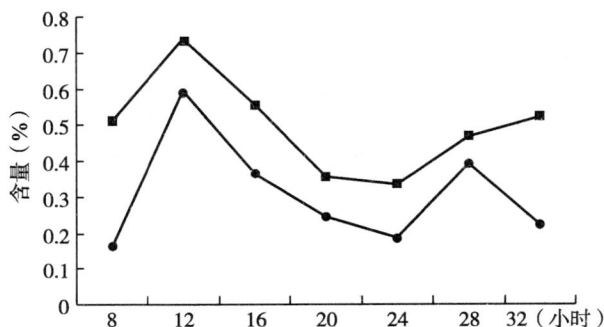

图10-8　伊贝母一天中生物碱含量变化

■总生物碱　●西贝素

第二节　中药贮藏的时间节律

一、缩短贮藏时间以保持中药质量

中药的贮藏对其质量影响很大,贮存不当,可引起酶解、霉败、虫蛀、变质、挥发油等成分散失等质量变化。在中药贮藏过程中,有诸多影响中药质量的因素,其中贮存时间是非常重要的,即使其他因素诸如仓贮温度、湿度、通风情况等均适宜,仅贮存时间因素就可以影响药材的质量。贮存时间的长短,可直接引起中药材内在质量发生改变。不同贮藏期丹参*Salvia miltiorrhiza* Bge.的总酮含量和抑菌效力随贮藏期延长而降低,贮藏7年后与贮藏1个月比总酮含量由51.14mg/g降至8.71mg/g;抑菌圈距由9.46mm降至4.77mm;抑菌圈直径由19.64mm降至14.77mm(图10-9)。夏枯草*Prunella vulgaris* L.中总黄酮、多糖含量随着贮藏期的不断延长而逐渐降低,贮藏1~2年的总黄酮、多糖含量由当年的7.28%和5.75%分别降至6.21%、4.69%,熊果酸、齐墩果酸、迷迭香酸含量由当年的0.27%、0.06%、0.53%分别降至0.19%、0.05%、0.45%;水浸出物、醇浸出物含量由当年的17.54%、7.35%分别降至13.65%、5.76%。贮藏2年后达最低值,故夏枯草药材安全储藏年限以当年为宜(图10-10)。川芎*Ligusticum chuanxiong* Hort.贮藏2年后,其主要活性成分阿魏酸松柏酯、洋川芎内酯 A、Z-藁本内酯分别降低了59.1%,40.1%和47.5%,故川芎药材不宜久存。木瓜*Chaenomeles speciosa*(Sweet)Nakai随着贮藏时间的延长,水溶性总有机酸含量表现出下降的规律,当年木瓜的水溶性有机酸含量为7.80%,贮藏1年后有机酸含量降为5.87%,而贮藏2年后有机酸含量则降为3.46%。桃仁*Prunus persica*(L.)Batsch在两年贮藏期间,随着贮藏时间的推移,苦杏仁苷含量呈现明显的下降趋势,贮存4个月后苦杏仁苷含量损失近30%,8个月后损失近40%,1年后损失近50%,2年后损失达90%(由2.27%降至0.30%)。淫羊藿常温贮藏2年后有效成分的含量降低幅度很大,其中淫羊藿苷含量降幅达到25%左右,总黄酮含量降幅达到32%左右,且药材外观色泽变黄,因此淫羊藿以常温避光贮藏不超过18个月为宜。广藿香*Pogostemon cablin*(Blanco)Benth.贮藏1年后挥发油含量减少10%以

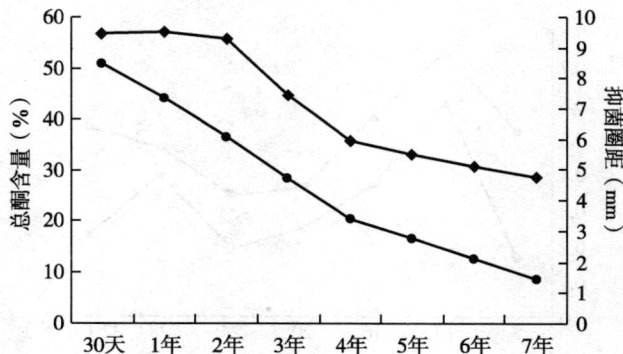

图10-9　丹参不同贮藏期质量变化

●总酮含量　◆抑菌圈距

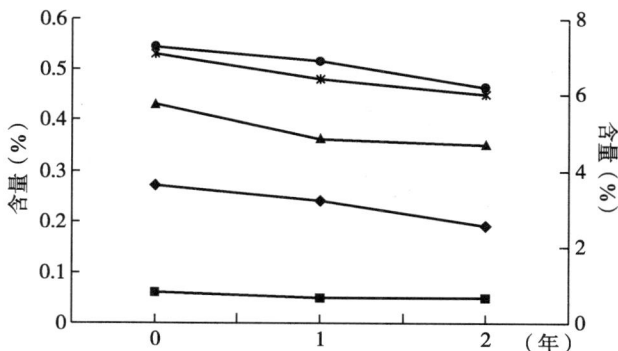

图10-10　夏枯草不同贮藏期成分含量变化

●总黄酮　▲多糖　◆熊果酸　■齐墩果酸　*迷迭香酸

上,贮藏2年后挥发油含量减少25%以上,因此广藿香药材不宜长时间贮藏,一般不应超过2年。

二、关于古人的"六陈论"

大多数药材以贮存时间短为好,可从药材贮存时间愈短所含有效物质损失愈少作解释。但有些药材如陈皮、吴茱萸、狼毒、枳壳、半夏、麻黄等古人认为却是愈陈愈好。该六味药古人称之为"六陈",是在长期医疗实践中形成的。中药"六陈"首载南北朝梁代陶弘景《本草经集注·采用斤两制度例》,谓"凡狼毒、枳实、橘皮、半夏、麻黄、吴茱萸皆须陈久者良,其余须精新也"。宋《证类本草·卷第十一·狼毒》,狼毒"与麻黄、橘皮、半夏、吴茱萸、枳实为六陈也"。南宋张元素《珍珠囊·药性赋》记载:"枳壳陈皮半夏宜,麻黄狼毒及吴萸,六般之类宜存久,入药方知功效奇。"金代张从正《儒门事亲·六陈》谓"药有六陈,陈久为良,狼、茱、半、橘、枳实、麻黄"。以上可以看出,所谓"六陈",实为七种药物,枳壳、枳实是同植物来源的两味药,现在大都认为是指枳壳。中药陈久性好,似乎不好理解。如果这一论点是科学的,是否可认为是药材贮藏中发生了质和量的改变,其变化的总产物乃是真正的有效物质,当然还需要实验研究加以验证。对贮存1年和贮存2年的半夏*Pinellia ternata*(Thunb.)Breit.进行祛痰、镇咳作用动物实验,结果表明:后者比前者祛痰作用明显增强,镇咳作用也有增强的趋势,似乎与古人"六陈"理论相符(图10-11)。贮存6个月、12个月、24个月及30个月的麻黄(草麻黄)*Ephedra sinica* Stapf中生物碱及挥发油的含量测定结果表明,生物碱的含量无明显变化,分别为0.873%、0.882%、0.874%及0.864%,但挥发油含量变化较大,分别为0.22 ml/100g 、0.20 ml/100g 、0.16 ml/100g 及0.13ml/100g。另外,对1~3年不同贮存时间的麻黄(木贼麻黄)*Ephedra eguisetina* Bge.进行镇咳、平喘及中枢兴奋作用动物实验表明,平喘、镇咳作用随着贮藏时间的延长而逐渐降低(图10-12),中枢兴奋作用也减弱,似乎又与古人"六陈"理论不符。这些如何解释,有待于深入研究。

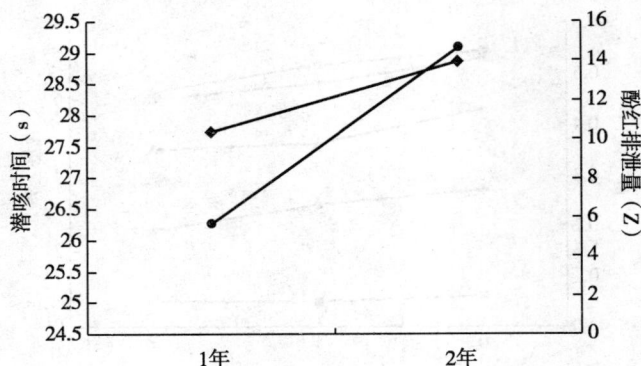

图10-11　半夏不同贮藏期药理作用变化

◆镇咳作用　●祛痰作用

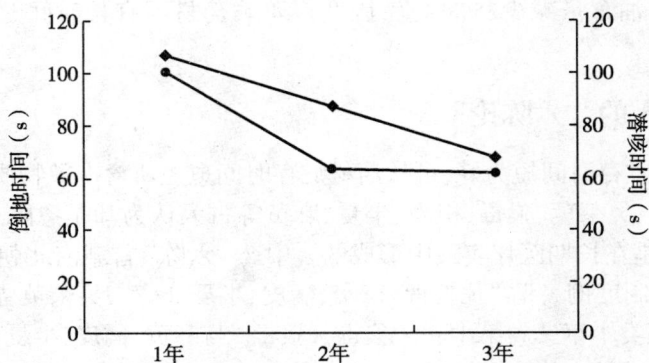

图10-12　麻黄不同贮藏期药理作用变化

◆平喘作用　●镇咳作用

（康廷国　张　慧）

参 考 文 献

[1] 康廷国,袁昌鲁,杨松松. 时间生药学[J]. 辽宁中医杂志,1994,21(12): 529-532.

[2] 刘艳芳,姜勇,屠鹏飞. 不同来源远志药材有效成分的定量分析[J]. 中国药学杂志,2011,46(2): 1879-1883.

[3] 蔡丽芬,钟国跃,张倩,等. HPLC测定不同生长年限及采收期何首乌中二苯乙烯苷和蒽醌类成分的含量[J]. 中国中药杂志,2010,35(10): 1221-1225.

[4] 蔡伟,林宏英,张宏桂,等. 气相色谱法测定不同采收月份和年限金钗石斛中石斛碱[J]. 中国实验方剂学杂志,2011,17(11): 62-64.

[5] 黄明远,武照万,张兴国. 采收期与栽培年限对中江产白芍质量的影响[J]. 中药材,2000,23(8): 435-436.

[6] 许世泉,王英平,邵财,等. 东北铁线莲最佳采收期的研究[J]. 特产研究,2007,29(4): 25-29.

[7] 陈千良,石张燕,孙文基. 不同栽培年限秦艽药材质量变异研究及适宜采收年限的确定[J]. 西北大学学报(自然科学版),2010,4(2): 277-281.

[8] 刘志洋,刘岩. 不同年生西洋参的植物形态和有效成分含量比较[J]. 吉林农业,2011,23(12): 60.

[9] 郭巧生,王长林,厉彦森,等.明党参干物质积累及多糖含量的动态研究[J].中国中药杂志,2007,32(1):24-26.

[10] 戴敬,冯丽,韩桂如,等.台党参与不同栽培年限潞党参中党参苷Ⅰ含量研究[J].中草药,1995,26(4):185-186.

[11] 张善玉,康东周,朴惠善.不同生长年限栽植黄芪中黄芪多糖的量、相对分子质量及对人外周血T细胞增殖的影响[J].中草药,2006,37(8):1144-1146.

[12] 秦民坚,吉文亮,王峥涛.HPLC测定射干中6种异黄酮含量的动态变化[J].中国中药杂志,2006,31(20):1681-1683.

[13] 韩宁宁,郑芳.不同采收期忍冬藤中马钱苷含量分析[J].儿科药学杂志,2013,19(3):47-49.

[14] 罗集鹏,郭晓玲,冯毅凡.不同采收期海南广藿香挥发油成分分析[J].中药材,2002,25(1):21-23.

[15] 于俊林,姜启娟,孙仁爽,等.朝鲜淫羊藿不同部位不同采收期有效成分的含量测定[J].中国实验方剂学杂志,2012,18(7):92-95.

[16] 王洋,乐巍,吴德康,等.不同采收期广陈皮药材三种黄酮类成分的含量测定[J].现代中药研究与实践,2009,23(5):66-68.

[17] 郑宗建,翟延君,初正云,等.HPLC测定不同采收期水红花子中的槲皮素[J].中国中药杂志,2009,34(6):783-784.

[18] 陈再兴,朱旭,王琳,等.不同季节银杏叶中总黄酮、总黄酮醇苷及萜类内酯的含量变化[J].中国医院药学杂志,2010,30(12):1067-1069.

[19] 任玉珍,王龙虎,梁焕,等.不同采收期桑叶药材的质量比较[J].中国现代中药,2006,8(5):8-10.

[20] 曾令杰,梁晖,林蔚兰.穿心莲各生育期的药材质量和干物质积累动态研究[J].中成药,2007,29(6):870-872.

[21] 姜卫卫,张永清,李佳.丹参最佳采收期初讨[J].现代中药研究与实践,2008,22(1):12-14.

[22] 宓鹤鸣,曹永兵,宋洪涛,等.女贞子中齐墩果酸含量的动态变化研究[J].中草药,1995,26(5):258-261

[23] 曹悦,左代英,孟庆龙,等.不同采收期和加工方法对龙胆药材含量的影响[J].中国药事,2010,24(1):75-77.

[24] 王栋,王喜军,夏晓晖.北细辛不同生长期甲基丁香酚和黄樟醚的气相色谱法定量分析[J].色谱,1997,15(1):85-86.

[25] 周素娣,王旭敏,陈春明.不同采收期对白头翁中总皂苷含量的影响[J].中药新药与临床药理,1998,9(1):45-46.

[26] 袁理春,徐中志,赵琪,等.丽江山慈菇最佳采收期研究[J].中药材,2007,30(3):266-268.

[27] 万竹青,郭巧生,刘飞,等.采收期内水蛭活性成分动态变化的研究[J].中成药,2007,29(12):1836-1838.

[28] 辛华,王海霞,刘汉柱..不同采收期珊瑚菜中香豆素含量的比较[J].西北植物学报,2009,29(2):379-383.

[29] 王晓燕..不同采集期山茱萸中马钱苷的含量测定[J].中国卫生检验杂志,2009,19(9):2025-2026.

[30] 周日宝,陈胜璜,陈希平,等.金樱子中多糖含量动态变化的研究[J].中药研究信息,2005,7(9):16-18.

[31] 郑宗建,翟延君,张慧,等.HPLC法测定不同采收期水红花子中的花旗松素[J].中草药,2008,39(12):22-23.

[32] 林余霖,程惠珍.肚倍的发育与单宁酸积累规律的研究[J].中国中药杂志,2003,28(2):125-127.

[33] 梅全喜,王剑,田新村.同一天中不同时间对艾叶挥发油含量的影响[J].基层中药杂志,1995,9(2):22.

[34] 赵小磊,龚立雄,王林,等.河南产区红花药材最佳采收期的研究[J].中医学报,2010,25(149):704-705.

[35] 钟凤林,陈和荣,陈敏.青蒿最佳采收时期、采收部位和干燥方式的实验研究[J].中国中药杂志,1997,22(7):405.

[36] 张兴国,程方叙,张稷,等.贮藏期对丹参的总酮含量及抑菌效力的影响研究[J].特产研究,2005,(4):27-28.

[37] 陈宇航,郭巧生,刘丽,等.贮藏年限及药材分级对夏枯草药材品质的影响[J].现代中药研究与实践,2012,37(7):882-886.

[38] 金玉青,吕光华,魏伯平,等.川芎药材贮藏期间化学成分的变化[J].中药材,2013,36(1):38-41.

[39] 朱晨晨,程菁菁,谢晓梅,等.中药木瓜水溶性总有机酸含量比较[J].现代中药研究与实践,2011,25(3):75-76.

[40] 兰志琼,卢先明,张丽娟,等.不同贮藏条件对桃仁饮片酸败度及苦杏仁苷含量的影响[J].中国医药导报,2012,9(5):13-15.

[41] 徐文芬,何顺志,王悦云,等.不同产地加工与贮藏方法对淫羊藿药材中淫羊藿苷及总黄酮的影响[J].中成药,2012,34(8):1556-1559.

[42] 喻良文,钟燕珠,李薇,等.贮藏时间对广藿香挥发油含量的影响考察[J].中国药房,2008,19(24):1870-1871.

[43] 邹积隆,丁国明,张少华,等."六陈"的实验研究(Ⅰ)[J].山东中医学院学报,1992,1(16):54-55.

[44] 丁国明,邹积隆,张少华,等."六陈"的实验研究(Ⅱ)[J].山东中医学院学报,1992,1(16):56-57.

[45] 陶乃贵,张振英.中药"六陈"并非陈者良[J].时珍国医国药,2004,10(15):714.

第十一章　道地药材与中药质量

　　中药材道地性的形成,是中医药在长期的临床实践和中药生产过程中总结积累的结果。它是中医学的理论基础之一"天人合一"思想的外延,是中医学理解中药药性形成机制的基本指导思想,即"天药合一",包含着我国古代医药学家的科学智慧和丰富的临床实践经验。长期以来,"道地药材"已经成为通过临床疗效评价药材质量的标志,如《本草经集注》载:"上品人参生上党及辽东","……,形长而黄,状如防风,多润实而甘。世用不入服,乃重百济者,形细而坚白,气味薄于上党",金代名医李杲所言"凡诸草木昆虫,产之有地,失其地则性味少异"。因此,"道地药材"一词是在古代自然科学条件下形成的评价中药材的一种质量标准体系,具有丰富的科学内涵。

　　近代,我国科学工作者对中药材道地性的形成进行了广泛而深入的研究,取得了丰富成果。特别是近30年来,随着我国科学技术的快速发展,利用环境科学与技术、分子生物学技术、计算机技术等对中药材道地性形成机制和内涵进行了研究和分析,积累了大量资料和实验数据。但是,由于"道地药材"这一质量评价标准体系的复杂性,很多研究结果无法形成结论,系统地解释中药材的道地性还有大量的研究工作要做。本章重点介绍了"道地药材"概念的形成和属性以及现代研究现状,以便对"道地药材"有一个系统了解。

第一节　道地药材的形成与发展

一、道地药材概念的历史沿革

　　关于药材品质与产地生境的关系,自古即有认识。《神农本草经》序文中写道,"药有……采治时月,生熟,土地所出,真伪新陈,并各有法",强调了区分产地,讲究道地的重要性。在《神农本草经》所收载的365种药物中,很多从药名上就带有道地色彩,如巴戟天、蜀椒、蜀枣(山茱萸)、秦椒、秦皮、吴茱萸、阿胶、代赭石(山西代县一带所产)等。巴、蜀、秦、吴、东阿、代州都是西周前后的古地名,并且每种药所记虽无具体产地,却有生山谷、川谷、川泽、池泽、大泽、丘陵、田野、道旁、平土等生境,可见《神农本草经》在药物论述上已具有古朴的"道地"色彩。同时代的中医学专著《内经》从理论上阐述了道地药材的意义,指出"岁物者,天地之专精也"。而《伤寒论》则是医方中最早应用道地药材较多的医书,书中所载阿胶、巴豆、代赭石等均为道地药材。

梁代陶弘景所著《本草经集注》进一步论述了药材"道地"的重要性："诸药所生,皆有境界。……江东以来,小小杂药,多出近道,气力性理,不及本邦。……所以疗病不及往人,亦当缘此故也。"这是历代本草第一次明确论述道地与非道地药材对临床疗效的影响。

公元7世纪,道地药材的概念得到进一步强化。唐代官方修订的《新修本草》被称为世界上第一部药典。书中对道地药材有精辟论述："窃以动植物形生,因方楘性,春秋节变,感气殊功,离其本土,其质同而效异"。唐代孙思邈所著的《千金翼方》中,最先按当时行政区划的道地来归纳药材产地,特别强调"用药必依土地",这可能是为后世采用"道地药材"的术语奠定了基础。

隋唐时期的敦煌医学卷《张仲景五脏论》《不知名医方》中在中药名前记录了道地产区,如江宁地黄、华山覆盆子、原州黄芪、上蔡防风等,是临床用药讲究道地的进一步发展,为宋代本草全面记载以产地加药名标记药物奠定了基础。

宋代医药学家继承和发展了前人道地药材的经验和思想,唐慎微的《证类本草》对道地药材的记载较汉、唐丰富得多,特别是附图的图题均冠以产地名称,如"银州柴胡""成德军狗脊""齐州半夏"等,共144处(包括州、军、京、府),约250种药材。寇宗奭的《本草衍义》提出"凡用药必须择地之所宜者,则药力具,用之有据。……若不推究厥理,治病徒费其功,终亦不能活人……",强调用药必择道地药材,药效才好。

明朝时"道地药材"的专用术语已正式见于本草及文学作品。作为专用名词"道地药材"正式见于官方组织修订的《本草品汇精要》,每种药物项下专列"道地"条目。此后,明末汤显祖《牡丹亭》中,首次出现了"道地药材"一词。道地药材发展到明清,无论是在生产、流通、应用方面,还是在有关理论探讨方面,都已日趋成熟和形成体系。在《本草品汇精要》中,大量记载植物药的道地性,全书植物药916种,有明确道地优劣的占268种,包括川药32种,广药27种,怀药8种,其他199种。陈嘉谟在《本草蒙筌》中也强调,"各有相宜地产,气味功力自异寻常,……一方土地出一方药也。"李时珍的《本草纲目》对水土的论述尤为深刻："性从地变,质与物迁……沧卤能盐,阿井能胶,……将行药势,独不择夫水哉?"并在许多单味药下记载其最优产地,如麦冬条下,"浙中来者甚良";薄荷条下,"今人药用,多以苏州为胜。"

此后,道地药材的概念及思想贯穿于中医药临床实践中。清代诸多医家发现药物效用不灵的原因之一是"道地"问题。如徐大椿在《医学源流论·药性变迁论》中指出："古方所用之药,当时效验显著,……而今依方施用,竟有应与不应,其故何哉? 盖有数端焉。一则地气之殊也,当时初用之始,必有所产之地,此乃本生之土,故气厚而力全。以后移种他方,则地气移而力薄矣。"

二、道地药材概念的内涵

所谓"道地药材"(geo-authentic and superior medicinal herbals,又称地道药材),是指药材质优效佳,这一概念源于生产和中医临床实践,数千年来被无数的中医临床实践所证实,有着丰富的科学内涵。作为一个约定俗成的古代药物标准化的概念,道地药材是源于古代的一项辨别优质中药材质量的独具特色的综合标准,也是中药学中控制药材质量的一项独具特色的综合判别标准。通常认为,"道地药材就是指在一特定自然条件和生态环境的区域内所产的药材,并且生产较为集中,具有一定的栽培技术和采收加工方法,质优效佳,为中医临床所公认。"对"道地"的解释大致有两种,一是,"道地"亦作"地道",本指各地特产,后来演变成货真价实、质优可靠的代名词。二是，"道"指按地区区域划分的名称，唐贞观元年，政府根据自然形势，把全国划分为关内、河南、河东、河北、山南、淮南、江南、陇右、剑南、岭南十道，以后各朝沿用了此区域划分方法，只是"道"的数目有所改变；"地"指地理、地带、地形、地貌。在药名前多冠以地名，以示其道地产区。如西宁大黄、宁夏枸杞、川贝母、川芎、秦艽、辽五味、关防风、怀地黄等。例外的情况是有少数药材，药名前所冠的地名不是指产地，而系指进口或集散地而言，如广木香并非广州所产，而是从广东进口；藏红花亦非西藏所产，而是从西藏进口。

三、道地药材的属性

1. 具有特化的基因型　道地药材是该药材原物种在演化发展过程中，长期受孕育该物种的环境条件影响而演化形成的某一特殊的居群。同一物种在不同地点上形成的群体单元，在生物学上就称为"居群"，居群是一个具有共同基因库的由交配和亲缘关系联系起来的同一物种的个体群，是基因型和环境改变共同作用的结果。这个居群可以表现为生态宗、地理宗、地方宗、化学宗、生理宗或者是栽培变种、变型、品系、农家品种等，通常认为道地药材与非道地药材为同种异质，遗传背景往往非常相似。道地药材的道地性越明显，其基因特化越明显。因此说，道地药材的生物内涵是同种异地，是某一物种能产生质量优良药材的特定居群。通过核酸分析技术，可以深入研究道地药材的基因特化，阐明道地药材的本质。

2. 具有明显的地域性　道地药材概念的形成和发展与特定产地密切相关，其本质是同一药材在不同产地中质量最佳者。所以，道地药材一般在药材前冠以地名，如阳春砂、宣木瓜、茅苍术、岷当归、关黄柏等。环境因素在道地药材品质的形成中起着极其重要的作用。古人云"离其本土，则效异"中的"本土"为某一特定的区域。特定地域（即道地产区）特定的生态环境是道地药材研究中首先碰到的一个科学问题，离开了道地产区也就不存在道地药材的概念。由于有着适宜道地药材生长发育及品质形成的特定生态环境，道地药材往往质量优良、且易形成规模生产，因此，在全国药材市场及中医临床具有良好的声誉。

3. 具有特定的质量标准　道地药材作为中药材独特的质量评价体系，一个道地药材常具有特定的质量标准，在性状、化学成分、药效等方面可能都会有所不同。例如，宁夏枸杞子以粒大饱满、色红、肉厚、油润、籽少、味甜微苦等性状特点优于其他产地枸杞子；江苏茅山所产茅苍术根茎上含有的大量朱砂点是其重要质量指标。化学成分研究表明道地药材应具有独特的化学特征，西北产的大黄中蒽醌衍生物含量高，泻下作用最强，而黑龙江产大黄的鞣质含量高，反而有止泻作用。对茅苍术道地药材的挥发油组成特征分析显示，茅苍术挥发油主要组分的含量明显不同于非道地药材南苍术，茅苍术总挥发油含量显著低，苍术酮加苍术素的含量显著高，苍术酮、茅术醇、β-桉叶醇及苍术素呈现出一种特定配比关系。因此，道地药材都体现了其特定的内在质量标准。

4. 具有特殊的生产技术或加工工艺　中药材的栽培（养殖）、采收、加工等过程影响道地药材品质形成，有时甚至是决定性的因素之一。如四川江油与陕西汉中均大量生产附子和附片，但因栽培和加工技术不尽相同，药材质量迥异，江油附子一直是人们公认的道地药材。一定的中药材产地总是伴有一定的生产加工技术及其历史，历史愈悠久，技术愈成熟，道地性也就愈突出，例如怀地黄、怀山药均有特定的加工技术。不同的生产加工技术对其各种性状及其内在活性成分的积累和分布具有选择性制约作用。道地药材栽培生产反映了当地药材和农业耕作技术的水平。

5. 具有一定的文化内涵和知识产权属性 道地药材的形成与我国特有的地理、文化背景及中医药理论有关,世界其他民族和国家均未见到"道地药材"的提法。道地药材作为中医古代文化传统的一部分,具有浓厚的文化底蕴。道地药材的使用不仅反映了中医对病人机体状态及中医"证"的深刻认识,也全面体现了中医对中药性味功效、临床特点、毒副作用等知识和理论的深刻认识与理解,是中医医疗用药水平的重要标志之一。道地药材的形成在一定程度上会促进道地产区传统文化的发展。现今各地出现的以道地药材命名的各种节庆活动,是道地药材文化内涵的重要表现形式之一,如宁夏的枸杞节、河南太行山区的连翘花节等。因此,文化内涵是道地药材重要的特征之一,具有文化内涵使道地药材区别于一般天然产品,也使其成为具有知识产权属性的一类特殊天然产品。

道地药材特殊的知识产权属性为其产权保护提供了必要条件;同时其潜在的经济价值也提出了产权保护的强烈要求。其实,100多年前欧洲就有了对类似产品的产权保护制度,这就是地理标志和原产地命名制度。法国是这一制度的发源地之一,该国一开始主要利用该制度对其国内生产的香槟酒和其他一些酒类进行保护。后来,该制度引进到了《保护工业产权的巴黎公约》《制裁商品来源虚假或欺骗性标志马德里协定》《保护原产地名称及其国际注册里斯本协定》《发展中国家原产地名称和货源标记示范法》,特别是世界贸易组织(WTO)《与贸易有关的知识产权协议》(TRIPS 协议)等一系列国际公约。经过100多年的发展完善,地理标志已经成为一项国际公认的知识产权而受到保护,现已逐渐引起世界各国的高度重视,因而它也成为了当今世界普遍关注的知识产权保护(尤其是针对农产品与食品)一大热点。

《地理标志产品保护规定》中所称地理标志产品,是指产自特定地域,所具有的质量、声誉或其他特性本质上取决于该产地的自然因素和人文因素,经审核批准以地理名称进行命名的产品。地理标志产品包括:①来自本地区的种植、养殖产品;②原材料全部来自本地区或部分来自其他地区,并在本地区按照特定工艺生产和加工的产品。

2000年我国开始原产地域保护产品(即国家地理标志产品)保护制度,国家质量监督检验检疫总局依据《原产地域产品保护规定》和《地理标志产品保护规定》已对国内符合条件的产品实施了国家地理标志产品保护。保护产品范围涉及中药材、茶类、蔬菜、果品、粮油、家禽、牲畜、水产、酒类、传统工艺品等多个种类。从目前国内已经认证的中药材地理标志产品看,多数是中医药历史上公认的道地药材。这一制度的实施为道地药材的发展提供了新的机遇,也为其质量的现代化评价提出了新的挑战。

6. 具有一定的经济价值 由于道地药材独特的优良品质和文化内涵,其经济价值往往不同于非道地药材。常用500种中药材中,道地药材占200种左右,但其用量却占80%。不少道地产区的农民都以种植、加工、销售药材为主要经济来源。由于道地药材在道地产区种植规模相对较大,栽培、加工技术成熟,加之质量优良,市场信誉好,因此具有较强的竞争优势,具有较高的经济效益,甚至形成了全国性的药材市场和集散地,成为当地重要的经济支柱,并在一定程度上带动了当地旅游、出口创汇等行业的发展。

道地药材优良的品质、成熟的栽培与加工技术,非常适合现代规范化、规模化、标准化种植。从国家"九五"科技攻关项目开始,国家有目的地对道地药材进行了"中药材规范化种植技术研究",取得了多项科研成果。截至2015年7月底,通过国家"中药材生产质量管理规范(GAP)"认证的75种药材、165个种植(养殖)基地中绝大多数为道地药材。

7. 具有时空动态性　人们对药材道地性的认识是通过千百年的临床使用、总结、分析而形成的,但是道地产区并不是一成不变的,亦会随着人们认识的加深进行更改和修正。如人参,古本草记载山西上党者为道地,《证类本草》转引《图经本草》的潞州人参图,应为五加科人参属植物人参*Panax ginseng*,产山西上党潞州即今长治县。清代乾隆皇帝曾在他写的诗中注云:"昔陶弘景称人参上党者佳,今惟辽阳、吉林、宁古塔诸山中所产者神效,上党之参直同凡卉矣。"说明最佳产地发生变迁,而今山西已无人参分布。地黄,《本草经集注》云:"中间以彭城干地黄最好,次历阳,今用江宁板桥者为胜。"是指江淮一带。而《名医别录》云"生咸阳川泽黄土地者佳",又演变为陕西的黄土地。宋代苏颂在《图经本草》中云:"古称种地黄以黄土,今不然,大宜肥壤虚地,则根大而多汁","以同州(陕西大荔)为上"。明代陈嘉谟在《本草蒙筌》中解释道:"江浙壤地种者,受南方阳气,质虽光润而力微,怀庆山产者,禀北方纯阴,皮有疙瘩而力大。"怀庆者为河南沁阳一带,至今仍以河南怀地黄为道地药材。

药材产地的变迁时有与品种变迁相并行,如枸杞子,《名医别录》载:"生常山平泽及诸丘陵阪岩",当指今河北曲阳一带。《本草经集注》载:"今出堂邑,而石头烽火楼下最多,其叶可做羹,味小苦。"堂邑,相当于今江苏六合县一带。宋代《图经本草》载:"枸杞生常山平泽及丘陵阪岩,今处处有之,春生苗,叶如石榴叶而薄,堪食,俗呼为甜菜。其茎干高三、五尺,作丛,六月七月生小红紫花,随便结红实,形微长,如枣核。"据此描述及白茂州枸杞附图,系指茄科植物枸杞*Lycium chinensis* Mill。茂州即今四川北川、汶川及茂汶羌族自治县。明代《本草品汇精要》在"道地"项中记载:"陕西甘州、茂州",甘州即今甘肃高台县弱水上游以东的广大地区。可见产地开始自江苏、河北向四川、甘肃演变。《本草纲目》云:"古者枸杞、地骨取常山者为上,后世唯取陕西者良。而又以甘州者为绝品,今陕之兰州、灵州、九原以西枸杞,并是大树,其叶厚根粗,河西及甘州者,其子圆如樱桃,暴干紧小,少核,甘亦红润甘美,味如葡萄,可用果食,异于他处。"综上所述,枸杞道地产区自华北、华东向川北再向河西走廊的陕西、甘肃、宁夏等地演变,同时华北、华东的枸杞亦并存,但品质逊于陕甘产者,老品种丛生矮小,新品种树形高大,新品种应为宁夏枸杞*Lycium barbarum* L.,即今道地药材。

另外,亦应清醒地认识到,对道地药材的认识受所处年代的科学发展水平的局限,加之交通、信息不便,古代本草学家医学实践活动的空间范围有限,并且大多数古代药学家多由文而医,由医而药;很少像西方国家植物学家或进化生物学家那样具有系统的植物学知识,对药材基原植物的物种认识较为粗泛,一些是种的水平上的错误,对种内变异的就更难认识到了。因此,客观分析,去其糟粕,取其精华,才是对待本草的客观而正确的态度。

第二节　道地药材的研究现状

一、道地药材种类和分布的系统整理

新中国成立后,先后完成了3次中药资源普查。我国现有中药品种12 807种,其中药用植物11 146种,药用动物1581种,药用矿物80种。国家"七五"攻关和"八五"攻关"常用中药材品种整理及质量研究"重点课题,对包括大黄、贝母、黄芪、麻黄、党参等在内的200种

左右常用中药材,从品种、产地、成分、药理、含量测定、质量标准等多方面进行了系统整理。出版了《中国中药资源志要》《中国中药资源》《中国中药区划》《中国常用中药材》《中国药材资源地图集》《常用中药材品种整理及质量研究》等资料。道地药材的研究也受到国家的高度重视,不少学者就道地药材及其科学性相关问题展开研究,相继出版了《中国道地药材》《中国道地药材原色图说》《道地药材图典》等专著,丰富了道地药材的理论和科学内涵。

目前,全国的道地药材约有200种,产地与种类的划分根据目的不同也不一致。如《中国中药区划》采用二级分区系统,一级区主要反映各中药区的不同自然、经济条件和中药资源的开发利用与中药生产的主要地域差异,在同一级区内又根据中药资源优势种类及其组合特征和生产发展方向与途径的不同划分二级区。在划分的中药区中,一级区主要代表药材品种的产量或蕴藏量占全国70%以上,二级区的应占全国50%以上,代表品种的道地药材产区亦应位于该中药区范围之内。一级区、二级区均按三段命名法命名,一级区为地理方位+热量带+药材发展方向;二级区为地理位置 + 地貌类型 + 优势中药资源品种名称(地理位置+地貌类型,通常采用地理简称来代替),把国内中药区划分为9个一级区和28个二级区。也有学者根据药材的生产情况,结合本草记载和现代的认识,进行道地药材的划分。如关药、北药、秦药、怀药、淮药、浙药、南药、广药、贵药、云药、川药等。有些品种分布较为广泛,道地产地可能存在争议,但有些品种产地明确,久负盛名,例如"四大怀药"即指产于古怀庆府,现在河南省的博爱、武陟、孟县、温县、沁阳等地的地黄、山药、牛膝、菊花;以"浙八味"(玄参、麦冬、白术、浙贝母、延胡索、白芍、郁金、菊花)为代表的浙江产道地药材基本上分布在宁(波)绍(兴)平原和北部太湖流域,尤以磐安、嵊县、杭州、金华、东阳等地为著名产区;青海西宁的大黄、甘肃岷县的当归、四川江油的附子、石柱的黄连、阿坝、甘孜的川贝母、山西潞安的党参、山东东阿的阿胶、吉林抚松的人参、广东阳春的砂仁、广西的蛤蚧、陕西的秦皮、山东的北沙参、云南的三七等,均以质量上乘而闻名中外。

附:"中国中药区划"分区系统目录

Ⅰ　东北寒温带、中温带野生、家生中药区
Ⅰ₁　大兴安岭山地赤芍、防风、满山红、熊胆区
Ⅰ₂　小兴安岭、长白山山地人参、黄柏、五味子、细辛、鹿茸、哈士蟆区
Ⅱ　华北暖温带家生、野生中药区
Ⅱ₁　黄淮海辽平原金银花、地黄,白芍、牛膝、酸枣仁、槐米、北沙参、板蓝根、全蝎区
Ⅱ₂　黄土高原党参、连翘、大黄、沙棘、龙骨区
Ⅲ　华东北亚热带、中亚热带家生、野生中药区
Ⅲ₁　钱塘江、长江下游山地平原浙贝母、延胡索、菊花、白术、西红花、蟾酥、珍珠、蕲蛇区
Ⅲ₂　江南低山丘陵厚朴、辛夷、郁金、玄参、泽泻、莲子、金钱白花蛇区
Ⅲ₃　江淮丘陵山地茯苓、辛夷、山茱萸、猫爪草、蜈蚣区
Ⅲ₄　长江中游丘陵平原及湖泊牡丹皮、枳壳、龟甲、鳖甲区
Ⅳ　西南北亚热带、中亚热带野生、家生中药区
Ⅳ₁　秦巴山地,汉中盆地当归、天麻、杜仲、独活区
Ⅳ₂　川黔湘鄂山原山地黄连、杜仲、黄柏、厚朴、吴茱萸、茯苓、款冬花、木香、朱砂区
Ⅳ₃　滇黔桂山原丘陵三七、石斛、木蝴蝶、穿山甲区

Ⅳ₄　四川盆地川芎、麦冬、附子、郁金、白芷、白芍、枳壳、泽泻、红花区
Ⅳ₅　云贵高原黄连、木香、茯苓、天麻、半夏、川牛膝、续断、龙胆区
Ⅳ₆　横断山脉、东喜马拉雅山南麓川贝母、当归、大黄、羌活、重楼、麝香区
Ⅴ　华南南亚热带、北热带家生、野生中药区
Ⅴ₁　岭南沿海、台湾北部山地丘陵砂仁、巴戟天、化橘红、广藿香、安息香、血竭、蛤蚧、穿山甲区
Ⅴ₂　雷州半岛、海南岛、台湾南部山地丘陵槟榔、益智、高良姜、白豆蔻、樟脑区
Ⅴ₃　滇西南山原砂仁、苏木、儿茶、千年健区
Ⅵ　内蒙古中温带野生中药区
Ⅵ₁　松嫩及西江河平原防风、桔梗、黄芩、麻黄、甘草、龙胆区
Ⅵ₂　阴山山地及坝上高原黄芪、黄芩、远志、知母、郁李仁区
Ⅵ₃　内蒙古高原赤芍、黄芪、地榆、草乌区
Ⅶ　西北中温带、暖温带野生中药区
Ⅶ₁　阿尔泰、天山山地及准噶尔盆地伊贝母、红花、阿魏、雪莲花、马鹿茸区
Ⅶ₂　塔里木、柴达木盆地及阿拉善、西鄂尔多斯高原甘草、麻黄、枸杞子、肉苁蓉、锁阳、紫草区
Ⅶ₃　祁连山山地秦艽、羌活、麝香、马鹿茸区
Ⅷ　青藏高原野生中药区
Ⅷ₁　川青藏高山峡谷冬虫夏草、川贝母、大黄、羌活、甘松、藏茵陈、麝香区
Ⅷ₂　雅鲁藏布江中游山原坡地胡黄连、山莨菪、绿绒蒿、角蒿区
Ⅷ₃　羌塘高原马勃、冬虫夏草、雪莲花、熊胆、鹿角区
Ⅸ　海洋中药区
Ⅸ₁　渤海、黄海、东海昆布、海藻、石决明、海螵蛸、牡蛎区
Ⅸ₂　南海海马、珍珠母、浮海石、贝齿、玳瑁区

二、道地药材形成原因分析

道地药材是中药在长期复杂的系统演进过程中形成的高级、优化的物质形式。药用植物在长期的生存竞争及自然界双向选择过程中与产地生态环境建立了千丝万缕的联系，呈现出千变万化的多样性特征。同一物种由于生态环境差别极大，或因物种的种质，动植物的性别、家野、部位、年龄、营养和食性（动物来源）、生理代谢过程、栽培驯化技术、采收期和产地加工等一系列自然、地理环境和社会技术进步对药材质量的综合影响，药材质量发生了真伪优劣的变化，而这些正是生物多样性的具体表现。近代以来，我国学者利用先进的科学技术和现代化手段、多学科综合的方法，对道地药材进行了种质资源、生态环境、栽培技术、采集加工等系统研究，探讨了这些因素与道地药材质量的关系，初步阐明了道地药材形成规律和本质。

1. 道地药材的生物学内涵　道地药材的生物学内涵是同种异地，即同一物种因其具有一定的空间结构，能在不同的地点上形成大大小小的群体单元，其中如果某一群体产生质优效佳的药材，即为道地药材，而这一地点则被称为药材的"道地"产地。因此，道地药材在生物学上就是指某一物种的特定居群。有的学者认为"道"用现代术语解释就是指生物学上

的居群,是基因型(genotype)与生境之间相互作用的产物,可用公式表示:表型=基因型 + 生境饰变。所谓表型(phenotype),指道地药材可被观察到的结构和功能特性的总和,包括药材性状、组织结构、有效成分含量及疗效等。这里的生境饰变(environmental modification),是指由生境引起的表型的任何不同遗传的变化。基因有产生某一特定表型的潜力,但不是决定着这一表型的必然实现,而是决定着一系列的可能性,究竟其中哪一个可能性得到实现,要看生境而定。因为器官的生长和性状的表现,都必须依靠来源于周围生境的物质,在合适的生境中产生道地药材所具有的特别表型特征。

"道地产区"常被认为是这一生境范围内最适宜植物生长的地方,即该物种的某居群在某生境下表现出最大的适应性。但是还有另外的情况,有些有效成分在正常条件下没有或很少,只有当受到外界刺激(如干旱、严寒、伤害)时才会产生,这类物质属异常二次成分,被称为生物的"保护素(phytoalexin)"。这种对生物残酷的生境往往处于这一生物分布区的边缘,可见"道地产区"不仅在该药用植物分布区的密度中心,也有可能在边缘,如甘草、大黄、枸杞子、防风等药材的道地产区。这种现象提示建立道地药材生产基地时不能仅考虑适合药用植物生长的区域。

2. 自然环境对道地药材形成的影响   环境科学的发展使人们对道地药材有了全新的认识和研究视角。"环境"是指"研究中心以外所有事物的总和"。根据这一概念,道地药材与环境相关性的研究是以道地药材为中心研究道地药材与其周围环境的关系,这一环境按其形式可分为自然环境和人工环境。自然环境包括地质环境、土壤环境、大气环境、水环境、生物环境。人工环境包括生产技术、临床选择、开发种植模式、法律法规、人类对道地药材的认识观等。

道地药材与自然环境相关性的研究分为两方面:一是从遗传基因水平上研究物种与自然环境的相关性,物种的遗传变异与自然环境的关系,目前对于药用植物道地性有不同的看法:一种观点是道地性由遗传因素决定;另一种观点是道地性受遗传因素和地理环境的共同影响,但遗传因素是主导。总之,道地药材的形成,优良的物种基因是决定道地药材品质的内在因素。从生态学的角度讲,长期的环境演变与同时期的空间异质决定了物种遗传基因,因此从遗传基因与环境相关性的角度研究道地性是解释道地性的基础。对"南药"广藿香不同产地间的叶绿体和核基因组的基因型与挥发油化学型的关系研究发现,广藿香基因序列分化与其产地、所含挥发油化学变异类型呈良好的相关性,基因测序分析技术结合挥发油分析数据可作为广藿香道地性品质评价方法及物种鉴定的强有力工具。对浙江产车前种群遗传分化的主成分分析表明,种群的遗传分化与地理位置、海拔高度有联系。近年来,国内外从DNA分子水平上来研究中药材道地性取得了许多进展。如采用RAPD方法对当归药材的道地性进行分析,说明不同产地当归居群的遗传背景具有丰富的多样性,为当归药材道地性提供了基因水平上的参考信息。采用RAPD方法研究丹参主要居群的遗传关系及药材的道地性问题,表明山东和河南产的丹参可认为是道地药材。

二是自然环境与道地药材相关性的研究。从生态环境层次研究道地药材的生境特点包括地质环境、土壤环境、大气环境、水环境、群落环境等对道地药材形成的影响。 我国众多的气候类型,复杂多样的地理环境,及各种独特的微气候条件是道地药材形成并赖以生存的必要条件。不少学者就生态环境对道地药材的影响进行了研究。地质背景系统(geologic background system,GBS)及土壤理化状况就是影响道地药材的重要因素。例如通过比较5个不同产区同一种质金银花的地质背景系统（GBS）及土壤理化状况,发现道地金银花产区土壤受其成土母质影响,道地金银花最适合的土壤类型是中性或稍偏碱性的砂质土壤,且要求土壤的交换性能较高。对当归栽培土壤理化性质的研究表明,甘肃岷县当归栽培土壤的物理性状、有机质和矿质元素含量综合因子最佳,生态环境是形成当归道地性的主导因子。

药材的不同产区间不仅存在地理位置差异,而且在地形地貌方面也有很大差异。不同海拔高度对药材品质有一定的影响,如黄连同一时期生长在低海拔处的根茎质量和小檗碱含量大于高海拔处,而短葶飞蓬在同一地区中总黄酮含量有随海拔升高而上升的趋势。海拔的变化会引起气候微环境的改变,不同坡向和坡度的太阳辐射量、土壤水分、地面无霜期等都有所不同。

还有学者对道地药材产区的气候因子进行了研究,揭示了气候因子对道地性的影响。例如,对吉林省西洋参栽培产地生态环境的分析,确立了栽培西洋参气候生态因子数字模型;温度和日照是影响西洋参总皂苷量的主要气候因子。对三七的研究结果表明一月降水量和年温差是影响三七总皂苷的关键因子,降水量有利于三七体内黄酮的累积,而对总皂苷、多糖和三七素的累积有抑制作用。对苍术的研究表明,降雨量是影响苍术挥发油量的重要生态主导因子之一,高温是影响苍术生长发育的生态限制因子之一。由此可见,不同药材品种有不同的气候幅,而且气候因子对药材品质的影响是多角度、多层次的。

植物生长的群落环境(包括群落组成和群落结构)也是植物生长的关键因素,决定着物种的生存、多样性、演替、变异等方面。很多研究表明,同种人工栽培的药材比野生道地药材的质量低,易发生病虫害。其重要原因之一是人工栽培的药材往往是单种大面积栽培,忽视野生群落小环境及植物化感作用对药材道地性的影响。对芍药野生与栽培群体的遗传变异研究中发现,长期大面积单种栽培芍药,其遗传基因发生变异,基因多样度降低。因此,研究道地药材生长的最适群落环境是道地药材与环境相关性研究中的重要内容。

3. 植物内生菌、土壤微生物对道地药材形成的影响　植物内生菌(endophyte)是指那些在其生活史的一定阶段或全部阶段生活于健康植物的各种组织和器官内部的真菌或细菌。内生菌长期生活在植物体内的特殊环境中,两者之间相互进行物质、能量及基因交流,在长期进化过程中与寄主协同进化,在演化过程中,两者之间形成了互惠共生的关系。内生菌产生的代谢物,一方面作用于宿主植物次生代谢相关的基因表达,进而激活或增强宿主植物次生代谢相关酶的活力,促使宿主植物产生新的次生代谢产物或增强产生某些次生代谢产物的能力;另一方面影响植物的物质代谢,产生生理活性物质(生物碱、激素等)来改变植物的生理特性。例如采用离体共培养的方式研究4种内生真菌对金钗石斛无菌苗生长及其多糖和总生物碱含量的影响,研究结果表明4种内生真菌都能提高金钗石斛中多糖的含量,其提高的量分别为153.4%、52.1%、18.5%、76.7%;而只有内生真菌MF23能使金钗石斛总生物碱含量提高18.3%。

土壤中的微生物是土壤的重要组成部分,土壤微生物的数量及群落功能和结构能够敏感反映土壤质量的演变,揭示土壤质量的变化。土壤微生物分解有机物质,释放出各种营养元素,既营养自己,也营养植物。同时,植物根系分泌物对土壤微生物有重要影响,有些植物的根系分泌物能促进某一类或几类微生物数量的增加;相反,有些植物根系分泌物却不利于微生物的生长,甚至产生抑制效果。因此,道地药材与长期生长的土壤中微生物的协同互生关系值得进一步深入研究,目前,这方面的研究还很少。在农业生态学方面的研究表明,土壤微生物对植物的根际营养起着分解有机物、释放与贮蓄养分的积极作用,充分发挥土壤微生物的活力,可以增加土壤有机质的含量,提高土壤肥力,疏松土壤,改善土壤结构,使土壤质量大大提高,进而改善植物生长的土壤环境,提高植物对杂草的竞争能力和对病虫害的抵抗能力。

4. 栽培与加工对道地药材形成的影响 药材的栽培对于道地药材的形成起到至关重要的作用,许多道地药材系栽培品种。首先,药材物种存在遗传多样性,同种药材具有丰富的种质资源供选择。其次,人工的方法进行定向育种,可以使药用植物的优良特性得以保留、遗传。第三,选择适宜的土壤及生态气候条件,有利于药用植物有效物质的积累。第四,采用规范精细的栽培耕作技术及合适的采收、加工方法。一旦新的优质品种形成,就用适当的方法将种质固定保存下来。如人参优质品种大马牙;地黄的金状元、小黑英、85-5等。很多道地药材就地取材,野生种变家种的引种、试种为道地药材的形成创造了条件,如浙江鄞县的贝母,安徽亳县的菊花,河南怀庆府的地黄等均已有数百年栽培历史,成为优质道地药材,并积累了较成熟栽培技术。《齐民要术》《农桑辑要》和《农政全书》等著作中均载有许多中药品种的选育栽培技术知识。以农桑著称于世的中华民族为培育道地药材积累了大量的生产实践经验。建国后在国家大力支持下,药材的栽培技术和手段有很大发展,进一步提高了道地药材品质并培育出了一些新的优良品种,如良种育种方面,江苏海门县用薄荷的2个品系687和409杂交育成新品种"海香一号",鲜草亩产高达3000kg,精油薄荷脑含量超过85%,产量和质量较原父系品种大为提高。另外,诱变育种、高光效育种、组织培养、基因工程等技术的运用,必将对道地药材的生产发挥越来越大的作用。

独特、优良的加工技术是道地药材道地性的保证。在道地药材产区形成过程中,积累了大量的加工技术和经验,这些技术和经验保证了道地药材与非道地药材的品质差异,形成自己的道地性优势。例如:川附子的加工,通过用胆巴水浸泡,然后煮沸,水漂,染色等步骤制成盐附子、黑顺片、白附片等品种,制成的加工品毒性低,品质优,临床效果好。怀牛膝传统的加工方法是剪短芦头,去除须根,扎成把,倒置沾冷水后,硫黄熏,取出后分等(头肥,二肥,平条,杂条),扎成把,修剪,晒干,将其按头朝外,尾朝里堆成圆垛,堆放20~30天。加工出来的药材色泽好,平直,柔润而且易于储藏,而其他产区采用直接晒干或直接晾干,加工出来的药材色泽欠佳,弯曲,质地硬,易折断,质量远不及道地产区的产品。当然,一些道地药材传统加工方法都有硫黄熏的工艺,是否合理,还待进一步研究,如怀牛膝、怀山药、贝母、白芷等。

三、道地药材的品质评价

道地药材作为历代中医药评价中药材品质的一个综合标准体系,是优质中药材的代名词。即使在今天,道地药材仍在辨别药材真伪、控制中药质量中发挥着独特而重要的作用,中药材道地性已成为优质药材的重要保证。《中国药典》一部收录的对照药材大多为其道地药材,供鉴定使用。在日本,道地药材已经被纳入汉方药生产企业的质量标准管理体系中,对大生产的原料、配方和工艺严格控制,要求成品指纹图谱与标准指纹图谱一致。但是,由于历史条件的限制,道地药材的品质评价主要是药材的"性状评价"。很多道地药材有其独特的"性状特征",例如,安徽铜陵的"凤丹皮",切口紧闭、肉厚粉足、亮星多、香气浓、久贮不变色。这是在长期的药材鉴别实践中积累的独具特色的评价方法。但是,这种评价方法具有很强的经验性和不确定性。因此,以道地药材为参照物,采用适宜的现代科技手段客观而灵活地刻画道地药材品质和药效,并开展比较分析研究,已成为解决中药质量控制和评价的可行之道。近代以来,国内外医药工作者主要从有机化学成分、无机微量元素,以及药理药效等方面对道地药材进行了品质评价,一方面揭示了道地药材的内在本质,另一方面为解决中药质量控制和评价的方法问题提供了科学依据。

1. 道地药材与化学成分 按中医药学科的认识论和方法论,药性的认识源于药物作用于相应病证效应的观察,是对中药效应及效应特征的归纳总结。例如通过药物作用于机体产生祛除寒象的治疗效应,可获得药性温热的认识;另一方面,在明确药性温热的情况下,就知道该药能祛寒,治疗寒证。因此药性的四气、五味、升降浮沉、归经等既包括了对中药性质的认识,也反映了药物的功能。二者可分而不可离,共存于药物物质形态(药材、饮片)之中。以现代观点认识中药药性和药效,中药药性作为药物的本质属性应该有其相应的物质存在——化学成分。同样,中药药效也是中药所含化学物质所产生的。那么,中药所含特定(对症产生效应)化学成分既是药性、也是药效的物质基础。因此,中药药性的现代基础研究应该从揭示其传统效应物质基础入手。通过化学成分研究中药材的"道地性",最早采用的是测定道地药材和非道地药材中有效成分或指标性成分的含量,比较其含量的差异。例如,采用紫外分光光度法对山药道地产区与非道地产区药材质量进行分析,发现不同产地怀山药中的淀粉、蛋白质、浸出物、多糖含量不同,但道地产区怀山药中淀粉、多糖含量较高。采用高效液相色谱法,对浙贝母有效成分贝母素甲和贝母素乙进行含量测定,确定浙江省道地药材浙贝母的标准为贝母素甲、贝母素乙含量之和不低于0.17%。

现代研究已经证明,中药是通过"多组分、多靶点"产生疗效的,同时,大多数中药的有效成分还不明确。因此,越来越多的学者主张采用多指标成分检测,数理统计分析的方法评价道地药材的品质,如通过测定山茱萸药材中的熊果酸、马钱苷、总多糖、总鞣质、水溶性浸出物、醇溶性浸出物的含量,采用灰色模式识别法对山茱萸的不同栽培品种进行了综合质量评价。通过比较道地药材和非道地药材中有效成分或指标性成分种类和含量的异同,可以揭示药材的"道地性"。例如,采用顶空吹扫法收集不同产地当归的挥发性组分,以气相色谱及气相色谱-质谱联用方法对道地与非道地当归药材挥发性气味成分进行比较研究,检出的100余个成分中,30余种共有成分中含量相差2倍以上的有15种化合物,相差5倍以上的有4种化合物,而其余的成分则不相同,结果证明,道地与非道地当归药材相同的气味成分相对含量不同,且有许多不相同的组分,这说明中医用药强调道地性有其理论根据。金银花传统道地产区为河南和山东,采用高效液相色谱法测定了分别采自河南封丘、新密、山东平邑、日照、江苏南京5个产地金银花药材样品中绿原酸和4个黄酮类成分(忍冬苷、5,7,3,4-四羟基黄酮醇-3-O-β-D-葡萄糖苷、木犀草素和5-羟基-7,3,4-三甲氧基黄酮)的含量,结果4个道地产区的金银花中绿原酸和黄酮类成分含量远远大于非道地产区南京清凉山金银花中成分的含量。

化学指纹图谱技术发轫于20世纪70年代,国外始用该方法监控植物原料药、植物药产品质量,因其具有整体性和模糊性的基本属性,能反映物质特征的"完整全貌",特别适合于中医药传统理论研究的需要。2000年,原国家食品药品监督管理局颁发了《中药注射剂指纹图谱研究的技术要求(暂行)》,上述文件规范了指纹图谱用于中药制剂质量控制的细则,使中药色谱指纹图谱研究方兴未艾。近来越来越多的学者采用化学指纹图谱和模式识别等对道地药材加以识别鉴定。

作为中药常规鉴定技术的延伸,色谱指纹图谱的作用主要是将常规的单一指标成分或活性成分作为质量指标的方法提升到一个新阶段,用色谱的指纹特征,通过量化参数并结合化学模式识别进行整体性评价,可以有效分析中药品种品质,鉴别药材真伪优劣,寻找不同品种间化学特征差异,分析道地药材化学特征,判别用药部位及产地加工方法等。其中,高效液相指纹图谱通过其分离效能高、分析速度快、模块化及可联用等特点,可以得到丰富的化学信息,并能结合化学计量学等方法对数据进行综合分析,因此在道地药材研究中应用最为广泛。例如,采用HPLC指纹图谱,对川产道地药材川芎的道地性化学特征进行分析,选取了川芎副产物山川芎、奶芎和不同产地川芎样本,对所得的结果进行主成分分析,并由此判断川芎道地性化学特征。另外,近几年国内学者分别采用化学指纹图谱和模式识别的方法对大黄、三七、黄芪等药材的道地性进行了分析,结果均显示了道地药材与非道地药材相比具有独特的化学特征。

2. 道地药材与微量元素 微量元素在人体内虽然含量很低,但却不可缺少,在生物体内含量小于万分之一的微量元素,对人体的生命健康起着重要作用,许多微量元素构成了酶、激素、维生素、核酸等发挥生理作用的重要因子,参与人体的正常代谢,直接影响机体的生长发育,它们的缺乏或过剩就可能产生疾病,如人体内缺硒可引起克山病,缺铬可引起冠心病,补硒或补铬可达到防治目的。目前已发现对生命必需的微量元素有硼(B)、氟(F)、硅(Si)、钒(V)、铬(Cr)、钼(Mo)、钴(Co)、镍(Ni)、铁(Fe)、铜(Cu)、锌(Zn)、砷(As)、硒(Se)、锰(Mn)、锡(Sn)、碘(I)等16种,它们在人体内均有一定适量范围。

随着对微量元素在人体内的药理作用和病理影响得到证实,微量元素也成为药材道地性研究的热点,认识到微量元素的分布及含量的差异是道地药材的奥秘之一。例如研究结果证明四川道地药材味连、雅连、川芎、贝母、天麻、郁金、枳壳、麦冬、川乌、白芷、党参中所含微量元素铁、铜、锌、锰、锶、氟、碘、钴、锂、铍、铅、汞的量都高于非道地药材。对细辛道地药材中的微量元素含量进行研究显示,细辛道地药材中V、Li、Sn等元素的含量较高,Zn/Cu比值较低,细辛对Ti、Li、B等元素有较强的富集作用;细辛的药理活性与细辛道地药材的微量元素含量特征有一定的相关性。泽泻道地药材微量元素Ni的含量是非道地产区的10倍以上,Fe元素高2倍以上,Zn元素高1倍以上。

大多数研究仅从微量元素的含量和药效方面来分析其对道地药材质量的影响,也有学者对微量元素与有机成分的关系进行研究分析。例如对安徽省铜陵县凤凰山、安徽省亳州市、山东省菏泽市、湖南省邵阳县、重庆市垫江县5个产区的同一种质(均为凤丹品种类型)的牡丹皮药材,采用电感耦合等离子体原子发射光谱(ICP AES)对药材中22种微量元素含量进行测定,对各微量元素含量和牡丹皮各质量指标作相关性分析,探索微量元素对牡丹皮药材质量形成的影响。结果表明,铜陵道地牡丹皮中的Cd、Cu、Mn、Ni、Pb、Ti、Zn含量均极显著高于其他4个产地牡丹皮,可以作为优质牡丹皮药材的特征元素组合。其中Cd和Pb是对人体有害的元素,铜陵牡丹皮中Cd含量是其他4个产地药材均值的6.9倍,Pb含量也达到3倍,但参照《药用植物及制剂出口绿色行业标准》并未见超标。分析丹皮酚含量、丹皮多糖含量和各元素含量的相关系数,与丹皮酚含量存在相关性的有Ca、Cd、Cu、Fe、Mn、Ni、Pb、Si、Ti、Zn,除Fe表现为显著相关外,其他均为极显著相关。其中呈现出正相关的是Cd、Cu、Mn、Ni、Pb、Si、Ti、Zn,呈现负相关的是Ca和Fe;与丹皮多糖含量存在极显著相关性的有Cd、Cu、Mn、

Ni、Ti,存在显著相关性的有Mg、Pb、Si、Zn。除Mg表现为负相关外,其余均表现为正相关,且表现出正相关的这几种元素Cd、Cu、Mn、Ni、Pb、Si、Ti、Zn,与上述丹皮酚含量表现出正相关的元素组合完全一致,进一步证明了铜陵道地牡丹皮中特征微量元素对于优质牡丹皮的形成起到了一定的协同作用,很有可能这几种元素参与了牡丹皮内的次生代谢过程,促进了丹皮酚和丹皮多糖的合成,也有可能这几种元素与丹皮酚或者丹皮多糖形成了螯合物,稳定和增强了道地牡丹皮的药效。

3. 道地药材质量与药效分析 中药的"道地性"是中医药在长期的临床应用实践中提炼出来的,所谓"质优效佳",因此,利用现代生命科学技术对道地药材的药理药效进行研究,是揭示中药"道地性"奥秘的有效手段。道地药材药效的研究,目前文献报道较少。如甘肃礼县所产掌叶大黄的止血有效率高于陕西的非道地药材,而对正常人的副作用也低于非道地大黄。采用凝血流变学指标和ADP诱导血小板聚集,对6种产地赤芍进行比较,探讨道地与非道地赤芍、野生与栽培赤芍之间的差异。结果表明,6种产地赤芍在生药0.5g/ml时,均有非常显著的抗凝血作用。而对于凝血速率和凝血强度的影响,则是以多伦赤芍为优,其次是黑河赤芍、克山赤芍、恩施赤芍、紫阳赤芍和缙云赤芍。对于血小板聚集的影响,6种产地赤芍也同样具有很强的抑制作用,仍然是以生药0.5g/ml时的作用为佳。而多伦赤芍、黑河赤芍和克山赤芍抑制血小板聚集作用明显优于恩施赤芍、紫阳赤芍和缙云赤芍。当药物浓度降至生药0.25g/ml时,内蒙古多伦赤芍的各项指标作用仍然突出,与其他5种产地赤芍比较有显著性差异。采用4个产地(河北围场、山东胶南、陕西黄龙与太白)黄芩的70%乙醇提取物进行药效研究,探讨不同产地黄芩提取物的主要药效作用。指标包括对金黄色葡萄球菌等6种常见病菌的抑制作用,对二甲苯致耳廓炎症的影响,对棉球肉芽肿慢性炎症的影响,对鲜酵母致热的解热作用,对戊巴比妥钠催眠作用及自发活动的影响。结果各产地黄芩均表现了抑菌、抗炎、解热与镇静的药效,作为道地药材的围场黄芩,在抗炎、解热等方面的作用较为突出。

第三节 道地药材的研究思路与方法

药材道地性的研究是一项系统工程,这与影响道地药材形成的诸多因素是密不可分的,研究内容和方法涉及面很广,除了药材学外,还涉及生态学、分子生物学、地质学、生理学、药理学、生物化学等相关领域,要想科学地阐明药材的道地性,还需要多方面的通力合作。

道地药材研究所存在的问题概括起来主要是方法学的问题,在此过程中,将不断引进新的方法和理论,使道地药材的研究从不同层次和角度开展起来,对此很难加以综合概括。从学科角度上来看,以现代生物学为基础并结合数理化等多学科方法联合攻关是研究道地药材的必然趋势,应着重在中医药理论指导下,对道地药材的生物学本质、形成机制及物质基础等方面进行探讨。

1. 从道地药材属于居群这个生物学范畴,从基因水平上对道地药材进行研究 质优效佳是道地药材的表现型,它是由道地药材基因型这个内因与特定的环境饰变之外因长期作用的结果。特定的基因产生特定的酶,进而调控次生代谢产物的产生,形成道地药材的品质。因此,基因(DNA)是药材道地性形成的关键,利用现代分子生物学技术,如RFLP(restriction fragment length polymorphism,限制性片段长度多态性）、RAPD（random amplified polymorphic DNA,随机引物扩增的DNA多态性）、AFLP（amplified fragment length polymorphism,扩增酶切片段多态性）等,直接分析道地药材的种内遗传结构和遗传分化,可以为道地药材的基因特化找到依据。如果能在DNA分子水平揭示道地药材居群水平的遗传变异,明确道地药材基因型特征以及环境因子对道地药材基因表达的影响,从而揭示遗传因素对道地药材形成的贡献率,那么就可以揭示道地药材的生物学本质及形成机制。

2. 对道地药材生长的生态地理环境进行研究,探索生态地理因子与药材道地性的相关关系 道地药材是指源于特定环境的优质中药材,特定生境是道地药材形成的必要条件。因此,揭示生态环境在道地药材形成中的贡献及作用机制,是阐明道地药材成因的关键。生态地理因子中水分状况、温度、光照、土壤成分是直接影响因子,而地形、地貌是间接影响因子。如土壤中的微量元素直接影响到道地药材中微量元素的富集,进而影响其药效。我国西北土壤含有较丰富的硒,因此富硒使黄芪成为西北地区的道地药材。从植物生理学的角度研究生态因子对道地药材的生长发育的影响是十分必要的,还可以用同位素标记法来研究次生代谢产物在道地药材中形成的规律:一方面可以探索生态因子在次生代谢中的影响,另一方面还可以比较道地药材与非道地药材在次生代谢途径的异同。除此之外,还可以从GBS制约作用入手,研究药材道地性产生的土壤因素,通过追踪研究土壤及其源头——岩石体或第四纪堆积层及其矿物特征、地质构造、地球化学迁聚规律、水文地质条件等对道地药材潜在持久的制约,同时考虑气候等相关因子的协同作用,通过对岩石→土壤→道地药材这一向量系统及相关因子的系统分析,可阐明地质大循环对生物小循环的长期制约和生物小循环对道地药材的直接影响。有学者提出地质背景通过其外延的“岩石-土壤-药用植物”向量系统完成地质大循环和小循环的统一,最终形成某种道地药材的优势小生境系统。如四川灌县岩石呈现第四纪地质体,土壤为冲积潮土（类白鳝泥）,从而形成川芎的优势小生境效应系统;石柱县岩石呈现侏罗系长石石英砂岩,土壤系黄化沙壤,从而形成黄连优势小生境系统。石柱产的黄连根茎粗壮,外形酷似鸡爪,过桥少而极短,有效成分黄连碱、小檗碱的含量很高。

道地药材的形成体现了复杂系统的自组织特征,生态环境对道地药材形成的影响是非线性的,对于不同的道地药材,环境因素与遗传因素呈现出不同程度的交互作用,这使得道地药材的生态学研究复杂而艰难,因此,道地药材的生态学研究迫切需要理论和方法上的更新和突破。“3S”技术在农、林、牧业等领域资源动态监测方面的应用和推广,为中药资源的动态监测提供了理论方法。“3S”技术由RS（remote sensing,遥感）、GPS（global position system,全球定位系统）和GIS（geographical information system,地理信息系统）三者集成,是空间信息分析的核心技术。RS是指不直接接触被研究的目标,感测目标的特征信息（一般是电磁波的反射、辐射和发射辐射）,经过传输、处理,从中提取人们感兴趣的信息。GPS是当今最具优势的空间定位系统,具有全天候、自动化、功能多、抗干扰的特点,它可以解决传统定位方法精度低、工作量大、复位难的问题。GIS是当今空间信息管理和分析的最强大的工具。“3S”技术已发展到成熟应用阶段,在信息获取、信息处理、信息应用方面的突出优势,使得其在国防、交通、农业、矿产、地质等领域得到广泛应用,并在资源监测和保护、灾害预警和监测及环境保护等诸多领域显现出巨大的优势和潜力。虽然“3S”技术在中药资源研究和保护中的应用刚刚起步,但植物资源占中药资源的80%以上,已展现出良好的前景。目前,“3S”

技术用于在群落中占绝对优势的成片存在的乔木、灌木类中药资源动态监测技术成熟,如杜仲、麻黄、甘草、苦豆草、松树、三尖杉等。而对于林下资源或稀有资源的监测,如黄连、贝母、冬虫夏草、苍术等,则需要结合实地调查摸索新的思路和方法,例如,运用"3S"技术对有标记作用的伴生植物进行监测和分析,结合实地调查进行研究,可能为解决此类稀有种的资源调查提供思路。"3S"技术的引入,无疑为道地药材生态学的研究提供了崭新的技术、思路和平台,也必将使道地药材生态学的研究取得前所未有的成果。

3. 重视道地药材栽培技术及加工工艺的研究 道地药材除少数野生品外,多数属于栽培品。千百年来对药材不断精心培育和采取特殊的栽培技术与管理措施,是形成道地药材的重要成因之一。留种、播种时间、播种密度、防虫、施肥、搭棚等栽培技术直接影响药用植物的产量和质量。如采用平棚、一面坡棚、拱形棚栽培人参,以拱形棚产量最高,棚式结构直接影响到光饱和点、光补偿点、光照强度、日均温度、土壤温度等生态因子。目前,这部分研究较少,而且也不系统,大部分道地药材独特的栽培技术机制没有得到阐明,只知其然,不知所以然。

有些药材的道地性还体现在加工工艺上。中药材产地加工处理的方法很多,不同的药材常采用不同的加工方法,道地药材还有其独特的加工工艺。药材在加工过程中的热处理、浸漂、熏硫、发汗等方法都可能引起药物中化学成分量的变化、种类的增加或减少。通过研究道地药材加工过程中化学成分的改变,可以提示加工工艺对道地药材形成的影响。如山药所含的黏液质不易干燥,而所含的有效成分薯蓣皂苷、生物酶,又必须迅速干燥,否则会使成分分解损失或失活,因此,怀山药在传统的加工中采用熏硫的方法消除黏液质后,使干燥速度加快,苷类成分和生物酶也被稳定下来。

4. 对道地药材进行品质评价研究,揭示道地药材的内在本质 自然条件或栽培条件改变,植物生产发育及其药材形态结构常常出现变异。人参有大马牙、二马牙、圆膀、圆芦等农家品种,山茱萸有椭圆形果型、长圆柱形果型、长梨形果型等变异类型。这是种内变异在形态上的分化,可从植物形态上或利用光镜和电镜对道地药材和非道地药材的根、茎、叶、花、种子的显微构造进行研究,为药材的道地性研究提供形态参数。还有学者借助计算机对生物器官组织连续切片进行三维重建与显示,获取该物体的三维几何信息和拓扑信息,建立道地药材的特定形态模型,并以适当方式显示出来,为道地药材的形态结构研究提供了很好的思路和方法。

种内变异还表现为有效成分在结构和含量上有所不同,如生长在东北三省、苏、皖、浙、鄂的一叶荻含有左旋一叶荻碱,生长在北京近郊的多为右旋一叶荻碱,承德附近6个县一叶荻碱具有两种旋光性。这些可利用紫外光谱、红外光谱、核磁共振谱建立药材的特征图谱,利用HPLC、GC、MS以及毛细管电泳等方法对药材的成分进行测定,将光谱数据和色谱数据经过计算机处理,利用化学模式识别方法对道地药材和非道地药材加以识别,并利用其药效加以佐证,建立药材道地性的化学参数和药效参数。在中药材质量评测方法方面,液相、气相色谱和毛细管电泳及其联用技术已成为生药多指标成分定量分析的主要手段。现代学者已提出了开展中药材全息图谱质量评测人工智能系统的策略,探讨应用全息图谱控制中药材质量的研究方法,并在此基础上,利用计算机图像识别技术与专家系统,建立一套完整的中药材质量检测人工智能系统,实现中药材的数字化、自动化检测。

道地药材的形成是中药特定种质与生境长期作用下的产物,环境因素在道地药材品质的形成中起着极其重要的作用,影响中药材生长发育和品质形成的生态因子也是复杂的,有主导因子、限制因子等;同时,道地药材的品质评价也需要多指标进行分析,例如"有效成分的含量"、"有效成分的组成"、"药理药效作用"等。目前,多变量统计分析方法已经被引入中药研究中,并且在鉴定中药的真伪和质量优劣、影响中药材生长发育和品质形成的生态主导因子、限制因子以及这些生态因子的动态变化规律等方面已经取得了可喜的进展。多变量分析包括主成分分析、因子分析、聚类分析等分析手段,使得研究多个变量的相关关系及变量体现出的趋势成为可能。例如:采用多变量分析中的主成分分析法,对南苍术挥发油中含量较高的6种成分榄香醇、茅术醇、β-桉叶醇、苍术酮、苍术素和苍术烯内酯甲进行分析,从单一成分和成分群2个水平上研究南苍术挥发油等成分所蕴含的多样性特征,进而揭示茅苍术道地性的化学本质,结果表明:道地与非道地苍术可分成明显不同的2类。因此,多变量统计分析方法为道地药材的成因分析及品质评价提供了有效的手段和平台。

有学者提出,中药应"接轨"生物制品的质量监控模式,而不应"吻合"化学合成药的质量控制模式。对于中药产品,从某种程度上讲,生物效价检测比化学成分含量测定更具实际价值和优势。生物效价检测也叫生物活性鉴定法,它是在严格控制的试验条件下,通过比较标准品和供试品对生物体或离体器官与组织的特定生物效应,从而控制和评价供试品的质量或活性。适用于结构复杂或理化方法不能测定其含量、或者理化测定不能反映其临床生物活性的药物。将生物效价检测方法引入中药质量控制和评价体系,不仅可以鉴定品种和质量,而且可以评价药效,甚至观察毒性作用,尤其在无法对中药未知复杂成分用成分检控的方法控制其质量时,更能凸显其优越性。如《中国药典》一部中,水蛭就采用了生物效价检测方法控制其质量和毒性。目前生物效价检测的常用方法有:酶活力、凝集素活性、抗病毒测试、抗菌活性、抗炎活性等。

近年来又有研究者提出生物热活性检测用于中药的品质评价。主要通过检测生命体系新陈代谢过程中能量转移和热变化的生物热动力学参数而建立的生物效价检测方法。其原理是:生物体的生长代谢都伴有能量的转移和热变化,并在一定的阈值内呈现规律性波动;中药的生物活性实质上就是中药药效物质对生物体生长代谢的干预作用,这种干预作用不可避免地将影响生物体的能量转移和产热变化;通过测定能量和产热的变化,可以间接地了解生物体的生长代谢变化,从而判断药物的生物活性情况。生物热活性检测是以生物体系的状态参数为研究对象,能实时、在线、快速地刻画机体的表观状态及其变化情况。

5. 以中医药基本理论为指导,研究道地药材的药理药效 从中医药的角度来说,研究道地药材必须以中医药基本理论为指导,研究道地药材的成因、药性、功效和配伍,探索道地药材的作用机制。例如川芎属理血药中的活血祛瘀类药,因为川芎活血行气,辛温走窜,为血分之阳药,阴虚火旺及出血性疾病患者忌用。正是因为掌握了它的特点,近几年用于治疗重凝气滞所致的冠心病和脑血栓颇具疗效,并有多种制剂问世。可以说,若是没有前人对川芎的认识,就没有今天对川芎的开发利用。例如当归,公认的道地药材是产于古秦州(今岷县)的秦归而不是其他。《本草纲目》记载:"以秦归头圆、尾多、色紫、气香、肥润者名马尾当归,最胜他处。"显然,以秦归为"道地药材"。李时珍还引资料注释:当归"川产者力刚而善攻","秦产者力柔而善补"。《伪药条辨》云:"附子以蜀地绵州出者为良,气味辛热有大毒……今陕西亦莳种附子,谓之西附,性虽辛温,而力稍薄,不如生于川中者土厚而力雄也。"

这说明道地和非道地药材虽然品种相同,但性有轻重之别,力有厚薄之分,治病疗效也就不同。因此,在利用现代科学技术研究分析道地药材的药理药效时,必须以中医药基本理论为指导。

(陈随清)

参 考 文 献

[1] 康廷国. 中药鉴定学[M]. 北京: 中国中医药出版社,2012.

[2] 谢宗万. 论道地药材[J]. 中医杂志,1990,40(10): 43-46.

[3] 胡世林. 中国道地药材论丛[M]. 北京: 中医古籍出版社,1997.

[4] 胡世林. 中国道地药材原色图说[M]. 济南: 山东科学技术出版社,1998.

[5] 肖小河,陈士林. 论道地药材的系统研究[J]. 四川中草药研究,1991,5(2): 15-20.

[6] 陈士林,肖培根.中药资源可持续利用导论[M].北京: 中国医药科技出版社,2006.

[7] 万德光. 中药品种品质与功效[M]. 上海: 上海科学技术出版社,2007.

[8] 谢宗万. 中药品种理论与应用[M]. 北京: 人民卫生出版社,2008.

[9] 黄璐琦,张瑞贤. "道地药材" 的生物学探讨[J]. 中国药学杂志,1997,32(9): 563-566.

[10] 郭兰萍,黄璐琦,蒋有绪. "3S" 技术在中药资源可持续利用中的应用[J]. 中国中药杂志,2005,(30)18: 1397-1400.

[11] 肖小河,夏文娟,陈善墉. 中国道地药材研究概论[J]. 中国中药杂志,1995,20(6): 323-328.

[12] 中国药材公司. 中国中药区划[M]. 北京: 科学出版社,1995.

第十二章　中药商品规格等级与中药质量

我国医药学有着数千年的历史,历代相承,在无文字时代,这些药物知识凭借"师承口授"流传下来。文字产生以后,就有了关于药物的记载,后经不断积累和发展,编著出版了很多本草著作,便于医学和药学知识的交流。随着这些知识的不断积累以及治疗疾病的需要,采药与卖药者以及制药与售药者开始出现,中药开始有了互换与交流,随着朦胧的互相交换的逐渐发展以及人们越来越多的需要,于是产生了中药商品。

第一节　中药商品的含义与形成

中药商品(commodity of Chinese materia medica)是中药市场流通和营销的防治疾病与医疗保健的药物,是一种特殊商品,包括中药材、中药饮片和中成药。

中药材是取自天然的未经加工或只经过简单产地加工的原料药,简称为"药材",按其来源可分为植物药、动物药和矿物药三大类。中药饮片是将中药材按照法定方法如净制、切制、炮制后,制成符合临床医疗需要的加工品。目前,临床最终主要使用的是中药饮片。中成药是以中药饮片为原料,根据临床处方的要求,按照相应的制备工艺和加工方法,制备成一定的剂型,如丸剂、散剂等。

中药作为一种特殊商品,在我国历史悠久。西汉时代,在我国南北商品的交换中就已经有了柑橘、龙眼等商品药材的记载。东汉末年至三国时期,名医华佗行医治病,自制中药兼售药。据考证,《华氏中藏经》中成方152首,有丸、散等十余种剂型。现安徽亳州的"益寿轩"和"有珍斋"为当时华佗治病和售药的场所。据清江县志记载:三国时期樟树已设立了药圩,形成了小规模的中药交易场所,并随机扩展至行、庄、批发号等,中药商品的交换有了固定的场所,中药药材交易行业初具雏形。

宋代在商品生产经营方式上一般为前商店后作坊,在经营品种上有"生药"和"熟药"之分,国家设立了太医院熟药所,制售成药。公元1076年,北宋太医局在京城(开封)开设"卖药所",在卖药所的基础上分建了专营中成药制造的"修合药所",以后又将"卖药所"改为"惠民局","修合药所"改为"和济局"。公元1114年,中药的经营部门统称为"惠民和剂局"。公元1151年,政府颁布了中药制造的规范和准则,定名为《太平惠民和剂局方》。南宋迁都杭州正式牌号的民营药铺有20余家,并有经营川、广道地药材的批发商,设有生药铺、熟药铺及"川、广生药市"之分。

在此时期,随着交通的发达,市场的需求,形成了一批全国性的中药集散地。规模较大、闻名的有河北祁州(安国)、江西樟树(清江市)、安徽亳州、四川成都、湖南湘潭等地。至此,中药商品已由庙会、赶集等零散的交换形式变迁到有集散市场的经营方式。

新中国成立后,我国培养了大批中医药人才,建立了中医药研究机构,成立了专门的中药商业机构和医药行政管理部门,整理出版了具有特色的中医药专著如《全国中草药汇编》《中药大辞典》《中华本草》《中药志》等。国家药典委员会每隔5年出版新的《中华人民共和国药典》,收载各种常用中药和中成药制剂,逐步制定了严格的质量控制标准,使中药商品在质量方面有法可依,有章可循,在一定程度上反映了我国当代药学技术的发展水平。

随着人民生活水平的提高,对中药商品的品种、质量要求越来越高。为了适应市场需求,中药商业企业已遍布于全国各省、市、自治州,很多著名的中药商贸中心已建立。如河北安国、河南禹州、安徽亳州、成都荷花池、广州清平、江西樟树、湖南廉桥、广西玉林、山东舜王城、甘肃文峰等十大药材市场。并定期召开全国和国际性的中药商品交易大会,对发展和繁荣中药商品事业起到了重要的推动作用。

我国中药商业的行政管理机构主要是国家食品药品监督管理总局和国家中医药管理局,其中心任务是加强中药经营和中医医疗事业的宏观管理,制定和颁布国家有关法规,监督中药的生产、流通和全面的质量管理,推动中医药事业长期稳步的向前发展。我国中药商品的经营机构主要是中国药材总公司,以及各省、市、中药饮片厂及药材市场批发部门,零售企业(药店、中药房)等,承担国内中药市场的购销、调配、调拨、展销等经营管理,并协同相关的进出口总公司进行中药商品的国际贸易。

第二节　中药商品的品别、规格与等级划分

中药进入商品流通市场之前,必须按照产地的不同、药材的外观性状来划分不同的规格与等级,以便制订相应的销售价格。因而,中药商品的规格与等级的划分直接影响商品的价格,直接涉及药农的经济效益。药材的品别、规格与等级往往是中药材内在质量的外在体现,与药材的品种、生长环境、产地加工及储存条件等自然因素或人为因素密切相关,是药材经营者把握药材商品质量优劣并按质论价的标准。

中药商品规格等级划分的依据首先是国家药品标准,包括:①《中国药典》。②《部颁标准》。③《中华人民共和国卫生部进口药材标准》,由原卫生部颁布,1987年5月1日起执行,收载进口药材31种,是对外签订进口药材合同条款及检验的法定依据。④《七十六种药材商品规格标准》,由国家医药管理局与原卫生部制定,1984年3月试行。本标准选用了76种中药材商品,分别记载其名称、来源、规格、等级,并规定各规格等级、性状指标和质量要求,作为全国统一的中药商品规格标准。⑤《中药材运输包装标准》,为中药材商品的运输与包装制定的标准,作为该程序的检验依据。⑥地方药品标准,包括各省、自治区、直辖市药品标准。

一、中药商品的品别、规格与等级标准

(一)中药商品的品别

品别是指中药材品种的类别。凡品质相同的品种,不应另以地名命药名,为避免混乱,

应分别列入品别内。《七十六种药材商品规格标准》以品种来源、生长环境不同为依据,将品别主要分为四类:按分类学上的物种(变种、变型、亚种),按人工栽培(驯养)的品种,按产地划分的品种,按野生与半野生状态之间生长的品种划分。如《七十六种药材商品规格标准》中的郁金,根据各产区品种不同,形色有异的特点,划分为三个品别:川郁金、桂郁金、温郁金,川郁金多产于四川,分黄丝、绿丝两个规格;桂郁金多产于广西、四川、云南;温郁金多产于浙江各地。如羌活分川羌与西羌两种:川羌系指四川的阿坝、甘孜等地所产的羌活;西羌系指甘肃、青海所产的羌活。

(二)中药商品的规格与等级标准

中药材的规格与等级是按传统习惯和现代标准分别制定的品质外观标志的标准。它的划分主要表现在性状的外观上,药材的数量与大小上,目前划分的标准主要是依据中药材传统经验而制定的。

划分商品规格等级是为了更好地按质论价,便于在市场上进行商品交换,所以,中药商品的规格等级划分是一项技术性的工作,直接影响中药公平、合理地进入流通渠道,最大限度地调动产、供、销,利用各方面的积极性维护消费者的利益。

1. 中药材的规格标准划分 规格标准主要依据来源、药用部位、药材形态、老嫩、产地、采集时间、加工方法等来划分各种不同的规格,商品规格与等级的划分主要分为以下几类。

(1)按药材来源:有些药材因来源的科、属、种不同,内在质量或外形不一,据此划分不同规格。如麻黄,按其来源的品种不同分为草麻黄、中麻黄、木贼麻黄3种规格;如葛根又分为"野葛"与"甘葛";如紫草,又分为"硬紫草"与"软紫草"。黄连按其来源及外形的不同,分为味连、雅连、云连3种规格。味连多分枝,弯曲,集聚成簇,形似鸡爪,少有单枝;雅连多为单枝,微弯曲,略呈圆柱形,似鼓槌;云连多为单枝,弯曲成钩状,较细小。

(2)按药用部位:药材的药用部位不同,疗效有别,以此划分不同规格。如当归,按药用具体部位与疗效的差异分为"全归""归头""归身"规格。同种植物不同的入药部位,疗效不同,分别归为不同的药材,如葫芦科的栝楼,其根称"天花粉",种子为"瓜蒌子",果皮为"瓜蒌皮",果实为"瓜蒌"等,分别入药;植物菘蓝的根为"板蓝根",其叶为"大青叶",分别入药;桑科的桑树,其果实为"桑葚",其枝干为"桑枝",其叶为"桑叶",分别入药。

(3)按药材外形:有些药材的外部形态不同,其商品规格不同。如浙贝母,依据外形不一分为"大贝"和"珠贝"两种规格。"大贝"为单一的外层鳞片,呈"元宝"状,质优;后者为较小的完整鳞茎,呈扁圆形,质稍次。川贝母依外部形态分为松贝、青贝、炉贝3种规格。松贝呈圆锥形、扁圆形,大小不一,类白色,外层两枚鳞叶一大一小相互抱合,形似怀中抱月,质量优;青贝两枚鳞叶对合、形似观音合掌;炉贝两枚鳞叶错合,形大,表皮有斑纹。质量上青贝、炉贝较松贝次之。药材羌活,按形态分为"蚕羌""竹节羌""大头羌""条羌"等。药材黄精,按药材形态又分为"鸡头黄精""姜形黄精""大黄精"等。

(4)按药材老嫩程度:老嫩程度以生长期长,习称为老;生长期短,习称为嫩,其质量也不同,据此来划分规格与等级。如连翘按成熟程度划分,未成熟的,色青为"青翘",成熟者色黄为"老翘";药材规格上分为青统和黄统。黄芩嫩根为子芩,老根枯朽者为枯芩;如花鹿茸,梅花鹿茸外皮红棕色或棕色,茸毛细柔,红黄色或棕黄色,又称"黄毛茸",按茸角的老嫩、分叉的多少划分为"二杠"和"三岔"等规格;"二杠茸"体呈圆柱形,具有八字分岔一个,大挺、门桩相称,短粗嫩壮,顶头钝圆;锯口黄白色,有蜂窝状细孔,无骨化圈。"三岔茸"体呈圆柱形,具分岔两个,挺圆,茸质松嫩,嘴头饱满。一般以嫩者,角化程度小,质优,价高。药材的老嫩程度不同,其质量也不同,有的甚至不能药用,如梅花鹿骨化后就不能做药用。

（5）按产地:同种药材,不同产地,外在和内在质量有不同,划分的规格不一样。如白芍:产于浙江为"杭白芍"、产于安徽为"亳白芍"和产于四川为"川白芍"。如防风按产地不同分为关防风、口防风、西防风、川防风和云防风。产于东三省、内蒙古东部的称"关防风",质量最佳,为道地药材;产于内蒙古西部、河北的称"口防风";产于山西的称"西防风",质稍次;"川防风"和"云防风"属两省地区用药,主产于四川、云南。如白芷按产地不同分为禹白芷、祁白芷、杭白芷、川白芷。"禹白芷"产于河南长葛、禹县;"祁白芷"产于河北安国;"杭白芷"产于浙江、福建;"川白芷"产于四川遂宁。

（6）按采集时间:采收的时间不同,所积累的次生代谢物质有差异,质量变化较大。如黄花蒿,春季幼苗采收称"绵茵陈",秋季花蕾成熟采收称"茵陈蒿"。如天麻分"冬麻"与"春麻",冬麻质坚实,有鹦哥嘴,半透明,质优;春麻质轻,易中空,无鹦哥嘴,色暗,质次。如三七按采收期不同划分为"春三七"和"冬三七"两种规格。"春三七"于花前采收,体重质坚,质优;"冬三七"于果熟后采收,体较轻泡,质较次。目前,由于市场的经济效益,"春麻"与"冬三七"规格少见。

（7）按加工净度和产地加工方法:如山药带有表皮者称"毛山药",除去表皮并搓圆加工成商品的称"光山药";如香附分为"毛香附"与"光香附"。

（8）按产地加工方法的不同划分不同规格:如附子按加工方法不同划分为"盐附子"和"附片"两类。附片又按加工时加入的辅料或切制方法不同划分为"白附片"、"黑附片"和"黄附片"等规格。如肉桂按产地采收加工方法不同划分为桂通、企边桂、板桂、桂碎、桂心五个规格。桂通为剥取栽培5~6年树的干皮、粗枝皮,不经压制,自然卷曲成筒状,长30cm,直径2~3cm;企边桂为剥取10年以上的干皮,将两端削成斜面,突出桂心,夹在木制的凹凸板中,压成两侧向内卷曲的浅槽状,长40cm,宽6~10cm;板桂为剥取老树近地面的干皮,夹在木制的桂夹内,晒至九成干,经纵横堆叠,加压干燥,成扁平板状;桂碎是桂皮加工过程中的碎块,多供香料用;桂心为剥去外皮者。

2. 中药材等级标准的划分 中药材的等级,指同种规格或同一品名的药材按加工部位、形态、色泽、大小等性质要求,制定出若干标准,每一标准即为一个等级。通常以品质最优者为一等品,较佳者为二等品,然后依次类推。中药材的等级标准较规格标准更为具体。等级的划分直接影响药材的价格,要合理科学地制定等级,做到真正的按质论价。有的中药材既有规格又有等级,有的没有规格而只有等级。目前制定等级标准主要按药材的个数和重量、长短和直径、表面色泽和饱满程度、纯净程度等划分。

（1）按药材的个数和重量:如天麻,依据个数和重量不同分1~4个等级。一等:每千克26支以内;二等:每千克46支以内,质坚实,半透明,断面白色,角质样者;三等:每千克90支以内,断面黄棕色,稍有空心者;四等:每千克90支以外,有碎块、空心及未去净粗皮者。天麻以体粗大,肉肥厚,质坚实,色黄白,无空心,断面角质状,有光泽者为佳。通常个大体重者质优,个小体轻者质次。如白芷药材,一等白芷:规定每千克36支以内;二等白芷每千克60支以内;三等白芷每千克60支以外。

（2）按药材的长短和直径:如牛膝商品根据药材中部直径的大小和长短分为三等。一等(头肥):中部直径0.6cm以上,长50cm以上,呈长条圆柱形,根条均匀,无冻条、油条、破条、杂质、虫蛀、霉变。二等(二肥)：中部直径0.4cm以上，长35cm以上。三等(平条)：中部直径0.4cm以下，不小于0.2cm，长短不分，间有冻条、油条、破条。如杜仲：顶级厚相当于一级，肉厚7mm以上。选装相当于一级。特级厚：相当于二级，肉厚4mm以上。中级厚：相当于三级，肉厚3~4mm。

（3）按表面色泽和饱满程度：如金银花出口商品分一、二两级。一级：色泽青绿微白，花针均匀，有香气，散花不超过2%，无枝、叶，无黑头和油条，身干。二级：色泽白绿，花针均匀，有香气，散花、枝、叶不超过5%，无黑头及油条。环草石斛按其色泽及软硬程度分为3个等级。一等：色金黄，身细坚实，柔软，无白色，无芦头及须根，无杂质，足干。二等：标准与一等基本相同，但部分质地较硬。三等：色黄，条较粗，质较硬，无芦头须根，无杂质，足干。

（4）按纯净程度：如酸枣仁。一等：呈扁圆形或扁椭圆形，饱满。表面深红色或紫褐色，有光泽。断面内仁浅黄色，有油性。核壳不超过2%，碎仁不超过5%，无黑仁、杂质、虫蛀、霉变。二等：呈扁圆形或扁椭圆形，较瘪瘦。表面深红色或棕黄色，断面内仁浅黄色，有油性。核壳不超过5%，碎仁不超过10%，无杂质、虫蛀、霉变。如北五味子。一等：呈不规则球形或椭圆形。表面紫红色或红褐色，皱缩，肉厚，质柔润，内有肾形种子1~2粒。果肉味酸，种子有香气。干瘪粒不超过2%，无梗枝、杂质、虫蛀、霉变。二等：与一等相比表面黑红、暗红或淡红色，皱缩，肉较薄。干瘪粒不超过20%，无梗枝、杂质、虫蛀、霉变。阳春砂根据去壳与不去壳分为净砂与壳砂，净砂根据种子团的完整性一般分为两个等级。

3. 中药材统货的划分 有的药材既无规格也无等级，则笼统地列为"统货"，或指同一种药材不同等级混合在一起。有些全草、果实和种子类药材，品质基本一致或好、次差异不大，常不分规格和等级而列为"统货"。如益母草、枇杷叶、柏子仁、补骨脂等均为统货。在统货规格里有以下分类。

（1）初加工分级分类：有统货、选货、大选、小选、特选、等统规格。分级常见的品种有白芍、生地黄、川芎等。从统装货中挑选出来的，称为选装货。在统装货中选出个大的，称为大选货。等统为多个等级的统装货。

（2）颜色规格分类：有黄统、青统、黑统、白统、红统等，如连翘根据老嫩颜色分为青统和黄统；牡丹皮分黑丹(没去外皮)和白丹(也称刮丹，刮去外皮)，药材上分为黑统、红统或白统。

（3）产地规格分类：以产地名来区别同一种药材，如白术有亳统和浙统，甘草有新统和内蒙统，防风有关统、西统和祁统等。

4. 中药材规格标准划分中的部分难理解的专有术语名词 多数药材的商品规格通俗易懂，但少数药材由于中药历史以及传统经验，难以理解，下面对部分专有术语名词释义(表12-1)。

表12-1 规格等级专有名词术语释义

药材	规格	释义
大黄	马蹄	雅黄(大黄的规格之一)在产地加工成似"马蹄"的形状
土茯苓	齐手切边	产地趁鲜切去土茯苓的外皮(俗称"切边")，切成3~4mm的厚片，干燥后按原药材切片的顺序叠放(整齐/手选)，用红绳捆扎即得。保持了原药材的外形而美观
木香	新统	即"新木香"的统装货。主产于印度、缅甸等地的进口木香的商品名
升麻	统选头	在统装货中选出个大的，实为选装货

药材	规格	释义
车前子	黑统	色黑质优的统装货
仙茅	统选	从统装货中挑选出来的,实为选装货
冬瓜仁	单双混实	为单边与双边的混装货。单边:瓜子三层分不清,粒瘪而扁,质差;双边:瓜子边有两道印子,形成三层,粒饱满,子大肉厚,质佳
冬虫夏草	中选散装	挑选大条,相当于"虫草王"或一级
	统选散装	选去大条后的原货,相当于二级
	两装散装	比"把虫草"稍大,一般将6~8条用红绳扎成小把,再将数个小把扎成方形大块,相当于三级
	封装	即"把虫草"冬虫夏草枝细而虫小者。一般将6~8条用红绳扎成小把,再将数个小把扎成方形大块,外包纸封,即"封装",相当于四级
甘草	毛草	为内蒙甘草等级规格中的一种;也有指为甘草统装货
龙胆	扎装	即捆成的小把的统装货
龙骨	土	为商品规格中的一种,质劣,苏北产
马勃	浮	质轻浮者为优
麦冬	等统	为多个等级的统装货
连翘	黄统	为寒露后采收成熟果实、色黄、裂开的统装货,又称黄翘(即老翘)
牡丹皮	胡统	胡即安徽胡蓉山,该地产的牡丹皮质量最好,但货源少,现多用"凤丹"
	凤统	凤即安徽铜陵凤凰山及周围等地,该地产的牡丹皮简称"凤丹"
杭菊	散甲	单朵,无数个连成一块
黄芩	野光	在产地加工除去栓皮(即老皮)而较光的野生品
杜仲	顶级	最佳者,皮肉厚7mm以上,相当于一级
	选装	统货中挑选者

二、规格等级与中药质量的关系

药材与饮片的规格等级与内在质量是否有关系,即它的划分是否合理,是一直在探讨的科学问题。如从商品学角度划分的规格、等级与内在质量的关系探讨了川产黄连之间的相关性,用紫外分光光度法测定了川产黄连,味连一、二等,雅连一、二等,黄连须,杆子连,峨眉野连中盐酸小檗碱的含量。结果表明川产黄连各等级之间含量无显著差异($P > 0.05$),各规格之间含量差异显著($P < 0.05$)。实验说明川产黄连从外观划分的等级与其内在质量无明显相关性,从外观质量划分的各规格与其内在质量关系密切。对不同商品规格的三七药材进行质量研究,结果表明仅用个形大小不能鉴别三七药材的优劣。

应用超声波提取法及反相高效液相色谱法,分析测定几种不同规格中国红参主根及须根中人参皂苷Rg1, Re, Rb1, Rc, Rb2, Rd的含量。结果表明:6种皂苷的总量分别为15支(每500g)含1.21%,20支含1.46%,30支红参含1.54%;红参须根含8.16%。实验结果表明人参根随着体积增大,皂苷含量减少。

对不同规格枳实药材进行综合质量对比研究,并与其传统规格分类进行比较,结果表明不同产地不同规格枳实药材的总灰分、酸不溶性灰分、水分含量没有差异,总灰分含量均低于7%,符合《中国药典》中枳实项规定。不同规格枳实药材中挥发油含量和辛弗林含量有明显差异,其含量高低与传统等级划分相符。

以上数据说明,商品规格等级的划分与中药质量是一个比较复杂的问题,它牵涉到诸多方面的因素,如栽培管理的难易程度,加工与储藏的方法,市场的销售等。如何合理、科学地制定中药商品的规格等级,还需要做很多研究工作。

三、规格等级标准的性状客观定量化评价

中药材作为一种特殊的商品,具有药物和商品的双重属性。作为药物在流通领域里,特别是在收购中必须执行按质论价的原则,制定合理的品质规格和相应的价格,才有利于药材的生产、收购和经营工作的顺利开展,以满足人民用药的需要。科学、客观、准确地评价商品规格等级,对于保证中药按质论价、安全有效、稳定可控、现代化等具有重要的现实意义。

现行中药质量评价与控制的基本模式主要是参照化学药质量控制的模式建立的,化学定性鉴别与指标性成分检测是其主要内容,这种"成分论"模式既难以保证中药质量的一致性和稳定性,也难以关联或反映其临床使用的安全性和有效性。近年来,在商品规格与等级标准的评价中,研究得较多的方法,主要有性状评价和理化鉴定以及生物效价检测方法。

目前,市场上中药商品的性状评价是保障中药材质量的重要和必要手段。经过长期实践经验总结的性状评价方法因其简便易行、操作方便等优势,在市场流通过程中仍然被广泛使用,如药材的颜色深浅与其主要药效物质的含量呈现相关性、质地坚硬与否与内涵物细胞的多少和密度有关、粉性强弱则与其所含淀粉的多少有关、气味浓烈与否则与其所含的挥发性成分含量相关等。可见,性状评价方法是当前中药材市场用于评价其真伪优劣重要且必要的手段。由于性状评价依感官评价定指标,故此客观定量化评价将会更加科学和规范中药商品。建立中药商品性状的客观定量化评价指标主要有以下方面。

1. 与药材形状有关的指标 传统认为每种药材都有其固定的特征,如大黄圆柱形、圆锥形或块片状;枸杞子近似于圆柱形或棱柱形;天麻椭圆形或长条形,略扁等。可考虑用长宽比、圆球度、椭圆度等形状因子对这些主观性的描述进行客观量化。如枸杞子主要是根据果长与果径的比值大小来区分,比值>2的划分为长果类,比值<2的划分为短果类,比值<1的划分为圆果类。

2. 与药材的大小有关的指标 主要有长短、厚薄、粗细、重量、直径、支数、条数、目数、个数等。可直接通过测量工具实现量化。需注意取样的数量和代表性,以确保得到真实、准确的数值;同时要考虑等级内部的均匀性,增加大小变异指标。

3. 与药材色泽有关的指标 中药材的颜值是其品质优劣的主要评价指标之一。如黄连以表面灰黄色、断面鲜黄色者为佳。熊胆则以色金黄称金丝熊胆者质佳,菜绿色称菜胆者质次,黑色称黑胆者质差。采用目前比较常用的视觉比色法或仪器比色法对药材的颜色进行更加客观的描述。此外,随着数码相机的普及,可以对规格等级比较确定的药材颜色信息通过数码相机提取,获得不同等级的颜色差值后制成标准比色卡,待测药材直接和标准比色卡进行比色后即可确定其规格等级,既快速、客观,又准确、量化。

4. 与药材质地有关的指标 采用一些物理指标如硬度、孔隙度、密度、膨胀度等来量化药材商品的质地，如坚实、松泡，粉性、柴性、油性等。定量刻画上述描述性术语，可以反映其内部特性，组织构造中细胞的特征如纤维、石细胞、油细胞、淀粉粒等的大小、数目、分布密度等有关。如淀粉粒越多则药材的粉性越强，油细胞数目较多，则药材更加油润。上述与质地相关的物性指标，可通过木材硬度测定仪、密度测定仪、膨胀度测定仪等对其进行测定。

5. 与药材气味和味道有关的指标 某些中药材具有特殊的香气、特异刺激性臭气、特殊的味道。如黄芪有豆腥气，麝香具有强烈的浓郁香气，阿魏有大蒜样恶臭气，辛味的干姜，酸甜的山楂，苦味的黄连等。能够客观地区分这些气味，对正确评判中药材的真伪优劣有着非常重要的意义。近年来人工智能技术迅速发展，各种类型的电子鼻、电子舌已相继问世，并出现了成熟的商业化产品，在食品、环境监测和医药等研究领域逐渐开始应用，以其能够为中药材气味的有效客观量化提供新的检测方法。

四、存在的问题与对策

（一）存在的问题

1. 规格质量标准 滞后于中医中药的发展。特别是中药现代化分析与制药技术的发展与应用，使人们对中药资源和中药质量有了深层次的认识，对中药商品质量标准的要求越来越高。目前采用的是由国家医药管理局与原卫生部联合下达的1984年制定的《七十六种药材商品规格标准》，比起《中国药典》（2015年版）所收载的品种来说，在数量上远远不能指导药材市场，跟不上药材市场的发展。部分中药材规格等级在多年的商品流通中自发形成，久之成为某些药材或药材市场的规格等级，规范性不强。

2. 对市场的指导与发展 现今，人工栽培药材的品种和数量在逐年提高，家种药材的市场份额越来越大，部分药材的商品构成已经发生了较大变化。随着市场经济的发展，有的道地药材产地也发生了迁移，实际规格等级也发生了相应的变化。原有以野生药材为基础制订的药材商品规格标准的指导意义逐渐减弱，许多过时的药材规格等级仍在继续沿用，已有的国家标准执行不力，有的地方习用药材在市场流通，品种混乱，以次充好，为药材市场的经营与执法带来困难。

3. 制定内容 品种太少，部分药材所制定的内容用语不准确，严谨性不强，量化指标较少，难以界定规格等级；部分制定的规格等级不能很好地表明药材的内在质量，大多数药材主要评价指标为性状内容，模糊概念较多，操作起来比较困难，即有些药材不是个越大质量越好，茎越粗、质地越坚实越好；等级和价格与药材的内在质量相关性不强；缺少科学的标准数据和有效的技术方法等；不利于中药材的"按质论价"。

（二）主要对策

1. 建议成立国家《药材商品规格标准》委员会 由于药材市场商品的不断变化，建议参照《中国药典》的方式，成立专业委员会，在充分调查研究市场的基础上，尽快修订或出台新的《药材商品规格标准》，以科学方法制定中药材商品的规格和等级，指导市场商品的流通，保证药材的安全性、可靠性、稳定性，促使药材市场健康发展。

2. 科学制定中药材商品规格等级 经过20多年的发展，相当一部分药材商品已经有比较成熟的规格等级划分，具备成为全国统一的药材商品规格标准，但相当一部分药材仍缺乏科学的规格等级，需要在中药分析手段和方法愈来愈成熟的条件下，制定深层次质量标准，如商品规格与内在质量的相关性,药材的规格等级与制定原则等,这样才能减少中药材规格等级的混乱情况,合理制定价格标准,指导市场,有序竞争,维护消费者的利益。

第三节 中 药 饮 片

中药饮片历史悠久,是祖国医药宝库中的重要组成部分。中药饮片是中药三大支柱产业之一,其地位特殊,既可根据处方直接调配入药,又可作为原料生产中成药,临床最终使用的是饮片(即炮制品)而不是药材。所以,中药饮片在临床上占有非常重要的地位。传统的中药饮片有着精巧的片型,鲜明的色泽,浓郁的气味,显示出精致的久远文化,不仅给病人以精神上的慰藉,并且为我们配方的识别和复核的准确创造了有利条件,同时也很好地保证了中药质量。如随意改变片型规格,便有可能因其特征不明显而造成混乱,同时影响煎出率与有效成分的溶出。

一、中药饮片的特点与类型

(一)中药饮片的特点

目前,饮片的含义有狭义与广义之分。狭义是指切片制成一定形状的片形药物;广义是指凡是供中医临床配方所用的全部中药,如《中国药典》概念中的饮片、中药单味颗粒饮片、中药超微粉末等。饮片片型的特点,一般包括片形和厚度两个方面。片形是指饮片的外部形态(如圆片、斜片、柳叶片、瓜子片等近三十余种中药传统片形),片形的变化是依据药材的形态特征即根、茎、果实及动物骨骼等来确定的,而厚度是指饮片厚薄程度,它是根据药材的性质,如药材组织内部构造、质地、主要成分的溶解性、糊化度等特征而定的。饮片一般没有规格,但饮片片型在各省的中药炮制规范中都有要求,如《山东省中药炮制规范》所载根及茎类中药要求切片的115种,其中51种切片后还需炮炙。基于中药饮片的历史,一直对中药饮片片型有着严格的要求。

(二)常见饮片类型

1. 传统饮片 传统饮片的应用都是按方调配,临用煎汤。传统的中药饮片能适应中药处方灵活多变的用量,也能满足病情变化的需要。用时煎煮,不需要加入任何辅料及防腐剂,疗效确切,患者乐于接受。常见传统的片型规格见表12-2。

表12-2 常见传统的片型规格

片型	规格
柳叶片	又名斜片,状似西河柳,将药材斜切成长5cm,厚约2~4mm,如黄芪、甘草、山豆根等
瓜子片	又名马蹄片,形似南瓜子,将药材稍斜切成略圆的约长2cm的片型,如苏梗、藿香、桂枝等
铜钱片	亦名横片或顶头片,将根及根茎类药材横切面与切药刀成垂直方向所切出的横片厚2~4mm,形似铜钱,如白芍、赤芍、槟榔、白芷、木通、三棱等
蝴蝶片	取块根之类药材,按形状顺切至1~2mm,形似蝴蝶,如川芎等
盘香片	取卷筒厚朴或肉桂等,刮去外粗皮,稍闷润,切宽5~10mm的顶头状,形似盘香
燕窝片	取天冬、麦冬用少量白矾水洗净,收其身,逢中顺切2/3深度,去掉木心,将中间向外翻起,晾干即得,形似燕窝
鹦哥眼片	枳实、胡黄连横切成厚2~4mm,因药外圈带灰黑色,中心有金黄色圆圈一道,酷似鹦哥眼

2. 单剂量包装饮片　单剂量包装饮片是近年来医院为了保证饮片质量和调剂质量而开展的一种饮片使用模式。根据中药的特殊性,在充分调研的基础上,参照《中国药典》及有关方剂学和临床用药一般剂量规律,在与临床医师充分协调的基础上,把规格确定为3、5、6、10、15g等,用塑料袋密封包装。根据规格的不同在包装表面印上或贴上不同颜色的标签,标签内容包括药名、规格、批号、供货商等。

3. 精制饮片　为了解决传统饮片坚硬肥大、煎煮耗时麻烦、药材利用率低等问题,科研院所和药厂对传统饮片进行了研究试验,生产出"精制饮片",主要包括颗粒型饮片和微粉型饮片。颗粒型饮片是将中药材加工炮制后干燥、粉碎成一定粒径的颗粒或粗末,将其灭菌后用滤纸包装成不同的规格供临床应用。微粉状饮片是根据药材的不同性质及用药特点,将粉碎的颗粒或粗末采用超微粉碎、冷冻干燥、低温粉碎等技术加工制成。

4. 中药浓缩颗粒　中药浓缩颗粒是根据中药的性能特点,采用不同的提取方法,精制后加入适当的辅料生产而成,它既保留了汤剂的特点,又具备了成药的优点。定量独立包装,可直接用于配方。

二、中药饮片与中药质量

(一)饮片类型与中药质量

随着人民生活水平的提高及生活节奏的加快,用药观念亦不断更新。生活水平的差异及用药观念的不同,将会让传统的中药饮片、精制饮片、中药浓缩颗粒在相当长的一段时间内各有市场。目前,中药饮片占有较大的市场,饮片的类型直接影响中药的质量。

1. 饮片类型标准要求　按照中药饮片规格标准要求,中药材应依法切成固定的片型规格(片、段、丝、块等)。在片型规格方面如天花粉切成直块片,淮山药切成马蹄型,黄柏切成丝片,大黄切成块片,浙贝母成腰子形,"桂枝不落边,白芍如纸飞上天"等。这些传统的片型规格,充分显示了饮片文化的特点。《中国药典》要求,不同的药材根据厚度又分为薄片(厚1~2mm),极薄片(厚0.5mm以下),厚片(厚2~4mm),直片(厚2~4mm),斜片(厚2~4mm);丝分为宽丝(宽5~10mm),细丝(宽2~3mm);段(长5~10mm、10~15mm);块(边长8~12mm)。不同的传统片型切片很有讲究,也属于中药饮片文化的一种范畴。

2. 饮片类型的切片选择原则

(1)注意饮片的长度、宽度、厚度、粒度等: 在目前的《中国药典》中与很多省市炮制规范中只规定了饮片的厚度而未规定片型。一般来说,质地致密、坚实的药材宜用薄片(1~2mm);质地疏松,粉性大,易碎中药宜用厚片(2~4mm);纤维性强、黏性大的药材多选用斜片;皮类、宽叶类和质地薄的果皮类的中药宜切成丝状;全草类和形状细长、所含成分易煎出的药材宜切段。为了突出饮片的鉴别特征,或为了饮片外形的美观,或为了方便切制操作,可视不同情况选择直片与斜片,以增加溶媒与药材组织的接触面,加快有效成分的溶解速度。

(2)显示药材鉴别特征: 饮片应注意保持药材的切面专属性特征。如苍术的断面有明显的朱砂点,黄芪切面有黄色菊花心,何首乌生片有云锦纹,防己饮片有车轮纹等,美观而合理的片型规格能充分显示这些药材特点。很多药材经切片后各具特色,如川芎似蝴蝶、黄芪如柳叶、杜仲像骨牌。这些特征为饮片的识别和配方创造了有利条件,同时也很好地保留了中药的特色。

(3)饮片类型与中药质量关系: 饮片的类型是目前中药饮片质量控制指标之一。类型标准不统一,饮片的质量难以控制,难以确保临床用药的稳定有效。中药饮片类型选择合理,有利于有效成分溶出,能提高汤剂的煎煮质量。同一品种、同一厚度,因片形不同,其水溶性成分的溶出率是不同的,如湖南药检所对同一厚度黄芪的圆片、直片、斜片3种片形的溶出量作了比较,结果斜片溶出率最佳。

对黄柏等10种皮类中药饮片规格的类型进行市场调查,以水溶性浸出物为测定指标,结果表明,黄柏、厚朴、苦楝皮、桑白皮等的饮片规格类型应选择横切2~3mm丝片;合欢皮、秦皮可选择横切或纵切2~3mm丝片;海桐皮则宜切2~3mm纵丝;救必应选择5mm×5mm方块、横切或纵切2~3mm丝片均可;牡丹皮及白鲜皮的饮片规格类型应选用1~2mm薄片。并指出《中国药典》中合欢皮切块、白鲜皮切厚片,《广东药品规范标准》中黄柏切块,秦皮、苦楝皮、海桐皮、救必应、桑白皮等切段及厚朴切片等均欠妥。

目前市场饮片切制不规范,片不成片,节不成节,块不成块,超长与超厚现象较为普遍。市场上产地加工的品种如白术有的重达每片20g;鸡血藤片面积达每片120mm×80mm、熟地黄重达每片30g等。这些超大、超重的饮片不仅不符合中药饮片的要求,更影响有效成分的煎出。

中药的饮片类型不容忽视。饮片的大小、长短、厚薄均应根据临床用药的目的按要求进行切制。除严格按《中国药典》和各省、自治区《中药饮片炮制规范》的标准切片外,应对传统的饮片类型规格进行研究,制定药材的正确切片标准和开发不同药材饮片类型切制技术,吸取其中的合理部分,提高中药饮片的质量,保证用药的临床效果。

(二)饮片的加工炮制与中药质量

目前,中药市场上部分药材没有依法按操作规程对饮片进行加工处理,有的加工处理者,也没有按照要求如法炮制,甚至最基本的净制也达不到要求,因而影响饮片质量。

1. 饮片杂质 《中国药典》规定杂质有3种来源:来源与规定相同,但其性状或部位与规定不符;来源与规定不同的物质;无机杂质,如砂石、泥块、尘土等。有的加工厂或企业忽视净制,饮片杂质超标。在中药饮片中,前两者经常可见。如山茱萸中的果核,《中国药典》规定果核、果梗不得过3%,但在饮片中多达20%;《中国药典》规定山楂必须"除去脱落的果核",但在饮片中山楂约有15%脱落的果核;甚至柴胡中掺有有毒大叶柴胡等。由于忽视了净制,导致中药中毒的事件时有发生。

2. 辅料及用量 《药品管理法》规定"生产药品所需的原料、辅料必须符合药用要求"。而有的中药饮片加工厂在砂烫药物的炮炙过程中,润滑沙子使用的辅料是桐油而不是食用油;药物醋炙时使用的是不符合食用要求的简装大桶醋。某些蜜炙品的蜜用量是《中国药典》规定用量的3~4倍等。

3. 生品或炮制品 为了降低或消除毒副作用,缓和药性,增强疗效,便于调剂或利于贮藏保存药效,某些中药必须经过炮制后方可入药。根据医师处方,正确配给生品或炮制品。因此,中药饮片必须标明是生品或是炮制品。而在市场发现有些品种生品与炮制品不分,常常混淆,如生草乌、制草乌;生川乌、制川乌;大黄、酒大黄、大黄炭;栀子、焦栀子;何首乌、炙何首乌;生甘草、炙甘草;生半夏、清半夏、姜半夏、法半夏等。

4. 中药饮片的加工 中药饮片加工大多数局限在手工及半自动操作状态,各地加工方法也不尽相同。有的中药无饮片标准,有的加工厂缺乏有经验的专业药工,不按炮制规范标准操作,随意切成不符合要求的片型,严重影响饮片质量。中药饮片加工质量标准亟待制定,且应要求经检验合格后方可出厂。

5. 药名规范　不同的地区,同一中药有不同的别名、异名。为了更好地鉴别、规范中药饮片名称,应以《中国药典》名称为准。药房与市场常见的不规范名称有:山茱萸(枣皮);牛蒡子(大力子);大血藤(红藤);木蝴蝶(千张纸);肉苁蓉(大芸);狗脊(犬片);忍冬藤(银花藤);积雪草(马蹄草);天竺黄(竹黄);乌药(台乌)等。

(三)饮片的品种与中药质量

目前,中药饮片在全国各地相互调拨应用,一些因地区用药习惯不同及同名异物或同物异名的药材互有混淆,有些本来是地区习惯用药也变成了全国性用药。如:以木通入药的植物有5科10余种,以贯众入药的植物有5科30多种,有的将海南产土砂仁充当阳春砂;将小浙贝充当川贝母;有的将麻黄根与茎混用;将山茱萸的肉与核混用;有的将聚花过路黄充当过路黄。

饮片的鉴定主要采用传统的经验鉴别与生物形态特征相结合的方法,即看、摸、闻、尝、试法对饮片形状、颜色、表面、断面、质地、气味等进行鉴定,特别是对饮片颜色、断面、气味的鉴定,结合试法进行,可以比较快速地鉴定品种。

饮片的品种鉴定主要是横切面的鉴定,如根及根茎类药材的横切面观察皮部与木部的比例、维管束和射线的形状、形成层环等。对于药材横切面的特点,如"菊花心"(黄芪)、"车轮纹"(防己)、"朱砂点"(白术)、"云锦花纹"(何首乌)、"筋脉纹"(莪术)、"星点"(大黄)、"起霜"(茅苍术)等,药材在折断时有特殊的现象等专属性特征来鉴别饮片的真伪,以保证饮片品种的真实性。

(四)饮片的色味与中药质量

中药饮片的性状与中药质量的关系主要表现在颜色、气味方面。药材的颜色是判断其质量的重要指标之一。各种饮片的颜色因药材而不同,如丹参色紫、黄连色棕黄、石斛色金黄,如果饮片质量发生变化,色泽也会有变化。如大黄、黄连由黄变黑,槟榔、白芍曝晒泛红等色泽的改变都是质变的标志。又如薄荷、紫苏过于曝晒,就容易损失挥发油,引起香气减弱,影响清热解表的作用,所以薄荷要求保持其颜色碧绿,气味清香。凡是高温曝晒变色,加工或贮藏不当,引起化学成分发生了变化,药材将改变其固有的色泽。另外注意药材新鲜,含水适度,加工适当,则色泽好。

一些药材和含挥发性成分的药材,其固有药材气味的浓厚与稀少直接影响中药的质量。如广藿香气香,肉桂气香味甜辛辣,甘草味甜,鱼腥草气腥,如果药材味该甜而不甜,该苦而不苦,说明化学成分发生了变化,也是药材质变的标志。市场上还有的药材表面看来变化不大,品种鉴别也是真品,但实质上经过浸提后再加工干燥销售,这样的饮片属于劣质饮片。由于储藏不当,时间过久,都会引起药材的气味发生变化,应注意鉴别。

(五)饮片水处理标准与中药质量

水分是中药饮片霉烂贮坏的主要原因之一,控制饮片含水量可以保证中药质量,避免不必要的经济损失。目前,部分饮片含水量偏高,一是由于产地加工时未完全干燥,二是库房通风设备不好,均因储藏不当造成。《中国药典》对部分药材建立了含水量要求,如番泻叶的含水量要求不得过10.0%,矮地茶含水量不得过13.0%,槲寄生含水量不得过12.0%等。《中药饮片质量标准通则(试行)》对中药含水量限定了控制范围,如根、根茎、藤木类、果实、种子类、全草类、叶类、花类、皮类、动物类中药的含水量均应控制在7%~13%,藻菌类含水量为

5%~10%。各产地在中药材商品储存中应认真进行水分监测,并根据本地的实际情况灵活掌握,参照上述范围制定出所储存品种的安全水分含量。

饮片加工时水处理的方法应符合要求,一般根据药材性质和质地选用淋洗、冲洗、泡润等。如气味芳香、质地疏松、有效成分易随水洗而流失的选用不洗或淋洗,如当归、白芷、黄柏等;质地疏松,水易渗入的药材选用冲洗;质地坚硬,水较难渗入的药材选用泡润,如商陆、猪苓等。陈皮用微水渗,白芍采用传统的少泡多润的方法。水处理时一定要有度,否则有效成分易损失,含水量偏高,影响饮片的质量,达不到标准。

三、中药饮片的质量标准

《中国药典》对部分饮片建立了一些质量指标,包括切片要求、性状鉴别和含量测定。对含量要求,如薄荷叶在"炮制"项下规定,照含量测定项下的方法测定,含挥发油不得少于0.40%;紫草在"炮制"项下规定,羟基萘醌总色素以左旋紫草素计不得少于0.80%,含β,β-二甲基丙烯酰阿卡宁不得少于0.30%;赤芍含芍药苷不得少于1.5%等;干姜总灰分要求不得过5.5%。对切片的要求,如商陆:除去杂质,洗净润透,切厚片或块,干燥。对饮片的要求,如赤芍:本品为类圆形切片,直径0.5~3cm,厚0.3~0.5cm,周边棕褐色,切面粉白色或粉红色,皮部窄,木部放射状纹理明显,有的有裂隙。这些质量指标有效地控制了饮片的质量。

但是,中药饮片的质量控制标准在《中国药典》(2015年版)收载的品种中,绝大多数品种项下的"检查"、"浸出物"、"含量测定"三项检测指标在"炮制"项下无明确规定与要求,各省、自治区的炮制规范也没有及时修订,大多数饮片控制的是杂质,饮片质量的鉴定多为定性鉴别;也有人指出,某些炮制品建立了含量测定指标,但如果按照操作过程进行炮制,所测定的炮制品含量达不到要求。制定的指标问题值得商榷;因而不能确保中药饮片的质量要求,对中药饮片的质量标准必须进一步科学制定和完善。

(刘塔斯)

参 考 文 献

[1] 康廷国. 中药鉴定学[M]. 北京: 中国中医药出版社,2012.

[2] 张贵君. 中药商品学[M]. 北京: 人民卫生出版社,2008.

[3] 张广碧. 医药商品经营管理学[M]. 北京: 中国医药科技出版社,1999.

[4] 国家药典委员会. 中华人民共和国药典(一部)[S]. 北京: 化学工业出版社,2005.

[5] 兰英,阳春英. 浅谈划分药材商品规格等级的方法[J]. 中华现代中西医杂志,2005,3(6): 537.

[6] 付绍智,蒋用福. 药材商品品别规格与等级标准的探讨[J]. 中国现代中药,2008,10(8): 12-13.

[7] 陈康,徐必达. 10种皮类中药饮片规格类型初探[J]. 广州中医药大学学报,1996,13(2): 43-45.

[8] 周李刚. 对毒性中药管理的思考[J]. 中国药业,2007,16(8): 60-61.

[9] 万德昌. 对中药材等级规格问题的浅见[J]. 中国中医药信息杂志,2006,13(7): 9.

[10] 棘建萍,贺德奎. 人参的商品规格及种类[J]. 海峡药学,2001,13(增刊): 29-30.

[11] 姚志国,付艳秋,廉美丹. 中药饮片存在的问题及改进措施[J]. 时珍国医国药,2002,13(9): 552-553.

[12] 方叶萍,张俊生. 中药饮片片型规格与质量的关系[J]. 山东中医杂志,2002,21(9): 562-563.

[13] 张志国,殷剑. 中药饮片质量的现状与思考[J]. 中药研究与信息,2003,5(8): 13-16.

[14] 张成俊,周澜.浅述中药饮片的传统切制经验及其规格[J].时珍国医国药,2007,18(8):1960-1961.

[15] 操复川.浅谈中药饮片规格与汤剂质量的相互关系[J].四川医学,2000,12(21):1118-1119.

[16] 简先秀.对在中药材专业市场出售中药饮片问题的探讨[J].中国中医药信息杂志,1997,4(9):8-9.

[17] 于军平.中药饮片质量对临床疗效的影响[J].黑龙江中医药,2005,34(4):49-50.

[18] 何菊英.川产黄连规格等级与内在质量的关系[J].临床医学学刊,2008,17(8):56-57.

[19] 秦雪梅,漆小梅.不同商品规格三七药材的质量研究[J].中草药,1999,3(30):222-223.

[20] 张伟云,陈全成,侯集瑞,等.不同规格红参中皂苷的比较分析[J].中国中药杂志,2006,31(11):886-888.

[21] 袁诚,王华,彭碧云.不同规格枳实药材质量分析研究[J].中药新药与临床药理,2005,(4):276-277.

[22] 王伽伯,肖小河,张学儒,等.从大黄药材商品规格市场现状论中药材感官评价定量化研究的必要性[J].中草药,2010,41(8):1225-1230.

[23] 任守利,刘塔斯,刘宇婧,等.不同规格与等级商品天麻浸出物的分析[C].北京:第二届全国中药商品学术大会论文集,2010.

[24] 任守利,刘塔斯,林丽美,等.HPLC测定不同商品规格天麻中天麻苷与天麻苷元的含量[J].中国实验方剂学杂志,2011,17(15):55-58.

[25] 王伽伯,张学儒,黄明进,等.基于Delph法的大黄药材商品规格感官评价科学性研究[J].中国中药杂志,2010,35(19):25-29.

第十三章　本草与中药鉴定

本草是中国传统药物学的特称,中药以植物药居多,推本以草为主的药物,其学问就称之为本草。在医药发展的早期,人们记录下治疗经验,互相抄传。为了使这些经验更易于推广,撰写或抄传者在某些药物之下注明其别名、形态、产地生境,以便于运用,如长沙马王堆汉墓出土了我国已知最早的古医方《五十二病方》,书中记述有247种中药,就有个别药物的形态描述,如"毒堇堇叶异小,赤茎,叶从(纵)者,叶、实味苦",这些文字也是已知对中药形态最早的记述。随着历史的推移,药物不断增多,在医方书中简单注解药物知识的做法难以适应医药学的发展,于是出现了专门总结归纳药物知识的本草著作。药物的形态描述与真伪鉴别,从《本草经集注》开始一直是主流本草的主要内容。因此,通过本草学的研究,有助于澄清中药来源品种和依据传统经验对中药进行品质评价。

第一节　历代本草文献

中国的本草大致可以分为三大体系:主流本草、主题本草和地方本草。

一、主流本草

主流本草是指以《神农本草经》为核心,围绕这个核心不断进行扩充、增补、修正而成的本草。虽说宋代以前的本草书籍多已亡佚,但是我国古代的本草在发展过程中继承了一个优良的传统,即在引用前人所著本草著作内容时,均明确注明原出处。观看古代的主流本草,层次分明,可以清晰了解本草文献发展逐渐递进的历程。反过来说,因着后世作者遵古尊贤的写作体例,散失亡佚的古籍透过辑录幸得以保存重刊。

《神农本草经》总结了汉代以前治病用药的宝贵经验,载药365种,为我国现存最早的本草学经典著作。该书综述药物定义、配伍、药性、采药、制药、用药之理论及方法。书中也简单记述了一些药物的形、色、气、味等鉴别特征。亦创三品分类,将药物按其药性及烈性分为上品、中品、下品。原书已佚,明清以来有众多辑录本。

梁代陶弘景始对《神农本草经》进行整理,增补药物365种,共计730种,编纂成《本草经集注》。陶氏对《神农本草经》的内容用朱笔(红字)抄写,采用墨笔(黑字)记载《名医别录》的内容,自己的注说以小字写在药条之后,以示区别。该书对于药物形态与产地内容予以补充,并在序例中指出伪劣、混淆药物的现状与严重性:"众医都不识药,惟听市人;市人又不辨究,皆委采送之家;采送之家,传习造作,真伪好恶,并皆莫测"。

公元659年,唐朝政府组织编纂了《新修本草》。全书共54卷,分为正文、药图、图经三部分,载药850种,具有药典的性质。该书的体例源自《本草经集注》而又有所变动。其分类将《本草经集注》的草木、虫兽二部离析为草部、木部、兽禽部、虫鱼四部,药物的部居或排列顺序以及三品属性亦略有变动。该书增加的注释,用小字写在陶弘景注文之后,冠以"谨案"二字以示区别,新增药物的正文用大字墨书,其末注以"新附"两小字,以区别于《名医别录》。该书一大特色为图文并茂,首创《新修本草药图》(25卷)、《图经》(7卷),全部采用彩色绘图,可惜原书及图均亡佚,现存文字部分为后人辑书所得。

公元973年,宋朝政府组织编成《开宝新详定本草》,公元974年编成《开宝复位本草》,后世统称为《开宝本草》。该书全部保留《新修本草》的内容,连卷次、分类亦完全相同,同时把唐代官修本草未载或者此后产生的本草著作(如《本草拾遗》)的精华录取进来。该书增补药物134种,亦补充了很多注解,以纠正前人记述的错误。为适应早期的雕版印刷,《开宝本草》以白字(阴文)取代朱色,黑字(阳文)代表墨色,保留大小字(大字表示药条正文,小字表示注文),不同时代增补的内容用特定文字标记,如唐《新修本草》增补的药物,在其后缀以"唐附",开宝新增的药物缀以"今附",注解的文字则冠以"今按"、"今附"。

北宋嘉祐年间,由掌禹锡、苏颂先后主持编著完成了《嘉祐补注神农本草》(公元1057年,简称《嘉祐本草》)与《本草图经》(公元1062年)。两本著作为姊妹篇,前者重在文献资料,后者注重调查宋代的实际用药、辨药经验。《嘉祐本草》是在《开宝本草》的基础上扩充文献资料而成,共载药物1082种,新增99种。该书将引文出处的文字标记进一步细致化:所有属于《嘉祐本草》新补辑的资料,都冠以"臣禹锡等谨按"字样,其下再次第出示所引之文的名称。《本草图经》是在全国药物普查的基础上,由各地呈上写生药物图,加上国家所藏之本草图,统一改为墨线图雕版印刷的,为世界上第一部雕版的药物图谱。全书收载药物780种,新增药103种,同时在635种药物之下,附图933幅,特别一提的是,药图冠以地名。后世本草书沿袭或改绘此书药图者甚多,这对于考察宋代及其以前的药物来源具有重要的学术价值。

公元1108年,唐慎微完成《经史证类备用本草》(简称《证类本草》),收载药物1744种,是宋代最值得称道的本草著作。该书在合并《嘉祐本草》、《本草图经》的基础上,补充了大量的资料,集宋以前中国本草之大成。该书体例严谨,明示引文出处,不仅保留了《嘉祐本草》的全部出处标记,又把《本草图经》的药图放在每一种药最前面,凡是唐慎微增补的内容,其前均冠以"墨盖子",而从前人书中辑的药物则称"某某余",如"陈藏器余"则表示此药辑自陈藏器《本草拾遗》。现存有公元1108年宋大观二年校刊问世的《经史证类大观本草》(简称《大观本草》)、公元1116年宋政和六年校正出版的《政和新修经史证类备用本草》(简称《政和本草》)、公元1159年宋绍兴二十九年校定出版的《绍兴校定经史证类备急本草》(简称《绍兴本草》)三个版本流传,其中《政和本草》因并入了《本草衍义》,内容更加丰富。该书是宋代以前唯一一部保存完整的本草巨著,也是查阅宋以前本草数据的重要源泉。

公元1552—1578年,明代李时珍完成巨著《本草纲目》,于公元1593年初版印刷,载药1892种。全书以部为纲、以类为目,体裁新颖,各论以16部(水、火、土、金石、草、谷、菜、果、木、服器、虫、鳞、介、禽、兽和人)为纲,60类为目。各部大致按由低级到高级为序(即李时珍所谓"从微至巨"、"从贱至贵"),由矿物到植物,最后是动物。对于每一具体药条,采用"标名为纲,列事为目"法,即药名之下再将事(内容)分项解说,其事分八项:释名、集解、正误、修治、气味、主治、发明、附方。书中详述药名、产地、性味、形态、炮制等内容，文献资料丰富，达到中国古代本草的巅峰。

二、主题本草

主题本草是以记载某个特定主题为主的本草，主要有炮制、鉴定、食疗、药性等。这些本草虽然以记载某个特定主题为主，同时亦记载了涉及药物的产地、真伪、优劣的内容。

1. 以记载炮制经验为主 约成书于公元5世纪的《雷公炮炙论》，首次总结了前人炮制方面的记述和经验，是中国的第一部炮制专著。另外两部比较著名的炮制专著是明代缪希雍的《炮炙大法》和清代张仲岩的《修事指南》。2002年发掘出的绘制于1591年的彩绘《补遗雷公炮制便览》为研究古代炮制工艺提供了重大的参考。该书共14卷，配有精美彩图1193幅，其中包括罕见的219幅炮制图。原14卷共载药物957种。今实存卷首及正文13卷，药物928种。每个药物的内容大致可以分成3部分：首为大字部分，介绍药名、味、性、良毒、功效主治、出产、形态、别名等，其文字主要节引自《证类本草》；次为"雷公云"，下为小字，摘引《证类本草》中所引的"雷公云"条文；最后为"歌曰"，小字，以七言歌诀四句或八句，再次归纳药物的性味功能。

2. 以记载鉴别经验为主 如明代寇宗奭撰写完成的《本草衍义》，他以自身丰富的经验，对于药材真伪鉴别加以点评，寇氏后被加封"添差充收买药材所，辨验药材"一职。明代另外一本关于鉴别的著名本草为李中立撰绘的《本草原始》，这是本草历史上最富有特色的药材经验鉴别专著，全书共12卷，有图426幅，载药508条。该书的特色为药图以药材作为绘图对象，而非表现药物基原的全貌。清末民初的《增订伪药条辨》是专论药物真伪优劣的专著，在药学史上有其重要位置。此书原作者为郑奋扬，字岩肖，闽县人；增订者为曹赤电，字炳章，鄞县人。原书无刻本，由曹氏增订后方刊行。作者曹氏注意到药物由于产地、采收季节等因素的影响，造成品质优劣不一，临床效果也大有差别，因此书中对药物优劣多有论述。

3. 以介绍食疗为主 唐代孙思邈在《千金方》中立"食治篇"专论，是我国现存最早的食疗专著。篇中指出："凡欲治疗先以食疗，即食疗不愈，后乃用药尔。"李时珍的《本草纲目》将之引为《千金食治》。唐代孟诜撰写《补养方》，在此基础上，经其弟子张鼎增补后命名为《食疗本草》，是一部专门讲述食物疗法的专著。

元代蒙古族人忽思慧所撰写的《饮膳正要》亦是著名的食疗著作，具有鲜明的蒙古族特色。作者曾担任饮膳太医之职，"将累朝亲待进用奇珍异馔，汤膏煎造，及诸家本草，名医方术，并日所必用谷肉果菜，取其性味补益者"集成此书。

4. 以论述药性为主 以记载医家临床用药经验为主的著作流行于唐宋年代，当时著名的著作是《药性论》和《日华子诸家本草》。《药性论》4卷，这是一部不知道著作年代、作者，主要谈论药物性味、君臣、主治功效的临床药学书，《嘉祐本草》开始引录其内容。《日华子诸家本草》，亦简称为《日华子本草》，其著作年代和作者有争议，《嘉祐本草》记载是宋初开宝时四明人撰，尚志钧考证认为日华子是五代吴越国（公元895—978年）四明人。该书记载了大量的临床药学知识，很多药物功效主治至今仍然采用，如木通下乳等。

金元时期的临床药学代表著作《汤液本草》，为元代王好古（公元1200—1264年）所著，书中收载了242种药物，引用了很多金、元医家的论药之言，反映了当时的药物功效主治。

明代缪希雍著的《神农本草经疏》（1642年）是作者依据药物的气味厚薄、形、色、归经，结合中医理论和他个人的临床经验对药物的功效进行了解释，并十分注重药物实际的临床效用,每味药物分经文、疏、主治参互、简误记载。

明代卢之颐所撰的《本草乘雅半偈》(1647年)从药物名称、生态、性状方面,并结合《黄帝内经》《伤寒论》《金匮要略》以及个人经验探讨药物的功能主治,每味药物分气味、主治、核、参记载,其中"核"是考订药物基原相关内容,"参"是讨论药性和功能主治。

清代关于药性讨论的本草众多,主要是阐释《神农本草经》中的药物功效主治,如陈修园的《神农本草经读》、徐大椿的《神农本草经百种录》、邹澍的《本经疏证》、周岩的《本草思辨录》等。除了上述著作外,清代十分流行的本草还有汪昂的《本草备要》,该书卷首为药性总义,统论药物性味、归经及炮制,内容分草、木、果、谷菜、金石水土、禽兽、鳞介鱼虫、人、日食菜物等,共收常用药物478种,主要论述药物的功效主治,被认为是初学者必备之本草。公元1757年,吴仪洛在《本草备要》的基础上改编著成《本草从新》一书。该书收载药物720余种,每药论述其性味、主治、功用、辨伪、修治等。

三、地方本草

地方本草是指古代记载某一特定地区使用的药物本草书籍。

西晋嵇含在306年撰成的《南方草木状》,主要记述岭南交趾珍稀植物,少数涉及大秦等外国所产如熏陆香(乳香)等进口药物,是我国和世界公认最早的地方植物志。

公元1220年成书的《履巉岩本草》,属于南宋时期的一部地方性本草,该书收载的是临安(今杭州)慈云岭一带的药用植物,为一部民间草药图谱,也是现知存世最早的地方彩色本草图谱,现仍可见明代抄本。该书收录206味草药,绘图精美俊逸。

著名的地方本草《滇南本草》,约成书于十四至十五世纪,由明代医药学家兰茂所著。因记述云南地区药物,故以"滇南"命名。作者深入民间,采集草药,为民治病,收集民间防病治病的经验,历时20余年编撰而成。该书比李时珍的《本草纲目》早100多年,是我国现存最早的较为完善的地方性本草专著,具有鲜明的民族医药特色及地方特色,在云南影响甚广。

明朝佚名氏《草药便览》是一本罕见的地方草药书,原藏日本国独立行政法人国立公文书馆内阁文库,为国人所不知,后由郑金生等发现其附载于《医方捷径》作为中卷,经考证认为应是独立的一本反映中国南方,可能是广东、福建一带的地方本草。该书载药248种。各药内容虽然很简单,但却有许多药物不见于同时代的李时珍《本草纲目》所载。其中的草药名称、排列方式、功效及病名等,都很有地方特色。该书各药仅出一药名,其下简述其功用,偶尔介绍其异名。每药内容只有一行,简述其性及功效主治。别无形态描述,亦无图形。《草药便览》经郑金生校点,见载于《海外回归善本古籍丛书》第10册(人民卫生出版社,2003年)。但是,该书所载药物的本草考证尚未进行,大有研究余地。

就地方而言,关于巴蜀和岭南这两个地区的本草较多,因前者草药资源丰富,后者当地人有使用草药治病的习惯。

记载巴蜀地方草药为主的本草主要有三部,分别为:

清朝《天宝本草》:全书合计收载草药189味。全书分药性赋与药性歌两大部分,药性赋按寒、热、温、平四性,用骈文体裁写成。药性歌则以歌诀形式记述草药的药性、功能、主治。

清朝《分类草药性》:为清代另一部四川地方本草,该书不著撰写人,可能经多人将民间医生经验多次汇集而成,非一人之作。全书分上、下二卷,共收载药物400余味,所谓分类者,系依次按药名字尾或字头归类,即按药名首字或药名末尾一个字分草、藤、风、根、头、皮、叶、花、子、香、莲、椒、麻、龙、箭、石、菜、蒿、角、衣等类，药名字尾或字头无一定规律者，则统纳入杂类。这种分类法与明《草药便览》基本相似。本书所载433种草药，均系四川常用的民间草药，其药名、病名、治验都反映出四川的地方习俗。

清朝刘善述《草木便方》：为反映四川东部民间用药的地方本草。全书共四集，前两集为草药性，共收药物508种；后两集为草药方，分8部125门，方剂约700个。由于本书所收药物广泛易求，所载方剂简单有效，故百余年来，民间草医辗转传抄，至今未泯。

记载岭南草药为主的本草亦主要有三部：何克谏的《生草药性备要》（公元1711年）、赵其光的《本草求原》（公元1848年）和萧步丹的《岭南采药录》（公元1932年），其中以《岭南采药录》内容最全，流传最广，最具影响力。该书出版于1932年，1936年刊行再版，系统总结自清代以来岭南医家运用草药的经验，全面搜集两广地区生药576味，且多为《本草纲目》所未收载的当地特色草药，一些草药至今在岭南民间包括香港仍有广泛的应用，如用作煲汤的霸王花、木瓜等，用于制作凉茶的岗梅根、鸡骨草、田基黄、火炭母、破布叶等。书中多数草药均列有药名、别名、植物形态、入药部位、性味主治及详细的用法用量等。20世纪50年代，香港庄兆祥医生曾对该书进行考订后出版，名为《增订岭南采药录》。此后，香港学者关培生在《增订岭南采药录》的基础上又进行了考证和修订，在2003年出版了新的《岭南采药录》。

近代药物学家陈仁山于1930年编著出版《药物出产辨》。该书收载药物763种，多数为广东地区的药物，具有鲜明的地方特色。书中对每个药物产地记载十分详细，重视药物的道地产区。

20世纪70年代初，全国各地曾经兴起过中草药群众运动。这个时候，全国各地包括地区级、县级都相继出版了地方中草药手册。从某种意义上讲，这些地方中草药手册是地方本草的延续。《全国中草药汇编》正是在此基础上应运而生的，是我国民间用药经验的一次大总结。

此外，《玉龙本草》《晶珠本草》《月王药诊》《四部医典》《甘露八部》《药性广论》《蓝琉璃》《彝药本草》等民族地方本草，因语言、用药理论和习惯比较特殊，属民族药物学的范畴，另当别论。但是这些民族地方本草亦记载了每个药物的来源、产地、生境等内容。

四、其他本草

除了上述的主流本草、主题本草和地方本草外，还有其他一些重要的本草著作，如《海药本草》《救荒本草》《本草品汇精要》等。

公元907—925年，五代前蜀李珣撰写《海药本草》。该书共有6卷，收载药物124种，大多数来自海外，或自海外移植于南方。该书所记药物产地40余处，以中国南方及海外地名为多，少数是中国内地州县名。海外产地除南洋、西域外，也包括一些东方国家，如新罗、日本等。该书的一个主要特点是收载了50多种的香药。

公元1406年，明朝朱橚编撰《救荒本草》。该书载药414种，皆为救荒植物，书中插图最具有写实性，具有很高的考察药物来源的价值。文字部分主要包括其出产、苗、叶、花、子、性味和食法的内容。

公元1505年成书的《本草品汇精要》，是明代的一部官修本草，书中共收载药物1815种。该书的主体内容仍然是《证类本草》，但其体例已将宋代及其以前主流本草层层包裹式分为分项记述，其中将"道地"单列以示药物的产地。但成书后不久（弘治原本），因孝宗帝卒死，主编刘文泰等人受牵连被治罪，该书存内府未获刊行，后惟以抄本流行。

公元1565年,明朝陈嘉谟完成《本草蒙筌》的撰写。全书分为12卷,另有卷首一卷,载药742种,分草、木、谷、菜、果、石、兽、禽、虫鱼、人十部。首卷后为总论。在总论中,设立17个小标题:"出产择地土""收采按时月""藏留防耗坏""贸易辨真假""制造资水火""治疗用气味""药剂别君臣""四气""五味""七情""七方""十剂""五用""修合条例""服饵先后""各经主治引使""用药法象"。该书讨论了野生家种、道地药材、采收最好季节和最佳药用部位、贮藏保管方法、真伪优劣鉴别、炮制方法、配伍宜忌、组方的应用等问题。

公元1765—1803年,清朝赵学敏编写了《本草纲目拾遗》,收载药物有正品716种,附品205种,总计921种,较全面地总结了清朝以前的药物。该书主要记述药物的产地、性状、性味功效等内容。中国历代主要本草学著作,见表13-1。

表13-1　中国历代主要本草学著作

书名	年代	著者	简要说明
神农本草经	汉	不详	载药365种,分上、中、下三品,每药项下记述有性味、功能与主治,原书已失传,现有多种辑本
本草经集注	南北朝梁代	陶弘景	载药730种,原书已失传,现仅敦煌石窟有陶氏集注序录残卷。对《神农本草经》收载药物原有的性味、功能与主治有所补充,并增加了产地、采集时间和加工方法等内容
新修本草	唐显庆4年(公元659年)	苏敬(苏恭)等22人	载药850种,原书54卷,现存残本10卷,补辑1卷。为我国第一部官修的药典。该书将以往本草所载的药物就品名形态之真伪,产地之异同,及采集气节之变异等方面,详加勘校辨正,并广为征集增修而成
本草拾遗	唐开元27年(公元739年)	陈藏器	新增400种药物,包括序例1卷、拾遗6卷、解纷3卷。原书已失传
开宝本草	宋开宝6年(公元973年)	刘翰、马志等9人	新增134种药物,共载药984种。原书已失传
嘉祐本草	宋嘉祐3年(公元1057年)	掌禹锡等	载药1082种,原书已失传
本草图经	宋嘉祐8年(公元1062年)	苏颂等	载药780种,考证详明,颇有发挥,但图与说有不相符处。原书已失传
证类本草	宋大观二年(公元1108年)	唐慎微	载药1744种,增药500多种及大量单方
本草衍义	宋政和6年(公元1116年)	寇宗奭	补充《嘉祐本草》《本草图经》的释义,发明颇多
救荒本草	明永乐4年(公元1406年)	朱橚	载药414种,皆为救荒植物,配有绘图,著其出产、苗、叶、花、子、性味、食法,详明可据
本草品汇精要	明弘治18年(公元1505年)	刘文泰等人	载药1815种,配有精美的彩色写生图1358幅。每个药物下单列"道地"项
本草纲目	明万历21年(公元1593年)	李时珍	载药1892种,附图1109幅。全书以部为纲、以类为目
本草纲目拾遗	清乾隆30年(公元1765年)	赵学敏	收载正品药物716种,附品205种,为《本草纲目》未载的药物

五、历代医书中的本草文献

本草与医书有着紧密的联系,很多本草著作的作者本身就是医家,古代的医家多数亲自采药,在医疗活动过程中积累了丰富的用药经验,也掌握了第一手的药学资料,因此发掘医书中的本草文献十分重要。

公元682年,唐朝孙思邈完成撰写《备急千金翼方》。原书30卷,卷1"药录纂要",分为四篇,分别为"采药时节""药名""药出州土""用药处方"。其中"药出州土"列出唐朝13个州、133道出产的药材。卷2至卷4介绍了837种药的主治,卷14介绍种造药物的方法,其中包括枸杞子、百合、牛膝、合欢、车前子、黄精、牛蒡、商陆、五加、甘菊、苜蓿等的种植法。

公元1075年,宋朝苏轼和沈括撰写的《苏沈良方》成书。原书共8卷,其中卷1收载有多篇药论,如苍耳说、记苍术、论细辛、论苏合香、论山豆根等。这些药论多从植物形态出发,进行品种鉴定与考证,并指出混用、误用的原因。如论漏芦"今方家所用漏芦,乃飞廉也。飞廉一名漏芦,苗似苦芙,根似牛蒡,绵头者是也,采时用根。今闽中所用漏芦,茎如油麻,高六七寸,秋深枯黑如漆。时用苗,本草自有一条,正谓之漏芦。"

公元1150年,宋朝刘昉撰写《幼幼新书》。原书40卷,其中卷2"叙修合药第六"篇,论述炮制的重要性以及分两的标准,卷40本草,收载171药,分玉石、草、木、人、兽、禽、虫鱼、果、米、菜等十部分。

公元1575年,明朝李梴完成撰写《医学入门》。全书7卷,并卷首1卷共8卷,其中卷2分上、下卷。卷2、卷3为本草内容,对本草划分为7大类:治风门、治热门、治湿门、治燥门、治寒门、治疮门、食治门,收载药物753种。

公元1622年,明朝名医缪希雍撰写《先醒斋医学广笔记》,其中"炮炙大法"篇介绍了439种药物的制法,并注意比较药物的真伪优劣。

公元1707年,清朝钱峻青撰写《经验丹方汇编》。卷首"贸药辨真假",介绍了56种药物的真伪鉴定,作者指出"医药贸易多在市家,辨认未精差错难免","凡药必选原枝切片方妙,若现成切片者,恐真伪高下难辨"。

公元1754年,清朝李文炳撰写《仙拈集》。原书4卷,其中卷首"药要辨真假"篇,收载有人参、茯苓、阿胶、川连、陈皮等71药的鉴别方法,多为感官鉴别方法。

公元1792年,清朝唐大烈撰写《吴医汇讲》。该书多为用药之论,包括辨别真伪、产地、用药法等。如辨郁金之误篇,"郁金一物出于川产,野者色黑不可多得,其川中所种者皆系外白内黄,即今人误呼为姜黄子者也。"

公元1827年,清朝德丰撰写《集验简易良方》。原书4卷,其中卷3"草药图经"载有60种药,多为俗名,每药一图,叙述其别名或本草正名、形态、性味、主治等,如"鱼秋串又名水蜈蚣,本草名水菖蒲,能通九窍,开心窍,四季有之。"又如"龙头草即寸八节,又名龙牙草,又名黄花草。凡生必有双根,有五叶、亦有七叶者,四季长有。黄花草性能治吐血症;龙头草性治瘰疬症要药,味温无毒。"

公元1900年,丁肇钧撰写《见症知医》。原书6卷,其中卷六"药真病假"列出牛黄、熊胆、蟾酥、硫黄、夜明砂、土鳖、珍珠七药的真伪鉴别方法。如熊胆,"熊胆类人,左食管,右气管,难得其真而全者。土人所得,以灰面混入,则一分可做二三分,以要重价,故真者甚难。真胆乃眼药中之秘宝,点舌丹内之神丹。有诀云:身似琵琶色似漆,天时炎燥软且湿。务求双管管生珠,方是人熊身上的。"

医书中的本草文献与本草专著有着密切的关系,各具特色、相互补充。对医书中的本草文献进行考察和整理,有助于全面考订药物的基原。

除了历代本草文献、医书文献外,其他经史、地方志、笔记、诗赋、佛书、道藏等书亦有记录药物的资料。如唐朝欧阳询的《艺文类聚》中的草、宝玉、百谷、果、木、鸟、兽、鳞介诸部,引录了大量的汉魏六朝诗赋,当中有不少对药物产地、形态、功效的描述;北宋时代著名科学家沈括的《梦溪笔谈》中对药学的论述也非常突出。

地方志是一定历史时期特定地区的社会和自然各方面纪实文本,是国家自然科学史料、社会科学史料的渊薮,也是中国医药学史料的宝库,现在尚未充分发掘利用。地方志为我国古代文化的一大遗产,现存的地方志里面,特别是有关民俗与物产的记述尤丰,实为本草学研究的重要参考资料。参看地方志,对于了解天然药物资源的历史,道地产区的变迁都将大有裨益。一些药物在本草中记载并不具体,但在地方上作为土产、土贡则有翔实的记载。

中药鉴定是保证药物安全有效的一个核心前提。在浩如烟海的历史文献中,充分发掘和利用这些文献记载的信息,可以更好地解决药物基原的考订。

第二节　本草插图的演变

一、唐朝的本草插图

唐代《新修本草》是我国第一部大型图文并茂的本草著作,它不仅在药物鉴别历史上,而且在整个本草史上都是一个重大的贡献。可惜到了宋代,该书的药图和图经已丧失殆尽。在主流的本草著作中,《新修本草》首创《药图》(25卷),这些作为官修本草的辅助图是由彩色绘制的。当时北宋还有残存的唐明皇李隆基御制的《天宝单方药图》一卷,该书亦为唐代图文并茂的实用药物图谱。经郑金生教授考证《本草图经》中至少存有该书六味药的条文及三幅药图,其中三幅药图为水英图、丽春草图和紫堇图。

二、宋朝的本草插图

尽管唐代所创的药图失传,但唐代"取诸般药品,绘画成图,及别撰图经等,辨别诸药,最为详备"的这一做法被宋代的医官所承袭。《本草图经》是中国本草历史上第一部版刻的本草图谱。该书大部分药图来自写实,并尽力全面表现药物基原(原动、植、矿物)形态,一些原植物的插图由于被压缩在一个小图上而失去了正确的比例。从药图名称所冠地名来看,分别来自全国150个州、军,是从当时各地所上"绘事千名"中遴选出来的。药图是据各地实物绘的,形态描述是由各地送上的原始描述,因此能真实地反映原药物形态。每幅药图均注明产地,给用药者亦提供了道地药材应用的范围。相应的药图说明文的内容很丰富,讨论药物产地、生长环境、药物形态、性状、鉴别、主治、功用、附方,并把药物鉴别与功用结合起来讨论。其中以药物形态叙述最为详细,不论动物药、植物药、矿物药,在形态上均有较详细的说明。尤其对植物形态,描述更为细致。一般先言产地,后言何时生。对全植物用约多少寸、尺、丈许,说出植物大致高低,给人以形象的概念。许多植物的描述基本反映出植物形态特点。以类比的方法,描述苗叶类似于什么植物。花的颜色、形态和果实形态等均用习见的植物加以类比。对植物各部描述亦很详细。例如在对叶的描写时,注意到牛膝、白芷、黄芩的叶着生方式为对生,桔梗"叶似杏叶而长椭,四叶相对而生";五加皮"每叶下生刺,叶五出如桃花";贯众"叶绿色似小鸡羽"等。又如对花、花序、果实的描写用了较丰富的术语,像穗(五加皮、升麻)、丛(泽泻)、花瓣(射干)等。

《本草图经》亦详尽地记叙了药材鉴别的内容和方法,其中很多今天仍在沿用。描述药材形状时多采用类比,生动而形象,并给出大约尺寸。如黄连"根若连珠";丹参"根赤大如指,长尺余,一苗数根";甘草"根长三四尺,粗细不定,皮赤色"等。注重观察药材的颜色,如使君子"其壳青黑色,内有人,白色";地榆"根外黑里红似柳根";蚤休"根似肥美,皮赤肉白";苦参"根黄色,长五七寸许";虎杖"根皮黑色,破开即黄";升麻"紫黑色,多须"等。对药材的表面特征亦有详细描述,如骨碎补"引根成条,上有黄毛及短叶附之";白头翁"近根处有白茸,状似白头老翁";胡黄连"干则似杨柳枯枝,心黑外黄";三棱"其体态坚重,刻削鱼形",枇杷叶"背有黄毛,阴密婆娑可爱";羚羊角"有节如人手指握痕"等。此外,书中还对药物的真伪鉴定、优劣评价进行了记载,如黄芪"今人多以苜蓿根假作黄芪,折皮亦似锦,颇能乱真";乌梢蛇"作伪者用他蛇,熏黑,亦能乱真,但眼不光耳";牛黄"今人多伪之,试法使揩摩手甲上,透甲黄者为真"。熊胆"取一粟许滴水中,一道若线不散者为真";甘草"有数种,以坚实断理者为佳";木香"以其形如枯骨,味苦粘牙者为良";枳壳"皆以翻肚如盆口状,陈久者为胜"等。综上所述,因此该书对药物基原的考订、混乱品种的澄清、药物真伪的鉴别等,均有实用价值。

《证类本草》的图谱来源于《本草图经》。现存《证类本草》主要版本中,所附药图数量各本不一。其中《大观本草》存922幅图,《政和本草》存933幅图,《绍兴本草》残本存801幅图。各种刊本《证类本草》所载的药图互有差异。表现为形状大小不一,绘画线条粗细不一,药物基原全貌(如植物的根、茎、叶、花、果之间比例)不一。有些刻本,还存在图名误置现象。从各种刊本所附药图质量来看,以晦明轩刊刻《重修政和经史证类备用本草》(以下简称《政和本草》)所附药图最佳。

南宋时期的彩色本草著作《履巉岩本草》存图202种,作者王介是颇有名气的画家,其所绘的植物图十分精美,且注意按实物比例绘图,很多凭借其图形就能鉴定出绝大部分植物的科属和种类。

三、明朝的本草插图

《本草图经》之后,很多本草著作都附有墨线图。《救荒本草》的版刻本草插图具有写实性,作者朱橚从农夫、山民那里购买400多种可用于荒年度饥的植物苗木,种植在一个园圃中,亲自观察植物的生长,待其成熟后,召画师写生绘成。该书414种植物图中,除138种图取自前代本草之外,当中亦有参考应用《本草图经》中的药图,其余276种均属于原创。

《本草纲目》有3个不同系统的图版,金陵本附图二卷,为原版正本,杭州本(即钱蔚起本)与合肥本(即张绍棠本)均附图三卷,其中杭州本是第一次改版,合肥本则为第二次的大改动与大换图。我国生药学家谢宗万教授对3种不同系统图版进行了详细比较,并通过对不同版本的考察,认为金陵本《本草纲目》是所有不同版本中最有价值的版本,杭州本与合肥本在不同程度上对金陵本作了大量的改动和重绘,存在很多失真之处。

金本附图由李时珍的儿孙编辑绘制，金本系统的附图一般只分上、下两卷，总计1109幅图。金本系统的图形虽粗糙简略，但往往能较好地示意药物基原的主要特征。大部分是写生图，较能体现李时珍的原意，反映明代用药的品种。采用金本附图的若干版本主要流行于明末清初，但后因连年战火，典籍损失很大，很快被杭州本取代。公元1640年，杭州本对金本附图进行了第一次全面改绘，卷数也改为上、中、下三卷，版图统一为每页四图。计有药图1110幅，比金本增加"藤黄"一图。该版改绘的药图达到850余幅，其中84幅图因内容全变，导致药物品种改变，甚至无法鉴定药物来源。改绘后的药图线条较为流畅，版面美观，但严重失真。合肥本对《本草纲目》图文均作了改动，并以杭州本图版为基础的，但同时参考了金本系统的药图，以及明《救荒本草》和清《植物名实图考》的药图，合肥本仿绘杭州本的图有646幅，部分修改的379幅，严重改换的有85幅，另增加了药图12幅，药图总数达1122幅。因此，在考证《本草纲目》所载药物的品种方面，绝不能以杭州本与合肥本附图版为依据。

《本草原始》中有药物插图379幅，这些插图放弃了以往本草著作所注重表现药物基原的做法，改以表现药用部位（原药材）为主的插图。该书的图文均由作者李中立亲自完成，插图直接附载于各个药物的正文之中。作者立足于观察药物的实际形态，按实际所见绘制药图，不仅画出了各个药物的原药材准确形状，还有时用文字在图旁指示鉴别特征，或者表现药材的断面，展示药材内部的特点。同时，该书插图据当时商品药材实物写生而成，并首次采取既绘正品，又绘伪品的对照方法，并加以图注，区分药材真伪，后世临床药书多沿袭此书的药材图。因此，该书在药物鉴别上具有显著的参考价值。

明嘉靖年间陈嘉谟《本草蒙筌》也绘有28种药材图，但该书其他药图均转自《证类本草》。同样，明末倪朱谟的《本草汇言》（公元1624年），为节要性本草，附图约530幅，药图集中于各卷首，大多数为药材图，多摘取自《本草原始》、《本草纲目》或《证类本草》等书。因此，这些本草插图的参考价值甚微。

除了墨线图外，明代也出现了很多彩绘的本草插图。《本草品汇精要》共有插图1367幅，是第一本附有彩绘插图的官修本草，插图工笔重彩，色彩艳丽，具有宫廷画派构图大方严谨的气派。画师们根据宋《本草图经》墨线图再敷色仿绘达到699幅，新增药图668幅，其中338幅精美的动、植新增药图以写生居多，果物、禽兽鱼虫等日常生活中可见药物的绘图，甚是惟妙惟肖。此外，新增图中有不少部分是制药图，如修治玄明粉等。同时不少图增添了背景，以便表现药物的生长环境和采收、加工等相关内容。需要指出的是，该书还有百余幅根据文字或想象绘制的虚假药图，这些脱离真实"创作"出来的插图容易对后世用药种类产生误导，需要仔细甄别。

明代宫廷画师的后续之作还有近年陆续发现的《食物本草》和《补遗雷公炮制便览》。《食物本草》的文字为明正德年间卢和所撰，共4卷，有彩绘图492幅，文中凡有名者均配一图，其中仿绘《本草品汇精要》之图213幅，新绘的279幅图中，有42幅属于辅助图，其中基于想象力绘制的水类图有33幅。该书因药学知识的缺乏，很多图存在严重错误或根据文字甚至自我想象绘制而成。因此，从本草学术角度看，该书的学术价值非常有限。

《补遗雷公炮制便览》从《本草品汇精要》弘治正本仿绘的药物形态图、辅助图达800多幅，其中完全相同的有26幅。该书的最大特色是新绘了200余幅药物炮制图，展示了当时所用的切药刀、柞、臼、研钵、锅、灶、坛、罐、竹篓等炮制工具和设备，以及众多炮制的场景，为炮制研究提供许多新的素材。除新绘的炮制图外，该书还有74幅《本草品汇精要》中没有的药图。这些药图有的是《本草品汇精要》虽有药图,但《补遗雷公炮制便览》未加摹绘而重新绘制的,有些则是《本草品汇精要》以及明以前本草从来没有过的药物形态或者示意辅助图。如《本草品汇精要》中的青葙子与该书中的同名图全然不一,《炮制》绘的是白鸡冠花;郁金香在《本草品汇精要》绘的是草,《补遗雷公炮制便览》绘的是树。这些新绘的药物形态图为研究当时用药品种提供了新的材料。

明末还有一本彩绘的《本草图谱》,存两册,其一载植物药15种,另一册载禽类15种。每药文图两页,右为彩图,绢本,左为图说,纸本。该书工笔重彩,刻画精细,为少见之精品。可惜原书残缺,未能看到全貌。

四、清朝的本草插图

清朝的本草插图数量不多,比较著名的是清末吴其浚的《植物名实图考》(公元1846年)。《植物名实图考》不算本草著作,但其中含有的药用植物非常多。该书有图1805幅,其中近1500幅图是写生得来,只有300余图是从《本草图经》《救荒本草》《本草纲目》(杭州本)等书中转录而来。书中绘制的植物图不仅源于实物,而且大多数能突出植物鉴别的特征,同时讲究绘图的比例,具有很高的学术价值。

清朝本草著作的插图多为转录前人本草中的插图,如公元1665年,郭佩兰撰写《本草汇》中附有的208幅药材图,绝大多数也是抄绘前人本草原有图。当然,亦有具有原创性版刻本草插图的著作,如公元1782年,琉球人吴继志撰写的《质问本草》,该书计内、外篇各4卷,附录1卷。书中取材多为东南沿海一带的植物,写生精绘成图。现有日本天保八年(公元1837年)精刻本及日本写本。还有公元1827年莫树蕃撰写的《草药图经》、1870年刘善述撰写的《本草便方》等。这些原创性版刻本草插图虽然简陋,仍然具有重要参考价值。

本草图属于科学绘图,讲究形态准确,能表现药物特征。一幅精确的药图,往往可以弥补文字记载的缺略。本草著作中墨线写实的药物插图对于考察药物来源具有很高的参考价值,而宋、明时期出现的彩色本草插图,除了有非常精美的写实本草插图外,也出现了很多艺术本草插图,尽管展示了与本草相关的采集、炮制、相关民俗与传说等许多方面的内容,但是对于考证药物来源品种的参考价值不大,需要甄别和筛选。在考证本草药物基原的工作中,本草药图的考察一般能起辅佐参考作用,尤其是当文字表达不完备时,则药图就具有关键性的作用,因此需要重视本草著作的插图。

第三节 中药品种本草考证的思路与方法

一、中药品种本草考证的重要意义

中药鉴定的核心是鉴定和研究中药的品种和质量,同时寻找和扩大新药源是中药鉴定学科的重要研究内容。考证并从而确定历代本草中所收中药材的原植(动)物品种,不仅对如实反映用药的历史事实,研究不同历史时期药物品种的变迁情况有所帮助,而且对于正确地继承古人药物生产和临床用药经验有现实意义。

1. 有助于确定药物正品,明确混淆品种产生的原因 历史上某一药物品种并不都是单一的,固定不变的。一般来说,疗效较好的或产量大、容易获得的品种会后来居上,但也有各种原因造成的替代品种、混淆品种、以伪充真、同名异物现象。同样地,中药的药用部位也存在着变化。中国幅员辽阔,气候多变,植物种类丰富,也因地而异。加之古代交通不便,医家就地取材,形成很多地方习用或替代药物品种。本草文献亦众多,由于早期本草对药物基原的描述很不全面,以及由于著者囿于所处的地域和见识,对某些药物基原的考订未必完全正确,致使不同的本草著作或本草的不同版本对同一药物的记述有所不同,出现不同的药物来源品种。运用本草考证方法研究中药材复杂品种,是以历代本草为依据,探讨药物的历史渊源,从而正本清源,明确中药正品、地方习用品、其他异物同名品及伪品的性质和界限,以达到维护临床用药安全、有效的目的。如辟虺雷与朱砂莲,学者邬家林在考证朱砂莲的过程中,深受《本草纲目》的启发。《本草纲目》(草部13卷)"辟虺雷"项下,除沿引《证类本草》的文字之外,指出:"此物辟蛇虺有威,故以雷名之。今川中峨眉、鹤鸣诸山皆有之,根状如苍术,大者若拳。彼人以充方物",怀疑此种峨眉方物辟蛇虺就是现今峨眉山著名草药朱砂莲。后来考证四川地方本草《分类草药性》莲类记载:"朱砂莲一名透水雷,内黄赤色,味大苦,治跌打损伤,痧气痛,牙痛。吐血要药。"经过比较推敲,认为《分类草药性》的"透水雷"一名可能就是《本草纲目》"辟虺雷"的讹称。后来进一步理清了朱砂莲的本草传承关系和其原植物的分类,发现了马兜铃科新种朱砂莲*Aristolochia cinnabarina* C.Y.Cheng et J.L.Wu,明确了辟虺雷的来源品种。近年频发的中药"马兜铃酸"事件中,就有未遵本草记载的原因,如本草记载中药木通应当是木通科植物木通*Akebia quinata*(Thunb.)Decne.,因市场缺药,而使用了马兜铃科的关木通*Aristolochia manshuriensis* Kom.;细辛本该只用根及根茎,却用了全草。因此,通过本草学的研究,追溯中药的历史渊源,澄清中药的来源品种和药用部位,有助于明确药物正品,保障正确继承前人用药经验,保障中药的安全和有效。

2. 有助于扩大和开发药源　药物的替代品亦称代用品,是指在特定条件下,当正品药材严重缺乏而无法获得时,经过比较研究并报有关管理部门特许,用其他药效相同或相近的品种替代用之。稀有和濒危的药用动植物,或大宗商品药材,因其疗效卓著、用途广泛、需求量大,其资源压力日益增大,亟待寻找或扩大其药源,如寻找其替代品或扩大其药用部位等。中药多基原往往造成品种混乱,但也为寻找新药源提供线索和依据。如辛夷为一治疗鼻炎的常用中药,来源于木兰科木兰属多种植物的花蕾。寇宗奭在《本草衍义》中曾经提到,"有红紫二本,一本如桃红色,一本紫色,今入药者,当用紫色"。由于该书的影响,宋代以后,紫花玉兰为辛夷的观点被广为引用,现代的植物志中将*Magnolia liliflora* Desr. 冠以辛夷之名,一度被收入药典。经过学者赵中振的文献考证与实地考察,寇氏记载的紫花玉兰,实际为供观赏的园艺种,并未入药。河南南召山区生长望春花,实为古今辛夷的主流品种。因为此地当时非政治与文化中心,加之古代交通不便,并没有作为辛夷的主产区写入本草书中。对辛夷的资源和品种调查时发现,以望春花为主的商品中亦有玉兰、淡紫玉兰、武当玉兰、凹叶木兰、滇藏木兰等作为药用,至于一般文献中所载的木兰则未见商品。此外还发现,大别山区部分地方所用的辛夷与以往报道不同,经分类学研究,确认为一新种,定名为罗田玉兰*Magnolia pilocarpa* Z.Z. Zhao et Z.W. Xie,从而扩大辛夷的药源。通过本草学的研究,也可以扩大药用部位的使用,如扩大龟甲的药用部位,20世纪80年代,很多中药教科书都记载龟甲当用下甲(腹甲)。据学者郑金生先生考证,宋以前龟甲都是上、下甲同用的,元代以后龟板(下甲)才盛行。其实,明代李时珍在《本草纲目》中就指出:"古者上、下甲皆用之"。龟板的盛行与金元时期的名医朱丹溪有关,他主张"龟下甲补阴,主阴血不足",在处方中常用龟板。现代研究通过比较龟上、下甲的化学成分和药理作用,证实古代上、下甲同用是正确的。现在的《中国药典》已经收录了背甲和腹甲作为龟甲的来源。

另外,古本草中有不少药物现在知名而不知物,如能加以彻底考证清楚并予以利用,这也是对古代药学遗产的一种发掘。如《本草纲目拾遗》中的"煤参",过去文献未曾正确阐明其科属品种,谢宗万教授在20世纪60年代初期曾作实地调查研究,结合其根部干后变黑的特征,通过考证明确其为玄参科马先蒿属(*Pedicularis*)植物的根部,与现时陕西太白山草药医生应用的黑洋参(太白洋参)(*Pedicularis davidii* Franch., *P. decora* Franch.或*P. danniana* Bonati)属于同一个类型。同时,本草考证还有助于中国天然资源的开发利用,现在有很多野生植物还不清楚其用途,如果《本草纲目》《本草纲目拾遗》以及其他本草上所收载的药物均能考证清楚,则可以根据植物亲缘关系的线索,发现未知野生植物的用途,有助于药物新品种的开发与合理利用。

3. 有助于继承医方,挖掘古方,开发新药　本草著作中收载了很多医方,这些医方中的组成中药,需要明确其来源品种才可以发掘和继承。如医方当归四逆汤中有"通草"一药,现代用的通草来自五加科植物通脱木*Tetrapanax papyriferus*(Hook.)K. Koch的干燥茎髓,亦有其混淆品种小通草,是来自旌节花科植物喜马山旌节花*Stachyurus himalaicus* Hook. F. et Thoms.及中国旌节花*S. chinensis* Franch或山茱萸科植物青荚叶*Helwingia japonica*(Thunb.) Dietr.的干燥茎髓。但据考证,当归四逆汤中的通草应该为木通科植物五叶木通*Akebia quinata*(Thunb.)Decne的干燥藤茎,这对于继承古方和临床应用具有重要意义。同时,挖掘古人的用药经验,可以为开发新药提供新思路。如青蒿素的开发,1969年,北京的卫生部中医研究院参加以疟疾防治药物研究为任务,代号"523"的紧急项目,屠呦呦教授为组长,从系统收集整理历代医籍、本草入手,整理出一册《抗疟单验方集》,包含640多种草药,其中包括青蒿。《五十二病方》(公元前168年)中最早记载青蒿,距今已有2000余年历史;葛洪《肘后备急方》记录青蒿治疗疟疾也有1700多年历史。屠呦呦的研究小组在实验中观察到青蒿的抗疟效果,且发现其水煎剂无效,95%乙醇提取物药效仅30%~40%。1971年,屠呦呦本人受到《肘后备急方》中"青蒿一握,以水二升渍,绞取汁,尽服之"的启示,提出用乙醚提取青蒿,发现该提取物抗疟作用达95%~100%,这一方法成为后来发现青蒿素的关键,可见本草文献为开发青蒿素新药提供了源泉。

4. 有助于中药质量评价标准的建立以及现代研究　现代科学的发展,是以古代的科学为基础,特别是中药学,更是牢牢地扎根在我国古代本草的基础上,许多本草的记载已经成为现代中药的研究内容,并继续为中药的现代化研究提供丰富的学术资料。如本草文献中记载了很多有关中药质量鉴定的内容,并常以"为上""为良""为佳""为胜"等词语评价药材质量,如肉苁蓉"肥大柔软者佳,干枯瘦小者劣"(《本草原始》),大黄"以蜀川锦文者佳"(《本草图经》),桔梗"道地解州、成州、和州。……用根坚直白者为好"(《本草品汇精要》)等。从本草文献可以看出,古代医药学家积累了许多从外形直观鉴别中药材的经验,并形成了"道地药材"的概念。这些用于中药质量鉴定的传统经验是基于实践基础上的,尚未得到现代科学的验证。因此通过本草学的研究,可以为建立中药质量评价的科学标准提供参考,亦为现代中药质量评价研究提供思路。

二、中药品种本草考证的思路与方法

中药品种本草考证的思路与方法简而言之就是从实地调查入手,首先摸清原植、动物形态、采收加工、药材特征、产地分布、生态习性、药名由来、用药历史及实际疗效;然后系统钻研本草、重视原文,搜集旁证,探讨时代背景,药物分类位置,重视历代本草不同版本药图的分析;对特产药材,需要查考方志,文字训诂,剖析深透及产地方言;最后就是普遍联系,全面分析,重点突破,说理充分。在考证过程中,既要尊重历史,又要重视中药品种在不同历史发展阶段中的变迁,以疗效为核心,形态为基础,择优选正,去伪存真,遵循师古不泥,古为今用。

1. 实地调查,抓住关键　通过实地调查,可以掌握药物的特性,常常可以发现一些关键,从而可以有效解决问题。

（1）植物形态与采收季节:古人对药物或原植物形态的记述往往是比较简单的,但有时非常扼要的一两句话就对考证带来很大的帮助。如芫花,《吴普本草》记载:"花有紫赤白者,二月实落尽,叶乃生,三月三日采花。"所述的内容虽然不多,但指出了花紫色、先花后叶、三月采花的特点,因此可以肯定传统药用的芫花与现时开紫花的瑞香科植物芫花*Daphne genkwa* Sieb. et Zucc.一致,而与在夏秋开黄花的黄芫花(河朔荛花)*Wikstroemia chamaedaphne* Meissn.明显不相符。植物形态对考证品种十分重要。《本草纲目拾遗》记载石打穿治黄疸,并引蒋仪《药镜拾遗赋》云:"歌曰:谁人识得石打穿,绿叶深纹锯齿边,阔不盈寸长更倍,圆茎枝抱起相连,秋发黄花细瓣五,结实扁小针刺攒,宿根生本三尺许,子发春苗随弟肩,大叶中间夹小叶,层层对比相新鲜。味苦辛平入肺脏,穿肠穿胃能攻坚"。这一段记载生动地描写了石打穿的植物形态,根据其描述完全可以准确地考证石打穿就是蔷薇科植物龙牙草(又称仙鹤草)*Agrimonia pilosa* Ledeb.。

（2）药材特征,形色气味:古人很早就知道,鉴别药材真伪优劣,其形、色、气、味至关重要。例如大黄有多种,为区别大黄的质量好坏,古人注意到了药材的性状特征。《本草图经》载:"大黄生河西山谷及陇西,今蜀川、河东、陕西、川郡皆有之,以蜀川锦文者佳"。"锦文"二字显示了正品大黄与其他同属植物在药材性状上的区别。所谓"锦文"是指大黄商品药材(去皮)表面往往可见灰白色网状薄壁组织与棕红色的射线交错而成的菱形(斜方形)纹理,以及暗红橙色的放射状涡纹(习称星点,即异型维管束)。这种"锦文"大黄指的是药用大黄*Rheum officinale* Baill.和掌叶大黄*R. palmatum* L.,而山大黄(华北大黄)*R. franzenbachii* Münt.、河套大黄*R. hotaoense* C.Y. Cheng et C.T. Kao等全无"锦文",可见依据"锦文"特征,即能考证其品种。又如玄参,《证类本草》引《开宝本草》注云:"根生青白,干则紫黑"。寥寥数字说出了玄参科玄参的根鲜品和干燥后在药材颜色上的变化,玄参科植物就是具有这种特点。

药材品种不同,气味各异。有些药材具有特殊的气味,可供鉴别真伪的依据。例如阿魏,苏敬说"体性极臭"。李时珍解释说:"夷人自称曰阿,此物极臭,阿之所畏也"。这说明阿魏具有特殊的臭气。

（3）形成与加工:某些异物同名品虽然名称相同,但其形成与加工则迥然有别,与本草核对便可分辨。例如,"竹黄"就有异物同名品的存在,《本草纲目》的竹黄,实际上是宋《开宝本草》的天竺黄,亦即《本草衍义》中的天竹黄。李时珍曰:"按吴僧赞宁云,竹黄生南海镛竹中,此竹极大,又名天竹,其内有黄,可以疗疾"。据《中药大辞典》载,竹黄为禾本科植物青皮竹*Bamlusa textilis* McClure等因被寄生的竹黄蜂咬洞后而于竹节间贮积的伤流液,经干

涸凝结而成的块状物质。一般于冬季采收,砍取竹竿,剖取竹黄晾干。本品自然产出者很少,大多采用以火烧竹的方法,使竹受暴热后,竹沥溢在节间凝固而成,然后剖取晾干。药材为不规则多角形的块状或片状物。表面乳白色、灰白色或灰蓝色相杂,质轻、松脆,易于破碎。断面光亮,稍显粉性。触之有滑感。吸水力强,置水中有气泡产生。味甘,有凉感,舐之粘舌。主产于云南、广东、广西等地。功能清热豁痰,凉血定惊。浙江另产一种竹黄,与前者完全不同。其基原为肉座菌科真菌竹黄菌*Shiraia bambusicola* P. Henn.的子座。子座肉质,渐变为木栓质,粉红色,呈不规则瘤状,初期平滑,后龟裂,长1.5~4cm,宽1~2.5cm,生于竹竿上。分布于四川、安徽、江苏、浙江等地。民间认为具有祛风除湿、活血疏经及止咳功能,其疗效与《本草纲目》所载之竹黄完全不同。从上述可见,了解不同竹黄的形成与加工,即可分辨。

(4)产地分布:植物的品种和地理分布有着密切的关联,而在古代较少易地引种栽培,因此药材的产地具有和植物分布相关的传统性。如芫花,《史记·仓公传》:"汉太仓公淳于意治临淄女子薄吾蛲瘕……意饮以芫花一撮,即出蛲可数升,病遂愈"。从这段话似乎很难推测所用的芫花是开紫花还是黄花,但仍然有线索可寻。淳于意是山东人,临淄亦在山东境内,而山东产的芫花只有开紫花一种,可推断该段文字所用的芫花应该为开紫花的瑞香科植物芫花*Daphne genkwa* Sieb. et Zucc.。同样地,《证类本草》上的绛州芫花,日本学者中尾万三曾经考证为瑞香科三歧荛花*Wikstroemia trichotoma* Makino的花头。但是三歧荛花分布于日本而中国不产。实际调查发现绛州(即今山西新绛县)分布的是河朔荛花*Wikstroemia chamaedaphne* Meissn.。因此,可以肯定"绛州芫花"即河朔荛花,而不是三歧荛花。

考证本草对产地的认识不能过于机械,忽略药物本身的特征。如前述《本草纲目拾遗》中的"煤参",赵学敏谓产于华山,曾有人机械地以为煤参是茄科的华山参。实质上,华山参干后并不变黑,因此不能把煤参以华山参当之。

在考证产地的时候,还有一个需要注意的问题:同一地名,朝代不同,其实际所指的地方可能也有所不同,即存在异地同名的问题。如梁山,在地理上山东有梁山泊,山西有吕梁山等,均简称为梁山,具体考证属于哪里,要看当时的朝代而定。又如在《证类本草》上看到的"军"字,如宁化军威灵仙,成德军葶苈,永康军黄精等,这里的"军"是指宋代地方行政区划名。唐代也设兵戍守之地设置"军"。要弄清宋代的"军"所指的地方,可以通过查阅《中国古今地名大辞典》或《宋史》(志·地理)等文献,唐代的"军"则在《旧唐书》和《新唐书》(志·地理)中有详细说明。

有些本草著作中没有指出具体的地点,如陶弘景所著的《本草经集注》中收载的药物常有"生近道"一说,这个近道虽然没有具体说明是什么地方,但陶弘景是魏晋南北朝梁代人,梁之都城建康即现在的南京,且他一直隐居在江苏句容的茅山著书,所以近道应该是指江苏一带。因此,熟悉编著本草的时代,明确记载地名的正确性,有助于考证药物品种。

(5)生态习性:有些品种,其植物形态或生药形态相似,本草文献描述简单而不能从形态的描写考定其品种者,应注意其生态习性方面的叙述。如白前、白薇商品十分混乱,本草中对其形态描述极为简单,仅谓"根如牛膝,或如细辛……",很难考证孰为正品。白前在唐代《新修本草》上的记载为:"叶如柳叶,或如芫花,生洲渚砂碛之上"。据实地调查,浙江的白前就是生于江边溪滩多砂石的地方,而白薇生于山上,绝不生水边,二者习性迥然不同,这样就可以确立白前、白薇的正品,澄清历史上遗留下来长久悬而未决的颠倒错用与混乱现象。

(6)名称:药材的命名,总是富有一定含义,适当地推敲中药的名称,包括正名、土名、别名等,对考证品种也会起佐证的作用。如"紫花地丁",《本草纲目》释名箭头草、独行虎、羊角子及米布袋。按米布袋显然指豆科米口袋属(*Gueldenstaedtia*)植物,而箭头草则为堇菜科堇菜属(*Viola*)植物。因此,《本草纲目》收载的紫花地丁,从名称上看,至少包括了上述两个不同的品种。

（7）古代实物的依据: 实物标本鉴定是确定品种最有力的凭证。古代遗留下来而保存至今的标本甚为难见。我国于20世纪70年代从湖南长沙马王堆一号汉墓的发掘中鉴定出汉代药物茅香、高良姜、桂皮、花椒、辛夷、藁本、姜、杜蘅和佩兰9种。另外,从河北藁城商代遗址出土的有桃仁、郁李等,西安南郊出土窖藏的唐代石药有石英、云母、金屑、钟乳、丹砂以及动物药珊瑚等;福建泉州从宋代古沉船中找到了沉香、胡椒、龙涎香、朱砂、水银、玳瑁、降真香等以及云南大理出土的琥珀、珍珠等药物。在中国故宫博物院内也保存着一部分清代使用的药物标本,对于研究清代用药品种具有重要的参考价值。此外,日本正仓院(盛放日本圣武天皇遗物的官库)至今还保存着由唐代时期传去的一些药物实物标本,这对研究唐代《新修本草》收载的有关药物品种具有相当的权威性。如有学者对日本正仓院收藏的"鬼臼"进行鉴定研究,发现其来源于玉簪*Hosta plantaginea*(Lam.) Aschers.的地下部分,即玉簪为唐代及其之前所用鬼臼正品的来源品种之一。发现上述这些出土或出水的药物都是研究古代药物品种的最好实物见证。

（8）用药历史: 历史上某一名称下的药物品种并不是固定不变的。一般说来,好的药材其流传必然久远,伪劣药材则迟早总要被淘汰的,当然也有各种原因造成的以伪充真、同名异物现象。认真调查药物的应用历史、名称混淆原因,有助于药物的考证。如唐宋时存在酸橙*Citrus aurantium* L.、香圆*Citrus wilsonii* Tanaka之类取代了同科植物枸橘*Poncirus trifoliate*(L.) Rafin.充当枳实的情况。

（9）实际疗效: 药物品种考证的主要目的在于做到名实相符。从药物实际疗效的不同来考证前人本草中论述的品种,可以区别异物同名。如本草记载的女萎有两种,一出《神农本草经》,一出唐代《新修本草》,两者疗效不同。李时珍认为"古方治伤寒风虚用女萎者,即萎蕤也"。从而认定《神农本草经》之女萎为百合科植物玉竹*Polygonatum odoratum*(Mill.) Druce,而《新修本草》中治泄痢之女萎为蔓草,即毛茛科女萎*Clematis apiifolia* DC.。

2. 钻研文献,认真分析　要对药物品种进行考证,首先就要钻研本草文献中有关这个药物的所有论述,然后再进行仔细的分析。

（1）系统查阅,重视原文: 要查证药物品种,需要对该品种在历代本草中的记述进行系统查阅,广为摘录。凡是主流本草以及相关的重要本草书籍,都要一一查看,并仔细核对有关记载。遇到有不同记载时要一一记录,以便后续的查证和分析。

历代本草种类众多,查阅时应该注意掌握重点。如前面提到对于宋代以前就有记载的药物品种应该以《证类本草》为核心,旁及其他。因为《证类本草》不仅保存了宋代以前重要本草有关记载的精华,而且还保存了《本草图经》的图文。对于明、清两代的本草著作,重点应放在《本草纲目》《本草纲目拾遗》《植物名实图考》上。同时,引用文献应尽量引用第一手原始文献,以保证准确。

（2）旁证材料,不可忽视: 古代本草著作中,除了对药物有正式的记载外,往往还有一些旁证材料值得关注。所谓"旁证材料"是指在论述其他药材形态时,顺便以本药材作比较的文献资料。例如刘寄奴的来源品种特别复杂,有菊科的奇蒿、红陈艾,有玄参科的阴行草,还有金丝桃科的多种植物等。《证类本草》在"马兰"条下说:"又山兰生山侧,似刘寄奴"。此处以山兰比刘寄奴,就是一个有力的旁证。不言而喻,刘寄奴的形态像山兰,可以确定为菊科的植物。再如荆芥,《神农本草经》未见荆芥名,但载有假苏,吴普始称假苏一名荆芥,是否假苏就是荆芥呢? 从《证类本草》"成州假苏"及"岳州假苏"图,可作旁证,假苏即荆芥 *Schizonepeta tenuifolia* Briq.。

旁证材料的收集往往需要花费很多时间,不仅要博览群书,而且要着重平时资料的积累,做好分类卡片,这样考证时才能信手拈来。

(3)重视药图,考察版本:在考证药物基原时,本草药图的考察一般具有辅佐参考的作用。有时在文字表达不完备时,药图会起关键性的作用。因此,附有药图的本草,比没有附图而只有文字描述的本草,对考证药物基原更具参考价值。在分析药图的时候,要运用植物分类学的知识,掌握植物种的特点,才能敏锐地看出药图的特征。

如前文所述,考证药图需要注意版本的问题,一般应以原版或初版为准。如查考《本草纲目》的药图,应该以金陵胡承龙本为准,江西夏良心本亦属金陵本系统,在看不到金陵本的情况下,亦可代用。但杭州钱蔚起本和合肥张绍棠本则多有篡改,不足为据。

(4)特产药材,查考地方志:地方志就是记述地方情况的史志,有全国性的总志和地方志的州郡府县志两类。总志如《山海经》,记载山川、形势、土性、怪异、古迹和道里之远近,物产之大概。地方性的方志,以省为单位的常称"通志",以县为单位的常称"县志"。地方志对于考证中药材品种,特别是当地特产中药和道地药材有重要参考价值。如在历代本草著作中没有罗汉果 *Siraitia grosvenorii*(Swingle)C. Jeffrey ex A. M. Lu et Z. Y. Zhang的记载,但在清代的《永宁州志》和《临桂县志》均有记述罗汉果,并有形态、性味、效用等项记载。可见地方志能提供历代诸家本草未曾提供的资料,有时能解决一些药物品种考证中的某些关键性问题。

(5)语言文字,剖析深透:本草著作是古代著作,使用古文来撰写,在考证过程中常常会遇到困难。把文字、音韵、训诂弄清楚,剖析深透,是整理本草文献和品种考证的基本功。《尔雅》和《说文解字》是本草考证常用的两部古代主要辞书。例如黄胜白等在考证华佗所用的麻沸散,其主要成分很可能是大麻 *Cannabis sativa* L.的雌花。因为大麻古代称做"麻蕡",就是大麻的雌花,而"蕡"字的发音和"沸"同音。在《康熙字典》中引证了《集韵》中"蕡,扶沸切"。在古代文献中,往往同字互相借用,因此麻蕡常可作麻沸,因此麻蕡散可写成麻沸散,所以麻沸散之名是因是其主要成分之故。

由于本草中收载的药物还有少数外来药,其药名有的就与外国语言文字有关。如鸢尾科的番红花,《本草纲目》释名"泊夫蓝"、"撒法郎",显然为其英文名"Saffron"的译音。

3. 普遍联系,重点突破 本草考证的方法多种多样,每一种药有每一种药的具体不同情况,各有各的问题存在,应该灵活地针对存在的问题找重点、抓关键,进行考证。考证时还要注意重点与一般相结合,片面孤立地分析问题,有时候会导致错误。如考证上党人参的原植物,片面地从现代山西上党不出人参而只出党参的简单事实来推断古代的上党人参不是五加科的人参,而是桔梗科的党参。这显然是错误的。《证类本草》"潞州人参"图确为三桠五叶,与东北人参为一致。其所以现时不产,可能是因为当时所在地的森林因为人烟繁密的关系而被破坏,不适宜于人参的生长,因而绝迹,是一时环境变迁的影响。

4. 说理充分,结论公允 本草考证必须首先在现实调查的基础上,以实物观察为依据,以历代本草文献记载为印证,佐以药图考察,结合现代科学知识如植物分类学、生药学、动物学、矿物学、天然药物化学、药理学等,还要同自然地理、时代背景、用药历史、实际临床疗效等进行普遍联系,全面综合考虑,认真分析,慎重地找要害,抓关键,本着实事求是的精神,恰如其分地作出公允的结论。对何者是传统药用正品,经过考证,有的可以确定种名,有的只能确定到属而不能肯定其种,这就要区分不同情况处理,切不可轻率下结论。同时要考虑到药物品种是伴随时代的变迁而有所变化的。药物的种类在不断地增加,从历史发展观点来说,每个时代都会有"新兴品种"和"新增品种"的出现。如石竹科的银柴胡最先是依附于伞形科的柴胡,而后才独立出来作为一个新品种。

总之,本草考证具有丰富的内容和重要意义,主要目的在于"古为今用",树立中药正品、发掘和开发药物资源,以及正确继承古人用药经验。

(赵中振)

参 考 文 献

[1] 中国文化研究会. 中国本草全书[M]. 北京: 华夏出版社,1999.

[2] 陈重明,黄胜白. 本草学[M]. 南京: 东南大学出版社,2005.

[3] 李红珠. 清代以前医书中的本草文献研究(博士论文)[D]. 北京: 中国中医研究院医史文献所,2000.

[4] 赵中振. 读本草说中药(简体版)[M]. 北京: 中国中医药出版社,2014.

[5] 赵中振. 行天下探岐黄(简体版)[M]. 北京: 中国中医药出版社,2014.

[6] 郑金生. 药林外史[M]. 南宁: 广西师范大学出版社,2007.

[7] 郑金生. 中药书籍资料的查找与利用(二)[J]. 中药材科技,1988,3: 38-41.

[8] 郑金生. 中药书籍资料的查找与利用(三)[J]. 中药材科技,1988,4: 36-38.

[9] 郑金生. 中药书籍资料的查找与利用(四)[J]. 中药材科技,1988,5: 29-31,39.

[10] 郑金生. 中药书籍资料的查找与利用(五)[J]. 中药材科技,1988,5: 39-41.

[11] 郑金生. 《天宝单方药图》考略[J]. 中华医史杂志,1993,23(3): 158-161.

[12] 尚志钧. 《本草图经》特点及其评价[J]. 中药材,1990,13(10): 46-48.

[13] 姜大成. 《本草图经》与现代中药鉴定学的渊源[J]. 中华医史杂志,1999,29(2): 85-87.

[14] 刘大培,尚志钧. 《证类本草》药图的考察[J]. 浙江中医杂志,1994,1: 46.

[15] 谢宗万. 《本草纲目》图版考察[J]. 中医杂志,1984,3: 72-75.

[16] 邬家林,郑金生. 《本草纲目》图版的讨论[J]. 中药通报,1981,6(4): 9-11.

[17] 王玠,谢宗万,章国镇. 《本草原始》在药材鉴别上的成就[J]. 中药材,1989,12(3): 41-43.

[18] 郑金生,裘俭. 新浮现《补遗雷公炮制便览》研究初报[J]. 中国药学杂志,2004,39(5): 389-391.

[19] 曹晖,谢宗万,章国镇. 明抄彩绘《本草图谱》考察[J]. 中药通报,1988,13(5): 6-7..

[20] 赵中振,谢宗万,沈节. 辛夷的原植物调查与鉴定[J]. 中药通报,1988,13(6): 3-4.

[21] 赵中振,谢宗万,沈节. 药用辛夷一新种及一新变种的新名称[J]. 药学学报,1987,22(10): 777-780.

[22] 郑金生. "龟甲、败龟、龟板"考辨——论龟甲当用上、下甲[J]. 中医杂志,1982,3: 56-58.

[23] 谢宗万. 中药品种理论与应用[M]. 北京: 人民卫生出版社,2008.

[24] 钟国跃,徐珞珊,徐国钧,等. 日本正仓院药物"鬼臼"的生药学鉴定[J]. 中国中药杂志,2002,27(2): 89-94.

第十四章 中药鉴定与新药研究

中药由药材、饮片、提取物、中成药四大要素组成。其中药材是饮片、提取物、中成药的原料,也是中药生产与质量控制的源头。因此,中药材的真伪、优劣,直接关系到临床用药的安全性和有效性。无论是对于中药新药的研发,大品种的二次开发,还是已上市品种的质量控制和标准的提升,都是关键中之关键。

本章主要论述中药鉴定在中药新药研发中的作用,彰显中药鉴定学学科在中药产业化、现代化、国际化中的重要地位。

第一节 中药鉴定在中药新药研究中的地位与作用

一、中药基原鉴定的主要内容和重要性

中药基原鉴定,无论是对于中药新药的研发,还是已上市品种的质量标准制定、执行,都是首当其冲的。

习惯上,人们会将"基原"片面理解为"品种"或"物种"。其实不然,中药的基原包括原植(动、矿)物的植物学名、药用部位、采收季节和产地加工方法。也就是说,对于新药(或药物)的原料,必须使用正确的物种,正确的药用部位,正确的采收时间和正确的加工方法。这里的"正确"是指符合《中国药典》或其他国家、地方标准等法定标准的规定;或者是基于实验研究的数据(指尚无法定标准的新药)。

1. 物种(品种)鉴定 在基原鉴定中,物种的鉴定尤为重要。很多中药,民族、民间药大多为多基原品种,如黄连、大黄、甘草、郁金、龙胆、淫羊藿等,也有部分多基原的品种,近年来已被《中国药典》分列为不同的标准,如金银花与山银花,黄柏与关黄柏,葛根与野葛等均已分列为不同的药材品种。

临床处方中的饮片或配方颗粒,或者已上市的中成药(注射剂除外),可按《中国药典》或地方中药材标准或饮片规范规定的药材或饮片的物种使用和投料。如淫羊藿(Epimedii Folium)为小檗科植物淫羊藿*Epimedium brevicornum* Maxim.、箭叶淫羊藿*Epimedium sagittatum*(Sieb.et Zucc.)Maxim.、柔毛淫羊藿*Epimedium pubescens* Maxim.或朝鲜淫羊藿*Epimedium koreanum* Nakai的干燥叶。在饮片配方、配方颗粒或中成药投料时,可以使用上述4种淫羊藿中的任何一种或其混合物。而在中药新药的研究中,所用原料药材应该为单一

的物种。可以使用其中的任意一种，但必须明确原料药材所用的具体种类（species）。研究表明，不同种淫羊藿药材中含有朝藿定A、朝藿定B、朝藿定C、淫羊藿苷及宝藿苷Ⅰ等异戊烯基黄酮苷类成分的种类及含量各不相同，表明不同品种淫羊藿药材的化学品质差异较大。

大黄（Rhei Radix et Rhizoma）为常用中药，为蓼科植物掌叶大黄Rheum palmatum L.、唐古特大黄Rheum tanguticum Maxim. ex Balf.或药用大黄Rheum offcihale Baill.的干燥根和根茎。对3种大黄进行了化学指纹图谱、蒽醌类成分含量测定和利胆、泻下作用的相关分析，结果表明3种大黄的蒽醌类成分差异显著，唐古特大黄、掌叶大黄中的结合蒽醌类成分明显高于药用大黄；采用ANIT致大鼠急性肝损伤模型，比较不同基原大黄的保肝利胆和泻下作用，结果显示，药用大黄对ANIT所致大鼠肝损伤的保护作用最强，而唐古特大黄、掌叶大黄的泻下作用更强，与结合蒽醌的含量密切相关。根据这一结果，如果所研发的新药以保肝利胆为适应证，则应选药用大黄；而如果以泻下为适应证，则应该选择唐古特大黄或掌叶大黄作为原料。

郁金（Curcumae Radix）为姜科植物温郁金Curcuma wenyujin Y. H. Chen et C. Ling、姜黄Curcuma longa L.、广西莪术Curcuma kwangsiensis S. G. Lee et C. F. Liang或蓬莪术Curcuma phaeocaulis Val.的干燥块根。前两者分别习称"温郁金"和"黄丝郁金"，其余按性状不同习称"桂郁金"或"绿丝郁金"。对这四种郁金的化学成分、药理作用进行比较研究，结果表明，这四种郁金中主要药效成分姜黄素含量差异很大，其中以黄丝郁金含量最高，而其他三种郁金中含量甚微。药效学研究结果表明，黄丝郁金对ANIT所致大鼠肝损伤的保护作用也最强。遗憾的是，目前黄丝郁金的资源很少，市场上流通的主要是桂郁金。

除《中国药典》之外，地方药材标准中收载了很多"同名异物"、"同物异名"的药材，在新药研究中，当处方当中含有此类药材时应进行准确的鉴定。如大青叶在不同地区来源不同，华东地区习惯用十字花科植物菘蓝Isatis indigotica Fort.，湖南、江西、贵州等地习用马鞭草科植物大青Clerodendron cyrtophyllum Turcz.，华南和四川地区习用爵床科植物马蓝Strobilanthes cusia（Nees）Kuntze，而东北地区习用蓼科植物蓼蓝Polygonum tinctorium Ait.。上述4种大青叶所含的主要成分相差较大，其临床疗效也会有差异。

同一药材不同栽培变种之间的药效物质可能有较大差异。如薄荷（Menthae Haplocalycis Herba）为唇形科植物薄荷Mentha haplocalyx Briq.的干燥地上部分。但实际上，由于长期栽培，出现了很多变种、变形，其所含有的挥发油组成差异很大。市场上也有用头茬薄荷提取薄荷脑出口，再采收二茬薄荷作为薄荷药材使用；市场上也有其他同属植物，如留兰香做薄荷使用。研究证明，只有头茬薄荷中薄荷脑的含量较高，二茬薄荷含量很低，而留兰香不含有薄荷脑。丹参、金银花也有栽培变异、农家品种等现象，其化学成分的轮廓谱有很大变化。

因此，对于新药研究，对于处方中多基原的药材，以及有明显栽培变异的药材，应对不同种、变种、变型的药材进行对比研究，根据研究结果固定单一基原、单一品系的药材用于新药研究，以确保药材质量的稳定。

2. 明确、规范药用部位　中药材的化学成分，包括初生代谢产物和次生代谢产物，其积累和分布有着显著的器官特异性，因此，对药用部位应该明确规范。如全草类药材会有多个药用部位，对于指标成分分布，全草在不同的药用部位之间相差较大者，为保证原料药质量的一致性，应对药用部位的比例进行规范。如茎叶比，以达到质量均一稳定的目的，必要时，增设非药用部位的检查方法。如广藿香中的百秋李醇，豨莶草中的奇壬醇，主要存在于叶片中，而茎中含量很低，很多商品药材以茎为主者，其指标成分含量均低于《中国药典》的规定。

三七为常用中药,其传统的药用部位为根。研究表明,其根茎(剪口)中三七皂苷的组成、含量与主根相近,为扩大药源,现行版《中国药典》将三七的药用部位扩大为"根及根茎"。"血塞通"注射液的原料为三七根茎(剪口)总皂苷经加工制成的冻干粉针剂,而"血栓通"注射液的原料为三七主根总皂苷经加工制成的冻干粉针剂。

3. 采收时间的考察与规定 "春采茵陈夏采蒿,知母黄芩全年刨,九月中旬采菊花,十月上山摘连翘",即是对药材采收季节的经典表述。关于中药材合理采收季节的基础研究非常薄弱,国家或地方标准中对于各种中药材采收季节的规定,也主要是基于传统经验,或约定俗成的习惯。如很多的植物营养器官为药用部位的中药材,描述为夏、秋两季的采收,甚至全年均可采收,这显然是不够科学和严谨的。

中药材化学成分的积累会有物候依赖性变化,因此确定科学、合理的采收时间是非常必要的。不同采收期中药化学成分变化的研究报道不胜枚举。

《中国药典》槐花项下,有槐花、槐米之别。其开放之花谓之"槐花",含芦丁不得少于6.0%;其花蕾谓之"槐米",含芦丁不得少于20.6%,二者有效成分相差3倍之上,是以说明采收时期之重要。

近年来,栽培的药材由于农业、科技、栽培技术的进步,以及化学,生长素的使用,往往会缩短生长年限,引起很多药材质量的不确定性。而目前质量标准体系的不健全,也很难判断1年生和3年生的区别,目前总浸出物的测定,不失为一种行之有效的质量检测手段。

作为新药研究的原料药,应对其合理的采收季节进行系统的研究、考察。以有效成分(或指标成分),浸出物含量、药材的生物量等为指标,掌握其动态变化规律,确定最佳采收时间。

药用植物中化学成分的积累,甚至呈现昼夜节律性变化,如洋地黄叶中的强心苷,茄科植物的生物碱,均在白天日照最强时含量最高,而夜间含量下降。

药材采收时间如果不合理,即使是物种正确,实际上也是形似而神非了。

4. 产地加工方法考察 产地加工看似简单,其实对药材的质量影响很大,对药性、药效也有显著的影响。《中国药典》在药材"基原"项下,均有对各药材简单的产地加工的描述。实际上,因各药材物种、药用部位、采收季节的不同,其产地加工方法各异。

部分药材,需要堆置"发汗"。如杜仲采收后须堆置"发汗"至内皮呈紫褐色,晒干;续断采收后用微火烘至半干,堆置"发汗"至内部变绿色时,再烘干;其他如厚朴、玄参、茯苓也要求有发汗的过程。至于发汗的机制大部分尚未阐明。有研究表明,杜仲发汗后,其药效成分松脂醇二葡萄糖苷的含量明显增加。

对药材质量影响最大的当属干燥方法。常见的干燥方法有晒干、阴干、晾干;个别有低温干燥、曝晒或及时干燥;对干燥条件无特殊要求的统称为"干燥"。众所周知,很多重要的化学成分在药材的干燥过程中会发生转化,包括化学的或生物的转化。其转化的程度取决于干燥过程中温度、湿度及药材内部及周围环境中微生物的活力。

诚然,作为一种农业产品,利用自然条件粗犷的干燥无可厚非;但是,作为新药研究的原料,则需对产地加工,特别是干燥条件进行系统的考察研究。以有效成分或指标成分的变化为指征,采用可控的条件,最终确定最佳的干燥条件、参数,达到对药材质量"固化"的目的。

5. 产地的考察与规定 《中国药典》中对药材产地没有规定,这是因为现有的中药鉴别手段无法判断其产地。众所周知,中药素有道地与非道地之说。《用药法象》中记载:"凡诸草木虫产之有地,根叶花果实采之有时;失其地则性味少异,失其时则性味不全。"不同产地药材化学成分变化,质量差异的比较研究报道众多。而实际上,目前盲目引种异地栽培的现象普遍存在,已成为中药种植业见怪不怪的问题。对24批不同产地的川党参(*Codonopsis tangshen* Oliv.)中党参炔苷的含量测定结果表明,其含量波动很大,为0.01%~0.94%,以陕西平利所产川党参含量最高。不同产地的板蓝根中指标成分(R, S)-告依春的含量变化在0~0.7%。对不同产地的山药中脱氢表雄酮含量进行考察的结果表明,10批不同产地山药中脱氢表雄酮质量分数在4.51~47.82mg/kg,其中河南武陟县产山药中脱氢表雄酮质量分数最高,为47.82mg/kg,广西产山药中脱氢表雄酮质量分数最低,为4.51mg/kg。河南武陟、温县属古怀庆府地带,一直被认为是道地药材怀山药的产地,上述结果进一步说明了怀山药的道地性特征。

因而,作为中药新药研究的原料,特别是作为中药注射剂的原料药材,必须在对不同产地药材质量进行考察的基础上,明确所用药材的产地。"药材好,药才好"。通过系统研究,固定药材基原、产地、药用部位、采收期、产地加工等过程,保证药材质量稳定,保证不同批次产品质量的均一和稳定。

二、复方中药新药研究中的专属性鉴别

中药复方是中医药整体观念的重要体现,也是中药的最大特色和优势。以临床疗效确切的经方、古方、验方为对象,基于祖国医学理论与临床实践,运用现代科学技术,通过系统的药学、药效、毒理学研究,阐明其基本化学组成和相应的药理活性及作用机制,明确有效部位、有效成分、体内过程,确定剂型、剂量,在此基础上开发出疗效确切、药效物质明确、质量可控、剂型先进、具有自主知识产权的创新药物,成为中药创新药物研究的发展趋势。

诚然,复方中药,特别是组成药味较多,制备工艺复杂的复方制剂的研发,对于中药鉴定学工作者也是一个挑战。其中的关键点,在于研究、制定的鉴定、检验方法,要有较强的专属性,一方面如前所述,能够有效区别正品与混伪品、代用品,保证原料药的品质的优良性、可控性;另一方面,所建立的方法应该能够实现复方各组成药味之间的专属性鉴别。

对于复方中药新药研究,理想的结果是实现"全方"的专属性鉴别。

1. 性状 中药制剂的性状是指除去包装后的性状,除某些药味特殊的颜色、气味,已很难体现组成药味的专属性特征。因此,对于复方制剂来说,性状鉴别的意义已经不大。

2. 鉴别

(1)显微鉴别:对于以粉末药材(饮片)配合而成,或者一部分药味经过提取,而另一部分药味是以粉末的形式直接加入的成方制剂,显微鉴别仍然具有重要的鉴别意义,特别是对于贵细药材,或指标成分不明确的中药。

对于已有国家标准的药物,应参照《中国药典》或其他国家标准,对组成药味进行专属性显微特征的描述,并附显微特征图片(照片或墨线图)。

对于没有国家标准,或者国家标准中没有粉末显微鉴别特征的药物,要进行显微鉴别研究,并提供研究方法、起草说明(附照片或墨线图)。

在明确各组成药味显微特征的基础上,应排除组方药味间的交叉干扰。如白芍的显微特征为薄壁细胞中含有草酸钙簇晶,排列成行,或一个细胞中含数个簇晶。但如果处方中同时含有牡丹皮(也具有相同的显微特征),则应选取其他的特征,如纤维长梭形,直径15~40μm,壁厚,微木化,具大的圆形纹孔(牡丹皮为根皮,无木纤维)。

现以2015年版《中国药典》六味地黄丸的显微鉴别为例,说明显微鉴别的专属性及其表述方法。取本品,置显微镜下观察:淀粉粒三角状卵形或矩圆形,直径24~40μm,脐点短缝状或人字状(山药);不规则分枝状团块无色,遇水合氯醛试液溶化;菌丝无色,直径4~6μm(茯苓);薄壁组织灰棕色至黑棕色,细胞多皱缩,内含棕色核状物(熟地黄);草酸钙簇晶存在于无色薄壁细胞中,有时数个排列成行(牡丹皮);果皮表皮细胞橙黄色,表面观类多角形,垂周壁连珠状增厚(酒萸肉);薄壁细胞类圆形,有椭圆形纹孔,集成纹孔群;内皮层细胞垂周壁波状弯曲,较厚,木化,有稀疏细孔沟(泽泻)。

(2)理化鉴别:对于中药制剂,特别是复方制剂的理化鉴别,薄层色谱(TLC)鉴别是主要的方法和手段。对于新药的研发,要求对全方的药味进行专属性鉴别,并提供详尽的研究资料。

需要特别注意的是,现行国家中药标准中很多中药材、饮片的薄层色谱鉴别方法,在复方制剂中并不适用,主要有如下两个原因:①专属性不强。如很多以黄酮(如槲皮素、山奈酚)、酚酸(如绿原酸)、甾醇(如谷甾醇)为指标成分的中药材TLC鉴别,在组方药味中其他药物中同样存在;②药材的TLC鉴别样品制备方法与制剂的制备工艺不相符合。如很多药材的TLC鉴别是以石油醚、三氯甲烷为溶媒进行样品制备,所反映的是脂溶性成分的鉴别特征,而制剂多以水、稀醇为溶媒进行提取、制备,脂溶性成分很少进入最终产品。

因此,在新药研究中,TLC鉴别、检查、含量测定等质控标准的研究建立应综合考虑所用原料药的基原、组方与制备工艺的复杂性,进行设计,制定出科学、先进、适用的标准体系。

1)复方制剂研发中专属性鉴别有两个含义:①与可能存下的混伪品、近缘品种的专属性鉴别。一般来说,与混伪品的专属性鉴别比较容易实现,但与近缘品种,特别是均为法定品种的近缘品种的鉴别比较困难,如黄柏与关黄柏,川贝母与其他贝母属植物,仅以生物碱类为指标成分进行鉴别,很难判断真伪。需要进行深入、系统的比较分析,必要时进行深入的化学成分研究,才能建立专属性的鉴别方法,提升创新药物的质控水平,也是防止仿冒的有效手段。②与制剂中其他组方药味的专属性鉴别。主要是通过阴性(缺一味)对照来体现TLC鉴别的专属性。

2)药材与制剂鉴别方法的相关性问题:对于新药研究开发,对组方各药味的化学成分应该,也必须最大限度地掌握和了解,结合制备工艺,发现、确立各药味的专属性成分。必要时,采用液-质联用等技术,对组方药味进行差异分析,鉴定其特征性成分,制备对照品,建立、考察鉴别方法,制定鉴别标准。如止喘灵注射液的TLC鉴别项,是以盐酸麻黄碱为对照品,进行麻黄的鉴别。

在指标成分缺失的情况下,也可采用对照药材作为对照物质,建立鉴别方法。对于结构相近的同系物的分析、鉴别,可采用高效薄层色谱(HPTLC)进行鉴别。

对于含量极低,或TLC/HPTLC技术无法有效鉴别的情况下,也可采用其他色谱学及其与质谱联用技术来进行特征指纹图谱鉴别。清开灵注射液由胆酸、珍珠母(粉)、猪去氧胆酸、栀子、水牛角(粉)、板蓝根、黄芩苷、金银花组成,其鉴别项分别有栀子、胆酸、猪去氧胆酸、黄芩的TLC鉴别和HPLC指纹图谱鉴别。

3. 检查 对于新药研发,其质量标准的检查项的研究与建立,应参照《中国药典》相关剂型的成方制剂的检查项的要求。由于近年来部分品种标准单列,非法添加等问题的出现,以及新药研发要求的不断提高,对于检查项的要求也不断提高。如清开灵系列制剂中,口服制剂的检查项均为应符合相关制剂通则的要求,而清开灵注射液则增加了以灰毡毛忍冬皂苷乙为指标成分,不得检出山银花的TLC检查方法。

《中国药典》收载有毒中药83种。虽然大多数国家标准收载的中药成方制剂,即便是含有这些"有毒"中药,如马钱子、乌头、细辛、千里光等,也没有对于毒性成分限度的规定,但对于组方中含有有毒中药的新药研发,则应该对毒性成分的含量限度进行规定。

4. 含量测定　含量测定是保证中药质量最重要的方法,特别是对于已知有效成分的含量测定方法的建立和含量范围的规定,是保证药品临床有效的最基本要求。国家标准中已收载的复方制剂,由于历史条件的限制,很多品种含量测定不够健全,导致中成药质量的诸多问题。

在中药新药的研究阶段,应该对全方药味的有效成分、指标成分进行含量测定方法的考察,特别是君、臣等主要药味,以及贵重药材(饮片),建立含量测定方法,并规定其含量范围。

对于处方中的药味为国家、地方中药标准中收载的药材、饮片,且有含量测定项者,均须进行含量测定方法的考察。对于虽收载于各级标准但尚无含量测定项者,应查阅相关化学成分、分析方法文献,确立指标成分,进行含量测定;对于没有文件报道,但在处方中发挥主要作用者,则应该进行系统的活性成分研究,分离制备对照品,建立含量测定方法。

在含量测定方面,也存在着药材-饮片-制剂质量的相关性、一致性的问题。有些药材、饮片的含量测定指标成分以及分析方法,并不适用于制剂的含量测定,其中,指标成分在提取制备过程中的提取率、转移率,是重点考察要素。

以乌药(Linderae Radix)为例,其药材质量标准中有两个含量测定项:含乌药醚内酯($C_{15}H_{16}O_4$)不得少于0.030%,含去甲异波尔定($C_{18}H_{19}NO_4$)不得少于0.40%。其中,乌药醚内酯为倍半萜内酯,为脂溶性成分,在水煎剂中几乎检测不到。而去甲异波尔定为异喹啉生物碱,在水煎剂中提取率很高。因此,如果以水或稀醇为提取溶媒,进行乌药的新药研发,则需以去甲异波尔定为指标成分,进行提取工艺、质量标准研究,而可忽略乌药醚内酯在制剂中是否存在。

第二节　中药材新药研究

一、中药材新药的定义与分类

根据《中华人民共和国药品管理法实施条例》(中华人民共和国国务院令第360号)第十章第八十三条之规定:新药,是指未在中国上市销售的药品。因此,我国对新药的概念带有较浓的行政管理色彩和国情色彩。新药的另一个概念是科学技术上的,具有知识产权特征的,在结构和作用性质或治疗领域上具有新颖性的药物,或称新化合物实体。

原国家食品药品监督管理局颁布的《药品注册管理办法》(2007年版)将中药、天然药物注册分为9类:①未在国内上市销售的中药、天然药物中提取的有效成分及其制剂;②未在国内上市销售的来源于植物、动物、矿物等药用物质制成的其制剂;③新的中药材代用品;④药材新的药用部位及其制剂;⑤未在国内上市销售的从植物、动物、矿物等物质中提取的有效部位及其制剂;⑥未在国内上市销售的中药、天然药物复方制剂;⑦改变国内已上市销售中药、天然药物剂型的制剂;⑧改变国内已上市销售中药、天然药物给药途径的制剂;

⑨仿制药。

其中,涉及中药材的新药为第2-4类。

1. "未在国内上市销售的来源于植物、动物、矿物等药用物质制成的其制剂"属于2类新药 是指未被国家药品标准或省、自治区、直辖市地方药材标准规范(统称"法定标准")收载的中药材及天然药物制成的制剂,包括原注册分类中1类新药"新发现的中药材及其制剂"。《中国药典》(1977年版)曾经收载的药材亦视为有法定标准。如"塞隆骨风湿酒"为塞隆骨经加工制成的药酒。还有沙棘、垂盆草、蟑螂及其制剂。

"新发现的中药材及其制剂"的研究与申报其实与1类新药几乎没有区别,需开展系统的药学、药效、毒理、临床试验研究,提供完整的1-33号资料。

我国有药用资源1万余种,法定标准收载的1000余种,《中国药典》(2015年版)仅收载600余种,为新药材及其制剂的发现提供了得天独厚的基础。

2. "新的中药材代用品"属于3类新药 是指替代国家药品标准中药成方制剂处方中的毒性药材或处于濒危状态药材的未被法定标准收载的药用物质。"新的中药材代用品"可以是已被法定标准收载的中药材和未被法定标准收载的中药材。包括如下几类:①中药材人工制成品:如人工牛黄、人工麝香等;②中药材生物技术培育品:如蜜环菌丝体、虫草菌丝体等;③中药材人工干预方法在动物体内生成品:如人工培育牛黄、引流熊胆等。

"新的中药材代用品"如果是未被法定标准收载的物质,其申报资料应提供与被替代药材进行药效学对比的试验资料,并应提供进行人体耐受性试验以及通过相关制剂进行临床等效性研究的试验资料。如果是已被法定标准收载的中药材,则仅需通过相关制剂进行临床等效性试验。每种制剂临床验证的病例数不得少于100对。如果代用品为单一成分,尚应提供药动学试验资料及文献资料。

3. "中药材新的药用部位及其制剂"属于4类新药 是指具有法定标准药材的传统用药部位以外的其他部位,如人参叶、三七叶、杜仲叶。

二、中药材新药研究的申报体系

中药材新药研究作为中药、天然药物新药研究的一部分,其申报体系应按照2007年原国家食品药品监督管理局公布的现行版《药品注册管理办法》进行注册申请,其中中药材新药研究申报资料包括以下内容。

1. 综述资料

(1)药品名称:①中文名;②汉语拼音名;③命名依据。

(2)证明性文件:①申请人合法登记证明文件、《药品生产许可证》、《药品生产质量管理规范》认证证书复印件,申请新药生产时应当提供样品制备车间的《药品生产质量管理规范》认证证书复印件;②申请的药物或者使用的处方、工艺、用途等在中国的专利及其权属状态的说明,以及对他人的专利不构成侵权的声明;③麻醉药品、精神药品、医用毒性药品研制立项批复文件复印件;④申请新药生产时应当提供《药物临床试验批件》复印件;⑤直接接触药品的包装材料(或容器)的《药品包装材料和容器注册证》或《进口包装材料和容器注册证》复印件;⑥其他证明文件。

如为进口申请,还应提供:①生产国家或者地区药品管理机构出具的允许药品上市销售及该药品生产企业符合药品生产质量管理规范的证明文件、公证文书;出口国物种主管当局同意出口的证明。②由境外制药厂商常驻中国代表机构办理注册事务的,应当提供《外国企业常驻中国代表机构登记证》复印件;境外制药厂商委托中国代理机构代理申报的,应当提供委托文书、公证文书以及中国代理机构的《营业执照》复印件。③安全性试验资料应当提供相应的药物非临床研究质量管理规范证明文件,临床试验用样品应当提供相应的药品生产质量管理规范证明文件。珍稀濒危、野生药材需要提供资源蕴藏量、存栏数等资料。

（3）立题目的与依据:中药材、天然药物应当提供有关古、现代文献资料综述。中药、天然药物制剂应当提供处方来源和选题依据,国内外研究现状或生产、使用情况的综述,以及对该品种创新性、可行性等的分析,包括和已有国家标准的同类品种的比较。中药还应提供有关传统医药的理论依据及古籍文献资料综述等。

（4）对主要研究结果的总结及评价:包括申请人对主要研究结果进行的总结,及从安全性、有效性、质量可控性等方面对所申报品种进行的综合评价。

（5）药品说明书样稿、起草说明及最新参考文献:包括按有关规定起草的药品说明书样稿、说明书各项内容的起草说明、有关安全性和有效性等方面的最新文献。

（6）包装、标签设计样稿。

2. 药学研究资料

（7）药学研究资料综述。

（8）药材来源及鉴定依据。

（9）药材生态环境、生长特征、形态描述、栽培或培植（培育）技术、产地加工和炮制方法等。

（10）药材标准草案及起草说明,并提供药品标准物质及有关资料。

（11）提供植、矿物标本,植物标本应当包括花、果实、种子等。

（12）生产工艺的研究资料及文献资料,辅料来源及质量标准。

（13）确证化学结构或组分的试验资料及文献资料。

（14）质量研究工作的试验资料及文献资料。

（15）药品标准草案及起草说明,并提供药品标准物质及有关资料。

（16）样品检验报告书:对申报样品的自检报告。临床试验前报送资料时提供至少1批样品的自检报告,完成临床试验后报送资料时提供连续3批样品的自检报告。

（17）药物稳定性研究的试验资料及文献资料。

（18）直接接触药品的包装材料和容器的选择依据及质量标准。

3. 药理毒理研究资料

（19）药理毒理研究资料综述。

（20）主要药效学试验资料及文献资料。

（21）一般药理研究的试验资料及文献资料。

（22）急性毒性试验资料及文献资料。

（23）长期毒性试验资料及文献资料。

（24）过敏性（局部、全身和光敏毒性）、溶血性和局部（血管、皮肤、黏膜、肌肉等）刺激性、依赖性等主要与局部、全身给药相关的特殊安全性试验资料和文献资料:根据药物给药途径及制剂特点提供相应的制剂安全性试验资料。具有依赖性倾向的新药,应提供药物依赖性试验资料。

（25）致突变试验资料及文献资料：如果处方中含有无法定标准的药材，或来源于无法定标准药材的有效部位，以及用于育龄人群并可能对生殖系统产生影响的新药（如避孕药、性激素、治疗性功能障碍药、促精子生成药、保胎药或有细胞毒作用等的新药），应报送致突变试验资料。

（26）生殖毒性试验资料及文献资料：用于育龄人群并可能对生殖系统产生影响的新药（如避孕药、性激素、治疗性功能障碍药、促精子生成药、保胎药以及致突变试验阳性或有细胞毒作用等的新药），应根据具体情况提供相应的生殖毒性研究资料。

（27）致癌试验资料及文献资料：新药在长期毒性试验中发现有细胞毒作用或者对某些脏器组织生长有异常促进作用的以及致突变试验结果为阳性的，必须提供致癌试验资料及文献资料。

（28）动物药动学试验资料及文献资料。

4. 临床试验资料项目

（29）临床试验资料综述。

（30）临床试验计划与方案。

（31）临床研究者手册。

（32）知情同意书样稿、伦理委员会批准件。

（33）临床试验报告。

上述三类与新药材相关的中药新药申报资料可参考国家新药审评中心关于新药注册需提交的有关文件和管理办法。中药材新药申报资料项目，见表14-1。

表14-1　中药材新药申报资料项目

分类	项目	药品注册分类			分类	项目	药品注册分类			分类	项目	药品注册分类			分类	项目	药品注册分类		
		2	3	4			2	3	4			2	3	4			2	3	4
综述资料	1	+	+	+	药学资料	7	+	+	+	药理毒理资料	19	+	*	+	临床资料	29	+	+	+
	2	+	+	+		8	+	+	+		20	+	*	+		30	+	+	+
	3	+	+	+		9	+	▲	−		21	+	*	+		31	+	+	+
	4	+	+	+		10	+	▲			22	+	*	+		32	+	+	+
	5					11	+	▲			23	+	*	+		33	+	+	+
	6	+	+	+		12	+	▲	+		24	*	*	*					
						13	+	±	±		25	*	▲	+					
						14	+	±	±		26	+	*	*					
						15	+	▲			27	*	*	*					
						16	+	▲			28	−	*	−					
						17	+	▲											
						18	+	+											

注："+"必须报送的资料；"−"可以免报的资料；"±"可以用文献综述代替试验研究的资料；"▲"具有法定标准的中药材、天然药物可以不提供，否则必须提供资料；"*"按照申报资料项目说明和申报资料具体要求

三、中药材新药的研究开发

（一）新药材的研究开发

1. 从民间和民族用药经验中寻找　针对资源紧缺或常见疾病谱需求的中药,发掘民间药、民族药,以寻找中药材新品种。如沙棘是蒙古族、藏族习用药材,为胡颓子科沙棘 *Hippophae rhamnoides* L.的干燥成熟果实,具有止咳祛痰、消食化滞、活血散瘀之功效;现代研究发现,沙棘中含有丰富的黄酮类物质、维生素C、胡萝卜素和氨基酸等生理活性成分,具有较高的开发价值,作为新的中药材正式载入《中国药典》一部(1977年版)。垂盆草,始载于清代《百草镜》,原名"鼠牙半枝",为景天科植物垂盆草 *Sedum sarmentosum* Bunge的新鲜或干燥全草,民间用于治疗各种肝炎、咽喉肿痛等,现代研究证明垂盆草具有显著的保肝和免疫抑制作用,并分离得到氰苷类化合物垂盆草苷及黄酮类化合物、有机酸类、氨基酸类、生物碱、无机元素等,垂盆草苷及黄酮类化合物为抗肝炎活性成分,功效为清利湿热、解毒,主要用于湿热黄疸与急、慢性肝炎;作为新的中药材正式载入《中国药典》一部(1990年版)。

2. 根据生物的亲缘关系,从近缘植物中寻找　在麦冬的资源调查和商品鉴定中,除《中国药典》收载的麦冬 *Ophiopogon japonicus*(Thunb.)Ker-Gawl.为主流商品外,湖北麦冬 *Liriope spicata*(Thunb.)Lour. var. *prolifera* Y. T. Ma 和短葶山麦冬 *Liriope muscari*(Decne)L.H.Baily产量大,活性成分多糖和皂苷的含量与麦冬相近,其抗缺氧和免疫功能与麦冬相同或更优,故而作为山麦冬首次载入《中国药典》一部(1995年版)。为解决川贝母的资源短缺问题、保护野生资源,《中国药典》(2010年版)新增两个在四川有几十年栽培历史和经验的栽培品种太白贝母和瓦布贝母,经DNA分析证实这两个栽培品种与川贝母品质相近,使川贝母这一名贵药材的资源短缺得到缓解。

中药石斛兰科植物,为珍惜濒危物种。《中国药典》(2000年版)规定石斛为兰科植物环草石斛 *Dendrobium loddigesii* Rolfe.、马鞭石斛 *Dendrobium fimbriatum* Hook. var. *oculatum* Hook.、黄草石斛 *Dendrobium chrysanthum* Wall.、铁皮石斛 *Dendrobium candidum* Wall. ex Lindl. 或金钗石斛 *Dendrobium nobile* Lindl. 的新鲜或干燥茎。为满足对石斛药材的需求,《中国药典》一部(2005年版)将石斛的基原修订为兰科植物金钗石斛 *Dendrobium nobile* Lindl.、铁皮石斛 *Dendrobium candidum* Wall. ex Lindl.或马鞭石斛 *Dendrobium fimbriatum* Hook.var. *oculatum* Hook.及其"近似种"的新鲜或干燥茎。《中国药典》一部(2010年版)则进一步修订为兰科植物金钗石斛 *Dendrobium nobile* Lindl.、鼓槌石斛 *Dendrobium chrysotoxum* Lindl.或流苏石斛 *Dendrobium fimbriatum* Hook.的"栽培品"及其同属植物近似种的新鲜或干燥茎。可以说,石斛的基原植物基本上扩大到全部石斛属植物。

3. 以药理筛选结合临床疗效寻找　利用高通量筛选和细胞筛选方法。在进行抗肿瘤药物的药理筛选中发现唐松草新碱(thalidasine)具有较好的抗肿瘤活性之后,从东北产的10种唐松草属植物中发现了展枝唐松草 *Thalictrum squarrosum* Steph. ex Willd.,其根中唐松草新碱含量最高,达1.36%,其靶向制剂"复方唐松草新碱多相脂质体制剂"已应用于临床,用于胃癌、肺癌、淋巴癌的治疗。

4. 从古本草中寻找　绝大多数常用中药的使用是根据古本草记载,有一些品种历代本草有记载而如今尚未被发掘和使用;还有一些古代多来源的品种,至今只用了其中的1种或2种,深入系统研究古本草仍可开发出新药资源。如甘草,素有"十方九草"之说,临床用量和出口量都很大，1963年版《中国药典》只收载豆科甘草属植物乌拉尔甘草*Glycyrriza uralensis* Fisch.一种，而《图经本草》载："……陕西、河东州郡皆有之……今有甘草数种。"经多年大量深入研究，发现同属胀果甘草*Glycyrriza inflata* Bat.和光果甘草*Glycyrriza glabra* L.的根及根茎与乌拉尔甘草有着相似的化学成分和药理作用。因此，胀果甘草和光果甘草作为新的中药材正式载入《中国药典》（1977年版），3种植物同等入药。

5. 根据植物生长的地理位置和气候条件寻找　如血竭为棕榈科植物麒麟竭*Daemonorops draco* Bl.果实渗出的树脂加工品，主产于印度尼西亚、印度、马来西亚等地，为我国长期需要进口的中药材。后以地理位置和气候条件为线索进行资源考察，发现了同科同属的剑叶龙血树*Dracaena cochinchinensis*（Lour.）S. C. Chen在云南迄今已有500余年的药用历史。经过对其品种、质量和临床疗效等进行系统的考证、鉴定、研究后，原卫生部以"广西血竭"为名批准生产。沉香为瑞香科植物沉香*Aquilaria agallocha* Roxb.含树脂的心材，也是我国长期依赖进口的中药材。后根据地理位置和气候条件进行资源考察，发现了我国海南、广东、广西特产的同科同属植物白木香*Aquilaria sinensis*（Lour.）Gilg，具有与进口沉香相同的临床疗效，1963年版《中国药典》将其收载，但列于沉香项下，与进口沉香同等入药；《中国药典》（1977年版）所载沉香则只收载了瑞香科植物白木香*Aquilaria sinensis*（Lour.）Gilg的含树脂木材。广西血竭和沉香的发现，改变了它们一直以来只能依靠进口的被动局面。

（二）中药材代用品的研究开发

保护中药资源、使之可持续利用，是一个迫在眉睫、急需解决的问题。国家相继建立了相应的法规和对策，如《中华人民共和国野生动物保护法》《中华人民共和国森林法》《中华人民共和国渔业法》等，对一些常用的珍稀品种和资源濒危品种中药材实行保护。而国家药品标准中药成方制剂处方中的处于濒危状态的药材，既要保护天然资源，又要保证满足临床需求，因此，必须寻找代用品。如犀角、熊胆、天然牛黄等，则分别以水牛角、熊胆粉和体外培育牛黄所替代。另外，国家药品标准中药成方制剂处方中的毒性药材也必须寻找代用品，例如用木通、川木通替代关木通，用土木香替代青木香等。

1. 大规模资源普查并结合古本草进行寻找　犀角原作为珍稀品种，价格奇高，后因资源濒危被禁用。水牛角为牛科动物水牛角*Bubalus bubalis* L.的角，考证古本草发现《名医别录》载：水牛角治"时气寒热头痛"。《大明本草》载："煎汁，治热毒风及壮热"。资源普查时发现民间用水牛角治温病高热、神昏谵语、发斑发疹、吐血衄血、惊风、癫狂，效果显著。经过科学研究证明，水牛角药效确实类似犀角，具清热解毒、凉血、定惊之功，可以作为犀角的代用品，因此水牛角和水牛角浓缩粉均以新的犀角代用品的身份正式载入《中国药典》一部（1977年版）。

2. 以有效成分为线索进行寻找　麝鼠香为麝鼠*Ondatra zibethica* L.雄性腺内囊的分泌物；其中主要组分是麝香酮，与天然麝香的化学成分、药理作用相似，有望成为麝香的合法代用品。采用人工合成主要活性成分（麝香酮），模拟天然麝香的化学组成，成功研究开发出人工麝香，解决了麝香这一贵重药材的可持续利用问题，获得2015年度国家科技进步一等奖。

3. 在保护资源的基础上开发代用品　自1987年国务院将熊列入国家二级重点保护物种，熊胆的药源受到限制之后，相继开发了活体引流胆汁（即熊胆粉）的生产和研究，并获得成功。其清热解毒，利胆明目之功效与熊胆相同，于2000年被国家批准为中药新药而且直接生产。天然牛黄为牛科动物牛*Bos taurus dometicus* Gmelin的干燥胆结石，但天然牛胆的结石形成率仅1‰，重量每个3~5g，成石周期3~5年，产量低，周期长，使牛黄珍稀之至，价格长期居高不下。"体外培育牛黄"的疗效和性能不低于天然牛黄,且主要药理活性成分比天然牛黄稳定,是天然牛黄的理想代用品,于1997年获得国家中药新药证书,2004年1月,体外培育牛黄正式被原国家食品药品监督管理局批准可以与天然牛黄"等量投料使用",并正式收载于《中国药典》一部(2005年版)。

(三)中药材新药用部位的研究开发

对于资源紧缺而没有类似替代品种的中药材,或为避免资源浪费而对药材资源充分开发利用,则以有效成分为线索,研究其传统药用部位以外的其他器官,开发其新的药用部位。如人参、三七古代均以根入药,其生产周期长、择地性强,产量受到限制,使价格长期居高不下。研究表明,其根茎(芦头)与主根皂苷类成分基本相同,故现行国家标准将其药用部位扩大为根及根茎。人参叶资源丰富,价格相对较低,有其独特的化学成分和药理活性,因此"人参叶"作为人参新的药用部位成为中药新药,正式载入《中国药典》一部(1995年版)。

杜仲始载于《神农本草经》,以树皮入药亦有2000余年历史,原植物为杜仲科植物杜仲 *Eucommia ulmoides* Oliv.,而此植物一种自成一科,当药源供不应求时没有近缘植物可供开发,因此开发杜仲新的药用部位势在必行。科学研究证明杜仲叶与皮含有相似的化学成分,具有相似的药理作用,"杜仲叶"作为杜仲新的药用部位开发成功,作为中药新药正式收载于《中国药典》(2005年版)。

四、中药材新药研究开发的现状与展望

新药开发研究是一个高投入、高风险的过程,从目前国内外的实际情况看,创新药研究的风险越来越大。根据美国FDA近期数据显示,仅有三成药物的市场利润能补偿其研发成本,获得盈利,而仅有约1/5000的化合物最终成为药物。安全性和有效性问题是导致临床研究失败的主要原因,因此,在开发新药方向决策方面,应注重项目立题和临床的适用性,不是有专利、概念新的项目就能开发成新药。在药物上市之前,药物评价方面应分两个阶段进行,首先进行成药性评价,然后按国家《药品注册管理办法》评价。关于国家《药品注册管理办法》评价(在本章第一节已有介绍)。现就成药性评价重点说明。

成药性评价:首先应评价其立题依据。创新药物的立题,体现在比现有治疗药物更具优势,或填补某一适应证治疗药物的空白,或增加一个具有自主知识产权、但不比现有治疗药物差的品种。一个品种改变结构或改变制剂手段,与原来的品种相比,一定有它的独到之处,在生物学特性上表现出减少毒性、增加疗效、半衰期延长或缩短(作用时间延长或起效快)等,理化性质可能表现出溶解度增加、稳定性增加等。对每个品种而言都有其立题依据,而立题依据是用实验数据来证明的,不是某一个新的研究热点、理论都能转变为新药。

其次评价其成药性。成药性指进行了初步药效学研究、药动学特性和安全性的早期评价,具有开发为药物潜能的特性。成药性的建立,可能处于药物开发进程的早期阶段。成药性的判断尚属较早期的决策范围,由于动物实验本身的局限性,如动物实验中安全性评价。药动学研究一般在正常动物身上进行研究,动物种属与人有差异,且临床试验是在患者中进行的,因此动物实验的结果并不能完全预测临床的结果。即使初步的早期研究提示了药物的疗效和安全性,也不一定都能转化为上市产品。从美国药品研究与制造商协会2007年公布的数据看,进入Ⅱ期临床研究的项目约有40%失败,进入Ⅲ期的品种约有50%失败。因此,早期药品研发不应盲目,应明确成药性,分阶段逐渐推进,将风险分步稀释到新药开发的每

个阶段中。而始载于2005年版《中国药典》的中药新药"体外培育牛黄"是一个开发中药材新药的成功典范。

专利评价也是必要的。前些年国内药物研发以仿制和剂型改革为主,在国家鼓励科技创新的大环境下,随着信息快速分享,加之较多的海归人士带回他们在国外研究的课题、思路,也带动了国内创新药的研究,国内创新性药物的研究得到高度重视。较多具有自主知识产权的药物研究正成为国内新药研究的方向。专利对于研发者权利保护、独家占有市场保障等具有重大意义,是前期投入能否得到应有回报的重要措施之一。越来越多的申请人认识到了专利的重要性,强调新药必须有专利。但专利与药物的关系并非一定相关,即有专利的产品并不代表一定能开发成为上市药品。专利仅说明有"创新"性,并不能说明有成药性,更不用说安全、有效性了。有了专利,可能距离药物还相当遥远,如目前国内药物研究中获得的专利主要为生产工艺、提取方法等药学方面的内容,从作用机制、用途方面得到的专利较少。这样就会影响评价项目的有效性和成药性。一些没有活性或疗效差的物质,有专利而没有成药性,也不能转化为药物。仔细观察分析可以发现一些情况,如某一化合物的专利与当前的新药研究基本上无相关性。因此,强调专利固然重要,但应掌握好度,不能误入歧途。

(王峥涛　张丽娟)

参 考 文 献

[1] 国家食品药品监督管理局. 药品注册管理办法及附件. 局令第28号,2007年7月.

[2] 国家食品药品监督管理局. 关于印发《中药注册管理补充规定》的通知. 国食药监注[2008]3号,2008年1月.

[3] 国家食品药品监督管理局. 关于印发《中药天然药物综述资料撰写的格式和内容的技术指导原则》的通知. 国食药监注[2007]213号,2007年4月.

[4] 国家药典委员会.《中华人民共和国药典》[S]. 2000年版一部. 北京: 化学工业出版社,2000.

[5] 国家药典委员会.《中华人民共和国药典》[S]. 2005年版一部. 北京: 化学工业出版社,2005.

[6] 国家药典委员会.《中华人民共和国药典》[S]. 2010年版一部. 北京: 中国医药科技出版社,2010.

[7] 国家食品药品监督管理局药品审评中心. 药品技术评价文集[M]. 北京: 中国医药科技出版社,2007.

[8] 康廷国. 中药鉴定学[M]. 北京: 中国中医药出版社,2012.

[9] 秦伯益. 新药评价概论[M]. 北京: 人民卫生出版社,1998.

[10] 邓世明. 新药研究思路与方法[M]. 北京: 人民卫生出版社,2008.

[11] 赵成. 山银花不同器官的绿原酸含量及体外抑菌效果比较[J]. 安徽医药,2006,10(8): 584.

第十五章　国外植物药及我国港台地区中药质量标准

从20世纪90年代末开始,植物药已成为全球药物市场上一个重要组成部分。据统计,自1994年起,全球对植物药的需求每年以8%的速度稳定增长。以植物药为主的中药进入国际市场,必须符合国际植物药的准入规则和质量管理要求。因此,全面了解海外植物药的质量标准对中药国际化具有重要意义。

第一节　国外植物药质量标准发展概况

一、植物药的定义

不同国家和地区对植物药的定义不尽一致,对其称谓也不甚统一。世界卫生组织(WHO)将植物药分为4种:①植物药(herbs),指完整的、破碎的或粉末状的植物药材,包括植物的叶、花、果实、种子、茎、木、皮、根及根茎等部位。②植物药材(herbal materials),包括植物药、植物的鲜汁、树胶、固定油、挥发油、树脂等。③植物药制剂(herbal preparations),用于制造最终植物药产品,可包括散剂、浸膏、酊剂和脂肪油。④植物药品(finished herbal products),是由一种或多种植物药生产而成的植物药制剂,不能加入从植物中分离得到的化学成分。

欧盟(European Union, EU)定义的传统植物药品(traditional herbal medicinal products)不需要医生处方。分为:①植物药材(herbal substances),指完整的、破碎的或经过切制的全植物体、植物的一部分、藻类、真菌和地衣。植物药材未经进一步加工,通常为干燥品,有时也为鲜品。②植物药制剂(herbal preparations),由植物药材经提取,蒸馏,压榨,浓缩或发酵等方法制备。包括散剂、酊剂、浸膏、挥发油、压榨汁和渗出物加工品。③植物药品(herbal medicinal product),其活性成分由一种或多种植物药材组成,或由一种或多种植物药制剂组成,或由植物药材和植物药制剂合并组成。

美国食物药品监督管理局(Unitied State Food and Drug Administration, USFDA)在2004年6月发布的《植物药品生产指南》对植物药有关的概念进行了说明,分为4种:①植物产品(botanical, botanical product),指标签完备的最终产品,其组成为植物、藻类、大型真菌或以上几种的组合；根据用途，植物产品可以是食品、药品、医用材料或化妆品，但不能加入基因修饰的植物，发酵产品，从植物中分离纯化的化学成分（如紫杉醇）和经化学修饰的物质（如从薯蓣提取物合成的雌激素）。②植物药材（botanical raw material），指新鲜的或经净制、冷冻、干燥或切片的植物、藻类和大型真菌。③植物药制剂（botanical drug substance），指以植物药材，通过粉碎、煎煮、压榨、溶剂提取（水或乙醇）等方法制备，包括散剂、糊剂、浓缩液、胶剂、糖浆和油剂；可以是单味植物药制剂（single-herb botanical drug substance）或复方植物药制剂（multi-herb botanical drug substance）。④植物药品（botanical drug product, botanical drug），指用作药品的植物产品，由植物药制剂制备，有多种剂型供使用，如液体制剂、散剂、片剂、胶囊、酏剂（elixir）和外用剂型。

与西方植物药相比，中药及其产品也主要来源于植物，其特色是要在中医药理论的指导下或参照中医理论认识和使用。中药在现阶段以植物药的形式进入国际药物市场，不失为一种便捷的途径。

二、国外植物药质量标准的一般概况

植物药的广泛使用，促进了植物药的质量标准及相关专论的建立。目前国际上关于植物药质量标准主要分为两类：药典（pharmacopoeias）和专论（monographs）。下文主要对世界卫生组织、欧美、日本、韩国、印度和越南有关植物药的质量标准做一介绍。

1. WHO药用植物专论　1986年在东京召开的第四届药物法规国际会议（international conference of drug regulatory authorities, ICDRA），要求WHO编写一个药用植物名单，为广泛使用的药用植物和其简单制剂建立国际规范。1994年在北京由顾问小组选取了全球不同地区广泛使用的31种药用植物，委托美国芝加哥伊利诺斯大学WHO传统医学合作中心（WHO collaborating center for traditional medicine at the university of Illinois）草拟初稿。该专论系统综述了1975—1995年发表的科学研究文献、多个国家的药典及参考书籍，经过40多个国家100多名专家的评审。1996年在德国慕尼黑举行的咨询会上最终认可28个药用植物专论，并于1999年出版专论第一卷。此后，于2003、2007、2009年，分别出版了第二卷、第三卷、第四卷，各收录了30、31和28个专论。

2. 欧洲　欧洲具有悠久的药用植物历史，各国对植物药的评价标准不一。

《欧洲药典》是欧洲药品质量控制的法定标准。目前，最新版本的《欧洲药典》是2016年出版的第9版，该版本是在第8版的基础上对所有内容进行了重新修订，并于2017年1月开始生效，其后每3个月出版一部增补本。2005年，欧洲药典委员会发起制订中药质量控制的标准，目前第9版的《欧洲药典》及其2个增补本已经收录了57个中药专论：五加皮、砂仁、豆蔻、知母、白芷、独活、当归、黄芪、苍术、白术、射干、拳参、红花、陈皮、川木通、薏苡仁、山药、骨碎补、墨旱莲、杜仲、麻黄、秦皮、板蓝根、枸杞子、厚朴、厚朴花、三七、蓼大青叶、胡椒、荜茇、何首乌、茯苓、夏枯草、葛根（野葛）、粉葛、丹参、地榆、五味子（北五味子）、黄芩、青风藤、槐花、槐米、粉防己（汉防己）、木通、栀子、党参、赤芍、白芍、虎杖、水红花子、钩藤、花椒、穿心莲、黄连、穿山龙、泽兰、吴茱萸。《欧洲药典》未来的目标是收纳中医最常使用的至少300种中药材。

德国在植物药的质量标准方面走在了世界前列，德国卫生部于1978年设立E委员会，由E委员会编制的各个植物药专论,实际上构成了德国国家植物药药典。凡在德国出售的植物药,必须符合该专论的规定。美国植物委员会(American botanical council)随后将其翻译成英文,并于1998年出版。《德国植物药专论》收录了380篇专论,包括了360种植物药,其中收载已批准的单味植物药(single herbs)186个,固定组方(fixed combinations)66个,特征性组分(component characteristics)2个,尚未批准的单味植物药110个,固定组方6个,特征性组分10个。由于该专论编写时间较早,内容不够详细,缺乏最新研究进展,美国植物委员会组织专家学者编写了该专论的扩展本,即《扩展德国植物药专论》,于2000年出版。该书在《德国植物药专论》的基础上对各个专论进行了扩展和更新,在记述格式上也有所改变。该扩展本共收录了107个条目,大多为美国市售的常用植物药。

《英国药典》是英国药典委员会(British Pharmacopoeia Commission)正式出版的法定药品标准,是英国制药标准的重要来源,其中收录了《欧洲药典》中的全部专论与要求。《英国药典》2007年版首次增加了有关中药(traditional Chinese medicines)的内容,在正文中将中药甘草单列条目Liquorice Root for Use in Traditional Chinese Medicines,为中药的质量控制国际化迈出了新的一步。《英国药典》2009年版第三卷收录了植物医学和补充医学(herbal and complementary medicines)使用的植物药(herbal drug),将2007年版中收载的中药甘草(Liquorice Root for Use in Traditional Chinese Medicines)并入条目Liquorice Root for Use in Traditional Herbal Medicines(传统植物药甘草),并首次将传统植物药(包括中药)的饮片单列条目,如经洗净和软化后切成横片或纵片的黄芪,以Processed Astragalus Root for Use in Traditional Herbal Medicine Product为条目在正文中收录。《英国药典》2015年版收载的中药有白芷、独活、当归、黄芪、苍术、白术、射干、肉桂、杜仲、何首乌、银杏、人参、龙胆、干姜、板蓝根、葛根、厚朴、厚朴花、茯苓、大黄、丹参、红花、地榆、马鞭草,同时新增了当归(Processed Angelica Sinensis Root)、丹参(Processed Salvia Miltiorrhiza Rhizome and Root)、白芍(Processed White Peony Root)的炮制品。目前最新版本的《英国药典》为2016年出版,并于2017年1月1日实施。

英国在1974年就开始出版草药典,并分别在1983、1990和1996年进行过修订。其中1996年版的《英国草药典》是由英国植物药协会科学委员会(Scientific Committee of British Herbal Medicine Association)的专家对1990年版收载的84个植物药专论进行修订,并新增85个植物药专论,总共收录了169种植物药(plant drug)。《英国草药典》至今也不失为质量控制的参考标准,特别是对《英国药典》和《欧洲药典》未收载的植物药。

1989年成立的欧洲植物治疗科学协会(ESCOP)也组织编写了80个植物药(herbal drug)专论,侧重于植物药的治疗作用,涉及化学成分、用途、剂量、禁忌、副作用、药理作用、临床研究和毒理学等方面。

3. 美国　美国关于植物药的质量标准主要有《美国药典-国家处方集》(The United States Pharmacopeia and The National Formulary, USP-NF)。

USP-NF是两个法定药品标准的合订本:美国药典(USP)和国家处方集(NF)。USP中提供关于原料药和制剂的质量标准;关于食物补充剂和成分的质量标准在USP中以独立章节予以收载;NF中提供关于辅料的质量标准。每年均出版正文和增补版。USP的标准在美国由FDA强制实施,在国际上的认可度相当高,全世界有140多个国家和地区也在制定和采用这些标准。

2007年5月1日开始生效的2007年版《美国药典-国家处方集》(USP30-NF25)共3卷和2卷增补本。在第一卷单独列出一章食物补充剂专论,收录了母菊(Chamomile)、穗花牡荆(Chaste Tree)、红车轴草(Red Clover)、紫锥菊(*Echinacea purpurea* Root)、刺五加(Eleuthero)、小白菊(Feverfew)、银杏(Ginkgo)、西洋参(American Ginseng)、人参(Asian Ginseng)、北美黄连(Goldenseal)、甘草(Licorice)、水飞蓟(Milk Thistle)、贯叶金丝桃(St. John's Wort)、锯叶棕(Saw Palmetto)、缬草(Valerian)等植物药,涉及31种药用植物。在第二卷和第三卷正文中,收载了儿茶(Aloe)、颠茄叶(Belladonna Leaf)、安息香(Benzoin)、洋地黄(Digitalis)、没药(Myrrh)、阿片(Opium)、车前子(Plantago Seed)、鬼臼(Podophyllum)、蛇根木(Rauwolfia Serpentina)、红花油(Safflower Oil)、番泻叶(Senna Leaf)、番泻实(Senna Pods)、苏合香(Storax)等植物药,涉及34种药用植物。目前最新的版本为USP39-NF34(2016年5月1日起开始生效)。在过去十年,美国药典委员会加快了全球化的步伐,逐步在海外设置分支机构。2006年底,美国药典委员会在上海建立具有实验室功能的分支机构。2009年8月,中、美药典委员会成立了关于中药各组分与制剂标准的顾问小组,共同在制定中药标准方面进行广泛的合作。

USP于2009年将USP-NF中的"Dietary Supplements"(食品补充剂)章节和USP-NF及《食品化学法典》(FCC)中的其他相关各论和信息进行融合,出版了《USP膳食补充剂药典》(USP Dietary Supplements Compendium)。《USP草药法典》(USP Herbal Medicines Compendium)是由美国药典委员会(U.S. Pharmacopeial Convention)提供草药中所含成分的标准,目前已经发布了43个植物药及其提取物与制剂的标准。《USP膳食补充剂药典》和《USP草药法典》中均收载不少中药在内的植物药及其制剂质量标准,而新的植物药质量标准也通过美国药典与全球合作伙伴(包括中国药典)的协作在陆续研究开发中。

4. 日本 《日本药局方》(The Japanese Pharmacopoeia)由日本药局方编辑委员会编纂,由厚生省颁布执行,具有法律效力,也是日本药科大学学生必修的内容。《日本药局方》1886年初版,至今已经出版了17版。最新版是2016年3月24日开始生效的第十七版改正日本药局方,有日文和英文两种版本,其中收载生药(crude drug)品种222条,55条源自粉末饮片。

5. 韩国 中医药传入韩国已有1000多年的历史,约在公元5世纪时中医药已经为韩国民众所接受和承认。韩国关于植物药的标准有《韩国药典》(The Korean Pharmacopoeia, KP)和《韩国草药典》(The Korean Herbal Pharmacopoeia, KHP)。其中《韩国草药典》1984年初版,分别在1985、1987年出版第二版和第三版。2002年,结合新版《韩国药典》的内容,《韩国草药典》进行了重新修订,收录了384个专论。

6. 印度 印度植物资源丰富,分布的植物种类约15 000种,其中约有2000种具有药用价值,并被应用于民间治疗。印度传统医学称作阿育吠陀(ayurveda),是世界传统医疗体系之一,具有悠久的植物药使用历史。《印度阿育吠陀药典》(The Ayurvedic Pharmacopoeia of India)是印度官方出版的法定药典,在1990~2008年期间出版,共分两部:第一部7卷,共收录单味药(monographs)540味;第二部2卷,收载成方制剂(Formulation)101个。单味药物中,除了蜂蜜、牛奶为动物药及饮用水外,516味为植物药,21味为矿物药。对比印度植物药的来源品种、药用部位以及治疗用途,有助于中国传统药物资源的开发与利用。

　　此外,印度药物生产商协会(Indian Drug Manufacturers'Association)出版了《印度草药典》(Indian Herbal Pharmacopoeia, IHP)。IHP的初版共两册,收载40个专论,最新版本为2002年修订版,共收载了52个植物药专论。

　　7. 越南　越南是传统医药大国,受中国文化影响至深,在迅速崛起的东盟中具有重要影响。《越南药典》初版在1970年,出版了第一卷,包括了572个专论,其中包括269个化学药 物(pharmaceutical chemicals)、120个 生 药(materia medica),167个 处 方 制 剂(formulated preparations),16个生物制品(biological products);1983年出版第二卷,主要收载生药,包括244个专论。第二版《越南药典》分三卷出版。1990年出版第一卷,89个专论,其中39个化学药物、12个处方制剂、8个生药、29个质量控制一般方法和1个基本规定;1991年出版第二卷,包括63个生药以及生药炮制方法通则;1994年出版第三卷,包括84个化学药物、70个生药、62个质量控制一般方法和90个红外光谱。2005年出版的第三版《越南药典》包括了342个化学药物、276个生药、37个越南传统药物以及47个生物制品。2010年出版的第四版《越南药典》收载335种植物药,包括了94种传统医药制剂产品和60种常见的种植品种。在《越南药典》中,收录有不少具有地方特色品种,而《中国药典》没有收载的品种如功劳木、叶下珠、越南人参、白千层、越南安息香、宽筋藤、鹅掌柴、鸡蛋花、长春花、刺桐等。此外还有些品种,与传统中药所使用的药用部位不同,如曼陀罗叶、红背叶、接骨草、海滨木巴戟、台湾海棠、磨盘草、臭茉莉、野甘草、罗勒、叶下珠、山竹、毛当归、崖豆藤、云木香、赤蜈蚣等。还有一些同属不同种的植物,如越南马钱子、越南巴豆等。

第二节　国外植物药的质量标准内容概览

一、国外植物药质量标准内容

　　了解海外各国对植物药的质量控制标准内容有助于中药标准的国际化。本文将就《世界卫生组织药用植物专论》《欧洲药典》《德国植物药专论》《英国药典》《英国草药典》《美国药典/国家处方集》《美国草药典》《日本药局方》《韩国草药典》《印度阿育吠陀药典》《印度草药典》和《越南药典》所记载植物药的体例做概要介绍。

　　1. WHO药用植物专论　WHO药用植物专论的内容主要分为品质控制和药用价值两部分。具体的记载项目包括定义(definition):基原植物的学名、药用部位、科名;异名(synonyms):基原植物在分类学上出现过的异名;俗名选录(selected vernacular names):选择性收录一些地方性名称或民间的通俗叫法;地理分布(geographical distribution):基原植物的原产地,分布区域和栽培地;植物形态(description):基原植物的形态学描述;药用部位(plant material of interest):记述药用部位的一般外观(general appearance)、感官特性(organoleptic properties)、组织显微特征(microscopic characteristics)和粉末显微特征(powdered plant material);一般鉴别试验(general identity tests):包括性状鉴别、显微鉴别、显微化学试验和薄层色谱(thin layer chromatography, TLC)鉴别等;纯度检查(purity tests）：包括微生物学（microbiology）、总灰分（total ash）、酸不溶性灰分（acid-insoluble ash）、水溶性浸出物（water-soluble extractive）、醇溶性浸出物（alcohol-soluble extractive）、干燥失重（loss on drying）、农药残留（pesticide residues）、重金属（heavy metals）、放射性物质残留（radioactive residues）以及其他纯度检查；化学分析（chemical assays）：规定指标成分的含量和检测方法；主要化学成分（major chemical constituents）：分类记述主要的化学成分并给出主要化合物的化学结构；用途（medicinal uses）：包括临床数据支持的用途（uses supported by clinical data）、药典及可靠文献记载的用途（uses described in pharmacopoeias and well established documents）、传统医学中记录的用途（uses described in traditional medicine）；药理（pharmacology）：包括实验药理学（experimental pharmacology）、临床药理学（clinical pharmacology）和毒理学（toxicology）数据；副作用（adverse reactions）；禁忌（contraindications）；警示（warnings）；注意事项（precautions）：包括药物相互作用（drug interactions）、致癌（carcinogenesis）、致突变（mutagenesis）和生殖损害（impairment of fertility）等；剂型（dosage forms）；剂量（posology）；参考文献（references）。

2. 欧洲药典　《欧洲药典》对植物药的记载内容主要包括定义：基原植物的学名、药用部位以及指标成分的限量；鉴别（identification）：性状鉴别、显微鉴别和薄层色谱鉴别等；检查（tests）：干燥失重、总灰分和酸不溶性灰分的检查；含量测定（assay）：测定有效成分或指标成分的含量，规定了检测方法和详细的技术参数。

3. 德国植物药专论　《德国植物药专论》对单味植物药，固定组方和特征性组分记述的主要内容有：药物名称（name of drug）、药物组成（composition of drug）、药理活性、药动学（pharmacokinetics）、毒理学（pharmacological properties，pharmacokinetics，toxicology）、用途（uses）、禁忌、副作用（side effects）、药物相互作用（interactions with other drugs）、用量（dosage）、用法（mode of administration）、组方的配伍（combination partner in herb combinations）等。

4. 英国药典与英国草药典

（1）英国药典:《英国药典》收载的植物药分类较细，如关于甘草的条目单列就有五个：甘草（Liquorice，Liquorice Root）、调味用甘草干浸膏（Liquorice Dry Extract for Flavouring Purposes）、甘草流浸膏（Liquorice Liquid Extract）、传统植物药甘草（Liquorice Root for use in THM）和传统植物药甘草饮片（Processed Liquorice Root for use in THMP）。对植物药的记载内容主要包括：功效和用途（action and uses）、定义、鉴别、检查、含量测定以及贮藏（storage）等。

（2）英国草药典:《英国草药典》对植物药的记载内容主要包括品名：基原植物的学名，科名，异名以及药用部位；特征（characteristics）：性状（macroscopical description）和显微特征（microscopical description），气和味（odour and taste）；鉴别：主要是薄层色谱鉴别；定量标准（quantitative standards）：杂质（foreign matter）、干燥失重、总灰分、酸不溶性灰分、水溶性浸出物、醇溶性浸出物以及挥发油的含量检查；商品药材（material of commerce）：简单描述商品药材的形式和主产地；药材粉末：规定须符合鉴别和定量标准项下的要求，并描述了粉末的外观，气味和显微特征；功效（action）：如利尿，发汗，强壮等。

编委会认为，植物药的化学成分复杂，其生物活性是所含的多种化学成分协同作用的结果，因此在正文中没有涉及单一有效成分的定量分析。

5. 美国药典/国家处方集与草药法典

（1）美国药典/国家处方集:《美国药典/国家处方集》在食物补充剂专论中收载的植物药，首先阐明其基原植物学名、药用部位以及指标成分的限量。具体的记载内容主要有: 包装和贮存（packing and storage）; 标签（labeling）; 美国药典对照标准品（USP reference standards）: 包括植物药粉末、浸膏粉、化学成分混合物和单一化合物标准品; 植物学特征（botanic characteristics）: 性状和显微特征; 鉴别: 主要是薄层色谱鉴别; 微生物计数（microbial enumeration）; 干燥失重; 外来有机杂质（foreign organic matter）; 总灰分; 酸不溶性灰分; 浸出物（extractives）; 农药残留; 重金属; 含量测定: 主要对植物药所含的主要化学成分或有效成分进行含量测定等。

USP/NF对植物药的微生物检查、农药残留和重金属的规定十分明确，多数植物药品种都有上述三项的规定，这点与其他药典明显不同。

（2）草药法典:《草药法典》中记载的每个草药专论内容包括定义（definition）、异名（synonyms）、潜在的混淆品种（potential confounding materials）、代表性常用名（selected common names）、引人关注的成分（constituents of interest）、鉴定（identification）、含量测定（assay）、污染物检查（contaminants）、特定检测（specific tests）、额外要求（additional requirements）等。

6. 日本、韩国、印度、越南

（1）日本:《日本药局方》对生药的记载内容包括基原植物学名、药用部位、科名、指标成分含量限度、性状和显微特征、鉴别、纯度检查、干燥失重、总灰分、酸不溶性灰分、浸出物含量、含量测定等。

（2）韩国: ①《韩国药典》对植物药的标准首先阐明其基原植物学名、药用部位以及指标成分的限量，收载条目还包括描述、鉴定、纯度、提取物含量、干燥失重、灰分、酸不溶性灰分、含量测定以及容器和贮藏（containers and storage）。其中描述主要是性状和显微特征，鉴定主要是理化鉴定，纯度的检查主要包括外来杂质、重金属、农药残留和二氧化硫（sulfur dioxide）。②《韩国草药典》对植物药的记载内容包括药材来源、药用部位、科名、性状、鉴别、纯度检查、干燥失重、总灰分、酸不溶性灰分、浸出物和品质要求等。也有一些品种仅包括性状和品质要求两项，个别品种具有含量测定项目。一般只是给出性状描述，鉴别主要为理化鉴别。《韩国草药典》有9个品种还设置了炮制条目，分别为: 蕲蛇、白矾、沙苑子、紫河车、磁石、蛤壳、鱼鳔、自然铜、胖大海。

（3）印度: ①阿育吠陀药典:《印度阿育吠陀药典》记述的内容包括药名（name of the drugs）: 基原植物学名、药用部位、科名、分布、采收方法; 异名（synonyms）: 包括梵语、英语、印地语、乌尔都语以及印度的一些地方语言; 描述（description）: 包括药材的性状特征以及显微特征; 鉴定、纯度和强度（identity, purity and strength）: 主要包括外来杂质、总灰分、酸不溶性灰分、水浸出物、醇浸出物、水分、挥发油含量等; 化学成分（constituents）: 主要指出重要的化学成分和指标性成分; 特性与功效（properties and action）: 以梵语给出阿育吠陀医学体系中的特性与功效; 重要的处方（important formulations）: 以梵语给出阿育吠陀医学体系的处方; 治疗用途（therapeutic uses）: 以梵语给出阿育吠陀医学体系的治疗用途; 剂量（dose）。②印度草药典:《印度草药典》对植物药的记载，以基原植物的学名为条目，指出药用部位、科名以及产地分布。记载的内容包括别名、描述、化学成分、薄层鉴别、分析、定量标准、代用品或掺杂品、药理、治疗范围（therapeutic category）、安全性（safety aspects）、剂量以及参考文献，其中描述项下记录药材的性状和显微特征，大多提供原植物和药材的彩色照片。对部分品种，如番红花，详细列出了其可能被掺杂的情况。

（4）越南：《越南药典》收载的植物药分为生药和越南传统药物，其中生药主要为单味药材，而越南传统药物则是由多个生药按一定比例组成的药物处方。对生药的记述包括基原植物的学名、药用部位、科名、性状描述、组织横切面、粉末显微特征、鉴别、干燥失重、总灰分、酸不溶性灰分、杂质、定量分析、初步加工（preliminary processing）、炮制（processing）、贮藏。其中初步加工指出采收季节和产地加工方法，而炮制主要指饮片的加工方法。对越南传统植物药的记述内容主要包括处方、制法、性状、鉴别和贮藏，各个专论按不同剂型会增加一些检查，如浸膏会增加澄清度（clarity）、均匀度（uniformity）、相对密度（relative density）等检查；粉剂会增加平滑度（smoothness）、均匀度、干燥失重、微生物检查等项内容。

二、国外植物药质量标准比较

随着植物药在全球的兴起，越来越多的国家重视植物药的质量控制，尤其是欧美国家。植物药已被收入多个国家的药典，与此同时，一些集中介绍植物药的质量控制及介绍安全性、有效性的专论也相继问世。植物药专论中对植物药的治疗作用和安全性较为重视，而药典主要偏向于植物药材的品种和质量控制（表15-1）。

《世界卫生组织药用植物专论》与《美国草药典》几乎是在同一时期建立起来的，内容全面，数据翔实。其中前者缺乏图片说明，而《美国草药典》则图文并茂，信息更为丰富。《德国植物药专论》则主要偏向于植物药的临床使用及其安全性。《韩国药典》着重重金属、农药残留和二氧化硫残留的检查。《英国草药典》《韩国草药典》以及《印度草药典》均着重对植物药的质量控制，但三者的质量标准相对偏低（表15-1）。

《欧洲药典》《英国药典》《美国药典/国家处方集》和《日本药局方》均重视对植物药中的农药残留和重金属限量检查，而《印度阿育吠陀药典》和《越南药典》则大多缺乏这两项的检查。《美国药典/国家处方集》还对植物药的微生物检查具有明确规定。与《中国药典》不同的是，《欧洲药典》《英国药典》《美国药典/国家处方集》《日本药局方》和《越南药典》收载的传统植物药均未列类似于功能与主治的内容。从官方药典的收载品种来看，传统植物药包括中药也愈来愈被欧美国家所接受。

表15-1　国外植物药及港台地区中药标准比较表

药典/专论	植物形态	性状	显微	TLC	HPLC指纹图谱	微生物	浸出物含量	农药残留	重金属	杂质	放射性物质残留	加工	含量测定	用途	药理	副作用	药物相互作用	禁忌	注意事项	用法	用量
WHO药用植物专论	√	√	√	√		+++	√	+++	+++	√	√		+++	√	√	√	√	√	√	√	√
欧洲药典	√	√	√	√		+*	√	+	+	++			+++							√	
德国植物药专论	√	√	√	√			√						+++	√		√		√	√	√	√
英国药典	√	√	√	√		+	√	+		++		√	+++	√		√					
英国草药典	√	√	√	√			√			√			+++	√	√		√				
美国药典	√	√	√	√		+++	√	+++	+++	√			+++								
美国草药法典	√	√	√	√	√	√	√	√	√	√			√	√		√		√			
日本药局方	√	√	√	√			√	++	++	++			++								
韩国药典	√	√	√				√	++	+				+								
韩国草药典	√	√	√	√			√	+++	+++	++			++								
印度阿育吠陀药典	√	√	√	√			√			√				√							√
印度草药典	√	√	√	√			√	√	√	√		√	+++	√	√	√	√	√	√	√	√
越南药典	√	√	√	√			√		+	+		√	++								
中华中药典	√	√	√	√	+		√	+	+	√			+++	√	√	√	√	√			
香港中药材标准	√	√	√	√	√	+++*	√	+++	+++	√	√		√								

注：1. 常规的干燥失重、灰分等检测未列入比较

2. +++：大部分品种有规定；++：较多品种有规定；+：少量品种有规定；√：表示有该项内容；*：规定黄曲霉毒素限量

第三节 中国香港和中国台湾中药标准

一、中国香港中药标准

香港是国际金融中心和贸易中心,在中药的国际贸易方面扮演着重要角色。1998年,时任行政长官董建华在中国香港特别行政区政府的施政报告中建议将中国香港发展成为国际中医中药中心。《香港中药材标准》(简称"港标")便是在此背景中启动的,其目的在于保障中医用药安全,对香港一些常用中药材的安全和品质标准提供建议和参考,促进中药进入国际市场。

港标的组织构架为在卫生署下设置港标办公室、科学委员会和国际顾问委员会,其中国际顾问委员会的成员来自中国内地以及美国、加拿大、德国、日本、泰国等地的国际中医药界著名专家,这是港标国际化的第一步。

港标除参考了《中国药典》已有的资料外,还包含一些《中国药典》中没有的内容,如对重金属、农残、黄曲霉毒素等含量的限制。港标现阶段主要以发展植物药材的安全性及品质标准为先,主要研制工作由香港本地的大学及政府化验所承担。第一期港标专论的研究在2003年开始启动,据此制定的标准在2005年出版第一册(分中、英文两个版本),收载了9种中药材。随后开展第二期的港标制定工作,并在2008年出版第二册,收载了24种中药材。除了文字版本外,还提供光盘版。香港卫生署网站还提供网络版本,免费供市民浏览(http: //cmd.gov.hk/html/b5/hkcmms/volumes.html)。目前,七册《香港中药材标准》已经完成,涵盖了236种中药材的研究结果和标准。

港标记述的内容包括中药材名称、来源、性状、鉴别、检查、浸出物和含量测定七大项详细资料。

1. 名称(names) 药材正名、中文名及汉语拼音。

2. 来源(source) 药材原植物的学名和科名、药用部位及其状况、采收期、采收后的初步加工及其他一些相关资料,收载现行流通于香港市面的品种。

3. 性状(description) 药材的外观及感观特征,描述以完整干燥药材为主。对于多来源药材,如各品种在性状上没有显著分别,则统一描述; 如有分别,则对每个品种分别描述。

4. 鉴别(identification) 药材的横切面和粉末显微特征、用理化方法及色谱分析对药材进行鉴定。

5. 检查(tests) 药材所含的重金属、农药残留、霉菌毒素(黄曲霉毒素)、杂质、灰分、水分以及其他需要控制的化学成分进行定性或定量测定。

6. 浸出物(extractives) 水、乙醇或其他溶剂的提取物。

7. 含量测定(assay) 对药材的有效成分或指标成分的含量进行测定。

港标的每个专论均给出药材的横切面和粉末特征图。港标的每个专论都有高效液相色谱指纹图谱鉴别,提供详细的色谱系统和操作程序,并考察系统适用性要求,给出指纹图谱,指出特征峰的相对保留时间以及可变范围。对于含量测定,港标除了给出限度外,也给出了详细的实验操作方法,包括对照品、供试品溶液的制备、色谱系统、系统适用性要求、标准曲线和操作程序。此外,港标还给出应用于薄层鉴别、指纹图谱和含量测定有关化学对照品的结构式。

《香港中药材标准》是2003年开始制定的,内容简洁、详细,图文并茂,操作性强,并提供中英文版本,与国际植物药标准接轨,是国际化的中药材标准。

二、中国台湾中药标准

中国台湾中药标准主要承继了《中华民国药典》,1930年出版了《中华药典》第一版,之后陆续出版了1959年第二版、1980年第三版、1995年第四版、2000年第五版及2006年第六版。第六版以前的《中华药典》同时收录西药和中药。2004年,中国台湾行政院卫生署考虑到中、西药特性不同,决定采用中、西药分立的编纂模式,首次出版《中华中药典》,正文收载200个中药品种,附录收载200个中药基准方。

《中华中药典》对中药的记载内容包括药材名称、基原植物学名、药用部位、性状、鉴别、杂质检查及其他规定、含量测定、贮藏法、用途分类、用量及注意事项。性状包括一般性状,即药材外观性状,以及组织和粉末显微特征;鉴别主要为薄层鉴别,个别品种增加高效液相指纹图谱法,如小蓟、五味子等;除了测定单一化合物(活性或主要化学成分)的含量外,一般还需测定水抽提物和稀乙醇抽提物的含量;用途分类指中药材依中医临床施治功能分为主分类(细分类)的疗效与用途,如补益药等,详尽的疗效及中医上的多种用途则不列举;注意事项指出具有毒副作用的药材,辨证上可分辨而避免副作用的情况,如苏木,血虚无瘀滞者及孕妇慎服。

第四节 国外植物药及我国港台地区中药标准对中药标准化的参考意义

近年来,中国出口的中药材、中成药因镉、铅、砷、汞等重金属和农药残留量超标而受阻,并使中医药的声誉受到一定的影响。如何完善中药质量标准,促使中药质量标准与国际接轨,走向国际化,是当前中药国际化面临的迫切问题。中药质量标准的国际化将有助于中药的国际化。

不同国家和地区使用植物药的程度不同,对其质量控制的理念也不一致,所制定标准的条目和规定的检测限量也各不相同,如不同国家和地区对食品补充剂或植物药中重金属和农药残留的限量标准就有较大区别(表15-2)。在欧盟,植物药及其制品的重金属限量规定主要遵循食品的规定,而对农药残留,《欧洲药典》则给出了明确的限量规定(表15-3)。

表15-2 不同国家和地区植物药重金属限量标准比较(mg/kg)

编号	重金属名称	中国香港中药材标准	中国药典(2015)	美国标准(USP38-NF33)	世界卫生组织标准(2005)	欧洲药典(9.0)	韩国标准(KP XI)
1	砷(As)	2.0	2.0	2.0	—	—	3.0
2	镉(Cd)	0.3	0.3	0.5	0.3	1.0	0.3
3	铅(Pb)	5.0	5.0	5.0	10.0	5.0	5.0
4	汞(Hg)	0.2	0.2	1.0	—	0.1	0.2
5	铜(Cu)	—	20.0	—	—	—	—
6	铬(Cr)	—	—	—	—	—	—

表15-3　不同国家和地区植物药农药残留限量标准比较（mg/kg）

编号	农药名称	中国香港中药材标准	中国药典（2015）	美国标准（USP38-NF33）	欧洲药典（9.0）	日本药典（2016）	韩国标准（KP XI）*²
1	六氯环己烷α, β, δ（Hexachloro-cyclohexane α, β, δ）	0.3	0.20	0.3	0.30	0.20	0.20
2	甲草胺（Alachlor）	—	—	0.05	0.05	—	—
3	艾氏剂（Aldrin）	0.05	0.05	0.05*¹	0.05	—	0.01
4	狄氏剂（Dieldrin）	0.05	—	0.05*¹	0.05	—	0.01
5	谷硫磷（Azinphos-methyl）	—	—	1.0	1.00	—	—
6	溴螨酯（Bromopropylate）	—	—	3.00	3.00	—	—
7	克菌丹（Captan）	—	—	—	—	—	—
8	灭螨猛（Chinomethionat）	—	—	—	—	—	—
9	氯丹（Chlordane, sum of cis-, trans- and oxychlordane）	0.05	0.10	0.05	0.05	—	—
10	毒虫畏（Chlorfenvinphos）	—	—	0.50	0.50	—	—
11	毒死蜱（Chlorpyrifos）	—	—	—	0.20	—	—
12	甲基毒死蜱（Chlorpyrifos-methyl）	—	—	0.10	0.10	—	—
13	氯氰菊酯及其异构体（Cypermethrin and isomers）	—	—	1.00	1.00	—	—
14	二氯二苯三氯乙（DDT, sum of p, p'-DDT, o,p'-DDT, p,p'-DDE and p,p'TDE）	1.00	0.20	1.00	1.00	0.20	0.10
15	溴氰菊酯（Deltamethrin）	—	—	0.50	0.50	—	—
16	二嗪磷（Diazinon）	—	—	0.50	0.50	—	—

续表

编号	农药名称	中国香港中药材标准	中国药典（2015）	美国标准（USP38-NF33）	欧洲药典（9.0）	日本药典（2016）	韩国标准（KP XI）*²
17	敌敌畏（Dichlorvos）	—	—	1.00	1.00	—	—
18	苯醚甲环唑（Difenoconazole）	—	—	—	—	—	—
19	二硫代氨基甲酸盐（Dithiocarbamates, as CS2）	—	—	2.00	2.00	—	—
20	硫丹（Endosulfan, sum of isomers and Endosulfan sulphate	—	—	3.00	3.00	—	—
21	异艾氏剂（Endrin）	0.05	—	0.05	0.05	—	0.01
22	乙硫磷（Ethion）	—	—	2.00	2.00	—	—
23	杀螟硫磷（Fenitrothion）	—	—	0.50	0.50	—	—
24	氰戊菊酯（Fenvalerate）	—	—	1.50	1.50	—	—
25	地虫硫磷（Fonofos）	—	—	0.05	0.05	—	—
26	七氯（Heptachlor, sum of heptachlor and heptachlor epoxide）	0.05	0.05	0.05	0.05	—	—
27	六氯苯（Hexachlorobenzene）	0.10	0.1	0.1	0.10	—	—
28	林丹（Lindane，γ-Hexachlorobenzene）	0.60	—	0.60	0.60	—	—
29	马拉硫磷（Malathion）	—	—	1.00	1.00	—	—
30	杀扑磷（Methidathion）	—	—	0.20	0.20	—	—
31	甲氧滴滴涕（Methoxychlor）	—	—	0.05	0.05	—	—
32	对硫磷（Parathion）	—	—	—	0.50	—	—
33	甲基对硫磷（Parathion-methyl）	—	—	0.20	0.20	—	—
34	五氯苯胺（Pentachloroaniline）	—	—	0.01	—	—	—

续表

编号	农药名称	中国香港中药材标准	中国药典（2015）	美国标准（USP38-NF33）	欧洲药典（9.0）	日本药典（2016）	韩国标准（KP XI）*²
35	五氯苯（Pentachlorobenzene）	—	—	—	—	—	—
36	五氯茴香硫醚（Pentachlorothioanisole）	—	—	—	—	—	—
37	氯菊酯（Permethrin）	—	—	1.00	1.00	—	—
38	伏杀硫磷（Phosalone）	—	—	0.10	0.10	—	—
39	胡椒基丁醚（Piperonyl butoxide）	—	—	3.00	3.00	—	—
40	甲基嘧啶磷（Pirimiphos-methyl）	—	—	4.00	0.05	—	—
41	腐霉利（Procymidone）	—	—	0.10	0.10	—	—
42	除虫菊酯（Pyrethrins）	—	—	3.00	3.00	—	—
43	五氯硝基苯（Quintozene）	1.00	0.10	1.00	1.00	—	—
44	四氯硝基苯（Technazene）	—	—	0.05	0.05	—	—
45	四氯苯胺（Tetrachloroaniline）	—	—	—	—	—	—
46	甲苯氟磺胺（Tolylfluanid）	—	—	—	—	—	—

*¹ 艾氏剂和狄氏剂的总量；*² 除丁生药中允许的农药残留标准外，对个别生药还有特别规定的农药种类检测。

　　中国、日本、韩国、越南的传统药物以相似的传统医药理论为指导,但四国的药典对源自同一个基原植物的药材记述有所不同(表15-4,表15-5)。

表15-4　中、日、韩、越四国药典(CP2015、JP17、KPXI、VP2005)收载茴香等药材特征描述比较

基原	拉丁名称	性状特征				显微特征	
		长度	直径	宽度	厚度	粉末	横切面
Foeniculumvulgare Miller 茴香	CP Foeniculi Fructus	4~8mm	1.5~2.5mm				√
	JP Foeniculi Fructus	3.5~8mm		1~2.5mm		√	√
	KP Foeniculi Fructus	3~8mm		1~3mm			√
	VP Fructus Foeniculi	8mm	1.5~2.5mm			√	√
Gardenia jasminoides Ellis 栀子	CP Gardeniae Fructus	1.5~3.5cm	1~1.5cm			√	
	JP Gardeniae Fructus	1~5cm		1~1.5cm		√	
	KP Gardeniae Fructus	1~3.5cm		1~1.5cm			
	VP Fructus Gardeniae	2~4.5cm	1~2cm			√	√
Paeonia suffruticosa Andrews 牡丹	CP Moutan Cortex	5~20cm	0.5~1.2cm		0.1~0.4cm	√	
	JP Moutan Cortex	5~8cm	0.8~1.5cm		0.5cm	√	
	KP Moutan Radicis Cortex	5~20cm	0.5~1.2cm		0.1~0.4cm		
	VP Cortex Paeoniae suffruticosae	5~20cm	0.5~1.2cm		0.1~0.4cm	√	
Panax ginseng C. A. Meyer 人参	CP Ginseng Radix et Rhizoma	3~15cm	1~2cm			√	√
	JP Ginseng Radix	5~20cm	0.5~3cm				
	KP Ginseng Radix	5~20cm	0.5~3cm			√	
	VP Radix Ginseng	3~15cm	1~2cm			√	√
Zingiber officinale Roscoe 姜	CP Zingiberis Rhizoma	3~7cm			1~2cm		
	JP Zingiberis Rhizoma	2~4cm	1~2cm			√	
	KP Zingiberis Rhizoma	2~4cm	1~2cm			√	
	VP Rhizoma Zingiberis	3~7cm			0.5~1.5cm	√	√

表15-5　中、日、韩、越四国药典（CP2015、JP17、KPXI、VP2005）收载黄芪等的检测方法及限量比较

拉丁名称	鉴别	检查	干燥失重	总灰分	酸不溶性灰分	浸出物	含量测定
Astragalus membranaceus (Fisch.) Bge. 膜荚黄芪、*Astragalus membranaceus* (Fisch.) Bge. var. *mongholicus* (Bge.) Hsiao蒙古黄芪							
CP Astragali Radix	TLC	铅、镉、砷、汞、铜、总BHC、总DDT、PCNB	—	<5.0%	—	>17.0%（水浸物）	黄芪甲苷>0.04%；毛蕊异黄酮葡萄糖苷不得少于0.020%。（HPLC）
JP Astragali Radix	—	岩黄芪属杂质及其他杂质、铅、砷、总BHC、总DDT	<13.0%	<5.0%	<1.0%	—	—
KP Astragali Radix	—	岩黄芪属杂质、铅、镉、砷、汞、14种农药种类的限量、二氧化硫残留量	<13.0%	<5.0%	<1.0%	—	—
VP Radix Astragali Membranacei	TLC	—	<12.0%	<5.0%	—	—	—
Bupleurum chinense DC. 柴胡（CP, KP, VP）、*Bupleurum scorzonerifolium* Willd. 狭叶柴胡（CP）、*Bupleurum falcatum* L. 三岛柴胡（JP）							
CP Bupleuri Radix	TLC	水分	—	<8.0%	<3.0%	>11.0%（稀乙醇浸出物）	柴胡皂苷a和d和>0.30%（HPLC）
JP Bupleuri Radix	TLC	茎叶、铅、砷、杂质	<12.5%	<6.5%	<2.0%	>11.0%（稀乙醇浸出物）	柴胡皂苷a和d和>0.35%（HPLC）
KP Bupleuri Radix	TLC	茎叶、杂质、铅、镉、砷、汞、7种农药种类的限量、二氧化硫残留量	—	<6.5%	<2.0%	—	柴胡皂苷a>0.3%（HPLC）
VP Radix Bupleuri	TLC	茎叶、杂质	<12.0%	<8.0%	—	>11.0%（稀乙醇浸出物）	—
Panax ginseng C. A. Meyer人参							
CP Ginseng Radix et Rhizoma	TLC	水分	—	<5.0%	—	—	人参皂苷Rg1+Re>0.3%（HPLC）、人参皂苷Rb1>0.2%（HPLC）
JP Ginseng Radix	TLC	杂质、铅、砷、总BHC、总DDT	<14.0%	<4.2%	—	>14.0%（稀乙醇浸出物）	人参皂苷Rg1>0.1%（HPLC）、人参皂苷Rb1>0.2%（HPLC）
KP Ginseng Radix	TLC	杂质、铅、镉、砷、汞、人参农药种类的限量*、二氧化硫残留量	<15.0%	<5.0%	—	>14.0%（稀乙醇浸出物）	人参皂苷Rg1>0.1%（HPLC）、人参皂苷Rb1>0.2%（HPLC）
VP Radix Ginseng	TLC	—	—	—	—	—	—

*人参的农药残留标准参照韩国"食品的标准和规格"执行。

　　从上述比较可以明显看到各国或各地区植物药的质量标准并不一致,有待协调和发展。中药在中医临床理论指导下,具有悠久的使用历史。中药以中医药理论为指导,这一点与西方植物药或其他医学系统使用的植物药明显不同。尽管中药近年陆续被西方药典所收载,但西方对中药的理解远远不及中国自身。近年来,中药的质量标准研究也得到了迅速的发展。相关新技术、新方法的发展大大提高了中药质量标准,有的可用于制定标准,有的可用于内部中药的质量控制,也为制定权威性的中药标准提供了坚实的基础。在很多海外植物药质量标准中,其含量测定一项多为单个或几个成分的含量测定,是否与植物药主要治疗作用相关也有待证实。对中药而言,近二十年的深入研究使得很多中药的活性成分已经得到阐明,进一步使中药的质量评价与治疗作用相结合。因此,对于中药的质量标准而言,中国应当承担起制定中药权威性的质量标准,责无旁贷使其成为各国制定有关标准的典范。

　　"同中有异,异中有同"。中西植物药的品种差异、部位差异、用法差异,从比较中可以得到启迪,东西方植物药之间确有很多可以相互交流的信息、相互借鉴的技术、方法与思路。

　　中西植物药有着共同的化学物质基础,相似的药理作用机制,共同的医疗保健使命,也接受着共同的挑战与命运,因而更容易相互借鉴与沟通。超越时空,东西文化的冲突与融合,必将对中西植物药的发展起到大的推展作用。

(赵中振)

参 考 文 献

[1] P. Wilk, W. Dingle. Proceedings of the 3rd National Herb, Native Foods and Essential Oils Convention, Workshops and Farm Visits[M]. Lismore, NSW: Rural Industries Research and Development Corporation, 2004: 10.

[2] World Health Organization. General Guidelines for Methodologies on Research and Evaluation of Traditional Medicine[M]. Geneva: World Health Organization, 2000: 3-4.

[3] The European Parliament and the Council of the European Union. Directive 2004/24/EC of the European Parliament and Of the Council of 31 March 2004 Amending, as regards Traditional Herbal Medicinal Products, Directive 2001/83/EC on the Community Code Relating to Medicinal Products for Human Use. Official Journal of the European Union, 2004, L136: 85-90.

[4] Center for Drug Evaluation and Research. Guidance for Industry—Botanical Drug Products[M]. US Food and Drug Administration, 2004: 2, 39.

[5] World Health Organization. WHO Monographs on Selected Medicinal Plants[M]. Volume1,2,3. Geneva: World Health Organization, 1999, 2003, 2007, 2009.

[6] European Pharmacopoeia Commission. European Pharmacopoeia[S]. 9th Edition. Strasbourg: European Directorate for the Quality of Medicines and Healthcare of Council of Europe, 2016.

[7] M Blumenthal. The Complete German Commission E Monographs—Therapeutic Guide to Herbal Medicines[M]. Boston: Integrative Medicine Communications, 1998.

[8] M Blumenthal. Expanded Commission E Monographs[M]. Newton: Integrative Medicine Communications, 2000.

[9] British Pharmacopoeia Commission. British Pharmacopoeia 2015[S]. London: The Stationery Office on Behalf of the Medicines and Healthcare Products Regulatory Agency, 2014.

[10] British Pharmacopoeia Commission. British Pharmacopoeia 2017[S]. London: The Stationery Office on Behalf of the Medicines and Healthcare Products Regulatory Agency, 2016.

[11] British Herbal Medicine Association. British Herbal Pharmacopoeia 1996[M]. Exeter: Biddles Ltd, 1996.

[12] The European Scientific Cooperative on Phytotherapy. ESCOP Monographs—The Scientific Foundation for Herbal Medicinal Products[M]. 2nd ed. Stuttgart: Thieme, 2003.

[13] The United States Pharmacopeial Convention. The United States Pharmacopeia[S]. 38th Revision / National Formulary, 33th Edition. Rochville: The United States Pharmacopeial Convention, 2014.

[14] Herbal Medicines Compendium Committee. Herbal Medicines Compendium. http://hmc.usp.org/about/about-the-herbal-medicines-compendium. Access on July 18, 2015.

[15] Japanese Pharmacopoeia Committee. The Japanese Pharmacopoeia[S]. 17th ed. Tokyo: Society of Japanese Pharmacopoeia, 2016.

[16] Korea Food and Drug Administration. The Korean Herbal Pharmacopoeia[S]. English Edition. Seoul: Yakup Daily, 2002.

[17] Ministry of Food and Drug Safety. The Korean Pharmacopoeia XI[S]. Osong: Ministry of Food and Drug Safety, 2014.

[18] The Committee of the Ayurvedic Pharmacopoeia of India. The Ayurvedic Pharmacopoeia of India[S]. New Delhi: The Controller of Publications Civil Lines, 1990-2008.

[19] Indian Herbal Pharmacopoeia Scientific Committee. Indian Herbal Pharmacopoeia(Revised New Edition 2002)[S]. Mumbai: Indian Drug Manufacturers' Association, 2002.

[20] Vietnamese Pharmacopoeia Commission, Ministry of Health. Vietnamese Pharmacopoeia[M]. 3rd ed. 2005.

[21] M McGuffin, C Hobbs, R Upton, et al. American Herbal Products Association's Botanical Safety Handbook[M]. Boca Raton: CRC Press, 1997.

[22] 行政院卫生署中华药典中药集编修小组. 中华中药典[M]. 台北: 行政院卫生署, 2004.

[23] 香港特别行政区政府卫生署中医药事务部. 香港中药材标准[M]. 第一至七册. 香港: 中华人民共和国香港特别行政区卫生署, 2005—2015.

[24] ZhAO ZZ, XIAO PG, XIAO Y, et al. Quality assurance of Chinese Herbal Medicines(CHMs)[J]. Journal of Food and Drug Analysis, 2007, 15(4): 337-346.

12检

金银花栽培品种 1

金银花栽培品种 2

金银花栽培品种 3

金银花栽培品种 4

金银花栽培品种 5

金银花栽培品种 6

彩图3-1　金银花不同栽培品种

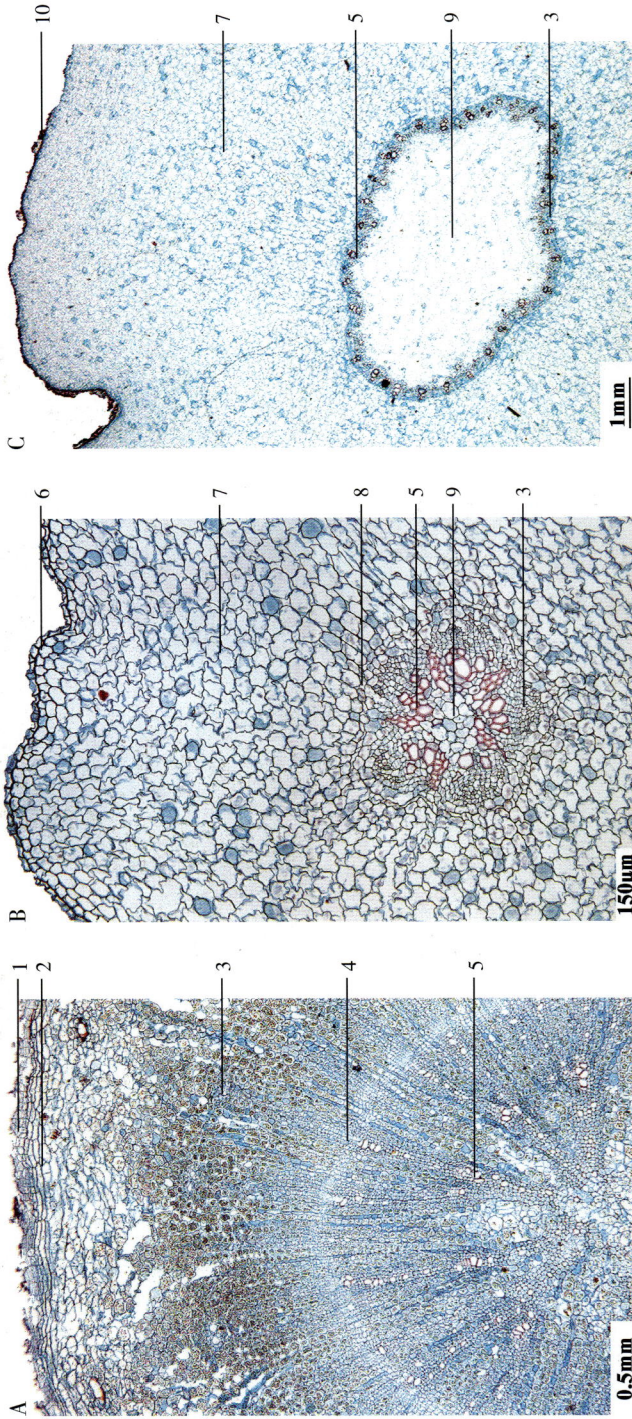

彩图4-1　不同类型的根类中药横切面组织图

A. 人参（*Panax ginseng*），次生构造发达　B. 紫菀（*Aster tataricus*），次生构造不发达　C. 对叶百部（*Stemona tuberosa*），无次生构造

1. 木栓层　2. 栓内层　3. 韧皮部　4. 形成层　5. 木质部　6. 下皮层　7. 皮层　8. 内皮层　9. 髓部　10. 根被

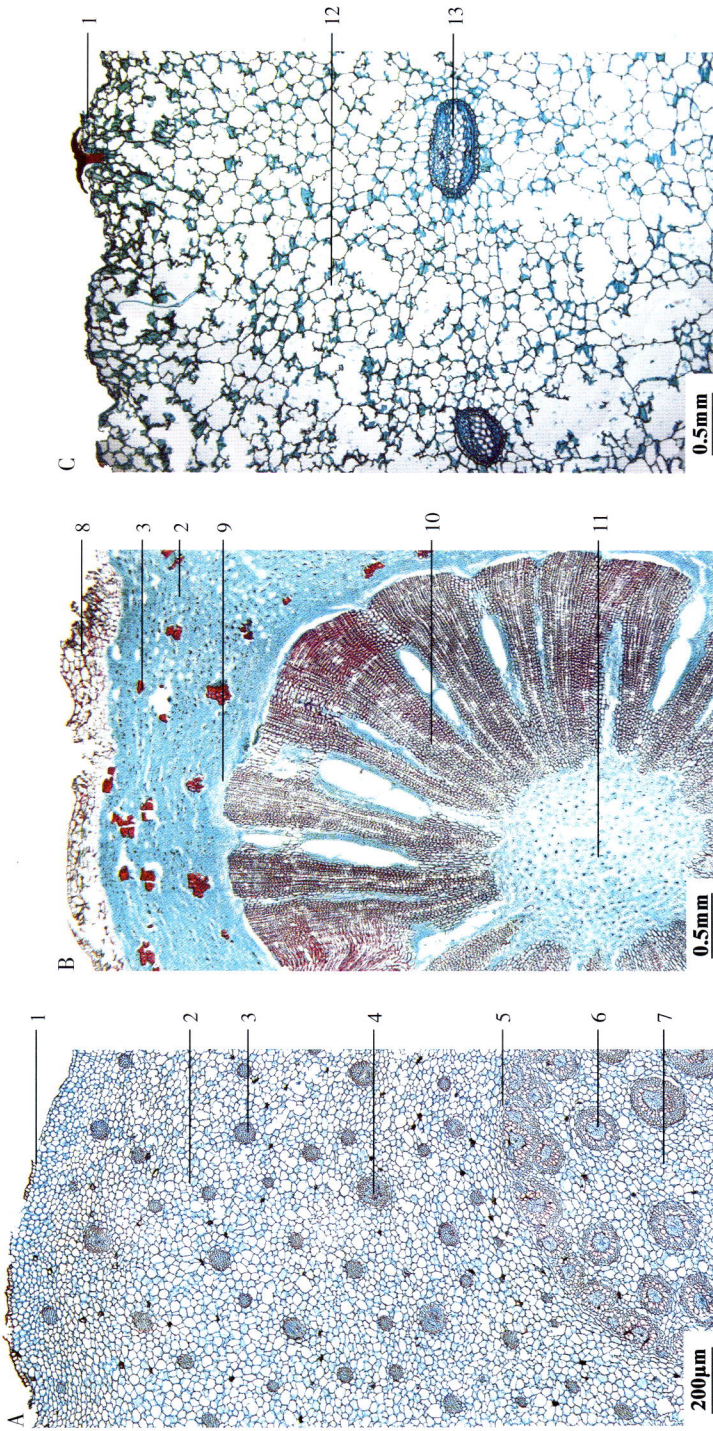

彩图4-2 不同类型的根茎类药材横切面组织图

A. 石菖蒲（Acorus tatarinowii），单子叶植物 B. 黄连（Coptis chinensis），双子叶植物 C. 槲蕨（Drynaria fortunei），蕨类植物
1. 表皮 2. 皮层 3. 纤维束 4. 叶迹维管束 5. 内皮层 6. 中柱维管束 7. 中柱 8. 木栓层 9. 韧皮部 10. 木质部
11. 髓部 12. 基本组织 13. 分体中柱

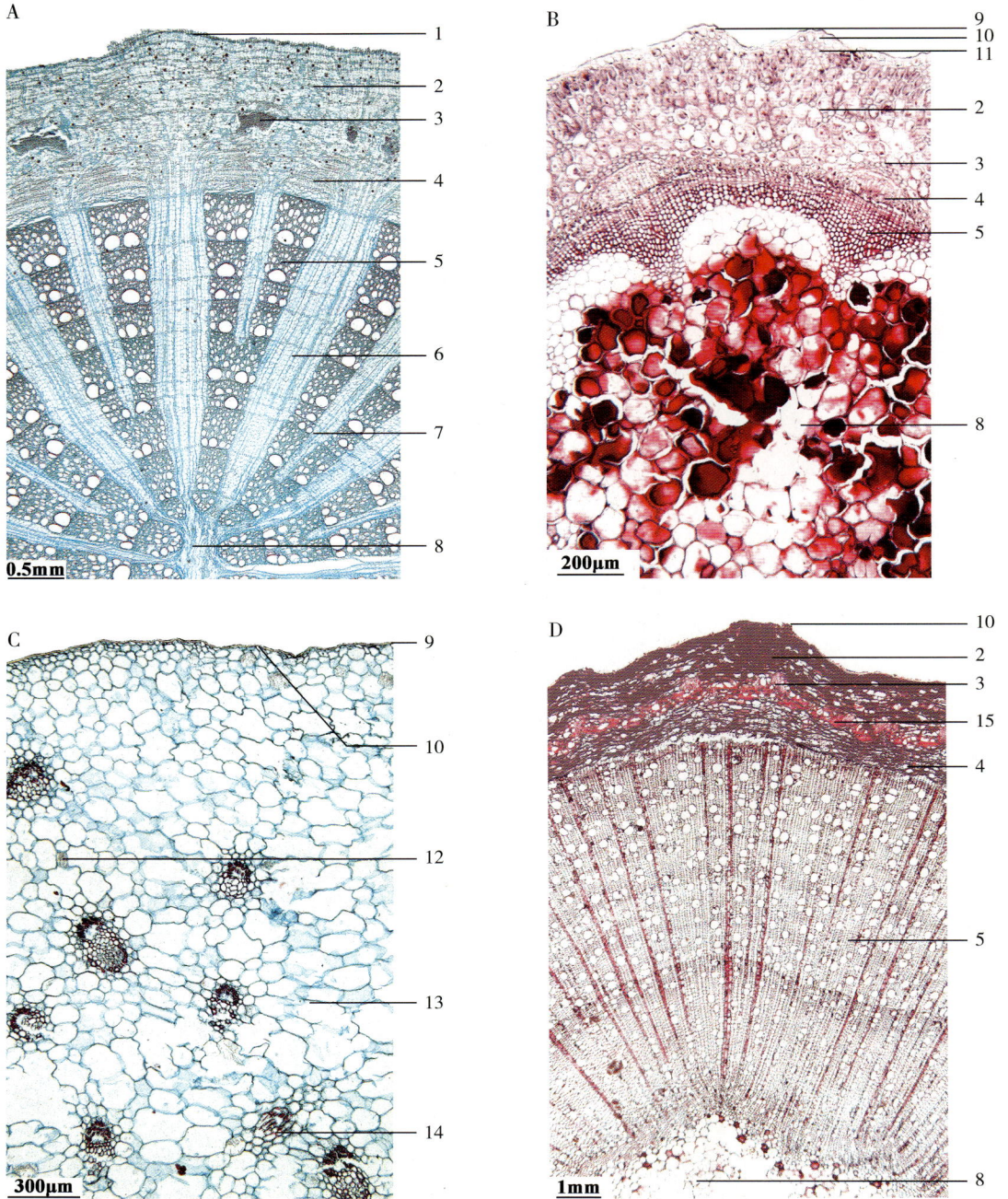

彩图4-3　不同类型的茎类中药横切面组织图

A. 东北马兜铃（*Aristolochia manshuriensis*），藤茎　B. 草麻黄（*Ephedra sinica*），草质茎；

C. 金钗石斛（*Dendrobium nobile*），单子叶草质茎　D. 肉桂（*Cinnamomum cassia*），茎枝

1. 残留木栓细胞　2. 皮层　3. 中柱鞘纤维束　4. 韧皮部　5. 木质部　6. 初生射线

7. 次生射线　8. 髓部　9. 角质层　10. 表皮　11. 下皮纤维束　12. 草酸钙针晶

13. 基本组织　14. 维管束　15. 石细胞环带

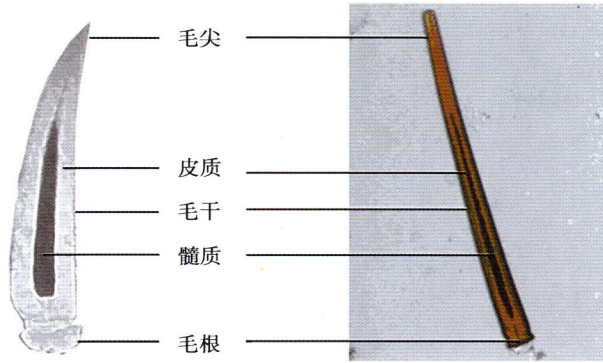

彩图4-4　刚毛基本结构图

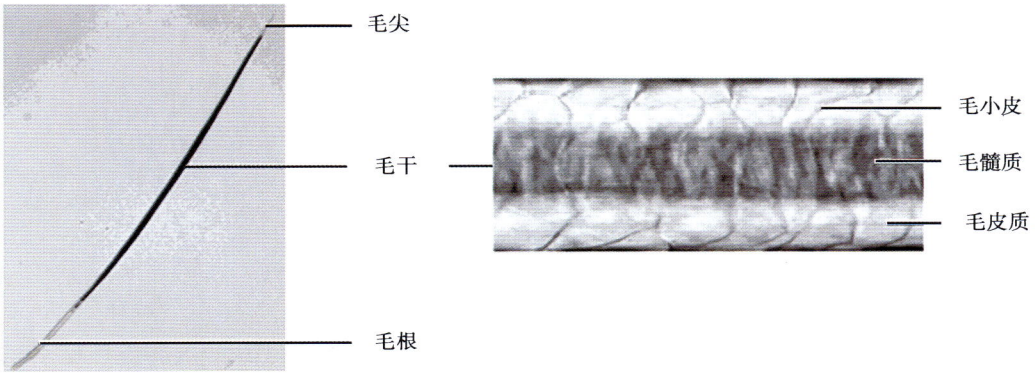

彩图4-5　毛基本结构图

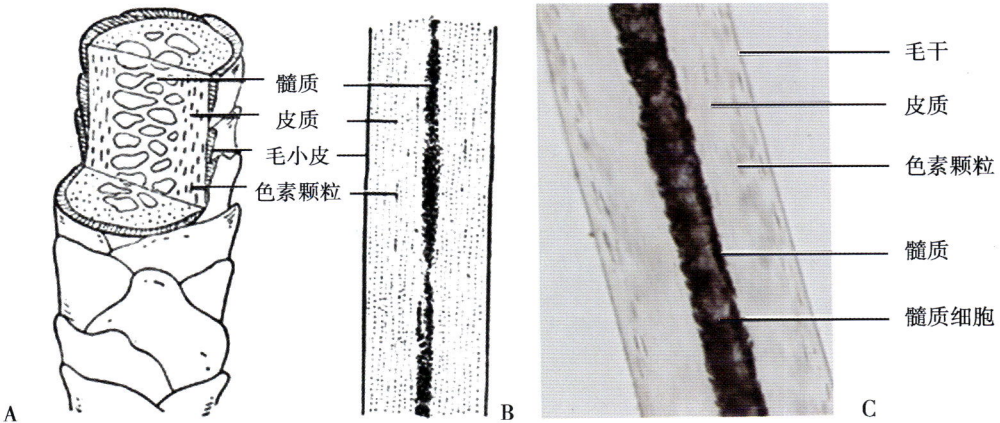

彩图4-6　毛干结构图

A.立体观　B.纵切观　C.平面观

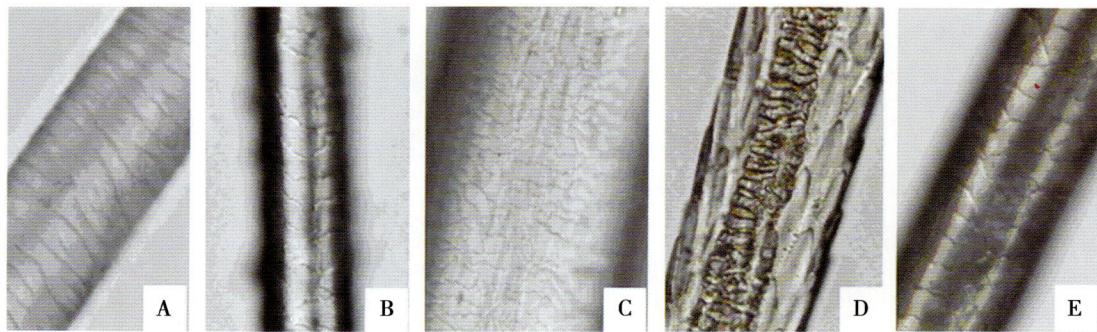

彩图4-7　毛小皮纹理类型

A.扁平形　B.冠状形　C.杂波形　D.瓣状形　E.镶嵌形

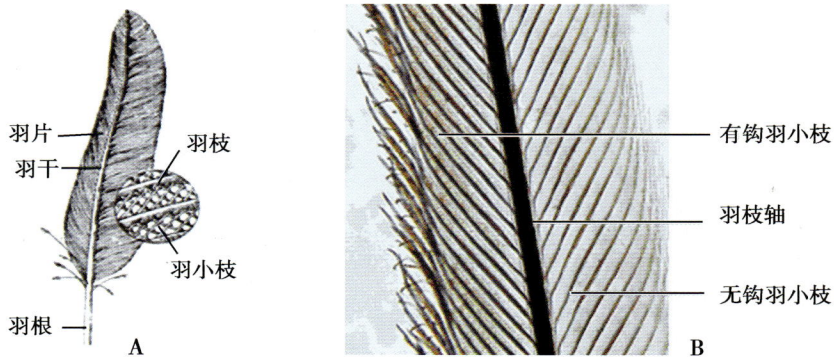

彩图4-8　羽毛基本结构图

A.羽枝　B.羽小枝

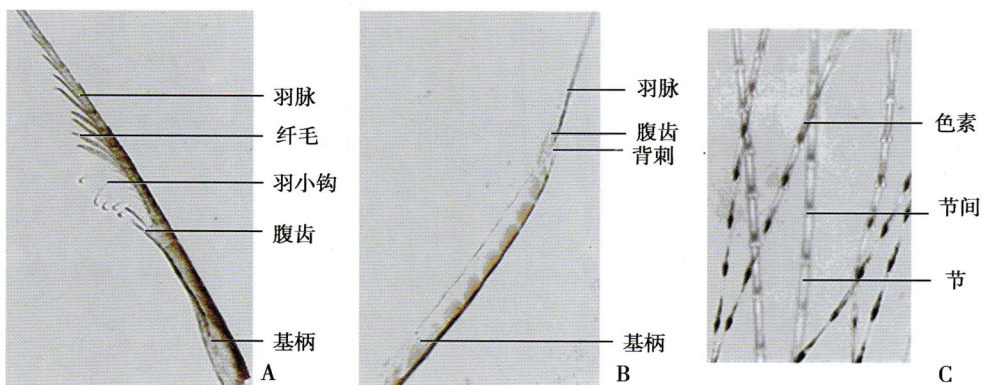

彩图4-9　羽小枝结构图

A.有钩羽小枝　B.无钩羽小枝　C.节状羽小枝

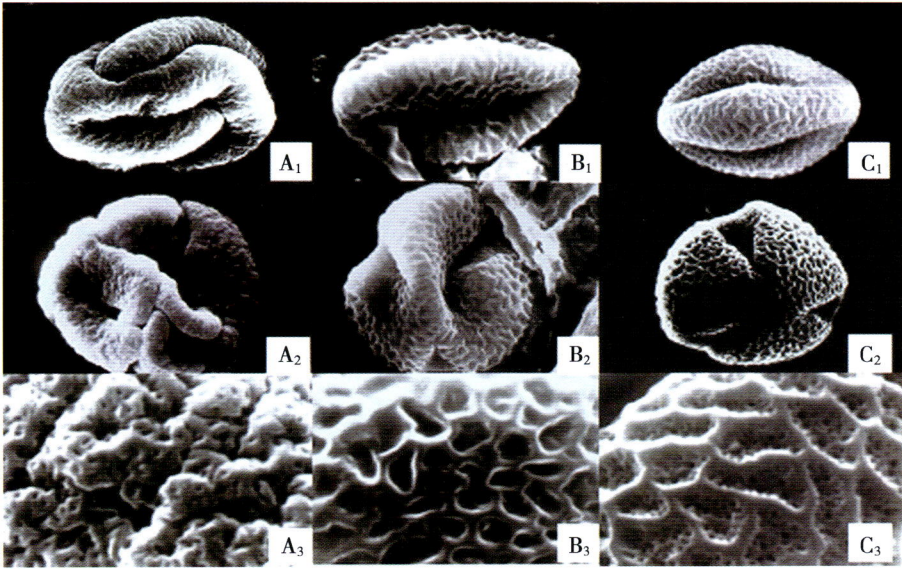

彩图4-10　不同产地广藿香花粉粒电镜扫描图

A.牌香　B.枝香　C.南香

1.赤道面观　2.极面观　3.外壁雕纹

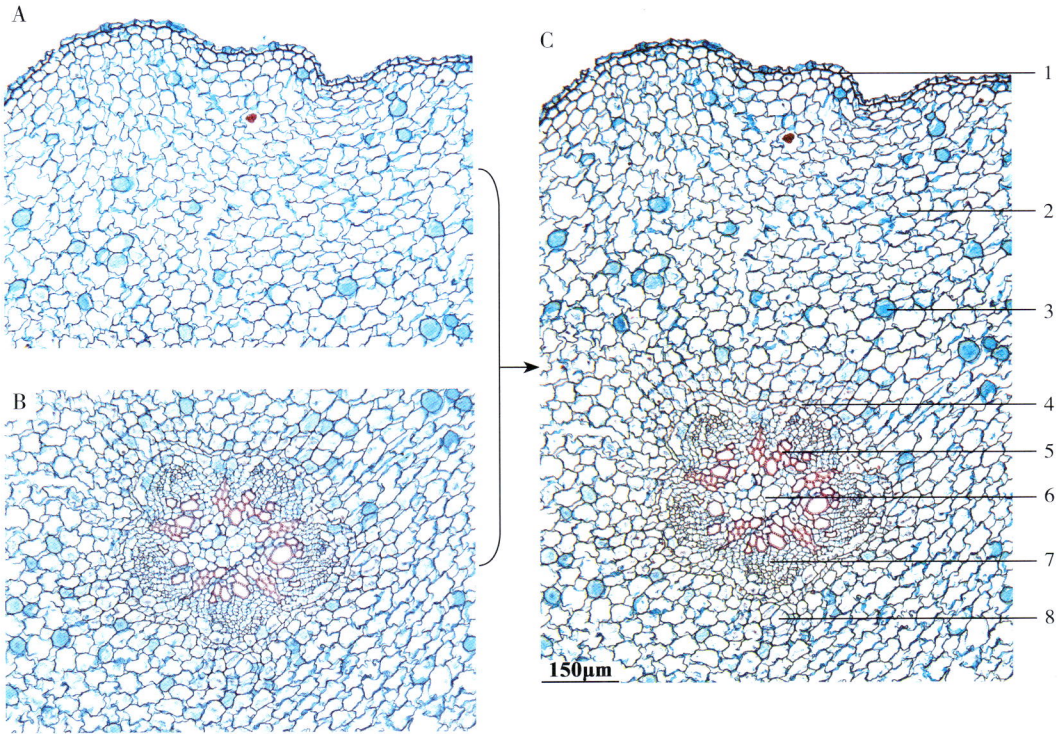

彩图4-11　紫菀（*Aster tataricus*）根横切面组织图，示连续拼图

A、B.拍摄好的单张照片　C.制作完成的组织图

1.下皮层　2.皮层　3.厚壁细胞　4.内皮层　5.木质部　6.髓部　7.韧皮部　8.油管

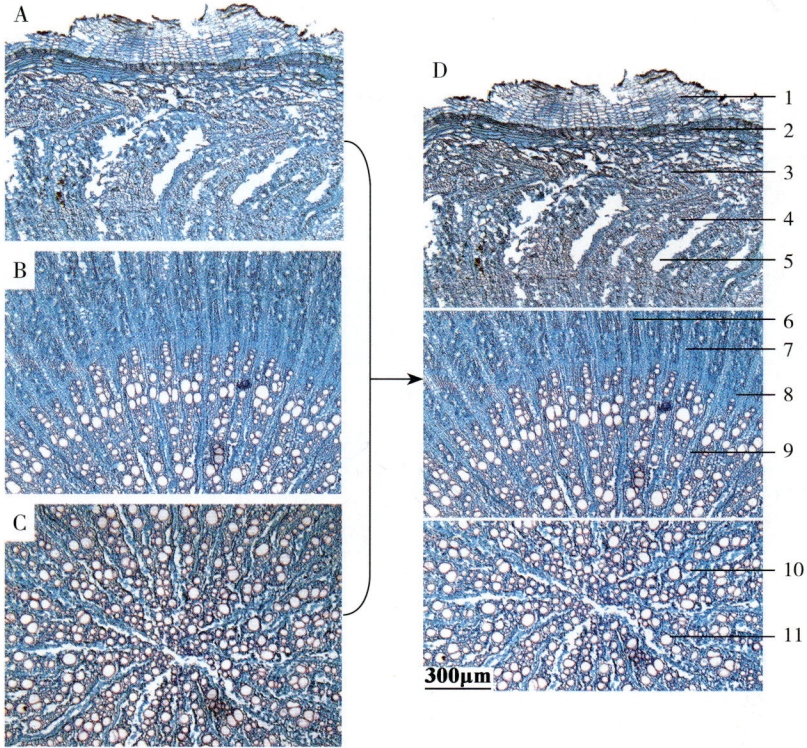

彩图4-12　防风(*Saposhnikovia divaricata*)根横切面组织图,示断续拼图

A、B、C. 拍摄好的单张照片　D. 制作完成的组织图

1. 木栓层　2. 栓内层　3. 韧皮部　4. 油管　5. 裂隙(韧皮射线)　6. 韧皮束

7. 韧皮射线　8. 形成层　9. 木射线　10. 木质部　11. 导管

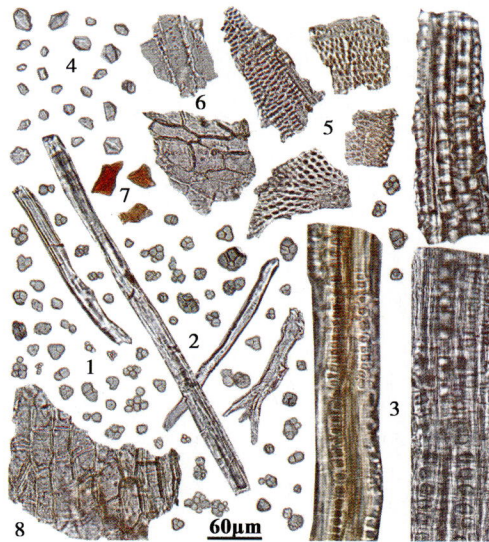

彩图4-13　野葛(*Pueraria lobata*)根粉末特征图,示制作完成的粉末图

1. 淀粉粒　2. 纤维　3. 晶鞘纤维　4. 草酸钙方晶　5. 导管　6. 木薄壁细胞　7. 色素块　8. 木栓细胞